作者簡介

陳品卿先生，安徽宿縣人。民國二十二年生。臺灣省立屏東師範學校畢業。國立臺灣師範大學國文系畢業、國文研究所博士班畢業，榮獲教育部授予國家文學博士學位。曾任小學教師三年，中學教師一年，大學講師、副教授、教授，凡二十二年。現任國立臺灣師範大學國文系教授。著有：尚書鄭氏學、鄭玄、鄭玄的學術思想、莊子逍遙遊思想之研究、莊子逍遙遊篇研究、莊學研究、莊子三十三篇眞僞考辨、莊子思想探源、莊子的人生觀、莊子的知識論、莊學新探、墨經與別墨、論別墨、墨經作者考、墨子導讀、意境的鑑賞、新編國中國文「修辭法」學例、範文教學「文法剖析」之探究、範文教學「虛字使用」之探究、國文科單元教學活動設計、如何編好教案、演說的訓練、作文教學指引、課外閱讀指導、論說文教學設計、應用文教學設計、近體詩教學設計、古體詩教學設計、樂府詩教學設計、詞曲教學設計、新詩教學設計，並主編國民中學「國文教科書」第一冊至第六冊及「國文教師手冊」第一冊至第六冊等書。

陳品卿 著

國文教材教法

臺灣中華書局印行

國文教材教法序

高明

師範大學國文系教授陳品卿博士，以其新著「國文教材教法」抵余問序。余讀之竟，作而歎曰：余生於教讀之家。先父雲軒公諱哲，以前清秀才倡辦新學，入民國後，嘗任縣教育會長、水利專門學校學監，而終老於縣立中學國文教員之職，先兄孟起名超，卒業於南京高等師範學校文史地科，歷任江蘇省立第八中學（即揚州中學之前身）、淮安中學、松江中學國文教員及縣立女子中學校長，對日抗戰時，轉入交通界，任秘書以終。余自幼受父兄之教，亦以文辭自負，而以教讀爲志；曁入南京上庠（時爲國立東南大學，前身爲南京高等師範學校，國民政府定都南京後，又改爲國立中央大學），即以中文爲主修之系，而以教育爲輔修之系，曾從教育哲學家孟憲承教授習「中學國文教材及教法」一課，其時余兼任私立鍾南中學初中國文課一班，月入三十元，以貼補學雜費用，孟師所授正余所需也。卒業後，余曾任高初中國文教員五年，每以孟師所授實施於教學，頗獲佳評。民國三十年，服務於中央政治學校，主編國文教材，出版於正中書局，蓋取孟師之意而廣之，是爲國內有「大學國文選」之始。中央政治學校改名爲國立政治大學，即以此書爲大一國文教材，用之多年。違難入臺之前，余過湘，任教於國立師範學院，獲交於阮眞先生，阮先生卒業於南京高師後，即入國立中山大學之研究機構，專從事於「中學國文教材教法」之研究，卓然有成，名噪於一時；余屢與促膝長談，獲益甚多。民國三十八年入臺，任省立師範學院（後改爲國立臺灣師範大學）國文系教授，遇章銳初兄微顯，銳初兄卒業於國立北平師範大學，曾任中政校文書科長，爲余素識；系中「中學國文教材教法」一課，即由銳初擔任，偶與論及，知其所見，與孟師憲承、阮學長眞實相去不遠。時陳雪屏先生任臺灣省教育廳長兼正中書局董事長，劉季洪先生任師範學院教育系主任兼正中書局總編輯，以臺灣在日治五十年後，國文程度低落不堪，而中學國文教員又多非習國文者，乃擬在正中書局編輯一套高初中國文教本，以救其弊，而以其事屬之於余。余乃溶合孟師及阮、章諸家之理論，益以現實社會之需要，而擬定編輯之方針與體例，因以成書，是爲臺灣有中學國文教本之始。張曉峯先生其昀任教育部長時，奉　先總統蔣公之命，爲提倡民族精神，編國（文）、公（民）、（歷）史、地（理）四種標準教本，供高初中使用。時國立編譯館長王鳳喈兄、中學教科書組主任易价兄均余舊友，又以編國文標準本之事相委，余乃推潘重規兄主編高中部分，而自編初中部分，是爲高初中國文教本有國定本之始。時　今總統經國先生方任國防部總政戰部主任，欲統一各軍事學校人文社會科學教材，由任卓宣先生編三民主義，由胡一貫先生編民生哲學，由薩孟武先生編政治學，由趙蘭坪先生編經濟學，由余編國文，是爲各軍事學校有國文統一教材之始。自民國四十五年起，余創辦師大國文研究所、政大中文系，又相繼主持文化大學中文所系、政大中文研究所，又兼任輔仁大學、東吳大學中文研究所教職，所栽成之博士約百人、碩士與學士不能計其數。陳君品卿入師大國文系後，曾從章銳初兄習「國文教材教法」，繼入國文研究所，又從余遊，由碩士而博士，以績優留校，所授科目有「莊子」及「國文教材教法」等；品卿由於秉性篤實，勤敏過人，不數年間，即著有莊子新探一書，以見其教學相長之效。六年前，國立編譯館聘余主持師專國文編審委員會，旣蕆事，又聘余主持高中國文編審委員會及國中國文編審委員會，余推薦品卿及董金裕博士負責國中國文之編撰，以一展其才藝，今國中國文教本及教師手册各六册，均已編竣，用者稱善，教育部所作調查研究報告可以爲證也。今品卿更出其研究「國文教材教法」之所得，輯爲專書以問世。余畢生與「國文教育」曾結不解之緣，今垂垂老矣，猶晨夕不懈，致力於此；深幸於各級學校國文教本及教師手册之編審，即將告一段落之時，獲睹品卿此書，知孟師及阮、章諸友之學得有傳人，更能探微索隱，發揚而光大之，中心之快慰，豈言語所能宣；因率書余與此書此學之因緣，以告世之讀此書者，兼爲品卿賀！

中華民國七十五年九月十一日高郵高明敬撰。

自序

孔子是中國歷史上的一位大敎育家。他刪詩書，訂禮樂，這就是整理敎材科學化；他「因材施敎」，靈活變化敎學法，這就是敎學方法藝術化；他本著「有敎無類」（衞靈公篇）的宗旨，招收學生，不分貴賤貧富，一律施敎，這是敎育平民化的造端；他能「循循善誘」（子罕篇），「誨人不倦」（述而篇），這是敎育家愛心的表現，所以後世尊稱他爲萬世師表。孔子在齊國聽了韶樂，曾經「三月不知肉味」，足見他在音樂方面的造詣，這是藝術家的境界。論語說：「加我數年，五十以學易，可以無大過矣。」（述而篇）此與孔子自述「五十而知天命」（爲政篇）一語，可以互相印證。學易之目的，在於窮理盡性，通情達變，故可免於重大的過失。孔子能「明天人之際，通古今之變」，這是哲學家的境界。由此可知一位理想的敎育家，同時也是一位思想家和藝術家。敎育學術，需要厚植其基礎於哲學與藝術之上，才能根深葉茂，而收發揚光大之效。吾人研究「國文敎材敎法」，當宗師孔子，本其敎育精神，使「敎材」的設計科學化；「敎法」的運用藝術化。如此敎學，才能有系統，才能生動活潑，才能收到良好的效果。

筆者從事「國文敎材敎法」之敎學多年，其間敎學相長，有得輒條記之，復參驗學生「敎學實習」之情況與心得，而歸納統理之。茲彙集成帙，付梓問世，其要如下：

第一章是緒論　本章茲就「國文教材教法」之有關問題，作一分析探討。所謂「教材」即教學所用之材料。依據現行「課程標準」之規定，國中國文教材的範圍，除範文外，尚有「作文」、「書法」、「語言訓練」、「課外閱讀」等四方面。高中國文教材的範圍，包括「範文」、「中國文化基本教材」、「課外閱讀」、「作文」、「書法」等五方面。綜觀國中與高中「國文教材」之內容，其「中國文化基本教材」部分，就教學方法而言，則同於文言文之散文，故本書不獨立列爲一章討論。所謂「教法」，又稱「教學法」，或「教學方法」。「教學」是教師教，學生學的活動，這是一種知識傳遞的過程，由有經驗者將其心得轉授予無經驗者（吾人知識之來源，亦可由無經驗者自發的觀察、推理、判斷、領悟，並得於此基礎上繼續努力。但是此種知識非由教學而來）。「方法」則是一種有系統、有目的的做事程序，其中包括辦法和技術。合而言之，「教法」的意義可以說是：「教學方法是一種有系統、有目的的教學程序。教師可用以刺激、指導和鼓勵學生自動學習，以達成教育目標。」本章簡介「啓發教學法」、「問題教學法」、「設計教學法」、「單元教學法」、「自學輔導法」、「練習教學法」、「社會化教學法」、「欣賞教學法」、「發表教學法」、「創造教學法」、「編序教學法」、「協同教學法」等十二種。國文教師可視教學需要，酌情使用。

第二章是範文教學　範文教學的重大任務有三：一是語文訓練，二是文藝欣賞，三是精神陶冶。茲分述如下：

㈠語文訓練

語文訓練是國文教師的專責。教學時對「題文的講解」、「作者的介紹」、「字詞的區別」、「詞語的分解」、「文法的剖析」、「虛字的使用」、「修辭的技巧」、「義旨的探究」、「作法的審辨」、「篇章的結構」，教師均須明白解釋，同時對於課文的作法（如審題、立意、運材、布局等項）應詳加指導，以便配合「作文」教學。舉凡課文中所具有之語文知識，應予隨機提示；教學完畢，可以聽寫、改寫、節縮、敷充、仿作等方式，令學生作應用練習，以培養其「閱讀」與「寫作」的能力。這是本科的知能，可稱之為「主學習」。

㈡文藝欣賞

文藝欣賞是輔導學生閱讀純正優美之文藝作品，增進其文藝欣賞與創作的能力。這項工作應與「課外閱讀」互相聯繫。範文教學時，可啓發學生對事理的想像力，對情意的體會力，就全文所表現之「風神」、「氣骨」、「情韻」、「意境」、「體性」、「格調」、「聲律」、「色采」等各方面，引導學生欣賞。使之體會作者的意念、情致、眼力、手法，將作者意匠經營獨到之處，加以吟味。由於學生的理解不夠深入，教師可具體地指點。例如：情感之蘊藉或奔薄，態度之謹嚴或疏放，色采之平淡或絢爛，氣勢之陽剛或陰柔，用字之簡約或繁複等，教師皆宜明白提示，令學生經由揣摩咀嚼，進而達到恍然有悟的境界。同時教師必須注意培養學生自學的能力，指導他們自己搜尋資料，自己翻查字典，自己思考、分析、判斷、欣賞。這是學習方法及旁涉知能，可稱之為「副學習」。

㈢精神陶冶

精神陶冶是培養學生倫理道德之觀念，愛國淑世之精神，故其選材原則應注重：關於啓導人生眞義，培養國民道德者；關於喚起民族意識，配合國家政策者；關於啓發思路，激勵志氣者。凡是合於上述選材原則的文章，皆可選爲教材；凡是合於「精神陶冶」目標之課程，而國文教學應有所貢獻者，則務必儘量與之配合，以分擔國文教學所應承擔和所能承擔的部分。例如：國民中學之「公民與道德」，高級中學之「公民」等課程，皆屬陶冶學生品德者，國文教學可以與之相互配合，以求完成培養學生倫理觀念，激發學生愛國思想，進而宏揚中華民族文化之使命。但是因爲「國文」非「公民」課程，無庸多慮其條目之全備與否，系統之完整與否，但求其能重質不重量地配合就可以了。教師要完成這項任務，必須本著純正的觀念、理想、態度和熱誠，以身作則，領導學生自動自發的學習，以造就其爲大時代中的理想青年，而實現我們發皇民族精神，陶鑄健全人格的教育目的。這是品德的培養，可稱之爲「附學習」。

本章計分七節，依次爲「教學目標」、「預習指導」、「討論講解」、「深究與鑑賞」、「教學評量」、「教學設計」、「診斷與補救教學」。此乃按照「教學過程」的順序而排列，以期便於依序閱讀。

第三章是作文教學　依據現行「國文課程標準」的規定，國中與高中每週作文教學時間，極爲有限。教師要利用這有限的時間，指導學生作文，相當不易。除作文課時對各種文體之寫作，加強指導外，必須在範文教學活動中，把握教學目標，運用適當方法，隨機進行作文指導的工作，以培養其審題、立意、構思、運材、布局、措辭等有關作文技巧之觀念。經過長期的訓練，系統化的指導，學生自然能把「學習範文」與「學習作文」兩者相互聯繫，積久成習，對於作文的經營技巧，便可心領神會了。作文教學的方式，不拘於一格，但最有效的方法，莫過於「命題習作」，故現行「國文課程標準」規定作文練習，均以教師命題爲原則，在課堂用毛筆正楷寫成，因而本章所討論者，也以「命題習作」爲主。作文教學的過程，可分爲三個階段：一是「命題」，二是「指引」，三是「批改」。命題必須適當，指引必須合理，批改必須妥善。本章就此三方面進行討論，旨在提供中學教師作文教學參考之用。

第四章是課外閱讀　所謂課外閱讀，是指閱讀課外的書籍或文章而言。至於範文教學過程中指導學生在課外預習，查閱有關的參考資料，看來似乎也是屬於課外閱讀的工作，但那只不過是範文教學中的一種「精讀」行爲，算不得眞正的課外閱讀。這裏所說的課外閱讀，乃是指依照「課程標準」所列之「教學目標」、「教材大綱」及「教學要點」，指導學生閱讀課外讀物，以增進其語文能力及欣賞文學作品之興趣而言。本章內容共分九個單元：㈠教學目標。㈡教學意義。㈢閱讀態度。㈣選材原則。㈤選材範圍。㈥編配實例。㈦指導方法。㈧筆記指導。㈨教學評鑑。舉凡有關課外閱讀指導的問題，可說大體具備矣。

第五章是書法教學　「書法」爲我國美術中的一環，具有實用性與藝術性的雙重價值：就實用性而言，文字與生活息息相關，書寫文字的方法、技術便是書法的第一層要義。就藝術性而言，書法之所以具有美感，一是中國文字的字體從古到今歷經多次變革，有多種不同的體式，這些由線條架構而成的不同字體，使用毛筆寫後，能表現出線條、空間、造形、筆勢、墨韻等美感。二是歷代鼎銘碑帖的流傳，提供了學習和欣賞的豐富材料。臨碑摹帖，品賞古今名蹟，探究書學理論，這就是一種藝術活動。民國七十二年教育部公布「課程標準」，將書法列入高級中學的選修科目，使書法單獨成為一門學科。因為書法這項課程，不僅包括了書體、書史、書論、書家、書蹟等學術性史料，其所構成的學術性領域，更是一塊待開發的園地。此番將書法列入高中選修課程，不僅可以延續傳統的書寫技術，培養學生對書法藝術的認識與興趣，對於書法學術研究的未來發展，也有先導的作用。本章第一節為前言。第二節分析書法教學目標。第三節探討書法課程在現今教學上的價值。第四節簡介我國字體的演進。第五節探討教學方法，以筆、墨、紙、硯的選用始，以書法技能之指導終。第六節為教學的實施。

第六章是語言訓練　依據民國七十二年教育部公布之國民中學「國文課程標準」，其教學「目標」第二條是「指導學生繼續學習標準國語，培養聽話及說話之能力與態度。」其「教材綱要」中，亦列有「語言訓練」一項，可知國民中學的國文教學中，應該列入「語言訓練」；但是因為各校課程表上只有「國文」一科，許多教師也因而忽視語言訓練的教學，使語言訓練的教學目標難以達成。國文教學，在國中階段固然要注重文字運用能力的培養，但是對於學生語言能力的訓練，更應該加強。因為國中學生畢業後，如果就業，用語言的機會要比文字多。話說得好的人，能用美妙的語言，引起他人注意，產生良好印象；在社會上就能夠多交朋友，廣結人緣，到處受到歡迎，到處占著便宜；甚至還能解決問題，破涕爲笑，轉危爲安，化仇敵爲朋友，變失敗爲成功。說話的技巧，對於一個人在社會上的地位和事業，實在是太重要了！本章依據「國文課程標準」所列之「教材綱要」，提出「演說」與「辯論」的訓練方法，以供讀者參考。

本書撰寫期間，多蒙諸師友之督教、鼓勵與協助，始能得以順利出版，謹此敬致謝忱。唯因本人才疏學淺，謬誤之處，或有不能免者，方家先進，幸有以垂教焉。

陳品卿
中華民國七十五年十月十日
序於國立臺灣師範大學

國文教材教法　目次

第一章 緒論

第一節 教學的意義

「教學」是促成人類文明進展的重要因素，惟有透過教與學的活動，人類努力的成果方能層層累進，並得以傳遞延續；努力的起點是前人經驗之終結處，而不是原始起點。從下列兩個簡單的圖表可看出這層關係：

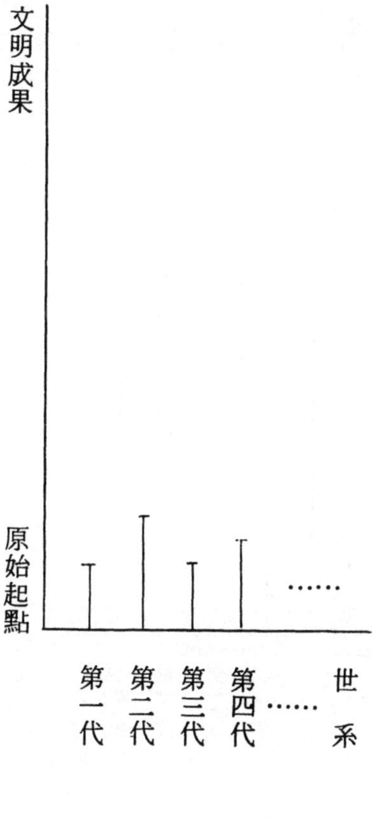

文明成果

原始起點

第一代 第二代 第三代 第四代 …… 世系

圖一：未經學習傳遞

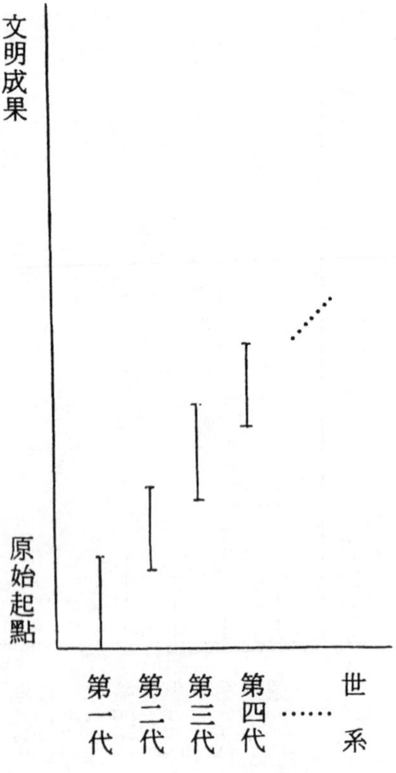

文明成果

原始起點

第一代　第二代　第三代　第四代　……　世系

圖二：經過學習傳遞

由此，我們不妨對敎、學這個過程，賦予一個概略性的定義：敎學是一種經驗傳遞的過程，由有經驗者將其心得轉授予無經驗者，或由無經驗者自發的觀察、領悟，並得於此基礎上繼續努力。

接著我們要了解敎、學及敎學的涵義。據說文之記載：

敎，上所施、下所效也。

斆，覺悟也。學，篆文，斆省。

就其字面意義而言，則「敎」顯然是指有經驗者（上）對無經驗者（下）之施授，爲無經驗者所取效；「學」則爲無經驗者自身之領會覺悟。然深究其義，實不僅止於此，觀說文斆字下段注：

學記曰：「學然後知不足，知不足然後能自反也。」按：知不足所謂覺悟也。記又曰：「教然後知困，知困然後能自強也，故曰：教學相長也。」兌命曰：「學學半。其此之謂乎？」按：兌命上學字謂教言，教人乃益己之學半，教人謂之學者，學所以自覺下之效也；教人所以覺人上之施也。故古統謂之學也。

故知，無論「教」或「學」，其於中國古代經典雖獨立出現，實則兼含二者之義，教學之意義於此悉明，即：

教人的一半是教，一半是學，而學習的一半靠人教，一半靠自己學。

然而證諸傳統教學卻是以教師為主體，只有教師的講授，單方的注入知識，而不注重啓發學生之思想，學生因而缺乏自動學習之機會與態度，便如算盤珠子一般，老師撥一撥，學生才動一動，教學活動完全不考慮學生能力、興趣及需要。至民國七、八年以後，各種新的教學觀念陸續傳入我國，教育界方領悟所謂「教」與「學」，應包括教師的「施教」與學生的「學習」，並應以學生之學習為主體，教師僅是站在輔導的地位指導學生學習，即所謂：「教給他釣魚的方法，不要給他一條魚。」魚有吃完的時候，而方法可使其在需要時，隨時去捕魚吃，故教師須能輔導學生自動自發的學習，同時亦須鼓勵學生共同參與教學之設計與活動，因而師生之間便是交互影響而多向溝通的。

教育乃在謀求人類之進步及個人之發展，而學校之教學活動在於達成教育之目的，故學校中的教學必須有理論依據、方法技術、適切的內容，並適當運用刺激以引起學生學習動機、興趣及滿足需要，指導學生作經濟有效之學習，鼓勵及幫助學生解決困難，維持學生學習興趣。故教學的意義在學校的範疇中，可解釋為：

教學乃是教師依據學習的原理原則，運用適當的方法、技術，刺激、指導和鼓勵學生自動學習，以達成教育目的的活動。（註一）

如以圖示之如左：（註二）

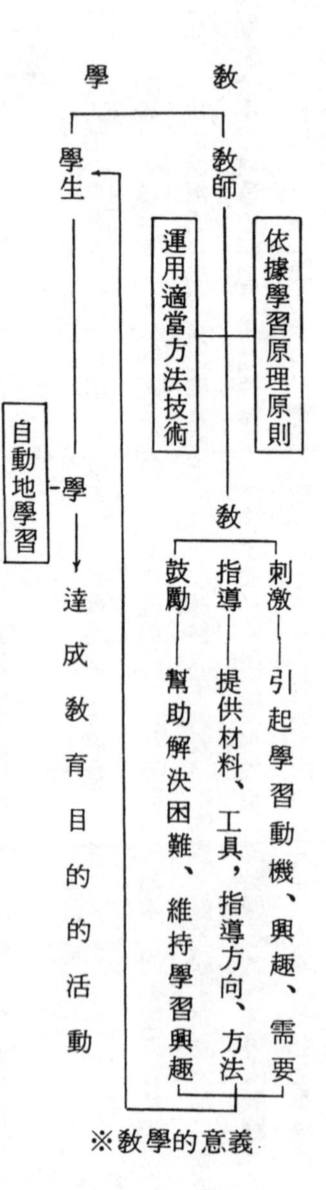

※教學的意義

可見學校教學為達成教育目的，必有其特殊之目標、任務，同時應具備原理、原則、教材、教法等條件，國文教學為學校教學的一環，自應具備上述各項要件，以下就中等教育國文科課程分別討論之。

【附註】

註一　參見方炳林　普通教學法　教育文物出版社印　民國六三年九月修訂二版　頁二。

註二　同註一，頁三。

第二節 教學的任務

前所言及，學校教學活動在於達成教育目的，然則中學（含國民中學及高級中學）國文科的教學任務是什麼呢？章師微穎先生說：

所謂國文的基礎訓練：第一、在使教學的結果，能令學生有高度的能力去聽受、閱讀本國語文，以了解、欣賞人家所表達的思想情意。第二、在使教學的結果，能令學生有高度的能力去運用本國的語文講述、寫作，以對他人表達其自己的思想情意。……便是國文教學的重大任務了。……關於國家建設的主義與政策之宣揚，關於民族文化精神之發皇，關於學術思想之檢討，關於人生理想和生活知能之培育，關於志趣道德之修養，關於行為篤履實踐之鼓舞，以及關於青年思辨力認識力之啓導鍛鍊等等，凡是合於整個教育目的而為國文教學所應該貢獻的，亦務必盡量與其他各科教學，分擔其所應擔，和能擔的部分。這可說是國文教學的另一重大任務。於此，又可概括一句：前者多半是國文文辭形式方面的事，後者多半是國文內容實質方面的事，關於文辭形式方面的，重在訓練學生語文吸收表達的功夫，可稱之為「語文訓練」的任務，是國文教學的專責，國文教師必須計度程功。關於內容實質方面的，重在思想材料的選別和闡釋引指以陶冶學生的品德才能，可稱之為「精神陶冶」的任務。（註一）

然而求諸現行中學國文之教學，可發現其任務尚不止於此，並且由於我國中等教育階段劃分爲國民中學及高級中學兩時期，其中國中與高中之國文教學任務又有些微不同，故據筆者教學之經驗言之，中學國文科之教學任務應有三點：

其一，即「語文訓練」之任務：國中階段主要在繼續國民小學之教育，學習標準國語，並明瞭本國語文之特質。高中階段主要在提高學生閱讀及寫作語體文之能力，並培養其閱讀淺近古籍之興趣及寫作明易文言文之能力。

其二，即「精神陶冶」之任務：此指思想敎育部分，於國中爲增進生活體驗，啓發思辨能力，養成倫理觀念，激發愛國思想，並宏揚中華民族文化；於高中爲培養倫理道德之觀念、愛國淑世之精神及思考判斷之能力與恢宏堅忍之意志，文詞雖異實則國、高中之任務一致。

其三，即「指導學習方法」之任務：敎師應指導學生自己搜尋資料，自己參證。如指導查閱辭書，考徵有關書文之類，皆可養成學生搜求參徵和處理的技能。

此三大任務中之「語文訓練」爲主學習，「指導學習方法」爲副學習，「精神陶冶」爲附學習。

【附　註】

註　一　參見章師微穎先生著　中學國文教學法　蘭臺書局　民國六十七年十月一日四版　頁二～三。

第三節　教學的原則

原則的功用在於其有理論的依據，並有經驗參考的價値，（註一）因此運用原則，比較容易獲得顯著的功效，但原則並非萬靈丹的代稱，僅是提供我們做事的一些參考。故而在教學上，教師使用原則來輔助教學活動之進行，就須深切了解每一教學原則之特性，而後靈活運用，始能不拘泥或誤用原則，反而誤事。

以下分別介紹一些常用的教學原則，並舉例說明其於國文教學方面之運用方法，以爲參考：

一、準備原則

準備原則是指教師在教學前，對目標、學生、教材、教具及環境佈置等一切有關之教學因素，有充分的了解與準備，而學生亦須在其身心發展、學習經驗及心理動機方面先作好準備。在師生共同充分準備之後，教師運用其智慧與經驗，在教學過程中或利用教具、或提出問題、或共同討論等，因人制宜，靈活運用，使學生的學習提高效率。

二、系統化原則

所謂系統化是指依照心理發展的程序，將教材及教學活動過程做系統化的合理設計。因此，教師在教學時應將目標、教材、教法、教具、教師行爲、學生行爲及教學環境等凡影響教學之因素者，加以客觀分析、靈活組織運用，而非將上述諸因素各自孤立，以期建立一完整的教學系統，俾有助於學生之學習。

三、類化原則

類化原則的應用是以舊經驗作爲學習新事物的基礎。教師運用此原則教學，應對學生之經驗與能力有充分之了解，以爲施教的依據。這樣才能使教材有一定順序，以有系統有組織的擴展學生的學習。在開始教學時須應用複述或問答的方法引起學生回憶舊經驗；在教學中宜儘量利用學生已有經驗指導學生學習；當缺乏必要經驗時，則設法補充類化的基礎，使學生循序而進，容易學習。（註一）

四、自動原則

所謂自動便是自己主動而積極的從做中學。古今中外的教育家都重視自動學習。孔子說：「不憤，不啓；不悱，不發；舉一隅，不以三隅反，則不復也。」便是自動學習最好的理論。在教學上，自動原則可說是最重要的原則之一。教師需要設計作業、滿足需要、鼓勵並嘗試增加活動，以輔導學生自動學習。更重要的是教師要佈置方便學生學習的環境，培養並鼓勵自動學習的氣氛，使學習成爲生活中的一部分，學生必能自動自發的學習。

五、興趣原則

教學上的興趣，是使學生對於學習的事物、學習的目的、活動、過程、結果或價值，由有所感而心嚮往之。從而全神貫注，專心致志，勇往直前，不違他顧，使學習得以完成，達到目的，獲得滿足。（註三）因此，在教材方面需能適合學生的能力與興趣。且其內容要生動有趣，教法則需多方變化，以激發學生興趣，積極參與學習活動。教師除不斷充實本身的學習，以擴展學生知識領域、滿足其求知慾外，在態度上尤須做到和藹可親、諄諄善誘，以鼓舞並啓發學生涉獵更高深知識領域的企圖與興趣。

六、個別適應原則

由於社會、文化、經濟等背景條件及遺傳因素的影響，在教學上，我們必須承認有個別差異的存在。不僅是學生有個別差異，甚或教師亦因其才能、興趣與性格均各有不同，而有其個別差異的存在。因此，在教學上必須適應師生的個別差異，以期能做到眞正的「因材施教」。如此則必須從分組分班教學、課程的組織、課表的編排，教學方法的靈活運用及學習結果評鑑等各方面，來適應學生的能力、需要、興趣及性向。教師亦能依其專長授課，改變傳統講述方式，靈活運用教材教法及器材設備來輔助學生學習，如此則更能做到個別差異的適應。

七、社會化原則

社會化教學的目的，是應用共同參與的方法，使個人變化爲社會人。學校是個人社會化主要的場所之一，學校中的教學可幫助個人適應社會、利用社會，進而去改造社會。因此，教學上欲做到社會化，須增加社會價值較大及可發展羣性的課程，如聯課活動或課外活動，多利用團體活動的學習方式，採民主教學的方法和精神，並運用各種社會資源，如參觀社區建設、旁聽議會咨詢等，使學生能夠逐漸變化成「社會人」。

八、熟練原則

我國自古即重視學習的熟練，如論語中的「學而時習之」「溫故而知新」，以及中庸的「有弗學，學之弗能，弗措也；有弗問，問之弗知，弗措也；有弗思，思之弗得，弗措也；有弗行，行之弗篤，弗措也。人一能之，己百之；人十能之，己千之。果能此道矣，雖愚必明，雖柔必強。」不但說明熟練的重要，而且指出熟練的功用和如何熟練之道。尤其孟子所謂「居之安，資之深，取之左右逢其源」，更說明熟練的價值，以及熟練在於植基深厚穩固、印象深刻，則應用可以靈活方便。

教學上做到熟練，在教材方面，要使教材有組織，有意義，以便容易學習和理解。在教法方面，

指導有效的學習方法，經常練習和應用所學，都可以有助於學習的熟練。（註四）

九、同時學習原則

同時學習原則乃是認爲在一個教學活動中，可指導學生同時學習許多事物，如知識、技能、態度和興趣等。這些又可分爲主學習、副學習與附學習。無論就學習的主體、內容或目的而言，這種同時學習都非常重要而且正確。以國文教學爲例，可參照第二節所述，語文訓練爲主學習，指導學習方法爲副學習，精神陶冶爲附學習。因此，在教學上做到同時學習，教學的設計必須各方兼顧，使主學習、副學習及附學習得有適當比例。教師並須身教言教並重，一方面以身作則，一方面把握適當之機會，提示或指導學生作價值的批判及情趣的欣賞，使學生不僅能習得知識、技能，並能在精神上受到潛移默化，以收精神陶冶之效。

十、評鑑原則

評鑑是運用適當的方式，對教學所預期之效果加以評量。在教學上評鑑原則的應用包括：預先決定評鑑方式，注重平時評鑑，與教學活動密切配合，在教學活動中隨時觀察、評鑑，評鑑的結果乃作爲補救教學及教師檢討教材、教法、進度是否合宜之依據。

以上十原則，在國文教學活動中，可視實際需要，靈活運用。國文教學的過程，約可分爲準備活動，發展活動，綜合活動與評鑑活動四階段。此四階段的設計必須科學化，這可以說是「系統化原則」的應用。第一階段中的「預習指導」，即爲「準備原則」之應用。預習指導之目的，在培養學生自學能力，使其能自發自動的收集各種資料，做好預習作業，即爲「自動原則」之應用。第二階段中，教師指名學生講述舊教材，即爲利用舊經驗以引入新經驗的「類化原則」之應用。教師利用團體活動的學習方式，進行討論，即爲「社會化原則」之應用。第三階段深究與鑑賞部分，是語文訓練與精神陶冶的綜合性活動，即爲「同時學習原則」之應用。應用練習部分，詞語的造句練習，仿造句型等，即爲「熟練原則」之應用。第四階段的隨堂測驗，即爲「評鑑原則」之應用。評鑑後之補救教學，即爲「個別適應原則」之應用。整個教學活動過程中，教師隨時靈活變化教學方法，以促使學生全神貫注，專心致志，即是「興趣原則」之應用。

以上僅就教學活動中，常用的原則，加以說明，並大略舉例以爲參考，但最重要的是「了解原則，靈活運用」，才能發揮原則的功效，達到教學的目標。

【附　註】

註　一　參照方炳林著　普通教學法　教育文物出版社印　民國六十五年二月修正三版　頁五七。

註　二　同註一，頁七二。

註　三　同註一，頁七四。

註　四　見註一　頁七九－八〇

第四節　教法的意義

教法又稱教學法，教學法所指的就是教學的方法。教學的意義在第一節中已作說明，方法則是一種有系統、有目的的做事程序和手續，其中包括辦法和技術。合而言之，教法的意義就可以說是：「教學法是一種有系統、有目的的程序和手續，教師可用以刺激、指導和鼓勵學生自動學習，以達成教育目的。」（註一）

教學方法可因教育目的或教材的內容、性質不同，而有不同。此外，配合學生的資質或學校設備，乃至於教師本身的能力、性格，也都使教學法的運用極需靈活，至於恰當與否，則有賴教師的經驗選擇，以下介紹十二種普通教學方法，以爲教師使用時之參考：

一、啓發教學法

孔子說：「學而不思，則罔；思而不學，則殆。」學而不思，則所得的知識是死的，不能活用；思而不學，則淪於空想，亦難有所成就，可見學與思是相輔相成的。而所謂啓發式教學，便是重視學生思想之啓發，以學生的經驗能力爲基礎，啓發其思想，使其能運用思想去思考、分析、判斷、歸納，以期產生積極的學習活動，進而「觸類旁通」,「舉一反三」，逐漸擴張經驗、增加知識。啓發法與傳統注入法是相對的，它強調師生共同的活動，而避免被動地接受教師所注入與傳授的知識，故孔子說：「不憤不啓，不悱不發」這可以說是啓發教學法最好的說明。

二、問題教學法

所謂問題教學法，是應用系統的步驟，指導學生解決問題以增進知識、啓發思想和應用所習。（註二）採用問題教學法，乃是以實際的生活來教導學生，從學生的生活中找出有意義的問題，指引學生去思考、解決，而非將教材內容改爲問題形式即可。

問題教學法實施的方式，有「團體」和「個別」兩種。團體的問題教學，就是使學生共同研究一個問題、共同搜集資料，共同討論以求得結論；個別的問題教學，則是學生各自研究一個問題，由教師指導而獲得結論。至於何時運用團體問題教學，何時運用個別問題教學，則視學生能力、問題性質而定。

三、設計教學法

所謂設計是指在實際的活動中，由學生根據目的，自己計劃和實行以完成的學習活動。利用這種方式教學的，便是設計教學法。（註三）由以上說明可知，設計教學法是一種有目的、有計劃、有實際活動的學習活動。在活動進行中，必有一實際問題，由學生根據其學習目的、自行擬訂工作計劃，自己運用材料，從實際活動中去完成工作。可見設計教學重視實際活動與思考活動，所以它是手腦並用的。設計教學首先被應用於勞作科，後被推廣於中小學各種學科，是一種被廣泛應用的教學法。

四、單元教學法

所謂「單元」是指教材、範圍、目標相近而自成一體系者，單元教學法即以單元爲範圍之教學方法。單元教學的種類一般言之可分爲：學科單元、合科單元、聯合單元及大單元設計活動等四種。一般單元教學是以一篇課文、一個章節、一個問題或一個活動爲範圍，通常可分爲準備活動、發展活動及綜合活動三個過程，國立臺灣師範大學實習會編印的教案編寫示例，在「綜合活動」以後再增加「評鑑活動」，目前國內盛行之行爲目標單元教學便屬此類。單元教學的特點是：它是完整的學習、需要較長的時間；聯繫各科教材及注重學生活動。（註四）

五、自學輔導法

所謂自學輔導法即教師佈置環境、安排時間，並用適當而有效的方法，提供學生自我學習和自我適應。自學輔導法由教師指定作業範圍，指示學習方法，使學生在教師指導下學習。有些學校要學生在教室或圖書室內自修，然而因缺乏教師指導，學習效果不佳。因此，有些學者主張在教學時間內劃出一部分時間，由任課教師指導學生自學。此法優點在學生自學而有教師指導，教室的環境較家庭環境適於自修；學生在原任教師指導下，可應用更有效的學習方法，養成良好的學習習慣。等到自學的習慣養成之後，他們就可自己去研究學問了。（註五）

六、練習教學法

練習教學法是以反覆操作和練習，使某些動作、技能、經驗和教材，達到純熟和正確反應的教學方法。其教學步驟為引起興趣→教師示範→學生模仿→反覆練習。（註六）在反覆練習中，通常分佈練習優於集中練習，整體練習優於部分練習，而正確性又應優先於快速性。教學的目的若在使學生養成某種習慣、技能或記憶某種重要教材時，便可採用練習教學法。但並非任何教材均可採用此法。大體來說，技能科目如體育、音樂、美勞及書法以練習教學為主；國文、英文、數學則思考教學與練習教學兼顧；其他如史地、公民、理化、生物等，則練習教學僅居輔助地位，而以思考教學為主。

七、社會化教學法

社會化教學法是利用團體活動的方式來進行學習。教師指導學生共同討論一個問題，彼此交換意見，共同解決問題，共同從事學習活動，以培養學生互助合作的精神。目前的班級教學、若加以改善、運用，可成為社會化教學最方便和最有利的場所，社會化教學法主要是在培養學生社羣能力，團體意識，學習民主精神、生活，改變學習態度，增強學習效率，以使教育能社會化。因此，其就一般情形說來，可由「大班級教學」、「小組討論」及「分組活動」三種方式進行。

八、欣賞教學法

欣賞教學法乃在學生學得知識與技能之外，給予品格陶冶，養成正當的態度和興趣，培育情操和理想，以指導人生和陶冶性情。由此可知，欣賞教學法之目的即在：養成正當態度，培養高尚理想，樹立高尚品德，以指導人生行爲。然而，這些理想、態度等的養成，往往是各科「附學習」的結果，且欣賞內容複雜，難收效又難考查，故在傳統教育中常易受忽略，實有待改進與加強。

九、發表教學法

發表教學法是指在教學活動進行中，教師指導學生透過音樂、戲劇、工藝、圖畫、語言、文字等不同途徑與方式，來表達自己的知、能、情、意，以達成教學的各種目的。人類在生活環境中，常要表現自己的意見與感情和他人溝通，藉以增進彼此了解，而發表教學法不但可以達到上述目的，且可訓練學生知行合一，手腦並用，進而陶冶性情、清晰思想，創造更新的文化。因此，發表的內容必須充實創新、發表的技巧必須條理清晰而生動，這些則必須藉由知識、思想、能力及興趣，來指導學生作充實的發表。

十、創造教學法

創造教學便是思考教學，也可以說是屬於發表教學的一種。其所以有如此不同的性質，乃是在於「創造」一詞的解釋。其主要說法有二：一視創造爲歷程，一視創造爲能力。其實，創造是思考的能力，亦是思考的歷程，而且還包括成果的表達，三者具備，才是眞正的創造。所以可以說：創造乃是使獨特的思維、見解與感受，發爲新穎獨特的具體成果之能力、歷程和表達。而創造教學，便是指導學生發展創造才能，鼓勵學生經由創造歷程，學習作有效創造之活動。若在教學過程中，教師能推陳出新，匠心獨運，產生不同凡響之教學，則又是另一種創造的教學。（註七）創造教學可使教學效果提高，教學方法革新，使教學進入高深的藝術境界，亦可使學生滿足需要，實現自我。雖然，創造是可遇而不可求，並非指導便可產生者，不過對具有創造能力的學生，提供學習機會，指導其方法，激勵其思想，就教師而言，實有其必要。因爲教導學生創造，有賴於教師創造的教學。

十一、編序教學

編序教學是將教材重新組織，按照邏輯的程序，編成許多細目或細小步驟，構成一個緊密的學習階梯，俾使學生能從前一細目到後一細目，循序漸進地學習的一種教學法。編序教學是一種自學的教學方法，必須學生確實的閱讀、作答及核對來進行學習。一般而言，它常配合教學機及電腦來實施，爲了方便學生學習，編序教學都提供了正確的答案，學生可立即核對學習結果，獲得回饋，有利於提高學生的學習動機與興趣。在編序教學中，學生可依本身的興趣、需要及能力，自由調整學習速度，以適應個別差異。同時編序教學不但使程度好的學生繼續直線進行學習，並且亦可提供分支式的編序教材，使程度差的學生能有複習和補救的機會，因此，對程度較差的學生而言，編序教學不啻爲一良好的教學方法。

十二、協同教學

協同教學是採用目前流行的團隊工作模式，由若干教學人員共同組成一個教學團，利用各個教學人員的專長、才能，經由不同方式、合作計劃、合作教學和評鑑的新安排。這種安排便是教學團的組織。協同教學的特質是：在一個或幾個學科領域中，應用各種教學器材，以指導兩個或更多傳統班級的學生學習。因此，協同教學可說是一種合作教學的教學方法。它能適應師生之間的差異，充分利用學校設備，改進教學型態，兼顧學生的個性與群性，以促進互助合作，並聯繫協調科際之間的教學。這種教學方式，能使學生獲得較佳較多的指導，所以協同教學可說是一種值得極力推行的教學方法。

【附　註】

註一　參見方炳林著　普通教學法　教育文物出版社印　民國六十五年二月修訂三版　頁四。

註二　同註一，頁八六。

註三　同註一，頁九一。

註四　同註一，頁九七。

註五　參見孫邦正著　普通教學法　正中書局印　民國六十二年臺修一版　頁一九五。

註六　同註一，頁一〇七—一〇九。

註七　同註一，頁一八九。

第五節　教材的內涵

教材即教學所用之材料，一般人對中學國文教材之直接反應，就是認爲其所指者爲課本之範文部分，然而依據現行課程標準之規定，當可發現，中學國文教材之內容其實極爲豐富而不止於此。

國中國文教材之範圍，除範文外，尙有作文、書法、語言訓練、課外閱讀等。其中範文共一百一十八課，若以文白來分，包括文言文與語體文二部分；若以文體來分，則包括記敍文、抒情文、論說文及應用文，並有語文常識十八篇；作文練習每學期二小時者十次，一小時者四次；書法練習第一學年上學期每兩週一小時，下學期每週一小時。第二、三學年上、下學期皆每三週一小時，並令學生每日作大楷十字、小楷五十字以上，均於課外行之，語言訓練着重隨時指正，課外閱讀除鼓勵學生每日閱讀有益之報章雜誌外，並選定國文補充讀物每月至少一本。茲錄民國七十二年七月部頒「國民中學國文課程標準」之教材綱要以資參考：（註一）

第一學年：

類別／要項／學期	第一學期（每週六小時）	第二學期（每週六小時）

範文	
每週四小時	每週四小時
1. 記敍文 (1) 語體文六篇：必讀五篇 選讀一篇 (2) 文言文三篇：必讀二篇 選讀一篇 2. 論說文 (1) 語體文三篇：必讀 (2) 文言文二篇：必讀一篇 選讀一篇 3. 抒情文 (1) 語體文三篇：必讀二篇 選讀一篇 (2) 文言文一篇：必讀 4. 應用文 語體文二篇：必讀	1. 記敍文 (1) 語體文六篇：必讀五篇 選讀一篇 (2) 文言文三篇：必讀二篇 選讀一篇 2. 論說文 (1) 語體文三篇：必讀 (2) 文言文二篇：必讀一篇 選讀一篇 3. 抒情文 (1) 語體文三篇：必讀二篇 選讀一篇 (2) 文言文一篇：必讀 4. 應用文 語體文二篇：必讀

作文	每三週四小時 命題作文　兩篇	每三週四小時 繼續上學期
書法	每兩週一小時 1.寸方楷書及小字之練習 2.應用文格式之練習 3.常見行書之認識	每週一小時 繼續上學期
語言訓練	每兩週一小時及每週隨堂練習 1.課文預習口頭報告 2.時事報告 3.名人故事講述 4.演說之訓練	每週一小時及每週隨堂練習 繼續上學期
課外閱讀	每月至少一本 1.國父傳 2.蔣總統傳 3.其他短篇文藝名著 4.閱讀報告之習作	每月至少一本 1.本國名人傳記 2.其他中外名著

第二學年：

學期 \ 要項 \ 類別	範
第一學期（每週六小時）	每週四小時 1.記敘文 (1)語體文五篇：必讀四篇 選讀一篇 (2)文言文三篇：必讀二篇 選讀一篇 2.論說文 (1)語體文三篇：必讀 (2)文言文二篇：必讀一篇 選讀一篇 3.抒情文 (1)語體文二篇：必讀 (2)文言文一篇：選讀
第二學期（每週六小時）	每週四小時 1.記敘文 (1)語體文五篇：必讀四篇 選讀一篇 (2)文言文三篇：必讀二篇 選讀一篇 2.論說文 (1)語體文三篇：必讀 (2)文言文二篇：必讀一篇 選讀一篇 3.抒情文 (1)語體文二篇：必讀 (2)文言文一篇：選讀

文	4.應用文 (1)語體文二篇：必讀 (2)文言文二篇：必讀	4.應用文 (1)語體文二篇：必讀 (2)文言文二篇：必讀
作文	每三週五小時 1.繼續上學年 2.命題作文　兩小時兩次 一小時一次	每三週五小時 繼續上學期
書法	每三週一小時 1.繼續上學年 2.指導學生臨帖	每三週一小時 指導學生臨帖並欣賞碑帖
語言訓練	每三週一小時及每週隨堂練習 1.繼續上學年 2.三分鐘演講練習	每三週一小時及每週隨堂練習 繼續上學期
課外閱讀	每月至少一本 1.中外名人傳記 2.歷史故事 3.社會學科或自然學科之論著	每月至少一本 1.中外名人傳記 2.古今名人書信 3.其他文藝作品或科學論著

第三學年：

學期 要項 類別	範
第一學期（每週六小時）	每週四小時 1.記敍文 (1)語體文二篇：必讀 (2)文言文二篇：必讀 2.論說文 (1)語體文四篇：必讀 (2)文言文四篇：必讀二篇 選讀二篇 （可選論語或孝經各一、二篇） 3.抒情文 (1)語體文二篇：必讀 (2)文言文二篇：必讀一篇 選讀一篇
第二學期（每週六小時）	每週四小時 1.記敍文 (1)語體文二篇：必讀 (2)文言文二篇：必讀 2.論說文 (1)語體文三篇：必讀 (2)文言文四篇：必讀二篇 選讀二篇 （可選論語或孝經各一、二篇） 3.抒情文 (1)語體文二篇必讀 (2)文言文一篇：選讀

文	4.應用文 (1)語體文二篇：必讀 (2)文言文二篇：必讀一篇 選讀一篇	4.應用文 (1)語體文二篇：必讀 (2)文言文二篇：必讀一篇 選讀一篇
作文	每三週五小時 1.繼續上學年 2.命題作文　兩小時二次 一小時一次	每三週五小時 繼續上學期
書法	每三週一小時 1.繼續上學年 2.欣賞碑帖	每三週一小時 繼續上學期
語言訓練	每三週一小時及每週隨堂練習 1.繼續上學年 2.五分鐘演講練習	每三週一小時及每週隨堂練習 繼續上學期
課外	每月至少一本 1.科學家傳記	每月至少一本 1.工商企業家之傳記

閱讀	2.古今名人書信 3.其他文藝作品或科學論著	2.古今名人書信 3.其他文藝作品或科學論著

高中國文教材的範圍，包括範文、中國文化基本教材、課外閱讀、作文、書法等。其中範文共九十三課，若以文白來分，有文言文與語體文；若以文體來分，則有記敘文、論說文及抒情文，其所附之語文常識則偏重應用文。中國文化基本教材之內容，依其義理，採分類編輯，選授論語、孟子及大學、中庸。課外閱讀分為閱讀及報告二部分，閱讀部分每月至少一本，報告部分每學期二至四篇。作文練習每學期至少十篇，由教師命題，間可指導學生自由命題。書法練習以正楷、行書為主，臨摹法帖古碑，第一學年每週限交大楷六十字，小楷一百八十字，第二學年每週限交行書一百八十字，均於課外行之。茲錄民國七十二年部頒「高級中學國文課程標準」之教材綱要於后：（註二）

第一學年：

類別　要項　學期	第一學期（每週五小時）	第二學期（每週五小時）
範	每週三小時 1.記敘文 (1)語體文二篇 (2)文言文二篇	每週三小時 1.記敘文 (1)語體文三篇 (2)文言文二篇

文	2.論說文 (1)語體文二篇 (2)文言文四篇 3.抒情文 (1)語體文二篇 (2)文言文三篇	2.論說文 (1)語體文二篇 (2)文言文四篇 3.抒情文 (1)語體文一篇 (2)文言文三篇
中國文化基本教材	每週一小時 四書	每週一小時 四書
課外閱讀	1.閱讀部分：每月至少一本 (1)本國名人傳記 (2)散文小品名著 2.報告部分：每學期二至四篇	1.閱讀部分：每月至少一本 (1)本國名人傳記 (2)短篇小說名著 2.報告部分：同上
作文	每兩週二小時 命題作文一篇	每兩週二小時 命題作文一篇
書法	每週（於課外臨摹碑帖） 1.大楷六十字 2.小楷一百八十字	每週（於課外臨摹碑帖） 繼續上學期

第二學年：

學期 ＼ 要項 ＼ 類別	範文	中國文化基本教材	
第一學期（每週五小時）	每週三小時 1.記敍文 (1)語體文一篇 (2)文言文三篇 2.論說文 (1)語體文二篇 (2)文言文五篇 3.抒情文 (1)語體文二篇 (2)文言文三篇	每週一小時 四書	1.閱讀部分：每月至少一本
第二學期（每週五小時）	每週三小時 1.記敍文 (1)語體文一篇 (2)文言文三篇 2.論說文 (1)語體文二篇 (2)文言文五篇 3.抒情文 (1)語體文二篇 (2)文言文三篇	每週一小時 四書	1.閱讀部分：每月至少一本

課外閱讀	(1)本國通俗小說名著 (2)外國名人傳記 (3)勵志性論著或古文觀止、唐詩三百首等。 2.報告部分：每學期二至四篇	(1)本國歷史小說名著 (2)名人札記 (3)勵志性論著或古文觀止、唐詩三百首等 2.報告部分：同上
作文	每兩週二小時 命題作文一篇	每兩週二小時 命題作文一篇
書法	每週（於課外臨摹碑帖） 行書一百八十字	每週（於課外臨摹碑帖） 繼續上學期

第三學年：

學期 要項 類別	第一學期（每週六小時）	第二學期（每週六小時）
範	每週四小時 1.記敘文 (1)語體文一篇 (2)文言文二篇	每週四小時 1.記敘文 (1)語體文一篇 (2)文言文二篇

文	2.論說文 (1)語體文一篇 (2)文言文七篇 3.抒情文 (1)語體文一篇 (2)文言文四篇	2.論說文 (1)語體文一篇 (2)文言文七篇 3.抒情文 (1)語體文一篇 (2)文言文三篇
中國文化基本教材	每週一小時 四書	每週一小時 四書
課外閱讀	1.閱讀部分：每月至少一本 (1)古今名人書信 (2)學術思想性論著 (3)社會學科或自然學科論著 2.報告部分：每學期二至四篇	1.閱讀部分：每月至少一本 (1)古今名人書信 (2)學術思想性論著 (3)社會學科或自然學科論著
作文	每兩週二小時 命題作文一篇	每兩週二小時 命題作文一篇

至於所附之「語文常識」部分，內容相當廣泛，國中課本包括有標點符號的用法、文章作法、文字基本構造、工具書使用法及應用文書如借據、便條之用法與說明等，高中課本所附者，則偏重於應用文，如：書信說明、各種契約之訂定、規章之內涵、以及各級公文之意義、方法與範例。此外，高中國文教學除本科外，另設文法與修辭、國學概要、應用文及書法等科目，學生至少應選其中一科。

【附註】

註一　參見民國七十二年七月教育部公布之「國民中學國文課程標準」頁六一—六七。

註二　參見民國七十二年七月教育部公布之「高級中學國文課程標準」頁二八—三二。

第六節　教材與教法的關係

「教學」是師生共同的活動，其目的乃爲實現教育目標。因此，在教學的過程中，教材是實現教育目標的材料，教法是實現教育目標的手段。教師在教學之前，必須先確定其教學目標，然後選用適當教材，運用有效教法，來實現此一教學目標。由此可知，教材的選擇與教法的運用兩者之間，並非各自獨立，而是息息相關的。然而，一般談論教材或教法之書籍，往往爲了討論方便，而將其分做兩大部分探討，鮮有涉及二者關係之探究，故常將教材、教法視爲兩平行線，各行其是。現在，我們明白教材與教法之間是有相互影響的關係，這種關係應包含那些因素在其間發生作用呢？前已述及，「教學」爲教師與學生的共同活動，教師、學生自爲教材與教法關係中的重要因素。此外，師生的活動乃是在學校中進行，故學校亦是教材教法之間的一個影響因素。

原則上，教師依據已確定的教學目標，並考慮本身之性格、能力，同時顧及學生之能力、需要、興趣，以及學校之設備、資料而決定教材、教法兩者如何配合。因此，教材、教法之間，便經由教師、學生、學校三者而建立關係，如下圖：

教材 ｛教師 學生 學校｝ 教法

學例來說，有關宋詞常識及部分作品介紹之教學，如果教師本身對宋詞極有心得，亦尚須視學校有關資料及設備如何，才能決定教學活動如何進行。若有電氣化設備如錄音機、錄音帶或投影片等，便可採用，否則就須自作教具，此外更要配合其授課班級中，學生之能力與興趣，然後才能決定採用啓發式教學法、自學輔導法，或其他教學法。

一般而言，由教材透過教師、學生、學校三者決定教法取向的時候多；而由教法決定教材的機會少。並且某些特定教材採用某些特定教法，效果最好。例如書法教學，採用練習教學法最好；詩歌教學採用欣賞教學法，效果較佳；而作文教學則採用創造教學法最宜。

今日中等學校的國文教材，其範文部分都採用國立編譯館主編之課本。因此，在中等學校，國文教材是固定的內容、固定的份量，不因教師個人因素、學生個別差異、學校特殊環境而有所不同。然中等學校國文教材，經過設計及修訂，當能普遍適合一般學校之學生與教師。惟教師仍應配合上述三個影響教材、教法取用關係之因素，將課本中之次序或授課時數，予以適當之調整，並選取適當之教學方法，使其更趨完美。

第七節　選材的原則

中學國文選材的原則，可依其教材內容分類說明如下：

壹、範文

根據七十二年七月部頒之「國民中學國文課程標準」規定，有關教材編選之原則為：

一、課文之選材，必需同時具有語文訓練、精神陶冶及文藝欣賞三種價值（應用文注重實際應用價值），並切合學生心理發展及其學習能力。

二、課文教材為求適應學生學習能力高低不同程度之施教，分必讀教材與選讀教材兩種。必讀教材，無論能力較低或能力較高之學生均須教學；選讀教材，可由教師斟酌學生程度自行增減（其增減量以不超過必讀教材與選讀教材總分量十分之二為限）。

三、編選課文時，應將三學年六學期所選用之教材，作通盤計畫，按內容性質、文體比例、文字深淺，作有系統之編排。

四、選文注重下列各點：

㈠思想純正，足以啓導人生眞義，培養國民道德者。

(二)旨趣明確，足以喚起民族意識，配合國家政策者。
(三)理論精闢，足以啓發思路者。
(四)情意眞切，足以激勵志氣者。
(五)材料新穎，足以引起閱讀興趣者。
(六)文字淺顯，適於現代生活應用者。
(七)層次清楚，便於分析者。
(八)詞調流利，宜於朗誦者。
(九)韻味深厚，足以涵泳情性者。
(十)篇幅適度，便於熟讀深思者。（註一）

「高級中學國文課程標準」規定，國文教材選材原則如下：

(一)思想純正，足以啓導人生意義，培養國民道德者。
(二)旨趣明確，足以喚起民族意識，配合國家政策者。
(三)內容切時，足以培養民主風度及科學精神者。
(四)情味濃厚，足以培養欣賞文學作品之興趣者。
(五)理論精闢，足以啓發思路者。
(六)情意眞摯，足以激勵志氣者。

㈦文字雅潔，足以陶鍊辭令者。
㈧篇幅適度，便於熟讀深思者。
㈨層次分明，合於理則者。
㈩文詞流暢，宜於朗誦者。（註二）

可見國、高中之選材原則大致相同。

其次，有關各種文體教材之選擇，亦各有其特殊條件，如：語體文與文言文教材之擇用，據「國民中學國文課程標準」之規定爲：

語體文應選其詞彙語法合於國語者；文言文應採用明白曉暢之作，且適合時代潮流者。（註三）

「高級中學國文課程標準」之規定則爲：

語體文除現代作品外，可酌採古人接近語體之作。文言文宜盡量採用古代典籍內明白通暢含有嘉言懿行堪資表率之篇章，或酌採時代代表作品。先從近代，上溯至古代。（註四）

此外，有關記敍文、論說文、抒情文、應用文之選取，「國民中學國文課程標準」另有規定如下：

㈠記敍文宜由寓言故事入手，漸進於人、事、情、物之描述及名人之傳記。二、三年級，並宜酌採記言或記事中附有意見感想者，以啓導論說文之學習。
㈡論說文宜由短篇入手，以至於夾敍夾議及理論精確之教材；三年級並可略選有辯論性之教材。

㈢抒情文宜取其眞摯感人者。如係舊體詩詞，宜選淺顯明白者。舉凡矯柔虛飾及消極頹廢之作，應予避免。

㈣應用文以書啓、柬帖爲主，其他有關應用文之各類體例，列爲附錄。（註五）

貳、課外讀物

選取課外讀物之原則，於「國民中學國文課程標準」中規定，除前述範文選材之各項原則外，尙須注意下列四點：

一、事理易明

二、詞彙易解

三、語句易讀

四、結構易辨（註六）

於「高級中學國文課程標準」中，則謂：

課外讀物之選材，除中外名人傳記古今明白通暢之書牘、札記外，應酌選近代純正優美之文藝作品，及有關敦品勵志之論著。（註七）

参、語文常識、中國文化基本教材、國學概要

據「國民中學國文課程標準」之規定，有關語文常識之範圍及選用原則爲：

語文常識，包括語法、修辭法、文章作法、文字基本構造、書法、工具書使用法、標點符號使用法及演說辯論法等。舉凡課文內所具有之材料，應盡量剖析運用，並酌加補充。（註八）

「高級中學國文課程標準」中關於中國文化教材之內容及編選原則爲：

㈠中國文化基本教材之內容，選授論語、孟子及大學、中庸。

㈡教材之編選，應依據其義理，採用分類編輯，先闡明章旨，必要時譯爲語體，或加以申述。

（註九）

關於選修之國學概要，其內容及選材原則爲：

一、本科以介紹國學常識爲主，教材內容應力求簡易。

二、選取之材料應具有代表性、正確性。

三、舉例應盡量與國文教材配合。（註一〇）

【附註】

註一　參見民國七十二年七月教育部公布之「國民中學國文課程標準」　頁五八—五九。

註二　參見民國七十二年七月教育部公布之「高級中學國文課程標準」　頁三二—三三。

註三　同註一。

註　四　同註二。

註　五　同註一。

註　六　同註一。

註　七　同註二。

註　八　同註一。

註　九　同註二。

註一〇　同註二。

第八節　教材的配置

教材有深淺難易之別，如何定其配置之比例，以合乎學生的能力、需要與興趣，這是本節所討論的範圍。部頒中學「國文課程標準」曾分別就國、高中定有各學年語體文與文言文分配之比例及各類文體分配之比例，玆抄錄如下：

國民中學

一、各學年語體文與文言文分配之比例：

文別＼百分比＼學年	第一學年		第二學年		第三學年	
	第一學期	第二學期	第一學期	第二學期	第一學期	第二學期
語體文	80%	70%	60%	60%	50%	40%
文言文	20%	30%	40%	40%	50%	60%

說明：右表所列之百分比，第一、二學年語體文可酌增，文言文可酌減；第三學年文言文可酌增，語體文可酌減，但其增減量，均以百分之五爲限。

二、各學年各類文體分配之比例：

學年 / 文別 百分比	第一學年	第二學年	第三學年
記敍文	45%	35%	20%
論說文	30%	35%	45%
抒情文	20%	20%	20%
應用文	5%	10%	15%

說明：㈠右表所列之百分比，可斟酌增減；但其增減量，以百分之五為限。

㈡所選各類文體，一年級內容以銜接國小六年級國語課本程度為原則，二、三年級逐漸加深。（註一）

高級中學

一、各學年語體文與文言文之比例

學年 / 文別 百分比	一	二	三
語體文	四〇%	三〇%	二〇%
文言文	六〇%	七〇%	八〇%

說明：上表所列百分比，可酌量增減，但以百分之五為限。

二、各學年各類文體之比例

文別 ╲ 百分比 ╲ 學年	一	二	三
記敍文	三〇%	二五%	二〇%
論說文	四〇%	四五%	五〇%
抒情文	三〇%	三〇%	三〇%

說明：①各體文篇數之總和，應用文應占百分之二十。
②上表所列之百分比，可酌量增減，但以百分之五為限。（註二）

從以上語體文與文言文的比例而言：國中一年級第一學期，語體文百分之八十；文言文百分之二十。高級中學三年級語體文百分之二十；文言文百分之八十。這樣的配置是由易而難。從各學年各類文體分配的比例而言；記敍文的比例，先重後輕；論說文的比例，先輕後重；抒情文的比例，則國中低於高中。這樣配置也是由易而難，由淺而深。細觀上列二表所定的分配量，我們可以體會到它完全符合於國文課程標準教學目標的精神——國民中學：繼續學習標準國語，並培養閱讀能力及寫作技巧。高級中學：提高閱讀及寫作語體文之能力，培養閱讀淺近古籍興趣，及寫作明易文言文之能力。

【附註】

註一　參見七十二年七月教育部公布之國民中學國文課程標準　頁五九—六〇。

註二　參見七十二年七月教育部公布之高級中學國文課程標準　頁三三—三四。

第二章　範文教學

第一節　教學目標

壹、國民中學

依據部頒之國民中學國文課程標準，有關範文教學之目標如下：

「一、指導學生由國文學習中，繼續國民小學之教育，增進生活經驗，啓發思辨能力，養成倫理觀念，激發愛國思想，並宏揚中華民族文化。

二、指導學生學習課文，明瞭本國語文之特質，培養閱讀能力及寫作技巧。」（註一）

以上兩項內容，第一項是「精神陶冶」，第二項是「語文訓練」及「文藝欣賞」，茲分別闡釋其義如下：

一、繼續國民小學之教育：自從民國五十七年實施九年義務教育後，國民教育遂分爲二段，前六年爲國民小學階段，後三年爲國民中學階段。由此可知，國民中學是繼續小學之教育。國文教學自然是繼續小學六年的國語教學而來。

二、增進生活經驗：教育的任務在充實學生的生活內容，可見生活教育在學校教育中，佔著極重要的地位。今天的國民中學既以全體青少年爲施教的對象，爲了適應其實際生活的需要，必須以增進生活經驗爲前提；國文科也應配合各科的教材內容，啓導學生，以便使其將來能營求圓滿的生活。

三、啓發思辨能力：「啓發」一詞可以「開啓」和「發展」的觀點來解釋，如此，則啓發思辨能力便是開啓人類思辨的理性，發展人類潛在的思考判斷的能力。通常所謂啓發式教學，是針對注入式教學而言，以學生的經驗、能力爲基礎，啓發其思考、推理及判斷的能力，以擴張其經驗，增進其知識。國文教學之實施，應藉種種精當、正大、崇高、美善的事理、思想，闡揚我國傳統文化的精神、美德，及現時代民主、科學的思潮。因此教師應以如此廣博的內容，啓發學生批判性思考的能力，陶冶其情意志操，以培養其健全的人格。

四、養成倫理觀念：倫理道德是中國文化的精髓，國文教學應透過博大精深的文化遺產，使學生明瞭五倫之義——「父子有親、君臣有義、夫婦有別、長幼有序、朋友有信」，讓學生了解到人生的價值及人類處世之方法。孟子滕文公篇所說：「設爲庠序學校以敎之……皆所以明人倫也。」可見古代教育是以道德倫理爲中心，廣義的倫理道德係指促進社會幸福的思想行爲而言。教育上應重視養成團體生活的習慣，自治的精神。發揚我國固有的美德，向善的意志及崇高的理想。國文教學應分擔此一重任。

五、激發愛國思想：國文範文的選材，應重視精神陶冶，配合國家政策，喚起民族意識。國父曾昭示我們：「心理建設爲一切建設的基礎。」我們應趕快將我崇高偉大的民族精神、國民道德，從根救起，使新一代的血輪能明瞭建國的艱辛歷程及今後努力的方向。國文教學更應配合學校整個教育的目的，激發學生愛國思想及培養學生努力報效國家的志願。

六、宏揚中華民族文化：做一個中國青年，若不知道我們祖先遺留下來的文化遺產的價值，不正如一個敗家的不肖子嗎？國文教學由於是直接教導學生認識我國自己的文化內容，因此更應將民族優秀深邃的文化內涵，予以宏揚闡發，使學生能由明瞭我國文化，進而愛護我國文化，且有志於擔負傳承宏揚的重任。國文教學的過程中，必須使學生深切的體認到中華民族文化是中國民族智慧的表現、生活的反映、精神的寄託，歷經數千年而不衰，且能愈加精良，可見我們民族文化的價值是有其無比的光輝。

七、指導學生學習課文：課文是指課本中的範文而言，學生學習課文是國文教學的重點所在。教師可就範文內所具有之材料儘量剖析運用，並酌加補充。課文教學是經由一篇篇課文的討論、講解、闡發、提指，令學生體會熟習，以至能消化運用爲主要目的。範文教學在此亦即精讀教學，其他如課外閱讀，書法練習，語言訓練等全部語文訓練的課程，大多要經過精讀教學而後完成，因此，精讀教學是整個國文教學的主力。

八、明瞭本國語文之特質：中國文字是一字一形體，一字一音節。它是注音的，不是拼音的。它不僅教我們從聽覺上聽到它的聲音，還教我們從視覺上看到它的形象。同時透過聽覺和視覺，則聲音和形象交織而成的意義，立刻呈現出來。例如「蘭」、「芷」、「蕙」、「茅」這些字都從「艸」形，當我們讀到這些字時，各種各色花草的形象，就伴隨著不同的聲音（就是闌、止、惠、矛那些音），而顯現在我們的眼前。使用拼音文字的文學作品，就不能直覺到這種境界了。我國每一個字音都可分析爲「聲」、「韻」和「調」。發音爲「聲」，收音爲「韻」，音高爲「調」。而「聲」又有喉、牙、舌、齒、唇的分別，有清、濁的分別，有送氣、不送氣的分別，有塞音、擦音、塞擦音、邊音、鼻音種種的分別；「韻」又有陰、陽的分別，有開口、合口的分別，有一二三四等洪細的分別；「調」又有平、上、去、入的分別。中國文字以其繁複的字音，千變萬化的音調，錯綜交疊出世界上最富有音樂性的文學。此外，中國文字正因爲是一字一形體，一字一音節，便可以兩兩相對，駢驪成文。如詩詞曲賦裏所用的對句，既富整齊美，又有對稱美，這是各國文學所做不到的。至於詞句的構造，更是多彩多姿，韻致躍然。故在範文教學中，必須仔細正確的指導學生明瞭本國語文的特質。

九、培養閱讀能力：學校的國文課程，雖然以精讀、習作爲正式，爲主體，把課外閱讀、寫作，視爲是學生自求進益的一點補充，但若從國文教學的效果上言，那麼，精讀與習作，不過是手段，是準備，學生自己能閱讀，能寫作，以發揮其生活應用的讀、寫技能，才是眞正目的。因此範文教學的目的，是要培養學生閱讀能力的基礎，使其對於一篇文章的詞語音義、章句組織，設計經營，意境情致等都能澈底理解，以至於消化運用。

十、培養寫作技巧：此處所言是指在範文教學中，對於一篇文章的審題、立意、運材、佈局、遣詞、造句以及思辨、組織等等法度技巧，仔細教導學生，以培養學生自己寫作技巧的基礎，所以仍屬範文教學的範圍，是附在範文教學中的一環，並非眞正的習作教學。但「範文教學」與「作文教學」，必須相互聯繫，方能達到培養學生寫作技巧之目標。

貳、高級中學

依據部頒之高級中學國文課程標準，有關範文教學之目標如下：

「一、指導學生研讀語體文，提高其閱讀及寫作語體文之能力。

二、指導學生精讀文言文，培養其閱讀淺近古籍之興趣及寫作明易文言文之能力。

三、教導學生研讀中國文化基本教材，培養其倫理道德之觀念，愛國淑世之精神。」（註二）

以上三項內容，第一、二兩項是「語文訓練」及「文藝欣賞」，第三項是「精神陶冶」，茲分別闡釋其義如下：

一、提高學生閱讀語體文之能力：學生接受過三年國中的語文基礎訓練後，進入高中。高中國文範文的深度、廣度增加了。學生在舊有的閱讀基礎上再接受指導，以提高其閱讀語體文的能力，使其閱讀得更迅速，理解得更透徹，以備將來能作爲研求高深學問的基礎。

二、提高學生寫作語體文之能力：國中階段，學生已對生活實用有關的事理，能用語體文通順的表達出來。到了高中階段，再經教師對於範文悉心的指導，自然必能提高寫作語體文的能力。

三、培養學生閱讀淺近古籍之興趣：高中階段，語體文的閱讀與寫作，大致已經不成問題。而明易文言文的遣字造句，在國中已略識門徑；這時要更進一步，透過精讀文言文的過程，以引發學生閱讀淺近古籍的興趣。所謂淺近是指事理易明，詞彙易解，語句易讀，結構易辨。這應該是運用文言字彙，文言調子，而條理上情趣上與語體文相差不遠的文言文。因此訓練學生由淺近的文言文入手，才能從平易進入艱深，而爲研究高深學問的預備。

四、培養學生寫作明易文言文之能力：目前報章雜誌公文書信，還有一部分用文言文寫作。爲使學生畢業後能應付社會生活需要起見，在範文教學中，應注意文言文中文辭章法的運用，多所比較，多所歸納，揣摩體會，一字一語皆不能放鬆，以培養學生寫作明易的文言文。

五、培養學生倫理道德之觀念：這是透過中國文化基本教材（即四書——論、孟、學、庸）的教學活動，教導學生從中國固有經典中，了解中國文化的精義，體認中國立國之道。民國七十三年八月初版的中國文化基本教材教師手册第一册中說：「四書中所講的倫理道德，是人與人相處之道，人與人的關係，古今相同，未嘗稍變。孟子所謂『父子有親、君臣有義、夫婦有別、長幼有序、朋友有信。』大學所謂『爲人君，止於仁；爲人臣，止於敬；爲人子，止於孝；爲人父，止於慈；與國人交，止於信。』這些基本精神，現代亦未能稍變。」四書爲中國文化的寶典，儒家學說之精粹，非口耳之學，乃身心之學。應教導學生由此學到做人做事的基本原則，進而在生活中身體力行，以有助於個人的立身處世。

六、培養學生愛國淑世之精神：儒家思想就是人生哲學，形成於春秋戰國動亂的時代，其中心思想是濟世安民。以今日觀之，仍具有時代意義。數千年來，儒家思想陶鑄了中華民族的民情風俗，形成了中國文化的特質。此時此地讀四書，不是抱殘守缺，而爲的是恢復民族自信心，建立和諧的倫理觀念。因此教導學生研讀中國文化基本教材，是要其體認中國文化的精博，培養其愛國救國的精神。從個人的道德修養與行爲實踐做起，以奠定家庭倫理，社會秩序與國家建設的基礎，進而實現社會大同的理想。

【附　註】

註　一　參見民國七十二年教育部公布之國民中學國文課程標準　頁五七

註　二　參見民國七十二年七月教育部公布之高級中學國文課程標準　頁二一七

第二節 預習指導

壹、前言

依據部頒國文課程標準，有關範文教學之「預習指導」，實施方法如下：

一、國民中學「預習指導」之要點：

「課文教學，宜先指導學生課外預習，並作筆記；教學時，酌由學生試讀、試講、討論、訂正、補充、整理等方式，以養成其自學能力。」（註一）

二、高級中學「預習指導」之方式．

「範文講讀，宜先指導學生課外預習，明瞭課文大意。講讀時，酌令學生試讀、試講、再給予指正補充。」（註二）

據此可知「預習指導」之目的，在養成學生「自學能力。」教師應按部就班的輔導學生熟練既得的知識，以發展新知，同時更應注重學生思考判斷能力的啓發。孔子所謂「不憤不啓，不悱不發」的教學方法，當落實在預習的工夫之上。唯有在篤實的預習態度中，學生方能眞正地深入新課文的天地，努力地思考、探究、分析和判斷，從而養成自動自發、自我學習的習慣。因此在中學國文的教學過程中，教師對學生的預習指導，是必須且重要的課題。但在預習指導之前，教師本身須有充分的準備。因此，預習的工作應該包括教師與學生兩方面。

貳、教師的預習

教師的預習，首先須對學生的程度，做徹底的評量，以免指定的預習內容超出學生程度太多，達不到預習的效果。此外，教師尚須徹底了解學校有那些可用的圖書設備？學生家庭環境如何？以便作爲指定預習作業之參考依據，同時亦應顧及學生各科學習的負擔，在平行學習的條件下，指定預習的內容及範圍。最後則是教師必須對教材作深入的研究。例如：體裁作法、作者生平、生難字詞、典故出處、人名地名、虛字用法、修辭技巧、全篇義旨及全文結構等，均須詳加查考，深入研究。如此充分準備，多方鑽研，方能滿足學生的求知欲，並以實力而贏得學生的愛戴。

參、學生的預習

學生的預習工作，教師可就「導引學習意識」、「講解必要事項」、「指定預習範圍」、「指導考查方法」等方面進行。（註三）首先教師應考慮學生的程度，學校的設備，教材的難易，然後配合學習進度，訂定完整的計劃。於教學的同時，應將求知的方法，傳授給學生，以期達到訓練學生自動自發的學習態度、習慣及能力之目的。以下即就單元教學活動設計中，有關預習指導的活動過程，逐項說明之。

一、導引：中學國文教學過程中的「導引」，與小學教學過程中的「引起動機」相同，其目的皆在啓引學生的學習意識。但在中學的教學，其導引活動的表現手法，不必和小學相同。可視學生的年齡、心理，靈活變化，以啓引學生對新課文的學習動機與學習興趣。其導引方法，玆舉數例，說明如下：

㈠以舊經驗導引：利用學生已有的舊經驗，以導引其學習意識。如國中國文第二册第十六課熊崑珍的「路」，可由「路」的功能，引起學習動機。

㈡以實物導引：利用觀察實物以導引其學習意識。如國中國文第二册第十三課周敦頤的「愛蓮說」，可由觀察蓮花，引起學習動機。

㈢以圖片導引：利用圖片以導引其學習意識。如第三册第十六課彭端淑的「爲學一首示子姪」，可由觀察普陀山的圖片，引起學習動機。

㈣以吟詠詩歌導引：吟唱詩、詞、曲，極易引起學習興趣。如國中國文第一册第一課爲「國歌歌詞」，第五課爲「五言絕句選」，第十五課爲「七言絕句選」，皆可由吟詠詩歌而引起學習動機。

二、解釋題文：解釋題文包括「題意解釋」與「題文背景說明」二項。有些題目很抽象，學生既不易了解，亦無從預習起，爲避免學生預習時，因困難而減低學習興趣，教師應略爲扼要的解釋，使學生有粗略的認識。同時，教師應將作者爲何寫作此文，及定此題目的動機、目的等「題文背景」，作一略而不詳的說明，以引發學生自行探索的興趣。此外，有些題目爲作者所定，亦有些題目爲後人所追加，敎師亦應提示有關資料或方向，讓學生自行尋找答案。

三、考查作者生平及本文出處：敎師應指導學生閱讀課文後的「題解」、「作者」，並補充參考資料，提供學生考查的線索。

四、閱讀課文：敎師指名國語較好的學生誦讀課文，其他學生則隨時勾出不懂的生字難詞，以備回家查考。

五、辨認文體：指導學生辨認新課的體裁，若是學習過的文體，敎師僅需略加提示，令學生複習一次；未學習過的文體，敎師則需略加解釋，並提示參考書籍或文章，供學生詳細參考。

六、考查生難詞語：學生的生字難詞，可回家查考。其查考方式，敎師可指導學生參閱文後注釋，若爲注釋所無，或注解中之生難詞句，則指導學生利用工具書，查考其正確的字形、讀音和意義。

七、分辨全文段落及要旨：指導學生認清全文段落，並逐段索解文意。提挈要旨記於預習筆記簿中。並進而指導學生揣摩課文的結構及作法。

八、說明全文主旨：敎師將課文的內容與主旨作一綜合性的概述，大略點出全文主旨，以免學生茫無頭緒。學生預習後，可將心得記錄在預習筆記中。

九、深究及鑑賞：可分爲二方面來指導：

㈠、敎師考量學生的能力，有計劃的從課文之構思，立意、運材、布局及寫作技巧與風格特色等項之中，擇取數項，令學生試行研索。

(二)、指引學生將課文中特殊句型或優美語句標示出來。

肆、結語

以上所述即為預習指導的全部活動過程，教師在進行預習指導時，除前已述及之考慮學生程度、學校設備，配合學習進度之外，尚須注意下列各項：

一、學生的精力、時間及程度有限，如要求學生預習時面面俱到，反而容易有疏漏；或使學生因負荷不了而生倦怠；且教材本身的需要，亦各有不同，並非每一部分皆有加強預習的必要，因此，教師指導預習範圍時，應斟酌實際情形，靈活變化。期使學生能確實實行，以提高預習效果。

二、學生在預習過程中，最重要的是工具書的使用。因此教師必須指導學生使用工具書，以培養其自學能力。工具書的範圍很廣，字典類如：康熙字典、辭源、辭海、國語辭典、國語日報辭典、中文大辭典、形音義大辭典等。專科性辭典類如：文科大辭典、歷史地理大辭典、中國人名大辭典、中國古今地名大辭典、以及植物、動物、礦物、教育、文學、佛學、成語等，也各有其不同的辭典。史表類如：歷代官職表、二十五史人名索引、兩千年中西曆對照表、中西歷史紀年表等。地圖類如：中國歷史地圖、歷代疆域形勢圖等。教師應於教學之初，或學生入學之初，探詢學生對於工具書使用方法的了解程度，擬定指導計劃，務求在短期內使學生能儘速熟習。若是普通字典中查不到的詞句，敎師應指導學生使用專科性的辭典；或使用參考圖書。不過參考圖書畢竟只是補工具書之不足，因此，在同時有數種參考圖書可供參考時，敎師宜指導學生使用查考手續最簡單的一種即可。

三、實施預習指導時，敎師須了解本身的能力及授課時間，作適當的安排，不可虎頭蛇尾，徒具形式，亦不可妨礙實際敎學過程的正常進行。一般而言，預習指導最好在前課課文結束時，留下約十五至二十分鐘的時間行之，較爲合宜。

總之，預習指導並非在考驗學生，而是希望學生經由預習之途徑收到最高的學習效果，並使學生養成自學的能力態度與習慣，以達成自我敎育之目標。學生能主動追求知識，熱愛知識，眞正作到「樂知」，便是預習指導所希望實現的理想了。

【附註】

註一　見民國七十二年七月敎育部公布之國民中學國文課程標準

註二　見民國七十二年七月敎育部公布之高級中學國文課程標準

註三　參見章師銳初先生中學國文敎學法

第三節　討論講解

壹、前言

談到「國文教學」，我們最常聽到的批評和感歎，大概是「今天中學生，甚至大專學生的國文程度日漸低落」，造成此一現象的原因，固然很多，我們可以說是教材的不妥當；也可以說是社會風氣的影響；更可以說是升學主義的作祟……，但是，不可否認的，我們也可說是老師的教法欠佳所致。

有人認爲，國文是最簡單的一科，只要是中國人都認識中國字，只要認識幾個中國字的人，都可以教國文。其實，教學是一種藝術，各科有各科的教法，各門有各門的學問，國文不僅僅是中國字，照本宣科，一味注入式的講解（即教學上所謂注入式教法Framming mode of teaching ），教師講一句，學生聽一句，教師寫一句，學生抄一句，只是教出一批批背書的機器人，嚴重的摧殘了學生對於中國文學的熱愛，因此，想要挽救學生國文程度低落的危機，提昇他們的學習情緒，有效可行的辦法之一即是講究教學法，以範文教學中「討論講解」的部分而言，教師應該注意到：「題文講解」、「作者介紹」、「分段讀講」等三個階段的討論。這三個階段如何進行？其所討論的內容如何？以下分別加以說明。

貳、題文的講解

大凡選作範文教材的文章，必有一個題目。一般說來，題文的決定，常在文章完成之時，也正由於如此，更見題文有畫龍點睛之妙。題文對課文內容的聯繫，學生思想的激發，有不可忽視的地位。所以教師從事教學必然應由此著手，揭開範文教學的序幕。

一、題文的類別

題目的作用，原是作者用以標舉中心思想，統攝全文的，可是有些題目簡單明瞭，有些題目艱澀難懂，有些題目標明體裁，有些題目與文義無關。若就題目的性質分類，有抽象者；有具體者。若就題目的涵意分類，或剖析義蘊，或探究理則，或辯理探原，或陳述識見，眞是形形色色，不一而足。教師必須先經過解剖分析的過程，才能從題義見出它統攝全文的梗概，進而對學生作良好的導引。題文的類別，玆大致擧例說明如下：

㈠題目與文義無關者：如高中國文第三册第十六課選錄古詩二首，第一首「行行重行行」，第二首「庭中有奇樹」。這兩首詩，皆是以首句命題，題目與內容文義無關。又如國中國文第五册第七課「西江月」，西江月是詞調名。辛棄疾依譜塡詞，抒發鄉村的恬靜風光和夜行時的閒適心情，其內容文義與詞調無關。再如：國中國文第六册元曲選「梧葉兒」，梧葉兒是曲牌名，張可久塡寫這首小令，抒寫春天明媚的風光，故其內容亦與曲牌無關。

(二)題目是選者所加而非本題者：如國中國文第一册第四課「母親的教誨」，這一篇文章是從作者四十自述中九年的家鄉教育節選出來的。在這一篇節選的短文裏，作者敍述他小時候母親苦心管教的種種情形，以及所給予他的深遠影響。藉著自己的懷念來寫母親的劬勞與美德，和別的專爲記錄母親行事或發抒思念母親心情的作品不同，所以筆者於民國七十二年改編國中國文課本時，把這篇原題「我的母親」改爲「母親的教誨」，使其題目與內容文義相稱。又如：國中國文第一册第十七課「論語論學選」、第二册第十七課「論語論孝選」、第三册第十七課孟子選「齊人」，這些題目皆爲編者所加，而非作者本題。其中「齊人」乃是取篇首二字爲題。

(三)將題目寫於文章之後者：如高中國文第一册第十三課韓愈師說「李氏子蟠，年十七，好古文，六藝經傳，皆通習之，不拘於時，請學於余，余嘉其能行古道，作『師說』以貽之」。第四册第十五課白居易琵琶行「今夜聞君琵琶語，如聽仙樂耳暫明，莫辭更坐彈一曲，爲君翻作『琵琶行』。」國中國文第一册第十二課孤雁「雖說是逃脫了性命，然而，卻已多半成了『孤雁』；『孤雁』從此也就多起來了。」第十九課藍蔭鼎飲水思源「人的一生，就是上天與社會的賜與，所以一個人做人做事該當『飲水思源』，滿懷感激。」

(四)將題目寫在文章中間者：如國中國文第一册第二課先總統　蔣公的我們的校訓：「所謂做人的道理是什麼呢？簡單的說，就是『我們的校訓』——禮、義、廉、恥——四個字。」第二册第八課朱自清的『背影』：「這時我看見他的背影，我的眼淚很快地流下來了。」第二册第十九課羅家倫的運動家的風度：「養成人生的正大態度……這就是所謂『運動家的風度』。」第四冊第九課夏丏尊觸發一文：「所謂『觸發』，就是由一件事感悟到其他的事。」

(五)有的題目是一個「字」，看似簡單，卻可以從極多的層面探討。如國中國文第二冊第十六課熊崑珍的「路」。第三冊第九課梁實秋的「鳥」。

(六)有的題目是一個「詞」，這些複詞，主要在表達作者行文的義旨，有簡明而生動的效果。如國中國文第一冊第二十課朱自清的「匆匆」。第二冊第三課吳勝雄的「負荷」。第八課朱自清的「背影」。第三冊第二十課鄭頻的「成功」。

(七)有的題目是一個「句」。這類題目能表達明確的概念。又包括單句和複句。單句者，如國中國文第二冊第四課陳正光的「平易中見偉大」。複句者，如國中國文第四冊第十七課孟子「生於憂患，死於安樂」。

(八)有的題目已標示出文章體裁。如國中國文第一冊林良「父親的信」，屬於書信體。第二冊第七課蘇軾「記承天寺夜遊」，屬記敍體。第十八課陶淵明的「五柳先生傳」，屬傳狀體。第三冊第十八課梁啓超的「論毅力」爲論說體。第四冊第七課岳飛的「良馬對」爲對問題。

二、題文的解釋

由前述題目的分類可知，題目雖然只有寥寥數字，看似簡單，但若想解說詳盡，使學生藉此瞭解全文篇旨，也並不容易。以下提供應該注意的幾點意見，作爲實際教學的參考：

㈠注意題文表面的意義：如王維「山中與裴廸秀才書」一文：題文中的「山」指何山？「與」字屬何詞性？作何解釋？「裴廸」是何許人？官居何職？籍貫何地？與王維關係如何？「秀才」又是怎樣的含意？均應一一交待清楚，絲毫不可馬虎。又如錢穆「陽明成學前的一段經歷」，題中「陽明」指的是誰？何時人？生平怎樣？甚麼是「成學」？「經歷」又作何解？均須詳細推敲。

㈡注意考證題文與本篇的背景本事：如陶潛的「歸田園居」，於解釋題文時，必須和「歸去來辭」一文相連繫。因二文都是陶氏彭澤歸來之作。同時「歸田園居」共六首，此為其第三首。而第一首中有「開荒南畝際」，「守拙歸園田」，證明本詩命題由此而來。足徵大家行文，即使是短短題目，亦有來歷，決非憑虛臆造。

㈢注意題文的性質：因為每一個題文，其內容所包含的成分不同，而有單扇題、雙扇題或多扇題之別。如羅家倫的「論自我實現」，和李文炤的「儉訓」，都成分單純，可謂「單扇題」。先總統蔣公的「為學做人與復興民族」，和梁啓超的「最苦與最樂」，因為題中含有雙重的概念，可稱為「雙扇題」。又胡適之的「讀書」，雖題文簡單，但「讀何書」「如何讀書」「讀書的目的何在」等問題很多，作者既可貼緊一面，直接發抒題意，同時也可以從多方面去寫，來兼顧題文的廣泛要求，所以可稱得上是「多扇題」。

㈣注意本文的體裁：不同的文章，就算體裁屬同類，作法也不一樣，如「樂聖貝多芬」與「居里夫人傳」，同屬傳狀類之記敍文，而「樂聖貝多芬」的作法，是先記敍其相貌、體態、眼神、特徵，然後再由出生至去世，鋪述其生平事蹟。「居禮夫人傳」之作法，卻是先說明他是一位發明家，然後再由身世與人格兩方面分敍。至於「五柳先生傳」，更連作者姓氏均不可知，結構尤爲奇特。

(五)淺而易見的題目，一望便知題文的意義，勿作不必要的解說。如國中國文第一冊第十八課張騰蛟溪頭的竹子，只要說明「這一篇文章是描寫溪頭竹林的景色」便可。（註一）

探究篇旨的方法，以何者爲宜？教師可酌情決定。如能選用適當方法，指導學生明白篇旨所在，當有利於教學活動之進行。

【附註】

註一　參見王更生國文教學新論

參、作者的介紹

文心雕龍體性篇云：「情動而言形，理發而文見，蓋沿隱以至顯，因內而符外者也。故才有庸儁，氣有剛柔，學有淺深，習有雅鄭，並情性所鑠，陶染所凝，故筆區雲譎，文苑波詭者矣。」劉勰認為作家的天賦才氣與後天學習，對作品均有莫大的影響力。

作者介紹，雖然不是課文本身的事，卻有助於對課文的理解，是範文精讀教學中，教師必須詳細處理的項目。孟子云：「讀其書，誦其詩，不知其人可乎？」而欲知其人，必先論其世，亦即「知人論世」。每位作家都有自己的個性，思想，際遇，而其為文又要受寫作動機、時代背景，以及家世、師承，交遊等等的影響。所以作者不同，為文的用心亦不同，用心不同，作品的風格形貌必各有所不同了。可知要欣賞作品，必須認識作者，因此作者的生平介紹是範文教學中重要的一環。有關教師如何介紹作者的問題，以下分為九項加以說明：

一、姓名字號：對於作者來說，每一個字號都有一段不平凡的經歷故事，教師應儘可能的搜集作者常用的筆名，化名，異名，別號，而加以考證。因為許多作者的字號傳抄錯誤，所以教師介紹作者應儘可能引用第一手資料。譬如　國父的名諱問題，國內出版的大小字辭典上均稱「國父姓孫名文字逸仙號中山。」而　國父在倫敦蒙難後手書自傳原文云：「僕姓孫名文字載之號逸仙」由國父親筆資料上所記載的字號當然是最正確。如此，則　國父的名諱問題不澄自清。

二、鄉里籍貫：教師在介紹作者家鄉籍貫時，若其隸屬於古代郡縣者，應舉現今地名對照之；若為陌生或無名小郡縣，也應標舉附近熟悉有名的地點以明其大概方位，總要使學生對久遠的作者，有空間上的正確認識。

三、生卒年月：教師在介紹作者的生卒年月時，應當注意，若爲民國以前的作者，不管任何朝代，均應列擧西元或民國紀元前若干年，予以對照，或是提擧當時重要的史實，總要使學生對遙遠的作者有時間上的正確概念。

四、時代背景：對於作者所任的官職，教師應取現制官名相比，以說明其職司。對於作者生平行事的梗概最好能按照時間順序介紹，使學生能體會作者的成長過程。在介紹作者生平時，必牽涉到其所處的時代背景，文心雕龍云：「時運交移、質文代變。」是指時代環境的改變，必影響作者的處事心境，作品風格必然亦隨之改變、譬如讀杜甫的春望之前，我們應先瞭解當時的背景。安史之亂，起於玄宗天寶十四年十一月，到了十五年六月，潼關失守，玄宗奔蜀，杜甫由白水挈家逃至鄜州的羌村。七月，肅宗即位於靈武。八月，杜甫動身希望能投奔靈武。不料中途陷入賊手，被送回已淪陷的長安城。這年秋天，寫成懷念鄜州妻小的月夜，第二年春天，寫了百世同悲的春望。我們由時代背景的推移下，瞭解杜甫東飄西泊的動蕩感，更能體會他在春望中所表現出對國家破碎的沈痛與山河光復的信心。因此教師在介紹作者時，應當注意與其息息相關的時代背景，才不致犯了以今臆古的弊病。

五、家庭環境：教師在介紹作者成長的歷程時，不應忽略家庭環境，往往作者一生行事所持的操守與志節，都是受到幼年時代家庭環境的影響。例如胡適爲我國著名的學者，畢生提倡白話文學，鼓吹民主自由，對我國學術影響很大。胡適之所以能有如此偉大的成就，實得力於其小時候，受到母親苦心管教的影響。胡適在四十自述中說：「我在我母親的教訓之下住了九年，受了她的極大極深的影響。……在這廣漠的人海裏，獨自混了二十多年，沒有一個人管束過我。如果我學得了一絲一毫的好脾氣，如果我學得了一點點待人接物的和氣，如果我能寬恕人，體諒人——我都得感謝我的慈母。」由此可知，家庭環境對於一個人的影響是很大的。教師在介紹作者幼年時代時，不應忽略這一點。

六、師承交遊：師承與交遊，可能對作者的思想，或意識形態上有相當的影響。由此寫出的作品，直接間接多有密切的關係。例如舊唐書韓愈傳：「大曆貞元之間，文字多爲古學，效揚雄董仲舒之述作，而獨孤及梁肅最稱淵奧，儒林推重。愈從其徒遊，銳意鑽仰，欲自振於一代。」由此段記載看來，韓愈的古文運動，當有所承，乃由梁肅、獨孤等古文家而來，至韓愈而蔚爲風氣。在交遊方面例如李白與杜甫，他們是「醉眠秋共被，攜手日同行」（註一）的好朋友。李白長杜甫十二歲，曾醉後同登吹臺，慷慨懷古，時或同上單父琴臺，曠望平蕪。又曾同渡黃河，登王屋山尋訪道士華蓋君。兩人結下深厚的友誼。故白有沙丘城下寄杜甫詩：「思君若汶水，浩蕩寄南征。」杜更時有詩懷李白，在夢李白詩中云：「故人入我夢，明我長相憶……三夜頻夢君，情親見君意。」並諄諄提醒：「水深波浪濶，無使蛟龍得。」均可見出這對好友彼此間的情誼。教師在介紹作者時，可由師承及交遊這兩面認識作者的情感意識。

七、學識經歷：我們可以從作者的學識，經歷，認識作者思想發展的型態，而探究篇旨所在。例如：

蘇東坡是一位博學高才，曠達不羈的文人，自從王安石做宰相以來，屢次遭受貶謫，因此，他的心中不免鬱悒不樂。但他爲了忘懷過去不幸的遭遇，求取優游自得的歡樂，只好放情山水。所以他在元豐五年七月十六日遊赤壁時所作的散賦，便是在這種複雜的心情之下而寫成的。

赤壁賦，在表面上是一篇描寫赤壁的遊記，其實，它是作者借泛舟夜遊赤壁的記載，來論說優遊自得的道理。此篇散賦的思想，根據宋人周密的研究，是受莊子及楞嚴經的影響，所以他在「浩然齋雅談」上說：「赤壁賦謂：自其變者而觀之，則天地曾不能以一瞬；自其不變者而觀之，則物與我皆無盡也。此蓋用莊子（德充符）句法：自其異者視之，肝胆楚越也；自其同者視之，萬物皆一也。又用楞嚴經意，佛告波斯匿王言：汝今自傷髮白面皺，其面必定皺於童年，則汝今時觀此恒河，與汝昔時觀河之見，有童耄不？王言，不也。世尊佛言：汝面雖皺，而此見精性未嘗皺；皺者爲變，不皺者非變。變者受生滅，不變者元無生滅。」

周氏之說甚是，東坡「物我無盡」的思想，確是源自於莊子與楞嚴經。至於赤壁賦的思想架構，從其全篇文義來看，第三段的「方其破荊州，下江陵，順流而東也，舳艫千里，旌旗蔽空，釃酒臨江，橫槊賦詩，固一世之雄也，而今安在哉？」這一段話正是表示「盛衰消長」的意思，其實，蘇東坡「盛衰消長」的思想，即是源自於莊子，莊子的「秋水篇」說：「物之生也，若驟若馳，無動而不變，無時而不移，何爲乎？何不爲乎？夫固將自化。」人在變化無常的宇宙裏，究竟應該如何自處呢？蘇東坡認爲人必須認同莊子萬物一齊的思想，放情山水，乃可使自己的心情歡悅，所以他在赤壁賦的第四段說：「逝者如斯，而未嘗往也；盈虛者如彼，而卒莫消長也。蓋自其變者而觀之，則天地曾不能以一瞬；自其不變者而觀之，則物與我皆無盡也。而又何羨乎？且夫天下之間，物各有主。苟非吾之所有，雖一毫而莫取，惟江上之清風，與山間之明月；耳得之而爲聲，目遇之而成色。取之不盡，用之不竭。是造物者之無盡藏也，而吾與子之所共適。」東坡的這一段話，的確是智者之言。人在困頓、失意的時候，如果能夠擺脫自己的形體，忘懷世俗的名利，遨遊於山水之間，的確可以獲得不少的喜樂。赤壁賦的最末一段：「客喜而笑，洗盞更酌。肴核既盡，杯盤狼藉。相與枕藉乎舟中，不知東方之既白。」這就是東坡優游自得的寫照。清人吳楚材在「古文觀止評註」上所說「讀此兩賦（前後赤壁賦），勝讀南華一部」，甚是。東坡的赤壁賦，在表面上是一篇描寫赤壁的遊記，其實，它是作者借泛舟夜遊赤壁的記載，來論說優游自得的道理。（註二）由於東坡在仕途上所遇的挫折經歷，使他悒鬱憂悶，然其酷愛老莊思想，使得他得以放懷解脫，寄情山水，認識了東坡的「學識」、「經歷」之後，當更能瞭解赤壁賦所蘊含的深意。因此敎師應從這兩點分析，才能使學生透徹了解。

八、思想個性：文心雕龍云：「文心者，言爲文之用心也。」作品是作者內心情意的反映，是心的投影，因爲「各師成心」，所以「其異如面」。因此作者的思想、志趣、胸襟可以決定作品的風格。例如五柳先生傳爲陶淵明假托五柳先生之名而爲自己作傳。蕭統陶淵明傳說：「淵明少有高趣，博學善屬文，穎脫不群，任眞自得，嘗著五柳先生傳以自況，時人謂之實錄。」梁啓超以爲淵明是最能將個性表現在作品中的作家。深說：「陶淵明之沖遠高潔，盡人皆知……何以能有如此高尚的品格和文藝？一定有他整個人生觀在背後。他的人生觀是什麼呢？可以拿兩個字來包括它：『自然』……愛自然的結果，當然愛自由。淵明一生都是爲精神生活的自由而奮鬥。鬥的什麼？鬥物質生活。」（註三）淵明堅定地潔身自好，有所不爲，不肯與當時的政治環境妥協，能順應自然之本性，自能達到「不以躬耕爲恥，不以仕進爲榮」的曠放境界，我們由此可推知其作品眞摯淳樸，高潔脫俗的風格。教師在介紹作者時，應當重視其全面的思想性格，如韓愈闢佛老，尊儒衞道的思想，王維好靜的個性等，如此一來，才能把握住作品的眞精神，以探討其內涵的價值所在。

九、學術著作：教師在介紹作者時，應列舉其代表著作，並說明其對後世的影響。例如鄭玄箋詩，以毛本爲主而又不時違背毛義，兼採三家的優點，於是鄭箋盛行於世，齊魯韓三家受此影響而衰微亡佚；注解尚書用古文，而又和馬融不同，仍然兼採今文尚書的長處，於是鄭注盛行，今文歐陽氏和大小夏侯的尚書因此而逐漸亡佚。鄭玄以革新的姿態爲毛詩作箋，爲尚書注解，終於使得紛擾了兩百多年的今古文之爭，平息下來，奠定其在學術界的地位。教師若能如此介紹鄭玄，則學生讀到戒子書「但念述先聖之玄意，思整百家之不齊」，便能深入體會文中之含義。

以上九點，提供教師在範文教學時之參考，如能掌握重點，適當處理，以引導學生深入理解，應能提高教學效果。

【附　註】

註一　參見杜甫與李十二同尋范十隱居詩

註二　參見張學波高中範文篇旨的探究

註三　參見梁啓超陶淵明之文藝及其品格

肆、分段讀講

民國七十二年七月教育部公布國民中學與高級中學國文課程標準，對範文教學之「要點」、「方式」及「過程」皆有詳細說明，茲錄述如下：

國民中學「課文教學」之要點

(一)課文教學：教學時對於詞彙、語法及其精義，均須明白解釋；同時對於閱讀及寫作方法（如審題、立意、運材、布局等項）應詳加指導，舉凡文中所具有之語文知識，應予隨機提示。

(二)文言文詞語使用、句法結構有異於語體文之處，應舉語體比照；遇有現行文言文所罕用之詞語句法，教師並應特加提示。

㈢課文中之語文常識，應以略讀方式，提示篇中要點，指導學生練習應用。

高級中學教學方式及過程

㈠精讀範文以熟讀深思爲主，短篇文言文及長篇文言文之精彩段落均宜背誦。講讀時並須注意下列各點：

1. 體裁及作法。
2. 生字之形、音、義，詞彙之組合，及成語典故之出處、意義。
3. 文法及修辭。
4. 全篇主旨、內容精義及段落大意（包括全篇脈絡及結構）。
5. 文學作品之派別、風格及其價值。
6. 有關語體文與文言文之文法異同，並應於課前製作比較表，指導學生徹底了解應用。
7. 每課講授完畢，宜作課文分析，繪成課文分析表，指示學生全文之段落作用及前後之相互照應，以培養學生欣賞寫作之能力。
8. 前項之文法比較表及課文分析表，簡易者亦可指導學生繪製（分析表之繪製，可參考部頒高中國文科設備標準）。圖表製作優良者，並可列爲教具設備之一部分。
9. 教學時並應利用錄音器材，自行灌製吟誦錄音帶，以資學生欣賞，藉以增進了解。

㈡略讀範文以培養欣賞之興趣爲主。講讀時，應提示全篇主旨、各段要旨、內容精義及文章結構，以提問討論方式進行，教師從旁補充指正，以養成學生自學能力。

分段讀講在整個範文教學中，佔有極大的分量。爲了培養學生自學的能力，這個階段的進行步驟，大致是先由學生試讀試講，讀時宜注意句讀、字音的正確，講時應注意詞義、句義的清晰和語言的得體，教師並應隨時以問語提示啓發。若遇有專名、典實、成語、引句之類，則就他們能表達文義的最低限度內，作簡短的說明。每一段讀講完畢，就指導學生共同討論，相互訂正。最後由教師有系統的作補充整理。其所涉及的範圍，大略是：字詞的區別、詞語的分解、虛字的用法、文法的剖析、修辭的技巧、義旨的探究、作法的審辨、篇章的結構等。以下茲就此八項，分別詳述之。

一、字詞的區別

「字」是文章書寫的基本單位，「詞」是語言表意的基本單位，漢字之中，雖然大多數的一個字，便是一個詞，但是，有些詞卻需要兩個以上的字，結合在一起而不可分離，才能適切的表達意思。因此閱讀一篇文章之後，必須使學生明辨字、詞的差異，並指導他們自己從課文中發現生字生詞，加以考查索解，養成自動研究的態度，一般說來，字、詞的區別如下：

(一)字—即「單字」，又可分爲兩類，其一爲不成詞的，換句話說，一字無法自成一個意思，必合兩字以上，始有意義，如：蝴蝶、蜈蚣、鸚鵡、玫瑰、彷彿……等，其中每一字，都是不成詞的單字；這種單字，一旦分開獨立，就沒有意義了。因此，說文解字「鸚」字下解釋爲：「鸚鵡，能言鳥也。」「鵡」字下解釋爲「鸚鵡也。」「玫」字下解釋爲：「火齊珠，玫瑰也。」「瑰」字下又解釋爲：「玫瑰也。」……其二爲成詞的，也就是一個字能成爲一個意思的，這種單字爲數最多，如：桌、椅、靜、坐、人……等都是，像這種單字，每一個字都具有一獨立的意義，表示一個整體的觀念，都成爲一個「詞」。可見，一個「單字」，不一定是「詞」；然而一個「詞」，必須是一個或兩個以上的「單字」構成的。

(二)詞—即「語詞」或「詞類」，用以表示思想中的一個概念，也可以分兩類，一爲單音詞，即用一個音表示一個概念。如：「無」、「道」、「人」、「之」、「短」……等，一個字、一個音，就代表一個概念。二爲複音詞，即由兩個以上的單字合成的，兩個以上的音，才表示一個概念。如：我們、他們、現在、過去、影子、燕子……等。另有三個字、三個音連在一起，表示一個概念的複音詞，如：徐志摩、怯伶伶、赤裸裸……等。當然用四個字、四個音連在一起，表示一個概念的複音詞，或者四個字以上，四個音以上連在一起，表示一個概念的，也不在少數，如：中華民國、三民主義、伶伶俐俐、國立編譯館、國立故宮博物院……等。這種複音詞，是現在的字典所不能包括的，如：「三民主義」分開來是「三」、「民」、「主」、「義」四個字，在字典上可以查到，若合爲「三民主義」一個詞，則字典上查不到，只有在辭典中才可以查到。（註一）

【附　註】

註 一 參見國中國文課本第三冊

二、詞語的分解

累字以成句，積句以成章，連章以成篇，篇章以字句為基礎，要使學生能深入了解一篇文章，必須先使他們明白詞語的音義和構造，方能更進一步探討全文的內涵，並及於作法研究。

文章不外由「字」、「句」、「章」，組織而成「篇」，凡練字不精，度句不妥，都不足以成就完美的篇章，其中「練字」和「度句」尤為作文的基本工夫，詞語分解看似細微末節的工作，卻有助於斟酌字句，亦為對一篇文章進行深究與鑑賞的首要步驟，談到詞語的分解，主要是從字形、字音、字義三方面著手，以下便依序論述之。

㈠字形的辨識：

中國文字構造的法則有六種，古人稱為六書。包括：一、象形，二、指事，三、會意，四、形聲，五、轉注，六、假借。其中象形和指事這兩種都是字形不能再加以分析的「獨體」，稱為「文」；會意和形聲這兩種都是字形可以分析的「合體」，稱為「字」。以上四種都是造字的基本法則；轉注和假借則是文字構造的補充法則。欲清楚的辨識字形，必先了解六書：

1.象形

說文解字敍說：「象形者，畫成其物，隨體詰詘，日、月是也。」「詰詘」一詞就是屈曲的意思。整句話的含義是：造字的人客觀地運用一些簡單的筆畫隨著物體的形象屈曲地表示出來；像日、月二字就是這一類的例子。

象形字（嚴格地說，應當稱為「文」）所表示的物體形象大約含有四類：㈠屬於人體方面的形象，如：（子）、（人）、（口）、（心）等。㈡屬於動、植物方面的形象，如：（象）、（牛）、（木）、（瓜）等。㈢屬於天文、地理方面的形象，如：（日）、（月）、（山）、（水）等。㈣屬於器物方面的形象，如：（册）、（琴）、（弓）、（門）等。

2.指事

說文解字敍說：「指事者，視而可識，察而見意，二、二是也。」這句話的意思是：看了字的構造，就知道它是一種什麼樣的記號；仔細觀察，便知道它的含義所在；像二（上）、二（下）這兩個字便是這一類的例子。由於指事字（嚴格地說，應當稱為「文」）所表示的是抽象的「事」，而不像象形字所表示的是具體的「物」，所以它只能用記號以表示出一件事情。例如：先用一長畫「一」表示位置，再用一短畫「-」表示物體；物體在位置上方的就是二（上），物體在位置下方的就是二（下）。

指事字的構造，主要可以分為兩種：一種是純粹用記號以表示事情的文字，如：一（一）、丨（

丨）、△（△）、八（八）等。一種是在象形字上加上一部分符號以表示事情的文字，如：本（本）、末（末）、牟（牟）、刃（刄）等。

3. 會意

說文解字敘說：「會意者，比類合誼，以見指撝（ㄏㄨㄟ），𢧜（武）、信是也。」比是「並」，合併的意思；類是指象形、指事等「字類」；誼是指字義。合併兩個或兩個以上的字（嚴格地說，應當稱爲「文」），將它們的字義會聚成一個新的字義，叫做「比類合誼」。見要讀作「現」，即表現；指撝，即「指揮」，是字造成以後的含義所在。一個會意字造成以後，讓人知道它的字義所在，叫做「以見指揮」。例如「𢧜（武）」是由「止」、「戈」二字合併而成的，會聚這兩個字的意思，表現出「制止干戈等武器而不使用」，便是「武」的字義所在。「信」是由「人」、「言」二字合併而成的，會聚這兩個字的意思，表現出「人所說的話一定要誠實可靠」，便是「信」的字義所在。除了武、信二字以外，如：「社」字是合併「示」、「土」二字，以表示「土地神」的意思；「伐」字是合併「人」、「戈」二字，以表示「拿兵器攻擊」的意思；「解」字是合併「刀」、「牛」、「角」三字，以表示「解剖」的意思；「祭」字是合併「又」（手）、「⺼」（肉）、「示」（神）三字，以表示「祭祀」的意思。

4. 形聲

說文解字敘說：「形聲者，以事爲名，取譬相成，江、河是也。」「以事爲名」的意思是依事物的類別造字。「取譬相成」的意思是用字音相同或相近的字爲聲符所造成的字。所以形聲字是由「形符」和「聲符」兩部分結合而成的。例如：江、河二字用水作形符，表示它們都是屬於水類；用工、可二字作聲符，表示江、河二字的字音。又如咆、哮二字用口作形符，表示它們和口有關係；用包、孝二字作聲符，表示咆、哮二字的字音。

形聲字依照字形的排列，可以分爲六類：㈠左形右聲，如：時、伴、饅、杪等。㈡右形左聲，如：鷄、翩、判、郡等。㈢上形下聲，如：菁、篁、霖、峩等。㈣下形上聲，如：驚、烈、摩、劈等。㈤外形內聲，如：裏、匈、衕、固等。㈥內形外聲，如：辯、瓣、聞、悶等。

5. 轉注

說文解字敍說：「轉注者，建類一首，同意相受，考、老是也。」對於許愼的這一句話，後人的解釋很紛歧，比較普偏的說法有兩種：

一種說法是將「建類一首」的「類」解釋爲「形類」，指兩個字在字形上部首相同或相關，意義又相同或相近，卻因爲時間的變遷或地域的不同，分別造出形體不同的字，彼此便可以互相注釋。像「考」、「老」兩個字，部首都是「老」部，部首相同，而且又都有「年紀大」的意思，卻分別造成兩個字了，因此就可以用「考，老也」、「老，考也」來互相注釋。再舉例來說，如「問」與「訊」兩個字，「問」的部首是「口」部，「訊」的部首是「言」部，部首相關，而且又都有「質詢」的意思，卻分別造成了兩個字，因此就可以用「問，訊也」、「訊，問也」來互相注釋。

另一種說法是將「建類一首」的「類」解釋爲「音類」，指兩個字在字音上有同音（聲母、韻母都相同）、雙聲（聲母相同，韻母不同）或疊韻（聲母不同，韻母相同）的關係，意義又相同或相近，卻因爲時間的變遷或地域的不同，分別造出了形體不同的字，彼此便可以互相注釋。像「考」、「老」兩個字，在字音上有疊韻的關係（韻母都是ㄠ），而且又都有「年紀大」的意思，卻分別造成了兩個字，因此就可以用「考，老也」、「老，考也」來互相注釋。再舉例來說，如「追」與「逐」兩個字，在字音上有雙聲的關係（聲母都是ㄓ），而且又都有「趕上去」的意思，卻分別造成了兩個字，因此就可以用「追，逐也」、「逐，追也」來互相注釋。

從以上的說明，可以看出轉注字是由於時間的變遷或地域的不同，而分別造出來的；字的形體雖然不同，意思卻相同，所以轉注是「多字一義」。

6.假借

說文解字敍說：「假借者，本無其字，依聲託事，令、長是也。」這句話的意思是說：本來並沒有爲某個事物造出文字，但是已有代表這個事物的語言，後來就借用與這個事物同音或聲音相近的文字，來表示這個事物的意思。像「令」的本來意思是「發號施令」，「長」的本來意思是「滋長」，引申爲「高大」的意思；可是在漢代，人口在一萬戶以上的大縣，縣裏的最高行政首長叫做「縣令」，人口在一萬戶以下的小縣，縣裏的最高行政首長叫做「縣長」；原來並沒有爲「縣令」的「令」、「縣長」的「長」造出文字；但是由於縣令可以發號施令，縣長的地位在縣裏是最高大的，所以就用聲音相同的發號施令的「令」和高大之意的「長」字，做爲表示縣「令」、縣「長」的意思。像這一類的例子，便是假借。

再舉例來說，如「烏呼」的語助詞「烏」字，本來並沒有爲它造出文字，後來便借用聲音相同，本來的意思是「烏鴉」的「烏」字來表示。又如「亦不詳其姓字」的代名詞「其」字，本來也沒有爲它造出文字，後來才借用聲音相近，本來的意思是「畚箕」的「其」字來表示。

在假借字中，發號施令的「令」、高大之意的「長」，雖然被假借爲縣令的「令」、縣長的「長」；但是和縣令的「令」、縣長的「長」，意思還有關聯，像這種情形是有義的假借。但是本來的意思是烏鴉的「烏」，被假借爲語助詞「烏」；本來的意思是畚箕的「其」，被假借爲代名詞「其」；在意思上並沒有關聯，像這種情形是無義的假借。

從以上的說明，可以看出「令」這一個字有「發號施令」、「縣令」兩種意思；「烏」這一個字有「烏鴉」、語助詞「烏」兩種意思；所以假借是「一字多義」。

（筆者主編國中國文，以上六書的意義，曾轉載於民國七十四年一月出版之國中國文課本第二册「語文常識」——中國文字介紹。）

此外，如今標準本課文的字形雖多趨向正楷，而坊間一般書籍，仍不免出現部份「古今」字、「俗體」字、「或體」字、「通假」字甚至「簡體」字，這些問題，在字形辨識的過程中，均應一併說明，以免使學生混淆而正俗不辨。

1古今字：字所以有古、有今，其發生的原因約略有二：一是由於古代字少，一字常須兼數字之用，直到後世感覺不便，於是就其所秉之義，分別另外造字。二是由於字義的演變，習慣上大家用假借字代替原來的本字。古今字所謂的「今」指的是許慎所處的漢朝，「古」則指許慎之前的時代，並且二者俱見於說文解字書中，以下舉例說明之：

辟，說文釋爲：「法也」。但在古書裏，代表的意義卻很多，例如：

(1)辟雍，天子之學。此「辟」字假爲「璧」。

(2)辟馬，跛足之馬，荀子正論篇：「不能以辟馬毀與致遠」。此「辟」字假爲「躄」。

(3)躲避之「避」，可寫作「辟」。左傳宣公二年，晉靈公從臺上拿彈弓打人，「而觀其辟丸也」，此「辟」字假爲「避」。

(4)開闢之「闢」，可寫作「辟」。孟子梁惠王上：「辟土地」，此「辟」字假爲「闢」。

(5)譬如，可寫作「辟如」。中庸：「辟如行遠必自邇，辟如登高必自卑」，此「辟」字假爲「譬」。

(6)邪僻不正之「僻」，亦可寫作「辟」。詩經大雅板篇「民之多辟」，孟子梁惠王上「放辟邪侈」，「辟」字皆假爲「僻」。

(7)便嬖，可寫作「便辟」，論語季氏篇「友便辟」，即「友便嬖」。

由以上諸例可見，最初可能只有一個「辟」字，後來逐漸造出璧、躄、避、闢、譬、僻、嬖諸字。此外，再以「結婚」的「婚」字來說：

在上古社會裏，結婚，並不需要父母之命，媒妁之言。一個青年小夥子，發現別族有一位二八年華的小姑娘，甚合我意，於是騎了大白馬，黃昏時盤桓在她家的門前，趁人家不注意時，衝進門去，擄了小姑娘，抱上馬去，快馬加鞭的奔回自己家，這小姑娘就算是我的妻子。女方家人起初以爲是強盜，等姑娘被搶走了，才明白原來是搶婚的。周易屯卦的「屯如邅如，乘馬班如，匪寇，婚媾」，賁卦的「賁如皤如，白馬翰如，匪寇，婚媾」，都是描寫此種情形的。因爲搶婚都在黃昏時，所以古書中「結婚」字只寫作「昏」。甲骨文裏只有「昏」，鐘鼎文裏「昏」、「婚」仍只是一字，到說文解字才變成了兩個。

2.俗體字：俗字或稱俗書，一言以蔽之，是指不合六書原理的文字，當然也不見於說文。例如：

(1)猒，說文：「飽也，足也。從甘肰」。

(2)厭，說文：「笮也，從厂，猒聲」。

「猒」字從甘，甘肰，美也；肰者，犬肉也（肰讀若然）狗肉最肥美，所以吃得飽足。笮是迫近的意思，古人作揖，把兩手合在一起，先推向外，再由外向下而引向內迫近胸口，這推向外的動作叫「揖」，引向內叫「厭」。但厭從猒聲，所以各書皆假厭爲猒。本來好吃的東西會吃得飽足，但過於飽足則生厭憎，故猒足、猒憎本一義之引伸。後人不明此理，既以厭爲猒憎字，而另造了一個「饜」字，作爲飽足字，就飽足這一概念來說，猒是本字，厭是假借字，饜字不見說文，又無當於六書之理，則是俗字了。

另外如：崗（岡）、暮（莫）、燃（然）、曝（暴）、菓（果）、蓆（席）、傢俱（家具）之

類皆是俗體字。（註一）

3.或體字：說文大徐本，有所謂「或作某」者，便是或體字。換言之，一字二形即是或體字。例如：

(1)砥：或作厎。詩經：「周道如砥」，孟子引作「厎」。

(2)枏：或作柟，又作楠。廣群芳譜：「柟生南方故作楠」。

(3)翻：或作飜。說文新附：「翻或從飛」。

(4)媮：或作偷。鄭板橋與弟書：「風俗偷則不同爲惡。」偷同媮。左傳昭公十六年：「不可偷也。」又襄三十年：「晉未可媮也。」

(5)貉（ㄏㄜˊ）：或作貊（ㄇㄛˋ）。荀子勸學：「干越夷貉之子。」集韻：「貉北方豸種也，或從百。」說文「貈字，段注：『今字乃假貉爲貈，造貊爲貉。』」

4.通假字：通假字即今日所謂的「別字」，它和假借字不同，假借字的產生是由於「本無其字」，所以不得已借原已有的字而另附以新義。通假字是「本有其字」，這種字的發生實由於古人讀書，多由口授，弟子筆錄時，有時不免寫些音同或音近的「白」字，或者是古人行文之時，明知有一本字，但匆促之間，未能記憶，便以一音同或音近的字來代替它，有時後人又再加沿用，便造成通假字逐漸增多的現象。例如：

(1)凭欄：「凭」通「憑」。如空城計：「凭欄而坐」。

(2)啣觴：「啣」通「銜」。如五柳先生傳：「啣觴賦詩」。

(3)甚蕃：「蕃」同「繁」。如愛蓮說：「可愛者甚蕃」。

(4)蚤起：「蚤」通「早」。如孟子：「蚤起，施從良人之所之。」

爲了節省篇幅，以下只擧出古籍中常見的一些通假字和它的本字，至於例證則從略。

工—功　亡—無　也—邪　士—事　士—仕　方—旁　反—返　女—汝

中—得　午—忤　午—迕　內—納　井—阱　正—政　正—征　甲—狎

不—丕　由—猶　北—背　生—性　台—怡　田—陳　左—佐　矢—誓

巨—距　功—攻　而—如　而—能　有—又　共—供　共—拱　共—恭

光—廣　后—後　回—廻　州—舟　朴—璞　刑—形　列—裂　希—稀

兌—銳　見—現　材—裁　弟—悌　弟—梯　告—誥　良—諒　伯—覇

邑—悒　狄—逖　或—惑　卒—猝　其—期　忽—笏　佻—挑　尙—上

尙—常　知—智　易—埸　拂—弼　受—授　具—俱　直—特　舍—捨

罔—惘　枝—肢　免—勉　要—邀　信—伸　爲—謂　很—狠　指—旨

屛—摒　俞—愈　畏—威　施—迆　矜—鰥　郤—隙　畜—蓄　倍—背

時—是　蚤—早　蚤—爪　原—愿　害—曷　財—材　匪—非　桀—傑

振—震　容—裕　疾—嫉　從—縱　庸—用　竟—境　戚—慼　莫—謨

莫—幕　惟—唯　圉—禦　剝—攴　被—披　常—當　常—尙　敝—蔽

祟—終　僞—爲　視—示　馴—順　馴—訓　復—複　鄉—向　鄉—饗

順—愼　隊—墜　隊—隧　虛—墟　極—亟　傅—附　距—拒　孰—熟

鈞—均　曾—增　曾—層　費—拂　萌—氓　隋—隳　禽—擒　尊—遵

詳—佯　聞—問　辟—避　辟—嬖　辟—闢　辟—僻　僇—戮　葆—保

經—徑　飾—飭　厭—饜　厭—壓　蜚—飛　需—儒　說—悅　蓋—盍

幕—漠　漸—潛　疑—擬　厲—癩　悳—忒　罷—疲　趣—促　適—嫡

適—敵　數—促　論—倫　與—舉　與—譽　與—歟　墨—默　質—贄

調—朝　監—鑑　敷—普　衡—橫　驩—歡　錫—賜　錯—措　遺—餽

縣—懸　雖—惟　歸—饋　爵—雀　闕—缺　鼂—朝　繆—穆　戲—羲

翼—翌　離—罹　嚮—響　覺—較　輮—煣　道—導　（註二）

5. 簡體字：中國文字，在今日流行於世界的各種文字中是最古老的，國父曾說：「自人類有史以來，能紀四、五千年之事，翔實無間斷，亦惟中國字所獨有」。今天社會形態雖仍在急遽變化中，新的發明亦層出不窮，我國文字由於是衍形的，形與聲之間，沒有必然的關係，因此，語言無論如何改變，字形則固定不變，千年前所寫的字，與今無異，只要認得字，讀最古的周易、尚書，與讀今人作品。則無不同，文字之價值，不言而喻。近代有人倡言中國文字難學，應加廢除或改革，完全忽視中國文字的優點，主其說者共分兩派，一派主張根本廢除，代以拼音文字，另一派則主張造出一套簡體字來代替現行文字的。由於我國同音字太多，單用拼音文字不足以明確的表意，前者的說法顯然不通。至於再創一套簡體字，等於迫使已認識現行正體字的人，須重新再認識一套文字，豈非增加使用者的負擔。至於下一代的人，只須認識簡體字，似無麻煩，然我國自古至今所有書籍，幾乎全以正字刊印，中國五千年來的文化，也完全寄託於其中，下一代不識正字，無法閱讀古書，中國文化不是要由此斷絕了嗎？文字對文化的保存與傳播，功用不可限量，學生們倘有寫簡字的習慣，教師應本此觀點以糾正之。

(二)字音的講究

上古之時，未有文字，已先有語音，以表意義，等到後世，製爲文字，而後形、音、義三者，便爲一貫之勢，一般而言，音近之字，儘管形體的差別很大，而意義卻往往不甚相遠，故訓詁學上，往往利用「音同義近，音近義通」的原則，去貫通不同形體而聲音接近的詞彙意義，以得到怡然理順的解釋。既然如此，我們討論詞語的分解，就不可不講究字音，中學課本在字音方面常見的問題爲：

1.雙聲：所謂雙聲，一般多指在廣韻中相同聲紐的字，廣泛一點，指古聲紐相同的字（如黃季剛先生有「古聲十九紐」之說），或者，更廣泛一點，指發音部位相同的字（如章太炎先生有「古雙聲」之說）。例如：玲瓏、凜冽、參差、瀰漫、嫋娜……等是。

2.疊韻：所謂疊韻，一般指在廣韻中相同韻類的字，或者，廣泛一點，指古韻部相同的字（如黃季剛先生有「古韻二十八部」之說），或者，更廣泛些，指古韻部相通轉的字（如章太炎先生有

「成均圖」）。例如：窈窕、娉婷、爛縵、嫖姚、齟齬……等是。

3. 疊字：疊字又稱重言，普通的疊字，大多數都是兩字相同。例如：冥冥、漠漠、浩浩、栩栩……等是。但也有小部份，寫法不盡相同。如：詩經大雅公劉：「于時處處，于時廬旅，于時言言，于時語語。」馬端辰毛詩傳箋通釋：「廬旅古同聲通用……詩上下文處處、言言、語語，皆用疊字，不應廬旅獨異詞。」

4. 破音字：我國具有五千多年悠久的歷史文化，文字隨著社會生活的進步，漸漸地不斷應用，便開始分化起來，部份文字，字形雖不改變，而意義則變爲不同，而以不同的音、調來作區別，這種字叫做「破音字」，又叫「歧音字」。例如：

(1) 阿：

①用作姓氏、名詞和佛經梵文時念「ㄜ」。如：姓阿、阿房宮、吉林阿城縣。

②用作發語詞時多念入聲「ㄚˋ」(˙ㄚ)。如：阿伯、阿爺、阿兄。（註：「˙ㄚ」舊入聲，今變去聲。）

③用作外國語文譯音名詞表音之字時多念去聲「ㄚˋ」。如：阿拉伯、阿摩利亞、阿們。

④用作感歎詞表疑訝時念上聲「ㄚˇ」。

⑤與「啊」字通用作助詞時念陰平「ㄚ」。如：兒阿、阿呀。

(2) 雨：

①用作名詞時念上聲「ㄩˇ」。如：雨水、雨露。

②當動詞用作自上而下之意時念去聲「ㄩˋ」。如：雨淚、雨雪、雨我公田。

(3)矜：

①用作動詞時念「ㄐㄧㄣ」。如：矜惜、矜式。

②用作名詞時念「ㄍㄨㄢ」。如：矜寡。

(4)殷：

①用作姓氏時念「ㄧㄣ」。如：殷先生。

②用作顏色之一時念「ㄧㄢ」。如：殷紅。

(5)匙：

①用作食具、姓氏時念「ㄔˊ」。如：湯匙、匙兒。

②用於鑰匙一詞裏念輕聲「˙ㄕ」。

5. 又讀：又讀指的是同義異讀之類。例如：

(1)鶩　ㄨˋ　又讀ㄇㄨˋ。如：落霞與孤鶩齊飛。

(2)茹　ㄖㄨˊ　又讀ㄖㄨˋ。如：茹毛飲血。

(3)翮　ㄏㄜˊ　又讀ㄍㄜˊ。如：奮翮高飛。

(4)劊　ㄎㄨㄞˋ　又讀ㄍㄨㄟˋ。如：劊子手。

(5)馨　ㄒㄧㄣ　又讀ㄒㄧㄥ。如：馨香。

此外，另有一些容易讀錯的字音，既非又讀之例，也不是破音字，而是一般人以訛傳訛，積非成是的結果，或許因為形聲字表聲符的部分，有的和本字的音完全相同，如：從文得聲的：玟、紋、蚊。有的和本字的音近似，如：從包聲的：泡、炮、砲。然而，卻有不少聲符和本字的音雖有密切的關係，讀起來卻大不相同，如：從台聲的：怡、治。從肅聲的：鏽、蕭。讀音已完全改變了，一般人在「有邊讀邊」的心理下，就常常產生錯誤的讀音而不自覺，教師應加以強調並指正，如：

1. 喟然歎息，「喟」，音「ㄎㄨㄟˋ」而非「ㄨㄟˋ」。
2. 鍥而不舍，「鍥」，音「ㄑㄧㄝˋ」而非「ㄑㄧˋ」。
3. 流水淙淙，「淙」，音「ㄘㄨㄥˊ」而非「ㄗㄨㄥ」。
4. 驀然回首，「驀」，音「ㄇㄛˋ」而非「ㄇㄨˋ」。
5. 一蹴可幾，「蹴」，音「ㄘㄨˋ」而非「ㄐㄧㄡˋ」。

其他又有地名讀異音者，如：「朱提」的「提」讀為「˙ㄕㄨ」、「敦煌」的「敦」讀為「ㄊㄨㄣˊ」、「沁陽」的「沁」讀為「ㄕㄣˋ」。水名讀異音者，如：「治水」的「治」讀為「ㄊㄞˊ」、「澠水」的「澠」讀為「ㄕㄥˊ」、「墊江」的「墊」讀為「ㄉㄧㄝˊ」。姓名讀異音者，如：「万俟卨」讀如「墨其屑」、「酈食其」讀如「歷異其」、「金日磾」讀如「金覓底」。古國名讀異音者，如：「身毒」讀如「捐篤」、「大宛」讀如「大鴛」、「烏秅」讀如「鴉拏」。王后名讀異音者，如：「可汗」讀如「克寒」、「閼氏」讀如「煙支」。器物讀異音者，如：「夏楚」的「夏」讀爲「ㄐㄧㄚˇ」、「綸巾」的「綸」讀爲「ㄍㄨㄢ」、「齊衰」讀爲「ㄗ ㄘㄨㄟ」。重疊字讀異音者，如：「肺肺」讀爲「ㄏㄨㄟˋ ㄏㄨㄟˋ」、「刺刺」讀爲「ㄑㄧˋ ㄑㄧˋ」、「活活」讀爲「ㄍㄨㄚ ㄍㄨㄚ」、「啞啞」讀爲「ㄜ ㄜ」。（註三）

㈢字義的探求：

中國文字的構成，有三大要素，即：字形、字音、字義。說明字形的稱爲文字學；說明字音的稱爲聲韻學；說明字義的稱爲訓詁學，前面論及字形的辨識、字音的講究，牽涉了文字、聲韻之學，以下討論字義，則屬訓詁學的範圍。根據許愼及段玉裁的解釋，「訓詁」二字合起來就是順其條理解說故舊之言以教人。因爲古今語言必有差別，意義難免隔閡，有了隔閡自難明白，所以需要順其條理而加以解說，使他就已知的意義，進而明瞭他所不知的意義，這就是訓詁。訓詁的工作包括：解釋各地方言、古今異語；溝通同時同地，卻數語而一義，或殊名而共實；研究語言的根源，溝通文字的形義……等，字義的探求就在其中，探求字義主要有以下兩個方向：

1.求其本義：

一個文字，它所代表的意義，是最初造此字時的概念，則此字便是此一意義的本字；此一意義，也就是此字的本義。以下以「王」字爲例加以說明：

「王」字共有五義：①帝王②大③暀（即今旺字）④勝⑤往。五義中以「帝王」爲本義，由帝王之義，引申爲大，爲旺，爲勝，又假借爲往。

一般討論本字本義，都以說文爲根據，但文字的形體是逐漸有所改變的，從甲骨文而鐘鼎文，而古文、籀文，到李斯整齊天下文字使歸於一，而變爲小篆，字形已不知改變了多少，與原始形體，相去甚遠。許愼生當東漢，文字又已由小篆而變爲隸書，故他所能看見的小篆，已非文字原始形態，欲根據小篆以推究本形本義，難免有誤，自從甲骨、鐘鼎大量出土後，後人據以與說文相對照，發現說文中雖有不少錯誤，不過，說文中講得精確的仍居多數，也不能妄加貶責。

2.求其引申義：

所謂引申義，是從本義引申出來的，換言之，即從本義擴展出來的。一個字通常有許多意義，但是它們之間往往是互相聯系著的，而且，往往是環繞著本義作爲中心，所以，若能從本義的發展去研究其他各種引申義，可以徹底了解詞語的意義。例如：「朝」字的本義是旦，是早晨，引申爲朝向、朝見，再由朝見引申爲朝廷，又由朝廷引申爲朝代，都是由近及遠，從本義發展出來的。

引申義在古籍的詞義之中，爲數最多，應用最廣，若在辭典中任擇一字，來作例子，便會發現，除了那個字的一個本義和少數幾個假借、通假意義外，其餘大多數的，便是這個字在古籍中使用時的各種引申義了。因此，了解引申義的性質和來源，對於閱讀古書，有相當的幫助。

附一　字辨

㈠形體相似的文字（註四）

1. 丐丏　丐ㄍㄞˋ，乞求，如「乞丐」。
丏ㄇㄧㄢˇ，古代避箭的短牆。又解作「不見」的意思。

2. 互亙　互ㄏㄨˋ，彼此相關的意思，如「互相」、「互愛」。
亙ㄍㄣˋ，延長的意思，如「綿亙」、「亙古」。

3. 代伐　代ㄉㄞˋ，更替，如「替代」。
伐ㄈㄚ，又讀ㄈㄚˊ。宣布對方的罪狀而出兵去打仗叫伐，如「征伐」。

4. 仰抑　仰ㄧㄤˇ，擡頭的意思，如「仰頭」。
抑ㄧˋ，制止的意思，如「抑制」。

5. 含舍　含ㄏㄢˊ，容納口中，如「含哺」。又當包容的意思，如「含笑」、「含羞」。
舍ㄕㄜˋ，家屋的意思，如「田舍」、「茅舍」。

6. 佳隹　佳ㄐㄧㄚ，美好的意思，如「佳節」、「佳境」。
隹ㄓㄨㄟ，短尾鳥的總名，如雁、雞等字都從隹。

7. 傅傳　傅ㄈㄨˋ，輔導的意思，如「師傅」。
傳ㄔㄨㄢˊ，轉移的意思，如「傳遞」。又音ㄓㄨㄢˋ，解釋經文的著作，或記載人物生平的文章，都叫「傳」。

8. 剌刺　刺ㄘˋ，戳的意思，如「刺殺」。魚骨也叫「刺」。

剌ㄌㄚˋ，乖戾、違反的意思。如「乖剌」、「剌謬」。

9. 徒徙

徒ㄊㄨˊ，步行，如「徒步」。又解作空的意思，如「徒手」、「徒勞」。
徙ㄒㄧˇ，遷移，如「遷徙」。

10. 復愎

復ㄈㄨˋ，再、回、報的意思，如「復活」、「復原」、「復仇」。
愎ㄅㄧˋ，自以爲是，不接受別人勸告，如「剛愎」。

11. 崇祟

崇ㄔㄨㄥˊ，高、尊重的意思，如「崇高」、「推崇」。
祟ㄙㄨㄟˋ，作怪叫祟，如「鬼鬼祟祟」。

12. 卿鄉

卿ㄑㄧㄥ，古代官等的一種，如「公卿」。
鄉ㄒㄧㄤ，城鎮以下俗稱爲鄉，如「鄉村」。

13. 捐損

捐ㄐㄩㄢ，以財物助人，如「捐款」。
損ㄙㄨㄣˇ，減少、傷害的意思，如「增損」、「損害」。

14. 宄究

宄ㄍㄨㄟˇ，做壞事叫宄，如「姦宄」。
究ㄐㄧㄡˋ，細心推求叫究，如「研究」。

15. 茶荼

茶ㄔㄚˊ，樹名，樹葉可做飲料，如「茶葉」。
荼ㄊㄨˊ，苦菜，引申做苦的意思，如「荼苦」。

16. 炙灸

炙ㄓˋ，燒烤叫炙，如「驕陽如炙」。

灸ㄐㄧㄡˇ，我國治病的一種方法，以艾燃火在皮膚上燒灼，叫「灸」。

17. 筋筯　筋ㄐㄧㄣ，一種肌肉纖維，如「筋肉」。

筯ㄓㄨˋ，筷子叫筯。

18. 壺壼　壺ㄏㄨˊ，盛液體的器具，如「酒壺」、「水壺」。

壼ㄎㄨㄣˇ，宮庭裏的巷道。宮庭裏的政事，叫做「壼政」。

19. 眨貶　眨ㄓㄚˇ，眼睛一開一閉叫眨。

貶ㄅㄧㄢˇ，減低的意思，如「貶值」。

20. 叚段　叚ㄐㄧㄚˇ，假的本字，如「叚借」。

段ㄉㄨㄢˋ，分截的意思，如「段落」。

21. 許訐　許ㄒㄩˇ，應允，如「允許」。

訐ㄐㄧㄝˊ，揭發短處，如「攻訐」。

22. 貨貸　貨ㄏㄨㄛˋ，錢財器物，如「貨幣」、「貨物」。

貸ㄉㄞˋ，借的意思，如「借貸」。又有饒恕的意思，如「寬貸」。

23. 幹斡　幹ㄍㄢˋ，軀體，如「軀幹」。草木的莖也叫幹。

斡ㄨㄛˋ，轉的意思，如「斡旋」。

24. 肄肆　肄ㄧˋ，習的意思，如「肄業」。

肆ㄙˋ，放蕩的意思，如「放肆」。

㈡形聲相似的文字（形體、聲音相似的文字）（註五）

1. 仿彷　仿ㄈㄤˇ，學習別人的樣子去做叫仿，如「摹仿」。又有看不清楚的意思，如「仿佛」。
彷ㄆㄤˊ，意志不定的樣子，如「彷徨」。

2. 侯候　侯ㄏㄡˊ，古時的爵位，如「諸侯」。
候ㄏㄡˋ，問好叫候，如「問候」。又當等待與時間講，如「等候」、「時候」。

3. 兢競　兢ㄐㄧㄥ，戒愼的意思，如「兢兢」。
競ㄐㄧㄥˋ，爭逐的意思，如「競賽」、「競爭」。

4. 偏徧　偏ㄆㄧㄢ，不平不正叫偏，如「偏心」、「偏差」。偏也有出於意料之外的意思，如「偏不湊巧」。
徧ㄅㄧㄢˋ（讀音）、ㄆㄧㄢˋ（語音），周到，如「普徧」、「徧地」。

5. 嚮響　嚮ㄒㄧㄤˋ，朝向的意思，如「嚮往」、「嚮導」。
響ㄒㄧㄤˇ，聲音叫響，如「響應」、「影響」。

6. 妨防　妨ㄈㄤˊ，阻礙，如「妨害」、「妨礙」。
防ㄈㄤˊ，戒備，如「防備」、「預防」。隄壩也叫防，如「隄防」。

7. 宴晏　宴ㄧㄢˋ，安樂的意思，如「宴安」。以酒食請客也叫宴，如「宴會」、「酒宴」。

晏ㄧㄢˋ，天空無雲叫晏，如「天清日晏」。又有晚的意思，如「晏起」。

8. 密蜜　密ㄇㄧˋ，不疏的意思，如「稠密」。不宣露也叫密，如「祕密」。周到也叫密，如「精密」。

蜜ㄇㄧˋ，採花液釀成的甜汁，如「蜂蜜」、「甜蜜」。

9. 岡罔　岡ㄍㄤ，山脊叫岡，如「高岡」、「岡陵」。

罔ㄨㄤˇ，網的本字，如「罔罟」。

10. 幣弊　幣ㄅㄧˋ，財貨總名，如「錢幣」、「紙幣」。

弊ㄅㄧˋ，奸僞叫弊，如「弊端」、「作弊」。

11. 彊疆　彊ㄑㄧㄤˊ，有力的叫「彊」，與「強」同，如「堅彊」、「彊暴」。

疆ㄐㄧㄤ，界限叫疆，如「疆域」、「邊疆」。

12. 徹澈　徹ㄔㄜˋ，通達，如「徹底」、「貫徹」。

澈ㄔㄜˋ，水靜而清叫澈，如「清澈」。

13. 幸辛　幸ㄒㄧㄥˋ，福，如，「幸福」。又有僥倖的意思，如「幸免」。

辛ㄒㄧㄣ，辣味，引申爲勞苦的意思，如「辛苦」。

14. 慨概　慨ㄎㄞˇ，慨激，如「慷慨」。也作感歎講，如「感慨」。

概ㄍㄞˋ，統括的意思，如「大概」、「概要」。

15. 惱腦　惱ㄋㄠˇ，心中生氣，如「惱恨」、「煩惱」。

腦ㄋㄠˇ，頭髓，如「頭腦」、「首腦」。

16.即旣　即ㄐㄧˊ，就的意思，如「即位」。又有假使的意思，如「即使」。又當便是講，如「即是」。

旣ㄐㄧˋ，已經的意思，如「旣然」、「旣往」、「旣而」。

17.折拆　折ㄓㄜˊ，拗曲的意思，如「曲折」。又作判斷的意思，如「折獄」。又有減除的意思，如「折扣」。

拆ㄔㄜˋ，（語音ㄔㄞ）毀裂，如「拆卸」、「拆毀」。

18.斑班　斑ㄅㄢ，雜色，如「斑馬」、「斑竹」。

班ㄅㄢ，等級的意思，如「班次」、「班級」。

19.曆歷　曆ㄌㄧˋ，歲時節氣的推算法，如「曆法」、「日曆」。

歷ㄌㄧˋ，指經歷，如「閱歷」、「學歷」。

20.栽裁　栽ㄗㄞ，種植草木，如「栽培」、「栽花」。

裁ㄘㄞˊ，製衣，如「裁剪」。減削，如「裁員」。又作判決講，如「裁判」。

21.獲穫　獲ㄏㄨㄛˋ，獵得的意思，如「獵獲」、「緝獲」。

穫ㄏㄨㄛˋ，刈穀，如「收穫」。

22.積績　積ㄐㄧ，漸漸聚集起來叫積，如「積蓄」。力圖進取也叫積，如「積極」。

績ㄐㄧ，把痲分細接長叫績，如「績痲」。功業成效也叫績，如「政績」、「成績」。

23.盲肓　盲ㄇㄤˊ，眼睛看不見叫盲，如「盲人」。
肓ㄏㄨㄤ，心下橫膈膜上面的部位叫肓，如「病入膏肓」。

24.睹賭　睹ㄉㄨˇ，看見，如「目睹」。
賭ㄉㄨˇ，以財物爭輸贏，如「賭博」。

25.祇祗　祇ㄓ，但，只，如「祇應」、「祇得」。
ㄑㄧˊ，神，如「神祇」。
祗ㄓ，恭敬，如「祗請」、「祗頌」。

26.祥詳　祥ㄒㄧㄤˊ，福、善，如「吉祥」。
詳ㄒㄧㄤˊ，完備，如「詳細」。又舉止從容合度叫「安詳」。

27.籍藉　籍ㄐㄧˊ，書，如「書籍」、「典籍」。
藉ㄐㄧㄝˋ，襯墊的意思，如「憑藉」、「枕藉」。

28.糜靡　糜ㄇㄧˊ，粥，如「肉糜」。又當「爛」講，如「糜爛」。
靡ㄇㄧˇ，又讀ㄇㄧˊ，偃仆的樣子，如「披靡」、「委靡」。又當奢侈講，如「奢靡」、「靡麗」。

29.練鍊　練ㄌㄧㄢˋ，煮繅使熟而白叫練，如「匹練」。又作閱歷、精熟的意思，如「練習」、「訓練」。
鍊ㄌㄧㄢˋ，冶金，如「鍛鍊」。

30. 藹靄　藹ㄞˇ，樹木繁盛的樣子，如「藹藹」。和氣也叫藹，如「和藹」。
靄ㄞˇ，雲色很盛的樣子，如「暮靄」。

31. 辨辦　辨ㄅㄧㄢˋ，判別，如「分辨」。
辦ㄅㄢˋ，做事叫辦，如「辦公」、「辦事」。

32. 載戴　載ㄗㄞˋ，記錄，如「記載」。裝運，如「載運」。
戴ㄉㄞˋ，把東西放在頭頂上，如「戴帽子」。擁護，如「愛戴」。

㈢形義相似的文字（註六）

1. 官宦　官ㄍㄨㄢ，爲國家治事的人，如「做官」、「官員」。
宦ㄏㄨㄢˋ，做官叫做「宦」。如「仕宦」。
「做官」不能寫成「做宦」；「仕宦」也不能寫成「仕官」。

2. 忽怱　忽ㄏㄨ，不經意叫「忽」，如「疏忽」；又時間過得很快叫「倏忽」、「忽忽」。
怱ㄘㄨㄥ，「悤」字的俗寫，也簡寫作「匆」。急速的意思，如「怱怱」。
「疏忽」不能寫成「疏怱」；「怱忙」也不能寫成「忽忙」。

3. 巢窠　巢ㄔㄠˊ，鳥窩在樹上的叫「巢」，如「鵲巢」；又盜賊聚居的地方也叫「巢」，如「巢穴」。
窠ㄎㄜ，鳥窩在洞裏的叫「窠」；又陳舊的格式叫「窠臼」。
「巢穴」不能寫成「窠穴」；「窠臼」也不能寫成「巢臼」。

4. 踏蹈　踏ㄊㄚˋ，脚著地叫「踏」，如「踏步」、「踏青」。
蹈ㄉㄠˋ，去實行叫做「蹈」，如「蹈火」；又潔身遠引叫「高蹈」。
「踏青」不能寫作「蹈青」；「蹈火」也不能寫成「踏火」；「高蹈」更不可寫成「高踏」。

5. 網綱　網ㄨㄤˇ，是捉魚、捕鳥的用具，引申用作「法網」、「天網」等。
綱ㄍㄤ，是維繫網的粗繩。引申用作「綱紀」、「綱領」等。
「網」和「綱」的分別很大，不能混用。

6. 履屨　履ㄌㄩˇ，又讀ㄌㄧˇ，鞋子的通稱；又當「踏」字講，如「履冰」；又實踐叫「履」，如「履行」。
屨ㄐㄩˋ，麻革做的鞋子。「織屨」可以說成「織履」；但「履冰」、「履行」就不能寫成「屨冰」或「屨行」。

7. 墜墮　墜ㄓㄨㄟˋ，當「落」字講，如「墜落」、「墜地」；又物體上掛著的小東西叫「墜子」，如「耳墜子」。
墮ㄉㄨㄛˋ，也當「落」字講，如「墮地」；又品性變壞叫「墮落」。
「耳墜子」不能寫成「耳墮子」；品性變壞的意思也不能寫成「墜落」。

8. 趣趨　趣ㄑㄩˋ，有一定的方向，而趕快前去的意思，如「志趣」；又當「意味」講，如「趣味」、

「樂趣」。

趨ㄑㄩ，向前快走的意思，如「趨前」；又向一定的目的去做也叫「趨」，如「趨利」；又奔走依附有力的人叫「趨附」。

「興趣」不能寫成「興趨」；「趨炎附勢」也不能寫成「趣炎附勢」。

㈣音義相似的文字（註七）

1.伏服　伏ㄈㄨˊ，臉朝下趴著叫伏，如「伏案」；又當承認講，如「伏罪」。服ㄈㄨˊ，是衣裳的總稱；又當順從講，如「服從」；又當慣字講，如「水土不服」。

2.佳嘉　佳ㄐㄧㄚ，指美好，或值得欣賞，如「佳人」、「佳話」、「佳期」。嘉ㄐㄧㄚ，指美好，或良善，如「嘉言」、「嘉禮」、「嘉賓」、「嘉禾」。

3.供貢　供ㄍㄨㄥˋ，當奉字講，如「供養」；又或獻給神佛，如「桌上供著鮮花」；又音ㄍㄨㄥ，把財物給需要的人叫「供給」；又在法庭上把一切事情說出來叫供，如「口供」、「供認」。貢ㄍㄨㄥˋ，把東西獻給人家的敬語，如「貢獻」。

4.依倚　依一，當靠字講，側重貼近的意思，如「依附」、「依憑」；又當聽從講，如「依從」；又當照字講，如「依樣畫葫蘆」；又「依然」是仍舊的意思；「依依」是不忍分離的樣子。倚一ˇ，也當靠字講，側重仗恃的意思，如「倚老賣老」、「倚勢凌人」；斜靠著也叫倚，如「倚欄」、「倚閭」；又當偏字講，如「偏倚」。

5.係繫　係ㄒㄧˋ，當相關講，如「關係」；又當是字講，如「確係」。

繫ㄒㄧˋ，當掛字講，如「繫念」；又當聯字講，如「聯繫」；又音ㄐㄧˋ，當結字講，如「繫鞋帶」。

6.原緣　原ㄩㄢˊ，平廣的土地叫原，如「平原」；又本來的叫原，如「原物」；又當根本講，如「本原」、「原因」；又當饒恕講，如「原諒」。

緣ㄩㄢˊ，當起由講，如「緣起」、「緣故」；又由於自然的關係，不是人力造成的叫緣，如「緣分」；又當順著講，如「緣木求魚」；讀音ㄩㄢˋ，謂衣服的邊緣。

7.多都　多ㄉㄨㄛ，數量很大叫多，如「許多」；又剩下的叫「多餘」。

都ㄉㄨ，人口及貨物聚集的地方叫都，如「都市」；又當美盛講，如「麗都」；又音ㄉㄡ，當皆字講，概括全部的意思，如「都好」、「都是」；又「大都」是大概的意思。

8.少稍　少ㄕㄠˇ，不多叫少，如「少數」；又當欠缺講，如「缺少」；又「少頃」是一會兒的意思；又音ㄕㄠˋ，當年輕講，如「少年」、「少女」。

稍ㄕㄠ，當略微講，如「稍微」、「稍稍」。

9.廢費　廢ㄈㄟˋ，除去叫「廢止」、「廢棄」；毀壞無用叫廢，如「廢物」；殘缺不全叫「殘廢」。

費ㄈㄟˋ，作財用講，如「公費」、「經費」；又當損耗講，如「消費」、「浪費」；引申用為「費心」、「費神」。

10. 制製　制ㄓˋ，成法叫制，如「法制」、「制度」；又當訂立講，如「制作」、「制禮」；「制服」是制定形式的衣服；又裁斷叫「裁制」；管理叫「統制」；又守父母之喪叫「守制」。製ㄓˋ，造作器物叫製，如「製造」，鍊藥叫「炮製」；文字的法式叫「體製」。

11. 需須　需ㄒㄩ，表示欲求的意思，如「需求」、「需要」；又指需要的對象，如「軍需」。須ㄒㄩ，表示必定的意思，如「必須」、「無須」；又做應當講，如「須知」；又時間短暫叫「須臾」。

12. 至致　至ㄓˋ，當「到」字講，如「至今」、「賓至如歸」；又當極端講，如「至善」、「至尊」。致ㄓˋ，是使他（它）到達的意思，如「招致」、「以致」，「致書」、「致意」；又當意態講，如「情致」、「興致」；又當盡字講，如「致力」。

13. 景境　景ㄐㄧㄥˇ，指光、色、形象，如「景物」、「景象」、「美景」；又高明的德行叫「景行」；又仰慕叫「景仰」。境ㄐㄧㄥˋ，當疆界講，如「境域」；又當地步講，如「境地」、「佳境」；又指人的遭遇、狀況，如「境遇」、「逆境」、「順境」。

14. 驚警　驚ㄐㄧㄥ，受嚇、懼怕叫驚，如「驚訝」、「驚奇」；受到驚嚇醒悟過來叫「驚醒」；又騷擾叫「驚動」、「驚擾」。警ㄐㄧㄥˇ，戒備叫警，如「警戒」；心存戒備，睡眠易醒叫「警醒」；又當告戒講，如「警報」、「警鈴」。

15. 玩頑　玩ㄨㄢˊ，遊戲叫玩，如「玩耍」；又當把弄欣賞講，如「玩賞」。又音ㄨㄢˋ，輕忽戲弄叫玩，如「玩弄」、「玩世不恭」；心愛物也叫玩，如「珍玩」。

頑ㄨㄢˊ，愚鈍、固執叫頑，如「頑固」、「頑民」；小孩調皮不服教誨叫「頑皮」、「頑童」。

16. 濫爛　濫ㄌㄢˋ，水漫溢叫濫，如「氾濫」；又當過度講，如「濫用」；不自檢點也叫濫，如「濫交」、「濫污」；浮泛不實也叫濫，如「濫調兒」。

爛ㄌㄢˋ，熟透而軟叫爛，如「爛糊」；又當腐敗講，如「爛蘋果」；又當光明講，如「燦爛」。

17. 殘慘　殘ㄘㄢˊ，毀壞叫殘，如「殘廢」；又當暴虐講，如「殘忍」、「殘酷」；又有將盡或剩餘的意思，如「殘冬」、「殘羹」。

慘ㄘㄢˇ，當傷痛講，如「慘痛」、「悽慘」；又當狠毒講，如「慘急」；又黯淡無光叫「慘澹」。

18. 敝鄙　敝ㄅㄧˋ，破損叫敝，如「敝屣」；又可用來謙稱自己的處所，如「敝校」、「敝店」、「敝處」。

鄙ㄅㄧˇ，又音ㄅㄧˋ，邊遠的地方，如「邊鄙」；又當粗俗卑陋講，如「鄙夫」、「卑鄙」；又當輕視講，如「鄙笑」；又可用來謙稱自己，如「鄙人」。

19.意義　意一ˋ，心的思慮叫意，如「意圖」、「意念」、「意見」、「意趣」；又當推測料想講，如「意料」；又任性行事不顧一切叫「意氣用事」。

義一ˋ，行爲合乎道德、正理叫義，如「義行」、「義士」；又道義的精神叫「義氣」；又當道理講，如「義理」、「義疏」。

20.噪嘈　ㄗㄠˋ，蟲鳥的聲音很大而且煩人叫噪，如「蟬噪」、「鵲噪」、「噪聒」；又騷擾人的聲音叫「噪音」。

嘈ㄘㄠˊ，各種聲音一起響起來叫嘈，如「嘈雜」。

附二　文言白話詞語的比較（註八）

(一)文言詞語跟白話詞語相同，例如：

(甲)單音詞

天 地 山 水 人 手 牛 羊 銅 鐵 求 嫁 娶 愛 怨 吞 吐 抱 掃 大 小 長
短 方 圓 正 直 輕 重 冷 熱

(乙)複音詞

蟋蟀 蝴蝶 婚姻 商量 欣賞 經營 提拔 聰明 正直 淒涼 蕭條 寂寞 逍遙 滑稽 婆娑

(二)文言詞語跟白話詞語形式相同，但意義已變，例如：

(甲)單音詞

（古）（今）	（今）（古）
去：離開	去：往
說（ㄕㄨㄟˋ）：勸說	說：言
樂：快活	樂：笑
兵：兵器	兵：士卒
股：大腿	股（單位詞）
江：長江	江（通名）
河：黃河	河（通名）

(乙)複音詞

（古）	（今）
國語：書名	現代中國標準語
數學：陰陽變化之學	算學
交通：交往、勾結	客貨運輸和郵電往來
經濟：經世濟民	關於財貨的事項
消息：生滅，盛衰	音訊，新聞

時髦：一時的英才　一時的崇尚

㈢文言詞語跟白話詞語部分相同，例如：

㈠文言單音詞包含在白話複音詞裏邊：

鼻△子　孫△子、鴨△子　橘△子　帶△子　珠△子　銀△子　櫃△子　貓△兒　盆△兒　花△兒　杏△兒　繩△兒　字△兒　詞△兒

名△兒　舌△頭　指△頭　拳△頭　石△頭　木△頭　磚△頭　外△頭　前△頭　老虎△　老鷹△　老鼠△

耳△朵　眉△毛　胸△脯　肩△膀　膝△蓋　翅△膀　月△亮　雲△彩　蝗△蟲　國△家　窗△戶　睡△覺　欺△負　頭髮△　嘴脣△

巴掌△　螞蟻△　螃蟹△　跳蚤△　兄弟△　毛病△　乾淨△　熱鬧△　討厭△　可憐△　相信△　呵欠△

㈡合兩個文言單音詞成一個白話複音詞：

身體　頭腦　皮膚　婦女　長官　行爲　思想　樹木　美麗　惡劣　空虛　悲哀　驕傲　吉利　懶惰

孝順　追逐　更改　生產　分析　覺悟　依賴　忍耐　考試

㈣文言詞語跟白話詞語全部不相同，例如：

㈠都是單音詞

(古)	(今)	(古)	(今)
食：	吃	齧：	咬
甘：	甜	置：	放
足：	腳	引：	拉

屨：鞋　　辛：辣

㈡都是複音詞

（古）　（今）　　（古）　（今）

肩輿：轎子　　首途：出發

湯餅：麵條兒　　遺男：遺腹子

孀妻：寡婦　　縱容：放任

㈢文言單音詞，白話複音詞

（古）（今）　　（古）（今）

日：太陽　　遣：打發

帘：簾幕　　弛：放鬆

雉：野雞　　犢：小牛

語（ㄩˋ）：告訴　　筯：筷子

濯：洗滌　　婢：女佣人

弈：下棋　　誨：教導

比（ㄅㄧˋ）：等到　　汲：打水

妾：姨太太

這裏所謂「古」，是指一個詞語在古代（文言）常用的意義；「今」，是指一個詞語在今天（白話）常用的意義。「古」「今」只是一種相對的說法，沒有一定的界限。一個詞語，往往有多種意義，那是在詞典裏可以查考的。這裏的重點，只是說明文言、白話詞語異同的概略情形。

【附註】

註一　參見于大成文字文學文化

註二　參見胡楚生訓詁學大綱

註三　參見黃錦鋐中學國文教材教法

註四　錄自國中國文課本第一冊

註五　同註四

註六　錄自國中國文課本第二冊

註七　同註六

註八　錄自國中國文課本第四冊

三、文法的剖析

前　言

文法是語文的結構方式。每一個族語都有它特殊的結構方式，所謂「國文文法」就是中華民族語言（嚴格地說該稱爲漢語）結構的方式。

國文教學的目標，以語文訓練爲主。爲了增進學生閱讀及寫作的能力，文法的剖析是必需的。在「範文教學」方面，我們可以透過文法的分析，正確掌握語句的意義，減少誤解的產生，避免時間精力的浪費，進而增進學生理解的能力。在「作文教學」方面，清晰的文法觀念，可以幫助學生確切的遣詞造句，提高他們的表達能力，以達到溝通情意的目的。文法剖析的重要性，由此可見。

不過，文法只是將既成的語文習慣，整理出有系統的原則，依此原則，教人組織準確而通順的說辭或文章；至於如何使言辭瑰麗、文章美妙，則是修辭學的領域。大致言之，文法重在客觀的分析，所求的是準確；修辭則偏重主觀情意的表現，所求的是美妙；兩者在層次上是有所不同的。

本文嘗試以四個單元，探究範文教學之「文法剖析」，將「國文文法」的重要觀念，予以有系統的介紹。取例儘量採用民國七十二年七月教育部公布國中與高中國文課程標準後，新編國民中學國文課本之範文，並註明其「册次」、「篇名」及「作者姓名」。如無適當資料，則採用新編高中國文課本之範文，或其他常見的文章爲例。凡例句皆加上「▲」號，以爲區別。希望能以簡淺的文字，將「國文文法」做一概略性的說明，以供中學國文教師參考。在定義、分類及術語的選用方面，大抵依據許師世英先生的中國文法講話（註一），並廣收參考資料，以充實其內容。國文教師在處理教材時，可循此系統，用比較歸納的方法，剖析課文中語句的結構，指導學生運用原則，加強分析語句，並練習造句，以培養其欣賞文學作品之興趣及能力，從而達到國文教學的目標。

甲、詞的意義、種類及配合

㈠詞的定義：

「詞」是能夠代表一個意義的語言成分。在中國文法裏，字與詞是有分別的。有時候，一個字就有一個意義，這叫做「單音詞」。例如：「劍」、「馬」等；但是，有時候一個字並不能代表一個意義，必須由兩個或兩個以上的字合起來才有一個意義，這叫做「複音詞」。例如：「葡萄」，是水果的一種，假使你單說一個「葡」字或一個「萄」字，是沒有意義的。因此，「葡」與「萄」都只是字而非詞。

㈡詞的種類：

(A)按音節分類：

㈠單（音）詞——由一個字構成一個詞。例如：「筆」、「紙」等。

㈡複（音）詞——由兩個或兩個以上的字構成，卻只表示一個意義。例如：「葡萄」是雙音詞；「圖書館」是三音詞；「三民主義」是四音詞。複詞又可分為若干類，茲分述如下：

1.衍聲複詞：

衍聲複詞是以聲音關係相結合而成的，構成方式有以下幾種情形：

(1)雙聲雙音節衍聲複詞：衍聲複詞中上下兩個字的聲母相同者。例如：「崎嶇」、「彷彿」。

(2)疊韻雙音節衍聲複詞：凡是同韻（不管介音的有無）的雙音節衍聲複詞，就是疊韻的雙音節衍聲複詞。例如：「荒唐」、「逍遙」。

(3)雙聲疊韻衍聲複詞：既雙聲又疊韻的雙音節衍聲複詞，但並不一定同音。例如：「玲瓏」、「緜蠻」。

(4)非雙聲疊韻衍聲複詞：既不雙聲，也不疊韻，同時上下兩個字或詞，又不是以義合成的，而是因聲音關係拼合的。例如：「蝴蝶」、「葡萄」。

(5)疊字式衍聲複詞：兩字上下重疊稱疊字，由兩字重疊構成，以聲音關係衍生的複詞，稱疊字衍聲複詞。例如：「關關」、「喃喃」、「漸漸」、「輕輕」。

(6)多音詞：多音詞的構詞法，無一定之規則，屬於一種綜合運用。大約可以分爲以下幾種：

①單字加疊字法：例如：「嘩啦啦」、「滑喙喙」。

②雙疊字法：例如：「嘻嘻哈哈」、「嘰嘰呱呱」。

③多重雙聲疊韻法：借雙聲疊韻的綜合運用，摹擬同中有異，異中有同的複雜聲音。例

如：「唏哩嘩啦」、「劈哩啪啦」。

④贅語法：增加音綴作用，所加之字並無意義，但使文辭產生情趣。例如：「糊里糊塗」的「糊里」、「吊兒郎噹」的「吊兒」都可稱爲贅語法的運用。

⑤駢語法：上二字與下二字意義一樣，表面似重複累贅，但語氣較有力。例如：「牽腸掛肚」、「歡天喜地」。

2.附加複詞

附加複詞是在一個基本詞前附加一個詞頭；或在一個基本詞後附加一個詞尾。前者稱爲「前加複詞」；後者稱爲「後加複詞」。茲分別說明如下：

(1)前加複詞

這類複詞是由「音」+「義」的關係所構成。表音的成分在前，表義的成分在後。例如：「老虎」、「老鼠」的「老」表音；「虎」與「鼠」表義便是。「老虎」與「老鼠」的「老」字，沒有「老」字的意義在內，只是因爲單說一個「虎」或「鼠」，怕聽的人不清楚，所以加一個「老」字在「虎」或「鼠」的上面，成爲雙音詞，比單音詞聽得清楚些。像這樣用法的「老」字，我們把它稱做「詞頭」。其他的例子像小張、小王的「小」，阿蘭、阿英的「阿」也是詞頭。在文言文中如「覯機見祝」的「見」字，不是修飾動詞「祝」的副詞；「辱承相邀」的「相」字，並沒有「互相」的意思，不是修飾動詞「邀」字；「張三所愛」的「所」字，也不是修飾動詞「愛」字，所以「見」、「相」、

「所」等字，依據許師世瑛先生的說法，也都可稱爲「詞頭」。

(2)後加複詞

這類複詞是由「義」＋「音」的關係所構成。表義的成分在前；表音的成分在後。例如：「桌子」的「桌」表義；「子」表音便是。其他如：「房子」、「窗子」、「花兒」、「鳥兒」、「木頭」、「念頭」的「子」、「兒」、「頭」都是沒有意義的字，我們稱爲「詞尾」。白話文中形容詞後面加個「的」字，如「美麗的」、「漂亮的」、「聰明的」，依據許師世瑛先生的說法，這些「的」也不妨說是詞尾。在文言文中，很多形容詞都帶詞尾，如「沛然」的「然」、「戚戚焉」的「焉」、「巍巍乎」的「乎」、「莞爾」的「爾」、「行行如」（剛強的樣子）的「如」、「沃若」（柔嫩的樣子）的「若」、「忽其」（與「忽然」同義）的「其」等都是「詞尾」。

3.合義複詞

合義複詞的拼成，不是由於聲音關係，而是以義相合的，這類複詞又可以分爲三類：

(1)聯合式合義複詞

這是由並列關係聯合而成的複詞。若就其聯合的關係而言，大約可細分爲平行、類似、包含、對立、偏義等關係。這類複詞的兩個字，一定要緊密聯合，只有一個意義。如果各有其義，就不是合義複詞，只能算是「詞聯」。例如：「國家」，只有「國」的意義；假如「國家」指「國」和「家」，便不算是合義複詞，只能算是「詞聯」。又如「繩墨」的意思是「法度」、「規則」，這是形成合義複詞後所產生的新義；假如「繩墨」指「繩」和「墨」，便不是合義複詞，只能算是「詞聯」。這類複詞構成的關係，大約有以下幾種：

①平行關係

由平行關係所構成的複詞，其上下兩個詞的意義相同。例如：「巨大」、「宮室」、「養育」、「美麗」等。

②類似關係

由類似關係所構成的複詞，其上下兩個詞的意義相似。例如：「保養」、「辛苦」、「身體」、「擁護」等。

③包含關係

這類複詞的兩個詞之間，是由大小、輕重等關係所構成，例如：「尺寸」（在長度計算單位上，一尺包含十寸）、「斤兩」（在重量單位上，一斤包含十六兩）、「分寸」、「千萬」等。

④對立關係

由對立關係所構成的複詞，其上下兩個詞的意義相反，但在合成複詞後，卻產生了一個新的意義。例如：「東西」、「利害」、「橫豎」、「是非」、「買賣」、「開關」等。

⑤偏義關係

這類複詞，也是由上下兩個意義相反的詞所構成，但在形成複詞後，只保留其中一個詞的意義，另外一個詞的意義卻消失了。例如：諸葛亮出師表：「宮中府中，不宜異同。」其中的「異同」，只有「異」的意思。劉向緹縈救父：「緩急非所益」，「緩急」只有「急」的意思。其他如「好歹」、「早晚」等都是偏義複詞。

(2)組合式合義複詞

這是由主從關係組合而成的複詞，其中一個爲主體，另一個爲附加成分。例如：「火車」，「火」與「車」二字本各有其義，但拼合之後，只表示一種交通工具，在這個複詞中，「車」是主體，「火」是附加成分，用以修飾主體。這類複詞的兩個字一定要產生新的意義，否則上下二字是以組合的方式構成，只能算是「詞組」。例如：「大門」不是「大的門」，而是專指建築物「最外層的門」。「小人」不是「小的人」，而是指「心術不正的人」，這便是組合式合義複詞。而「紅馬」是指「紅色的馬」，只能算是「詞組」。

(3)結合式合義複詞

這是兩個詞結合而成一個複詞時，既非並列，又非主從，而是以句子的形式相結合。上下二詞緊密結合後產生新的意義，這便是結合式合義複詞，否則只能算是「詞結」。例如：「懸壺」，「懸」是述詞（又叫「動詞」），「壺」是「懸」的賓語（即「受詞」），但二詞拼合之後，僅表「行醫」一義，所以「懸壺」是結合式合義複詞。若像「寫字」一詞，因爲沒有產生新的意義，所以只能算是「詞結」。結合式合義複詞按其結合型式，大約可以分爲以下幾類：

①主謂格　「主語」＋「謂語」（由動詞擔任）例如：「輪廻」、「地震」、「春分」、「夏至」、「霜降」、「氣喘」等。

②修飾性的主謂格　這是由表態句型而來。例如：「肉麻」、「嘴硬」、「眼紅」、「雀躍」、「聲張」、「髮指」等。

③動賓格　「動詞」＋「賓語」（受詞）例如：「留神」、「出版」、「幫忙」、「司機」、「出名」、「拚命」、「混帳」、「勞駕」等。

④後補格　以一動詞爲中心成分加後補成分。例如：「說明」（說而使之明白）、「推翻」、「拒絕」、「克服」、「延長」等。

⑤其他類　非組合式、聯合式，又非前四種者。例如：「傷風」、「傷寒」等。

(B)按詞在句中所擔任的實際職務分類：

㈠實詞　凡本身能表示一種概念的是實詞。若依其在句中的職務，實詞又可分爲以下幾種：

1.名詞：凡實物的名稱，或哲學、科學等所創的名稱，都是名詞。例如：父、母、草、木、鳥、獸、天、地、水、火、政府、議會、道德、品行、氫、氧等。

2.形容詞：凡表示實物德性的詞（用以修飾名詞的詞），都是形容詞。例如：紅、白、高、矮、貴、賤等。

3.動詞：凡描述行爲或事件的詞，都是動詞。例如：來、去、跑、跳、吃、喝、想、寫、愛、恨、生、死等。

4.副詞（或稱限制詞）：凡是用來表示形容詞或動詞的程度、範圍、時間、處所、可能性、否定作用等，而不能單獨指稱實物、實情或實事的詞，都是副詞。例如：很、甚、總、又、今、昔、內、外、能、會、不、莫等。

5.代詞（代名詞，或稱指稱詞、稱代詞）：凡是指稱或稱代人、事、物的詞，都是代詞。大約有以下幾種：

(1)三身指稱詞　例如：你、我、他、彼、其、之等。

(2)特指指稱詞　例如：這、那、此、彼等。

(3)疑問指稱詞　例如：孰、何、奚、什麼等。

(4)數量指稱詞　例如：一、十、千、萬、多、些、每、各等。

(5)單位指稱詞　例如：斤、枝、片、張、頭、塊等。

㈡虛詞　凡本身不能表示一種概念，只是語言結構工具的便是虛詞。若依其在句中的職務，又可分為以下幾種：

1.關係詞：連詞和介詞合起來稱為關係詞，是用以聯接或介系「詞」和「詞」，或「句」和「句」的詞。

(1)連接詞：用以連接同種類的「詞」與「詞」，或「句」與「句」的詞。例如：和、跟、因爲、所以、如果、假設等。

(2)介詞：置於名詞或代名詞之間，而介紹名詞或代名詞與另一詞發生關係的詞。例如：給、把、替、自等。

2. 語氣詞：用來表示一種情緒或語氣的詞。大約可分爲：

(1)歎詞　凡是用來表示各種情緒的詞，都是歎詞。又稱爲獨立的語氣詞。例如：嗚呼、哎喲、噫等。

(2)助詞　凡是用來表示各種語氣的詞，都是助詞。大致包括一般所謂的「句首、句中、句末語氣詞」。例如：夫、焉、哉、耳、也、者、了、啊等。

㈢詞與詞的配合關係：

詞和詞（這裏說的詞，是指名詞、形容詞、動詞等說的）之間的配合關係，可以有左列三種：

㈠聯合關係——並列關係

詞的聯合關係簡稱詞聯。這是兩個或兩個以上同類詞（指名詞與名詞、形容詞與形容詞、動詞與動詞）以平列、並立的關係相聯合。例如：

▲我們的校訓——禮、義、廉、恥。（第一册　我們的校訓　蔣中正）

「禮、義、廉、恥」四詞都是名詞，這是以並列的關係相聯合，稱爲詞聯。詞聯的兩詞之間可以插進關係詞，名詞與名詞間可以加入「和」、「跟」、「與」、「同」、「及」等關係詞。動詞與動詞，形容詞與形容詞間可以加入「又」、「且」、「而」、「又……又……」、「且……且……」等

㈡組合關係——主從關係

詞的組合關係簡稱詞組，也叫主從關係或附加關係。這種關係的兩個詞，一定是不同詞類。下面一個是主體詞，叫做端詞，上面附加的詞，叫做加詞。端詞永遠是名詞或帶名詞性的詞，加詞則可以是名詞、形容詞、動詞或代詞；不過，這時的名詞、形容詞、動詞、代詞都已經形容詞化了。例如「紙蝴蝶」、「紅花」、「飛鳥」、「他父親是一位書法家」等。

㈢結合關係——造句關係

詞的結合關係簡稱詞結，這是詞跟詞構成句子的形式，所以又叫造句關係。其形式有二：

1. 句子形式的詞結

這種形式，包括主語、謂語兩部分；或主語、述詞、賓語三部分。可以獨立成句，也可以只做句中的一個文法成分。如「貓捉老鼠」是一獨立句，但在「你見過貓捉老鼠嗎？」一句中，卻只做爲「見」的賓語。

2. 謂語形式的詞結

凡是缺少主語的句子形式，都可稱爲謂語形式的詞結，這又可分爲四小類：

(1) 述詞（動詞）+賓語（受詞）　例如：「騎馬」、「看花」等。

(2) 限制詞（副詞）+述詞+賓語　例如：「不從命」、「會騎馬」等。

(3) 限制詞+形容詞　例如：「很漂亮」、「好快樂」等。

(4)限制詞＋動詞　例如：「快跑」、「慢走」等。

詞與詞的配合關係，除以上三種外，另有一種，如「師道之不傳」，形式上是詞組，而實質上是詞結，這可稱之爲「組合式詞結」。組合式詞結的性質與詞結無異。

詞結的觀念很重要，因爲繁句與簡句的區分，要看主語及謂語（或賓語）是不是詞結而定。結合式合義複詞，在句子裏只做一個文法成分用。例如：「方寸亂矣」句中的「方寸」是指「心」而言，它只做這一句的主語用，這是應該注意的。

乙、句子的定義及種類

㈠句子的定義：

由兩個以上的詞聯綴而成，能夠表示一個完整意思的獨立表現單位，即爲句子。通常一個句子必須包含兩個部分：一是主語，一是謂語（包含述詞及賓語）；主語是句中的主要成分，謂語則是說明主語的成分。

㈡句子的種類：

句子可分爲「簡句」、「繁句」、「複句」三大類。

㈠簡句：凡句中的文法成分皆由單詞、複詞、詞聯、詞組所構成者謂之簡句（沒有一個成分是由詞結擔任）。這又可以分爲以下四類：

1.敍事簡句

(1)敍事簡句的句型：主語＋述詞＋賓語

敍事簡句（又稱敍述簡句）是敍說一種事情的句子。這件事的中心是一個動作。主語即動作的發出者，述詞即所行之動作，賓語爲接受動作者。例如：

▲故人具雞黍。（第二册　過故人莊　孟浩然）

主語「故人」是組合式合義複詞，述詞是「具」，賓語「雞黍」是詞聯。

▲我愛鳥。（第三册　鳥　梁實秋）

主語「我」，述詞「愛」，賓語「鳥」，皆是單詞。

(2)敍事句的補語：

主語、述詞、賓語是構成敍事句的三個主要文法成分，然而一件事情或一個動作常牽涉多方面，爲了使敍事完足，勢必將與這事或動作有關的人或物都放入句中，這些有關的人或物，我們都稱爲「補語」。敍事簡句的補語大約有八種，茲分述如下：

①受事補語

有些敍述動作的述詞，如「賣」「寄」「還」等，常有人和物同時接受這個動作。我們把有關的「事」稱爲「直接賓語」（直接受詞），簡稱賓語，而「人」叫做「間接賓語」（間接受詞），即「受事補語」。例如：

▲他寄兩本小說給我。

「他」是主語，「兩本小說」是賓語，「我」是受事補語，「寄」是述詞，「給」是關係詞，連繫賓語和「我」。

②關切補語

主語通常對這類補語有一種服務關係。連接這類補語的關係詞，白話文常用「替」、「給」，文言文用「爲」。例如：

▲爲長者折枝。（梁惠王篇　孟子）

這句主語省略，「爲」是關係詞，「長者」是關切補語，「折」是述詞，「枝」是賓語。

③交與補語

這類補語是指與主語共同動作的人物。連接這類補語的關係詞，白話文用「和」、「跟」，文言文用「與」。例如：

▲（其妻）與其妾訕其良人，而相泣於中庭。（第三冊　齊人　孟子選）

這句主語「其妻」承上省略了，「其妾」是交與補語，「與」是連繫它的關係詞，「訕」是述詞，「其良人」是賓語。

④憑藉補語

這類補語是指主語賴以完成動作的事物。用來連接這類補語的關係詞，白話文用「拿」、「憑」、「用」等，文言文用「以」或「用」。例如：

▲以白紙糊窗。（第一冊 閒情記趣 沈復）

「白紙」爲憑藉補語，主語省略。

⑤處所補語

這類補語是用來說明事情或動作發生的地點。用來連接這類補語的關係詞，白話文通常用「在」，文言文則用「於」、「乎」等。例如：

▲雜植蘭桂竹木於庭。（項脊軒志 歸有光）

「庭」爲處所補語。

⑥時間補語

這類補語是用來說明一件事發生的時間。連接這類補語的關係詞，白話文用「在」、「到」、「自」、「從」等，文言文則用「於」、「及」等。例如：

▲子於是日哭，則不歌。（述而篇 論語）

「是日」爲時間補語。

⑦原因補語

原因補語是用來說明一件事（或動作）發生的原因。連接它的關係詞，白話文用「爲（ㄨㄟˋ）」，文言文用「以」、「爲（ㄨㄟˋ）」、「由」、「用」等。例如：

▲君子不以言舉人，不以人廢言。（衞靈公篇 論語）

上句的「言」，下句的「人」爲原因補語。

⑧目的補語

這類補語是說明一件事（或動作）的目的。連接這類補語的關係詞，白話文用「爲了」，文言文用「以」或「爲」。例如：

▲爲了節約，我家要搬到鄉下去了。

「節約」爲目的補語。

上述八種敍事句的補語，在有無句、表態句、判斷句也常用到。

2.表態簡句

表態簡句的句型：主語＋謂語（表語）

表態簡句（又稱描寫句）是記述人、事、物的性質或狀態的句子。這類句型的主語通常是人、事、物；謂語則是記述人、事、物的性質或狀態，是形容性的詞。例如：

▲雄兔腳撲朔，雌兔眼迷離。（第四冊　木蘭詩　佚名）

這是兩個表態簡句，主語皆由詞組構成，謂語則爲複詞。

▲山川壯麗，……。（第二冊　國旗歌歌詞　戴傳賢）

主語「山川」，與謂語「壯麗」皆是詞聯。

3.判斷簡句

(1)判斷簡句的句型：主語＋（繫詞）＋謂語（斷語）

繫詞是用以溝通主語和謂語的橋樑，白話的判斷句必定要用繫詞：肯定句用「是」，否定句用「不是」；文言的肯定判斷句，常不用繫詞，若用繫詞，則「乃」、「即」、「爲」等較常見；至於否定判斷句，則常用「非」做繫詞。例如：

▲天祥爲宋狀元宰相。（第五冊　文天祥從容就義　胡廣）

本句的主語是複詞（專有名詞），謂語是詞組，「爲」是繫詞，作「是」解。

▲我們是一列樹。（第一冊　行道樹　張曉風）

本句的主語、謂語都是詞組，「是」是繫詞。

(2)準判斷簡句的句型：主語＋（準繫詞）＋謂語（斷語）

準判斷句的地位在判斷句與敍事句之間，所用動詞的性質介乎普通動詞與純粹繫詞之間，我們稱這個動詞爲準繫詞，如「做」、「化」、「成」、「謂」、「猶」、「如」、「似」、「像」……等。繫詞與準繫詞的區別在於：使用繫詞時主語與謂語間是「相等」的關係（例如：「天祥爲宋狀元宰相」，「文天祥」就是「宋狀元宰相」，「宋狀元宰相」就是「文天祥」，二者間是完全相等的關係）；而準繫詞上下的主語與謂語間，只是「類似」的關係，或者主語本身已產生變化，二者間並不完全的相等。例如：

▲徒使兩地眼成穿而骨化石。（第六冊　與妻訣別書　林覺民）

其中「眼成穿」、「骨化石」是兩個典型的準判斷句，「成」與「化」是準繫詞。「穿」和「石」是由主語「眼」和「骨」變化而來的。

▲情感和理智，像鳥的雙翼。（第二冊　大好春光　吳兆奇）

本句主語是一詞聯，「像」是準繫詞，謂語是詞組。而主語和謂語間，則有類似的關係存在。

4.有無簡句

有無簡句的句型：主語＋述詞（限用「有」、「無」）＋賓語

有無簡句是表明事物的有無。它的結構與敍事簡句相同，但述詞限用「有」或「無」。例如：

▲圓門東邊有三間舊房。（第二冊　大明湖　劉鶚）

「圓門東邊」本是處所補語，在此也可視爲「有」的主語。

▲君子有終身之憂。（第二冊　最苦與最樂　梁啓超）

「君子」是主語，賓語「終身之憂」是詞組。

㈡繁句：凡敍事句或有無句的主語跟賓語，表態句跟判斷句的主語或謂語，是由詞結擔任的，都是繁句。茲分別舉例說明如下：

1.敍事繁句

▲小弟聞姊來，磨刀霍霍向豬羊。（第四冊　木蘭詩　佚名）

上句即爲一敍事繁句。「姊來」是敍事句詞結作「聞」的賓語。

▲開軒面場圃，把酒話桑麻。（第二冊　過故人莊　孟浩然）

這是兩句敍事繁句，其中「開軒」與「把酒」分別是擔任兩句主語的詞結。

2.表態繁句

▲山川壯麗，物產豐隆。（第二冊　國旗歌歌詞　戴傳賢）

下句爲一表態繁句，主語「物產」爲一詞結。

▲月落、烏啼、霜滿天。（第一冊　楓橋夜泊　張繼）

「霜滿天」爲一表態繁句，其中「霜」爲主語，「滿天」爲一詞結擔任的謂語。（此一大句由三小句表態句組成）

3.判斷繁句（含準判斷繁句）

▲立志是讀書人最要緊的一件事。（第一冊　立志做大事　孫文）

主語「立志」爲一詞結。

▲臣事君，猶子事父也。（蘇武傳　漢書）

主語「臣事君」與謂語「子事父」均由詞結擔任，「猶」是準繫詞。

4.有無繁句

▲交鄰國有道乎？（梁惠王篇　孟子）

主語「交鄰國」爲一詞結。

▲得罪了人沒有賠罪。（第二冊　最苦與最樂　梁啓超）

賓語「賠罪」爲一詞結。

5.致使繁句

致使繁句屬於敍事繁句的一種，但這類敍事繁句裏的述詞，可使賓語有所動作或起變化，故在賓語後面還要再加一個述詞，做第二個述詞，或加上個謂語，使得這個賓語合上後面所加的述詞或謂語，也構成一個詞結。也就是第一個述詞後的賓語，成爲第二個述詞的主語。致使繁句的第一個述詞，一定是致使動詞，例如：「叫」、「讓」、「使」、「令」、「推」、「舉」等。

▲（田單）令甲卒皆伏。（第六冊　田單復國　司馬遷）

「令」是致使動詞，主語「田單」省略，「令」後面接的是敍事句型的詞結。「甲卒」對「令」來說是賓語，對「伏」來說是主語。

▲又留蚊於素帳中，徐噴以煙，使之沖煙飛鳴。（第一冊　兒時記趣　沈復）

「使」是致使動詞，主語「沈復」省略，「使」後面接的是表態句型的詞結。「之」（指「蚊」）對「使」來說是賓語，對「沖煙飛鳴」來說是主語。

致使繁句有時可以不用致使動詞，直接把賓語後之述詞提到前面，使它具有「致使」的作用，這種用法稱「使動用法」。例如：

▲天將降大任於是人也，必先苦其心志，勞其筋骨，餓其體膚……。（第四冊　生於憂患死於安

樂　孟子選）

就是從「使其心志苦，使其筋骨勞，使其體膚餓」變化而來的。

6. 意謂繫句

形式與致使繫句類似，但此類句子的述詞，不像致使繫句，可以使賓語有所動作或變化，並表現於事實，它只是存在於動作發起者的心目中而已。意謂繫句常用的述詞爲意謂動詞「以爲」，可以合用，也可以分用。例如：

▲一人雖聽之，一心以爲有鴻鵠將至。（告子篇　孟子）

下句即爲意謂繫句，主語承上省略，「以爲」是述詞，「有鴻鵠將至」爲謂語式的詞結，做「以爲」的賓語。

▲以叢草爲林，以蟲蟻爲獸。（第一册　兒時記趣　沈復）

此二句皆爲意謂繫句，主語省略，「叢草」、「蟲蟻」兼做「以」（述詞）的賓語及下句的主語。「爲」是準繫詞，相當於「做」。

文言文中有時可以不用「以爲」等字，直接把形容詞提上去做述詞用，稱「意動用法」。例如：

▲叟！不遠千里而來。（梁惠王篇　孟子）

「不遠千里」就是由「不以千里爲遠」轉換成的。「遠」在句中擔任述詞的任務，而「千里」是「遠」的賓語。

㈢複句：含有兩個或兩個以上的詞結，它們之間，不是一個詞結做另一個詞結的文法成分，而是以聯合、因果、轉折等關係構成的，稱爲複句。約有十八種形式，茲分別說明如下：

1.聯合關係：兩個詞結間，以聯合的關係構成。此類句子可以用連接詞「而」「也」「亦」等連繫，也可以不用。例如：

▲大形、王屋二山方七百里，（而）高萬仞。（第四册　愚公移山　列子）

▲串起了罪惡和戰爭，也串起了愛和友情。（第二册　路　熊崑珍）

2.加合關係：這種關係是聯合關係的加強，通常以「又」表示這種關係。例如：

▲曾文正說：「辦事無聲無臭，既要精到，又要簡捷。」（第六册　力行的要旨　蔣中正）

▲每日早起，須要學草字一百個，楷書五十個，既要學像，又要學快。（第二册　家書　蔣中正）

3.平行關係：這種關係與聯合關係很相近，句子形式整齊的，我們叫它平行關係，不整齊的，叫它聯合關係。例如：

▲生活的目的，在增進人類全體之生活；生命的意義，在創造宇宙繼起之生命。（第四册　爲學做人與復興民族　蔣中正）

▲吾資之昏，不逮人也；吾材之庸，不逮人也。（第三册　爲學一首示子姪　彭端淑）

4.補充關係：這種關係構成的複句，是上下兩句的意思互相補充。例如：

▲學而不思則罔，思而不學則殆。（第一册　論學　論語選）

▲有村舍處有佳蔭，有佳蔭處有村舍。（第四冊　我所知道的康橋　徐志摩）

5.對待關係：這種關係構成的複句，一定是以一正一反的兩句合成的，兩句的主語或相同或不同。例如：

▲君子成人之美，不成人之惡。（顏淵篇　論語）

兩句主語相同。

▲僧之富者不能至，而貧者至焉。（第三冊　為學一首示子姪　彭端淑）

兩句主語不同，上句是「僧之富者」，下句是「（僧之）貧者」。

6.轉折關係：這種關係構成的複句，是指上下兩句所敘之事不諧和，或句意背戾。例如：

▲臣有二馬，日啗芻豆數斗，飲泉一斛，然非精潔即不受。（第四冊　良馬對　岳飛）

▲我不知道他們給了我多少日子，但我的手確乎是漸漸空虛了。（第一冊　匆匆　朱自清）

7.交替關係：這種關係就是「數者居其一」的關係，常用連接詞「或」字。例如：

▲兵刃既接，棄甲曳兵而走，或百步而後止，或五十步而後止。（梁惠王篇　孟子）

▲它們的背景應該是來今雨軒，應該是諧趣園，應該是故宮的石階，或亭閣的柵欄。（第五冊　失根的蘭花　陳之藩）

8.排除關係：凡句式為「除……外」或「自……外」者為排除關係。例如：

▲（除）一死之外，無可為者。（第五冊　文天祥從容就義　胡廣）

▲除了木瓜樹以外，所有結實纍纍的果樹都只能在圖畫、電視和電影中看到。（第一冊　第一次眞好　周素珍）

9.比較關係：凡句式爲「與其……寧」者爲比較關係。這種關係構成的複句是比較事物類同、高下、利弊等的關係。例如：

▲與其使我先死也，無寧汝先吾而死。（第六冊　與妻訣別書　林覺民）

此句是比較事物的利弊。

▲雲是白的，山也是白的；雲有亮光，山也有亮光。（第三冊　黃河結冰記　劉鶚）

此句是比較事物的同類。

10.時間關係：這種關係構成的複句是指兩句之間有時間上的關聯。例如：

▲太丘舍去，去後乃至。（第一冊　陳元方答客問　劉義慶）

▲老殘洗完了臉，把行李鋪好，把房間鎖上，也出來步到河堤上看。（第三冊　黃河結冰記　劉鶚）

11.因果關係：這種關係構成的複句，通常是上下二句，前句爲因，後句爲果。以「因爲」、「爲了」、「所以」、「以」、「爲」、「故」爲關係詞。例如：

▲宅邊有五柳樹，因以爲號焉。（第二冊　五柳先生傳　陶淵明）

▲主有蘆田的農人，因爲蘆柴的出息遠不如桑葉，所以改種桑樹。（第二冊　志摩日記　徐志摩）

12.目的關係：這種關係構成的複句，上下二句的關係，不是因果，而是目的。例如：

▲吾與汝畢力平險，指通豫南，達于漢陰。（第四冊　愚公移山　列子）

▲你在此須要小心，休惹人說不是；早出晚歸，免我懸念。（第二冊　王冕的少年時代　吳敬梓）

13.假設關係：這種關係構成的複句是上下二句，前句提出假設，後句說明假設的後果。常用的關係詞是「假使」、「如果」、「若」、「即」、「苟」等。例如：

▲使天下無農夫，舉世皆餓死矣！（第五冊　寄弟墨書　鄭燮）

▲人生若能永遠像兩三歲小孩，本身沒有責任，那就本來沒有苦。（第二冊　最苦與最樂　梁啓超）

14.條件關係：條件關係與假設關係相似，但前者是提出一個具體條件，然後根據條件推出後果；後者則是提出一個假設，然後推出後果。常用的關係詞是「就」、「便」、「則」、「即」、「斯」等。例如：

▲汝以事宋者事我，即以汝為中書宰相。（第五冊　文天祥從容就義　胡廣）

▲處處盡責任，便處處快樂；時時盡責任，便時時快樂。（第二冊　最苦與最樂　梁啓超）

15.推論關係：這種關係構成的複句是上下二句，前句為前提，後句為結論。前提句是用「既」、「既然」等詞，結論句用「就」、「則」、「即」、「乃」等與之相應。例如：

▲既來之則安之。（季氏篇　論語）

▲我們既做了一個人，便要做一個眞正的人，不愧天地父母所生我這個人。（第四冊　爲學做人與復興民族　蔣中正）

16.擒縱關係：這種關係是「欲擒故縱」的用法，常見的句型是「雖……也……」。例如：

▲不說也罷，（雖）說了你們也是不信的。（第四冊　我所知道的康橋　徐志摩）

▲汝時尤小，當不復記憶，吾時雖能記憶，亦不知其言之悲也。（祭十二郎文　韓愈）

17.襯托關係：這種關係構成的複句是上下二句，前句爲襯托，後句爲主體。表示襯托關係的關係詞，白話用「不但」、「不獨」等；文言用「不唯」、「非惟」、「不獨」等；而下句用「連……也……」（白話）「即……亦……」（文言）等照應。例如：

▲自己不但不能料理薪水，連丈夫身上一針一線也照顧不來。（兒女英雄傳第二十七回）

▲不獨是對於一個人如此，就是對於家庭、對於社會、對於國家、乃至對於自己，都是如此。（第二冊　最苦與最樂　梁啓超）

18.逼進關係：這種關係構成的複句是由淺入深，襯托關係是用深證淺，此爲二者之不同處。逼進關係常用「別說」做關係詞，句型是「乙尚且如此，別說是甲。」甲事比乙事有更大的理由。例如：

▲大禹之聖，且惜寸陰；陶侃之賢，且惜分陰，又況聖賢不若彼者乎？（第六冊　勤訓　李文炤）

▲就是朝廷宮裏也有定例，幾年一挑，幾年一放，沒有長遠留下人的理；別說你們家。（紅樓夢 曹雪芹）

丙、句與詞組的轉換

句子和詞組的分別，只是配合方式不同，因此，一個句子多數可以改換成一個詞組；同樣地，詞組也可以改變成一個句子。茲舉例說明如下：

㈠敍事句與詞組的轉換：敍事句轉換成詞組和句法變化最有關係。

㊀以主語做端語的詞組。例如：

▲我愛鳥。←→愛鳥的我

▲故人具雞黍。←→具雞黍之故人

㊁以賓語做端語的詞組。例如：

▲世人盛愛牡丹。←→世人盛愛之牡丹

▲老牛拉車。←→老牛拉的車

㊂以補語做端語的詞組。例如：

1.憑藉補語轉換成的詞組，通常指的是物。例如：

▲以白紙糊窗。←→所以糊窗之白紙

▲我用話來激他。←→我用來激他的話

2.受事補語、關切補語、交與補語轉換成的詞組，通常是將對「人」的敍述，轉換成詞組。白話中通常在關係詞之後，還要加上代名詞「他」字。例如：

▲天將降大任於是人也。←→天所將降大任之人

此句中「於」是介系詞，「是人」是受事補語。

▲我替一位老朋友拍照。←→我替他拍照的老朋友

此句中「替」是介系詞，「老朋友」是關切補語。

▲我常和王先生下棋。←→我常和他下棋的王先生

此句中的「王先生」是交與補語。

3.處所補語、時間補語轉換成的詞組。例如：

▲（越明年），貧者自南海還。←→貧者所自還之南海

此句中「自」是介系詞，一定要加，以說明「還」（述詞）這個動作的方向性，「南海」爲處所補語。

▲子於是日哭則不歌。←→子哭之日則不歌

此句中「於」是介系詞，「是日」爲時間補語。

(二)表態句與詞組的轉換：以主語做端語，加語是「形容性」。例如：

▲春晨多霧。←→多霧的春晨

▲芳草鮮美，落英繽紛。←→鮮美之芳草，繽紛之落英

▲張小姐美麗大方。←→美麗大方的張小姐

(三)判斷句與詞組的轉換：以謂語爲加語，以主語爲端語，加語與端語是「同一性」。例如：

▲長江是中國第一大江。←→中國第一大江長江。

▲孫中山先生是我們的 國父。←→我們的 國父孫中山先生。

此類傳記性的判斷句，可以轉換成詞組；但是注釋式的判斷句，例如：「馬動物也」，「仁者人也」等，都不能轉換成詞組。

(四)有無句與詞組的轉換：有主語的有無句，可以轉換成爲詞組，但無主語的有無句，卻不能轉換成詞組，因爲在那樣的句子中，只含有一個實義詞，如「有賊」，有無句轉換成的詞組，是以賓語做端語，述詞「有」不必保留，而加語則是「領屬性」，因此光是「有賊」二字，並沒辦法轉換成詞組。例如：

▲我有書。←→我的書

▲民有飢色。←→民的飢色

▲蜀之鄙有二僧。←→蜀鄙之二僧

丁、句子的變化

句子變化的目的，在使語句流暢自然，符合語言習慣，同時也豐富語言的內容。句子變化的方式

很多，在此僅列出常用的三種，即「省略」、「倒裝」及「外位」。

㈠省略：爲使句子的文字精簡，避免重覆，在行文上往往有所省略，在文言裏省略尤爲常用。敎師遇此情形，當詳細分析文義，說明省略之所在，並加以補充，以免學生產生混淆。省略的方式，就行文言，有「承上省略」，「探下省略」兩種，此外尚有泛稱之省略，義理當然之省略等情形。以下分別就省略發生的情形舉例說明：

㊀主語的省略：例如：

▲陳太丘與友期行，（共）期日中，（友）過中不至，太丘舍（之）去。（太丘）去後，（友）乃至。（第一册　陳元方答客問　劉義慶）

這是承上省略，括號中的文字，即是被省略的主語。

▲（回）退而省其私，亦足以發；回也，不愚！（爲政篇　論語）

這是探下省略。

▲（人）學而不思則罔，（人）思而不學則殆。（第一册　論學　論語選）

這是泛稱的省略。

▲孟子曰：「許子必種粟而後食乎？」

陳相曰：「然。」

（孟子曰：）「許子必織布而後衣乎？」

（陳相）曰：「否，許子衣褐。」

（孟子曰：）「許子冠乎？」

（陳相）曰：「冠。」……

這是對話省略。文言對話及現代小說中，常可見此種記錄方式。開頭先交代是誰和誰對話，其後便省略去主語，有時連主語下的曰字亦省去。

㈡賓語的省略：

1. 致使繁句中第一個賓語的省略。例如：

▲今後吾將再病，敎（吾）從何處呼汝耶？（祭妹文　袁枚）

這是承上省略。

2. 「以」字後賓語的省略。例如：

▲貧者自南海還，以（之）告富者。（第三冊　爲學一首示子姪　彭端淑）

這是文義當然的省略。

3. 「與」字後賓語的省略。例如：

▲士志於道，而恥惡衣惡食者，未足與（之）議也。（里仁篇　論語）

這是承上省略。

4. 「爲」字後賓語的省略。例如：

▲即解貂覆生，爲（生）掩戶。（左忠毅公軼事 方苞）

這是承上省略。

5.後接「以……」、「於……」之賓語的省略。例如：

▲又留蚊於素帳中，徐噴（蚊）以煙，使之沖煙飛鳴。（第一册 兒時記趣 沈復）

這是承上省略。

▲家貧，無從致書以觀，每假借（書）於藏書之家而觀之。（送東陽馬生序 宋濂）

這是承上省略。

6.其他

▲友人慚，下車引之，元方入門不顧（友人）。（第一册 陳元方答客問 劉義慶）

這是承上省略。

㈢介系詞「以」、「於」的省略。例如：

▲客聞之，請買其方（以）百金。（逍遙遊 莊子）

這是文義當然的省略。

▲秦始皇大怒，大索（於）天下。（留侯世家 司馬遷）

這是文義當然的省略。

㈡倒裝：凡顚倒文法順序的句子，稱做倒裝。

㈠敍事句賓語的倒裝

1. 以疑問詞爲賓語的倒裝。例如：

▲子何恃而往？（第三册　爲學一首示子姪　彭端淑）

「子」是主語，「恃」是述詞，「何」是賓語，在這裏是疑問詞，所以放在述詞「恃」之前。此句的原形是「子恃何而往。」

2. 否定句以指稱詞爲賓語的倒裝。例如：

▲不患人之不己知，患不知人也。（學而篇　論語）

「己」是「知」的賓語，爲第一人稱指稱詞，其上「不」爲否定限制詞。此句的原形是「不患人之不知己」。

3. 賓語、述詞中間加「是」、「之」的倒裝。例如：

▲主義是從。（第一册　國歌　孫文）

「從」是述詞，「主義」是賓語，主語省略，「是」乃句中語氣詞，無義，在此表示賓語提前。此句的原形是「從主義」。

4. 「唯……是……」句型中賓語的倒裝。例如：

▲唯利是圖。

「圖」是述詞，「利」是賓語，主語省略，「是」乃語氣詞，表示賓語提前。此句的原形是「唯圖利」。

5.介系詞「以」字賓語的倒裝。例如：

▲勤以補拙，儉以養廉。

「以」是介系詞，「勤」「儉」二詞是憑藉補語，做「以」的賓語，「養」「補」二者是述詞，「廉」與「拙」則分別是「養」與「補」的賓語。此二句的原形是「以勤補拙，以儉養廉。」

㈡敘事句述詞的倒裝。例如：

▲又向前跨了一步，這蒼白的歲月。（年　楊喚）

此句的主語是「這蒼白的歲月」，述詞是「跨」。原形是「這蒼白的歲月，又向前跨了一步。」

㈢敘事句補語的倒裝。例如：

▲讚賞朋友的成功，用誠意；檢討自己的失敗，用勇氣。（朋友　季薇）

「誠意」、「勇氣」是憑藉補語，此句的原形是「用誠意讚賞朋友的成功；用勇氣檢討自己的失敗。」

㈣表態句謂語的倒裝。例如：

▲孝哉閔子騫。（先進篇　論語）

這是一個表態簡句，原形是「閔子騫孝哉。」

▲靜極了，這朝來水溶溶的大道。（第四冊　我所知道的康橋　徐志摩）

此句的原形是「這朝來水溶溶的大道靜極了。」

㈤複句主從的倒裝。例如：

▲不可，直不百步耳，是亦走也。（梁惠王篇　孟子）

這是一個轉折複句，原形是「不可，是亦走也，直不百步耳。」

▲賜也，始可與言詩已矣，告諸往而知來者。（學而篇　論語）

這是因果複句，原形是「告諸往而知來者，賜也，始可與言詩已矣。」

▲沒有一處能吸引人多看它一眼，如果把它丟在街心的話。（車禍在北回歸線　朱西寧）

這是假設複句，原形是「如果把它丟在街心的話，沒有一處能吸引人多看它一眼。」

▲那裏有工夫，即使有心想親近你自己。（再剖　徐志摩）

這是擒縱複句，原形是「即使有心想親近你自己，那裏有工夫。」

㈢外位：凡是句中的文法成分離開其本位的，叫做「外位」；這些離開本位的成分，稱爲「外位語」。文言文中，在外位語的原位，常有指稱詞「之」、「是」塡補，白話裏，則多數讓它空著。

㈠外位主語：判斷句的主語可以提前，而在原位補上一個指稱詞，形成外位，例如：

▲德之不修，學之不講，聞義不能徙，不善不能改，是吾憂也。（述而篇　論語）

「是」做「此」解，是形式上的主語，眞正的主語，是前述各項。

▲西瓜、香蕉、鳳梨，這些是臺灣盛產的水果。

「這些」是指稱詞，爲形式上的主語。

㈡外位賓語：敘事句或有無句中的賓語可以提前，而在原處放進一個「之」字，做爲形式上的賓語。例如：

▲老者安之。（第三册　孔子的人格　張蔭麟）

「之」爲指稱詞，稱代「老者」，原形是「安老者」。

▲新招佃地人，必須待之以禮。（第五册　寄弟墨書　鄭燮）

「之」爲指稱詞，用以稱代「新招佃地人」，做形式上的賓語。

▲家裏的事，你不用管（它）。

白話中，指稱詞往往可以省略，故此句在省略指稱詞之後，亦可視作倒裝。

㈢外位補語。例如：

▲刀，吾以之削梨。

「刀」是外位憑藉補語。

▲張生，吾與之共遊阿里山。

「張生」是外位交與補語。

▲燕太子丹，荆軻願爲之效死。

「燕太子丹」是外位關切補語。

▲是役也，草木爲之含悲，風雲因（之）而變色。（黃花岡七十二烈士事略序　孫文）

「是役」是外位原因補語。

結　語

一篇文章是由字構成詞，由詞構成句，再由語句構成篇章。因此，詞語教學和語句教學，是國文教學中最基本的活動，欲達成此二教學過程的預期目標，捨文法則不爲功。

現今中學國文教學的根本問題，除了學生單詞認識不清，和詞彙貧乏之外，便是句讀不明。文法的學習，正是要從語句的剖析中，讓學生明白語句的組織與變化，並辨明句讀，以增進閱讀與寫作的能力。中學國文課文中，幾乎到處可見繁複的語句，若不明白其組織與變化，則雖然能懂得表面的釋義，仍無法消化運用。因此，教師當對國文文法有完整的認識，在教學時對於詞彙、語法及其精義，均須明白解釋。尤其必須隨時提示學生文言、白話在語法上的異同，並適時練習，俾使學生能充分理解，進而能熟習應用。

（以上「文法的剖析」，原載於國立臺灣師範大學教學與研究第八期。民國七十五年八月曾轉載於國立編譯館主編之國民中學國文教師手冊第五冊。）

【附　註】

註　一　參見許師世瑛先生中國文法講話　臺灣開明書店　民國七十一年十月修訂十六版

四、虛字的用法

前　言

自從清代劉淇作助字辨略，開始對古書中虛字的用法有所說明，此後，王念孫讀書雜志、王引之經傳釋詞、經義述聞、吳昌瑩經詞衍釋、俞樾羣經平議、古書疑義學例、裴學海古書虛字集釋、以及楊遇夫的詞詮、高等國文法、古書疑義學例續補等書，先後繼作，對於讀古書的人裨益很大，然而他們都認爲文言虛字乃通常用法，人人都習知，不予說明，他們用以解釋虛字的方法，仍採用「某，某也」的辨法。此種訓釋，讀者依舊會感到茫然，因爲同一個「是」字，可以是「此」的意思，就詞性說，是指稱詞。但也可以等於口語常說的「孔子是聖人」的「是」字，就詞性說，是繫詞。所以「某，某也」的訓釋方式，不能理解的部分，還是無法理解（註一）。直至許師世瑛先生，才嘗試選出若干常用文言虛字，並加以淺顯的解說，講出它們的詞性和用法，且盡量去找和它相當的口語裏的詞彙指點出文言和語體表現方式的不同，對於初學文言文的學生頗有幫助。

所謂「虛詞」，原是用來作爲語言結構的工具，只代表「語法作用」，而不表示「詞彙意義」，一般說來只包括四類——介詞、連詞、助詞、歎詞。爲比較上的方便，本文也列出某些字在作「實詞」用時之意義，並加上「▲」號，以爲區別。此外，文言虛詞名目繁多，作用也不一而足，以下僅就常用的情形，作一說明。取例亦儘量採用民國七十二年後，新編國中國文課本之範文，並註明其「册次」、「篇名」及「作者姓名」。如無適當資料，則以新編高中國文課本之範文，或其他常見的文章為例，採用許師世瑛先生的說法，歸納說明虛字的用法。本文沒有提到的部分，可以參考一般解釋虛詞的書。

㈠乃：

㊀作關係詞用，和語體文中的「但是」、「如果」相當。例如：

1.「吾未能有行焉，乃所願，則學孔子也。」（公孫丑篇　孟子）

2.「今君乃亡趙，走燕，燕畏趙，其勢必不敢留君，而束君歸趙矣。」（廉頗藺相如列傳　史記）

▲㊁作限制詞（副詞）用，又可分為二種：

1.和語體文中的「就」、「纔（才）」、「這纔」相當。例如：

(1)「乃放老馬而隨之，遂得道。」（第三冊　老馬識途　韓非）

(2)「過中不至，太丘舍去。去後乃至。」（第一冊　陳元方答客問　劉義慶）

2.和語體文中的「卻」、「竟」、「反」相當。例如：

(1)「古人以儉為美德，今人乃以儉相詬病。」（訓儉示康　司馬光）

(2)「而廷尉乃當之罰金。」（第三冊　張釋之執法　司馬遷）

▲㊂作繫詞用，和語體文中的「是」相當。例如：

1.「臣非知君，知君乃蘇君。」（張儀傳　史記）

2.「至拜大將，乃韓信也。一軍皆驚。」（淮陰侯列傳 史記）

▲㈣作指稱詞用，和語體文中的「你的」相當。例如：

1.「必欲烹乃翁，幸分我一杯羹。」（項羽傳 漢書）

2.「王師北定中原日，家祭無忘告乃翁。」（示兒詩 陸游）

㈡也：

㈠作句末語氣詞用，又可分爲四種：

1.表直陳語氣，和語體文中的「啊」、「呢」相當（有的則無適切語詞可翻譯）又可分爲三類：

(1)表判斷的語氣，例如：

①「蓮，花之君子者也。」（第二册 愛蓮說 周敦頤）

②「牡丹，花之富貴者也。」（第二册 愛蓮說 周敦頤）

(2)表解釋的語氣，例如：

①「忽有龐然大物，拔山倒樹而來，蓋一癩蝦蟆也。」（第一册 兒時記趣 沈復）

②「卒之東郭墦間之祭者，乞其餘；不足，又顧而之他。此其爲饜足之道也。」（第三册 齊人 孟子）

(3)表堅決的語氣，例如：

①「昏與庸，可限而不可限也。」（第三册　爲學一首示子姪　彭端淑）

②「迄乎成，而亦不知其昏與庸也。」（第三册　爲學一首示子姪　彭端淑）

2.表疑問語氣，和語體文中的「呀」、「啊」、「呢」相當。例如：

(1)「奈何不至貧且匱也？」（第六册　儉訓　李文炤）

(2)「何謂也？」（第二册　論孝選　論語）

3.表感歎語氣，和語體文中的「啊」相當。例如：

(1)「西蜀之去南海，不知幾千里也。」（第三册　爲學一首示子姪　彭端淑）

(2)「而七獨於民大不便，無怪乎居四民之末也；且求居四民之末，而亦不可得也。」（第五册　寄弟墨書　鄭燮）

4.表命令語氣，和語體文中的「啊」、「呀」相當。例如：

(1)「毋游移而不決也。」（第五册　與荷蘭守將書　鄭成功）

(2)「子曰：『以吾一日長乎爾，毋吾以也！』」（先進篇　論語）

(二)作句中語氣詞用，表停頓語氣，和語體文中的「啊」、「呀」相當。例如：

1.「揖讓而升，下而飲，其爭也君子。」（第二册　運動家的風度　羅家倫）

2.「形之尨也類有德，聲之宏也類有能。」（黔之驢　柳宗元）

(三)之：

㈠作介詞用，又可分爲兩種：

1.作介詞用，和語體文中的「的」字相當。例如：

(1)「物外之趣。」（第一冊　兒時記趣　沈復）

(2)「累世之藏，盡廢於一人之手。」（第六冊　儉訓　李文炤）

2.作介詞用，和語體文中的「的」字不相當。例如：

(1)「吾資之昏，不逮人也。」（第三冊　爲學一首示子姪　彭端淑）

(2)「人道之所不能廢，稱情以適焉。」（第六冊　儉訓　李文炤）

㈡作句中助詞用，表示賓語提前。例如：

1.「何信義之有？」（第三冊　恢復中國固有的道德　孫文）

2.「蓮之愛。」（第二冊　愛蓮說　周敦頤）

㈢作語尾助詞用，表示順適語氣。例如：

1.「久之，以爲行已過。」（第三冊　張釋之執法　司馬遷）

2.「頃之，燕昭王卒。」（第六冊　田單復國　司馬遷）

▲㈣作動詞用，和語體文中的「往」相當。例如：

1.「吾欲之南海。」（第三冊　爲學一首示子姪　彭端淑）

2.「卒之東郭墦間之祭者。」（第三冊　齊人　孟子）

▲㈤作指稱詞用，和語體文中的「他」、「它」相當。例如：

1.「或置酒而招之。」（第二冊　五柳先生傳　陶淵明）

2.「昂首觀之，項為之強。」（第一冊　兒時記趣　沈復）

㈣夫：

㈠作語氣詞用，又可分為三種：

1.表疑問語氣，和語體文中的「嗎」相當。例如：

(1)「吾歌，可夫？」（孔子世家　史記）

(2)「仁人亦樂此夫？」（外篇　晏子春秋）

2.表感歎語氣，和語體文中的「吧」相當。例如：

(1)「三年之喪，亦已久矣夫！」（檀弓篇　禮記）

(2)「逝者如斯夫，不舍晝夜。」（子罕篇　論語）

3.表發議論的語氣。例如：

(1)「夫天地之化，日新則不敝。」（第五冊　勤訓　李文炤）

(2)「夫東修自好者，豈其無人。」（第五冊　寄弟墨書　鄭燮）

▲㈡作指稱詞用，和語體文中的「那個人」相當。例如：

1.「妾傷夫死者不可復生。」（緹縈救父　劉向）

2.「（晉文）公曰：『不可，微夫人之力不及此。』」（左傳僖公三十年）

(五)乎：

(一)作關係詞用，和「於」字的作用相同。在語體文中和「跟」、「同」、「和」相當。例如：

1.「好學近乎知，力行近乎仁，知恥近乎勇。」（中庸篇　禮記）

2.「治生之道，莫尚乎勤。」（第五冊　勤訓　李文炤）

(二)作語氣詞用，又可分爲四種：

1.表疑問語氣，又分爲四種：

(1)表推測的意思，和語體文中的「吧」、「嗎」相當。例如：

①「聖人之所以爲聖，愚人之所以爲愚，其皆出於此乎？」（師說　韓愈）

②「日食飲得無衰乎？」（趙策　戰國策）

(2)用於是非問句之末，和語體文中的「嗎」相當。例如：

①「天下事有難易乎？」（第三冊　爲學一首示子姪　彭端淑）

②「人之爲學有難易乎？」（第三冊　爲學一首示子姪　彭端淑）

(3)用於抉擇式的是非問句之末，和語體文中的「呢」相當。例如：

①「吾能之乎？抑汝能之乎？」（第六冊　與妻訣別書　林覺民）

②「我何貴而彼何賤乎？」（第五冊　寄弟墨書　鄭燮）

(4)用於反詰問句之末，和語體文中的「呢」相當。例如：

①「則何若量入爲出，享恒足之利乎？」（第六冊　儉訓　李文炤）

②「窮民將何所措手足乎？」（第五冊　寄弟墨書　鄭燮）

2.表商量語氣，和語體文中的「吧」相當。例如：

(1)「味其言，茲若人之儔乎！」（第二冊　五柳先生傳　陶淵明）

(2)「汝不能舍我，其時時於夢中得我乎！」（第六冊　與妻訣別書　林覺民）

3.表感歎語氣，和語體文中的「唉」、「啊」、「呀」相當。例如：

(1)「天乎，人乎，而竟已乎！」（祭妹文　袁枚）

(2)「惜乎，子不遇時！」（李將軍列傳　史記）

4.表停頓語氣，又可分爲二種：

(1)表停頓語氣，和語體文中的「啊」、「呀」相當。例如：

①「無怪乎居四民之末也。」（第五冊　寄弟墨書　鄭燮）

②「參乎！吾道一以貫之。」（里仁篇　論語）

(2)表停頓語氣，在提前的謂語之後，和語體文中的「啊」、「呀」相當。例如：

①「牡丹之愛，宜乎衆矣。」（第二冊　愛蓮說　周敦頤）

②「生於我乎館，死於我乎殯。」（檀弓篇　禮記）

㈡作形容詞詞尾用，和語體文中的「……的樣子」相當。例如：

1.「沛乎塞蒼冥。」（正氣歌　文天祥）

2.「浩浩乎如馮虛御風，而不知其所止，飄飄乎如遺世獨立，羽化而登仙。」（前赤壁賦　蘇軾）

㈥且：

㈠作關係詞用，又可分爲四種：

1.連接兩個形容詞，和語體文中的「又……又……」相當。例如：

(1)「一飯十金，一衣百金，奈何不至貧且匱。」（第五冊　勸訓　李文炤）

(2)「君子有酒旨且多。」（詩經　小雅　魚麗首章）

2.連接兩個動詞，和語體文中的「一邊……一邊」相當。例如：

(1)「且引且戰。」（李廣傳　史記）

(2)「高祖已從豨軍來。至，見信死，且喜且憐之。」（淮陰侯列傳　史記）

3.連接兩個抉擇式問句，和語體文中的「還是」相當。例如：

(1)「王以天下爲尊秦乎？且尊齊乎？」（齊策　戰國策）

(2)「足下欲助秦攻諸侯乎？且欲率諸侯破秦也？」（酈生列傳　史記）

4.連接兩句不是疑問的句子，下句比上句的意思更進一層，和語體文中的「並且」、「而且」

相當。例如：

(1)「而士獨於民大不便，無怪乎居四民之末也。且求居四民之末而亦不可得也。」（第五冊　寄弟墨書　鄭燮）

(2)「及與汝對，又不能啓口，且以汝之有身也，更恐不勝悲。」（第六冊　與妻訣別書　林覺民）

▲㈡作限制詞用，又可分爲三種：

1.作限制詞用，和語體文中的「將要」相當。例如：

(1)「年且九十。」（第四冊　愚公移山　列子）

(2)「夫以自由之美德，而一涉放縱，則且流於粗暴或殘忍之行爲而不覺。」（第六冊　自由與放縱　蔡元培）

2.作限制詞用，和語體文中的「暫且」、「姑且」相當。例如：

(1)「故且緩攻即墨，以待其事。」（第六冊　田單復國　司馬遷）

(2)「諾！且留待之須臾。」（西門豹治鄴　褚少孫）

3.作限制詞用，和語體文中的「尚且」相當。例如：

(1)「大禹之聖，且惜寸陰，陶侃之賢，且惜分陰。」（第五冊　勤訓　李文炤）

(2)「臣死且不避，卮酒安足辭？」（項羽本紀　史記）

(七)以：

作關係詞用，又可分爲以下六種：

(一)作關係詞用，和語體文中的「把」相當。例如：

1.「越明年，貧者自南海還，以（之）告富者。」（第三册　爲學一首示子姪　彭端淑）

2.「望今後有遠行，必以（之）見告。」（第六册　與妻訣別書　林覺民）

(二)作關係詞用，和語體文中的「於」、「在」相當。例如：

1.「孟嘗君以五月五日生。」（孟嘗君列傳　史記）

2.「東野云：汝歿以六月二日。」（祭十二郎文　韓愈）

(三)作關係詞用，和語體文中的「因爲」相當。例如：

1.「汝不必以無侶悲。」（第六册　與妻訣別書　林覺民）

2.「且以汝之有身也。」（第六册　與妻訣別書　林覺民）

(四)作關係詞用，和語體文中的「又……又……」相當。例如：

1.「夷以近，則遊者衆。」（遊褒禪山記　王安石）

2.「險以遠，則至者少。」（遊褒禪山記　王安石）

(五)作關係詞用，和語體文中的「以至」相當。例如：

1.「將繼先生之志以有成。」（第六册　祭中山先生文　蔡元培）

2.「我誠願與汝相守以死。」（第六冊 與妻訣別書 林覺民）

㈥作關係詞用，和語體文中的「拿」、「用」、「憑」、「依」相當。例如：

1.「必須待之以禮。」（第五冊 寄弟墨書 鄭燮）

2.「又留蚊於素帳中，徐噴以煙，使之沖煙飛鳴。」（第一冊 兒時記趣 沈復）

㈧是以：

作關係詞用，和語體文中的「所以」相當。例如：

㈠「我是以敢與之來。」（郭子儀單騎退敵 司馬光）

㈡「紂之不善，不如是之甚也，是以君子惡居下流，天下之惡皆歸焉。」（子張篇 論語）

㈨何以：

作疑問語氣詞用，和語體文中的「爲什麼」、「怎麼樣」相當。例如：

㈠「法人好勝，何以自繪敗狀，令人氣喪若此？」（觀巴黎油畫院記 薛福成）

㈡「一室之不治，何以天下國家爲？」（習慣說 劉蓉）

㈩而：

㈠作關係詞用，又可分爲四種：

1表轉折關係，和語體文中的「卻」、「但是」相當。例如：

(1)「予獨愛蓮之出於淤泥而不染。」（第二冊 愛蓮說 周敦頤）

(2)「可遠觀而不可褻玩焉。」（第二冊　愛蓮說　周敦頤）

2. 表時間關係，和語體文中的「就」相當。例如：

(1)「王右軍聞而大笑。」（忿狷篇　世說新語）

(2)「迄乎成，而亦不知其昏與庸也。」（第三冊　爲學一首示子姪　彭端淑）

3. 表聯合關係，和語體文中的「與」、「及」、「又……又……」相當。例如：

(1)「徒使兩地眼成穿而骨化石。」（第六冊　與妻訣別書　林覺民）

(2)「以管仲之聖，而隰朋之智，至其所不知，不難師於老馬與蟻。」（第三冊　老馬識途　韓非）

4. 表假設關係，和語體文中的「如果」、「如或」相當。例如：

(1)「子產而死，誰其嗣之？」（子產執政　張蔭麟）

(2)「人而無信，不知其可也。」（爲政篇　論語）

㈠作連詞用，表副動連接。例如：

1.「且且而學之。」（第三冊　爲學一首示子姪　彭端淑）

2.「子路率爾而對曰。」（先進篇　論語）

▲㈡作指稱詞用，和語體文中的「你（的）」相當。例如：

1.「珍瑤不急之物，悉聽而歸。」（示荷蘭守將書　鄭成功）

2.「吾翁即汝翁，必欲烹而翁，則幸分我一杯羹。」（項羽本紀　史記）

(十一)耳：

作句末語氣詞用，又可分為二種：

(一)作句末語氣詞，和語體文中的「而已」、「罷了」相當。例如：

1.「徒然食息於天地之間，是一蠹耳。」（第五冊　勤訓　李文炤）

2.「何夜無月，何處無竹柏，但少閒人如吾兩人耳。」（第一冊　記承天寺夜遊　蘇軾）

(二)作句末語氣詞，和語體文中的「呢」、「了」相當。例如：

1.「以為行已過，即出，見乘輿車騎即走耳。」（第三冊　張釋之執法　司馬遷）

2.「稱情以施焉，庶乎其不至於固耳。」（第六冊　儉訓　李文炤）

(十二)矣：

作句末語氣詞用，又可分為三種：

(一)表直陳語氣，又可分為二種：

1.表已然之事，和語體文中的「了」相當。例如：

(1)「堪為農夫以沒世矣。」（第五冊　寄弟墨書　鄭燮）

(2)「宋亡矣，天祥當速死，不當久生。」（文天祥從容就義　胡廣）

2.表將然之事，和語體文中的「了」相當。例如：

(1)「吾今以此書與汝永別矣！」（第六冊　與妻訣別書　林覺民）

(2)「惟恐他將之來，即墨殘矣。」（第六冊　田單復國　司馬遷）

㈡表感歎語氣，和語體文中的「啊」相當。例如：

1.「甚矣，汝之不慧！」（第四冊　愚公移山　列子）

2.「久矣！吾不復夢見周公。」（述而篇　論語）

㈢表命令語氣，和語體文中的「罷（吧）」相當。例如：

1.「王許我，汝可疾去矣。」（商鞅傳　史記）

2.「先生且休矣，吾將念之。」（淮陰侯列傳　史記）

(十三)見：

㈠作代詞性助詞用：具有指示稱代的作用，放在動詞之上，動詞之下的賓語省略，被省略的賓語是一個指稱詞。例如：

1.「往以至誠與之言，或幸而見從，則四海之福也。」（郭子儀單騎退敵　資治通鑑）

2.「必以見告。」（第六冊　與妻訣別書　林覺民）

㈡作被動關係詞用，相當於語體文中的「被」。例如：

1.「平沙列萬幕，部伍各見招。」（第三冊　後出塞　杜甫）

2.「城中人見齊諸降者盡劓，皆怒，堅守，唯恐見得。」（第六冊　田單復國　司馬遷）

(十四)邪：

作句末疑問語氣詞用，又可分為二種：

㈠作句末疑問語氣詞，和語體文中的「嗎」相當。例如：

1.「羽豈其苗裔邪？何興之暴也！」（項羽本紀　史記）

2.「將軍怯邪？」（袁盎傳　史記）

㈡作句末疑問語氣詞，和語體文中的「呢」相當。例如：

1.「此間受用，正復不盡，何必名山吾廬邪？」（第三冊　越縵堂日記三則　李慈銘）

2.「二年之別，千里結言，爾何相信之審邪？」（第六冊　張劭與范式　范曄）

(十五)其：

㈠作語氣詞用，可分為五種：

1.表測度商量語氣，和語體文中的「只怕」相當。例如：

(1)「泰山其頹乎？梁木其壞乎？哲人其萎乎？」（檀弓篇　禮記）

(2)「微管仲，吾其被髮左衽矣！」（憲問篇　論語）

2.表反詰疑問語氣，和語體文中的「難道」、「哪裏」相當。例如：

(1)「王室其將卑乎？」（周語　國語）

(2)「欲加之罪，其無辭乎？」（檀弓篇　禮記）

3. 表期望語氣，和語體文中的「可」、「應該」相當。例如：

(1)「汝其勿悲！」（第六冊　與妻訣別書　林覺民）

(2)「汝其善撫之。」（第六冊　與妻訣別書　林覺民）

4. 表將然語氣，和語體文中的「將要」相當。例如：

(1)「其如土石何？」（第四冊　愚公移山　列子）

(2)「今殷其淪喪。」（微子篇　尚書）

5. 表順適語氣，詞性是語尾助詞。例如：

(1)「何其愚也！」（郭子儀單騎退敵　司馬光）

(2)「賜，汝來何其晚也！」（孔子世家　史記）

▲(二)作指稱詞用，又可分爲以下三種：

1. 作指稱詞用，和語體文中的「他（的）」相當。例如：

(1)「亦不詳其姓氏。」（第二冊　五柳先生傳　陶淵明）

(2)「見藐小微物，必細察其紋理。」（第一冊　閒情記趣　沈復）

2. 作指稱詞用，和語體文中的「那個」、「這個」相當。例如：

(1)「和乃抱其璞而哭於楚山之下。」（和氏璧　韓非）

(2)「神遊其中，怡然自得。」（第一冊　兒時記趣　沈復）

3. 作指稱詞，和語體文中的「其中之」相當。例如：

(1)「其一貧，其一富。」（第三冊 為學一首示子姪 彭端淑）

(2)「其不能發達者，鄉里作惡，小頭銳面，更不可當。」（第五冊 寄弟墨書 鄭燮）

(十六)所：

作代詞性助詞用，「所……」和語體文中的「所……的（人、事、物）」相當。例如：

㈠「女亦無所思，女亦無所憶。」（第四冊 木蘭詩 佚名）

㈡「助天下人愛其所愛。」（第六冊 與妻訣別書 林覺民）

(十七)於：

作介詞用，又可分為以下七種：

㈠作介詞用，和語體文中的「在」相當。例如：

1.「又留蚊於素帳中。」（第一冊 兒時記趣 沈復）

2.「又常於土牆凹凸處，花臺小草叢雜處。」（第一冊 兒時記趣 沈復）

㈡作介詞用，和語體文中的「從」相當。例如：

1.「即是無論什麼事，得之於人者太多，出之於己者太少。」（第三冊 謝天 陳之藩）

2.「舜發於畎畝之中，傅說舉於版築之間，膠鬲舉於魚鹽之中，管夷吾舉於士，孫叔敖舉於海，百里奚舉於市。」（第四冊 生於憂患死於安樂 孟子）

㊂作介詞用，和語體文中的「到」相當。例如：

1.「箕畚運於渤海之尾。」（第四冊　愚公移山　列子）

2.「俯仰其間，於茲二年矣。」（正氣歌　文天祥）

㊃作介詞用，和語體文中的「對於」相當。例如：

1.「不戚戚於貧賤。」（第二冊　五柳先生傳　陶淵明）

2.「貧者語於富者曰。」（第三冊　爲學一首示子姪　彭端淑）

㊄作介詞用，和語體文中的「給」相當。例如：

1.「澤加於民。」（第五冊　寄弟墨書　鄭燮）

2.「而士獨於民大不便。」（第五冊　寄弟墨書　鄭燮）

㊅作介詞用，和語體文中的「比」相當。例如：

1.「又高於農夫一等。」（第五冊　寄弟墨書　鄭燮）

2.「賢於己者，問焉以破其疑，所謂『就有道而正』也。」（第四冊　問說　劉開）

㊆作介詞用，和語體文中的「被」相當。例如：

1.「今法如此而更重之，是法不信於民也。」（第三冊　張釋之執法　司馬遷）

2.「人之思想不縛於宗教，不牽於俗尚，而一以良心爲準。」（第六冊　自由與放縱　蔡元培）

(十八)者：

㈠作停頓語氣詞用，和語體文中的「啊」、「呀」相當。例如：

1.「法者，天子所與天下公共也。」（第三册　張釋之執法　司馬遷）

2.「北山愚公者，年且九十，面山而居。」（第四册　愚公移山　列子）

▲㈡作稱代詞用，和語體文中的「……的」、「的……」相當。例如：

1.「貧者至焉。」（第三册　爲學一首示子姪　彭端淑）

2.「水陸草木之花，可愛者甚蕃。」（第二册　愛蓮說　周敦頤）

(十九)則：

作關係詞用，又可分爲兩種：

㈠作關係詞用，和語體文中的「就」、「便」相當。例如：

1.「入則孝，出則弟。」（第五册　寄弟墨書　鄭燮）

2.「汝不爲宰相，則爲樞密。」（文天祥從容就義　胡廣）

㈡作關係詞用，和語體文中的「就是」相當。例如：

1.「學之，則難者亦易矣。」（第三册　爲學一首示子姪　彭端淑）

2.「然其脅迫之策，至於燒燬郵件，破壞美術品，則由放縱而流於粗暴矣。」（第六册　自由與放縱　蔡元培）

（二十）哉：

作語氣詞用，可分爲三種：

㈠表感歎語氣，和語體文中的「啊」相當。例如：

1.「非人哉！」（第一册　陳元方答客問　劉義慶）

2.「惜哉劍術疎。」（詠荊軻　陶淵明）

㈡表反詰語氣，和語體文中的「呢」相當。例如：

1.「士宜何如自立哉！」（自立說　張士元）

2.「然則昏庸聰敏之用，豈有常哉？」（第三册　爲學一首示子姪　彭端淑）

㈢表疑問語氣，和語體文中的「嗎」相當。例如：

1.「人之立志，顧不如蜀鄙之僧哉？」（第三册　爲學一首示子姪　彭端淑）

2.「若寡人者，可以保民乎哉。」（梁惠王篇　孟子）

（二十一）故：

㈠作複句關係詞用，和語體文中的「所以」相當。例如：

1.「見藐小微物，必細察其紋理，故時有物外之趣。」（第一册　兒時記趣　沈復）

2.「故戶樞不蠹，流水不腐。」（第五册　勤訓　李文炤）

▲㈡作限制詞用，和語體文中的「故意」相當。例如：

1.「而我故縱容之。」（第六冊　自由與放縱　蔡元培）

2.「不足以故出兵。」（趙充國傳　漢書）

(廿二)相：

作代詞性助詞用，「相……」和語體文中的「……（你、我、他）」相當。例如：

㈠「雖然相許。」（第四冊　愚公移山　列子）

㈡「巨伯曰：『遠來相視，子令吾去；敗義以求生，豈荀巨伯所行邪？』」（荀巨伯仗義退賊　劉義慶）

▲(廿三)盍：

作限制詞用，和語體文中的「何不」相當。例如：

㈠「盍馳往油畫院一觀普法交戰圖乎？」（觀巴黎油畫院記　薛福成）

㈡「顏淵季路侍，子曰：『盍各言爾志？』」（公冶長篇　論語）

(廿四)焉：

㈠作句末語氣詞用，又可分為三種：

1. 表疑問語氣，和語體文中的「呢」相當。例如：

(1)「有民人焉，有社稷焉，何必讀書，然後為學？」（先進篇　論語）

(2)「我雖死，有子存焉。」（第四冊　愚公移山　列子）

2. 表決定語氣，和語體文中的「了」相當。例如：

(1)「天地則已易矣，四時則已變矣，其在天地之中者，莫不更始焉。」（三年問篇　禮記）

(2)「而貧者至焉。」（第三冊　爲學一首示子姪　彭端淑）

3. 表結束語氣，例如：

(1)「因以爲號焉。」（第二冊　五柳先生傳　陶淵明）

(2)「自是冀之南，漢之陰，無隴斷焉。」（第四冊　愚公移山　列子）

▲㈡作稱代詞用，又可分爲三種：

1. 作稱代詞用，和語體文中的「於此」相當。例如：

(1)「吾舅死於虎，吾夫又死焉。」（檀弓篇　禮記）

(2)「且旦而學之，久而不怠焉。」（第三冊　爲學一首示子姪　彭端淑）

2. 作稱代詞用，和語體文中的「他」、「它」相當。例如：

(1)「不如己者，問焉以求一得，所謂『以能問於不能，以多問於寡』也。」（第四冊　問說　劉開）

(2)「賢於己者，問焉以破其疑，所謂『就有道而正』也。」（第四冊　問說　劉開）

3. 作稱代詞用，和語體文中的「於何處」相當。例如：

(1)「且焉置土石。」（第四冊　愚公移山　列子）

(2)「焉△得賢才而舉之。」（子路篇　論語）

▲㈢作限制詞用，和語體文中的「怎麼」、「怎樣」、「哪兒」、「哪裏」相當。例如：

1.「子曰：『未能事人，焉△能事鬼？』」（先進篇　論語）

2.「汝輩焉△知，宜速退。」（三國演義第九十五回　羅貫中）

㈤然：

㈠作轉折關係詞用，和語體文中的「但是」、「可是」相當。例如：

1.「……然△徧地腥羶，滿街狼犬。」（第六冊　與妻訣別書　林覺民）

2.「臣有二馬，日啗芻豆數斗，飲泉一斛，然△非精潔即不受。」（第四冊　良馬對　岳飛）

㈡作形容詞詞尾用，和語體文中的「的樣子」、「似的」相當。例如：

1.「環堵蕭然△。」（第二冊　五柳先生傳　陶淵明）

2.「若無事然△。」（第四冊　良馬對　岳飛）

▲㈢作稱代詞用，和語體文中「如此」、「像這樣」相當。例如：

1.「然△則，昏庸聰敏之用，豈有常哉！」（第三冊　爲學一首示子姪　彭端淑）

2.「今則不然△，一捧書本，便想中舉人，中進士。」（第五冊　寄弟墨書　鄭燮）

▲㈣作形容詞用，和語體文中「是的」、「對的」相當。例如：

1.「然△，有是言也。」（陽貨篇　論語）

2.「燕王以爲然。」（第六冊　田單復國　司馬遷）

㈢爲：

㈠作介詞用，又可分爲五種：

1.作介詞用，和語體文中的「因」字相當。例如：

(1)「項爲之強。」（第一冊　兒時記趣　沈復）

(2)「他爲貧而仕。」（第三冊　孔子的人格　張蔭麟）

2.作介詞用，和語體文中的「爲了」相當。例如：

(1)「現在大家可以在學校裏受很好的教育，這是國家爲你們而設備的。」（第四冊　爲學做人與復興民族　蔣中正）

(2)「宇宙萬物，都是爲我們而生，待我們而用。」（第四冊　爲學做人與復興民族　蔣中正）

3.作介詞用，和語體文中的「被」相當。例如：

(1)「好人爲壞人所累。」（第五冊　寄弟墨書　鄭燮）

(2)「堅立不爲動。」（文天祥從容就義　胡廣）

4.作介詞用，和語體文中的「替」相當。例如：

(1)「爲天地立心，爲生民立命，爲往聖繼絕學，爲萬世開太平。」（第四冊　爲學做人與復

興民族　蔣中正）

(2)「為天下人謀永福也。」（第六冊　與妻訣別書　林覺民）

5.作介詞用，和語體文中的「向」、「對」相當。例如：

(1)「故遂忍悲為汝言之。」（第六冊　與妻訣別書　林覺民）

(2)「不足為外人道也。」（桃花源記　陶淵明）

▲㈡作繫詞用，和語體文中的「是」相當。例如：

1.「士為四民之末。」（第五冊　寄弟墨書　鄭燮）

2.「燕王以為然。」（第六冊　田單復國　司馬遷）

▲㈢作準繫詞用，和語體文中的「當」、「做」相當。例如：

1.「堪為農夫以沒世矣。」（第五冊　寄弟墨書　鄭燮）

2.「彼稱我為主人。」（第五冊　寄弟墨書　鄭燮）

▲㈣作動詞用，和語體文中的「作」、「治」相當。例如：

1.「人之為學有難易乎？」（第三冊　為學一首示子姪　彭端淑）

2.「一死之外，無可為者。」（文天祥從容就義　胡廣）

㈤遂：

作關係詞用，和語體文中的「於是」、「就」相當。例如：

㈠「遂令我輩開不得口。」（第五冊 寄弟墨書 鄭燮）

㈡「故遂忍悲為汝言之。」（第六冊 與妻訣別書 林覺民）

(廿八)嗟：

作歎詞用，和語體文中的「唉」相當。例如：

㈠「嗟哉斯徒輩，其心不如禽。」（第三冊 慈烏夜啼 白居易）

㈡「嗟！來食！」（檀弓篇 禮記）

(廿九)嗟夫：

作歎詞用，和語體文中的「唉」相當。例如：

㈠「嗟夫！誰知吾卒先汝而死乎？」（第六冊 與妻訣別書 林覺民）

㈡「嗟夫！當時余心之悲，蓋不能以寸管形容之。」（第六冊 與妻訣別書 林覺民）

(卅)與：

㈠作關係詞用，和語體文中的「和」、「同」相當。例如：

1.「是故聰與敏，可恃而不可恃。」（第三冊 為學一首示子姪 彭端淑）

2.「吾與汝畢力平險。」（第四冊 愚公移山 列子）

㈡作句末助詞用，又可分為二種：

1.表疑問語氣，和語體文中的「嗎」相當。例如：

(1)「季康子問：『仲由，可使從政也與。』」（雍也篇　論語）

(2)「爲是其智弗若與？」（奕喻　孟子）

2.表感歎語氣，和語體文中的「啊」、「吧」相當。例如：

(1)「孝弟也者，其爲仁之本與！」（學而篇　論語）

(2)「語之而不惰者，其回也與！」（子罕篇　論語）

(廿二)與其：

作複句關係詞用，「與其……無寧……」表比較關係，和語體文中的「與其……不如……」相當。例如：

㈠「與其使我先死也，無寧汝先吾而死。」（第六冊　與妻訣別書　林覺民）

㈡「禮，與其奢也，寧儉。」（述而篇　論語）

(廿三)爾：

㈠作句末語氣用，和語體文中的「罷了」相當。例如：

1.「蓋爲貴國人民之性命，不忍陷之瘡痍爾。」（第五冊　示荷蘭守將書　鄭成功）

2.「吾軍亦有七日之糧爾，盡此不勝，將去而歸爾。」（宣公十五年　公羊傳）

㈡作形容詞詞尾用，和語體文中的「……的樣子」相當。例如：

1.「子路率爾而對曰。」（先進篇　論語）

2.「夫子喟爾歎曰：『吾與點也。』」（仲尼弟子傳　史記）

▲㈡作指稱詞用，和語體文中的「你」、「你們」相當。例如：

1.「百鳥豈無母，爾獨哀怨深？」（第三冊　慈烏夜啼　白居易）

2.「應是母慈重，使爾悲不任。」（第三冊　慈烏夜啼　白居易）

㉝寧：

作句中助詞用，和語體文中的「寧願」相當。例如：

㈠「禮，與其奢也，寧儉。」（述而篇　論語）

㈡「故寧請汝先死，吾擔悲也。」（第六冊　與妻訣別書　林覺民）

㉞蓋：

㈠作句首測度語氣詞用，和語體文中的「大概」相當。例如：

1.「蓋均無貧，和無寡，安無傾。」（季氏篇　論語）

2.「孔子罕稱命，蓋難言之也。」（外戚世家　史記）

㈡作句中助詞用，和語體文中的「大致是」、「原來是」相當。例如：

1.「吾之意，蓋謂以汝之弱，必不能禁失吾之悲。」（第六冊　與妻訣別書　林覺民）

2.「忽有龐然大物，拔山倒樹而來，蓋一癩蝦蟆也。」（第一冊　兒時記趣　沈復）

㉟諸：

㈠作代詞兼助詞用，相當於「之乎」兩字的合音。例如：

1.「雖有粟，吾得而食諸？」（顏淵篇 論語）

2.「人皆謂我毀明堂，毀諸？已乎？」（梁惠王篇 孟子）

㈡作代詞兼介詞用，相當於「之於」兩字的合音。例如：

1.「投諸渤海之尾、隱土之北。」（第四冊 愚公移山 列子）

2.「子張書諸紳。」（衛靈公篇 論語）

㊱噫：

作歎詞用，和語體文中的「唉」相當。例如：

㈠「噫！菊之愛，陶後鮮有聞。」（第二冊 愛蓮說 周敦頤）

㈡「噫！微斯人，吾誰與歸。」（岳陽樓記 范仲淹）

㊲歟：

作句末助詞用，和語體文中的「嗎」、「吧」、「呢」相當。例如：

㈠「無懷氏之民歟？葛天氏之民歟？」（第二冊 五柳先生傳 陶淵明）

㈡「而一涉放縱，則且流於粗暴或殘忍之行爲而不覺，可不愼歟！」（第六冊 自由與放縱 蔡元培）

結語

文言文的閱讀，則以虛字的使用最使學生感到茫然。文言文和語體文最大的差別，亦在於所用虛字之不同。文言文的氣骨風神，半受虛字主宰，俗語所謂：「之乎也者矣焉哉，用得成章好秀才」，足見想要閱讀文言文，甚至能寫出明易的文言文，首先必須體會虛詞在文言文中的含意與作用。教師若能淺顯明白的指出文言和語體表現方式的不同之處，對於初學文言文的學生而言，必是莫大的幫助，所以虛字使用的探究，也是成功的國文教學活動中，不可或缺的一環。

（以上「虛字的用法」，原載於國立臺灣師範大學教學與研究第八期。民國七十五年八月曾轉載於國立編譯館主編之國民中學國文教師手冊第五冊。）

【附　註】

註　一　參見許師世瑛先生常用虛字用法淺釋　復興書局　民國六十二年四月七版

五、修辭的技巧

修辭法是研究如何調整語文表意的方法，設計語文優美的形式，使其精確而生動地表示出「說者」或「作者」的意象，以引起聽者或讀者共鳴的一種藝術。因此想把文章寫好，把話說得漂亮，就必須要熟稔修辭法。（註一）

修辭法的內容是說明語句修辭的各種方法。這非但可以幫助我們作文和說話；而且也可以幫助我們欣賞別人的言辭和文辭，我的老師高仲華先生說：「欣賞文學的人，不懂得『文法』與『修辭學』，固然也可以直覺到文章的妥切與美妙，而感到心情的滿足。但是『知其然』而『不知其所以然』，總使自己有一種『看不透』、『說不出』的苦惱。到底好文章的『妥切』在那裏？『美妙』在那裏？這必須借重『文法』與『修辭學』的智識，才能予以看透，才能予以說明。」（註二）這說明了「文法」與「修辭學」是國文教學的最好工具。國文老師在教學過程中，指導學生進行「深究與鑑賞」，就必須分析作者措辭造句的技巧，說明文辭美妙在何處，才能使學生由認識，經過思考、理解、練習，而後到消化應用。

國文教學，可以應用類化原則，以學生舊經驗爲融化新事物的基礎，用問答的方法引起學生回憶舊教材。在學生已經學習過的課文中，儘量舉證一些與本課文中同類的句型，加以比較分析，指導學生學習措辭造句的技巧。當學生缺乏必要經驗時，則設法補充類化的基礎，使其能循序而進，容易學習。

常見的修辭法有感歎、設問、摹寫、仿擬、引用、藏詞、析字、轉品、婉曲、誇張、譬喻、借代、轉化、映襯、雙關、倒反、象徵、示現、呼告、類疊、鑲嵌、對偶、排比、層遞、頂真、回文、錯綜、倒裝、跳脫……等。本文茲就國民中學國文課本「範文」中所常見的修辭法，略舉十五種修辭格（註三），分別加以說明如下：

(一) 感歎

感歎是用呼聲表露情感的修辭法，藉各種歎詞、助詞來強調內心的驚訝或贊歎、傷感或痛惜、歡笑或譏嘲、憤怒或鄙斥、希望或需要。它的作用是藉自然的舒氣來表洩感情與思想。感歎法的使用原則是內心確有必須一歎方快的情思。例如：

(一)「噫！菊之愛，陶後鮮有聞。」（第二冊 愛蓮說 周敦頤）這是利用歎詞構成的感歎句。

(二)「他到底還是樂，不是苦呀！」（第二冊 最苦與最樂 梁啓超）這是利用助詞構成的感歎句。

(三)「唉！我現在想想，那時眞是太聰明了！」（第二冊 背影 朱自清）這是利用歎詞、助詞構成的感歎句。

(二) 設問

講話行文，忽然變平敘的語氣爲詢問的語氣，叫做設問。這種修辭法的寫作原則與作用有四：(一)用於篇首以提起全篇主旨。(二)用於篇末以製造文章餘韻。(三)首末均用以構成前呼後應。(四)連續設問以加強語文氣勢。例如：

(一)疑問：答案不知道。

1.「但是，聰明的，你告訴我，我們的日子爲什麼一去不復返呢？」（第一冊 匆匆 朱自清）

2.「以君之力，曾不能損魁父之丘，如太形、王屋何？且焉置土石？」（第四冊　愚公移山　列子）

(二)激問：答案在問題的反面。

1.「兩兔傍地走，安能辨我是雄雌？」（第四冊　木蘭詩　佚名）

2.「有事，弟子服其勞；有酒食，先生饌。曾是以爲孝乎？」（第二冊　論孝選　論語）

(三)提問：答案附在問題的後面。

1.「什麼叫做大事呢？大概地說，無論那一件事，只要從頭至尾徹底做成功，便是大事。」（第一冊　立志做大事　孫文）

2.「百鳥豈無母，爾獨哀怨深？應是母慈重，使爾悲不任。」（第三冊　慈烏夜啼　白居易）

(三) 摹寫

對事物的各種感受，通過作者主觀加以形容描述，叫做摹寫。它的作用是描寫具體的反應，使讀者產生鮮明的印象，產生信服或共鳴的情緒。摹寫的對象很廣，凡是具體的世界與活動的人生，都可以加以觀察、選擇、組織，而呈現新的風貌，不僅爲視覺印象，同時也包括聽覺、嗅覺、味覺、觸覺等等的感受。它的原則是盡可能作動態的摹寫，作綜合的摹寫，但都必須通過作者主觀的觀點。例如：

(一)「只見對面千佛山上，梵宇僧樓，與那蒼松翠柏，高下相間——紅的火紅，白的雪白，青的靛青，綠的碧綠。」（第二冊　大明湖　劉鶚）這是視覺的摹寫。

㊁「黎明時，窗外是一片鳥囀，不是吱吱喳喳的麻雀，不是呱呱噪啼的烏鴉。」（第三冊　鳥　梁實秋）這是聽覺的摹寫。

㊂「這朵淡黃玫瑰的整個容貌，深深地印在我的心中，甚至花瓣的每一條細緻的紋理，都能宛然入目。而呼吸間一絲淡淡的甜甜的芳香，便瀰漫了我的案頭。」（第四冊　一朵小花　殷穎）這是嗅覺的摹寫。

㊃「風有意無意的吹著。忽然我感到某樣極輕柔的東西吹落在我的頸項上，原來是一朵花兒。」（回到家裏　張曉風）這是觸覺的摹寫。

㊄「每天享受新鮮的牛乳和雞蛋，肥碩的梨桃，香甜的果醬，鮮美的乳餅。」（收穫　蘇梅）這是味覺的摹寫。

㈣　引用

語文中援用別人的話或典故俗語等，叫做引用。引用是一種訴之於權威；或訴之於大衆的修辭法。它的作用是利用一般人對權威的崇拜及對大衆意見的尊重，以加強自己言論的說服力。引用的原則是：㈠不可失其原意。㈡不可使用僻典。㈢文字不可破壞全文語調之統一性。㈣引用應當根據原文，不可輾轉抄襲。㈤必須訴之於合理的權威。例如：

㊀明引：明白指出所引的話出自何處。

1.「孔子所以說：『無入而不自得』正是這種作用。」（第二册　最苦與最樂　梁啓超）

2.「贊曰：黔婁之妻有言『不戚戚於貧賤，不汲汲於富貴。』味其言，茲若人之儔乎？」（第二册　五柳先生傳　陶淵明）

㈡暗用：引用時不曾指明出處。

1.「『水可以載舟，亦可以覆舟』爲善和作惡，動念都在方寸之間。」（第二册　大好春光　胡兆奇）

2.「有風度的運動家，要有服輸的精神。『君子不怨天，不尤人。』運動家正是這種君子。」（第二册　運動家的風度　羅家倫）

㈤　轉品

一個詞彙，改變其原來詞性而在語文中出現，叫做轉品。它的作用是改變詞性，趨向省簡。漢語中的同一詞彙，由於在句中位置次序的不同，可以分別作名詞、動詞、形容詞等使用，而不需改變字形。轉品的原則是：㈠不可造成意義的晦澀。㈡不可產生意義的分歧。㈢必須豐富語言意蘊，使其新穎而具體。㈣必須符合語言的法則，使其自然而親切。例如：

㈠「他們所做的，並不是一個柔軟的、玫瑰色的夢。」（第四册　居里夫人小傳　陳衡哲）這是名詞用如形容詞。

㈡「紅入桃花嫩，青歸柳葉新。」（奉酬李都督表文作　杜甫）這是形容詞用如名詞。

㊂「味其言，茲若人之儔乎？」（第二冊　五柳先生傳　陶淵明）這是名詞用如動詞。

㊃「紅的火紅，白的雪白。」（第二冊　大明湖　劉鶚）這是名詞用如限制詞。

㊄「這時候春光已是爛縵在人間。」（第四冊　我所知道的康橋　徐志摩）這是形容詞用如動詞。

㊅「家信的等待。」（第四冊　鄉愁四韻　余光中）這是動詞用如名詞。

㊆「有幾隻歸鳥從他們頭上飛過，他們也保持著仁愛的友誼，並不像饕家那樣，會想擎起槍來，把牠們打下來作盤飧。」（第一冊　鄉下人家　陳醉雲）這是動詞用如形容詞。

(六) 誇飾

語言文字中誇張鋪飾，超過了客觀事實的，叫做誇飾。它的作用，在於能「語出驚人」；或是滿足讀者或聽者的「好奇心理」。誇飾的對象，有物象的、人情的、時間的、空間的種種。它的使用原則是主觀方面須出於情意之自然流露，客觀方面須不致誤為事實。例如：

㈠「夏蚊成雷」（第一冊　兒時記趣　沈復）這是物象的誇飾。

㈡「初聞涕淚滿衣裳。」（第二冊　聞軍官收復河南河北　杜甫）這是人情的誇飾。

㈢「我們個人的生命……短促地曇華一現。」（第四冊　為學做人與復興民族　蔣中正）這是時間的誇飾。

㈣「一株頂天立地的樹。」（第三冊　只要我們有根　王蓉芷）這是空間的誇飾。

(七) 譬喻

譬喻是一種「借彼喻彼」的修辭法，它的作用是：可以利用舊經驗，引起對新事物的認識。良好的譬喻可以引起讀者正確的聯想；新穎的譬喻可以使文字生動。譬喻的原則通常是：以易知說明難知；以具體說明抽象。凡二件或二件以上的事物中有類似之點，說話作文時，運用「那」有類似之點的事物來比方說明「這」件事物的，就叫做譬喻。

譬喻是由「喻體」、「喻依」、「喻詞」三者配合而成的。所謂「喻體」是所要說明的事物主體；所謂「喻依」是用來比方說明此一主體的；所謂「喻詞」是聯接喻體和喻依的語詞。如以第一冊從今天起中的「去惡，如農夫之務去草焉」爲例，「去惡」便是喻體，「去惡」與「農夫去草」之間有類似之點是「盡力除去不好的東西」，因此以「農夫去草」爲喻依，來比方說明「去惡」，中間的「如」字，就是喻詞。

凡「喻體」、「喻詞」、「喻依」三者具備的譬喻，叫「明喻」。凡具備「喻體」、「喻依」，而「喻詞」由「是」、「爲」等代替者，叫做「隱喻」。凡省略「喻詞」，只有「喻體」、「喻依」的譬喻，叫「略喻」。凡將「喻體」、「喻詞」省略，只剩下「喻依」的，叫做「借喻」。茲分別舉例說明如下：

(一)「朋友能增長你的知識，擴充你的生活經驗，所以朋友眞像是一本一本的好書。」（第一冊父親的信　林良）這是明喻。

(二)「群樹的綠蔭是一片油漆未乾的畫。」(第二冊 火鷓鴣鳥 吳延玫)這是隱喻。

(三)「菊，花之隱逸者也；牡丹，花之富貴者也；蓮，花之君子者也。」(第二冊 愛蓮說 周敦頤)這是略喻。

(四)「故戶樞不蠹，流水不腐，誠不欲其常安也。」(第五冊 勤訓 李文炤)這是借喻。

(八) 轉化

描述一件事物時，轉變其原來性質，化成另一種與本質截然不同的事物，而加以形容敍述的叫轉化。它的作用是增加「人生情趣」。轉化與譬喻都是由兩件不同的事物間求取修辭的法則，然而，譬喻是就兩件不同事物的相似點著筆，是觀念內容的修整；轉化是就兩件不同事物的可變處著筆，是觀念形態的改變。轉化方式有人性化、物性化與形象化。人性化是擬物爲人，它是一種訴諸人類情感的修辭法，把人的生命移注於外物，於是本來只有物理的東西可具人情，本來無生氣的東西可有生氣。其原則是必須創造一個親切、生動的世界。物性化是擬人爲物，它是一種訴諸人類想像的修辭法，淵源於人類要追求一個自由與理想的圓滿人生。它的基礎是聯想作用，其原則是將現實人生綜合理想與幻想，而顯現一個自由、權威的人生。形象化是擬虛爲實，它是一種訴諸感官的修辭法。其原則是必須使抽象的事物化爲具體，必須使感覺器官產生鮮明的印象。例如：

(一)「暮靄已經籠罩大地的時候，等著鴨寶寶的歸來。」(第四冊 鄉居情趣 鍾梅音)這是擬物爲人的人性化。

㈡「就像阿公和阿媽，爲阿爸織就了一生，綿長而細密的呵護。」（第二冊　負荷　吳勝雄）這是擬人爲物的物性化。

㈢「我沒有夸父的荒誕，但晚景的溫存卻被我這樣偷嚐了不少。」（第四冊　我所知道的康橋　徐志摩）這是擬虛爲實的形象化。

㈨　映襯

在語文中，把兩種不同的，特別是相反的觀念或事實，對列起來，兩相比較，使其意義明顯的修辭方法，叫做映襯。它的作用是使語氣增強。映襯的原則有二：㈠對比越是強烈，印象越是鮮明。㈡事實不妨誇大，但是言辭卻要含蓄。例如：

㈠反襯：對於一種事物，用恰恰與這種事物的現象或本質相反的觀點，加以描寫，叫做「反襯」。

1.「敗草裏的鮮花。」（第四冊　我所知道的康橋　徐志摩）

2.「無聲的語言，無形的文字。」（第二冊　路　熊崑珍）

㈡對襯：對兩種不同的人、事、物，用兩種不同或相反的觀點加以形容描寫的，叫做「對襯」。

1.「燕子去了，有再來的時候；楊柳枯了，有再青的時候；桃花謝了，有再開的時候。」（第一冊　匆匆　朱自清）

2.「雖然宇宙是無窮大的空間與無限長的時間之結構，而我們個人的生命，卻渺小如滄海之一

粟，短促地曇華一現。」（第四冊　為學做人與復興民族　蔣中正）

㈢雙襯：對同一個人、事、物，用兩種不同的觀點加以形容描寫的，叫做「雙襯」。

1.「立在城市的飛塵裏，我們是一列憂愁又快樂的樹。」（第一冊　行道樹　張曉風）

2.「只因為這是生命中最沉重也是最甜蜜的負荷。」（第二冊　負荷　吳勝雄）

㈩倒反

言辭表面的意義和作者內心真意相反，叫做「倒反」。它的作用是：設法促使對方進一步去反省，去尋找這個隱藏在言辭背面的「真意」，並且享受發現後的愉悅，或承受體悟後的痛苦，這是一種具有十足幽默感的修辭法。倒反的原則是要注意事實和表象間的對比，使人同時悲戚與愉快，必須表現一種幽默感，但不可流於尖刻；流於煽動。例如：

㈠「我那時真是聰明過份，總覺得他說話不太漂亮。……唉……我現在想想，那時真是太聰明了！」（第二冊　背影　朱自清）

㈡「你沒有老子，是多麼得意的事！」（第一冊　母親的教誨　胡適）

(十一)類疊

同一個字詞或語句，接二連三反復地使用著，叫做類疊。它的作用是使用一連串有規則重覆出現的語詞，造成語文雄偉壯闊的氣勢，也可造成語文連綿不絕的感覺，又可造成語文輕快空靈的節奏，使讀者感受格外深切。文章前後呼應，能使全文結構更加綿密。類疊的原則是：應憑藉其數之多來傳達雄健和諧的美感，應突破其單調以避免枯燥固定的弊病。例如：

㈠疊字：字詞連接的使用。

1.「朝辭爺孃去，暮宿黃河邊；不聞爺孃喚女聲，但聞黃河流水鳴濺濺。旦辭黃河去，暮至黑山頭；不聞爺孃喚女聲，但聞燕山胡騎聲啾啾！」（第四冊　木蘭詩　佚名）

2.「太陽，他有腳啊！輕悄悄地挪移了……天黑時，我躺在床上，他便伶伶俐俐地從我身上跨過……」（第一冊　匆匆　朱自清）

㈡類字：字詞隔離的使用。

1.「關心石上的苔痕，關心敗草裏的鮮花，關心這水流的緩急，關心水草的滋長，關心天上的雲霞，關心新來的鳥語。」（第四冊：我所知道的康橋　徐志摩）

2.「遠近的炊烟成絲的、成縷的、成捲的……」（第四冊　我所知道的康橋　徐志摩）

㈢疊句：語句連接的類疊。

1.「來了！來了！從山坡上輕輕地爬下來了。」（第一冊　夏夜　楊喚）

2.「在你的生活中，有多少『第一次』值得你低廻品味？有多少『第一次』使你留下不可磨滅的印象？」（第一冊　第一次眞好　周素珊）

㈣類句：語句隔離的類疊。

1.「朦朧地，山巒靜靜地睡了；朦朧地，田野靜靜地睡了！」（第一冊　夏夜　楊喚）

2.「給我一瓢長江水啊長江水！酒一樣的長江水。醉酒的滋味，是鄉愁的滋味。給我一瓢長江水啊長江水！」（第四冊　鄉愁四韻　余光中）

(十二)　對偶

語文中上下兩句，字數相等、句法相似、平仄相對，叫做對偶。它的作用是：可使文章形式工整，語意自然，意境幽遠。也可以說：「工整」、「自然」、「意遠」就是對偶修辭的原則。對偶的方式，從句型上分類，不外乎「句中對」、「單句對」、「複句對」、「長對」四種。例如：

㈠句中對

1.「當夜來的時候，整個城市都是繁絃急管，都是紅燈綠酒。」（第一冊　行道樹　張曉風）

2.「在這大好春日，圓顱方趾的萬物之靈，怎麼樣才能無負這大好的春光呢？」（第二冊　大好春光　胡兆奇）

㈡單句對

1.「白日依山盡，黃河入海流。」（第一冊　登鸛鵲樓　王之渙）

2.「海風吸拂著，溪流嗚咽著。」（第四冊　鄉居情趣　鍾梅音）

㈢隔句對

1.「處處盡責任，便處處快樂；時時盡責任，便時時快樂。」（第二冊　最苦與最樂　梁啓超）

2.「生活的目的，在增進全體人類之生活；生命的意義，在創造宇宙繼起之生命。」（第四册　爲學做人與復興民族　蔣中正）

(四)長對

1.「困於心，衡於慮，而後作；徵於色，發於聲，而後喻。」（第三册　生於憂患死於安樂　孟子）

2.「子曰：「譬如爲山，未成一簣，止，吾止也。譬如平地，雖覆一簣，進，吾往也。」（第一册　論語論學選　論語）

(十三)　排比

用結構相似的句法，接二連三地表出同範圍同性質的意象，叫做排比。它的作用是「意象鮮明」。排比的形式適於配合各種要表現的內容，使人輕快、緩慢、激昂、或消沉。排比常易和類疊或對偶混淆，它們的分別在那兒呢？先說類疊和排比：簡單地說，類疊是一種意象有秩序有規律地反覆發生，其秩序或爲重疊的，或爲反覆的；排比是數種意象有秩序有規律地連接發生，其秩序爲交替的或流動的。再說排比和對偶的不同：對偶必須字數相等，排比不拘；對偶必須兩兩相對，對比也不拘；對偶力避字同意同，排比卻以字同意同爲經常狀況。排比的原則是要恰當地配合各種的內容，力求具體而鮮明的表現技巧。例如：

(一)「蝴蝶和蜜蜂帶著花朵的蜜糖回家了，羊隊和牛群告別了田野回家了，火紅的太陽也滾著火輪

子回家了。」（第一冊　夏夜　楊喚）

㈡「學問減去清醒的頭腦，常常等於精力浪費；聰明減去善心，常常等於罪惡。」（第二冊　大好春光　胡兆奇）

(十四) 層遞

凡要說的有兩個以上的事物，這些事物又有大小輕重等比例，而且比例又有一定秩序，於是說話行文時，依序層層遞進的，叫做層遞。它的作用，在於使人的注意力不浪費、興趣不致停滯，並且易於了解與記憶，因而能滿足人類邏輯思維而使人快樂。層遞的原則是必須有一貫的秩序，並且儘量合乎邏輯的規則。例如：

㈠「做人要從喫苦做起；喫苦要從細微處做起。」（第六冊　享福與喫苦　何仲英）

㈡「貧者見富者而羨之，富者見尤富者而羨之。一飯十金，一衣百金，一室千金，奈何不至貧且匱也？」（第六冊　儉訓　李文炤）

(十五) 頂眞

前一句的結尾，來作下一句的起頭，叫做頂眞。頂眞的作用在使文章和諧，文意緊湊而且富有趣味。它的原則是要負起「橋樑」的責任，使讀者的注意力不知不覺中由「此」推至「彼」。例如：

㈠聯珠法：是句與句間的頂眞。

1.「出門看火伴，火伴皆驚惶。」（第四冊　木蘭詩　佚名）

2.「陳太丘與友期行，過中不至，太丘舍去，去後乃至。」（第一冊 陳元方答客問 劉義慶）

(二)連環體：是段與段之間的頂眞。

1.「那挺立的樹身，仍舊，
我們擁有最眞實的存在，
——只要我們有根。
只要我們有根，
縱然沒有一片葉子遮身，
仍舊是一株頂天立地的樹。」
（第三冊 只要我們有根 王蓉芷）

2.「萬里赴戎機，關山度若飛。朔氣傳金柝，寒光照鐵衣。將軍百戰死，壯士十年歸。歸來見天子，天子坐明堂。策勳十二轉，賞賜百千強。可汗問所欲，木蘭不用尚書郎，願借明駝千里足，送兒還故鄉。」
（第四冊 木蘭詩 佚名）

（以上「修辭的技巧」，原載於國立臺灣師範大學教學與研究第七期。民國七十五年八月曾轉載於國立編譯館主編之國民中學國文教師手冊第五冊。）

【附註】

註一　參見師範專科學校國文教科書第五冊　頁一二六～一二七　國立編譯館主編　民國七十年八月初版

註二　見黃慶萱修辭學高序　三民書局　民國六十四年一月初版

註三　本文所述十五種修辭格之意義，參見國立編譯館主編之師範專科學校國文教科書第五冊（民國七十年八月版）及第六冊（民國七十一年二月版）「補助教材」部分。

本文舉例部分，取材於國立編譯館新編之國民中學國文教科書（第一冊是民國七十三年八月版。第二冊是民國七十四年一月版。三～六冊參考編審委員會新選之篇目。）如無適當資料，則採用常見的文章為例。

六、義旨的探究

「義旨」包括二層涵義：一是文義，二是文旨。文義是指文辭所直接表達的情意；文旨是文辭中所蘊藏的情意。

義旨的探究，是國文科精讀教學的目標之一，在這目標之下，基本成分的單詞和基本單位的語句既已分別瞭解透徹，則其文辭所表現的文義，就應絲毫無可隱遯；而其所蘊藏的文旨，也不難體認出來。但是中國文章，神奇變化，以中學生的能力，尚不足以融會貫通，非由教師作週詳精確的指導不可。

章師銳初先生，將義旨探究這個階段分成兩個步驟：第一步，從文義到文旨，是前進的，闡釋的逐段聯合成全篇，就文辭意義一一講解清楚，其有因寫作技巧而活用詞句或變化組織的（如顛倒、省略、插補之類），隨即予以調整提點。至於所蘊藏的意思，則或表見解，或顯情感，或示褒貶，或發批評論斷；除事理之顯於字面者外，有的假借喻譬、飾代，有的託之典故、史實，有的言近而指遠，有的即小以見大，所謂「秘響旁通，伏采潛發」，「覩一事於句中，反三隅於字外」。教師務應隨文義的講解，逐處闡明，申說補充，以使文意顯朗，文情透露，文氣暢遂（詞句只能表示個別的意義，須聯綴成節段，義旨通明以後，方能見出神情氣勢及其優美之處），並以啓導學生，策勵學生使其深切體會，於自己閱讀寫作時能去努力學習。第二步工作，則於第一步完畢以後，將全文的事理情意作一番綜合，再分別逐段、逐節，於其表示見解、情感；或褒貶、批評、論斷之處，予以詳盡發揮，俾能感染學生發生良好的作用與力量。同時指示逐個意思運材措辭之方，遣詞造句之法，參證題旨，認明中心意思，以至逐段對中心意思的任務、功用與地位、價值，段中各節對全段的任務、功用與地位、價值；均令學生一一體認。逐段可以標列一個小題或要旨，以爲全文的大綱，逐節可以標列一個小題，或要旨，以爲全段的細目，合成一副全文內容的骨骼，而使條理大體，一目了然；從而使學生學習，有如輕車熟路，可以一往無阻。（註一）學生經過這一番陶冶洗鍊的工夫之後，思路可得以拓展，文理亦能全盤通明，則國文教學在語文訓練、精神陶冶、文藝欣賞三方面的功能，便可一併呈現而無遺。以下茲舉詩歌爲例以說明之：

㈠山居秋暝　王維

空山新雨後，天氣晚來秋。
明月松間照，清泉石上流。
竹喧歸浣女，蓮動下漁舟。
隨意春芳歇，王孫自可留。

這首詩描寫秋日雨後，明月高照，山間風景，清幽怡人，值得流連盤桓。使我們在品賞「詩中有畫」的境界之外，更體現了作者高雅絕俗的人格。

欲探究義旨，按照前述的兩個步驟來看，須先探求文義，而探求文義，又非從單詞語句入手不可，所以教師應該先來解釋這首詩的詞句。例如「竹喧歸浣女」，乃是「浣女歸而竹喧」的倒裝，它的意思是說：忽然聽見了竹林中人聲喧鬧，原來是洗衣的少女們正一路談笑著歸去。又如「蓮動下漁舟」，即「漁舟下而蓮動」的倒裝，意思乃是：忽然看見了水中的蓮葉搖動不已，原來是漁家郎正撐著船兒順流而下。瞭解了字句表面的文義之後，我們再來探究其深一層的涵意，亦即文旨所在：這首詩的前兩句「空山新雨後，天氣晚來秋。」寫的是山中的季節氣候，掌握了秋山天氣之佳。雨後的秋山，正像水洗過的樣子，一塵不染。薄暮時分，涼風習習，是何等的幽靜清新啊！「明月松間照，清泉石上流。」是承上文晚秋而寫薄暮景色，前者是靜態，後者是動態，一靜一動，情景無限。寫「月」與「松」、「泉」與「石」的關係，頗能令人玩味不已。夜晚的松林原是一片黑暗，因有明月相照，才使得松影鋪滿了大地；月兒懸於天際，明潔光亮，透過參差的松林，使明月增添了幾分朦朧和神秘。錯落於泉水中的亂石，因有泉水不斷的洗滌，而愈發的清潔；泉水也正因爲石的潔淨而顯得分外清澈。「竹喧歸浣女，蓮動下漁舟。」轉寫人事，亦是山居秋晚常見之景，活潑鮮明，躍然紙上。遠遠看去，竹林青翠蓊鬱，隱隱傳出陣陣喧聲，及至近處，豁然發現竹林中三五成群，穿紅著綠的少女們，正一個個捧著盆子、提著籃子，裏面裝滿洗淨的衣服，有說有笑的結束一天的工作，嘻嘻哈哈的踏上歸程。透過這句「竹喧歸浣女」，無形中也令人感染到那份輕鬆與喜悅。再看看，大片大片的蓮葉浮在水上，青翠欲滴，水珠不斷地在葉上滾動著，突然，濃濃密密的蓮葉，像是受到了什麼驚擾，不斷的顫抖晃動，正在疑惑之際，一隻漁船划破了聚集的層層蓮葉，出現在眼前。王維用一支筆將這麼一幅畫在字裏行間渲染出來，讓讀者有身歷其境的感覺。

以上由文義探求文旨，是前進的，闡釋的。屬於第一個步驟。現在我們進行第二步驟，由文旨回復到文義，逐處探求作者運材措辭，遣詞造句的手法。這首詩就其用字來說，「明月松間照，清泉石上流」這兩句的動詞「照」與「流」都放在句末。第三聯的動詞「歸」與「下」就不宜再置於同樣的地位了，因而詩人將「浣女歸」、「漁舟下」倒裝爲「歸浣女」與「下漁舟」，顯得十分生動而不呆板。前六句寫「山居秋暝」的景色，最後兩句不再寫景，而以「隨意春芳歇，王孫自可留」作結，不但切題，且蘊含了人生至高的境界。言外有「聊乘化以歸盡，樂夫天命復奚疑」的隱而不仕之意。此處將秋比春，雖少了姹紫嫣紅的五顏六色，卻有別饒清幽的韻致。而「隨意」二字，道出了順應自然，隨遇而安的心性涵養。更顯示了胸懷的濶大坦蕩。我們知道，當時序入秋，春草不可能常綠，它的凋零該是自然而然，順應時節的，人力永遠無法改變這個事實。而在人世間，也有許多事情不是人力所能挽回的，美好的時光亦不可能永遠停留，但是，春芳的「開」固是一番美景，春芳的「歇」又何嘗不是另有一番景致呢？公子們還是留下來欣賞秋山的景致吧！徘徊在人生道上的人們，也應有「隨遇而安」的心境，無論面臨怎樣的際遇，都要抱著欣賞、品味的態度去發掘它的妙處，那麼，人生又何嘗不是處處皆坦途呢？（註二）

教師經過以上兩個步驟的往返探討，將全詩的義旨，明白清晰的提指出來，必能使學生更透徹的了解課文。

(二)憫農詩　李紳

鋤禾日當午，
汗滴禾下土。
誰知盤中飧，
粒粒皆辛苦？

教師首先應指導學生認識文義，例如：詩中的「鋤禾日當午」，「鋤」是除草，午前的十一時至午後的一時正為「午」時，整句是說太陽正當午時的時候，農夫還在稻田裏除草。詩中第三句「盤中飧」，「盤」為盛食物的器具，「飧」本義是晚餐，引申指煮熟的飯食。「盤中飧」就是盤中的食物。接著再指導學生探究全詩的內容涵意。這首詩是描寫農夫耕作的辛勞，教人記住糧食是經過辛苦得來的，應該要好好地愛惜它。

首二句：「鋤禾日當午，汗滴禾下土。」詩人先攝取最生動感人的田家鏡頭，刻畫出農民辛苦耕作的形象。在炎日肆虐的正午，一般人都在屋內或樹蔭下避暑納涼，但農夫們卻仍然在田裏不停不休地鋤著草，滿身的汗水，一滴一滴的落在稻禾下的泥土上，沾濕著泥土，滋潤著禾苗，而一點也不畏避叫苦！正因爲他們如此的勤奮辛勞，人們才有米飯可吃，才可免於飢餓之苦，所以朱柏廬治家格言告誡人們說：「一粥一飯，當思來處不易；一絲一縷，恆念物力維艱。」

但又有幾個人能眞心感謝流血流汗的生產者，而加以愛護珍惜穀物呢？因此後二句作者轉入感嘆：「誰知盤中飧，粒粒皆辛苦？」從一般不事生產、坐享其成的人只知道飽食終日，逞口腹之欲，浪費無度，既不知稼穡的艱辛，也不知流汗的滋味，從來就沒有想過碗中的每一粒米飯，農夫們是要流多少血汗才能換得來的，因而發出無限的感嘆，同時也是一種最嚴厲的譴責。

本詩作者採用對比的手法，取農民辛苦耕作的形象，來和不勞而食的人們浪費無度的習性，兩相對照，使得它的感染力特別強烈。（註二）

這首字面上並不艱澀的詩，經過意旨探究之後，學生對於詩人發自肺腑眞切的感慨，便能有了更深一層次的認識。

㈢國歌歌詞　　孫文

這是一篇四言韻文，典雅雄肆，意旨恢弘，用作國歌歌詞，最能表現開國氣象的宏偉莊嚴，立國精神的中正和平。由此，也更能激發我們弘毅堅忍、自立自強的決心，肩負起任重道遠的建國使命。

國歌是代表一個國家的歌曲，國歌歌詞能表現自己國家的建國理想和立國精神，樂譜則合乎自己的文化特色和民族情感。按照一定的法制釐定程序後，公布通行全國，於國內或國際間舉行各種典禮、集會時演奏，並由國民歌唱。國歌對外代表國家，對內團結國民，是國家精神的象徵之一。由於國歌是四言韻文，所以學生對於每一個字句，必須先瞭解透徹，才能體會出國歌歌詞所表現的立國精神。例如：我們看「咨爾多士」的意義：「咨」是感歎詞，含有期勉、深切希望的意思，尚書堯典裏就已經有了「帝曰：『咨！汝義暨和。』」的記載。爾，是指稱詞，「你們」的意思。此外，「多士」本來是尚書中的篇名，那一篇中就有「爾殷遺多士」、「肆爾多士」等語句，本意是衆多的官員，當「多士」作爲黃埔軍校的訓詞時，是指黃埔軍校的全體師生，但在國歌中則是指全國的有志之士。全句的意思等於是「諸位志士」。在這裏還要附帶說明「士」的意義，古代貴族的等級有：天子、諸侯、卿、大夫、士。而士又可分爲上士、中士、下士三等。後世則擴大了「士」的涵蓋範圍，舉凡將士、讀書人，以及有志向、有才智的男女，都可以被稱作士。另外，我們再來看「夙夜匪懈」一句該怎麼解釋，這句話本是出於詩經大雅烝民：「夙夜匪懈，以事一人。」「夙」是早晨，「匪」則是「非」的通假字，意思是「不」。「懈」乃是懈怠、疏忽。經過了單詞的剖析之後，教師應該把整句話的意思加以說明，它是「從早到晚都不可懈怠、疏忽」的意思，這樣就十分清楚了。

如上所言，教師將字、詞、句等文辭表面所表現的「文義」講解清楚以後，進一步便是探究「文旨」的工作。國歌歌詞首句便揭出「三民主義」以貫串全文，文中每一句話都圍繞著這四個字的主旨而發展。全文約可分爲二段：第一段是「三民主義，吾黨所宗；以建民國，以進大同。」首句是全文總綱，次句「吾黨所宗」明示三民主義是我們革命建國的依據，三句「以建民國」說明三民主義的立國精神，四句「以進大同」更進一層闡發三民主義的最高理想，這是由上一句發展而來，即由建國工作的完成，進而期望於促進大同世界理想的實現，在這之間很明顯的標示出三民主義施行的程序與最終理想。而這個以民族主義肇其端，以民生主義竟其功的建國歷程，所應秉持的精神與態度，則在第二段中，作了具體而微的說明。第二段：「咨爾多士……貫徹始終。」這部分是在勗勉全國志士，應該以夙夜匪懈、矢勤矢勇、必信必忠的精神，上下一心，以力行三民主義，實踐三民主義，不達成功，絕不中止。這種奮發勇往、銳進不已的剛健精神，正是我中華文化精髓中「法天自強」的具體表現。所以定爲國歌，最能看出我們立國建國的具體主張與文化的內涵。（註四）爲了使各句文義與全文意旨之間的相依關係，更加清晰，以下列出全文結構分析表，以便明瞭全文聯絡照應的關鍵。

全文結構分析表

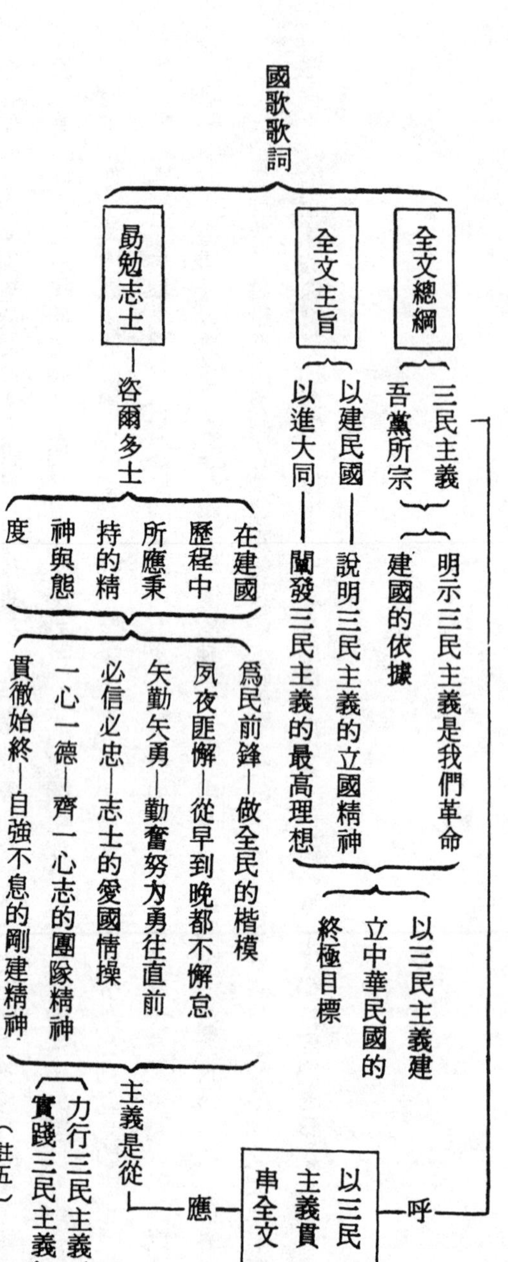

（註五）

經過了以上兩個步驟的來回探討，教師指導學生研讀本文，不僅能使其明瞭歌詞的內容涵義，在演唱國歌的同時，也必能油然升起莊重肅穆的愛國情操，從而身體力行，做一個堂堂正正的中國人。

（以上「國歌歌詞的分析」，原為筆者「國文教材教法」之講義，曾轉載於國立編譯館主編之國民中學國文教師手冊第一冊）

(四)國旗歌歌詞　戴傳賢

國旗歌歌詞是叶韻的韻文，共十五句，六十七字。「隆」、「雄」、「封」、「同」、「功」、「終」、「紅」，韻尾都是「ㄥ」。整首歌詞，聲調鏗鏘，音韻和諧，具有音節之美。全文主旨在闡明我們要光大民族精神，促進世界大同。讀來有鼓勵，也有警惕，洋溢著愛國的至誠。

我們依然是經由詞語的解釋，指導學生認識文義。例如：「炎黃世胄」一詞，炎是指炎帝，他就是上古時代的神農氏，因爲以火德王天下，所以後人尊稱他爲炎帝。黃就是指黃帝，姓公孫，名軒轅，他統一了我國上古時代紛雜的部落。炎黃世胄，也就是「炎黃子孫」的意思，這是國人所引以爲傲的自稱。另外，「自暴自棄」一詞，是出自於孟子離婁上：「自暴者，不可與有言也。自棄者，不可與有爲也。言非禮義，謂之自暴也。吾身不能居仁由義，謂之自棄也。」這句成語的涵意是說，一個天生美質的人，卻不知修身養性，終日曠廢隳惰，甘心暴棄。知道國旗歌歌詞中生難詞語的意義之後，教師應指導學生逐段探究其「文旨」。

第一段自「山川壯麗」，至「東亞稱雄」。大意是說明我國是亞洲最偉大的國家。由描述祖國山川的偉大、壯觀，物產的豐富、隆盛寫起，再說到建國於此的炎黃子孫，有悠久的歷史，輝煌的文化，自是優秀的民族，東亞的雄國。道盡了民族的光榮，以激發吾人思古之幽情，並喚起國人泱泱大國、莊嚴肅穆的民族感情。

第二段自「毋自暴自棄」，至「促進大同」。大意是勉勵國人要自強不息。在承先啓後的歷史關頭，秉持中流砥柱的精神，淬礪奮發。身爲炎黃的子孫，千萬不可以自甘墮落，不求上進，否則何以對得起我們的歷史和先民？更不可以墨守舊法，不求進取。否則將使我們無法邁開前進的步伐，又如何能求取國家民族更大的光榮呢？我們有艱鉅的責任要擔負，那就是光大我民族愛好和平的精神，以促進整個世界早日邁向大同的理想境界，所以更應該要奮發圖強。

第三段自「創業維艱」，至「莫徒務近功」。大意是說明創業的艱難，薪火相傳的不易，我們實應朝夕警惕，兢兢業業，以繼承先人的志業。我們應該知道，如果不進步圖強，要想守住已經擁有的基業，必然不易；又何況這個世界的進步，日新月異，無論政治、經濟、軍事各方面，都是瞬息萬變，我們不應只著眼於當前短暫的利益，而應有深遠的眼光，爲求取國家的長治久安而打算，爲民族奠立萬世不移的根基而獻出我們的努力。

最後一段自「同心同德」，至「青天白日滿地紅」，是殷切期盼國人精誠團結，一心一德，有始有終，共同致力於建設富強康樂的國家，讓我們青天白日滿地紅的國旗飄揚在世界每個角落，世世代代，直到永遠。這是當年先烈們犧牲小我的目的，也是　國父從事革命的理想；我們應該起而效法，更應該敬愛國旗，珍惜並發揚這分愛國的情操。全文文辭簡潔，層層相接，絲絲入扣，讀來眞是十分感人。（註六）

接着教師可透過全文結構分析表來指導學生探討「義」、「旨」之間的關係。茲列表如下，以供參考。

全文結構分析表

（註七）

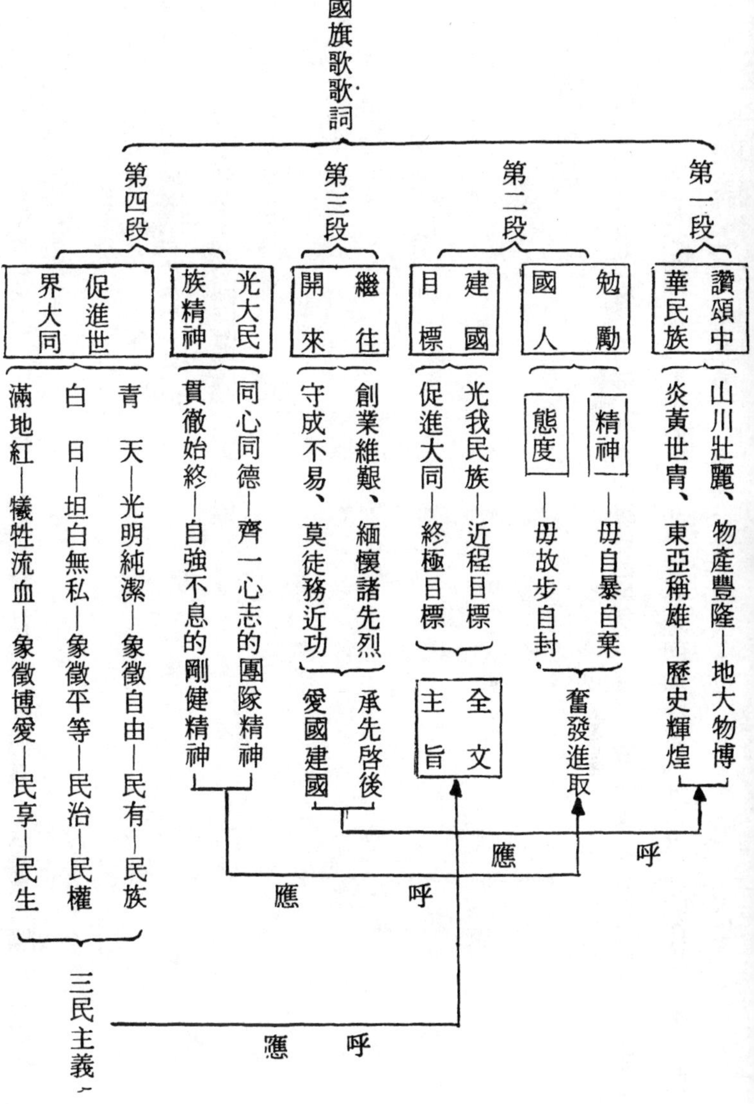
國旗歌歌詞
第一段
讚頌中華民族
山川壯麗、物產豐隆—地大物博
炎黃世冑、東亞稱雄—歷史輝煌
第二段
勉勵國人
精神—毋自暴自棄
態度—毋故步自封
奮發進取
建國目標
光我民族—近程目標
促進大同—終極目標
全文主旨
第三段
繼往開來
創業維艱、緬懷諸先烈
守成不易、莫徒務近功
承先啓後
愛國建國
第四段
光大民族精神
同心同德—齊一心志的團隊精神
貫徹始終—自強不息的剛健精神
促進世界大同
青天—光明純潔—象徵自由—民有—民族
白日—坦白無私—象徵平等—民治—民權
滿地紅—犧牲流血—象徵博愛—民享—民生
三民主義
呼應
呼應
呼應

教師經過了上述意旨探究的指導後，學生應能深刻瞭解全文。

（以上「國旗歌歌詞的分析」，原爲筆者「國文教材教法」之講義，曾轉載於國立編譯館主編之國民中學國文教師手冊第二冊）

【附　註】

註　一　參見章師銳初先生的中學國文教學法

註　二　參見曾永義主編的少年讀唐詩

註　三　參見教師手冊第一冊

註　四　同註三

註　五　同註三

註　六　參見教師手冊第二冊

註　七　同註六

七、作法的審辨

文章的作法，就是運材、措辭、裁章、謀篇等等的方法。因爲作者的心營意度，往往千變萬化，靈活運用起來，不只是不同作者有不同的作品，就是相同的作者，運用不同的作法，也能使每篇文章寫來不同。陸機文賦說：「體有萬殊，物無一量，紛紜揮霍，形難爲狀。」因此，我們既沒有何種定法拿來指導學生，也不能牽強附會的說某篇文章那裏好，那裏不好，教學生亦步亦趨的學習。唯有就篇論篇，根據文章本身，用欣賞的工夫去體認，探究它何處可啓示學生？是以何種姿態呈現出來？讓學生多多體會，多多類推，漸漸心領神會，以增長其意匠的能力，稍曉文章的理路法度，而在閱讀與寫作兩方面求得進步。至於一篇文章，在探求其作法時，我們如何著眼呢？以下提出四個審辨文章作法的方向，以供參考：

㈠作者思想發展型態的探討：詩經大序上說：「詩者，志之所在也。在心爲志，發言爲詩。言之不足，故嗟歎之；嗟歎之不足，故詠歌之。」文學最重要的功能可以說就在於表情達意了，所以不管文章是苦悶的象徵或是志趣的流露，都不能脫離作者主觀的意識。我們要掌握作者這種卷舒自如、伸縮自由的思想動態，就必須剖析其構思立意的過程，從文章縝密、精當的組合意象裏尋出作者思想的脈絡，指導學生細細辨明整篇文章的「設計圖案」，進而體悟作者蘊涵於字裏行間的思想、情意。例如李白的春夜宴桃李園序一文，以人生苦短若夢，宜及時行樂爲中心意旨，以兄弟相聚敍天倫樂事，共同賞月、賞花、飲酒、賦詩爲具體表現，以桃李園月夜景色及宴會情形爲描寫的材料，把握住中心意旨而發爲言論，此一曠達的思想又有其時代背景與生活環境爲支柱，故在辭短韻長中，增添人許多情思。這些都是教師在敎導學生審辨作法時，對於作者的思想型態發展所應把握的重點。使學生跟著老師的指導，而進入作者的靈感想像中，自然領悟而有得於心。

㈡題材剪裁安排的探討：一篇文章不論是作者思想的體現，或是客觀事實的展現，作者所藉以表明中心題旨的材料，無非是要從生活中所累積的經驗去尋找。也就是題材的取捨不能和生活情境脫節。我們可以說，題旨是作文的目的，取材便是達到這個目的的手段，因此作家對於材料的斟酌、剪裁，應以題旨爲準繩。一位深明爲文之理的作家，在素材的處理上，必用心經營，決其去取，定其前後，汰粕以存精，使作品繁者不會令人嫌其有所多餘；簡者不會令人嫌其有所闕漏。前後呼應，井然有序，不致有讀來了無頭緒，不知所云的困擾。舉個例子來說，背影一文，朱自清先生以一個平凡的事件作爲畫面，來渲洩他對父親深深的繫念與衷心的感激。全文佈局乃經由憶述與現實等謹嚴的安排而塑造出一份立體感。作者和他父親在南京勾留的時間共兩天，父親送他上車的時間只佔幾個鐘頭，但作者在材料的運用上乃著意於從一些瑣事上表露出他父親的樸實與慈愛，所以對於父親送他上車的情節以極細緻的筆法描繪出來，而在南京二日的其他時光，只用「有朋友約去逛逛，勾留了一日」等數字輕輕帶過，這種由小見大的剪裁方法，讓人讀來倍覺切實、清新而感人肺腑。又如國中國文第三册中張釋之執法一文，作者爲文的目的是欲彰顯張廷尉賢明、公正的品德。作者選擇了可靠的史料，從一個罪案到廷尉判以罰金，文帝因不滿而憤怒，釋之仗理直言，再經皇帝思索良久，終於承認廷尉所爲當是，完全是忠實而客觀地依序記敍，作者不必加上個人主觀的評價，讀者便能從整個事件的發展裏，肯定了張釋之卓越的人格。

我們於審辨文章的過程中，應不忘時時提醒、指導學生明瞭文章的取材、鋪敍等技巧，因爲評析文章的優劣，這是一個重要的關鍵！

㈢遣詞造句技巧的探討：古人論文，多以章句修飾爲雕蟲小技，但是如果沒有燦爛的文采，神韻情理的流露便易流於晦澀、滯礙。黃季剛先生曾說：「若夫文章之事，固非一憭章句而即能工巧，然而捨棄章句，亦更無趨於工巧之途。規矩以取方圓，雖刻琱衆形，未有𨔛於規矩之外者」（註一）。可見文章之形貌仍必須依附工巧的章句，才能得以生動活現。更何況作者所要表達的意念，極可能因措辭之不當而有所出入，故以讀寫基本訓練爲重的中學國文精讀教學，是不能忽略字句鍛鍊技巧的。在遣詞方面，我們知道作文是作者根據腦海中澎湃的文思去擷取詞彙，而不是漫無旨趣，一股腦兒地堆砌華而不實的文辭。而如何在一群意近的詞彙裏挑出一個最傳神的詞語，那就有賴於作家精煉的工夫了。茲舉一個作家最常使用的造詞技巧—夸飾—來作爲說明，這種鋪文設采的筆法可收到加強意象、渲染讀者耳目的巧妙效果。如一代大文豪蘇東坡的名句：「青山一髮是中原」，用「一髮」來形容「青山」，是多麼倔奇的比況，而它給人的感傷也就更加深刻了！

此外，在造句方面，不論是用切實的文筆，保存眞實的情狀，使人物的神情飛動於翰墨；或是用曲折的筆法，表達一己的意念，使文章婉曲而有情；抑或以含蓄的文句來暗示，不流露刻劃的痕跡（註二），凡此種種都是作家時常用以反映情實的造句技巧。如果我們對於作家技巧優長之所在不予明示，那麼學生是很難掌握住個中佳妙的！例如國中國文課本第三冊中爲學一首示子姪，作者運用了對照的寫法，表現出一種句法和諧而統一的美感，使語意在對比之中更加剴切、中肯，此文振聾發聵的意義與價值便涵藏於彭端淑先生言簡意賅的造句手法中了！

㈣聯絡照應方式的探討：文章以不同的思想材料、不同的詞句節段而組合成統一有序的整體，這種結構的經營，是有賴於作家聯絡照應的意匠本領（註三）。從消極方面來說，這種技巧可以使文學作品愈趨純粹，不致有駁雜，矛盾之虞；從積極方面來說，則可使讀者印象清晰有條理，不致模稜兩可，所以聯絡照應的技巧，在文章寫作的過程中是有絕對的必要。

題旨的統一，有賴於作家化整爲零、廻復照應的筆下工夫，這是我們賞析文章時所不能忽略的一個重要文學技巧。鄭燮寄弟墨書一文，每一段均有一揭示文旨的語句，第一段說：「而今而後，堪爲農夫以沒世矣。」第二段說：「我想天地間第一等人祇有農夫。」第三段是「愚兄生平最重農夫 。」最後一段則是「將來須買田二百畝，予兄弟二人，各得百畝足矣，亦古者一夫受田百畝之義也。」我們可以很清楚地感受到板橋先生語不離宗，強而有力地扣緊了主題，保持了論點之一致，而行文的重心也就在眉目醒豁，一路相爲提喚接應的段落裏彰顯出來了！

由以上的說明，我們可知一篇文章不可能漫無組織，顚三倒四而能將道理說明白的，教師在教導學生審辨作法時，應注意到文章貫串所用的聯絡照應手法。

【附註】

註　一　參見黃季剛先生著文心雕龍札記

註　二　參見黃永武字句鍛鍊法

註　三　參見章師銳初先生中學國文教學法

八、篇章的結構

一篇文章可以分成幾個段落，這段落便叫做「章」。每一章中又包括若干「句」，將這些句子連成一章，其間必須有一個中心思想，這就是「章旨」。將許多「章」連成一「篇」，章與章間必須有脈絡可尋，各章的「章旨」必須互相連貫；所恃以連貫的，就是一篇的中心思想，這就是「篇旨」。以國中國文課本而言，「題解」裏所說明的，便是「篇旨」，各段大意，便是「章旨」。（註一）一篇文章是根據一個中心思想（篇旨），分立若干個段落（章）而成的。然而在將句子組合成節段；節段組合成全篇的過程中，牽涉到謀篇、裁章的問題。所謂「著色原資妙選材，也須結構匠心裁」（註二），正說明篇章結構的重要性。

章法在詞章的創作上，無可懷疑的佔有極重要的地位，而這種文章構成的型態，雖然不免隨著作者設計經營手段的不同，而呈現多樣的變化，使得我們很難用幾個固定的格式來說明它們，俗語所謂「文無定法」，指的就是這個意思。不過，每個作家在謀篇布局之際，大都會不知不覺地受到人類共通理則的支配，以致寫成的作品，在各式各樣的枝葉底下，都無可例外地藏著有一些基本的、共通的幹身；這點，只要拿古今人的作品稍加剖析，即可以獲得證明，俗語說的「文成法立」，便是這個意思。而這些基本的、共通的幹身，大抵說來，可以用四個原則來加以概括，那就是：秩序、聯貫、統一和重點。對這四個原則，我們在教學時，如能加以掌握，作簡要的說明，那麼，不僅可以增進學生對課文文義的了解，從而提高他們的閱讀能力；也可以與習作教學取得緊密的聯繫，藉以加強他們的寫作本領。現在就針對這四個原則，依序舉例說明。（註三）

㈠ 秩序原則

這是就材料次第的安排來說的。通常，作者係依空間、時間或事理展演的自然過程作適當的安排。這種安排的方式，最常見的，以空間而言，有「由近及遠」、「由遠及近」、「由小而大」、「由大而小」等；以時間而言，有「由昔及今」、「由今及昔」等；以事理而言，有「由本及末」、「由末及本」、「由輕及重」、「由重及輕」、「先實後虛」、「先虛後實」、「先凡後目」、「先目後凡」等。茲以國中國文第三冊第十四課「科學的頭腦」一文為例，簡單說明如下：

科學的頭腦　　任鴻雋

「我們常常聽見有人說，現今的世界是科學的世界。這句話的意思，是說現今的世界不但讓電燈、電話、輪船、火車、無線電、飛機——這些都是科學的發明——把我們的生活情形改變了；就是我們的一言一動，思想行為，也免不了受到科學的支配。換一句話說，做現今世界的人，必須具有科學的頭腦，不管你是科學家不是科學家。

怎樣才可以養成科學的頭腦呢？第一要注重事實。平常的人總是以耳爲目，人云亦云。有科學頭腦的便不然，他必定要考查一件事情的實在。如古書說：「燕太子丹朝於秦，秦王留之，與之誓曰：『使日再中，天雨粟，烏白頭，馬生角，乃得歸。』當此之時，天地祐之，日爲再中，天爲雨粟，烏頭白，馬角生。」這一類的話，顯非事實，若不加考查，信以爲眞，便是沒有科學的頭腦。現今社會上還有許多奇怪的傳說，如鬼可以照相，孔子、耶穌可以降乩，甚至義和拳的法術可以使槍砲不能傷身之類，只要拿事實來考查一下，便可以不攻自破。事實是科學的根基，注重事實，便是養成科學的頭腦的第一條件。

第二要了解關係。天地間事物，總有一個因果的關係；不明白這個關係，要求無因之果，或是因果錯誤，便是迷信。俗語說：「種瓜得瓜，種豆得豆」，這種因果的關係是很明白的。不過在稍稍複雜的情形之下，我們就往往不容易明白關係的所在。譬如有了疾病，不請醫生而求祐於神道；希望後嗣繁榮，不注意敎育而乞靈於風水。殊不知神道與疾病，風水與後嗣的繁榮，都沒有什麼關係的。科學是尋出事物關係的學問，能事事求出一個眞正的關係，便是養成科學的頭腦的第二條件。

第三要精密正確。平常的人敍述一件事情，最喜歡用「大概」、「差不多」一類的詞語。有科學頭腦的人，則必用一定的數字來代表確實的量度。問你現在是什麼時候，你必須看一看錶，說現在是十二點三十分——如能說秒更好——不能說大概是十二點罷。問你的身長幾何，你必須回答一公尺五十二公分——如能說點幾更好——不能說大概一百五十公分罷。正確是一步不能放鬆的。許多科學的發明，都是從細微的比較中得來。所以精密與正確，也是養成科學的頭腦的必要條件。

第四是力求透徹。凡做一件事，必須考慮周詳；研究一種學問，必須尋根究柢，這就是所謂透徹。淺嘗輒止，或者半途自畫，都是成功的蟊賊，更不能算科學的頭腦。

以上四點，僅僅是個人日常生活上的幾種習慣，平淡無奇的，沒有什麼大了不起，可是它們卻是養成科學頭腦的必要條件。從來大科學家研究科學，沒有不是依賴它們而成功的。」

作者撰寫本文的目的，是要人明白養成科學頭腦的方法，以期糾正國人錯誤的觀念，全文共分六段：（註四）

㈠第一段說明生活在現代社會的人，不管是不是科學家，都必須具有科學的頭腦。本文的中心並不是專述科學的發明，而是運用科學的頭腦，實事求是地去應付日常的事物，所以作者在第二至第五段提供養成科學頭腦的條件。

㈡養成科學頭腦的第一條件，就是要「注重事實」。常人往往患了以耳代目、人云亦云的毛病，因此很容易以訛傳訛，將事情弄到疑真疑假，卻又不肯去查考事情的真相，一些虛妄不經、荒謬無稽的傳說，便由此而生。作者認為只要去考查事物的真相，一切的傳說便可以不攻自破。

㈢養成科學頭腦的第二個要件，就是要「了解關係」。了解事物間的因果關係，不可導致迷信。如果沒有科學的根據，那就是迷信。如果有了疾病，去請醫生診療，這是很科學的；如果有了疾病，卻去求祐於神道，冀求藉著誠心而得醫治，這就是迷信。此外如風水堪輿之事，也是沒有科學根據的。因此作者提出要了解事物間眞正關係，這才是具備科學頭腦的條件。

㈣養成科學頭腦的第三個條件，就是要「精密正確」。科學事事講求精密正確，例如開運動會，零點一秒也會影響運動員的成績和名次，火箭發射太空船上太空，數學家計算火箭的速度和所受阻力，都是分秒不差的。將這種科學的精神拿來應用於事物，也一樣的重要。否則，我們事事喜用「大概」、「差不多」一類的詞語，做起事來往往就誤事了。

㈤養成科學頭腦的第四個條件，就是要「力求透徹」。作者認爲「凡做一件事，必須考慮周詳；研究一種學問，必要尋根究柢，這就是所謂透徹。」例如做化學實驗，如果你不按照步驟和所需的時間去做，那麼這次實驗，必不能成功，或者會產生出另外一種化學物品來。所以要養成科學的頭腦，是要有始有終，不能半途而廢的。

㈥末段是總結第二至第五段的話，指出以上所提出的四點，只是我們日常生活上的幾種習慣，並沒有什麼了不起，而從來的大科學家研究科學，卻都是依賴這些基礎而成功的。一方面鼓勵我們在日常生活中養成這些好習慣，來適應這個科學日益進步昌明的世界；另一方面更指出這些看似平淡無奇的習慣，對於科學研究所提供的深遠幫助與貢獻。

在文章作法方面，本文是以首尾雙括法構成：首段爲開端。第二段言注重事實。第三段言了解關係。第四段言精密正確。第五段言力求透徹。第二、三、四、五段合爲正文。末段爲結語。層層推進，條理井然，秩序分明。

二、聯貫原則

這是就材料前後的接榫來說的。這種材料前後的接榫，方式頗多，根據現任師大國文系主任黃錦鋐教授著「中學國文教學法」一書所舉，屬於基本方面的，有聯詞、聯語、關聯句子、關聯段落等四種，可做上下文的接榫；屬於藝術方面的，則有首尾呼應、暗伏明應、一路照應、層遞接應、過渡聯絡等。連詞如「所以」是直承連接詞，「然而」是轉折連接詞，「說到」是推展之用，「總而言之」是結束之用，韓愈在答李翊書中，第二段便是用「雖然」作爲連接詞，以承接第一段。連詞如「由此觀之」是很常見的，司馬遷報任少卿書中的「且事本末未易明也」、「而事乃有大謬不然者」便是翻轉矯捷地利用連語。如果應用連詞尙不足以彰顯上下文的貫串，那麼我們可以更進一步地使用關連的句子，如墨子兼愛中寫道：「雖至天下之爲盜賊者亦然，盜愛其室，不愛異室，故竊異室以利其室……」即是。至於關連的段落，它是作爲前後二段文章的連鎖，如李陵答蘇武書中：「嗟乎！子卿，人之相知，貴相知心，前書倉促，未盡所懷；故復略而言之。」此段將前後關連甚遠的段落連綴得天衣無縫（註五）。此外，較爲空靈的藝術聯絡技巧，是在文墨上不著痕跡，而在精神意趣上一氣貫串而下，所以這是屬於可意會而較難以言傳的層次。茲以國中國文第一冊第十一課「陳元方答客問」一文爲例，就關聯詞句部份略做說明：

陳元方答客問　　劉義慶

「陳太丘與友期行，期日中。過中不至，太丘舍去。去後乃至。

元方時年七歲，門外戲。客問元方：『尊君在不？』答曰：『待君久不至，已去。』友人便怒曰

「非人哉！與人期行，相委而去。」元方曰：「君與家君期日中，日中不至，則是無信；對子罵父，則是無禮。」友人慚，下車引之，元方入門不顧。」

本文以問答的方式記述陳元方小時候的聰穎機敏，更說明了信與禮的重要。文分二段：

㈠首段以直敍法交待故事發生的「前因」，而以「去後乃至」引起次段。

㈡第二段對話才是全文主旨。先敍述元方的年紀、行止，在情節的開展上，照應前段的情境部分，「七歲」暗示元方年幼而穎異。這一段用作上下文接榫的語句，約有：「客問元方」、「答曰」、「友人便怒曰」、「元方曰」、「友人慚」。藉著客與陳元方的對話，說明客之無信、無禮，末以「元方入門不顧」的具體行動，表明無信、無禮之不足取。

全文先述故事背景，再引出客人和陳元方的對話，以上列語句作前後文的接榫，既得鮮明生動之效果，又緊密連接全文。倘若缺乏這些關聯詞句，則全文將無法聯貫而顯得支離破碎。

㈢統一原則

這是就材料情意的統一來說的。無論一篇文章如何冗長、複雜，必須針對一個主旨敍述，而使此文從頭到尾都維持一致的思想情意。玆以國中國文第二冊第十六課「路」一文爲例說明之：

路　熊崑珍

「從鄉村到城市，從簡陋到繁華；路，像無數縱橫錯綜的血管，聯繫各個不同的體系，促成了社會風物習俗的新陳代謝。一滴血，一滴汗，血汗滲透了泥砂，浸蝕了巖石。在「人」的力量下，公路平坦地展開了。而在荒林裏、田野間，更有無數的小路蜿蜒著。那些無名英雄們，默默地流著血汗，闢築了千萬條道路，而千萬條道路把人們引向無窮的前程。不該向築路的人，寄予由衷的感謝嗎？路，是無聲的語言、無形的文字；它溝通了思想、文化，聯絡起感情、友誼。藉著它，人們得以擴大生活的範圍。藉著它，人們緊緊地握起手來。舊的路衰老了，毀壞了；新的又從後一代手裏築建起來。鑿石、塡河，更寬敞的路無垠無涯地開拓、緜延，伸展到遙遠的土地；串起了罪惡和戰爭，也串起了愛情和友情。

朋友！在你人生的過程中，已跋涉過幾多道路？你愛平穩安定嗎？那麼請循前人的道路行進。你愛冒險進取嗎？那麼請用自己的血汗，來開闢一條新的道路。平穩的道路通向平穩的終程；崎嶇的道路卻往往通向璀璨的前途。可是，不管你選擇什麼路，必須要不停留地一步一步地走去。朋友，只管走過去吧！不必逗留著採拾路畔的花朵來保存。一路上，花朵自會繼續地開放哩！」

作者藉描述路的有形、無形的功能，告訴我們除了要感激築路工人的辛勞以外，更勉勵我們依照自己的性情，選擇適當的道路，穩健而持續的朝向最大的目標勇往邁進。依其結構可分四段：

㈠首段：以倒裝修飾法帶起全文，並總括「路」之特性與功能。

㈡次段：感念前人篳路藍褸，才使後人得享成果。

㈢三段：詳述路的功能，並寓以溝通、聯絡、薪傳。

㈣末段：期勉大家依照自己的個性，選擇適當的路，以持續不輟、平和穩當的步伐邁向目標。

總觀此文，各段皆緊扣主題（路）而闡發。由於在同一個主旨之下貫串全文，因而發揮了統一的

㈣重點原則

這是就材料內容的取捨來說的。喬吉論文章的結構方法提到：「鳳頭、豬肚、豹尾。」也就是說起要美麗，中要浩蕩，結要響亮，（註六）在文章材料搜集齊備之後，必須審愼選擇、剪裁，使文章「言之有物」，有其重點所在。而重點之闡發詳述，往往行之於「豬肚」。玆以國中國文第一册第八課「兒時記趣」一文爲例說明之：

兒時記趣　　沈　復

「余憶童稚時，能張目對日，明察秋毫。見藐小微物，必細察其紋理，故時有物外之趣。夏蚊成雷，私擬作群鶴舞空，心之所向，則或千或百，果然鶴也；昂首觀之，項爲之強。又留蚊於素帳中，徐噴以煙，使之沖煙飛鳴，作青雲白鶴觀；果如鶴唳雲端，爲之怡然稱快。

又常於土牆凹凸處，花臺小草叢雜處，蹲其身，使與臺齊；定神細視，以叢草爲林，蟲蟻爲獸，以土礫凸者爲丘，凹者爲壑，神遊其中，怡然自得。

一日，見二蟲鬥草間，觀之，興正濃，忽有龐然大物，拔山倒樹而來，蓋一癩蝦蟆也。舌一吐而二蟲盡爲所吞。余年幼，方出神，不覺呀然驚恐。神定，捉蝦蟆，鞭數十，驅之別院。」

這篇文章，是以童年的情趣爲主題。所有的記敘，都是以這個主題爲中心而開展出來的。全文共分四段：

㈠首段：以回憶之筆總括全文。

㈡次段：描寫細察夏蚊，徐噴以煙所得之趣。

㈢三段：記敘他把土礫、草叢，想像為丘壑、森林，神遊自得之趣。

㈣末段：以觀二蟲相鬥，二蟲為龐然大物——癩蝦蟆所吞，他遂以巨人自居「捉蝦蟆，鞭數十，驅之別院」而得其趣。

本文重點全在「童稚時」的「物外之趣」，作者在構思之際，就必須把不合所需的材料裁去。並在合乎條件的材料中，確定何者可增強效果，靈活運用。如此不僅切合主題，統一篇旨，聯貫全文，並且在深入描繪中，益能顯出文章有其重心而且鮮活生動。

古人有云：「文章千古事，得失寸心知。」文雖無定法，卻有一般原則，尤其對於一個初學作文的學生，基本原理的介紹是有其必要的。在範文教學的過程中，若能指導學生作篇章結構的分析，並將此技巧運用於文章寫作中，必可提高其寫作能力。

【附　註】

註一　見國中國文課本第五冊

註二　參見趙翼論詩甌北詩鈔　絕句卷三十六

註三　參見陳滿銘「章法教學」一文

註四　見教師手冊第三冊

註五　參見李日剛作文技巧與範例

註六　見陶宗儀輟耕錄

第四節　深究與鑑賞

壹、深究

一、樂府詩的深究

前　言

「樂府」原是官府的名稱，後來成了民歌的代稱。漢武帝元鼎六年（西元前一一一）正式成立樂府官署，以便於採集民間的歌謠，加以增飾，供作朝廷祭禮宴享的音樂。自此樂府更張，「樂府」一辭才爲一般人所通用。它的含義已不僅是官署，更是民間歌謠的代稱，故「樂府詩」就是泛指民間歌謠而言，其後，文人大量仿製，使之成爲詩體的一種。

胡適在白話文學史上曾強調「樂府」在文學史上所創造的價值約有以下幾項：

㈠民間歌曲因此得了寫定的機會。

㈡民間的文學因此有機會同文人接觸，文人從此不能不受民歌的影響。

㈢文人感覺民歌的可愛，有時因爲音樂的關係不能不把民歌更改添減，使他協律；有時因爲文學上的衝動，文人忍不住要模倣民歌，因此他們的作品便也往往帶著「平民化」的趨勢，因此便添了不少的白話或近於白話的詩歌。

這三種價值，自漢至唐，繼續存在。故民間的樂歌收在樂府的，叫做「樂府」；而文人模倣民歌做的樂歌，也叫做「樂府」；而後來文人模倣古樂府作的不能入樂的詩歌，也叫做「樂府」或「新樂府」。

他接着又說：「樂府是平民文學的徵集所，保存館。這些平民的歌曲層出不窮地供給了無數新花樣，新形式，新體裁；引起了當代的文人的新興趣，使他們不能不愛玩，不能不佩服，不能不模倣。漢以後的韻文的文學所以能保存得一點生氣、一點新生命，全靠有民間的歌曲，時時供給活的體裁和新的風趣。」這話是很對的。

民歌產自民間，是人民心聲的流露，最眞摯，也最動人。它的歌聲辭意，反映了一時代，一區域人們的生活情形和民族特性，使我們了解到那個時地的人民的喜怒哀樂，產生了一種血肉相連的眞切感受。它在文學史中，永遠是個性最鮮明，最具有撼人力量的作品。我國的民歌，繼詩經國風、漢代樂府之後，發展到南北朝時期，又呈現了新的面貌，它不僅在內容方面，反映了新的社會現實，而且也創造了新的藝術形式和風格。一般說來，它篇制短小，除了少數七言或雜言的作品以外，大多是五言四句的形式，同時抒情多於敍事。（註一）

茲舉木蘭詩爲例，說明如何深究與鑑賞。

木蘭詩　　佚名

㈠原文

唧唧復唧唧，木蘭當戶織。不聞機杼聲，惟聞女歎息。問女何所思，問女何所憶。「女亦無所思，女亦無所憶。昨夜見軍帖，可汗大點兵；軍書十二卷，卷卷有爺名。阿爺無大兒，木蘭無長兄，願爲市鞍馬，從此替爺征。」

東市買駿馬，西市買鞍韉，南市買轡頭，北市買長鞭。朝辭爺孃去，暮宿黃河邊；不聞爺孃喚女聲，但聞黃河流水鳴濺濺。旦辭黃河去，暮至黑山頭；不聞爺孃喚女聲，但聞燕山胡騎聲啾啾。

萬里赴戎機，關山度若飛。朔氣傳金柝，寒光照鐵衣。將軍百戰死，壯士十年歸。

歸來見天子，天子坐明堂。策勳十二轉，賞賜百千強。可汗問所欲，「木蘭不用尚書郎，願借明駝千里足，送兒還故鄉。」

爺孃聞女來，出郭相扶將。阿姊聞妹來，當戶理紅妝。小弟聞姊來，磨刀霍霍向猪羊。開我東閣門，坐我西閣牀。脫我戰時袍，著我舊時裳。當窗理雲鬢，對鏡貼花黃。出門看火伴，火伴皆驚惶：「同行十二年，不知木蘭是女郎。」

雄兔脚撲朔，雌兔眼迷離。兩兔傍地走，安能辨我是雄雌？

(二)內容的深究

1. 義旨的探究

(1)全文主旨

敍述女英雄木蘭代父從軍的故事。

(2)各段大意

第一段：寫木蘭決定代父從軍的原因。

第二段：寫出征前的準備及出征時的心情。

第三段：寫軍中的生活。

第四段：敍述戰勝回朝，天子賞賜，木蘭不欲作官，但願還鄉的情事。

第五段：寫家人迎接木蘭歸來，及木蘭換裝後，伙伴驚奇是女郎的情景。

第六段：寫作者對木蘭的讚語。

2.作者思想情意的發展

(1)思路的鋪敍

這一篇文章，作者是按照時間先後的發展次序，以平鋪直敍的手法，來敍述木蘭代父從軍的感人故事。

首段以設問，插敍的方式，讓讀者明白木蘭代父從軍的原因，這正是整個故事的前奏，也使得後面的出征、凱旋，不顯得突兀。作者以「唧唧復唧唧」的機杼聲來作爲全文的開端，效果更是引人入勝。第二段的前半，「東市買駿馬，西市買鞍韉，南市買轡頭，北市買長鞭。」從多方面來描寫木蘭所買的軍用裝備，讀來更覺得木蘭的英雄形象歷歷如繪，和三、四段的征程、凱旋相互呼應，也和五段的恢復女妝及末段的四句詩相對照。後半自正面來抒寫木蘭離家的心情。家，是溫暖的，木蘭不免流露出對雙親的懷念之情，這正和第五段返鄉時，家人無可掩抑的喜悅相爲呼應。當木蘭離家後，征程更遠，而有了第五段的「萬里赴戎機，關山度若飛」兩句詩來。第三段，以六句詩來概括木蘭十年來的行伍生活，卻巧妙地避開了她在戰場上怎樣和敵人廝殺的經過，保持了全文的精緻和優美。最後以「將軍百戰死，壯士十年歸」，寫木蘭經由長期征戰，終於凱旋歸來。此段極其精鍊，全詩緊扣著「木蘭是女郎」來進行，用最經濟的筆調來剪裁，並配合了全詩的主旨——歌詠一尋常女子因著孝心而寫下的不凡事蹟。第四段原是緊承上段的「歸」，用誇張的手法來描繪天子對木蘭的厚賞，至此，又再度強調了木蘭的英雄形象。但，木蘭卻婉拒了厚賞，只願早日回到故鄉。此處是用問答的方式，比較活潑生動，把木蘭的孝心和保家衞國的崇高目的加以表明，此正和首段遙相呼應。第五段寫木蘭返鄉的喜悅和換上舊裝後，同伴驚惶的情景。本段描述了重聚的歡暢，充滿愉快的筆調更予全文喜劇的效果。如「脫我戰時袍，著我舊時裳。當窗理雲鬢，對鏡貼花黃」，一則與「市鞍馬」對照，一則與「當戶織」呼應，這都是向讀者明白交待木蘭畢竟是個女子，而最後「火伴皆驚惶，同行十二年，不知木蘭是女郎」是直接加以歌頌了。末段是木蘭的自豪語，同時也是作者對木蘭的頌揚，用比喻的手法表現了木蘭的智慧，也成功地替整個故事作完美的終結。

(2)情意的激發

木蘭詩是一首古代北方的民間歌謠，是剛強男性的社會喜劇，全詩充分表現了北國風光和北方民族的特性。北族民性強悍好武，我漢族兒女生息於河朔、秦隴之間，耳濡目染，在備受薰陶之餘，也多能躍馬盤弓，同仇敵愾，能爲伸張國魂而戰鬥，這種尙武的精神，不僅表現在男兒身上，女子也並不例外。而木蘭的英雄事蹟出現在樂府民歌，正是把自古以來，我國忠孝兩全的崇高精神表現無遺，實具有不平凡的意義。木蘭原是一勤勞織作的普通姑娘，當戰事一起，竟能勇敢地代父從軍，這並不是一般婦女所能承擔的任務。她購備駿馬長鞭，跋涉黃河、黑山，萬里長征，十年轉戰，凱旋歸來，不肯接受官爵，只願恢復尋常女兒生活，以孝養雙親。這是多麼高貴的品德，氣概更是軒昂。

這首詩，說明了女子也能建立英雄豪傑的偉業，非爲男士所專美。我們身爲大時代的兒女，除了每個男同學都要做堂堂正正的大丈夫以外，女同學也應該培養寬濶的胸懷，在柔媚之外，要有擔當。尤其，是在國家面臨存亡絕續的時刻，更要關懷國事，發揮潛力，來共赴國難。忠孝雙全的木蘭正是我們學習的好榜樣。她的勤樸刻苦，不惜犧牲自我，不顧男女有別，自願代父從軍，捍衞國土。巾幗不讓鬚眉，爲千千萬萬女性揚眉吐氣，盡孝盡忠，也爲中華兒女樹立了極佳的典範。我國歷代婦女受木蘭的精神感動，挺身而出，帶兵打仗，立有大功勳的，在明末有秦良玉和沈雲英，在清末有鑑湖女俠秋瑾，現代效法木蘭從軍報國的女英雄更多了。

㈢形式的深究

1. 剪裁安排的方法

本詩於內容取材與編排方式上有二特點，第一，在描寫木蘭買鞍馬和回故鄉之時，敍事特別生動豐富，而於戰場征戰生活，則以六句話概括。兩相對比，正顯示出民歌富有變化趣味的特殊風格，前者以一件一件的排比描寫，正把到市場買鞍馬、代父從軍的迫切，忙碌心情和家人歡迎木蘭戰勝歸來的興奮熱鬧氣氛表現出來，令人讀來別有一番親切、具體且生動的感覺。後半則以最經濟之筆調剪裁而成，把行伍生活緊湊起來，且因此詩非戰爭之史詩，故將重點放在「木蘭是女郎」的描繪上。一則以精雕細琢之手法，一則是惜墨如金，此正顯示出作者剪裁安排的巧心。第二，最後一段「撲朔迷離」的比喻，正是民歌趣味的本色，可以將主旨顯現無遺，而並沒有畫蛇添足的感覺。尤其，其間敍筆十分簡鍊，卻包含了豐富的暗示，更是耐人尋味。

2.遣詞造句的技巧

此詩連續運用複疊與排比的句調，來增強民歌的表現力與音樂性。如「東市買駿馬」四句，平列東西南北，表面看來，好似呆板，但置於全詩之中，則見辭氣諧和，全文更爲活潑跌宕。又如「爺孃聞女來」一段，用同樣句調作三次重疊，更能顯示出熱鬧歡悅的氣氛。

本篇所用對偶句頗多，而且非常工整，例如「朔氣傳金柝，寒光照鐵衣」等，其他則多爲自然對句，用字純樸，不加雕琢，正是民歌本色。

全詩進行緊湊，所用詞句都很活潑，有的倒裝，有的誇飾，有的運用連珠格，使得本詩靈活婉轉，頗富韻味。

本文修辭格，茲列舉於下：（註二）

修辭格	作　用	原　文
類　疊	表達諄切的感情。	△問女何所思，問女何所憶。 △女亦無所思，女亦無所憶。 △東市買駿馬，西市買鞍韉，南市買轡頭，北市買長鞭。 △爺孃聞女來，出郭相扶將。阿姊聞妹來，當戶理紅妝。小弟聞姊來，磨刀霍霍向猪羊。
排比與對仗	豐富辭彙，且使意思更加明顯。	△阿爺無大兒，木蘭無長兄。 △朝辭爺孃去，暮宿黃河邊，不聞爺孃喚女聲，但聞黃河流水鳴濺濺。旦辭黃河去，暮至黑山頭，不聞爺孃喚女聲，但聞燕山胡騎聲啾啾。 △朔氣傳金柝，寒光照鐵衣。 △將軍百戰死，壯士十年歸。 △開我東閣門，坐我西閣牀。 △脫我戰時袍，著我舊時裳。 △當窗理雲鬢，對鏡貼花黃。 △雄兔脚撲朔，雌兔眼迷離。

設　問	用以引出下面的對答。	△問女何所思，問女何所憶。 △可汗問所欲。 △安能辨我是雄雌？
倒　裝	喚起注意，增加文章的波瀾。	△問女何所思。（所思何？） △問女何所憶。（所憶何？） △鳴濺濺。（濺濺鳴） △萬里赴戎機。（赴萬里戎機） △關山度若飛。（度關山若飛）
誇　飾	爭奇鬥豔，增加藝術感，以悅人心目。	△將軍「百戰」死。 △壯士「十年」歸。 △策勳「十二轉」。 △賞賜「百千強」。 △願借明駝「千里足」。
頂　眞	使語句神旺氣足。	△軍書十二卷，卷卷有爺名。 △壯士十年歸，歸來見天子。 △歸來見天子，天子坐明堂。

△出門看火伴，火伴皆驚惶。（註三）

3.聯絡照應的方式

本文重點即在「木蘭是女郎」一句上；所以，作者在本篇各處，都有其聯絡照應的字句，來彰顯烘托出難辨雌雄的主旨。例如：「木蘭當戶織」，「木蘭不用尚書郎，願借明駝千里足，送兒還故鄉」，「脫我戰時袍，著我舊時裳。當窗理雲鬢，對鏡貼花黃。」等。

在第二段中，「不聞爺孃喚女聲」是另一個重點，它與「但聞黃河流水鳴濺濺」「但聞燕山胡騎聲啾啾」成了極為強烈的對比，如此一來，也才能把木蘭離鄉背井，思念雙親的苦楚，寫得深刻感人。

第五段中，「爺孃聞女來，出郭相扶將。阿姊聞妹來，當戶理紅妝。小弟聞姊來，磨刀霍霍向豬羊。」又回應到前文「不聞爺孃喚女聲」，這種分離到團聚的情形，寫得十分生動自然。

4.韻文聲律的探究

木蘭詩屬於古體詩，因此不受平仄、字數和聲韻的限制。全詩五、七言雜用，並轉了七次韻。其轉韻情形如下：

(1)從「唧唧復唧唧」到「女亦無所憶」，押入聲職韻，押韻的字為：唧、織、息、憶。

(2)從「昨夜見軍帖」到「從此替爺征」，押平聲庚韻，押韻的字為：兵、名、兄、征。

(3)從「東市買駿馬」到「但聞黃河流水鳴濺濺」押平聲微韻，押韻的字爲：韉、鞭、邊、濺。

(4)從「旦辭黃河去」到「胡騎聲啾啾」，押平聲尤韻，押韻的字爲：頭、啾。

(5)從「萬里赴戎機」到「壯士十年歸」，押平聲微韻，押韻的字爲：飛、衣、歸。

(6)從「歸來見天子」到「不知木蘭是女郎」，押平聲陽韻，押韻的字爲：堂、強、郎、鄉、將、妝、羊、牀、裳、黃、惶。

(7)從「雄兔脚撲朔」到「安能辨我是雄雌」，押平聲支韻，押韻的字爲：離、雌。（註四）

5.全文結構分析表

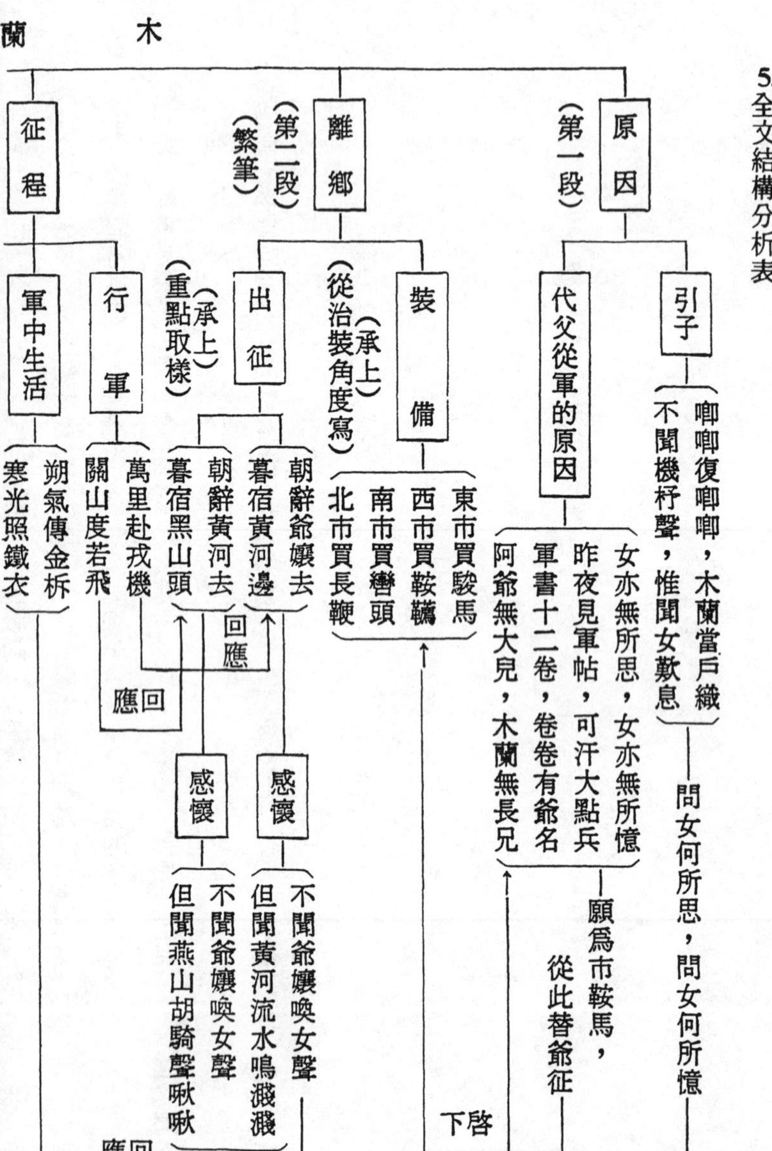
木蘭
原因（第一段）
引子
喞喞復喞喞，木蘭當戶織
不聞機杼聲，惟聞女歎息
問女何所思，問女何所憶
代父從軍的原因
女亦無所思，女亦無所憶
昨夜見軍帖，可汗大點兵
軍書十二卷，卷卷有爺名
阿爺無大兒，木蘭無長兄
願爲市鞍馬，
從此替爺征
離鄉（第二段）（繁筆）
裝備
（承上）（從治裝角度寫）
東市買駿馬
西市買鞍韉
南市買轡頭
北市買長鞭
下啓
出征
（承上）（重點取樣）
朝辭爺孃去
暮宿黃河邊
朝辭黃河去
暮宿黑山頭
回應
感懷
不聞爺孃喚女聲
但聞黃河流水鳴濺濺
感懷
不聞爺孃喚女聲
但聞燕山胡騎聲啾啾
征程
行軍
萬里赴戎機
關山度若飛
應回
軍中生活
朔氣傳金柝
寒光照鐵衣
應回
呼應

詩

（第三段）（簡筆）
- 凱歸：將軍百戰死，壯士十年歸

封賞（第四段）
- 朝天子：歸來見天子，天子坐明堂
- 厚賞：策勳十二轉，賞賜百千強，可汗問所欲
- 心願：木蘭不用尙書郎，願借明駝千里足，送兒還故鄉

榮歸（第五段）
- 家人之歡欣：爺孃聞女來，出郭相扶將；阿姊聞妹來，當戶理紅妝；小弟聞姊來，磨刀霍霍向豬羊
- 木蘭之喜悅
  - 睹故物：開我東閣門，坐我西閣牀
  - 改女裝：脫我戰時袍，著我舊時裳；當窗理雲鬢，對鏡貼花黃
- 眞相大白：出門看火伴，火伴皆驚惶；同行十二年，不知木蘭是女郎

結語（末段）
- 雄兔腳撲朔，雌兔眼迷離，兩兔傍地走，安能辨我是雄雌（木蘭之智）

引證

對照

二、古體詩的深究

前　言

唐人稱其詩爲「近體詩」、「今體詩」，而別其前人的詩爲「古體詩」或「古詩」。古詩，在梵音韻譜形成之前，並沒有嚴格的平仄限制。至於隋唐以後的古詩，雖略講押韻，但長篇古詩，可轉韻或不轉韻。（註五）

古詩與樂府詩如比較言之，則樂府可歌，古詩不能歌；樂府多長短句，古詩多五七言；樂府記功述事，古詩主言情；樂府貴遒勁，古詩尚溫雅。古詩以平淺質樸的文句，來表現深厚的感情和內容，它沒有詩經的古奧，也沒有當時辭賦的貴族氣，更沒有六朝詩的雕琢，使讀者覺得它情韻濃溢，親切有味。

若就古詩的流變而言，五七言古詩產生於西漢，在東漢滋長，東漢以後，民間歌謠已發展到文人社會。陶淵明是此時的傑出作家，他的詩沖淡深粹，純出自然。到南北朝時，因日趨雕琢，形式格律化而衰頹。直到唐宋，方才復古。

以下舉唐白居易慈烏夜啼，燕詩示劉叟及東晉陶淵明歸園田居、詠荆軻四首古詩爲例，說明深究與鑑賞的方法。

㈠慈烏夜啼

白居易

1.原文

慈烏失其母，啞啞吐哀音，晝夜不飛去，經年守故林。夜夜夜半啼，聞者爲沾襟；聲中如告訴，未盡反哺心。百鳥豈無母，爾獨哀怨深？應是母慈重，使爾悲不任。昔有吳起者，母歿喪不臨。嗟哉斯徒輩，其心不如禽！慈烏復慈烏，鳥中之曾參。

2.內容的深究

(1)義旨的探究

①全文主旨

本詩主旨，在闡揚孝道。白居易藉著慈烏的表現，由正面來規勸世人重視孝道。

②各段大意

前段藉慈烏的夜啼，來說明母愛的偉大，她給予子女的恩惠，無論如何也報答不了的。

後段藉歌頌慈烏的孝心，來斥責不孝的人，連禽獸也不如。

(2)作者思想情意的發展

①思路的鋪敘

「慈烏失其母」以下四句，寫慈烏失去母親後，不忍離開故巢。寫的全是作者眼中的客觀事物。「晝夜不飛去，經年守故林」二句，讓我們可以想見慈烏的孺慕之情。也正說明了慈烏「失其母」的既成事實，難怪牠要「啞啞吐哀音」了。「夜夜夜半啼」以下四句，是寫慈烏夜半哭啼，讓人聽了，也不免要爲之落淚。白居易此時母親去世不久，心中無限悲痛，半夜裏聽到慈烏的「哀音」，自然引起內心的共鳴。「聲聲如告訴，未盡反哺心」二句，不但寫出了慈烏的哀痛之情，也寫出了白居易自己的心境。「百鳥豈無母」以下四句，則是推想慈烏的心理，母親生前既特別慈愛，自己卻未能盡孝，以報答她的養育之恩，所以悲傷異常。這也該是白居易的心聲吧！（註六）

②情意的激發

全詩透過慈烏的夜啼，當使我們更能體會出「子欲養而親不待」的悲痛心情。此詩所以特別強調「夜啼」，大概是因爲：一則慈烏是孝鳥，因夜半思母，才發出啼聲，也使天下失母的人聽了，觸動心弦而淚下；二則夜半時，萬籟俱寂，慈烏啞啞的啼聲，聽來格外淒楚，也烘托出了作者當時的心境。

3.形式的深究

(1)剪裁安排的方法

寫詠物詩，如果僅止於詠物，而別無寄託，無言外之意，那就容易失之於膚淺，沒有深刻的內涵。白居易的「慈烏夜啼」雖然也寫鳥的聲音、形狀，但，都是爲了強調孝道這個中心思想來加以描摹的。

此詩以曾參和吳起爲例，對孝與不孝者，作了鮮明的對比。在語氣上多少帶有教訓的意味，也正是本文構思、組織的獨到之處。藉此，讀者可深切了解兩者的差異，而有正確的選擇，達到闡揚孝道的主旨。

(2)遣詞造句的技巧

慈烏夜啼一詩以整齊而樸實的文句，由正面來闡揚孝道，希望能喚醒大家對孝道的重視，而在遣詞造句上，具有白居易淺近易懂的風格，這種風格也最適合於說理。同時段落層次井然有序，不但是一篇有益世道人心的佳作，而且便於誦讀，同學們可以從中學習到一些寫作的技巧。例如：「啞啞」屬疊字，狀聲詞，更顯出其哀痛之深。「夜夜夜」也是疊字，言其孺慕之思。「百鳥豈無母，爾獨哀怨深？」採用設問的修辭格，屬於心中已有定見的設問格，故隨後有「應是母慈重，使爾悲不任。」予以應答。而末段以吳起、曾參爲例，有對比警世的作用。

(3)聯絡照應的方式

全詩以「慈烏失其母」來貫串，寫慈烏失去母親，不忍離開故巢，所以有「晝夜不飛去，經年守故林。」「啞啞吐哀音」的孺慕之情洋溢；再從「哀音」加以鋪陳描寫「夜夜夜半啼，聞者爲沾襟。」藉此說出慈烏未盡反哺的哀痛。也反襯了吳起「母歿喪不臨」的不孝。全詩從正面來歌頌慈烏的孝心，同時又將吳起與慈烏對比作結，加強了本詩闡揚孝道的主旨。

(4)全文結構分析表

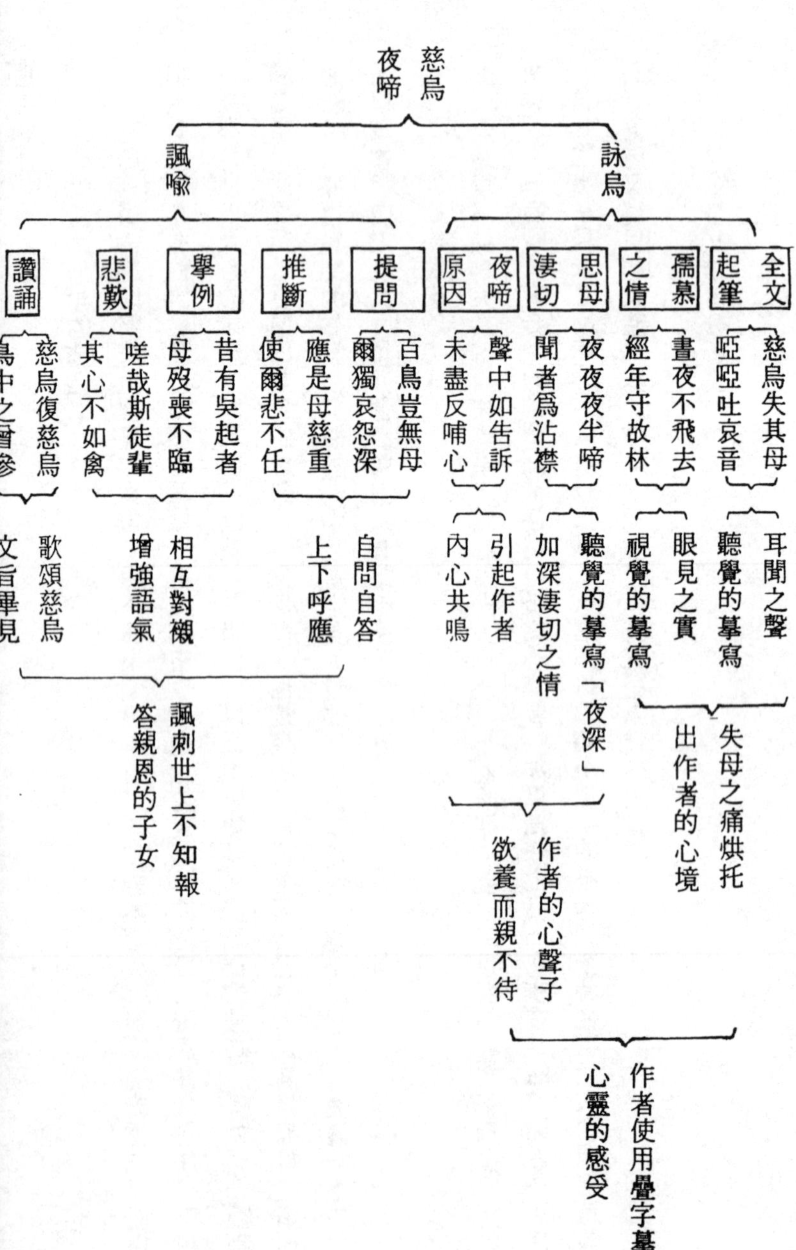
慈烏夜啼
詠烏
諷喻
全文起筆
孺慕之情
思母淒切
夜啼原因
提問
推斷
舉例
悲歎
讚誦
慈烏失其母 啞啞吐哀音
晝夜不飛去 經年守故林
夜夜夜半啼 聞者為沾襟
聲中如告訴 未盡反哺心
百鳥豈無母 爾獨哀怨深
應是母慈重 使爾悲不任
昔有吳起者 母歿喪不臨
嗟哉斯徒輩 其心不如禽
慈烏復慈烏 鳥中之曾參
耳聞之聲 聽覺的摹寫
眼見之實 視覺的摹寫
聽覺的摹寫「夜深」 加深淒切之情
引起作者 內心共鳴
自問自答
上下呼應
相互對襯 增強語氣
歌頌慈烏 文旨畢見
失母之痛烘托 出作者的心境
作者的心聲子 欲養而親不待
諷刺世上不知報 答親恩的子女
作者使用疊字摹寫 心靈的感受

這首詩是五言古詩，簡稱五古。因爲這種詩的體裁和「近體詩」的絕句、律詩不同，所以叫做「古體詩」。近體詩的句數、韻脚都有一定的限制，古體詩則或用平韻，或用仄韻，或轉韻，或不轉韻，並沒有定則；又不必講對仗，不限定句數，所以較「近體詩」自由多了。本詩共十八句，每兩句叶韻，都用平聲「侵」韻。（註七）

㈡燕詩示劉叟　叟有愛子，背叟逃去，叟甚悲念之。叟少年時，亦嘗如是。故作燕詩以諭之矣。

白居易

1.原文

梁上有雙燕，翩翩雄與雌；銜泥兩椽間，一巢生四兒。四兒日夜長，索食聲孜孜，青蟲不易捕，黃口無飽期。嘴爪雖欲敝，心力不知疲。須臾十來往，猶恐巢中飢。辛勤三十日，母瘦雛漸肥，喃喃教言語，一一刷毛衣，一旦羽翼成，引上庭樹枝；舉翅不回顧，隨風四散飛。雌雄空中鳴，聲盡呼不歸，卻入空巢裏，啁啾終夜悲。

燕燕爾勿悲，爾當反自思；思爾爲雛日，高飛背母時。當時父母念，今日爾應知。

2.內容的深究

(1)義旨的探究

①全文主旨

此詩主要在闡揚孝道，藉背親遠去的雛燕，來諷刺世上不知報答親恩的子女。

②各段大意

全詩可以分爲兩段。

前段寫雙燕的築巢育兒，到雛燕長大後，舉翅高飛，背親遠去，最後剩下雙燕相對悲鳴的種種經過情形。

後段則用教訓的口氣，告訴不盡孝道的人：凡是背棄父母的兒女，將來也一定會被兒女所背棄。

(2)作者思想情意的發展

燕詩示劉叟是爲鄰人劉叟而作。據題下自注所云，可知劉叟以前曾經背棄父母的養育之恩，置父母於不顧，所以他遭受到報應；他的愛子也背棄了他而遠走高飛。詩中的雙燕和雛燕，就是借喻劉叟夫婦及其愛子的。

「梁上有雙燕」以下四句，寫雙燕築巢育兒。「四兒日夜長」以下四句寫雛燕早晚索食。「嘴爪雖欲敝」以下四句寫雙燕爲養育雛燕，辛勤覓食的情景。「辛勤三十日」以下四句寫雙燕爲了教育雛燕，以致自己的身體羸弱了。「一旦羽翼成」以下四句寫雛燕長大後，羽毛旣豐，就舉翅四散，遠走高飛，一去不回，背棄了雙燕的養育之恩。「雌雄空中鳴」以下四句寫雙燕到處呼喚雛燕歸來，卻無結果，最後只好退守空巢，獨自傷悲。

3.形式的深究

(1)剪裁安排的方法

「梁上有雙燕，翩翩雄與雌」，「翩翩」一詞令人想見牠們輕快地飛翔的樣子，想見雙燕對未來的一分憧憬。「嘴爪雖欲敝，心力不知疲，須臾十來往，猶恐巢中飢。」「十」字極言其次數之多，不必確指為十次，透過這四句，雙燕愛子之深切，育子之辛勤，可以說是躍然紙上。「辛勤三十日」以下四句寫雙燕教育雛燕的辛勞。「教言語」「刷毛衣」是雙燕教雛燕學啼叫，學飛翔的擬人寫法。「啁啾終夜悲」則和慈烏夜啼的「夜夜夜半啼」一樣，目的都在使「聞者為沾襟」，因為在寂靜的深夜裏，悲鳴哀啼更能增加淒切的氣氛。故可和慈烏夜啼一詩並讀，且加以比較。（註八）

(2)遣詞造句的技巧

燕詩示劉叟一詩以整齊且質實的文句，由反面來闡揚孝道，喚醒大家對孝道的重視，其遣詞造句淺近明白，同時段落層次也井然有序，便於誦讀，是一篇有益於世道人心的詩作，而且讀者可以由其中學習一些寫作技巧。例如：「翩翩」，疊字，令人想見雙燕在枝頭輕快飛翔的樣子。「孜孜」——狀聲詞。「喃喃教言語」「一一刷羽毛」都是採取擬人化的寫法，非常活潑生動。

(3)聯絡照應的方式

慈烏夜啼是從正面來歌頌慈烏的孝心，而這首詩卻從反面來嘲諷忘恩負義的子女，寫得語語明白，如在目前，而且層次分明，脈絡相貫。全詩是以背親遠去的雛燕為主，說明自己給予父母的痛苦，以後也將由自己來承受，劉叟就是一個典型的例子。

(4)韻文聲律的探究

全詩共三十句，也是每兩句叶韻，都用平聲「支」韻。（不過其中肥、衣、飛、歸四韻腳是用平聲「微」韻，但「微」「支」二韻在古詩中可通押。）都是一韻到底的。（註九）

(5)全文結構分析表

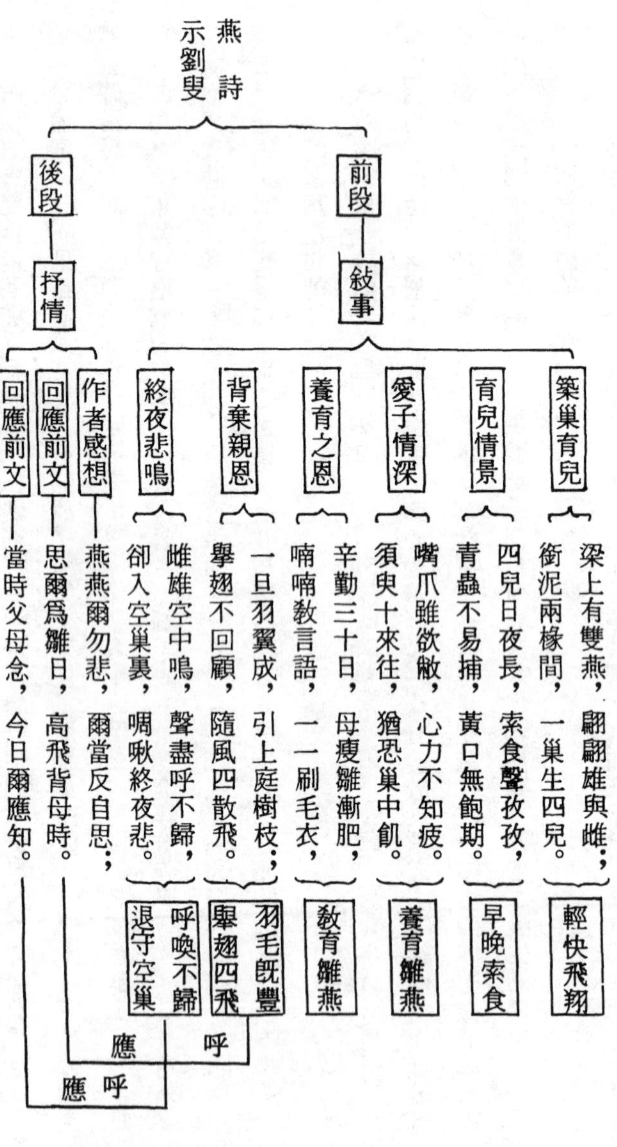

燕詩示劉叟
前段
敘事
築巢育兒
梁上有雙燕，翩翩雄與雌；銜泥兩椽間，一巢生四兒。
輕快飛翔
育兒情景
四兒日夜長，索食聲孜孜，青蟲不易捕，黃口無飽期。
早晚索食
愛子情深
嘴爪雖欲敝，心力不知疲。須臾十來往，猶恐巢中飢。
養育雛燕
養育之恩
辛勤三十日，母瘦雛漸肥，喃喃教言語，一一刷毛衣，
教育雛燕
背棄親恩
一旦羽翼成，引上庭樹枝；舉翅不回顧，隨風四散飛。
羽毛既豐
舉翅四飛
終夜悲鳴
雌雄空中鳴，聲盡呼不歸，卻入空巢裏，啁啾終夜悲。
呼喚不歸
退守空巢
後段
抒情
作者感想
燕燕爾勿悲，爾當反自思；
回應前文
思爾爲雛日，高飛背母時。
回應前文
當時父母念，今日爾應知。
呼
應
呼
應

㈢歸園田居

陶淵明

1. 原文

種豆南山下，草盛豆苗稀。

晨興理荒穢，帶月荷鋤歸。

道狹草木長，夕露沾我衣。

衣沾不足惜，但使願無違。

2. 內容的深究

⑴義旨的探究

①全文主旨

作者寫躬耕和對於躬耕的熱愛，敍述晨出晚歸的農事生活和感觸。從這首詩裏，我們可以看到作者任眞自得的懷抱和安貧樂道的操守。這種懷抱和操守，値得我們敬佩和學習。

②各段大意

前二句寫作者歸田園躬耕，不諳農事。接下來二句直接描述耕作情形，再來則寫荷鋤夜歸時路上情景，末兩句結語，則是重新反省，回顧之後再加以肯定。

⑵作者思想情意的發展

歸園田居，一作歸田園居，原作共六首，成爲一組，這是第三首。晉安帝義熙元年（西元四〇五）十一月，作者從彭澤辭官歸隱，這些詩大概作於次年，當時作者已經四十二歲。這首歸園田居，就是作者辭官歸隱後，躬耕田畝的眞實寫照，沒有眞正爲衣食而荷鋤種豆的詩人，絕對寫不出這樣言簡意賅、眞摯動人的詩來。

開頭兩句「種豆南山下，草盛豆苗稀」，已經明白的點出，作者所擁有的並非肥美良田，祇是連餬口也艱難的山下薄田而已。三、四兩句直接描述耕作的情形。日出而作，日入而未息，平實的記敍，自然流露出耕作的辛勞。五、六兩句寫的是荷鋤夜歸時，路上的情景。由於道狹，草木又長得繁茂，穿行其間，不免被夕露沾濕了衣裳。在月光籠照，涼露沾衣，草深無人的小徑上，荷著鋤頭及一天辛勞耕耘之後的疲累，詩人不由得不回顧自己所作的抉擇，究竟是否正確？因此而引出結語「衣沾不足惜，但使願無違。」衣裳之沾染露水固然代表躬耕田畝的辛勞，也代表辭官歸隱後所必須面對的一切艱難、貧困、挫折與最深沈的寂寞。他斷然而且極爲肯定地說出「不足惜」三字，可見在他的心中，這一切困苦都不足以和違背初衷的痛苦相匹敵。但求心願無違，在重新反省回顧之後，他仍然認爲自己當初的抉擇是對的。（註一〇）

陶淵明是我國著名的田園詩人，他親執犁鋤，體會到櫛風沐雨的辛勤和勞苦，與一般田園詩人，純是客觀的欣賞，畢竟是大有差異的，同時也倍加眞實感人。

此首歸園田居，描寫了日出而作，日入而息的耕作生活，其間雖然辛苦，但也另有樂趣，他的文字清淡，有古樸之風。魏慶之在詩人玉屑中評淵明詩說：「淵明意趣眞古，清淡之宗，詩家視淵明，猶孔門視伯夷也」。方東樹也讚美此詩為：「……眞景，眞味，眞意如化工元氣自然，縣象著明。」

3.形式的深究

(1)剪裁安排的方法

「草盛豆苗稀」是全詩最重要的關鍵所在，居於承上啓下的地位。作者雖然只用白描的手法，但由於毫不矯飾，也不虛誇地記述其切身體驗，反而讓人覺得十分自然。其中所採取的「南山」、「豆苗」、「帶月荷鋤歸」皆是鄉村簡樸的意象，作者使自由自在的田園生活，展現在我們的面前。讀者可與其他五首歸園田居參讀，並參考歸去來辭。

(2)遣詞造句的技巧

作者以整齊、樸實的文句，寫出言簡意賅、眞摯動人的詩。詩中有他眞誠的心聲，是因為這樣地懇摯，所以才格外感人的吧！此詩寫其歸隱後的生活，將農家平淡閒適的景象，眞實而又親切地表現出來。其結構綿密，寫景言志，均能呼應如響。全詩雖不加修飾，但從平淡中卻越咀嚼越見滋味，越探究越見工夫。（註一一）

(3)聯絡照應的方式

「草盛豆苗稀」一句是全詩的樞紐。因「草盛」故要「理荒穢」，因「豆苗稀」，故要到夜晚方能「帶月荷鋤歸」，明白地說出作者辭官歸隱後，躬耕田畝的辛勞情形。詩人的不諳農事，耕作的人手不足，表現無遺。陶淵明是最眞淳的性情中人，他毫不矯飾、毫不虛誇地記述了他切身的體驗。

(4) 韻文聲律的探究

歸園田居共八句，隔句叶韻，都用平聲「微」韻，一韻到底。

(5) 全文結構分析表

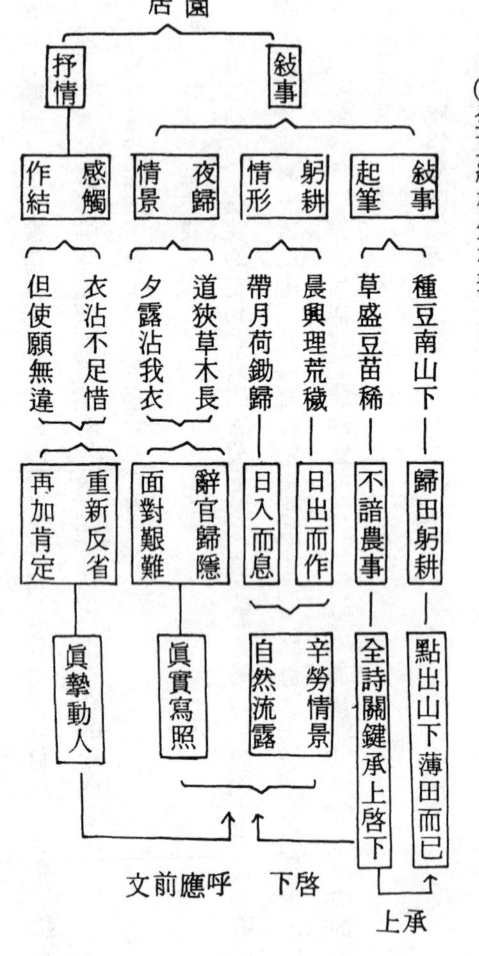

(四) 詠荊軻　陶淵明

1. 原文

燕丹善養士，志在報強嬴。

招集百夫良，歲暮得荊卿。
君子死知己，提劍出燕京。
素驥鳴廣陌，慷慨送我行。
雄髮指危冠，猛氣衝長纓。
飲餞易水上，四座列羣英。
漸離擊悲筑，宋意唱高聲。
蕭蕭哀風逝，淡淡寒波生。
商音更流涕，羽奏壯士驚。
心知去不歸，且有後世名。
登車何時顧，飛蓋入秦廷。
凌厲越萬里，逶迤過千城。
圖窮事自至，豪主正怔營。
惜哉劍術疏，奇功遂不成。
其人雖已沒，千載有餘情。

2. 內容的深究

(1) 義旨的探究

①全文主旨

荊軻，戰國齊人，好讀書擊劍，爲燕太子丹上賓。初，燕太子在秦國當人質，因秦王（秦始皇）待他不好，於是他逃回燕國，想招募壯士刺殺秦王。荊軻因此被薦，備受太子的禮遇。後來選定時機，帶著燕國的地圖佯爲獻給秦王，卻在地圖中藏一利刃，以便行刺。臨行，太子及賓客皆白衣白冠送至易水之上。於是荊軻登車而去，終已不顧。見秦王，獻上地圖，圖窮而七見，刺殺不中，荊軻被殺。（註一二）

②各段大意

首四句言燕太子丹爲報秦仇而招致荊軻。「君子死知己……猛氣衝長纓」寫荊軻感遇知己，決心冒死刺殺秦王。「飲餞易水上……且有後世名」寫荊軻至易水，送別之時，慷慨悲歌之情景，語語生動，句句悲憤，是此詩最動人之處。「登車何時顧……千載有餘情」語氣則如疾風暴雨，氣勢萬鈞。作者爲荊軻惋惜，又何嘗不是替自己不能實現宏願而惋惜呢？

(2)作者思想情意的發展

這首詩是藉荊軻刺秦王的驚天動地的故事，來說明作者本人少年時代所懷的是報効國家的大志。這首詩寫得豪情萬丈，令人肅然起敬。沈德潛評說：「英氣勃發，情見乎詞。」蔣薰對此詩也有好評。他說：「摹寫荊軻出燕入秦，悲壯淋漓，知潯陽（淵明）之隱，未嘗無意於奇功，奈不逢會耳。先生心事通露如此。」

此詩爲作者晚年作品，淵明的詩一向以閒適恬淡見稱，此詩卻沈雄豪放，有無限的激動之情。從這首詩裏，我們不難窺見詩人的另一面。他少年時代「猛志逸四海」「撫劍獨行遊」的壯志，始終在內心深處翻湧。朱熹說：「隱者多是帶氣負性之人爲之，陶欲有爲而不能者也。」說來也不無道理。

3. 形式的探究

(1) 剪裁安排的方法

開頭四句，作者以精省的筆法點出了關鍵人物，如燕太子丹，秦王嬴政與荊軻等，不作贅語，而能引起全篇。自「素驥鳴廣陌」到「羽奏壯士驚」一段，詩人傾全力來描寫荊軻出行、易水餞別的場面。篇幅佔得很多，卻也是全詩最精彩的地方。正是以「筆隨意轉」來說明壯士悲歌慷慨的豪情，其筆力、氣勢皆無懈可擊。「雄髮指危冠，猛氣衝長纓」，形容荊軻激昂慷慨的神情，以誇大語出之，讀來卻不覺其誇大，神氣活現，宛在目前。而詩裏用「蕭蕭」、「淡淡」、「悲」筑、「哀」風、「寒」波等字眼，正與「君子死知己……猛氣衝長纓」爲鮮明對比，顯然是作者巧心安排，由激昂慷慨一變而爲悲涼蕭瑟，其詩心曲折，可謂極頓挫之妙。

(2) 韻文聲律的探究

「詠荊軻」是一首古體詩，古體詩不限平仄和聲律，可以轉韻。而這首詩一韻到底，押庚青韻，韻腳爲：嬴、卿、京、行、纓、英、聲、生、驚、名、廷、城、營、成、情。（庚青韻通轉）

(3) 全文結構分析表

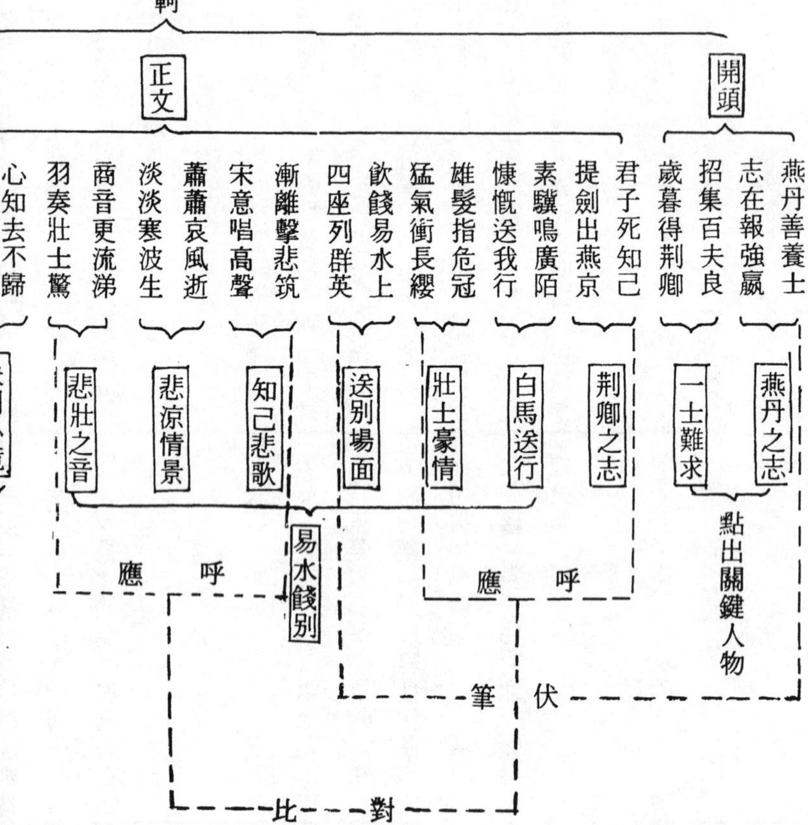
詠荊軻
開頭
正文
燕丹善養士
志在報強嬴
招集百夫良
歲暮得荊卿
君子死知己
提劍出燕京
素驥鳴廣陌
慷慨送我行
雄髮指危冠
猛氣衝長纓
飲餞易水上
四座列群英
漸離擊悲筑
宋意唱高聲
蕭蕭哀風逝
淡淡寒波生
商音更流涕
羽奏壯士驚
心知去不歸
燕丹之志
一士難求
點出關鍵人物
荊卿之志
白馬送行
壯士豪情
送別場面
知己悲歌
悲涼情景
悲壯之音
訣別心境
易水餞別
呼
應
呼
應
伏
筆
比
對

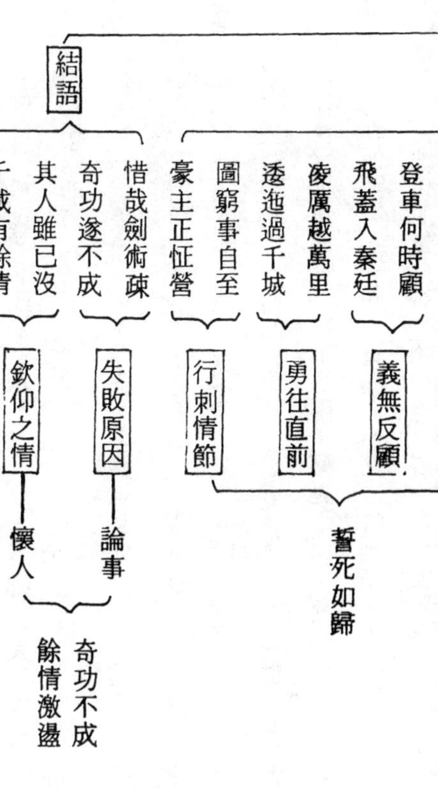

(4) 遣詞造句的技巧

全詩素材雖然取自史記刺客列傳，但透過詩人的想像力，在悲壯氣氛的經營上，寫得非常成功。「君子死知己」一語道破了千古才人志士不被賞識的悲哀，一旦有人「國士待我」，即「士爲知己者死」，犧牲生命也在所不惜。作者此詩，以荊軻入秦，歸因於「君子死知己」，而後文又歎息荊軻劍術不精，其中頗堪玩味。自「素驥鳴廣陌」到「羽奏壯士驚」一段，可謂悲歌慷慨。作者由史記的「白衣冠」聯想到拉車的馬也應該是素白的顏色。「慷慨送我行」的「我」字，親切眞摯，詩人對荊軻的敬慕之情，不言而喻。北國悲風，易水寒波，響起了知己擊筑高歌的悲聲。商音、羽奏都是悲涼之音，在此生離死別之際，一切難以言喻而也無須多說的話語，都寄託在這悲壯的筑聲中了，也留給讀者極為深刻的印象。

作者將全詩重點置於易水餞別與入秦途中，司馬遷所著力描繪的秦宮行刺場面，卻祇點出圖窮匕見，秦王怔營的一幕。那慘死亂劍之下的景象，是作者不願提也不忍下筆的。

結語四句最堪玩味。「惜哉劍術疎，奇功遂不成。其人雖已沒，千載有餘情。」這「惜哉」二字道盡了作者對荊軻的敬慕和惋惜。「奇功遂不成」荊軻平生死不瞑目的大恨，作者感同身受，千載而下，心中仍「餘情」激盪。他歎惜奇功不成，壯志難酬，也令讀者為之扼腕長歎。

(5)聯絡照應的方式

「百夫良」與「善養士」相互呼應，全為下文的「群英」埋下了伏筆。「歲暮」二字深具象徵意味，一士難求，此二字已足盡之。荊軻的命運遂被決定，他的生命不再屬於自己。司馬遷的生花妙筆，早已使易水送別一幕名垂千古，作者更以五言古詩的簡樸，配上詩人心底內熱外冷的蘊積，使當時的情境、氣氛，歷歷如見。「心知去不歸，且有後世名」，是作者摹擬荊軻訣別時的心境。自此句而下，全詩節奏轉快，飛車疾馳，足不沾塵，萬里千城，轉眼已過，我們從詩句的銜接轉變中，就可以看得出來。「登車何時顧」一句，以問語出之，特別強調了荊軻的義無反顧，往而不悔，其決心的堅定，不難想見，與結句的歎息語遙相呼應，組織是相當周密的。（註一三）

三、近體詩的深究

前　言

詩有古體詩和近體詩之分，是在於爲了區別唐代以後限定字句，聲韻和平仄的絕律新體詩，和唐代以前不拘字句、聲韻和平仄的古詩而來的。

關於絕律的由來，李曰剛先生在中國文學流變史詩歌篇說：

近體詩亦名今體詩，對古體詩而言。有絕句、律詩、排律之別。字句均有限制（惟排律則不盡然），平仄並有定則，多用平韻，且一韻到底，概不轉韻。茲循其名目，溯其源頭，分絕句、律詩、排律三者述之。

㈠絕句　首凡四句，每句五言者稱五絕，七言者稱七絕。絕句之名始見於梁徐陵玉臺新詠之「古絕四首」。其中一首：「藁砧今何在？山上復有山。何當大刀頭，破鏡飛上天。」（按藁砧，謂夫也。名義考：「古有罪者席藁伏於椹上，以鈇斬之。言藁椹則兼言鈇矣。鈇與夫同音，故隱語藁椹爲夫也。藁，禾稈。椹俗作砧。」「山上有山」爲「出」字、「大刀頭」有環，「環」與「還」同音，「破鏡」喻半月，謂丈夫外出，半月即將還家。）此乃述夫婦相思之隱謠，實爲後世絕句之始祖。至於絕句之由來，古有二說：

1.謂絕句後於律詩。元范梈德機首倡其說，以爲絕句即截句，乃截取律詩之半而成。清施補華峴傭說詩云：「五言絕句，截五言律詩之半也。有截前四句者，如『移舟泊烟渚，日暮客愁新。野曠天低樹，江清月近人。』（孟浩然宿建德江）是也；有截後四句者如『功蓋三分國，名成八陣圖。江流石不轉，遺恨失呑吳。』（杜甫：八陣圖）是也；有截中四句者，如『白日依山盡，黃河入海流。欲窮千里目，更上一層樓。』（王之渙：登鸛鵲樓）是也；有截前後四句者，如『山中相送罷，日暮掩柴扉。春草明年綠，王孫歸不歸？』（王維：送別）是也。七絕亦然。』

2. 謂絕句先於律詩。四庫提要於師友詩傳錄敍云：「漢人已有絕句，在律詩之前，非先有律詩截爲絕句。」王夫之薑齋詩話亦云：「五言絕句自五言古詩來，七言絕句自歌行來，此二體本在律詩之前，律詩從此出，演令充暢耳。有云『絕句者，截取律詩一半。或絕前四句，或絕後四句，或截首尾各二句，或絕中兩聯。』審爾，斷頭刖足，爲刑人而已。不知誰作此說，戕人生理！」

今按第一說王士禎譏其「迂拘，總無足取」。詩法詳論引徐伯魯云：「五言絕句始自漢魏樂府，如出塞曲、桃葉歌等篇，皆其體也。唐人始穩順聲勢，定爲絕句。樂府即以此奏之。或前以散起，後二句對結；或二句對起，後以散結；或四句俱對；或前後俱散。謂截律前後中間兩頭成詩者非也。七言同。」則第二說較爲合理。絕先於律，史實昭然，安可謂截律詩而爲之歟？

㈡律詩　首凡八句，每句五言者稱五律，七言者稱七律。以格律嚴整，異於古體，故曰律詩。唐書文藝杜甫傳贊：「唐興，詩人承隋陳風流，浮靡相矜。至宋之問、沈佺期等，研揣聲音，浮切不差，而號律詩。」王世貞藝苑卮言：「五言律，六朝陰鏗、何遜、庾信已開其體，但至沈佺期、宋之問始可稱律。」文體明辨曰：「律詩者，梁陳以下，其屬對已工，堯典有『聲依永，律和聲』之語，其爲律已甚。梁陳諸家漸多儷句，雖名古詩，實墮律體。唐興，沈宋之流，研鍊精切，穩順聲勢，號爲律詩。」馬位秋窗隨筆曰：「聲律雖起於沈約，而以前已粗見之。陸雲相謔之詞，所謂『日下荀鳴鶴，雲間陸士龍。』是五言律聯。江淹別賦：『春宮閟此青苔色，秋帳含茲明月光。』是七言律聯。此近體之發端乎！」錢木庵唐音審體曰：「律者六律也。謂其聲之協律也。如用兵之紀律，用刑之法律，嚴不可犯。齊梁體，二句一聯，四句一絕，律詩因之。加以平仄相儷，用韻必雙，不用單韵。」按律詩之製，權輿於梁陳，諧協於初唐，精切於沈宋。諸家或溯其原，或推其變，合而觀之，其說始備。

㈢排律　律詩以八句四韻爲普通格式，其有增至六韻，或更多至數十韻或百韵者，則謂之排律。唐無此名，自元揚士宏編唐音，始列「排律」一目，高棅唐詩品彙因之。其起、止、呼、應與長篇古風同。任意鋪排，聯句多寡不拘。唐音審體云：「自高棅唐詩品彙出，創排律之名。古人所謂『排比聲律』者，排偶櫛比，聲和律整也。乃於四字中摘取二字，呼爲排律，於義何居？古人初無此名，今人竟以此爲定格。」按文體明辨云：「排律原於顏（延之）謝（瞻）諸人，梁陳以還，儷句尤切。唐始專此體，而有排律之名，不以鍛鍊爲工，而以布置有序，首尾通貫爲尚。」師友詩傳續錄王阮亭（王士禎漁洋）云：「唐人省試，皆用排律，本只六韻而止。至杜始爲長律，中唐元、白又蔓延至百韻，非古也。其法則『首尾開闔，波瀾頓挫』八字約略盡之。」按排律富於杜集，後人多用之稱述公卿，褒功頌德，則文藝之末流，不足與言詩道矣。

至於絕律的體制，李先生又說：

聲律、對偶爲形成絕律之兩大要素。唯其講對偶，故體裁有駢散之配合；亦以務聲律，故韻節有平仄之協和。由是偶儷精切，聲調姸美，而爲美文之至者也。語其體制，可分篇式及調譜二者而明之。

篇式——絕句組織之篇式有四：

一曰：前散後對；二曰：前對後散；三曰：前後俱對；四曰：前後俱散。

絕句篇式

詩例／絕別／篇式	五絕	七絕
① 前散後對	迴臨飛鳥上，高出世塵閒。天勢圍平野，河流入斷山。（暢當：登鸛鵲樓）	誰道君王行路難，六龍西幸萬人歡。地轉錦江成渭水，天迴玉壘作長安。（李白：上皇西幸南京歌）
② 前對後散	綠螘新醅酒，紅泥小火爐。晚來天欲雪，能飲一杯無。（白居易：問劉十九）	回樂峯前沙似雪，受降城外月如霜。不知何人吹蘆管，一夜征人盡望鄉。（李益：夜上受降城聞笛）

③ 前後俱對	白日依山盡，黃河入海流。欲窮千里目，更上一層樓。（王之渙：登鸛鵲樓）	兩個黃鸝鳴翠柳，一行白鷺上青天。窗含西嶺千秋雪，門泊東吳萬里船。（杜甫：絕句）
④ 前後俱散	向晚意不適，驅車登古原。夕陽無限好，只是近黃昏。（李商隱：登樂遊原）	少小離家老大回，鄉音無改鬢毛衰。兒童相見不相識，笑問客從何處來。（賀知章：回鄉偶書）

律詩之篇式亦有多種：或起結不對，惟中二聯對；或起及二中聯對，唯結不對；或起不對，惟中二聯及結對；或八句皆對。此爲絕律構成之正體，其他變體不一，不暇一一舉實。又律詩之八句各有專名，文體明辨云：「其詩一二名起聯，又名發句；三四名頷聯；五六名頸聯；七八名尾聯，又名落句。」上列四種以第一種最爲通行，茲就五七律各舉唐人製作一首而標明之以爲例：

律詩篇式：

詩例／律別／聯次	（五律）沈佺期：雜詩	（七律）李白：登金陵鳳凰臺
起聯（發句）	聞道黃龍戍，頻年不解兵。	鳳凰臺上鳳凰遊，鳳去臺空江自流。
頷聯對句	可憐閨裏月，偏照漢家營？	吳宮花草埋幽徑，晉代衣冠成古邱。
頸聯對句	少婦今春意，良人昨夜情。	三山半落青天外；二水中分白鷺洲。
尾聯（落句）	誰能建旗鼓，一爲取龍城？	總爲浮雲能蔽日，長安不見使人愁。

調譜：絕律平仄之調譜，不論五七言，各有仄起、平起、入韻、不入韻四式。凡首句押韻者爲入韻，以後二、四、六、八叶韻；次句押韻者，爲不入韻，則四、六、八叶韻。若起聯相對，則首句可不押韻，但全篇相對而又照例叶韻者亦有之。絕律之變化，例以平仄聲各二組交互間用，惟單數可予變通，即俗謂：「一、三、五不論，二、四、六分明」之說。在七言中第一、三、五字之平仄可寬假，其二、四、六則不可不合；在五言中應爲一、三不論；二、四分明。但七言第五字與五言第三字爲近體詩聲調緊要處，不可輕易。即五言雙句第一字與七言雙句第三字，有時亦不可寬假，否則即成拗句矣。律詩上下句中，平仄之排比相連有所謂「對」與「黏」之規定：所謂「對」即雙句二、四、六字之平仄，必與其上單句二、四、六字相反對。所謂「黏」，即單句二、四、六字平仄必與其上雙句二、四、六字黏連相同。不然，則謂之「拗」，即應對反黏，或應黏反對；換言之，即應仄反平，應

平反仄。在律詩中，此律最爲嚴格。故凡平仄不調之字句謂之「失黏」，亦曰「失嚴」。茲將五七絕律押平韻之各調譜，附以例詩，分別表列如後：

㈠五絕調譜：

調別／作者題目／詩例／句次	仄起不入韻	仄起入韻	平起不入韻	平起入韻
	李白：敬亭獨坐	盧綸：塞下曲	王維：山中送別	皇甫冉：婕妤怨
首句（起）	衆鳥高飛盡，	月黑雁飛高，(韻)	山中相送罷，	花枝出建章，(韻)
頷句（承）	孤雲獨去閒，(韻)	單于夜遁逃，(叶)	日暮掩柴扉，(韻)	鳳輦發昭陽，(叶)
頸句（轉）	相看(兩)不厭，	(欲)將輕騎逐，	(春)草明年綠，	借問承恩者，
尾句（合）	只有敬亭山。(叶)	大雪滿弓刀。(叶)	王孫(歸)不歸。(叶)	雙蛾幾許長。(叶)

1. 董文煥聲調圖譜云：「五絕之法雖仿自齊梁，但黏對尚未有定。唐人此體乃有『律絕』『古絕』『拗絕』之判。律絕者，即世所傳平起仄起四句是也。單用則爲絕句，雙用則爲律詩。其用韻則平多仄少與律詩大致相同。古絕者，五言古平仄韻各四句是也。其用韻平聲固多，仄聲則專以此體爲正，與古詩亦同。律、古二格雖殊，而黏對之法則一。此唐人絕句之正式也。拗絕者，即齊梁諸詩之

式，律古各句，可以間用，且不用黏對，與律、古二體迥別，與拗律亦異。此格最古，盛唐人間有用者。

2.上表所列諸調譜，皆爲五言，「律絕」所通用者，概押平韵。律絕押仄韵者甚少，非正格，故不備。倘各句平仄聲不盡依上式者，非古絕，即拗絕。以近世作者絕鮮，亦從省，七絕同。

3.五絕首句第二字以仄起者爲「仄起正格」，以平起者爲「平起偏格」。七絕反是。

㈡七絕調譜：

調別	平起入韻	平起不入韻	仄起入韻	仄起不入韻
作者題目	賈至：送李侍郎赴常州	朱慶餘：閨意	高適：別董天	王維：九月九日憶山東兄弟
首句（起）	(雪)晴(雲)散北風寒(韻)	(洞)房昨夜停紅燭。	(千)里黃雲白日曛(韻)	獨在(異)鄉爲異客。
頷句（承）	楚水吳山道路難(叶)	待曉堂前拜舅姑(韻)	(北)風吹雁雪紛紛(叶)	(每)逢(佳)節倍思親(韻)
頸句（轉）	今日(送)君須盡醉。	(妝)罷低聲(問)夫壻。	(莫)愁(前)路無知己。	遙知(兄)弟登高處。
尾句（合）	明朝(相)憶路漫漫(叶)	(畫)眉(深)淺入時無(叶)	(天)下何人不識君(叶)	徧插茱萸少一人(叶)

1. 董文煥聲調圖譜云：「七言絕句之法與五絕同。亦分三格：曰律、曰古、曰拗。『律絕』與五律同黏對法，增以二聯即爲七律。『古絕』與七古平仄同，平仄韵皆如之。此二體亦有拗法。獨拗絕一種與七律拗體同。」

2. 「古絕」如杜秋娘之金縷詞：「勸君莫惜金縷衣，勸君惜取少年時，花開堪折只須折，莫待無花空折枝。」「拗絕」如杜甫春水生：「二月六夜春水生，門前小灘渾欲平，鸕鶿鸂鶒莫漫喜，吾與汝曹俱眼明。」句法多拗。

3. 七絕首句第二字以平起者爲「平起正格」，以仄起者爲「仄起偏格」。與五絕相反。

㈢五律調譜

調別	仄起不入韻	仄起入韻	平起不入韻	平起入韻
作者題目	杜甫：春望	李白：訪戴天山道士不遇	李益：喜見外弟又言別	張籍：沒蕃故人
詩例 句次 起聯	國破山河在， 城春草木深。(韻)	犬吠水聲中，(韻) 桃花帶雨濃。(叶)	十年離亂後， 長大一相逢。(韻)	前年戍月支，(韻) 城下沒全師。(叶)

頷聯	(感)時花濺淚， 恨別鳥驚心。(叶)	(樹)深時見鹿， (谿)午不聞鐘。(叶)	問姓驚初見， 稱名憶舊容。(叶)	(蕃)漢(斷)消息， (死)生(長)別離。(叶)
頸聯	(烽)火連三月， 家書抵萬金。(叶)	野竹分青靄， 飛泉挂碧峰。(叶)	(別)來滄海事， 語罷暮天鐘。(叶)	無人收廢帳， (歸)馬識殘旗。(叶)
尾聯	(白)頭搔更短， (渾)欲不勝簪。(叶)	無人知所在， (愁)倚兩三松。(叶)	(明)日巴陵道， 秋山又幾重。(叶)	欲祭疑君在， 天涯哭此時。(叶)

1. 王漁洋律詩定體云：「五律凡雙句二、四應平仄者，第一字必用平，斷不可雜以仄聲，以平平止有二字相連，不可令單也。其二、四應仄平者，第一字平仄皆可用，以仄仄仄三字相連，換以平字無妨也。大約仄可換平，平不可換仄，第三字同此。若單句第一字可勿論。」又於仄起不入韻式第一、二句下注云：「如單句第三字拗用仄，則雙句第三字必拗用平。」第三句下注云：「如第四字拗用平，則第三字必用仄救之。古人第三句拗用者多，若第四句則不可。」於仄起入韻式首句下注云

：「第三字用仄聲，餘與不入韵者同。」於平起入韻式下注云：「平起入韵者少，與仄起入韻同。」

2. 律詩以四句爲一週期，八句則兩週期。試觀上列四式，後四句與前四句悉同可證。若以平起與仄起相較，知平起之一、二兩句，同仄起之三、四兩句，其三、四兩句又同仄起之一、二兩句，適顚倒而成一週期。

3. 五律首句仄起而不押韵者爲正格，平起而不押韵者爲偏格，無論仄起、平起而押韵者皆爲變體。七律反是。

(四)七律調譜

調別	平起入韻	平起不入韻	仄起入韻	仄起不入韻
作者題目	沈佺期：古意	韋應物：寄李儋元錫	李商隱：無題	杜甫：聞官軍收河南河北
起聯	盧家少婦鬱金香(韻) 海燕雙棲玳瑁梁(叶)	(去)年(花)裏逢君別， (今)日花開又一年(韻)	(相)見時難別亦難(韻) 東風(無)力百花殘(叶)	劍外(忽)傳收薊北， 初聞涕淚滿衣裳(韻)

聯				
頷聯	九月寒砧催木葉，十年(征)戍憶遼陽(叶)	世事茫茫難自料，春愁黯黯獨成眠(叶)	春蠶到死絲方盡，蠟炬成灰淚始乾(叶)	(卻)看(妻)子愁何在？漫卷詩書喜欲狂(叶)
頸聯	(白)狼(河)北音書斷，(丹)鳳城南(秋)夜長(叶)	身多疾病思田里，邑有流亡愧俸錢(叶)	曉鏡但愁雲鬢改，夜吟(應)覺月光寒(叶)	白日(放)歌須縱酒，青春作伴好還鄉(叶)
尾聯	(誰)爲含愁(獨)不見？更教(明)月照流黃(叶)	(聞)道(欲)來相問訊，西樓望月幾時圓(叶)	蓬萊此去無多路，(青)鳥殷勤爲探看(叶)	(即)從(巴)峽穿巫峽，便下襄陽向洛陽(叶)

1. 王漁洋律詩定體云：「凡七言第一字俱不論，第三字與第五字與五言第一字同。凡雙句第三字應仄聲者，可換平聲，應平聲者不可換仄聲。」又於平起不入韻式首句下注云：「第三字可平，凡仄可使單。」第七句下注云：「單句第六字拗用平，則第五字必用仄以救之，與五言三四一例。」於仄起入韻式首句下注云：「第三字必平，凡平不可令單。」

2. 律詩最忌孤平及下三連。孤平即上下兩字皆仄聲，中間用一平聲字，如「仄平仄」。下三連即一句下三字全用平聲或仄聲，如「平平平」或「仄仄仄」。

3.七律以首句平起而押韻者爲正格，仄起而押韻者爲偏格，無論平起仄起而不押韻者皆爲變體。

有了以上對絕律的由來和體制的了解，以下舉絕句三首，律詩兩首爲例，說明深究與鑑賞的方法。

(一)絕句之一　登鸛鵲樓（五言絕句）　王之渙

1.原文

白日依山盡，
黃河入海流。
欲窮千里目，
更上一層樓。

2.內容的深究

(1)義旨的探究

①全文主旨

這是藉登高望遠來描寫鸛鵲樓壯觀形勢的詩。

②各段大意

全詩分爲兩段。

前兩句實寫登樓望遠，見山河勝概，雄偉濶遠，雖是咫尺，而有萬里之勢。後兩句則虛寫登樓，在筆墨之間，並不言樓高，而樓之高已極盡形容。同時，在客觀的景物描寫之外，更融入了詩人昂揚向上的激情和熱力，也給讀者極多的啓發，象徵著追求崇高的精神世界。

(2)作者思想情意的發展

清統志上說：「山西蒲州府（今永濟縣），鸛鵲樓在府城西南城上。舊志：舊樓在郡城西南，黃河中高阜處，時有鸛鵲棲其上，遂名。」夢溪筆談又說：「河中府鸛鵲樓三層，前瞻中條，下瞰大河。」據此，鸛鵲樓四周景物盡在腳下。巍巍的中條山，滔滔奔騰，一瀉千里的黃河，再遠一些，似乎還可以依稀想像渭河兩岸的秀麗風光。詩人登樓，放眼望去，面對這樣的山高海曠，江山無限，尺寸千里的壯麗景物，怎能不嘆爲觀止呢？對生命，當能徹悟出更高的層次吧！於是，詩人的胸襟隨之展濶至更高遠，更開闊的境界，昂揚著熱力勃然的生命力。

3.形式的深究

(1)剪裁安排的方法

沈德潛說本詩：「四語皆對，讀去不嫌其排，骨高故也。」這是因爲全詩是用烘托映襯的筆法，明寫鸛鵲樓，其實，何嘗不也寫出了宇宙的無限？灝氣流貫全詩，令人讀來有雄渾浩茫的氣概。

黃永武說：「這四句詩兩兩相對仗，機械的對仗並不曾減弱詩句的筆力，而把『樓』字放在最後，用以切準詩題的『樓』字，這種安排是將天地之廣大，凝聚到『樓』上來；後來柳宗元詩末用

『江雪』將千山萬徑的廣大，凝聚到『江雪』中來，就是學這種技巧。同時，山高海曠，景色早已不凡，而還在希望作自我突破的努力，以求成就得更大，這種引伸設想，就是詩人所希望達到的『小中見大』『淺中見深』的境界。」

(2)遣詞造句的技巧

詩人是以質實的辭藻，來完成這首情味奔放、氣象剛健的詩。在用字和句法上都相當出色。如「黃河入海流」一句，就可見出詩人遣詞造句的功夫。

「黃河流入海」原是很平順的語句，讀來像散文，而缺乏詩的韻味，但被王之渙寫成「黃河入海流」，詞序顚倒之後，在文字的肌理中，便湧生出力量來。被改寫成「黃河入海流」以後，讀起來「黃河、入海、流——」，流字可以比其他字的聲音長一倍，將動詞居於句末，由於有了充分的空間時間以蓄滿衝力，得以在句中扮演一個特出的角色，用平聲宏亮的延長聲勢，充分地把黃河巨浪展延前進的力量模擬出來。

(3)聯絡照應的方法

這首詩前兩句以「白日依山盡」和「黃河入海流」相對寫起，對偶工整而極自然。將鸛鵲樓景物的壯闊，形勢的雄偉，用簡單的十個字就勾畫出來了。首句寫登高望遠，在燦爛的陽光下，面前景物盡收眼底，所看不到的，是因爲中條山太高大，遮住了視線。第二句寫低頭俯瞰，祇見一片空曠，黃河滾滾奔流，似乎可以看到它一直流入大海裏。「山」下接一「盡」字，「海」下接一「流」字，令人覺得形勢更雄偉，氣象更恢宏，有一種山勢高亙，河流綿遠之感。三、四句是推進一層的寫法。「欲窮千里目」和「更上一層樓」句意相承，這種對法叫「流水對」。前二句所寫已夠壯觀了，但尚被中條山遮住，因此，想一盡千里之眺望，須上更高處。（據說鸛鵲樓原有三層，所以說「更上一層樓」。）結句點出「樓」字，更扣住題目，照應得法。如此，鸛鵲樓之高大，可以想見。而讀者也可以隨之眼界愈寬，胸懷愈廣。同時這兩句裏蘊含的言外之意，更能夠觸發讀者多方面的聯想，這首詩的內涵也就尤見豐富了。（註一四）

(4)韻文聲律的探究

白日依山盡，黃河入海流△

欲窮千里目，更上一層樓△

這首詩的格律，是標準的五言絕句。第一句不押韻，是五絕的正格。第三句「欲」按律應作平聲，但第一字可以不論，所以沒關係。其他每個字的平仄，都合乎格律。流、樓押的是平聲尤韻。這是一首仄起（第一句第二字是仄聲）平韻、首句不押韻的五言絕句。（註一五）

(5)全文結構分析表

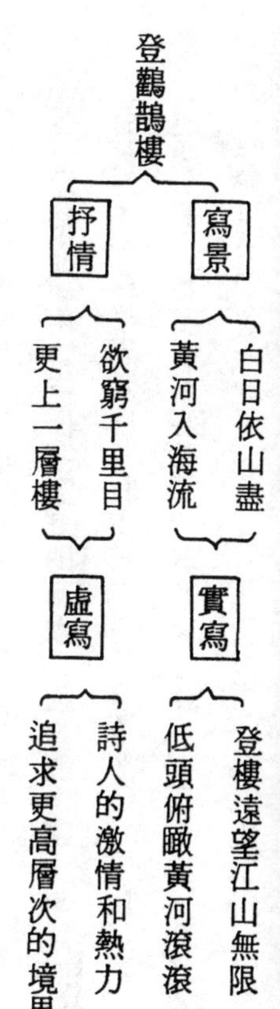
登鸛鵲樓
寫景
白日依山盡
黃河入海流
實寫
登樓遠望江山無限
低頭俯瞰黃河滾滾
抒情
欲窮千里目
更上一層樓
虛寫
詩人的激情和熱力
追求更高層次的境界

(二)絕句之二　塞下曲（五言絕句）　盧綸

1. 原文

月黑雁飛高，
單于夜遁逃。
欲將輕騎逐，
大雪滿弓刀。

2. 內容的深究

(1)義旨的探究

①全文主旨

這是一首描繪追亡逐北的詩。

②各段大意

全詩分爲兩段。

前段描寫單于在沒有月亮，鴻雁紛飛的夜晚，率兵遁逃的事。後段描寫英勇的將軍，正要領兵追擊，天正好下著大雪，堆滿了弓刀。表面上寫的是作戰的艱苦，實質上卻是在寫將士們的神勇。

(2)作者思想情意的發展

盧綸雖名列大曆十才子之一，但在他現存的詩中，多爲應酬贈別之作，詩風大多卑弱，而此曲卻特別雄健可貴，不論是從思想性、藝術性去看，都不愧是上乘之作。

此曲原本共有六首，以前四首最爲人傳誦不已，所以前人章燮說：「四首前後布置層次井然，可作一首讀。」本詩爲原組詩的第三首，因此，若欲探究此詩作者思想情意的發展，應當先了解前兩首詩。

前兩首詩是「鷲翎金僕姑，燕尾繡蝥弧。獨立揚新令，千營共一呼。」和「林暗草驚風，將軍夜引弓。平明尋白羽，沒入石棱中。」這兩首詩一方面在寫軍隊中號令嚴明，紀律嚴整；士氣高昂，萬衆一心的團結力量。另一方面在寫一位勇猛善射，掌握一軍之權，有如李廣般勇武而受軍士愛戴的軍中主將。借此以讚美這支保衛國家的軍隊，使人覺得這支軍隊有信心，也有力量去擊敗敵人。

於是，第三首的思想情意就由前二首延伸而來。這支隊伍既如此精良，那麼又何堅不摧呢？詩人是從側面下筆，着重在刻畫敵人的潰不成軍在黑夜裏遁逃；和我軍乘勝追擊的場景。至於戰鬥的過程便成爲「蛇足」，故略而不寫。所以「月黑」和「大雪」，並不在顯示作戰的艱苦，而在於反襯主將的堅決、果斷和士氣的激昂奮發，尤其是「大雪滿弓刀」一句，更是把勝利的喜悅作了形象化的描繪，也因此才有第四首凱旋慶功的熱鬧場面。如此，不但把我軍所向披靡的英雄氣概烘托得更爲鮮明突出，也使人更容易感受到作者着力點是對衞國戰士的歌頌，而不是只在寫一場戰爭而已。

3.形式的深究

(1)剪裁安排的方法

這首詩雖是側寫追亡逐北的景象。但在整篇的結構上，依然有其佳妙之處，黃永武分析說：「『月黑雁飛高』，是寫整個立體的天空，月與雁高低的層次，正加強了畫面的立體感。『單于夜遁逃』，則是降至平面來寫，寫平面的大地，一逃一追，一遠一近，這二個平面的點，在窈冥的夜色中，構成一種廣袤迷惘的遼闊感。然而由立體轉入平面，空間的感受已縮小許多。『欲將輕騎逐』，是寫近處的追逐者，由彼處的逃者至此處的追者，空間的視野尤加縮小許多。至『大雪滿弓刀』，純然從追者的裝備上去描寫，空間凝聚到弓刀的雪花上，整首詩也就停滯在這個凝聚的焦點上。本來整幅畫面是寫廣闊的天空，現在整幅畫面只橫着弓刀、積着雪花。由千萬里無限的大，縮到咫尺之小，且加以月黑與雪白色彩的對比，黑色原有一種壓迫攏來的空間狹窄感，使這凝聚的焦點變得十分引人注目。再則由於『欲將輕騎逐』的衝動，受『大雪滿弓刀』的遏阻，使意願與環境形成強烈的衝突，也增強了全詩的張力。」（註一六）

所以，鍾惺唐詩歸稱賞本詩說：「中唐音律柔弱，獨此可參盛唐。」許學夷詩源辨體也說：「綸五言絕月黑雁飛高一首，氣魄音調，中唐所無。」可見此詩的評價是極高的。

(2)遣詞造句的技巧

清吳喬圍爐詩話說：「盧綸詩以眞而入妙。」這是說他的詩風骨力雄峻，造語饒有情韻。此詩辭藻取材雖然簡單質實，可是它的氣魄音調可直追盛唐。「欲將輕騎逐，大雪滿弓刀」一句，不但寫出了萬千豪情壯志，同時更流露出勝利的喜悅和奮發的激情，令人嘆賞。

(3)聯絡照應的方法

這首詩是寫追亡逐北的景象。

起首是寫一個沒有月亮的晚上，鴻雁似乎受了驚動，紛紛地高飛在空中。這在讀者心中，先造成懸疑氣氛；第二句「單于夜遁逃」，才把它補述出來。「月黑」與「夜」、「高飛」、「遁逃」互相呼應。交襯成文，一勝一敗的情景，便全盤托出。至於詩裏所暗含的音響效果（如雁的鳴聲），尤其給人緊張的感覺。第三、四句，筆勢一轉，英勇的將軍，更打算帶領著行動敏捷的騎兵，繼續追擊，這時候雪下大了，弓刀之上，都堆滿雪花。但是黑夜逐北，大雪紛飛，似狀作戰的艱苦，實乃寫將士之神勇。「大雪滿弓刀」，更是個形象性的描繪，勝利的喜悅呼之欲出。

(4)韻文聲律的探究

月黑雁飛高△單于夜遁逃△

欲將輕騎逐　大雪滿弓刀△

黑，職韻，屬入聲，所以是仄聲。騎，在這裏當名詞用，寘韻，屬去聲，所以也是仄聲。這首詩除了第一句押韻，和登鸛鵲樓的格律不同之外，其他字句完全一樣，所以是仄起平韻、首句用韻的五言絕句。高、逃、刀押的是平聲豪韻。（註一七）

(5)全文結構分析表

塞下曲

- **敘事**
  - 月黑雁飛高
    - 月與雁層次的高低
    - 形成立體的畫面
    - → 廣闊的天空
  - 單于夜遁逃
    - 平面的大地
    - 一逃一追
    - 一遠一近
    - → 構成大地的遼闊感
- **抒情**
  - 欲將輕騎逐
    - 由彼處的逃者
    - 到此處的追者
    - → 空間的視野逐漸縮小
  - 大雪滿弓刀
    - 畫面縮小只橫着
    - 弓刀積着雪花
  - → 意願與環境形成強烈的衝突增強了全詩的張力表現出將士的神勇

㈢絕句之三　楓橋夜泊（七言絕句）　張繼

1. 原文

月落烏啼霜滿天，
江楓漁火對愁眠。
姑蘇城外寒山寺，
夜半鐘聲到客船。

2. 內容的深究

⑴義旨的探究

①全文主旨

此詩乃描寫秋夜羈旅所見的景物和愁思。

②各段大意

全詩分爲兩段。

前兩句寫詩人因周遭景物，而撩起滿懷愁思，久久不能成眠。這一段裏，同時點出了時間和時令，以及全詩的詩眼——「愁」字來。

後兩句寫夜半時分，姑蘇城外寒山寺的鐘聲，清晰地傳到客船來，在如此冷寂的秋夜聽來，更是倍覺淒清孤寂了。

(2)作者思想情意的發展

天涯羈旅，最是對月難排。這是我們作客異鄉時，常有的感受。李白、杜甫也曾見月而俯思低吟，留下了膾炙人口的詩作。

這首詩裏，詩人面對點點漁火、片片楓紅、殘月將落、烏鴉悲啼、寒霜滿天，他怎能不感歎歲暮將盡，半生飄零呢？他又怎能在這鄉愁如湧的夜裡高枕安眠呢？就在詩人輾轉反側，無法入睡的當兒，驀然，一陣鐘聲廻盪在萬籟俱寂的夜裡，更加映襯出四野的寧靜，也爲詩人帶來孤獨、淒涼的滋味，此時，愁緒翻騰，有如排山倒海而來，難以抵擋。

3.形式的深究

1.剪裁安排的方法

黃永武以爲這首詩可作爲詩的「空間的深度」設計的典範。他說：月落句寫的是天邊的遠景，江楓句寫的是船側的近景，一句寫天，一句寫水，遠近景交融，這濛濛的水天夜景，已將上下遠近空廓的空間構成。三、四句又寫出遠近景物的配置，遠處有姑蘇城和寒山寺，近處則有夜泊的客船，這些或遠或近的景物，表現出四面八方或晦或明交互配置的輪廓，更由於有著迢遞的鐘聲傳送，也使空間有了明確的深度。我們也可以換句話來說，正由於空間有了深度，所以，夜半鐘聲聽來就平添了特殊的韻味。鐘聲是愁客在聽，與常人所聽不同；獨自在聽，與衆人在聽不同；在秋夜時聽，與夏夜聽來不同；在靜寂時聽，與喧嘩時聽不同；更是從水上遠遠傳來，在水上聽的，與陸上聽的不同，聲音從遼闊的水上傳來自然比空中要快得多，也嘹亮動人得多了。試想：船中不眠的旅人，看著月落，耳中傳來烏啼，觸及棱棱的霜威，再被這一陣遲遲的鐘聲敲打，他面對著吳江萬里、水天無盡的風物，能不興起虛空寥落的愁情？據此，我們當可明白這首詩剪裁安排的佳妙。

(2)遣詞造句的技巧

張高評先生對這首詩的遣詞造句，作了以下的分析，可供為參考。他說：「本詩以『愁』字為詩眼，採白描手法，將詩境中的景物，由遠而近地作層次井然的排列，且交織融會視覺、觸覺、聽覺之意象，作對比而又和諧的設計，故有如此感人之藝術效果。就視覺形象而言，作者連下十二個實字：月、烏、霜、天、江、楓、漁、火、姑蘇城、寒山寺、鐘聲、客船；這些密集的實字，不僅能使詩句凝鍊壯健，表現非凡的筆力，而且增加了許多讓讀者自由想像的天地，使得詩意豐繁無比。這些形象，在此詩境中，各自顯現或明或暗，或靜或動的色彩來，令人有立體的感受。作者除用視覺感人外，又用觸覺刺激感官，加強意象，如落月與霜天，是冷色；江楓及漁火，卻讓人感受到暖意；冷色遠在天邊，暖意近在船側，兩者間有了強烈的對比，加深了『愁眠』的滋味。除外，作者又訴諸聽覺來搖盪性靈；此情此景，旅客已感到羈旅的不堪，再加上烏啼的淒涼，倍增深夜孤寂之感；又況夜半鐘聲直逼客船，則荒涼寂寥可知。本詩寫旅人孤寂，藉烏啼鐘聲反襯『愁眠』，寫景道情皆極眞切，實非虛構者可比。」

(3)聯絡照應的方法

這首詩在短短的二十八個字裡，除了表達出客觀的事實之外，也讓我們體悟到那種幽深淒冷的意境。

作者告訴我們：在一個深秋寧靜的夜半，一個失眠的旅客，在姑蘇城外的客船裡，望著滿天的霜氣、江邊的楓葉、江上的漁火發愁，此時，烏鴉的啼聲和寒山寺夜半的鐘聲又劃破了原本寧靜的空間，傳到船裡來，惹人倍增愁思。詩人不肯明說，而是把這些內容，用「暗示」的手法透露給讀者，讓讀者自己去聯想，而後心領神會。他用字極爲經濟，更可見其手法的高妙。

詩人在首句即說「月落」，可以知道這首詩的背景是在晚上；末句則說「夜半」，讓我們更能了解他指的是三更時分。「霜滿天」暗示秋深了；和「江楓漁火」合讀，彷彿可以「看」到江邊轉紅了的楓葉和漁火在黑夜裡襯托出淒艷的消息。而「愁眠」，我們知道有人失眠；末句說到「客船」，自然更進一步明白本詩的主角是個旅人，這時正在客船上失眠者。詩人沒說到「秋」字，但我們知道此時的時令；他也沒說此人正在船上，但我們自然能領悟出。他沒提到「靜」字，而我們卻爲詩裏透出的寧靜氣氛而屏息。因此，可見詩人「暗示」手法的高人一等了。

(4)韻文聲律的探究

月落烏啼霜滿天△江楓漁火對愁眠△

姑蘇城外寒山寺　夜半鐘聲到客船△

七言絕句的格律，以仄起平韻爲正格。第一句的第二個字要是仄聲字，就叫做仄起。張繼這首詩，首句「霜」字，第二句「漁」字，第三句「城」字，都應仄作平。因爲「一三五不論」所以都是合律的。這首詩是標準的仄起平韻，首句入韻的七言絕句。要是首句不押韻時，按律應作「仄仄平平仄仄」，不過七絕首句入韻者多。（天、眠、船押的是平聲先韻。）（註一八）

(5) 全文結構分析表

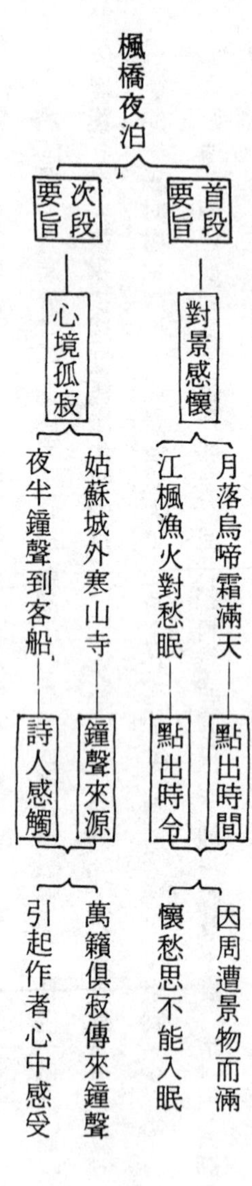

(四) 律詩之一——過故人莊（五言律詩）　孟浩然

1. 原文

故人具雞黍，邀我至田家。
綠樹村邊合，青山郭外斜。
開軒面場圃，把酒話桑麻。

待到重陽日，還來就菊花。

2.內容的深究

(1)義旨的探究

①全文主旨

敍寫農村閒適的風光、恬淡的生活和老友眞摯的情誼。

②各段大意

一、二句：先說到被邀，老朋友準備雞肉菜飯的情誼。三、四句：未到莊前，先看到莊外渾然天成的景色。五、六句：眞實而平凡的話語，亦顯純樸意趣。七、八句：總結。從飲酒暢談之後，再約相聚，共賞菊花，更見情濃意眞，令人嚮往。

(2)作者思想情意的發展

孟浩然的詩，很有他自己的特色：一、就形式來說，他最喜愛寫五言詩，尤其是五言律詩，事實上他也以這種詩體寫得最好，寫得最多。孟浩然集所收詩篇，凡二百六十餘首，其中五言律詩即有一百七十幾首，所占比例最大。二、就內容來說，他最擅長描寫田園景色和山水風光。這兩個特色配合起來，造成了他經緯緜密、閒淡曠遠的風格。這篇「過故人莊」，描寫農村閒適的風光和老朋友眞摯的情誼，悠悠起筆，淡淡作結，造句自然，不見刻削，就是一首典型的代表作。（註一九）

孟浩然的作品可以說像是一彎清泉，讀者需要多用一些吟咏的功夫，才能品味出它的佳妙。透過它淡淡的外表，再去體會它的內涵和韻味。作者用省淨的語言，平實的敍述，幾乎不見一個誇張的句子，沒有一個使人興奮的詞語，我們看孟浩然此詩雖有意淵明，但是，他的表現手法，卻無疑更接近於謝靈運詩。因爲，陶詩着力於寫意，謝詩則着力於寫貌；一個好似坐著不動的隱士，隨著心境的變化去寫自然界的變化，一個卻是動的旅行家。……孟浩然四十歲前後，遍遊江南西北各地的名勝，也是屬於動的生活，所以他山水詩的作風是比較近於大謝的。以這一首看來，也的確是屬於動態的，不過細看之下，兩家的詩還是有所不同，謝詩過於雕琢，浩然的詩則比較恬淡自然。

3.形式的深究

(1)剪裁安排的方法

此詩的開頭是：「故人具雞黍，邀我至田家。」不明說自己的過訪，而先說是故人的相邀，更可見主人的殷切情意。「具雞黍」是說爲了「有朋自遠方來」，因此主人殺雞作飯準備來招待客人，這在勤儉自持的田家來說，正是情意深摯的表示。只是寥寥幾筆，已經把老朋友醇厚的交誼勾勒出來了。

這樣的開頭，看來不甚着力，顯得平靜而自然，可是，對於將要展開的生活內容來說，卻是個極好的導入，顯示了氣氛的特徵，也爲進一步豐富的發展鋪路。

第三句「綠樹村邊合」和第四句「青山郭外斜」這一聯按照格律是要講求對仗的。這兩句詩所要描寫的是自己應邀前來，在莊外所看到的景色。第三句寫故人村莊的四周，被樹木緊密地包圍著，一片盎然的綠意——這還是正面的說法。俞陛雲曾說：「余昔年行役數千里，每於平疇浩莽中，遙見綠樹成叢，其中必有村屋，知三句合字之妙。」既然是故人的田莊，自己自然常來拜訪，所以一路行來，「於平疇浩莽中」，遠遠地望見了這一片熟悉的綠樹，便知道目的地已經近在眼前。這樣的解說或許較含蓄些。第四句接著寫，到了村莊門外，習慣地望望四周的景物。風景依然，在這恬靜的地方，似乎一切都沒改變，綠樹、田園的盡處，依舊是那城郭外斜走的一抹遠山。第三句的「合」字和第四句的「斜」字，都用得好，合字見樹之多，斜字見山之遠，遠近的景色都交疊在一片青翠裏。在讀者的想像中，雖然村莊內的景物尚未看到，但光是村外的風景，已經令人感到無比的恬靜與安詳。

第五、六句這一聯，承接第二句「邀我至田家」的「至」字。寫的是到了老朋友的田莊以後，飲宴談笑的情景。所見皆田家之景，所談皆田家之話，讀來無比地親切，令人嚮往。第五句是說，到了故人的田莊裏，故人已準備好豐盛的酒菜，殷勤相待。這時候大概是炎熱的夏天吧（從「綠樹村邊合」和「待到重陽日」二句可以推想而知），打開窗子，窗外就是蒔花種菜的園地，清爽的風陣陣送來花木禾稻的香氣。第六句是說，主人替客人夾了菜，又端起酒杯來，「來，再喝一杯！」客人也頻頻地回敬。一邊喝酒，一邊談論著農作物生長的情況，彼此說些生活瑣事。「話桑麻」正是呼應上一句的「面場圃」，因爲面對著場圃，話頭自然而然地也就談到這上面去。談的雖然是田家的生活瑣事，但我們讀了卻只覺得親切有味，因爲「話桑麻」最適合田家故人的身分。

最後兩句是寫由於今日相聚的快樂，想再訂後約。這又接應了第二句的「邀」字。今日賓主相會，飲宴甚歡，令人不由不想「再來一次」。用一「就」字，是說到了重陽節，即使故人不相邀約，我也要自來相就，章燮唐詩三百首注疏就說：「就字甚妙。故人即不來邀我，而我必待重陽之日，還要就君莊中飲菊花酒耳。」從這句話裏，我們也可以體會出老朋友間一分眞摯的情誼。所以要「待到重陽日」再來相就的原因，一是因爲田家平日工作辛勞，少有空暇，必須等到佳節吉日，才便於宴會親友；一是重陽節時，菊花盛開，比較富有詩情畫意，而且，在古人的觀念裏，這天喝了菊花酒，可以延年益壽，這又隱含有祝福的意思了。（註二〇）

(2)遣詞造句的技巧

從遣詞造句之中可看出作者訪問故人的活動過程：①雞黍與故人的相映襯，可見兩人情誼的親密。②「邀」我「至」田家：未說「過」，先敍「邀」。既說「至」，卻敍「望」。③還來「就」菊花：到莊之後，還留後約，用一「就」字，表示到了重陽，你不必邀約，我也自會相就，仍是自「邀」字中發揮而來。④此詩雖重在描繪田園風光，但卻刻劃出作者的情感來。如：「故人具雞黍，邀我至田家」，「把酒話桑麻」，「還來就菊花」。⑤寫景二句，對仗工整：綠樹村邊「合」，青山郭外「斜」。合、斜用字佳，乃電影分鏡手法，前句描寫近景，後句描寫遠景。俞陛雲說：「三四句言近樹則四面合圍，遠岫則一行斜抱，乃莊外之景。……五六句言場圃即在門前，桑麻皆資談助，乃莊中之事。更留後約，同賞菊花，益見雅人深致，滌盡塵襟也。」

(3)聯絡照應的方式

這首詩的前兩句敍述故人盛情相邀，緊緊扣住題目「過」字，顯出質樸的農家氣氛。次二句寫自己應邀前來，途上所見的莊外風光，是一片清新的天地。五六句寫到了故人田莊以後，飲宴談心的樂事，表現心情與環境愜意的契合。結尾二句更留後約，寄望在重陽佳節，共賞菊花。將訪問故人的活動過程，純任自然地次第敍述，實境實情，面面俱到。

(4)韻文聲律的探究

故人具雞黍，邀我至田家。△
綠樹村邊合，青山郭外斜。△
開軒面場圃，把酒話桑麻。△
待到重陽日，還來就菊花。△

第一句和第五句的平仄，按照格律應作「平平平仄仄」。這兒卻作「平平仄平仄」雖然每句第一個字和第三個字的平仄是可以不論的，但這二句第四個字的平仄也變了，這叫做拗，但也有人認爲它是一種特別的格式，並不犯律。除此之外，這首詩的平仄都是合乎格律的，首句不押韻，也是五律的正格。第三句和第四句（稱爲頷聯），第五句和第六句（稱爲頸聯），詞性相對，是作者必須刻意講求的地方。

家、斜、麻、花是押韻字，屬於平聲麻韻。（註二一）

(5)全文結構分析表

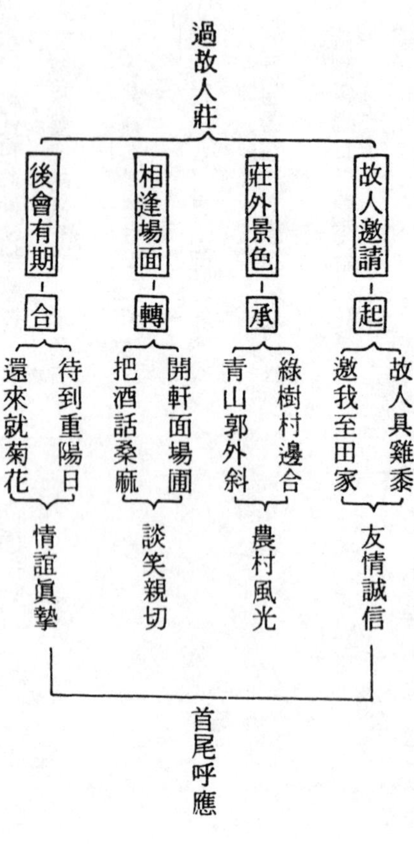
過故人莊
故人邀請
起
故人具雞黍
邀我至田家
友情誠信
莊外景色
承
綠樹村邊合
青山郭外斜
農村風光
相逢場面
轉
開軒面場圃
把酒話桑麻
談笑親切
後會有期
合
待到重陽日
還來就菊花
情誼眞摯
首尾呼應

㈤律詩之二——聞官軍收河南河北（七言律詩）　杜甫

1.原文

劍外忽傳收薊北，初聞涕淚滿衣裳。

卻看妻子愁何在？漫卷詩書喜欲狂。
白日放歌須縱酒，青春作伴好還鄉。
即從巴峽穿巫峽，便下襄陽向洛陽。

2. 內容的深究

(1)義旨的探究

①全文主旨

作者聽到失地收復的消息，欣喜若狂，準備還鄉。

②各段大意

一二句：極力描寫乍聞喜訊的情景。三四句：描寫喜極忘言和手足無措的神態。五六句：放歌縱酒慶祝一番，並計畫還鄉的路程。七八句：想到歸鄉要走最便捷的道路。

(2)作者思想情意的發展

這是杜甫在唐代宗廣德元年在梓州寫的佳作。此時，安史之亂延續了七年多了。上一年冬天，唐軍收復洛陽；這一年春天，叛將史朝義自殺，他的部將李懷仙斬了他的頭來獻，從此河南、河北亂事平定。詩人這時遠居四川，聽見這個消息，不禁欣喜若狂。在極度興奮中寫出這一首：「生平第一快詩」。正因爲詩人自天寶之亂以來，親身感受到祖國的災難和民生疾苦的深重；他曾經陷入胡人的手中，目睹敵人殺戮的暴行；也曾經在戰區流亡，看到社會生產力受到嚴重破壞的慘相，他自己一家人的生活，也受到極大的影響。因此，他對於撲滅這場災難，回復安定的局面，是懷有異常迫切的心情，現在忽然聽見敵人整個崩潰，大局自此平定，就再也無法抑制自己的激動，而需要運用「快」來傾吐興奮難遏的感情了。由此可以看出，作者若非眞正對自己的國家和人民有著血肉一樣深濃的感情，而要寫出如此動人心魄的好詩是不可能的。

3. 形式的深究

(1) 剪裁安排的方法

杜甫的這首七言律詩，充滿著驚喜之情，全詩音調輕快，而且一氣呵成。第一句「劍外忽傳收薊北」馬上便點明了題旨，用「忽傳收」三字貫串兩個地點，一是身之所在的「劍外」，一是心之所寄的「薊北」。杜甫飽經戰亂，雖寄寓於蜀中，但長久以來過著流浪的生活，在這段日子裡，他無時無刻不在期待著官軍打敗叛賊，削平禍亂，以便能夠回到洛陽去。然而，許多時日都過去了，期待的心情逐漸轉爲失望，就在此時，忽然傳來了官軍收復河南河北的大好消息，這眞叫人驚喜交集，作者已經控制不住自己的感情，喜極而泣了。所以，第二句緊接著說：「初聞涕淚滿衣裳。」我們可以意會到作者在「忽傳」以前對於此一消息等待的殷切，以及他在這漫長的等待時日裡，曾有多少的辛酸和痛苦，如今也都化成了喜悅的眼淚流溢而出了。作者回憶起亂時飄泊流離的狼狽與痛楚，心中自然興起「苦盡甘來」的感慨，不免教人激動得涕淚縱橫了。何況，長期在心中盤旋著對國事的憂慮，此時全都解下，除了盡情一哭以外，再也找不到更好的發洩方法了，作者才高，所以能寫出眞正的喜悅心情。

第三、四句是承接上文「忽傳」而來的。作者藉「妻子愁何在?」「漫卷詩書」二事來表現他內心的狂喜。初聞捷報時，且驚且疑，又悲又喜，眼淚不禁迸流而出；等到眼淚流完之後，卻破涕而笑，純是一片歡喜，大大的歡喜。因爲在那段漫長的等待裏，陪伴著他的只有妻子和書籍。妻子雖然分擔了自己生活上的煩勞，但因爲離鄉背井，她始終愁容滿面。書籍雖然可以使自己在精神上得到一些安慰，暫時忘記現實的憂傷，但畢竟無法排遣深藏於內心的哀愁；往往眼睛看著它，心卻在那遙遠的地方。如今，妻子的愁容不見了，面面相對時，卻只看到對方含淚的微笑。於是那些素來藉以消愁的書籍，現在再也不具有什麼意義了，因此就順手把它捲起——捲起的不是書籍，而是那一段愁苦的日子，愁苦的回憶。

第五、六句又是承接第三、四句而來的。「放歌須縱酒」上承「喜欲狂」，「作伴好還鄉」上承「妻子」。戰亂平定了，家鄉得以歸去，這自然是令人歡欣鼓舞的事。在那段愁苦的日子裏，作者好久沒有心情歌唱了，現在心情歡愉，所以曼聲高歌，縱情飲酒，來發洩胸中積壓的苦悶；過去有家歸不得，時常和妻子愁容相對，現在正好趁著明媚的春光和妻子一道回去，「作伴好還鄉」的好字，表示這是最好最適宜的時節。這二句說出作者心情的愉快，「白日」「青春」二詞，鮮麗的色彩感，尤其能烘托出這種歡愉的氣氛。

最後兩句，一口氣說出還鄉所須經過的路程，又是緊接上句的「還鄉」而來。在這一聯裏，杜甫很巧妙地用了四個地名，來表現他還鄉的愉快心情。照常理說，兩句中用了四個地名，那容易令人覺得路程遙遠，還鄉不易，但是由於杜甫對於幾個詞語的善加運用，在「巴峽」「巫峽」間用一「穿」字，在「襄陽」「洛陽」間用一「向」字，再加上「即從」「便下」予人輕便快速的感覺，好像空間全無阻隔似的，因此，反而讓人覺得歸程似箭；毫無遲滯之感。這種原因，根據理智的判斷，當然可以解釋爲戰亂已經平定，所以處處可以通行無阻，但事實上，在誦讀時我們就可以發現它和四個地名的先後排列甚有關係。巴峽、巫峽兩個峽字，都是急促的入聲字，讀時有侷促狹隘之感；而襄陽、洛陽的陽字，是開口而響亮的聲音，讀時有開朗壯闊之感，所以它們先後排列在一起，就有由逆勢轉向順境的歡愉氣氛和「輕舟已過萬重山」的快速感受。（註二二）

(2)遣詞造句的技巧

前兩句點明了題旨。劍外指劍門以外，蜀地在劍門之南，所以用劍外做爲蜀地的代稱。倉卒間寫出了欲歌欲哭之狀，使人千載如見。

「卻看妻子愁何在」，寫妻子之愁，其實也正是寫自己的愁，同時更暗示了普天下之人的愁，然而以對面著筆方式來描述，更可以看出意象的生動。因而展開了下句的「漫卷詩書喜欲狂」，漫卷是胡亂地收捲，描寫心中狂喜之情。

五、六句，對仗工整。白日、青春，有鮮麗的色彩感，「作伴」與上三句「妻子」映襯。最後，詩人以兩個副詞「即」「便」的對應，反映出千里跋涉的返鄉之行，彷彿也變成了一樁輕而易學的事了。「穿」與「向」更含有動作的意象在內，顯得格外生動活潑。

(3)聯絡照應的方式

這首詩全篇一氣呵成，而無滯礙，讀來有如萬馬奔騰，將作者欣喜欲狂的心情，和手舞足蹈的姿態生動的描繪出來。

王文濡賞析說：「前四句爲收復而喜，後四句思急返故鄉，但通首一氣奔馳，如洪泉下注。」王嗣奭說：「此詩句句有喜躍意，一氣流注，而曲折盡情，愈樸愈眞，他人決不能道。」其實，這首詩在作法上還有兩點特色：第一、整首詩完全是敍事抒情，沒有描寫景色的地方。這和孟浩然的過故人莊是大不相同的。第二、最後兩句對仗，這是一般的七言律詩少有的情形。

(4)韻文聲律的探究

劍外忽傳收薊北，初聞涕淚滿衣裳△
卻看妻子愁何在，漫卷詩書喜欲狂△
白日放歌須縱酒，青春作伴好還鄉△
即從巴峽穿巫峽，便下襄陽向洛陽△

這首詩是仄起平韻首句不入韻的七言律詩。雖然忽、卻、放、即等字應平作仄，妻、巴等字應仄作平，但因每句第一、三字的平仄可以不論，所以都算是合乎格律的。第三、四句，第五、六句二聯對仗都極爲工整，也是律詩最宜留心處。本詩第七、八句也相對仗，這在律詩中是比較罕見的例子。

裳、狂、鄉、陽押平聲陽韻。（註二三）

(5)全文結構分析表

題目	段落	詩句	要旨
聞官軍收河南河北	乍聞喜訊	劍外忽傳收薊北 初聞涕淚滿衣裳	點明題旨
	狂喜神態	卻看妻子愁何在 漫卷詩書喜欲狂	意象生動
	戰亂平定	白日放歌須縱酒 青春作伴好還鄉	心情愉快
	計劃還鄉	即從巴峽穿巫峽 便下襄陽向洛陽	歸程似箭

四、詞的深究

前言

文學作品原是人心情感與理念透過外在事物的一種表現。所以，就一首詞而言，有其「詞境」；就創作一首詞而言，便有作者的「心境」和所表現的「詞境」。至於讀者鑑賞作品，則在作者的心境與所表現的詞境以外，尚須具備自己的「悟境」。創作就是將「心境」映入「詞境」，再由「詞境」射入讀者的「悟境」；欣賞則反之，它成爲創作者的回響，由「悟境」伸入「詞境」，由「詞境」進窺作者的「心境」。因此，我們鑑賞一首詞時，對於作品「詞境」的研析，作者「心境」的揣摩，皆爲基本的條件；換句話說，不只要儘可能地考究作者的身世、背景，還須儘可能地剖析字句、格律、構思與手法，俾有助於認識作品的「詞境」與作者的「心境」。

內容和形式是構成作品的兩大要素。就內容來說，它是作者情感和理念的寄託，作者藉由外界各種不同的事物表現「心境」，但由於心境的不同，風格也就有了差異。就形式而言，形式表現在文字上的結構與辭采，作者藉由巧妙的結構和生動的文辭，使主題呈現，並激發讀者的美感經驗。因此，鑑賞一闋詞，約可由下列四個角度來加以透視：

㈠內涵——⑴賦情：就是描述愛情、離愁、客情、悼亡等情緒的作品。如溫庭筠的更漏子「玉爐香，紅蠟淚，偏照畫堂秋思。……」⑵懷古：這是憑弔古人、古事或古物遺跡的作品；甚至連以古人、古事爲題材的「詠古」作品，也包括在內。作品中常暗蘊現實，或訴說自己的遭遇。如王安石桂枝香「登臨縱目，正故國晚秋，天氣初肅。……」⑶詠物：以「物」爲描寫的對象。把所詠之物先給人格化起來，把它看成活生生的人，然後借它的嘴去說你的話。例如陸游卜算子「驛外斷橋邊，寂寞開無主。……」

㈡風格——可以分成「豪放」「婉約」與「閑逸」三派。⑴豪放派：多發表政治或功名上的感慨。是以文野多所不計，無暇在字句的詞藻上多下工夫。表現情感，直截了當，痛快說出，使人當下了然。常用雄健激情的調子，意旨恢宏，豪情萬丈。⑵婉約派：多敘兒女的情思，或流連光景之作。詞藻多偏於靡麗，注重詞的秀媚。含蓄委婉，借題取喻，使讀者聯想深思，自行領會。常用舒緩和暢的調子，塡詞時字音的輕重清濁，必得考究。⑶閑逸派：多以田園山水爲背景，寫出作者恬適的生活與瀟洒的胸襟。注重雅淡自然，清新曠遠。將清靜悠閑的心情，表現在大自然的景物上。就聲調音律言，與婉約派爲近。

㈢結構——章學誠文史通義曾云：「古人文成法立，未嘗有定格也。」但在萬變之中，我們仍可尋出一些古人爲文的線索。瞭解一些尋思的途徑與構想的技巧。前人創作詞，其謀篇布局的情形，可歸納爲：⑴先景後情者，如范仲淹蘇幕遮。⑵先情後景者，如張先天仙子。⑶情景交融者，如王觀卜算子。⑷先提後敘者，如歐陽修采桑子。⑸先敘後提者，如馮延巳蝶戀花。⑹順寫者，這是依時間先後的順序或事態發展的次第來敘寫，這是一種最普遍的作法。⑺逆寫者，與順寫相反，如晏幾道鷓鴣天。⑻對比者，如辛棄疾醜奴兒。⑼由遠而近者，如歐陽修朝中措上半闋。⑽由近而遠者，如李清照點絳唇下半闋。⑾由遠而近，又由近而遠者，如李白菩薩蠻。⑿由外而內者，如秦觀浣溪沙。⒀由內而外者，如溫庭筠更漏子。⒁由外而內，又由內而外者，如歐陽修踏莎行下半闋等。

㈣文辭——有所謂「鍊字」「造語」「句法」「對偶」「聲韻」等等，顯示出作家的寫作技巧，構成作品的美感。（註二四）

茲舉岳飛滿江紅與辛棄疾西江月爲例，說明深究與鑑賞的方法。

㈠滿江紅　岳飛

1. 原文

怒髮衝冠，憑欄處，瀟瀟雨歇。擡望眼，仰天長嘯，壯懷激烈。三十功名塵與土，八千里路雲和月。莫等閒，白了少年頭，空悲切！靖康恥，猶未雪；臣子恨，何時滅？駕長車踏破賀蘭山缺。壯志飢餐胡虜肉，笑談渴飲匈奴血。待從頭，收拾舊山河，朝天闕。

2. 內容的深究

(1)義旨的探究

①全文主旨

本闋詞是作者抒發他光復故土的決心。

②各段大意

上片：寫作者的壯志未酬，滿心悲憤。下片：承接上片，直寫胸臆，抒發他光復故土的決心。

(2)作者思想情意的發展

岳飛的這首滿江紅，風格豪邁，音調激越，表達了他的滿腔忠憤之情。現在讀來，仍然覺得它「凜凜有生氣」，令人激動。作品的風格常是作者人格的反映，確實如此。

岳飛是宋朝的民族英雄，二十歲就從軍殺敵。那時宋室南遷，他目睹亡國之痛，立志掃清胡虜，迎接徽宗、欽宗二帝回朝，以洗除「靖康之亂」的恥辱。無奈朝中有權臣反對北伐，後方又有群盜為亂，使他有後顧之憂。因此，在深感壯志未酬之餘，發而為詞，自然忠憤填膺，非常激昂。此詞在強烈的抒情中，表達了作者決心擊敗敵人、收復失地的愛國思想，其奮發有為的雄圖大志及忠心耿耿為國家、民族利益而戰鬥的精神面貌，也概括了當時人民抗敵禦侮的思想感情。

3. 形式的深究

(1)剪裁安排的方法

這首詞分為兩段（這就叫做「雙調」），上段（也叫「上片」或「上闋」）是寫作者的壯志未酬、滿心悲憤。詞的一開頭，便表現出極度的憤怒之情。「怒髮衝冠，憑欄處，瀟瀟雨歇。」是說雨初停，作者憑欄遼望時，看到那一大片淪陷於異族鐵蹄下的祖國河山，便不由得憤怒的頭髮直豎起來。想到外敵入侵，國家多艱，一直在風雨飄搖之中，因而作者在「擡望眼」之餘，內心的忠憤之情，鬱悶之氣，無處宣洩，便不能不「仰天長嘯」了。「仰天長嘯」句同時也表現了氣吞山河的襟懷。「壯懷激烈」是直接的說明，加深了前面幾句的意思，也是整首詞的中心思想。「三十功名塵與土」是說年已三十，雖曾建立了一些功勞，但那些功勞卻像塵土一樣，微不足道。「八千里路雲和月」，是慨歎轉戰數千里，披星戴月，歷盡艱辛，但頑強的敵人還未消滅。從這兩句詞中，我們可以想見作者當時的心境，是多麼地悲切！他雖有雄心壯志，卻一直未能完成。語氣中似乎帶有悲憤不平之意，然而他並不消極，他仍然志在報效國家，消滅強虜；所以作者勉勵自己及時奮發，不要輕易地浪擲了寶貴的「少年」時光，要不然等到頭髮轉白、年老體衰時，再怎麼悲傷悔恨也沒有用了。上段的最後三句，充分地表現了一個愛國志士忠君報國的熱忱。

下片承接上片，直寫胸臆，抒發他光復故土的決心。寫得痛快淋漓。上片寫作者有壯志未酬，可是並沒有明言他的壯志是什麼，到了下片才明白地道出作者的壯志是消滅強虜，收復故土。「靖康恥，猶未雪；臣子恨，何時滅？」這四句是寫他「怒髮衝冠」的原因。「駕長車踏破賀蘭山缺。壯志飢餐胡虜肉，笑談渴飲匈奴血。」這三句由「臣子恨」引發出來，是說他誓必滅金，恢復中原，同時，呼應上片的「壯懷激烈」。「待從頭，收拾舊山河，朝天闕。」則總括全詞，是說他準備收復失土，重整河山，然後凱旋回朝，晉見天子，強調了光復故土的決心。（註二五）

(2)遣詞造句的技巧

怒髮衝冠：描寫滿心悲憤的情景，強烈的夸飾詞格。「衝」字有憤怒的情緒。獨自憑欄，望斷故國山河，而興起「還我河山」的壯志。與辛棄疾「把吳鉤看了，欄杆拍徧，無人會，登臨意」的境遇相同，滿懷壯志不得伸的熱切愛國精神，躍然紙上。於是才有「仰天長嘯」之舉，想將內心的悲憤借長嘯而化解。

「三十功名塵與土，八千里路雲和月」對仗工整，用來喻壯志未酬的感慨。於是，作者提出了呼告、警語，勉勵自己，也勉勵天下的人要及時奮發，「莫等閒，白了少年頭，空悲切！」語意婉曲，含意卻深刻。

然後，提出設問：「臣子恨，何時滅？」正因爲「靖康恥，猶未雪」呀！與上片的「莫等閒」相呼應。至於「壯志飢餐胡虜肉，笑談渴飲匈奴血」更是對仗工整，寫出了雄壯的氣魄。

(3)聯絡照應的方式

展開主旨：怒髮衝冠，憑欄處，瀟瀟雨歇之景中，觸景生情，而有「仰天長嘯，壯懷激烈」的悲憤。「三十功名塵與土，八千里路雲和月」呼應怒髮衝冠之因，而下續「莫等閒，白了少年頭，空悲切！」連貫展現了意旨。

提出「靖康恥，猶未雪；臣子恨，何時滅？」的疑問，而開「駕長車踏破賀蘭山缺」，與「壯懷激烈」相互呼應。然後有「壯志飢餐胡虜肉，笑談渴飲匈奴血」以表示收復故土的決心。

最後以「待從頭，收拾舊山河，朝天闕」作爲全文的總結，揭示了作者心中的抱負，亦和前文的壯懷激烈」的心志相呼應，可見全文的結構非常嚴謹。

(4)韻文聲律的探究

滿江紅，詞牌名。這個詞調因爲字句短、韻位密、聲洪亮，所以最適合用以描寫粗獷豪放的感情。

怒髮衝冠，憑欄處，瀟瀟雨歇。
擡望眼，仰天長嘯，壯懷激烈。
三十功名塵與土，八千里路雲和月。
莫等閒，白了少年頭，空悲切！
靖康恥，猶未雪；臣子恨，何時滅？
駕長車踏破賀蘭山缺。
壯志飢餐胡虜肉，笑談渴飲匈奴血。
待從頭，收拾舊山河，朝天闕。

格律工整，對仗工整。仄起韻。歇、烈、月、切，押入聲韻。雪、滅、缺、血、闕，亦押入聲韻。

(5)全文結構分析表

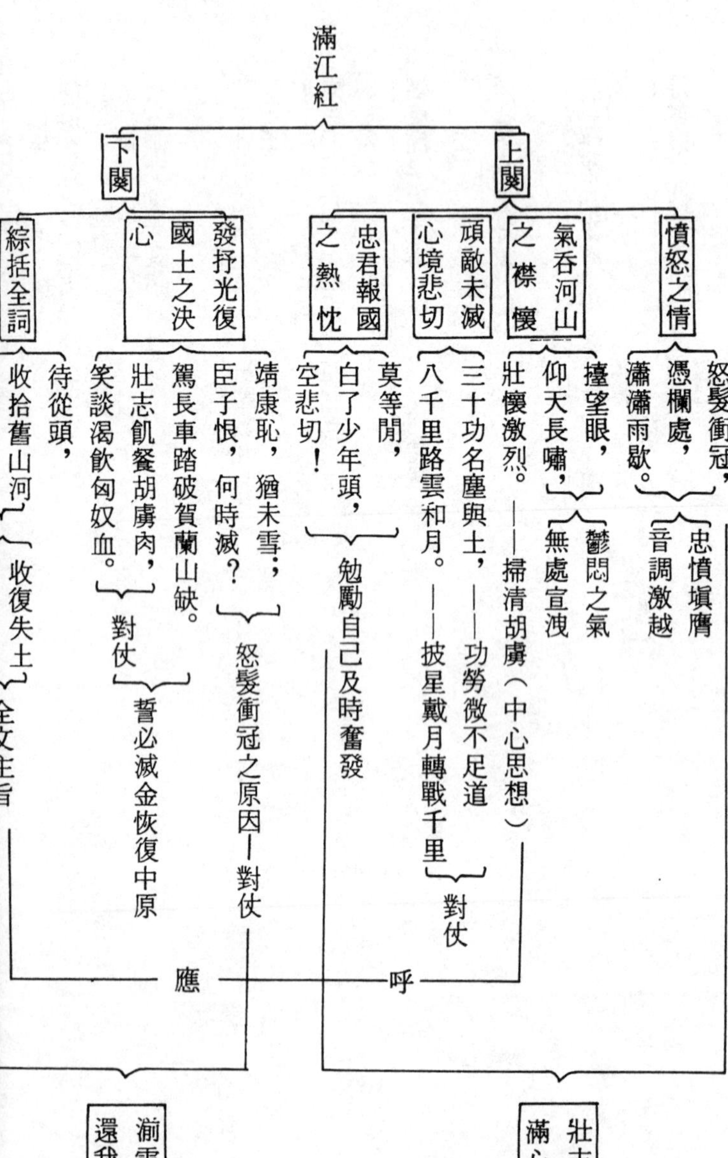
滿江紅
上闋
下闋
憤怒之情
怒髮衝冠，
憑欄處，
瀟瀟雨歇。
忠憤塡膺
音調激越
氣呑河山之襟懷
擡望眼，
仰天長嘯，
鬱悶之氣
無處宣洩
壯懷激烈。——掃清胡虜（中心思想）
頑敵未滅心境悲切
三十功名塵與土，——功勞微不足道
八千里路雲和月。——披星戴月轉戰千里
對仗
忠君報國之熱忱
莫等閒，
白了少年頭，
空悲切！
勉勵自己及時奮發
呼
發抒光復國土之決心
靖康恥，猶未雪；
臣子恨，何時滅？
怒髮衝冠之原因—對仗
駕長車踏破賀蘭山缺。
壯志飢餐胡虜肉，
笑談渴飲匈奴血。
對仗
誓必滅金恢復中原
應
綜括全詞
待從頭，
收拾舊山河
收復失土
全文主旨
壯志未酬
滿心悲憤
湔雪國恥
還我河山

㈡西江月——夜行黃沙道中　　辛棄疾

1.原文

明月別枝驚鵲，清風半夜鳴蟬。稻花香裏說豐年，聽取蛙聲一片。　七八個星天外，兩三點雨山前。舊時茆店社林邊，路轉溪橋忽見。

2.內容的深究

(1)義旨的探究

①全文主旨

這首西江月是辛棄疾家居上饒時的一篇作品。抒寫鄉村的恬靜風光和夜行時的閒適心情。

②各段大意

上片：由聽覺寫起，來描繪寧靜的田園夜色。下片：由視覺來寫田園夜色的靜謐。

(2)作者思想情意的發展

這首詞是從稼軒長短句裏選錄出來的。西江月，詞牌名。

宋孝宗淳熙八年，愛國詞人辛棄疾在江西安撫使兼隆興知府任上，因爲遭到當地名士的攻擊，又覺得當時執政者顢頇無能，深怕皇帝聽信謠言，將會大禍臨頭，所以不久就辭官告退。退隱後，在江西上饒帶湖營建了一座歸隱的田園；一直過了十年投閒置散的隱居生活，才又出仕。這段時期的作品，大多在抒寫隱居生活的閒適和田園風光的恬靜。這首西江月就是一首膾炙人口的作品。

他以氣節自負，以功業自許，一生處戎馬間，而善爲詞，慷慨豪恣，與蘇軾並稱蘇辛。他繼蘇軾之後，把詞的豪放風格，加以發揚光大，使這一宗派，終於成爲詞壇的一大主流。四庫提要云：「棄疾慷慨縱橫，有不可一世之概。於倚聲家爲變調，而異軍特起，能於剪紅刻翠之外，屹然別立一宗，迄今不廢。」這種豪邁風格的形成，是由於他的作品具有愛國的熱忱所致。

他的作品，不拘守格律，以文爲詞，問答如話，議論風生，不論經、史、諸子百家，都可入詞，使詞體能概括更豐富複雜的思想意境，風格也更加多變化。這是他詞的特點。（註二六）

在這首詞裡，辛棄疾反映了農村生活的勤勞淳樸。在人生道路上備受挫折之後，他把自己的滿腔熱情與悲憤傾注於湖光山色之中，並且也和下層人民建立了深厚的友誼。

3.形式的深究

(1)剪裁安排的方法

開頭兩句：「明月別枝驚鵲，清風半夜鳴蟬。」是應該合在一起講的。「明月」「清風」是一組，「別枝驚鵲」「半夜鳴蟬」是一組。是說深夜裡，皎潔明亮的月光，升上樹梢，大地被映照得如同白晝一般，清涼的微風陣陣吹來；在樹上棲息的鵲兒是非常敏感的，以爲天亮了，不免驚飛起來，噪叫著，這時候，蟬兒也跟著嘶鳴起來了。如此清風明月，辛棄疾在他隱居附近的黃沙道中漫步時，心情一定是閒適自得的，所以，下面接著說：「稻花香裏說豐年，聽取蛙聲一片。」古人認爲蛙鳴是豐收的象徵，因此在鬧洋洋響成一片的蛙鳴中，還沒入睡的農夫們，他們閒談有關豐收的話語，隨著清風飄送到耳旁來，而且，陣陣清風中還夾雜著稻花的香氣。這眞是一首最優美的田園交響樂，同時也爲作者的閒適心情，提供了最適合的背景。

照理說，鵲噪、蟬嘶、蛙鳴和農夫談話的這幾種聲音，應該會破壞了詞中所要表現的恬靜氣氛，可是，事實不然，這幾種聲音卻反而襯托出鄉村的恬靜。理由是：正如「蟬噪林逾靜，鳥鳴山更幽。」一樣，眞正寂靜的感覺，並不一定要來自無聲的事物，夏日午後牆頭偶而傳來的幾聲雞啼，冬夜裡深巷中斷斷續續的賣粽的叫聲，餘音廻盪，不是更能夠襯托出空間的寂靜嗎？因此，在如此清風明月的夜晚，只聽到鵲噪、蟬嘶、蛙鳴等等幾種聲音，正可以看出周圍環境的寂靜和不嘈雜。

我們從詞中「鳴蟬」、「稻花香」、「蛙聲」等詞語來判斷，可以知道這首詞的寫作時間，大致是夏末秋初的時節。這個時節，天氣變化多端，盧延讓有詩云：「兩三條電欲爲雨，七八個星猶在天。」可證，而黃沙道中多山（有黃沙嶺、西巖等），天氣應該更富於變化，因此，作者在夜行時，始則清風明月，如同白晝，繼則晨星寥落，天色將明，最後是一場驟雨，使得作者急於尋找一個避雨的地方。「七八個星天外」二句，同時也點明了時間的推移。最後兩句是顚倒句，「舊時茆店社林邊」是「路轉溪橋」時「忽見」的景物。順序來說的話，應該是這樣的：轉過溪橋，忽然發現了社林旁邊的舊時茅店。「忽見」二字，說出了看到「舊時茆店」的驚喜之感。（註二七）

(2)遣詞造句的技巧

上片藉鵲噪、蟬嘶、蛙鳴等幾種聲音，反襯出鄉村的恬靜和安詳；偏重在聽覺上的描述，也可以反映出夜行者輕鬆喜悅的心情。

下片多從視覺上來敍寫。「七八個星天外，兩三點雨山前。」兩句造語雖然平淡、明白，卻不俗陋，對仗工整，寫作的技巧也一樣高明。而「舊時茆店社林邊，路轉溪橋忽見」則是通過景物，點出了夜行者豁然開朗的驚喜交集。

(3)聯絡照應的方法

這首詞的原題是「夜行黃沙道中」，在江西上饒西面，作者閒居上饒帶湖的時候，常常經過這裏，很欣賞這裏的溪壑恬靜之美，這首詞通篇寫出他夏夜行經山徑中幽美的景色。

全文是由開朗與喜悅貫串而成的田居生活。

上片明月、清風的夜景，連鵲、蟬、蛙，都不甘寂寞地共賞。有他們的鳴叫，也更能反襯出夜涼如水的清靜。

下片是承由上片而來，夜行在小路上，「七八個星天外」點出時間的推移，天漸黎明，天空掛著寥落的星辰，山前灑了幾點旱雨，而後有「舊時茆店林邊，路轉溪橋忽見」，使前後輝映，別饒趣味。

(4)韻文聲律的探究

－｜｜－－｜　－－｜｜－－△
明月別枝驚鵲，清風半夜鳴蟬。

稻花香裏說豐年，聽取蛙聲一片。
七八個星天外，兩三點雨山前。
舊時茆店社林邊，路轉溪橋忽見。

(5)全文結構分析表

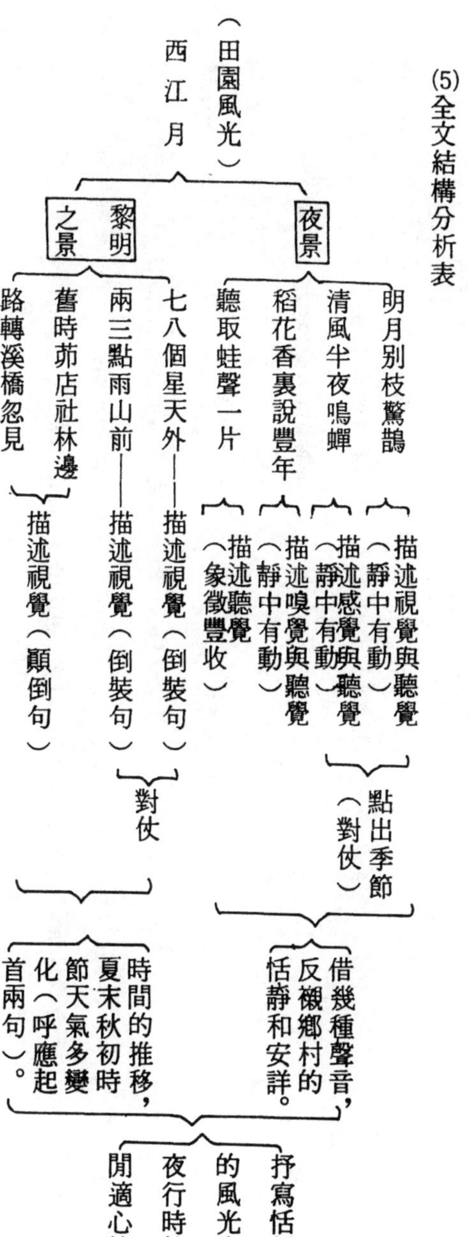
西江月
（田園風光）
夜景
明月別枝驚鵲
描述視覺與聽覺（靜中有動）
清風半夜鳴蟬
描述感覺與聽覺（靜中有動）
點出季節（對仗）
稻花香裏說豐年
描述嗅覺與聽覺（靜中有動）
聽取蛙聲一片
描述聽覺（象徵豐收）
借幾種聲音，反襯鄉村的恬靜和安詳。
黎明之景
七八個星天外——描述視覺（倒裝句）
兩三點雨山前——描述視覺（倒裝句）
對仗
舊時茆店社林邊
路轉溪橋忽見
描述視覺（顛倒句）
時間的推移，夏末秋初時節天氣多變化（呼應起首兩句）。
抒寫恬靜的風光和夜行時的閒適心情。

五、曲的深究

前　言

曲有散曲和劇曲之分。劇曲有科（動作）白（說白），散曲卻沒有。散曲又可分爲小令和散套兩種。散套乃合一宮調或借管色相同諸曲爲一套，自成首尾；小令則類似詩中之律絕或詞中之小令。

以下列舉水仙子與梧葉兒爲例，說明深究與鑑賞的方法。

㈠水仙子——詠江南　張養浩

1.原文

一江烟水照晴嵐，兩岸人家接畫檐。
芰荷叢一段秋光淡，看沙鷗舞再三。
捲香風，十里珠簾。
畫船兒天邊至，酒旗兒風外颭。
愛殺江南。

2.內容的深究

(1)義旨的探究

①全文主旨

描寫江南秋色。

②各段大意

首二句，畫出一幅天然美景，描繪精雕的房舍密接不斷。次二句，寫在疏淡的秋光裡，閒逸地觀看沙鷗的再三飛舞。第五句，寫香風捲簾，極富麗、香艷。第六、七句，寫頻頻召喚的畫船兒，從天邊而來，酒店外，有酒旗隨風飄揚。第八句，寫總結並點明題意。

(2)作者思想情意的發展

首二句「一江煙水照晴嵐，兩岸人家接畫檐」相對仗。前句描繪出一幅天然美景，江面經由日光的照射，原本有些水氣蒸騰，岸旁有帶著嵐氣的山影，映入水中，氤氳蕩漾，更顯出煙水一片迷茫的景致。「兩岸人家接畫檐」，這是描畫精雕的房舍密接不斷。

接著再將鏡頭轉向自然景物。「芰荷叢一段秋光淡」四季中，秋光原本最爲清爽而不濃烈。「看沙鷗舞再三」這是一份無所事事的悠閒，何等怡然。

「捲香風十里珠簾」，「香風」、「珠簾」正和前面的畫檐人家相互呼應。

「畫船兒天邊至，酒旗兒風外颭」這兩句不僅字面相對，所描述的情景也恰成對照。

最後一句「愛殺江南」總結全篇。

3.形式的深究

(1)剪裁安排的方法

「芰荷叢一段秋光淡」，溫柔鄉裏本是春光濃郁，這裏反而用秋光疏淡去冲淡了它，彷彿有意泯去了它的俗麗，而增添了幾分詩意。在疏淡的秋光裡，人的心情也比較瀟洒閒逸。

「捲香風十里珠簾」，這原是從杜牧的名句：「春風十里揚州路，捲上珠簾總不如。」轉換而來。就文法上來說，「捲香風」是倒裝句，意義上自然是香風捲簾爲平順，這種用法和宋代女詞人李清照的名句：「簾捲西風」相類似。（註二八）

(2)遣詞造句的技巧

「芰荷叢一段秋光淡」，「淡」字用得妙。「捲香風十里珠簾」，「香風」、「珠簾」是充滿暗示性的詞彙，代表的是香艷、富麗，和前面的畫檐人家相呼應。「叢」、「看」、「捲」、「畫船兒」、「酒旗兒」皆是襯字。

(3)聯絡照應的方式

全曲先寫江南的天然美景「烟水迷茫」和人文景觀「富庶艷麗」，其次轉向自然景物的描繪，寫「芰荷」和「沙鷗」，再寫「香風」和「珠簾」又和第二句的香艷富麗相照映。然後再寫一方的頻頻召喚，一方的倦旅來歸。最後則是總結，點明題意。

(4)韻文聲律的探究

水仙子　詠江南　　張養浩

一江烟水照晴嵐（平）◎兩岸人家接畫檐（平）◎芰荷叢一段秋光淡（去）◎看沙鷗舞再三（平）◎捲香風十里珠簾（平）◎畫船兒天邊至。酒旗兒風外颭（上）◎愛煞江南（平）◎

水仙子，曲牌名，又名湘妃怨、凌波仙、馮夷曲。屬雙調曲，亦入中呂宮、南呂宮；句法爲：七七七五六三三四，共八句七韻。首二句宜對，三字兩句（本首指天邊至，風外颭二句）宜對，並例加襯字。

全曲押韻的字是：「嵐」、「檐」、「淡」、「三」、「簾」、「颭」、「南」。

(5)全文結構分析表

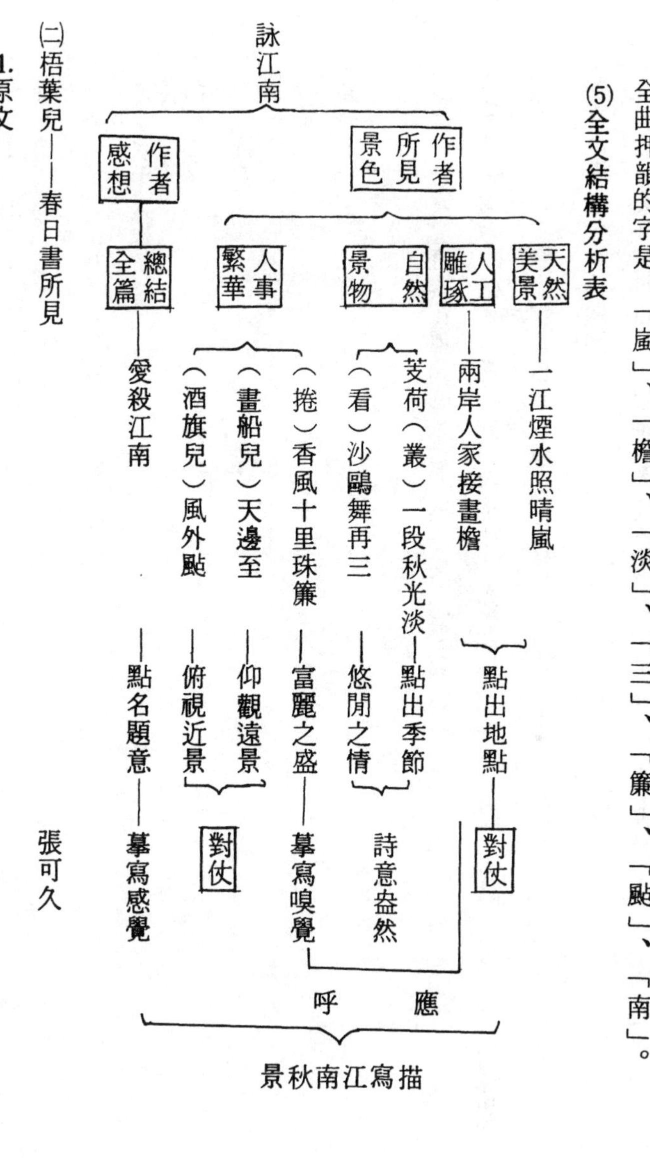

(二)梧葉兒——春日書所見　張可久

1.原文

薔薇徑，芍藥闌。

鶯燕語間關。

小雨紅芳綻，新晴紫陌乾，日長繡窗閒。

人立秋千畫板。

2.內容的探究

(1)義旨的探究

①全文主旨

寫春日所見。

②各段大意

首二句，寫春日繁花盛開的景致。第三句，寫鳥兒齊鳴靈動的春日。第四、五、六句，寫剛下的一場春雨，使園中的花朵一齊開放。雨後的陽光蒸乾了郊野的道路，此時有少女立於繡窗前，但覺日長人閒。第七句，寫少女獨自立在秋千畫板上，排遣內心愁悶。

(2)作者思想情意的發展

有人說，張可久的曲子很像詞，由此首梧葉兒看來，果然不遜於花間集中的名家佳句，故可知元代散曲清麗一派推張可久爲巨擘，並非偶然。

這首小令先寫春天庭園的景色，次寫在雨後新晴的春光映照下，有一個立在秋千畫板上少女的閒情，寫來精緻，而發展自然。

3.形式的深究

(1)剪裁安排的方法

先寫在薔薇遍植的小徑，在栽滿芍藥的欄杆前，春天的花園有怎樣的美景，這是靜態的，次寫聲音，有黃鶯的嬌語、燕子的呢喃，好不熱鬧；雨後新晴的春光，以及少女獨立秋千畫板的閒情，由靜寫到動，由花寫到鳥，再寫到人，安排井然有序，而且不蔓不枝，十分可喜。

(2)遣詞造句的技巧

「薔薇徑、芍藥闌」首二句對仗，合乎曲律。「鶯燕語間關」的「語」字是擬人化的寫法，使鶯燕的啼聲更顯得活潑生動。「小雨紅芳綻，新晴紫陌乾」兩句對仗。「長日繡窗閒」點明了少女的等待，盼望只是徒然。「小雨」、「新晴」、「日長」皆是襯字。

(3)聯絡照應的方式

先寫春日庭園的景觀，有「薔薇徑」「芍藥闌」還有「鶯燕語間關」，次寫雨後新晴，「小雨紅芳綻」「新晴紫陌乾」此和前文相互呼應，次寫少女的等待，這又和前面兩句呼應，「長日繡窗閒」點明了少女盼望的徒然，故有「人立秋千畫板」來排遣內心的愁悶，兩句互相對應。

(4)韻文聲律的研究

梧葉兒　春日書所見　　張可久

（平　平　去　平　平　上）

薔薇徑。芍藥闌◎鶯燕語間關◎小雨紅芳綻◎新晴紫陌乾◎日長繡窗閒◎人立秋千畫板◎

梧葉兒，一名知秋令，喬吉文湖州集詞又稱碧梧秋商調曲，又入仙呂宮。句法是三三五三三三六，共七句五韻。首二句宜對，四、五兩句宜對。（或五韻，或六韻，或七韻均可。末句一般作家都喜歡作成上三下四的七字句。）

此首押韻的字是：「闌」、「關」、「綻」、「乾」、「閒」、「板」等。

(5) 全文結構分析表

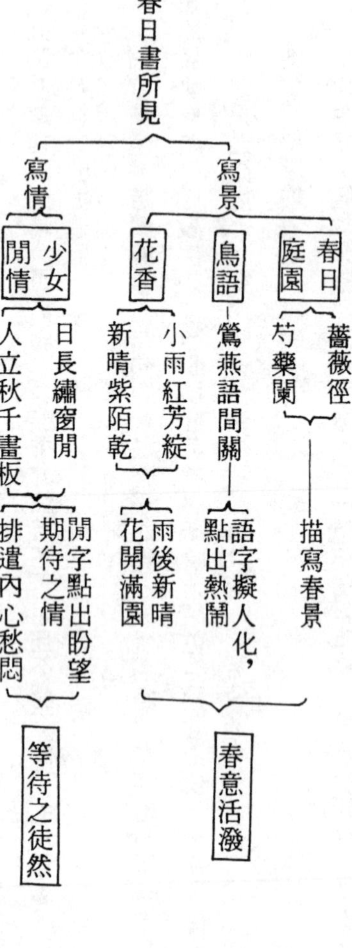

六、新詩的深究

前言

新詩是白話文以後發展起來的。他的特點是自由，沒有固定的形式和格律，可以押韻也可以不押韻。全用適切的形式來開合，這種詩已經有不少的佳作。用現代的語言來抒寫現代人的感受，這應該是我們都能接受的，更何況，新詩也不乏佳作。

以下列舉夏夜與鵝鑾鼻為例，說明深究與鑑賞的方法。

㈠夏夜

楊喚

1. 原文

蝴蝶和蜜蜂們帶著花朵的蜜糖回家了，
羊隊和牛群告別了田野回家了，
火紅的太陽也滾著火輪子回家了。
當街燈亮起來向村莊道過晚安，
夜就輕輕地來了。

來了！來了！
從山坡上輕輕地爬下來了。
來了！來了！
從椰子樹梢上輕輕地爬下來了。
撒了滿天的珍珠和一枚又大又亮的銀幣。

朦朧地，山巒靜靜地睡了！

朦朧地，田野靜靜地睡了！
只有窗外瓜架上的南瓜還醒著，
伸長了藤蔓輕輕地往屋頂上爬。
只有綠色的小河還醒著，
低聲歌唱著溜過彎彎的小橋。
只有夜風還醒著，
從竹林裏跑出來，
跟著提燈的螢火蟲，
在美麗的夏夜裏愉快地旅行。

2. 內容的深究

(1) 義旨的探究

①全文主旨

描寫夏夜給人的溫暖、豐富和愉悅的感覺。

②分段大意

第一段：從夏夜降臨前的黃昏寫起，進而描寫夏夜的富麗。第二段：描寫寂靜的夜景，並用一些輕盈的動態，反襯出夜的靜謐。

(2)作者思想情意的發展

這首詩是透過兒童的眼睛和口吻來寫的，充滿了濃厚的童話氣氛。作者先從夏夜降臨前的黃昏寫起，一開始就給人熱鬧和溫暖的印象，有飛舞著的蝴蝶和蜜蜂，有擾攘的羊隊和牛群，有燦爛奪目的夕陽和映照滿天的彩霞。現在，他們都「滿足」地回「家」了——有的帶著蜜糖，有的腆著吃飽了的肚子，有的滾著玩夠了的火輪子。於是，田野倏然寂靜下來。

「街燈亮起」本是夜晚降臨的訊號，這裏把「街燈」擬人化，他的點燃似乎在向人道聲「晚安」。這一方面表示對人報告夜來的消息，一方面給人親切的感覺，所以這並非無意義的贅語。然後，「夜就輕輕地來了」。「輕輕地」形容夜在不知不覺中的降臨。等街燈一亮，人會忽然發現已經置身在夜的包圍中，夜色從四面八方襲來。所以以下便用重疊的民謠形式來抒寫：

來了！來了！
從山坡上輕輕地爬下來了，
來了！來了！
從椰子樹梢上輕輕地爬下來了。

這語調中含有純眞的喜悅之情和歡迎的意味兒，是不難體會出來的。夜從「山坡上」、「從椰子樹梢上」輕輕地爬下來，一方面生動地描寫夜神的降臨，一方面先把讀者的目光集中在近處，然後順著視線向上望去，就會忽然發現夜空已如此的璀燦。

「撒了滿天的珍珠和一枚又大又亮的銀幣。」用珍珠和銀幣來比喻星星跟月亮，是作者有意顯示夏夜的富麗。因爲這二者都是珍貴的東西，給人珍奇富有的感覺。尤其是從孩童的眼中看來，月亮圓圓的，閃著銀色的光輝，說它像個銀幣是極樸實而自然的聯想。同時這首詩的主題是寫夏夜，而不是寫月夜。所以並不想特別突出的描寫月的皎潔明亮，也要避免秋月給人所引起的淸冷的感覺，所以不用「明鏡」一類的譬喻，恐怕破壞了詩的整體效果！所以詩人在此處的確是深具匠心的。至於銀幣的社會作用是不相干的，人們在讀詩時，並不會作此聯想，如我國古代偉大詩人杜甫也曾有「開花無數黃金錢」（秋雨歎）之句，以黃金錢形容「決明」盛開的黃色花朵，給人極鮮麗珍貴的意象。在此誰又會想到錢的實用價値呢？無論古今，無論新舊，詩人在選擇譬喻，創造意象方面，一定是有所用心的，而這正需要讀者細心去領會。

另外在此詩裏，作者以比「銀幣」光度要強的「珍珠」比喻繁星，是有意強調星光，以增加人對夜空富麗的感覺。所以是採用與「月明星稀」的經驗相反的寫法。在朦朧的夜色裏，如果把月光寫得太強，與下文所製造出來的氣氛就不同了。（而他選用圓月的意象，是取其豐、滿之意，如果換成缺月，則必破壞了豐富之感）因爲這首詩並非是完全寫實的。

第二段是寫靜謐的夜景，作者也不是呆板地作直接描繪，而是用一種輕靈的動態，反襯出深夜的安靜來，所以在寫山巒和田野朦朧的入睡之後，接著寫：「祇有窗外瓜架上的南瓜還醒著」，「祇有夜風還醒著」，這些「祇有」和「醒著」都增強了深夜寂靜的效果。同時這些動態的詞語也表現出夏夜所具有的生機，跟冬夜的死寂是不同的。夏夜除了靜的一面之外，還有動的一面。由於動和靜的交織，才使得這首詩顯得更豐富起來。至於說「南瓜伸長了藤蔓輕輕地往屋頂上爬」，像是渴望一瞻夜空的神秘，「綠色的小河」和「夜風」都給人夏夜清涼愉快的感覺。再點綴上「提燈的螢火蟲」，夏夜的美麗與可愛就全被作者活潑靈動的筆觸勾勒出來了。這幾句從整體來看，給人一種如夢境般的美感，意境之雋永遠在文字之外。（註二九）

3.形式的深究

(1)剪裁安排的方法

這首詩雖沒有嚴格的形式，但還是注意到節奏和整齊之美。如前三句之末尾以「回家了」結束，而以「街燈亮起來向村莊道過晚安」作轉接和停頓。下面五句都以「來了」結束，而以「撒了滿天的珍珠和一枚又大又亮的銀幣」兜住。有了這樣巧妙的安排，自然能將節奏的變化顯現出來。第二段中「醒」、「蟲」、「行」是近乎押韻的形式。而「朧」、「靜」、「藤」、「輕」、「頂」、「聲」、「風」、「燈」等字在句中也造成類乎「協韻」的效果，使整段詩給人輕快的韻律感。

詩中擬人的手法並不在名詞或形容詞上，而在動詞的運用上。作者不用「夏夜像人般走來」的直接比喻法，而用「來了」、「爬下來了」、「撒了」等擬人的動詞，就把抽象的夜變得活生生的了。其他像「道晚安」、「睡了」、「醒著」、「跑出來」、「跟著」、「旅行」等都是用擬人的動詞達到擬人化的效果。故形成一種親切感，使自然與人融爲一體。（註三〇）

(2)遣詞造句的技巧

①排比

△蝴蝶和蜜蜂們帶著花朵的蜜糖回家了。

羊隊和牛群告別了田野回家了。

火紅的太陽也滾著火輪子回家了。

△只有窗外瓜架上的南瓜還醒著，伸長了藤蔓輕輕地往屋頂上爬。

只有綠色的小河還醒著，低聲歌唱著溜過彎彎的小橋。

只有夜風還醒著，從竹林跑出來，跟著提燈的螢火蟲，在美麗的夏夜裏愉快地旅行。

②擬人化（幾乎全篇皆是）

△當街燈亮起來向村莊道過晚安，夜就輕輕地來了。

△撒了滿天的珍珠，和一枚又大又亮的銀幣。

△山巒靜靜地睡了。

△伸長了藤蔓，輕輕地往屋頂上爬。

△在美麗的夏夜裏，愉快地旅行。

△從竹林裏跑出來。

③類疊

△來了！來了！從山坡上輕輕地爬下來了。

來了！來了！從椰子樹梢上輕輕地爬下來了。

△朦朧地，山巒靜靜地睡了。

朦朧地，田野靜靜地睡了。

④譬喻

△滿天的珍珠（隱喻星）

△又大又亮的銀幣（隱喻月）

(3)聯絡照應的方式

第二段開頭「朦朧地，山巒靜靜地睡了」承接第一段「夜就輕輕地來了」。第一段「夜就輕輕地來了」是承上啓下的句子。文末「在美麗的夏夜裏，愉快地旅行」照應全篇文章。

(4)韻文聲律的探究

這首詩第十一句、十二句「朦朧」的「朧」，「靜靜」的「靜」，第十三句「醒著」的「醒」，第十四句「藤蔓」的「藤」，「屋頂」的「頂」，第十五句「醒著」的「醒」，第十六句「低聲」的「聲」，第十七句「夜風」的「風」，第十九句「提燈」的「燈」，「螢火蟲」的「蟲」，第二十句「旅行」的「行」，韻尾都是「ㄥ」。這樣用字，雖然不是押韻，但根據國音讀來，大致相叶，可以收到「協韻」的效果。

(5)全文結構分析表

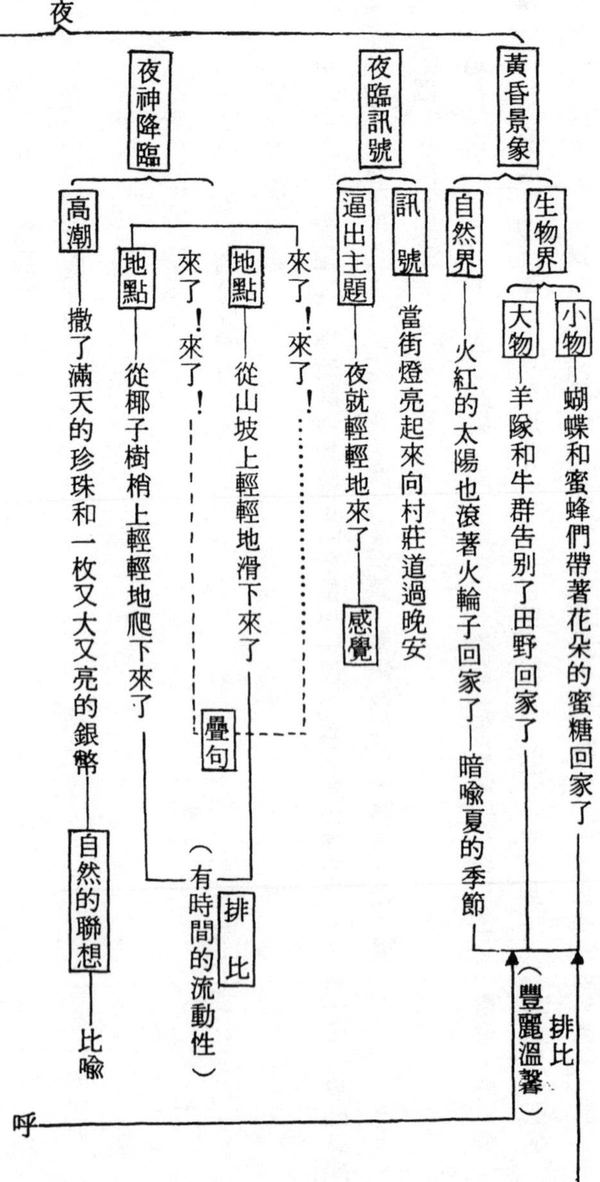
夏夜
黃昏景象
生物界
小物
蝴蝶和蜜蜂們帶著花朵的蜜糖回家了
大物
羊隊和牛群告別了田野回家了
自然界
火紅的太陽也滾著火輪子回家了
暗喻夏的季節
排比
（豐麗溫馨）
夜臨訊號
訊號
當街燈亮起來向村莊道過晚安
逼出主題
夜就輕輕地來了
感覺
夜神降臨
來了！來了！
地點
從山坡上輕輕地滑下來了
來了！來了！
地點
從椰子樹梢上輕輕地爬下來了
疊句
排比
（有時間的流動性）
高潮
撒了滿天的珍珠和一枚又大又亮的銀幣
自然的聯想
比喻
呼
應

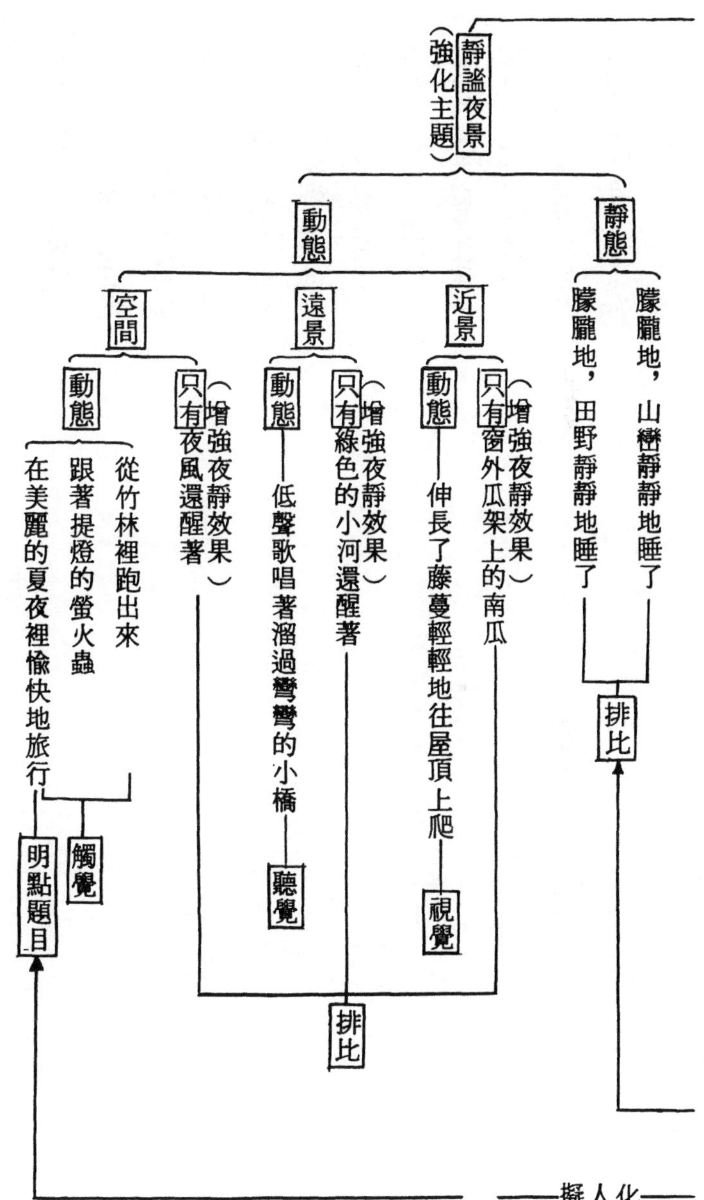
靜謐夜景
（強化主題）
靜態
朦朧地，山巒靜靜地睡了
朦朧地，田野靜靜地睡了
排比
動態
近景
只有（增強夜靜效果）
窗外瓜架上的南瓜
動態
伸長了藤蔓輕輕地往屋頂上爬
視覺
遠景
只有（增強夜靜效果）
綠色的小河還醒著
動態
低聲歌唱著溜過彎彎的小橋
聽覺
空間
只有（增強夜靜效果）
夜風還醒著
動態
從竹林裡跑出來
跟著提燈的螢火蟲
在美麗的夏夜裡愉快地旅行
觸覺
明點題目
排比
擬人化

(二)鵝鑾鼻

余光中

1.原文

我站在巍巍的燈塔尖頂，
俯臨著一片冷冷的蒼茫
在我的面前無盡地翻滾
整個太平洋洶湧的波浪。
一萬匹飄著白鬣的藍馬，
呼嘯著，疾奔過我的腳下，
這匹銜著那匹的尾巴，
直奔向冥冥、漠漠的天涯。
浩浩的天風從背後撲來，
將我的亂髮向前撕開；
我好像一隻待飛的巨鷹，
張翅要衝下浮晃的大海。
於是我也像崖頂的巨鷹，
俯視迷濛的八荒九垓：

向北看，北方是蒼鬱的森林；
向南看，南極是灰色的雲陣，
一堆一堆沈重的暮靄，
壓住浮動的海水，向西橫陳，
遮斷冬晚的落日、冬晚的星星，
遮斷渺渺的眺望，眺望崑崙——
驀然，看，一片光從我的腳下
旋向四方，水面轟地照亮；
一聲歡呼，所有的海客與舟子、
所有魚龍，都欣然向臺灣仰望。

2.內容的深究

(1)義旨的探究

①全文主旨

作者寫他在鵝鑾鼻的燈塔上，面對著雄偉浩瀚的大海所生的感懷。

②各段大意

第一段：藉著描寫太平洋的波濤洶湧，暗指我們的處境亦在動盪不安中。第二段：寫壯濶的海景，浩浩的天風，激起詩人的壯懷，他想像自己是一隻待飛的巨鷹，要以大無畏的精神去突破黑暗。第三段：將我們的國家比作自由世界的燈塔為萬國所仰望。

(2)作者思想情意的發展

鵝鑾鼻的地理位置是在臺灣的最南端，為全島最凸出和顯著的部分；而這兒的燈塔又居有非常重要的地位。因此，詩人掌握住這些特點，而賦予豐富的象徵意義——象徵自由中國地位之重要，象徵自由中國正是自由世界的燈塔，充滿了希望和光明的遠景。

這首詩雖然是以鋪敍的、寫實的手法來描述，卻具有複雜的象徵意義，內涵極為深遠。（註三一）

3.形式的深究

(1)剪裁安排的方法

第一段中，「無盡的翻滾，呼嘯著疾奔過我的腳下，這匹銜著那匹的尾巴」表面上看，是具體地描寫太平洋的波浪洶湧，猶如萬馬奔騰的雄奇景觀，實則借喻當前時局的驚駭萬狀，而時間又如潮水一樣的一去不復回，風雲際會，瞬息萬變，人生復如白駒過隙，有為青年應及時奮起，機會稍縱即逝。第三段中「蒼鬱的森林，灰色的雲陣，沈重的暮靄……壓住……遮斷……」等句，表面上看是描寫夜晚日暮的景色，實則是藉以表現反顧神州以及渴望、期待、失望的心情。而最後「轟地照亮……仰望……」等句，從直覺上看是寫燈塔突然亮起的景觀，實際上是藉此以點出臺灣是光明的象徵，是人心嚮往的燈塔，是自由正義的精神堡壘。

(2)遣詞造句的技巧

「浩浩」的天風，將我的亂髮向前「撕開」二句，雖寫明風勢之猛烈強勁，實則暗寫生存在這個大時代的青年應憑著浩然的正氣，以大無畏的精神去揮動正義的力量，去突破黑暗，戰勝邪惡，這就是作者用「浩浩」與「撕開」的寓意。如果改「浩浩」爲「怒吼」或將「撕開」改爲「吹亂」便不能表現此種意境了。

(3)聯絡對應的方式

「我站在巍巍的燈塔頂尖」，暗示著臺灣是一座自由的燈塔，鵝鑾鼻正位於這個燈塔的「尖頂」。不過，這種暗示在開端時是隱約的。直到最後的四句，特別是末一句：「所有魚龍，都欣然向臺灣仰望。」才明白的說破。因此，從這首詩的整體來看，作者的意念由隱約到顯豁，正表示出這種意念是逐漸被發現的。這可能在作者的胸中已經醞釀很久的問題，而燈塔的登臨（也可以是想像中的登臨）刺激著這潛伏的意念明朗化。

第二句「俯臨著一片冷冷的蒼茫」到第八句「直奔向冥冥、漠漠的天涯。」這七句表面上是寫詩人探首燈塔之外所見的海景，實際上是寫詩人對這「燈塔」所處的環境，逐步加深的認識。海景的變化，也正反映詩人認識的變化。第二句「一片冷冷的蒼茫」反映詩人的心境是冷寂的，除了迷茫之外，也尙無所見。三、四兩句便使他注意到這外在的環境是在動盪不定之中；進一步看太平洋並不太平，我們實爲面對著一個波浪洶湧的險惡境況——這更令人意識到我們的國家在亞洲、在太平洋中的地位。

「一萬匹飄著白鬣的藍馬」是非常生動而美麗的比喻。而「海」的意義在這裏似乎改變了。大概是澎湃的浪濤激起了詩人的壯懷，他想像著駕馭駿馬馳騁追逐，縱然風浪險惡，我們依然能夠開創出新的局面來，甚至祇要一些年輕人（一萬匹）能夠前仆後繼（這匹銜著那匹的尾巴）勇往直前，就可以有無限遠大的前程！（直奔向冥冥、漠漠的天涯。）

「浩浩的天風從背後撲來」是詩人感受到一種強大的力量正鼓舞著他，這力量是來自作爲燈塔的臺灣內陸，撕開他的亂髮——掃除他的困惑與憂慮而看出面前正確的道路。「我好像一隻待飛的巨鷹，張翅要衝下浮晃的大海」。「鷹」是勇猛和理想的象徵，懷抱著理想，勇敢的衝入這變動不息的大時代之中。而「崖頂的巨鷹」，則更指出來「鷹」是具有高瞻遠矚的理想，它不僅注意到眼前的生存環境，而且對整個世界和苦難都寄予關懷。因此，他站在超然的「崖頂」，清醒地俯視著「迷濛的八荒九垓」正在昏睡與混亂之中。在這兒詩人看到的是臺灣以外的世界。無論是北方，還是南方都看不出一點希望。而西方——大陸——尤其是在「沈重的暮靄」之下，近乎窒息了。「冬晚的落日」，「冬晚的星星」是嚴酷的時代中一絲光明，也在陰雲密布中被遮斷了。對於大陸（崑崙）是完全絕望了。

但是，世界並不致就此毀滅，希望也並未因而斷絕，詩人終於發現到「希望」就來自腳下——來自他現在生存的地方：「驀然，看，一片光從我的腳下，旋向四方，水面轟地照亮，一聲歡呼，所有的海客與舟子，所有魚龍，都欣然向臺灣仰望。」這兒就是時代的燈塔，這兒就是自由世界的希望！（「轟地照亮」，是以聽覺表現視覺，這種錯綜的表現方式，是現代詩中常見的。）（註三二）

(4)韻文聲律的探究

第二句和第四句叶「茫」、「浪」。第五句和第七句叶「馬」、「巴」。第六句和第八句叶「下」、「涯」。第九句、第十句、第十二句和第十四句叶「來」、「開」、「海」、「垓」。第十一句和第十三句叶「鷹」。第十五句、第十六句、第十八句、第二十句叶「林」、「陣」、「陳」、「崙」。第二十二句和第二十四句叶「亮」、「望」。（這都是根據國語大致相叶，不是嚴格的押韻。）

(5)全文結構分析表

鵝鑾鼻

點題
- 我站在巍巍的燈塔尖頂
- 俯臨著一片冷冷的蒼茫

寫景
- 在我的面前無盡地翻滾
- 整個太平洋洶湧的波浪（倒裝）
- 一萬匹飄著白鬣的藍馬
- 呼嘯著疾奔過我的腳下（倒裝）
- 這匹銜著那匹的尾巴
- 直奔向冥冥漠漠的天涯
- （視覺）

承接
- 浩浩的天風從背後撲來
- 將我的亂髮向前撕開（觸覺）

想像
- 我好像一隻待飛的巨鷹
- 張翅要衝下浮晃的大海
- 於是我也像崖頂的巨鷹
- 俯視迷濛的八荒九垓

轉折
- 向北看北方是蒼鬱的森林
- 向南看南極是灰色的雲陣（對比——原因 → 結果）
- 一堆一堆沈重的暮靄
- 壓住浮動的海水向西橫陳（視覺——結果——原因 →）
- 遮斷冬晚的落日冬晚的星星
- 遮斷渺渺的眺望眺望崑崙（排比——結果）

高潮
- 驀然看一片光從我的腳下
- 旋向四方水面轟地照亮（視覺）

抒情
- 一聲歡呼所有的海客與舟子
- 所有魚龍都欣然向臺灣仰望（感覺——主旨）

呼應（點題「俯臨著一片冷冷的蒼茫」↔ 想像「俯視迷濛的八荒九垓」）

呼應（寫景 ↔ 想像「張翅要衝下浮晃的大海」）

呼應（轉折：對比 ↔ 排比）

應迴（主旨 ↔ 點題）

七、散文的深究

前言

散文的實用性高於韻文，討論講解後，教師便應指導學生更深一層的理解，眞正達到精讀的「精」，直至純熟無間，能夠在他們自己閱讀寫作時發生作用。

㈠內容深究方面：

這是在討論講解課文文辭以後對教材作更進一步的處理活動，指導學生構思、立意、設計、經營的法度，啓引學生揣摩文章義旨的興趣，以及教學上發揮陶冶的價值，多半賴此而達成。

㈡形式深究方面：

這是依據形式方面的教學目的對課文文辭作更進一步的處理，其作用在使學生對作者遣詞、造句、謀篇、布局等等深切的體認，引起文辭研習的興趣，而能有以應用之於自己的讀寫。例如：範文聯絡照應的方式，遣詞造句的技巧，句型句法的變化，教師皆可指導學生研討。對範文經營的體認，結構關鍵的審辨，特殊款格的辨別，以至組織的分析，詞句的類比，虛詞的使用，均可視其需要，或與討論，或爲講解。末了，則在本文前後可以相爲比較之課文，應比較其異同，並多學例證，以促使學生注意，好讓學生積久成習，舉一反三，觸類旁通。

以下茲舉「春」及「岳陽樓記」爲例，說明深究與鑑賞的方法。

㈠春　朱自清

1.原文

盼望着，盼望着，東風來了，春天的脚步近了。

一切都像剛睡醒的樣子，欣欣然張開了眼。山朗潤起來了，水長起來了，太陽的臉紅起來了。

小草偷偷地從土裏鑽出來，嫩嫩的，綠綠的。園子裏，田野裏，瞧去，一大片一大片滿是的。坐着，躺着，打兩個滾，踢幾脚球，賽幾趟跑，捉幾回迷藏。風輕悄悄的，草綿軟軟的。

桃樹、杏樹、梨樹，你不讓我，我不讓你，都開滿了花趕趟兒。紅的像火，粉的像霞，白的像雪。花裏帶着甜味，閉了眼，樹上髣髴已經滿是桃兒、杏兒、梨兒。花下成千成百的蜜蜂嗡嗡地鬧着，大小的蝴蝶飛來飛去。野花遍地是：雜樣兒，有名字的，沒名字的，散在花叢裏，像眼睛，像星星，還眨呀眨的。

「吹面不寒楊柳風」，不錯的，像母親的手撫摸着你。風裏帶來些新翻的泥土的氣息，混着青草味，還有各種花的香，都在微微潤濕的空氣裏醞釀。鳥兒將窠巢安在繁花嫩葉當中，高興起來了，呼朋引伴地賣弄清脆的喉嚨，唱出婉轉的曲子，與輕風流水應和着。牛背上牧童的短笛，這時候也成天在嘹亮地響。

雨是最尋常的，一下就是三兩天。可別惱。看，像牛毛，像花針，像細絲，密密地斜織着，人家屋頂上全籠着一層薄烟。樹葉子卻綠得發亮，小草也青的逼你的眼。傍晚時候，上燈了，一點點黃暈的光，烘托出一片安靜而和平的夜。鄉下去，小路上、石橋邊，撐起傘慢慢走着的人；還有地裏工作的農夫，披着簑，戴着笠的，他們的草屋，稀稀疏疏的在雨裏靜默着。

天上風箏漸漸多了，地上孩子也多了。城裏鄉下，家家戶戶，老老小小，他們也趕趟兒似的，一個個都出來了。舒活舒活筋骨，抖擻抖擻精神，各做各的一份事去。「一年之計在於春」；剛起頭兒，有的是工夫，有的是希望。

春天像剛落地的娃娃，從頭到脚都是新的，它生長着。

春天像小姑娘，花枝招展，笑着，走着。

春天像健壯的青年，有鐵一般的胳膊和腰脚，他領着我們上前去。

2.內容的深究

(1)義旨的探究

①全文主旨

描寫春光來到人間時自然界的形形色色。

②各段大意

第一段，盼望中的春天到了。第二段，描述萬物像剛睡醒的樣子。第三段，寫小草的模樣。第四段，寫桃、杏、梨樹與蜜蜂、蝴蝶之風情。第五段，寫春風。第六段，寫春雨。第七段，寫春天中的人物。第八段是結語，寫春天如娃娃、小姑娘與青年般充滿著朝氣與生命。

(2)作者思想情意的發展

春天，是新生的象徵。春天，是生命氣象的開始。作者寫下了春天的氣象萬千，也帶給了讀者清新可人的喜悅。

在嚴冬的蟄伏下，春天的脚步成爲人們所欲追尋的蹤跡。盼望著春景再現，也盼望著好風如水的清晨。作者以類疊句法來顯示他對春天的殷殷期盼，而春，也眞的近了。

春來的時候，首先進入作者眼簾的，是嫩嫩綠綠的小草。小草的新生如同初生的娃娃，充滿了茂盛的生命力。而桃樹、杏樹、梨樹也開滿了花，蜜蜂、蝴蝶的飛舞爲繽紛的世界點綴更多的動感。溫柔的春風吹來，傳來風中的泥土，花香氣息。鳥兒呼朋引伴，在作者看來，世界是不孤寂的，大自然永遠與你爲伴。

雨一來，把大地洗刷得乾淨又漂亮，雖是尋常，卻滋潤了大地萬物。

春天中的人兒，舒活起筋骨，爲生計而努力，且抖擻起精神，如落地的娃娃般，茁壯成長，如小姑娘般，喜悅滿懷。如健壯的青年般，昂首健步的踏上人生大道。

3. 形式的深究

(1) 剪裁安排的方法

作者以輕鬆自然的方式，寫出如此帶有春意的散文來。整篇文章中全無刻意雕琢的華麗字句，自然敍來，不落俗套。

前兩段是一個平淡的開始，寫對春的殷盼，然而，「盼望著，盼望著」卻把全文的精神都提將起來。而衆多的事物就陸陸續續地出籠，從視覺到觸覺，再由觸覺到嗅覺；從地上到空中，由風到雨。看來全文好似零散不整齊，卻正是作者的獨到之處，蓋輕鬆自然的筆調，疏疏落落的春景正將春天景色錯落有致，繽紛多采的特點淋漓盡致的表現出來。

(2)遣詞造句的技巧

作者運用豐富的寫作材料，如：山、水、太陽、星星、風、雨、泥土、青草、樹葉、石橋、蜜蜂、蝴蝶、鳥鳴、花香、牧童、短笛、牛毛、花針，以及娃娃、小姑娘、健壯的青年……等，構成春天的景色和氣象，極爲活潑熱鬧。行文優美，字裏行間處處流露出青春的振奮和希望的情緒，暗示青年應及時努力，把握春光，向前行去。全文共分八段：

第一段藉人們盼望春天的情緒，引發出主題，類似散文詩的筆法是作者所慣用的，如國中國文第一冊二十課「匆匆」曾出現過，而本文第一段及末段都充分表現了詩的韻律及句法。現以第一段爲例：

「盼望著，盼望著，東風來了，春天的腳步近了。」連續的兩個「盼望著」及「來了」、「近了」的運用，除更深刻地表現人們的期盼之情外，也有使文章顯現出節奏感的作用。此段並且利用東風的意象暗示春天的來臨。至於「春天的腳步」這種擬人化的寫法，除了六、七兩段外，更是每一段都可以見到。

第二段以「一切都像剛睡醒的樣子，欣欣然張開了眼。」承續第一段「春天的腳步近了」，並引導出本段的後三句及後面幾段豐富熱鬧的景象，於此，可謂本文爲春天拉開了序幕。其中以「剛睡醒的樣子」來狀擬春天乍臨大地的樣子，極爲貼切而顯得生動鮮活。

第三段及第四段都是完全就大自然的景物來描寫春光。其中運用了大量的疊字，如「偷偷地」、「嫩嫩的」、「綠綠的」、「輕悄悄的」、「綿輭輭的」、「嗡嗡地」，及擬人化的使用，如：「小草偷偷地從土裏鑽出來」、「桃樹、杏樹、梨樹，你不讓我，我不讓你，都開滿了花趕趟兒。……野花遍地是：雜樣兒，有名字的，沒名字的；散在草叢裏，像眼睛，像星星，還眨呀眨的。」堆疊出春天熱鬧的氣氛，都使人深深爲春光的繽紛而眩惑。此外這兩段中也有一些句法值得注意。如：「打兩個滾，踢幾腳球，賽幾趟跑，捉幾回迷藏」，都在「打滾」、「踢球」、「賽跑」、「捉迷藏」中間夾帶數量詞；「紅的像火，粉的像霞，白的像雪」，都是指「紅色的花」、「粉紅色的花」、「白色的花」而言。

第五段及第六段除了繼續大自然的描寫外，漸次加入人類活動的景象。如：「牧童」、「人家屋頂」、「撐起傘慢慢走著的人」、「田裏工作的農夫」、「草屋」等。第五段主要是以風勾勒出春的面貌：春風給人的感覺是「吹面不寒楊柳風」，是「像母親的手撫摸著你」；春風給人嗅覺的刺激是「新翻泥土的氣息，混著青草味，還有各種花的香，都在微微潤濕的空氣裏醞釀」；春風還帶來了聽覺的刺激，「鳥兒……呼朋引伴地賣弄清脆的喉嚨，唱出婉轉的曲子，與輕風流水應和著」，「牧童的短笛，這時候也成天在嘹亮地響」。第六段則是描寫春雨，先說「雨是最尋常的，一下就是三兩天。」但是「可別惱！」因爲春雨「像牛毛，像花針，像細絲，密密地斜織著」，頂多使「人家屋頂上全籠著一層薄烟」；或使「樹葉子綠得發亮」、「小草青得逼你的眼」，一些兒也不妨礙你。另外，由雨對自然及人的不同，也造成一次對比：「人家屋頂上全籠著一層薄煙」造成朦朧的氣象，而「樹葉子卻綠得發亮，小草青得逼你的眼」，則是雨洗後的清亮。其後則全是人類活動及事物的描寫，在春雨的浸潤下，呈現一片安和靜默的景象。

第七段全就人事來表現春光，並說出春天對人的影響，使得「城裏鄉下，家家戶戶，老老小小……抖擻抖擻精神，各做各的一分事兒去。」且帶給人們「『一年之計在於春』，剛起頭兒，有的是工夫，有的是希望。」的振奮。

第八段道出春天的精神是「像剛落地的娃娃，從頭到腳都是新的，它生長著」，是「像小姑娘，花枝招展的，笑著，走著」，是「像健壯的青年，有鐵一般的胳膊和腰、腳，它領著我們上前去」，連用三次春天結尾，給人新鮮、有力的感覺，並再度使用擬人法，回顧全文做一總結。

朱自清的散文所以歷久傳頌而感人至深，除了在於他眞實地表達情感外，其遣詞造句，清新優美，故能發生極大的感動力，本文表現這種風格至爲顯明，足爲朱氏的代表作品。

(3) 全文結構分析表

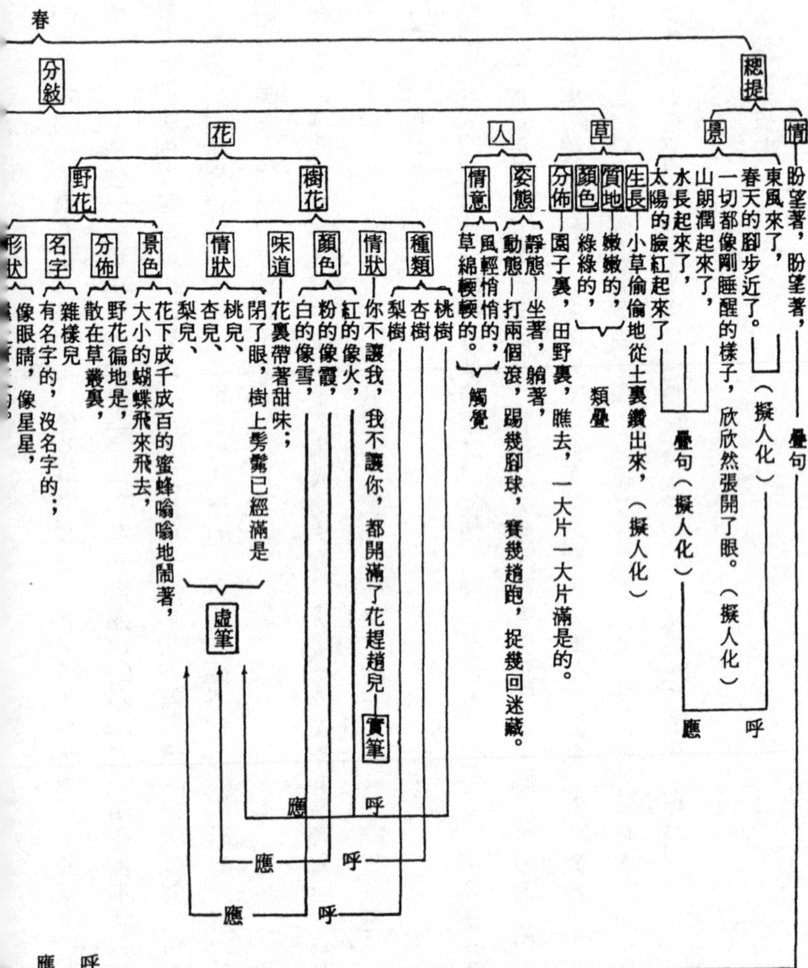

春
總提
情
盼望著，盼望著，
疊句
景
東風來了，春天的腳步近了。（擬人化）
一切都像剛睡醒的樣子，欣欣然張開了眼。（擬人化）
山朗潤起來了，
水長起來了，
太陽的臉紅起來了
疊句（擬人化）
呼
應
分敘
草
生長
小草偷偷地從土裏鑽出來，（擬人化）
質地
嫩嫩的，
顏色
綠綠的，
類疊
分佈
園子裏，田野裏，瞧去，一大片一大片滿是的。
人
姿態
靜態—坐著，躺著，
動態—打兩個滾，踢幾腳球，賽幾趟跑，捉幾回迷藏。
情意
風輕悄悄的，草綿軟軟的。
觸覺
花
樹花
種類
桃樹
杏樹
梨樹
情狀
你不讓我，我不讓你，都開滿了花趕趟兒
實筆
顏色
紅的像火，
粉的像霞，
白的像雪，
味道
花裏帶著甜味；
情狀
閉了眼，樹上彷彿已經滿是
桃兒、
杏兒、
梨兒、
虛筆
呼
應
呼
應
呼
應
野花
景色
花下成千成百的蜜蜂嗡嗡地鬧著，
大小的蝴蝶飛來飛去，
分佈
野花徧地是，
散在草叢裏，
名字
雜樣兒，
有名字的，沒名字的；
形狀
像眼睛，像星星，
應
呼

- 風
  - 感覺——「吹面不寒楊柳風」，不錯的，像母親的手撫摸著你。（擬人化）
  - 味道
    - 風裏帶來些新翻泥土的氣息，
    - 混著青草味，——呼應「草」
    - 還有各種花的香，——呼應「花」
    - 都在微微潤濕的空氣裏醞釀。——伏筆「雨」
- 音
  - 鳥
    - 位置——鳥兒將窠巢安在繁花嫩葉當中，
    - 聲音（擬人化）
      - 高興起來了，
      - 呼朋引伴賣弄清脆的喉嚨，
      - 唱出宛轉的曲子，
      - 與輕風流水應和著。——呼應「風」「水」
  - 笛——牛背上牧童的短笛，這時也成天在嘹亮地響。
- 雨
  - 特性——雨是最尋常的，一下就是三兩天。
  - 情緒——可別惱！
  - 形狀——看，像牛毛，像花針，像細絲，密密地斜織著，
  - 景色（呼應）
    - 人家屋頂上全籠著一層薄煙。——伏筆「人」
    - 樹葉子卻綠得發亮，——呼應「樹、花」
    - 小草也青得逼你的眼，——呼應「草」
    - 夜景
      - 傍晚時候，上燈了，一點點黃暈的光
      - 烘托出一片安靜而和平的夜。
    - 伏筆「人」
      - 鄉下去，小路上，石橋邊，撐起傘慢慢走著的人；
      - 還有田裏工作的農夫，披著簑，戴著笠的。
    - 他們的草屋，稀稀疏疏的在雨裏靜默著。
- 晴
  - 人物
    - 天上的風箏漸漸多了，地上孩子也多了。
    - 城裏鄉下，家家戶戶，老老小小，
  - 活動
    - 他們也趕趟兒似的，一個個都出來了。
    - 舒活舒活筋骨，抖擻抖擻精神，各做各的一份事兒去。
  - 心情——「一年之計在於春」，剛起頭兒，有的是工夫，有的是希望。
- 總結（擬人化）
  - 希望、生長——春天，像剛落地的娃娃，從頭到腳都是新的，它生長著。
  - 愉快、活潑——春天，像小姑娘，花枝招展的，笑著，走著。
  - 茁壯、奮進——春天，像健壯的青年，有鐵一般的胳膊和腰、腳，它領著我們前去。

(4)聯絡照應的方式

本篇題爲「春」，自然地，全文都籠罩在「春」的氣息裡，不論寫山、水、草、樹、動物、人，無一不是春天的。

第一段中，「東風來了」，「風」在全文中也佔有相當重要的角色，預先爲全文的內容作鋪路。如第三段中「風輕悄悄的」。第五段「吹面不寒楊柳風」、「風裏帶來些新翻泥土的氣息」、「與輕風流水應和著」。

第三段中，「小草偷偷地從土裏鑽出來」，草與雨中之景相應和，如「小草也青得逼你的眼」。

第四段中，「桃樹、杏樹、梨樹」與第六段「樹葉子卻綠得發亮」相照應。

值得注意的是，作者寫春，亦正是寫「人」的活動，人性化的修辭格，與各段中屢次提到的人物，譜出了鮮活親切而又實在的世界。如「太陽的臉紅起來了」、「春天的腳步近了」、「坐著，躺著……」、「你不讓我，我不讓你……」、「牛背上牧童的短笛」、「撐起傘慢慢走著的人」、「農夫」、「孩子」、「老老小小」、「娃娃」、「小姑娘」、「健壯的青年」皆是與人有關。

（以上朱自清「春」的分析，原爲筆者「國文教材教法」之講義，曾轉載於國立編輯館主編之國民中學國文教師手册第四册。）

(二)岳陽樓記　范仲淹

1.原文

慶曆四年春，滕子京謫守巴陵郡。越明年，政通人和，百廢具興，乃重修岳陽樓，增其舊制，刻唐賢今人詩賦於其上，屬予作文以記之。

予觀夫巴陵勝狀，在洞庭一湖。銜遠山，吞長江，浩浩湯湯，橫無際涯；朝暉夕陰，氣象萬千；此則岳陽樓之大觀也，前人之述備矣。然則北通巫峽，南極瀟湘，遷客騷人，多會於此，覽物之情，得無異乎？

若夫霪雨霏霏，連月不開；陰風怒號，濁浪排空；日星隱耀，山岳潛形；商旅不行，檣傾楫摧；薄暮冥冥，虎嘯猿啼；登斯樓也，則有去國懷鄉，憂讒畏譏、滿目蕭然，感極而悲者矣。

至若春和景明，波瀾不驚，上下天光，一碧萬頃；沙鷗翔集，錦鱗游泳，岸芷汀蘭，郁郁青青。而或長煙一空，皓月千里，浮光躍金，靜影沈璧，漁歌互答，此樂何極！登斯樓也，則有心曠神怡、寵辱偕忘、把酒臨風，其喜洋洋者矣。

嗟夫！予嘗求古仁人之心，或異二者之爲，何哉？不以物喜，不以己悲，居廟堂之高，則憂其民；處江湖之遠，則憂其君。是進亦憂，退亦憂；然則何時而樂耶？其必曰：「先天下之憂而憂，後天下之樂而樂」乎！噫！微斯人，吾誰與歸！時六年九月十五日。

2.內容的深究

(1)義旨的探究

①全文主旨

表面上是記述岳陽樓，而主旨卻是自述胸懷，借題抒情。

②各段大意

第一段：敍作記的原由。第二段：略云巴陵勝概，專就登樓之人覽物異情著筆，引出下文「雨悲」、「晴喜」不同的境界。第三段：敍覽物而悲者。第四段：敍覽物而喜者。第五段：敍古仁人先憂後樂，以天下爲己任，故能不以物喜，不以己悲；自抒抱負，且勉知己於遷謫之中。

(2)作者思想情意的發展

我們讀此文，應先把握作者寫此文的動機。據俞樾說：滕子京被貶岳州巴陵當太守，滿腔哀怨，范仲淹爲其同年進士，原想寫信去勸他，但不知道如何下筆，正好滕子京修建岳陽樓成，請范仲淹寫一篇記。於是范仲淹借題發揮，寓規勸之意。（見春在堂隨筆）。所以篇中皆記岳陽樓四周景物的變化，末段發爲議論，未見提到岳陽樓本身的情狀。

第二段記岳陽樓之景，以「氣象萬千」爲總括，正由於氣象萬千，所以遷客騷人，覽物之情，其必有異。作者可謂用心良苦，以「遷客騷人」接應了滕子京謫守巴陵郡一事，再順接「不以物喜，不以己悲」，末尾結出「先天下之憂而憂，後天下之樂而樂」，前呼後應，此皆爲勸滕子京貶謫而發。

第三段述觀物而悲之情，從逆境着筆。

第四段敍覽物而喜之情，由人生的順境著筆。

末段言覽物之情有悲有喜，這是就一般的遷客騷人而言，若古仁人則不以物喜，不以己悲。

全文以岳陽樓爲賓，作者抒述情意是主。他以仁人之心勸勉滕子京忘懷個人的得失，所以引出「先天下之憂而憂，後天下之樂而樂」的崇高理想。

作者憂國憂民的情操，在其剛健的氣勢筆墨中表現無遺，古仁人先憂後樂仁民愛物的襟懷，更值得讀者努力學習。

3.形式的深究

(1)剪裁安排的方法

這篇文章在作法上，可以說不是記述實在的樓，而是以變態萬千的氣象，烘托出悲喜無定的情意，用以比喻世人患得患失之心。下文再以「不以物喜，不以己悲」的境界，說明「先天下之憂而憂，後天下之樂而樂」的仁者之心。世俗之情所以或喜或悲者，皆因其不能超然於物外，故憂樂之情，生於得失。若古之仁者，不以個人得失干其心，故能「先天下之憂而憂，後天下之樂而樂。」結語時，作者更慨歎的說：「微斯人，吾誰與歸」，盼望滕子京與其同道而行，期勉友人，一往情深。

此文內容，雖是抒發個人的心志，但在形式上仍是以岳陽樓爲寫作的對象，並沒有離開岳陽樓來發揮，第一段寫滕子京重修岳陽樓索記開始，接下寫岳陽樓之大觀，再從岳陽樓之大觀論悲喜，但仍不離開岳陽樓，悲喜都是直接從「登斯樓也」而產生的。最後發揮議論，說悲喜憂樂，看來好似和岳陽樓無關，但從文章的氣脈來說，也都和岳陽樓有間接的關聯，這樣全文就在「岳陽樓」的題旨下顯得一致了。

(2)遣詞造句的技巧

第二段中「遷客騷人，多會於此；覽物之情，得無異乎？」用的是設問格，當比「遷客騷人，多會於此，覽物之情，則有異也！」的直敍手法更吸引人注意。此設問格是屬內心已有定見的設問，有疑而發問，因問而釋疑。藉著自己疑問的解決，進而也使他人的疑問得到解決，因此引出第三段、第四段的悲喜二者之異來。

第三段與第四段的文字色調則因內容不同而呈現相異的風貌，像「霪雨霏霏」、「陰風怒號」、「日星隱耀，山岳潛形」、「商旅不行，檣傾楫摧」、「薄暮冥冥，虎嘯猿啼」這些悲景寫來，則是一片昏暗蕭然，無怪乎遷客騷人，登斯樓也，則有感極而悲者矣。即令平常之人，見此悲景，能不隨之而悲夫？至於像「春和景明，波瀾不驚」、「上下天光，一碧萬頃」、「沙鷗翔集，錦鱗游泳」、「岸芷汀蘭，郁郁青青」、「皓月千里」、「浮光躍金」這一片明景，正是大地茂盛的生機，良辰美景，怎不令人樂孜孜，喜洋洋呢？

本文對偶的句子很多，如「銜遠山，呑長江」、「北通巫峽，南極瀟湘」。第三段與第四段的對偶更多，再如第五段「不以物喜，不以己悲」、「居廟堂之高，則憂其民；處江湖之遠，則憂其君」、「先天下之憂而憂，後天下之樂而樂」，充分顯現勻稱工整的美妙。因為對偶的佳妙，在於自然意遠，透徹玲瓏，無跡可求。本文對偶確能令人領略平衡的作用，實爲佳構。

(3)聯絡照應的方式

第一段敍作記因由，由滕子京之謫守巴陵郡與重修岳陽樓，寫到囑己作記的情事，預爲下文對樓外景觀的敍寫鋪路。

第二段乃寫樓外常景。以「此則岳陽樓之大觀也，前人之述備矣。」來表示岳陽樓一般的記述已多，而自己所要記的，並不同於此。「然則北通巫峽，南極瀟湘，遷客騷人，多會於此，覽物之情，得無異乎」，「遷客騷人」接應了前段中「滕子京謫守巴陵郡」的「謫」字。謫字乃一篇之氣脈。全篇文意，皆從謫字出發。蓋此段文字雖短，卻肩負著聯貫和照應上下文的重大任務，「然則」聯詞一轉，引出「覽物異情」的意境來，也因此方有三、四兩段實寫「覽物異情」的文字，故而方有末段「不以物喜，不以己悲」，當「先天下之憂而憂，後天下之樂而樂」。以此勸滕子京貶謫而發，至爲明顯。

三、四兩段雨悲、晴喜，由覽物之情而引起。此悲、喜爲全文著眼點。

末段「不以物喜，不以己悲」與三、四段「感極而悲者矣」、「其喜洋洋者矣」相照應。而「居廟堂之高……進亦憂，退亦憂」說明了「先天下之憂而憂，後天下之樂而樂」，全文一氣呵成，通暢一貫。

(4)全文結構分析表

岳陽

- 首段—作記原由
  - 慶曆四年春（時）滕子京（人）謫守巴陵郡（地）
  - 越明年，政通人和，百廢俱興，乃重修岳陽樓
  - 增其舊制—刻唐賢今人詩賦於其上（事）
  - 屬予作文以記之
- 次段
  - 略云巴陵勝狀
    - 予觀夫巴陵勝狀，在洞庭一湖（總點一句）
    - 銜遠山，吞長江，浩浩湯湯，橫無際涯
    - 朝暉夕陰，氣象萬千
    - 此則岳陽樓之大觀也（總收）
    - 前人之述備矣（撇開寫大觀）
  - 轉記覽物異情
    - 然則（轉折—專就覽物異情著筆）
    - 北通巫峽，南極瀟湘（地位重要）
    - 遷客騷人，多會於此→覽物之情，得無異乎？（伏筆揭出異字）
- 三段—覽物而悲
  - 若夫霪雨霏霏，連月不開；
  - 陰風怒號，濁浪排空；
  - 日星隱耀，山岳潛形；
  - 商旅不行，檣傾楫摧；
  - 薄暮冥冥，虎嘯猿啼；
  - 物—登斯樓也
  - 則有
    - 去國懷鄉
    - 憂讒畏譏
  - →滿目蕭然→感極而悲者矣 情

敍

樓　記

四段──覽物而喜

至若春和景明，波瀾不驚；
上下天光，一碧萬頃；
沙鷗翔集，錦鱗游泳；
岸芷汀蘭，郁郁青青；
而或長煙一空，皓月千里；
浮光躍金，靜影沈璧；
漁歌互答，此樂何極；

日景 → 物 → 夕景

登斯樓也
則有 ｛心曠神怡／寵辱偕忘｝
→把酒臨風
→其喜洋洋者矣
情

末段──異於覽物而異情者

嗟夫！（以感慨起）
予嘗求古仁人之心，或異二者之爲（又揭異字）
何哉？
不以物喜，不以己悲
｛居廟堂之高，則憂其民／處江湖之遠，則憂其君｝是 ｛進亦憂／退亦憂｝
然則何時而樂耶？（由憂轉至樂）
其必曰：｛先天下之憂而憂／後天下之樂而樂乎！｝
噫！微斯人，吾誰與歸！（以感嘆作結）
時六年九月十五日（記時與文首時序迴應）

論

八、讀法的深究

讀法教學是國文教學的一部分，是教導學生透徹理解文章的內容涵義，同時體會其表現形式的一種教學活動。也就是指導學生對於已經處理完畢，透徹理解的課文，經由誦讀而臻於純熟。誦讀時的聲氣，必須配合文句的結構及其包含的情感，而成抑揚頓挫的音調。

袁哲在國語讀法教學原論中說：「吾人須知讀法教學，負有國語教育的重大使命，此重大使命，一言以蔽之，即由語言、文字、文章之理會與發表，以謀兒童人格的完成，並使其參與文化價值的創造。」袁氏所說的目標難免理想化，然而所謂：「讀法教學的主力點是在國語的認識與運用」是不錯的。根據部頒國文課程標準，我們知道國民中學是「繼續學習標準國語，培養聽話及說話之能力與態度。」語文的學習，不比其他知識的學科，單憑眼到、心到記住了是不夠的，尤其是中國語文特具聲韻的條件，必須還要靠口、耳同到，一面體會文章的義旨，一面欣賞文章的藝巧，經由心維口誦的訓練過程，期使學生把語言文字運用得純熟自如。

朗誦的實施，在將語言的意義發表出來，使聽者同時感受到語言之「力」、「美」與「協調」，因此在朗讀實施之前，必須對於文章內容的思想感情，有透徹之瞭解。因此讀法指導置於教學過程之末，是很妥善的。朗讀的種類有二：

㈠正讀：正讀以指導學生正確發音為目標。實施時，教師務必指導學生清晰而正確的國語發音，並注意詞的聲調、抑揚及語勢。

(二)美讀　美讀的實施，不僅在傳達文章中的思想，同時尚須表達文章中的情感，並進而捕捉作者的個性。美讀的發表，除了有正確的國語發音外，還要講究文句的氣勢、情韻的優美，音調的高低、聲音的強弱及語速的快慢等，這樣才能將文章的內涵表現出來。

我們讀一篇文章時，應該注意兩方面：(一)、形式方面：文章的結構單位有字、有詞、有語、有句，句中有單句、複句、排句、偶句、肯定句、疑問句、感歎句等等的分別。(二)、內容方面：有些文句是說理的，有些文句是敍事的，有些文句是寫景，或抒情的。在這些文句裏，含藏著作者的心境。文章原是作者內在情意的抒發，等於以筆爲言，某部分說話是心平氣和；某部分說話又是慷慨激昂；那一句話中他懷藏著戒愼恐懼之心；那一句話中，他又露出興高采烈之情，這些都要在深究文章內容時，分析清楚。

至於朗讀實施時，該注意那些原則呢？袁哲先生提出十五條原則，茲分述如下：

(一)朗讀以前，須徹底瞭解字句及全文之意義。

(二)朗讀一個句子時應以「詞」爲單位，不應以「字」爲單位。

(三)朗讀須依照口語的自然聲調，韻文應像吟唱歌曲，散文應像演說報告，戲文應像對話說白。

(四)朗讀的音，應該用國音，讀的音調，應該用國語的聲調。

(五)朗讀應根據句中各種不同的詞性，及各個詞在各該句中組織上的關係，而異其讀法。

(六)朗讀應根據語句不同的性質，讀出不同的情調，例如讀命令句，聲調須爽朗，收音須急速等。

(七)朗讀應根據文章的性質而確定其調子，例如激烈、和平、悲哀、快樂等性質的文章，均應異其誦讀之調子。

(八)朗讀應根據文章中之位置，而變異其讀法。例如文章中之重要地方應重讀；各段落間須稍加休息；詩歌韻文，讀到叶韻的地方，應重讀而拖長等。

(九)朗讀時如有錯誤發生，切勿立時更正，斷其進程，應待讀完全課後，始提出討論或更正。

(十)朗讀時的聲音，須清楚高朗，但不宜用力直喊，以全體同學能聽清為度。

(十一)朗讀時應指導兒童讀至上一句時，兩眼視線，就移至下一句，練習既久，即可增其速度。

(十二)朗讀以後有批評訂正，遇必要時，即由教師示範朗讀。

(十三)朗讀練習，應多變化，通常所用的方法，有低音讀練習，高音讀練習，對讀練習、伴讀練習、表情讀練習、審美讀練習等。

(十四)朗讀時應注意頭部的正直，及身體的姿勢（改除動搖頭部、軀幹或下肢的惡習）。

(十五)朗讀時應注意學生拿書的姿勢，不可太近，亦不可太遠，應稍傾斜，書面與兩眼常保尺餘的距離。（註三三）

以上是朗讀時應該注意的原則。國文教師指導學生朗讀可資參考。務必使學生在正確而又不失其趣味的氣氛下，認真學習。

以上所談為散文的朗讀，至於詩歌朗讀，是要把詩歌的意義與音樂性完美的結合而表達出來。詩歌的文字符號，是平面的，透過語音的發音，更能成為立體的時空交會。因此詩歌朗誦是情意的表達，聲音的藝術，既有文學性，也有音樂性。

近些年來，由於詩文美讀在國文教學上的需要，有識之士乃著手蒐集整理詩文吟唱的資料，記譜，製錄音帶。例如師範大學南廬吟社便整理出一份詩譜，是將工尺譜翻成現代簡譜，有利於吟唱教學，吟唱也爲一般青年學子所喜愛。

詩歌朗誦包括徒誦與吟唱，徒誦只要揣摩詩歌中的情意和韻律，隨口誦讀，在自然的音韻中，便具有抑揚頓挫的美感，例如張繼的楓橋夜泊：

月落烏啼——霜滿—天——
江楓——漁火對愁——眠——
姑蘇——城外寒山——寺——
夜半鐘聲——到客—船——

（長線表示平聲的聲音拉長，短線表示音節字須分明讀誦）

絕律的徒誦有一定的規則，其二四六的音節字，要分明地表現出來，做到平聲拉長，仄聲連讀，以收情味動人的效果。

吟唱要有曲調，依曲譜的節奏來唱詩，同時也可用絲竹管絃來伴奏，吟唱時，詩是合樂的，不同於隨口徒誦。例如王昌齡的出塞，以天籟調吟唱，適於七言平起格的絕句，如果重複一遍，便成了律詩。又如盧綸的塞下曲，可用宜蘭酒令吟唱，茲列此二曲譜如下：

C調 4/4　**出塞**　王昌齡 詩　天籟 調

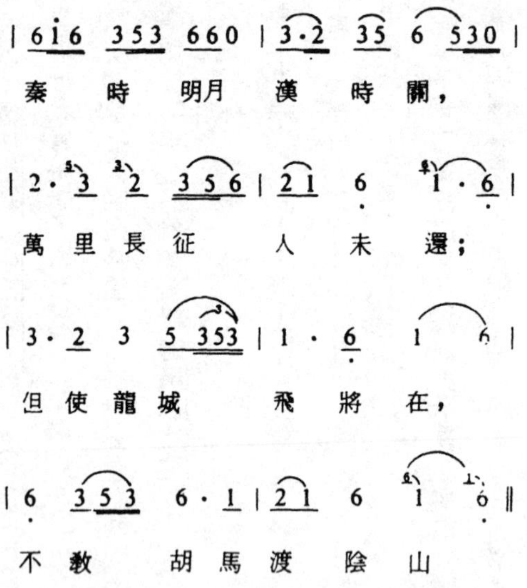

| 616 353 660 | 3·2 35 6 530 |

秦 時 明月 漢 時 關，

| 2· 3 2 356 | 21 6 1·6 |

萬里長征 人 未 還；

| 3·2 3 5 353 | 1·6 1 6 |

但使龍城 飛 將 在，

| 6 353 6·1 | 21 6 1 6 ‖

不教 胡馬渡 陰 山

D調 2/4　**塞下曲**　盧綸 詩　宜蘭酒令

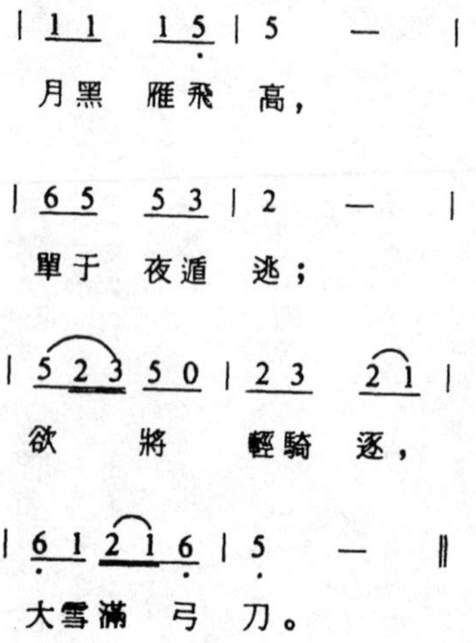

| 11 15 | 5 — |

月黑 雁飛 高，

| 65 53 | 2 — |

單于 夜遁 逃；

| 523 50 | 23 21 |

欲 將 輕騎 逐，

| 61216 | 5 — ‖

大雪滿 弓 刀。

詩歌的吟唱，既然需要曲調，而唐宋元人的曲調已失傳，民間吟唱的曲調，古譜又有限，於是今人往往用古人的詩詞譜以新曲，今多收錄於藝術歌曲中，亦爲一般學子所熟悉。例如：李白下江陵，有黃自的曲；王維渭城曲，有朱永鎭的曲；崔顥黃鶴樓，有柳絮的曲；陸游釵頭鳳，有影樹人的曲，這類新曲，既能保持古詩詞的氣質和情韻，又能合乎時代音樂精神，是值得提倡鼓勵的。

至爲可喜的是，民國七十二年教育部公布國民中學課程標準，國立編譯館據此重編國中教材。筆者負責主編國中國文課本及教師手册。凡詩歌部分，皆商請主編音樂課本者，列入教材，經其同意，重新編曲，以利國文欣賞教學。使學生能在優美的旋律中，陶冶於古詩詞的意境而生思古之悠情。茲學第一册詩歌爲例，其曲譜如下：

登鸛鵲樓

（二部輪唱）

王之渙詞
錢善華曲

憫農詩

（二部輪唱）

李 紳詩
蔡中文曲

黃鶴樓送孟浩然之廣陵

李　白詩
黃德賢曲

楓橋夜泊
（三部卡農）
張繼 詞
陳茂萱 曲
♩=76
月落烏啼 霜滿天， 江楓漁火 對愁眠， 姑蘇城外
月落烏啼 霜滿天， 江楓漁火 對愁眠，
月落烏啼 霜滿天， 江楓漁火
寒山寺， 夜半鐘聲 到 客 船。
姑蘇城外 寒山寺， 夜半鐘聲 到 客 船。
對愁眠， 姑蘇城外 寒山寺， 夜半鐘聲 到 客

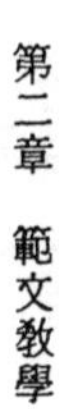

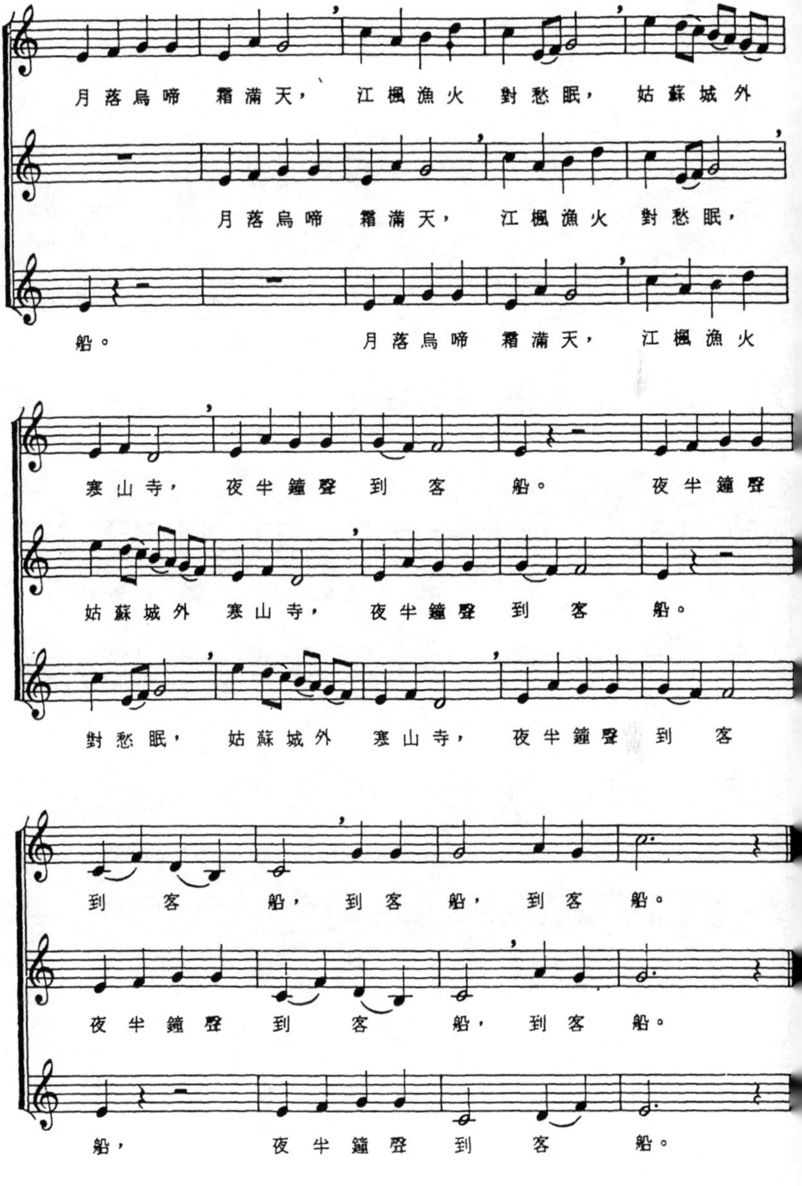

月落烏啼　霜滿天，　江楓漁火　對愁眠，　姑蘇城外
月落烏啼　霜滿天，　江楓漁火　對愁眠，
船。　月落烏啼　霜滿天，　江楓漁火
寒山寺，　夜半鐘聲　到　客　船。　夜半鐘聲
姑蘇城外　寒山寺，　夜半鐘聲　到　客　船。
對愁眠，　姑蘇城外　寒山寺，　夜半鐘聲　到　客
到　客　船，　到客　船，　到客　船。
夜半鐘聲　到　客　船，　到客　船。
船，　夜半鐘聲　到　客　船。

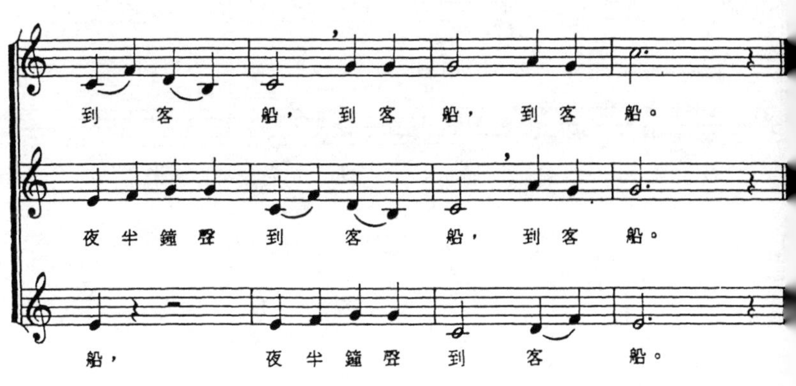

塞下曲

（二部卡農）

盧綸詞
杜夢絃曲

♩= 108
月 黑 雁 飛 高， 單 于
月 黑 雁 飛 高，
夜 遁 逃， 欲 將 輕 騎 逐， 欲 將 輕 騎 逐，
單 于 夜 遁 逃， 欲 將 輕 騎 逐
大 雪 滿 弓 刀。 滿 弓 刀。
欲 將 輕 騎 逐， 大 雪 滿 弓 刀。

以上所學的曲譜，乃是國文教材與音樂教材的聯絡產物。因此實施詩歌吟唱教學，也就是進行國文科與音樂科的科際整合，實具有現代教育的精神。詩歌吟唱教學便是要指導學生，將詩歌中的詩情與聲情結合起來，使學生在詩境音樂的涵泳中，培養出委婉含蓄的高雅氣度。現在市面上，已發行「唐詩朗誦」錄音帶（東大圖書公司發行）為教學上的參考，教師可酌情使用。

另外，國立編譯館根據教育部於民國七十二年公布的國文課程標準，重編國中與高中的國文課本。其國中課本中所選用之韻文，已全部列入音樂教材，請編者重譜新曲。如此配合，想來也必能有助於國文教師指導學生進行韻文的欣賞活動。

近年來，由於新詩寫作之風盛行，中學國文課本也列入新詩為教材。許多大專院校紛紛成立詩社，除了提倡白話詩的創作之外，也嚐試把新詩平面的文字符號，透過聲音的表現，使其立體化，於是新詩朗誦之風便普及起來。尤其最近幾年，教育當局舉辦大大小小的新詩朗誦比賽，帶動了學校詩歌吟誦的風氣。

談到朗誦的形式可分成兩種：

㈠個人獨誦：著重在個人聲音才華的表現。獨誦者將詩歌內在的情感思想，透過聲音表情，介紹給聽者，以期產生共鳴。由於是個人的表現，因此朗誦者的音質、音色、音量都必須與詩歌內容配合。例如嘹亮雄渾的聲音，適合愛國情操澎湃熱烈的戰鬥詩，而柔婉感性的聲音，則適合抒情含蓄之作。每個學生的音質、音色、音量都有差異，教師必須多多試誦，以選出適合各種詩體的朗誦人選。

㈡團體朗誦：這是個人獨誦的延展，除了要注意個別差異外，更要把握住團體合作的精神，使一篇詩歌，透過帶誦者與全體朗誦成員的群策群力，以聲音爲媒介，縱橫呈現在聽者的耳畔。以下有四個原則需要注意：

1.人數：團體朗誦人數，可視實際需要而定，少者兩人，多者可至數十人。朗誦不需如合唱隊一般，依音域區分唱部；但可將音質相近者，列爲一部，全隊分成若干部，以求分誦時聲音的整齊。

2.朗誦技巧，在處理上可分男獨誦、女獨誦、男合誦、女合誦、分部誦、男女合誦等。又可分獨誦、疊誦、輪誦、複誦、合誦等形式。帶誦者視實際需要，巧妙運用，使聲音有男聲、女聲；個人、多數；重疊、反覆等參差變化，這是獨誦所無法表現的。

3.選詩時，除了注意主題內容外，尚須留意文句是否通暢流利。由於朗誦是以聲音發表的，唸過去就過去了，除非聽誦者熟悉該詩，否則聽不懂就無法求證，若一首詩中有多處聽不懂的地方，必降低聽者的興趣，故詩歌中，若有需要再三玩味探究才能領悟的生澀字句，最好不要選爲朗誦詩。而宜以語句明暢流利，較口語化的作品爲選詩的標準。

4.團體朗誦可運用舞台型式呈現。帶誦者運用巧思，在隊形、服裝、道具上求創新，也可配以燈光、音響、舞蹈、戲劇等效果襯托朗誦。但千萬不可捨本逐末，反賓爲主，若競相在舞台效果中要弄花招，便失去朗誦以聲音爲主的原意了。

團體朗誦是相當繁複的朗誦形式，帶誦者除了要勞心費神於詩稿選取、技巧處理、聲音分配、舞台效果設計外，更要取得隊員的向心力，加以長期辛勤的琢磨訓練，才能將一篇佳作，完美的呈現出立體的效果。

【附註】

註一　參見中國文學史初稿

註二　參見國立台灣師範大學實習會出版的教案示例

註三　同註二

註四　同註二

註五　參見中國文學史類編　頁一四

註六　參見國民中學國文教師手冊第四冊

註七　同註六

註八　同註六

註九　同註六

註一〇　同註六

註一一　同註六

註一二　同註六

註一三　同註六

註一四　參見國民中學國文教師手冊第一冊
註一五　同註一四
註一六　參見中國詩學設計篇「談詩的密度」
註一七　同註一四
註一八　同註一四
註一九　參見國民中學國文教師手冊第三冊
註二〇　同註一九
註二一　同註一九
註二二　同註一九
註二三　同註一九
註二四　參見陳弘治詞的認識與鑑賞
註二五　參見國民中學國文教師手冊第五冊
註二六　同註二五
註二七　同註二五
註二八　參見劉翔飛：張養浩水仙子賞欣
註二九　同註一四
註三〇　同註一四
註三一　參見國民中學國文教師手冊第二冊
註三二　同註三二

貳、鑑賞

一、鑑賞的方法

㈠前　言

文心雕龍知音篇談到：「夫綴文者情動而辭發，觀文者披文以入情。」在文學的領域裡，創作與鑑賞是兩個相對的重要工作。任何人情動於中，便會自然形之於外，情信則詞巧，這是很合乎心理原則的。是故所謂文學創作便是以文字爲工具，通過作者的才氣、情感與想像，所建築的一種藝術構造。而且這種藝術構造的內涵具有喚起讀者意識、激動讀者心靈的作用。一篇成功的作品，不在於它篇幅的大小，而是在於它確切地觸及了人性中一些深邃的問題，作者往往在無窮的思想範疇中，發現新的內容與精神境界。因此，鑑賞者的工作，不只是賞玩作品的文字而已，也不只是要求作品與個人生活互相感應而已，而是要更進一步地以一顆具有豐富藝術與學養的心靈，和作者以心談心，客觀地去發掘與再現作品的美感與內涵。所以，文學鑑賞在整個文學活動中，實在有它不可抹滅的地位。語云：「文無定法，『無法』即是法。」文學創作既隨作家的意與而呈現不同的風貌，所以當我們悠游於文學的字裡行間時，實有必要掌握幾個基本的文學鑑賞方法，以探討作品的價值，體會其神髓之所在，並進而將其中所蘊涵的哲理化爲我們思想的一部份，如此才能不失「文學鑑賞」的目的與意義。

㈡鑑賞的方法

1.從「字、句、段、篇」來鑑賞

文學是以文字爲媒介的藝術，所以文學創作的基礎就在於作者如何掌握精確妥貼的文字，運用修辭的技巧來表達一己的情感與思想。劉彥和曾說：「心旣託聲於言，言亦寄形於字，諷誦則績在宮商，臨文則能歸字形矣。」所以作者的藝術成就，表現在字、句、段、篇方面的，最爲具體。

有關字的鑑賞，我們可以根據以下四個原則：(1)是否應用了適當分量的文字，表達一個完整的意思。(2)是否利用感情的要素，加強了文字的感染力。(3)是否使詞彙豐富，語感有趣味，並表現了口語的特性。(4)是否創造出自我獨特的風格（註一）。舉例來說，王國維的人間詞話云：「『紅杏枝頭春意鬧』，著一『鬧』字，而境界全出。」此一『鬧』字本來極俗，但由於用得極爲恰當，是以饒富情趣。賈島的「鳥宿池邊樹，僧敲月下門」，「敲」字十分生動，表現了靜中有動的境界。這也是語言中俗語的巧妙運用，給人的感受十分清新而不俗氣。

積字而成句，要求句意深遠而不晦澀，溢趣而不板滯。宋人王藉詩：「蟬噪林欲靜，鳥鳴山更幽。」王荆公以其中的「鳥鳴山更幽」對古人詩「風定花猶落」，形成了靜中有動、動中有靜的佳句妙對。又如溫庭筠的「雞聲茅店月，人跡板橋霜」，蘇東坡的「但願人長久，千里共嬋娟」等都是神韻盎然而意味悠遠的句子。此外，一些運用巧妙的方言俗話，也可以作爲修辭的藍圖，以構成新的風趣。紅樓夢中有這麼幾句話：「你不用和我『花馬吊嘴的』，咱們『清水裡下麵』，你吃我看，提著『影戲人兒上場』，好歹別戳破這張紙兒。」這些生活經驗中的俚語，是如何生動地形成富於表現諷刺味道的語句！李漁窺詞管見中談到：「琢句鍊字，雖貴新奇；亦須新而妥，奇而確，總不越一『理』字。欲望句之驚人，先求理之服衆。」用李氏的話來密察字與句，雖不中，亦不遠矣！

積句而成段，常見的分段方法有四種：(1)以時空爲序，這是按時間或空間的順序劃分。(2)以論理爲序，這是先起論，再舉例證明，最後結論。(3)以事物綱目爲序，這是依照已訂好的綱目，逐事逐物分段。(4)以事理的發展爲序，這是依照原因、經過與結果的順序分段。分段的方法，應該遵循五個原則：(1)配合全文的主旨。這是說文章的段落，必須受主體的支配，就像人的肢體，四肢必須彼此互相銜接並受大腦的支配，才能構成一個整體。(2)每段應有中心思想，就像人的四肢，都各有其功能，比如手可以寫字，腳有走路的功用。(3)全段要能聯貫，這是說每一段的層次應清晰明確，且每一段的前後，須密切銜接。就像人的四肢必須密切銜接，否則便會手腳支離，造成凌亂失次的弊病。(4)各段應互相聯絡，這是說文章的段落，應依據中心思想，但段與段之間，仍要彼此聯絡。譬如人的四肢若不彼此聯絡，就不能做事，例如手要拿左邊的東西，腳卻往右邊走，又如何能達到目的呢？(5)段的長短要隨篇轉移，這是說文章篇幅長的，段最好也長；篇幅短的，最好段不要太長。就好比人的四肢與體型的大小，如果大小長短相稱，就能自然得體。以上所述的分段「方法」及「原則」，都可以作爲鑑賞時的參考。

積段而成篇，談到全篇結構，古人有所謂的「起承轉合」。起是文章的起始，承是承接起始的文句，轉是轉換另一方向，加以闡發，合是文章的總結。如王安石讀孟嘗君傳一文，共分四段，起承轉合的結構，顯而易見。在形式方面，這可以作爲鑑賞的參考。一篇文章的主要結構，不外開端、正文、結尾三部分。鑑賞時，看作者如何起筆？如何安排正文？如何收筆？這也是很具體的著眼處。內容方面，須注意到短篇是否能情意深長，長篇是否能意不淺露，這也是鑑賞的角度。如古詩箜篌引：「公無渡河，公竟渡河，渡河而死，其奈公何！」淺白通俗的短短四句，卻道出了婦人最深切的悲哀與悼念。長篇者如古詩爲焦仲卿妻作，全詩長達一千七百八十五字，由於屢經文人潤飾，故此詩在塑造故事情節，刻劃人物性格等方面都有淋漓盡致的表現，質而不俚、亂而能整、敍事如畫、敍情如訴（註二），實是長篇詩歌的不朽名作。前面已談過，篇幅不是決定文章成功的要素，劉勰說：「詩言志，歌詠言，是以在心爲志，發言爲詩……感物吟志，莫非自然。」是以篇幅的大小，應取決於最能適切、自然地表達作者情意爲宜，這也是鑑賞者所當留意的。

2. 從「格、律、聲、色」來鑑賞

鑑賞過文學作品的字、句、段、篇之後，更進一步地便是要察看格、律、聲、色。曹丕典論論文裡明白標示著：「蓋文章，乃經國之大業，不朽之盛事。年壽有時而盡，榮樂止乎其身，二者必至之常期，未若文章之無窮。是以古之作者，寄身於翰墨，見意於篇籍，不假良史之辭，不託飛馳之勢，而聲名自傳於後。」故文學是最能表達作家的精神境界了。作品的風格即作家個性與品格的體現，所以叔本華說：「風格是心的面目。」個人心靈的修養，人生觀與智識等都可以作爲決定其文學風格的基本條件。大凡名家之作，必具有眞面貌、眞性情，是作者生活內涵的具體化，形象化。譬如趙翼說

：「李白詩如高雲之游空，杜甫詩如喬嶽之矗天，蘇軾詩如流水之行地。」文人各有不同的性格，作品的表現自然有其獨特的風格。劉熙載詞概云：「周美成律最精審，史邦卿句最警鍊，然未得君子之詞者，周旨蕩而史意貪也。」周、史之詞，在字、句方面，雖然精審、警鍊，可是「格」不高，所以猶未免爲人疵議。我們不妨嘗試著多瞭解作家所表現的格調，以作爲鑑賞作品的線索。

文學作品是要講求規律的。「前人走過的路，是我們邁向成功的捷徑」，所以往昔作家們積學力久所研創的寫作規律，是我們從事文學創作過程中的一大助力。杜甫詩云：「晚節漸於詩律細。」蘇軾詩亦有：「敢對詩律鬥深嚴。」可知古來有名的詩家多麼重視詩律，以押韻、對仗等手法來妥切、圓融地表現出內心的感受。不僅詩、詞、曲，就是小說、戲劇也有它們所應該遵守的規律，如戲劇中的「三一律」，如今大多數寫劇本的人還遵守著。平心而論，文學之所以異於囈語，就是在於這個「律」上，就好比我們跳舞時，要求規定的步法一定比胡亂地蹦上一陣，更能夠表達曲子的情致與韻味（註三）。有水準的文學作品，是不因文體本身的規律而流於艱澀生硬，損及文學性靈的，這點是我們在從事鑑賞工作時所不可忽略的！

中國文字本身的聲韵不僅具有音樂美，而且在文句意義的連屬裡常可導引讀者想像動人心弦的圖案美。首先我們討論文學音樂性的鑑賞方法。文心雕龍聲律篇：「夫音律所始，本於人聲者也。……故語言者，文章之神明，樞機吐納，律呂脣吻而已。」這說明了人的聲音是自然的節奏；故發爲語言，亦合乎律呂之度；而文章就是把這大自然的聲籟有規律、有組織地寫在紙面上，它的韻律，也應要合乎自然的樞機。如果我們讀一首詩或一篇散文而感到蹇澀，那便是音律不諧，文內的情意便會因此而大大地削弱了。作者於臨文之際，能襟懷澄澈，神定氣靜的話，則情發肺腑，文章的抑揚頓挫，自然能依乎情，情、辭之相應，如符節之契合，那就不會有前述不諧和的弊病了。作者所使用的狀聲詞，也是我們鑑賞文學音樂美時該注意的，它是修辭學上的一大技巧。東坡赤壁賦云：「其聲嗚嗚然，如怨如慕，如泣如訴，餘音裊裊，不絕如縷，舞幽壑之潛蛟，泣孤舟之嫠婦。」以撮口呼「ㄨ」韻來形容洞簫的淒涼低語，再用「深壑潛蛟舞」、「孤舟嫠婦泣」等意象來強調洞簫的感染力，使讀者不禁覺得那份怨慕泣訴之情，彷彿就在耳際。再如東坡另一首詩留金山二日：「塔上一鈴獨自語，明日天風當斷渡。」如果我們試著將「天風當斷渡」的每一個字拉長韻語來唸，便可感到那猶如是清風中悅耳的鈴聲，蘇軾利用詩句直接來造成音響效果，實在是他文學造詣渾厚的表現。

文的本義即「彣」，文章即是「彣彰」，有「文彩」的意思。是以文心雕龍原道篇上說：「文之爲德也，大矣！與天地並生者，何哉？夫玄黃色雜，方圓體分；日月疊璧，以垂麗天之象；山川煥綺，以舖理地之形，此蓋道之文也。」那麼，文學作品中圖案美與色彩美的表現，自然是我們鑑賞的要項了。這種美感的呈現是無形中吸引讀者聯想意境的妙方。蘇東坡讚賞王維的藝術成就——「詩中有畫，畫中有詩」，茲舉摩詰寒食汜的詩句爲佐證：「落花寂寂啼山鳥，楊柳青青渡水人。」荒涼孤山裡，落英繽紛，鳥雀迴旋，不時啼鳴，青青柳色染綠了流水，背負行囊的旅人，正涉水而過……這種恬靜的場景很自然地隨著詩句的映入眼簾，而浮現在讀者的腦海裡，寂寂旅情，那份淒清的美，也就涵蘊在這幅山水畫中了。又如張志和的漁歌子：「西塞山前白鷺飛，桃花流水鱖魚肥。青箬笠，綠蓑衣，斜風細雨不須歸。」即是一首構圖優美而色彩運用巧妙的隱逸詩。一脈山青，幾點桃紅；並以一個灰濛濛的天空背景，來顯示個人出淤泥而不染，貧而樂道的淡泊心境。宋代畫家郭熙說：「嘗所誦古人清篇秀句，有發於佳思而可畫者。」由此可見文學與畫意是脈脈相通的，梅聖俞所謂的「狀難寫之景，如在目前。」實是文學創作中的一大學問。

3.從「氣、韻、神、味」來鑑賞

較格、律、聲、色更進一層次的鑑賞，那就是有關文學作品的氣、韻、神、味了。這四點的共同特徵就是「十分抽象」，直可說是「可意會，不可言傳」了。所謂「氣勢」，是文章起承轉合的脈絡裡震懾人心的力量。魏文帝典論論文中談到：「文以氣爲主。氣之清濁有體，不可力強而致。譬諸音樂，曲度雖均，節奏同檢，至於引氣不齊，巧拙有素，雖在父兄，不能以移子弟。」可見文氣與個人的性情、氣質是有不可分割的關係。文心雕龍說：「才有庸儁，氣有剛柔。」說明了文氣有剛與柔的區別。姚鼐在復魯絜非書中也曾討論到文章遒勁、溫厚，二者不同氣質的美，他說：「其得於陽與剛之美者，則其文如霆如電，如長風之出谷，如崇山峻崖，如決大川，如奔騏驥，……其得於陰與柔之美者，則其文如升初日，如清風，如雲……」奔放雄健的陽剛作品，例如岳飛的滿江紅，創造了波瀾壯濶的氣勢，將一己衞彊抗敵的浩志表露無遺。至於文氣陰柔之作，其格調大多優美柔和，音節上清平舒緩，令人讀來有「餘音繞樑，三日不絕」的感受。如李清照詞：「風住塵香花已盡，日晚倦梳頭。物是人非事事休，欲語淚先流。聞說雙溪春尚好，也擬泛輕舟。只恐雙溪舴艋舟，載不動，許多愁。
。」這首武陵春，淒婉動人，即有柔美之致。

陳善的捫蝨新語說：「文章以氣韻爲主。」於「氣」之外，我們再探討「韻」。曾國藩說明韻的由來是「有情則有韻」。一篇情韻繚繞的佳作，一如「蒙娜莉莎的微笑」，具備了飽滿的意蘊，永遠提供了欣賞者無限發掘的可能。有些作者把文句的晦塞生硬當作精深，其實這只是文句的艱澀難懂，並不是文義的委婉隱曲，又有的作者用雕琢刻削的手法，來擷取纖巧的文辭，這也只是堆砌的麗句，並不是自然的秀逸挺拔（註四）。以上二者都可說是毫無情韻可尋。詩人篇什，爲情而造文者，如詩經風、雅、頌的創作，有些是因爲詩人情動於衷，亟須有所發洩，然後就取物比興，吟詠情性，所以有雋永的情韻，閱讀它們就好像喫橄欖一樣，令人回味無窮！

杜甫最喜歡談論文章的「神」了。他說：「讀書破萬卷，下筆如有神。」（見奉贈韋左丞文二十二韻），「醉裏從爲客，詩成覺有神。」（見獨酌成詩）。那麼何謂「神」呢？它即是文章中的盎然生機，是提昇作品藝術層面的活躍性靈。文章要有神，則須賴於作家的想像力。文心雕龍神思篇：「夫神思方運，萬塗競萌，規矩虛位，刻鏤無形，登山則情滿於山，觀海則意溢於海，我情之多少，將與風雲並驅矣。」這說明了想像力運用時的精神狀態，它是「馭文之首術，謀篇之大端」，現實生活中的題材，經過了作者想像力的鎔鑄之後，就可以完成一種新意象的表現。千古才士沒有不經過想像的管道就成佳作的。離騷是屈原一生中最卓越的詩篇。他運用了高度的想像力，以綺麗絢燦的文采，抒吐自己的歷史、情操及對國家深厚的感情和理想幻滅的悲憤，可以說在現實生活的基礎上，發揮了積極的浪漫主義精神（註五）。這一首長詩之所以成爲中國詩歌史上不朽的傑作，「想像力的充分發揮」——是我們所不能忽略的重要因素！

至於「味」，則是從「趣」而來。曾國藩說：「有趣則有味。」趣又可分爲五種：情趣、諧趣、禪趣、理趣和畫趣。它們都可以產生不同的興味供人意會。文學如果均用直截了當的說明方式來表達，不免失之乏味，是以作家只要能多加運用婉轉、生動的文筆來流露情與理，則篇章字句之間自是機趣橫溢了。譬如南朝民歌，感情豐富、風格清新，子夜四時歌中有一首：「塗澀無人行，冒寒往相覓。若不信儂時，但看雪上跡。」敍述一個生活中的事件，委婉地表達情感的誠摯，具濃郁的情趣。又漢代民間樂府詩歌江南一首，利用了東西南北的方位造成諧趣，表達了「魚戲蓮葉間」的悠游自在。柳子厚送僧棲眞歸杭州天竺寺詩：「古寺松杉出，殘陽鐘磬連，革庵磐石上，歸處是因緣。」神韻清冷而趣味恬澹，涵融了佛家虛靜空靈的禪境。劉禹錫的名詩：「朱雀橋邊野草花，烏衣巷口夕陽斜，舊時王謝堂前燕，飛入尋常百姓家。」這首詩將歷史的盛衰興亡，表現得很含蓄，將幾個意象所烘托出的氣氛，很自然地傳到讀者的心靈中，深富理趣。至於畫趣，則有賴作家靈活地掌握文學「聲與色」的技巧，亦即對作品節奏與場景的想像與表達。王維的欒家瀨：「颯颯秋雨中，淺淺石溜瀉，跳波自相濺，白鷺驚復下。」作者靜觀自然，讓秋雨紛飛、澗淺流急、白鷺翩然而下的自然景觀自然呈現，這眞是一幅靜中有動的圖畫。欒家瀨優美的畫趣也就涵藏在這短短的四句中了。

4.從「體悟作者情意」來鑑賞

完成以上各種角度的鑑賞工作之後，仍不能算是盡了文學鑑賞之能事。須知文學鑑賞的極致，還是在那最後的一「悟」，雋悟有二，一是披文入情，二是因文證道（註六）。

文學創作原本就是表達一己的感受，反應人生的體悟，是以眞誠性情的抒發，才是作品的靈魂。那麼，我們應該如何作到——「披文以入情」——這種深入層次的鑑賞呢？首先，須要澄靜心慮、毋意、毋必、毋固、毋我，以這種心理準備，深入文章的脈絡，沿波討源，悉心體會作者創作的情感，覺作者之情即我之情、作者的喜怒哀樂即我之喜怒哀樂，吟詠再三之後，再跳出情感的範疇，客觀地評論作者創作情感的深度。大凡眞情之作，必出於至性之人（註七），其文章中所體現的眞性情，直可令讀者心起共鳴，淨化性靈。王羲之在蘭亭集序中說：「每覽昔人興感之由，若合一契，未嘗不臨文嗟悼，不能喻之於懷。」若合一契，正是說明「披文以入情」的這種境界。舉個例子來說，當我們讀到岳飛的小重山詞：「昨夜寒蛩不住鳴。驚回千里夢，已三更。起來獨自遶階行。人悄悄，簾外月朧明。白首爲功名。舊山松竹老，阻歸程。欲將心事付瑤琴。知音少，絃斷有誰聽？」一個踔厲昂揚的將士，有精忠報國的凜然大志，有安邦定家的自我期許，在國運日衰的時候，想起了知音難尋，有壯志而不得伸，有本事而不得展，怎麼能不悲憤呢？我們站在岳飛的立場上，用縝密的思考去感應他的心境，則必可領悟他那份堅貞爲國的赤子情懷！

文學作品要有永恆的存在價値，則作者就必須先具有高度的道德涵養與人生智慧，以「文學濟世」、「代聖人立言」的使命感來創造文學的教育意義，如此所孕育出「載道」的文學內涵，才能不爲時代的激流所淘汰，亦才能對人性有潛移默化的作用。文學鑑賞的終點站即爲「因文以證道」，所謂「證道」，就是體悟文章中所欲表達的人生哲學與眞理大義。但作家常因「比」、「興」等文學創作技巧的運用而導致中心思想隱晦，是以當我們鑑賞文學作品時，切勿囫圇吞棗，應聚精會神地探討其中教育意義的價值，並進而把握其不易的眞理，作爲我們行止的規矩！譬如我們閱讀文天祥的正氣歌，在感念這位民族英雄永照汗青的偉大人格之外，我們應進一步地體悟浩然正氣與憂患意識的重要，並效法文天祥力挽時代狂瀾的忠貞亮節，爲多難的家國獻出一份熱切的心力！文心雕龍原道篇談到：「道沿聖以垂文，聖因文以明道。」所以「因文證道」的重要性，自是不言而喻了！

文學鑑賞要作到「披文以入情」、「因文以證道」，才可說是登堂入室，眞有收穫。如果我們祇汲汲於文學作品的背景、版本、眞僞等方面的考證，而忽略了文章的內涵，那仍舊是個文學的門外漢！是以「雋悟」實在是整個文學鑑賞活動中最重要的一環。呂氏春秋本味篇記載了大家所熟悉的伯牙與鍾子期的故事，聆聽琴聲，能夠領會鼓琴者「志在泰山」、「志在流水」，所以伯牙以之爲知音。作家創作每一篇文學作品時，也一定是志有所在，鑑賞者必須要察其「立意」，也就是對作者所要表達的情、理有所雋悟，那才能稱得上是作者眞正的知音！

㈢結　語

文藝鑑賞的步驟至此已概略地介紹過了。中庸上曾說：「博學之、審問之、愼思之、明辨之、篤行之。」我們在文學鑑賞活動中，如果能以中庸這一段至理名言的精神，運用適當的鑑賞方法，再融合我們平素的學識修養，必可逐步地深入文學的殿堂，咀嚼文學的菁華，充實我們的文學生活，提昇我們的鑑賞能力。

【附註】

註一　參見王逢吉文學創作與欣賞　頁三十二
註二　參見明王世貞藝苑卮言卷二
註三　參見高師仲華先生高明文輯（下）論文藝鑑賞的方法
註四　參見王更生文心雕龍讀本　頁二〇九
註五　參見中國文學發展史　頁九八、九九
註六　同註三
註七　參見王逢吉文學創作與欣賞　頁五

二、鑑賞的態度

在文學鑑賞的過程中，不論是鑑賞一個作家的文學作品，或是某一時代、某一種體裁的創作，都必須確立適切的鑑賞態度，如此方能使鑑賞的工作，圓滿而客觀。正確的鑑賞態度，不但是對作家及作品的一種尊重；對於讀者本身，更是負責任的表現，而絕不是高下隨心，信口胡言的輕率愛憎。反之，若是「鑑賞態度錯誤了，縱使有很好的方法，也不能正確地體認文藝作品的眞價値和作家的眞成就」（註一），因此，正確鑑賞態度的建立，在鑑賞創作的歷程中，實在是刻不容緩，極爲要緊的事。對於文學鑑賞態度的確立，以下分爲三方面來加以說明：

㈠摒除偏見，放棄成心。

文心雕龍知音篇說到：「夫篇章雜沓，質文交加，知多偏好，人莫圓該，慷慨者逆聲而擊節，醞藉者見密而高蹈，浮慧者觀綺而躍心，愛奇者聞詭而驚聽，會己則嗟諷，異我則沮棄，各執一隅之解，欲擬萬端之變，所謂東向而望，不見西牆。」實在是很有道理的。由於文學創作的風格、體裁，博雜不一，再加上知識的範圍廣泛，愛好者本身又多學有專攻，人是很難兼備衆長且公正客觀的去鑑賞作品，因此，便很容易堅持自己的一偏之見，去推論變化萬端的作品。凡是作品迎合自己的習性和愛好時，便咨嗟詠嘆；持說和自己見地不同時，便棄置不顧。於是意氣慷慨的人，遇到悲壯激昂的聲調，便擊節稱賞；性格含蓄的人，見詞意綿密之文，便手舞足蹈；聰慧者，看到綺美之文，就興高采烈；愛好新奇的人，聽到內容詭誕的作品，就會魂驚魄動（註二）。每個人皆是依據個人的偏好及成心去欣賞作品，如此便很難有持平的論斷，更遑論能深入文學作品的眞象裡。往往許多人在鑑賞文學作品的時候，太過主觀、任性，只憑個人的生活環境及習性偏好來定其臧否，於是便造成了許多的弊障，這些弊障於是乎便阻隔了讀者和作家生命經驗的溝通。要確立適切的鑑賞態度，首先便必須除去這些弊障，再經由各種角度去接觸文學的創作。

劉勰知音篇說到：「夫古來知音，多賤同而思古，所謂『日進前而不御，遙聞聲而相思』也」，天天出現在眼前的，往往未能加以重視，卻對那些聲名昭隆，遠在彼方不得相見的人，暗地思慕不已，像秦始皇、漢武帝便是如此，韓非子的儲說才發表，司馬相如的子虛賦才完成，二主便為之欽慕不已，恨不能和他們同處一時代，後來既已得以相見，結果卻是韓非被囚禁，司馬相如遇置輕位，這便是犯了「貴古賤今」的毛病，存有「古人文章皆珠玉，今人作品如糞土」的偏見。另有一些人，甚至以為文學創作之好，便在於其推陳出新，於是抱著「喜新厭舊」的偏見，一味地好奇追新，排斥傳統；凡是新的，一切皆是好的，凡是舊的，皆不值得一顧，在這樣一個偏頗心態的作祟下，又如何能做好鑑賞文學的工作，引導文學創作至正確的方向呢？在曹丕的典論論文中提到：「文人相輕，自古而然……是以各以所長，相輕所短，里語曰：『家有敝帚，享之千金』斯亦不自見之患也。」這就是劉勰文心雕龍所說的「崇己抑人」，人總是如此，一心一意只覺自己的文章精彩，只見自己美好的一面；而卻無法細細深思品味他人之好處，進而擴及整個文學的全貌，這又是極大的缺失。如果在文學鑑賞的過程中，我們老是心存成見，畫地自限，自甘於孤芳獨賞，於人於己，皆是很大的損失。其次談到近日來很流行的「厚外薄中」的觀念，採用西洋的技巧、結構理念、邏輯思考的方式及鑑賞批評文學的方法，來品評中國作家的作品，其原意原也是善美的，但是過分的崇洋媚外，卻導致文學鑑賞的走火入魔，「往往硬拿西洋的標準來看中國文學作品，而忽略了各民族文學的差異。用西洋的標準來看中國文學作品，並不是每一處均適用」（註三）。當我們欣賞文藝創作時，「成見」和「偏見」往往會蒙蔽了我們的心靈，使我們見到的只是經過偏見扭曲的一面，而這並不是我們從事文學鑑賞，所願意看到的結果。也就是說，我們必須同時憧憬過往文學的美麗，更寶愛現世創作的偉大，不必執持着今古新舊的觀念，「有價值的作品，千古猶新；無價值的作品，雖新猶故」（註四）。泯除古今、新舊、人我的界限，放棄「貴古賤今」、「喜新厭舊」、「崇己抑人」、「厚外薄中」的偏頗之見，開展個人的心胸，擴大眼界，超然而客觀的評賞文學，以一種廓然大公的態度去鑑賞文藝作品，則必然可達到劉勰所說的「無私於輕重，不偏於憎愛，然後能平理若衡，照辭如鏡」的境地了。

㈡品評論斷，虛心愼重。

鑑賞者，並不是全能的，即使是極傑出的優秀鑑賞家，也很難周全地評論到文學創作的每一部分。鑑賞者，可能會受到許多因素的拘限，如：個人的智慧、文學素養、所處的時空背景、習尙、傳統等等。因此想要培養良好且正確的鑑賞態度，就必須多閱讀相關的典籍和文章，從他人的意見及經驗中，獲取資料，從而建立起一套屬於自己的鑑賞原則，而不是「人云亦云」、「亦步亦趨」的批評態度。由於文學作品的博雜浩繁，其所涵蓋的層面，幾乎是上可窮碧落，下可至黃泉。因此，如果鑑賞者本身不能夠具備相當的學養，影響其態度，便可能會產生許多的偏差。

文心雕龍知音篇就曾提到：「夫麟鳳與麏雉懸絕，珠玉與礫石超殊，白日垂其照，青眸寫其形。然魯臣以麟爲麏，楚人以雉爲鳳，魏民以夜光爲怪石，宋客以燕礫爲寶珠。」它所說的不正是我們常犯的毛病嗎？由於個人的文學素養太過膚淺，也因爲所閱讀的書籍太少，識見貧乏，於是在鑑賞文學作品時，便產生了眞相不明，以惡爲善，以美爲醜，信僞爲眞的偏差情況。將麒麟視爲麋鹿；把野雞當作鳳凰般的寶愛。甚至將夜明珠看作怪石，擲棄不顧，而將燕國的沙礫看成寶珠，顚倒是非，妄下斷論，在文章的品評上，發生了不可原諒的錯誤。如此一來，可能就要有許多偉大雋美的文學作品被虛擲、被埋沒。相反的，將許多鄙陋、不値一提的作品，卻被吹擂、錯捧而徒具虛名浮譽。

其次談到「悅淺廢深」的偏頗，一般知識水準較差的人，總是較偏愛淺薄的事物。避難趨易，這是十分可以理解的人性。但仔細窺察其中的道理，會發現識見的博狹，文學素養的淵深與否，大大的影響了「鑑賞者」的態度傾向。宋玉對楚王問一文曾說：「客有歌於郢中者，其始曰下里巴人，國中屬而和者數千人；其爲陽阿薤露，國中屬而和者數百人；其爲陽春白雪，國中屬而和者，不過數十人；引商刻羽，雜以流徵，國中屬而和者，不過數人而已。是以其曲彌高，其和彌寡。」其中通俗淺薄的下里巴人之曲，能普遍流傳，但雅正高深的陽春白雪曲，卻無幾人是其知音，這實在是說明了「曲高和寡」的悲哀。事實上，鑑賞者必須積極的提高自己的品評水準，且莫再以下里巴人爲藝術的極致，而以陽春白雪爲敗絮粗石。「悅淺廢深」的態度，是有必要從此杜絕剷除的。

在博聞了他人的經驗、意見後，鑑賞者必不難發現，想要從衆多文學作品的內容中，披沙揀金，使作品裡淵深微奧的內涵精義，完完全全的顯耀出來，這是一件多麼不容易的事。正由於鑑賞者絕不可能是全能，因此便無法窮致文學作品的每個角落，更無法完全而徹底的洞悉作者的思想層次及心靈底蘊。於是鑑賞者，便需要深入的一讀再讀，小心翼翼的鑑察品味文學作品。我們可以透過種種批評方法、原則的指引，經由許多資料和途徑，愼重地識別文學作品。培養知識態度上的謙遜（註五），明白鑑賞工作，是有其神聖意義的，它沒有絕對的是非標準，只要不失之澆薄狂妄即可。

㈢態度溫和，心情眞摯。

絕大多數的文學作品，所呈現的無非是作者自己的思想與情感。每一篇文學作品，都是作者們心血的結晶。如唐朝詩人，賈島的「兩句三年得，一吟雙淚流，知音如不賞，歸臥故山秋。」許多文人作家爲了創造更豐富美好的文學生命，不惜代價，跋山涉水，他們認眞地面對生命的眞相，探索文學的造境。鑑賞者站在這樣一段艱苦的創作歷程的前頭，能不嚴肅地正視它的存在嗎？因此鑑賞者在品評一篇文學作品時，須保持冷靜、溫和的態度，切勿刻薄狂妄，尊重每一篇文學作品的辛勤創作，當然給予評論時的心情，須是眞摯而虛心的。而欣賞時，則須「注重我的情感和物的姿態的交流」，「把自己也放在作品裡面去分享它的生命」（註六）。鑑賞文學作品，要常保一顆寬厚的心，「遊戲」的態度，是萬萬不可有的。

以上三點，是有關文學鑑賞所應有的態度，具備了此良好而正確的態度，將有助於我們從事文學鑑賞的工作。

【附　註】

註　一　參見高師仲華先生怎樣研讀文藝的書籍
註　二　參見王更生文心雕龍讀本
註　三　參見沈謙的期待批評時代的來臨
註　四　同註一
註　五　參見思兼書評及文評
註　六　參見朱光潛談美

三、鑑賞的修養

劉勰在文心雕龍知音篇中，有這麼一段話：「知音其難哉！音實難知，知實難逢，逢其知音，千載其一乎！」「知音」的獲致是很困難的，「音」，也實在是難以了解，而知音的遇合，更是遙渺難期。想要得到像鍾子期、鮑叔牙那樣的知音之士，恐怕在千百年中，也難偶有一遇吧（註一）？我們可以體會出歷來的文人作家，他們那種「不惜歌者苦，但傷知音稀」的遺憾、苦惱。任何的文學創作，都需要讀者以其靈心慧眼來洞察作品的內涵及精蘊，因此，要成為一個有深度、有能力的鑑賞者，成為一個文人們夢寐以求的知音之士，除了要熟知文學鑑賞的方法，確定文學鑑賞的態度外，個人的鑑賞能力及修養，實在是極其重要的。

章學誠在文史通義史德篇中說：「才、學、識三者，得一不易，而兼三尤難。非識無以斷其義，非才無以善其文，非學無以練其事。」劉勰文心雕龍神思篇也提出：「積學以儲寶，酌理以富才，研閱以窮照。」主張要多讀書累積學問，以充實知識的寶庫；要多體驗斟酌事理，來豐富才力；多觀察、精研、閱歷實際的生活，以窮徹照鑑。綜合以上二家的說法，可以說是不謀而合，所謂「積學儲寶」，便是「學」；「酌理富才」，指的是「才」；而「研閱窮照」，便是「識」（註二）。換句話說，如何培養文學鑑賞的能力、具備完美的文學修養，首先就必須從「才」、「學」、「識」這三方面着手。以下便分成幾項加以說明：

(一)博學多聞，增廣見識。

「博覽」的目的，在增進鑑賞者的學養，有了深厚的學力根基，才能對作品進行正確而全面的分析，並進而達到深入鑑賞的境地。所謂「音不通千曲以上，不足以爲知音」（見太平御覽卷五八一引桓譚新論），「能觀千劍則曉劍」（見意林引桓譚新論）。也就是說音樂家必要操練千種樂曲之後，才能眞正的了解樂聲；古董家也必在觀看千把寶劍之後，方能鑑賞寶器；而鑑賞者，更須具備豐富的學養，以體察文學作品的眞相，深入文學作品的靈魂。所以文心雕龍知音篇說：「故圓照之象，務先博觀，閱喬岳以形培塿，酌滄波以喩畎澮。」山岳必不辭小丘細壤，方能成其高偉；而海水也必不棄田間的涓流小溪，然後才能遼遠壯闊。尤其是文學創作，是一種極複雜的過程，它所牽涉的層面，非常的廣，諸如作家的爲人、性格、感情及表現情緒的藝術，甚至於當時的文學思潮、文學理論、文學批評對於作家、作品的影響，我們都不能不了解。另外還有作家所處社會的歷史背景、地理環境、政治狀況、經濟基礎等，要明瞭這一切的一切，都必須借助於種種歷史、地理、政治、經濟、哲學的智識，於是唯有廣博的閱讀各種書籍材料，方能滿足我們的需要，然後圓滿的觀照文學作品的各種現象。例如：

鄉愁，是歷代文人作家所詠嘆悲吟的，而當我們具備了足夠的智識材料與學養時，便不難爲這些作品，作一個比較、評析，甚且深入地去鑑賞。例如：盧綸的「家在夢中何日到？春來江上幾人還？」（長安春望）和姜夔的「平生最識江湖味，聽得秋聲憶故鄉」。劉長卿的「鄉心新歲切，天畔獨潸然。」寫的同是鄉愁，但創作時的心境、時間卻自有差異。盧綸寫的是春日裡，處時局動盪，年華老去，宦途乖蹇之詩人的愁；而姜夔卻道出了秋涼時，清貧浪漫雅士的愁；劉長卿則在歡鑼喜鼓聲中，潸然落淚，點出了「逢佳節，倍思親」的心情。又如：顧況的「故園此去千餘里，春夢猶能夜夜歸」，杜荀鶴的「暮天新雁起汀洲，幾人相憶在江樓」，以及李白的「但使主人能醉客，不知何處是他鄉」，其中，有人託「夢」以歸鄉，將鄉愁超越現實的時空；也有人託「雁」以消息，在雲水蒼茫中，傳遞無盡的相思；更有人企圖借「酒」以澆解滿懷鄉愁（註三）；比較之下，可以看出各人的寫作技巧，以及所憑藉的事物，均有其巧妙之處。若非已參閱過許多相關的資料，又如何能提出多方面的比較呢？因此文學鑑賞的首要修養，便是廣博地閱覽。

㈡觀察體驗，增加閱歷。

閱歷在文學鑑賞的歷程中，也是一極重要的修養。在生活中多一份閱歷和體悟，也就多一份能力。有了這種能力，對於文學的鑑賞，才能有其獨到而周延的見解。例如：當有一天，我們置身在山野林泉時，或許便能體悟出王維「中歲頗好道，晚家南山陲。興來每獨往，勝事空自知。行到水窮處，坐看雲起時。偶然值林叟，談笑無還期。」的「物澹慮輕」，在率性、隨意的跋涉中，雲、水皆變得有情、可愛起來，在這樣一個自在的生命化境裡，或許更能使我們深入地挖掘出王右丞靜觀、隨緣的哲理玄思，同時也幫助了我們對這首詩的鑑賞。又如：杜甫的春望：「國破山河在，城春草木深。感時花濺淚，恨別鳥驚心」。未經國破、離亂的人們，其感受必不及歷劫殘存的人，來得深刻。沒親見戰火的肆虐，如何能感覺時代淒哀的動盪。即使也會有沈痛的心情，但究竟仍隔了一層，已然是膚淺了許多。這在鑑賞的過程中，難免也會產生一些小小的障礙，阻礙了作者和讀者，「經驗世界」的溝通。又譬如：杜甫的登高：「風急天高猿嘯哀，渚清沙白鳥飛廻」，白居易的「峽猿亦無意，隴水復何情，爲到愁人耳，都成斷腸聲」。人必得曾親聞猿啼，方能明瞭何以歷來文人總愛把猿聲，描寫成哀怨淒異的象徵，這又說明了「閱歷」的重要了。要想做好文學鑑賞的工作，除了要充實個人的生活經驗，擴大參與的生活層面，更需將關心的觸角，伸展至周遭的每一件事物，多聽、多觀察；一個生活經驗貧乏的人，是無法提高其鑑賞能力的。

㈢嘗試創作，體察甘苦。

創作是一件相當嚴肅的事。一件作品的產生，從醞釀到完成，其間可能會遭遇到許多的挫折；如

：靈感的尋求，文章架構、氣氛的營造，甚至於遣詞用字，在在皆非易事。誰都希望在苦苦思索後，能夠吐奇驚俗，因此杜甫曾說：「語不驚人死不休」，道盡了創作者辛苦經營的情態。自古至今，多少名作的完成，便是備嘗了甘苦，才能有這番成就。因此，一個好的文學鑑賞者，他必須具備體察創作甘苦的修養，甚至必須親自去從事創作。賈島是一個藝術至上主義者，他自己說：「二句三年得，一吟雙淚流，知音如不賞，歸臥故山秋」，這是他在做出「獨行潭底影，數息樹邊身」兩句得意之作後，所寫下的感想。由此，我們更可以了解歷來文人只是爲了求取一、二知音，便嘔瀝心血地從事創作，倘若鑑賞者從未有創作經驗，不明白創作的甘苦，又如何能對作品作出持平且深入的鑑賞呢？容齋隨筆中曾記載著王安石的一首絕句：「京口瓜州一水間，鍾山只隔數重山，春風又綠江南岸，明月何時照我還？」其中的「綠」字，也曾經十許次的刪改，才定爲「綠」，然而從未做詩的人，如何能知道這其中的百般甘苦，又如何能領會這「綠」字下得巧妙呢？楊大年有一首傀儡詩：「鮑老當筵笑郭郎，笑他舞袖太郎當，若教鮑老當筵舞，轉更郎當舞袖長」。說的便是這個道理。因此爲了做好文學鑑賞的工作，必須從實際的創作過程中，去體認文人作家的認眞態度及挫折經驗，正美指瑕，總期於至當。

㈣陶冶性情，體認作品。

文學作品的產生，是一種極自然的表現，文心雕龍明詩篇說：「人禀七情，應物斯感，感物吟志，莫非自然」。人禀受着喜、怒、哀、懼、愛、惡、欲天賦的七種感情，因應着外界的事物，自然而然就會有所感發，既生感慨，則必然會吟詠情志，由內而外，再自外入內，全是自然而然的表現。亦即，物色篇所說的：「情以物遷，辭以情發，一葉且或迎意，蟲聲有足引心」。一片落葉，幾聲蟲鳴，都能夠打動詩人們的心意，牽引他們的情緒，將之寄託於文字之中，動人的作品於是乎產生。文學的創作，目的在將「作者之情」，透過文字，形成「文中之情」，再傳遞給讀者，最後則與「讀者之情」溶融交流（註四），以達到文學感人教化的目的。因此一個好的文學鑑賞者，其最重要的修養，便是要陶冶自己的情性，使其眞摯懇切，如此方能進入作家們的「有情世界」。有着良好修養及美善情性的鑑賞者，才有可能隨着文人作家們，忽而泣淚沾襟，忽而破涕爲笑，流連於萬象之際，沈吟於視聽之區，進而領會出文學作品的靈妙之處，達到鑑賞的至高之境。例如：陶淵明的歸園田居：「種豆南山下，草盛豆苗稀。晨興理荒穢，帶月荷鋤歸。道狹草木長，夕露沾我衣。衣沾不足惜，但使願無違。」當我們以一種素淨眞切的心情，虔誠地去看這篇文學作品時，通過鋪陳在我們眼前的這一個幽寧詩境，我們於是見到了淵明俯仰自如，氣定神閒的心靈世界，由讀者本身的情愫出發，緊緊地掌握了「文中之情」，進而與「作者之情」起了共鳴。反過來說，當鑑賞者缺乏陶冶性情的修養時，他便無法進入李白「長歌吟松風，曲盡河星稀，我醉君復樂，陶然共忘機」的詩境中。尤其是一個虛矯寡情的鑑賞者，更是無法和文人們共進退。即使是韋莊「亂離時節別離輕，別酒應須滿滿傾」的鍾情、傷別，也無法打動他的情緒。甚至於文天祥「山河破碎風拋絮，身世飄搖雨打萍，皇恐灘頭說皇恐，零丁洋裡歎零丁」的沈痛悲涼，在他看來，也不過是一場「事不關己」的戲罷了。如此一來，又怎能深入文學作品的核心，做好鑑賞的工作呢？因此「若能明心見性，使性歸於善，則發而爲情，自能皆得其正」（註五），性善而且情眞，則必能領會出作品中眞純的情感，使文學鑑賞的工作，更具有生命力。

【附　註】

註　一　參見王更生的文心雕龍讀本

註　二　參見思兼的書評與文評

註　三　參見顏崑陽的中國古典詩歌中的鄉愁

註　四　參見高師仲華先生的論文學鑑賞的修養

註　五　同註四

四、鑑賞的角度

(一)風神的鑑賞

曾國藩云：「凡大家名家之作，必有一種面目，一種神態，與他人迥不相同。」就文章的鑑賞而言，「風神」的形態便可以作爲一種鑑賞的角度。

什麼叫做「風神」，我們先來看「風」字的涵義：說文：「風，風動蟲生，故蟲八日而化，從虫，凡聲。」趙古則說：「凡物露風則生蟲，故風从虫，凡諸聲。」從「風」字的本義來說，蟲的化生，是由於風的流動。詩大序更說明風的作用：「風以動之」。可見風是一種流動的形相，在文章裏所引申的意義，即指由於精神的流動，而滙成的一片動態（註一）。再說「神」字的涵義：易繫辭：「陰陽不測之謂神。」說卦：「神也者，妙萬物而爲言。」說明人的精神，有變化不測的作用。殷璠河嶽英靈集自序：「夫文有神來，情來，氣來。」更指出文辭的引出，由於精神。在清代，劉大櫆論文，主「神氣」說，其論文偶記云：「行文之道，神爲主，氣輔之。」又說：「古人文字最不可攀處，只是文法高妙而已。神者，文家之寶。」歸結一句話：「神氣者，文之最精處也。」對於「神」字喻爲高妙之法（註二）。綜上「風」與「神」兩個字的涵義，我們可以試爲「風神」下一個定義：風神，乃是情思發動的原動力，而表現於文辭中者。這原動力雖變化不測，然就其滙而爲一片動態來說，又自有跡象可尋。文辭中的這種跡象，就叫做「風神」。

由風神而引發情思，由情思而引發文辭，所以風神是情思的原動力，情思藉文辭而表達。從「風神」的角度來鑑賞文章，是古人常用的方法。如元稹寄舊詩與薛濤：「詩篇調態人皆有，細膩風光我獨知。」這裏說的「風光」是指風神和光采。又如杜甫薛端薛復筵簡薛華醉歌：「文章有神交有道。」八哀詩中的汝陽王璡一首：「揮翰綺繡揚，篇什若有神。」獨酌成詩：「醉裏從爲客，詩成覺有神。」這裏所說的「有神」，均指「風神」而言。又如王漁洋談詩，力倡「神韻」之說，陳琰爲他的蠶尾續集作序，說：「先生詩兼總衆有，不名一家，而撮其大凡，則要在神韻。」蕙風詞話也說：「塡詞先求凝重，凝重中有神韻，去成就不遠矣。」這裏說的「神韻」，也就是說風神和情韻。從上面的這一些例子中，可以知道，文章的意趣生機是否盎然活潑，往往決定在「風神」的有無。古人所謂「寫神則生，寫貌則死。」更強調出「風神」在文學作品中的重要性。

劉勰文心雕龍風骨篇說：「詩總六義，風冠其首，斯乃化感之本源，志氣之符契也。」又說：「是以怊悵述情，必始乎風。」在神思篇裏說：「文之思也，其神遠矣。」又說：「故思理爲妙，神與物游。」「神居胸臆，而志氣統其關鍵；物沿耳目，而辭令管其樞機。樞機相通，則物無隱貌；關鍵將塞，則神有遯心。」最後贊語並說：「神用象通，情變所孕。」他認爲風神是化感的根本泉源，當作者內心激動，想抒發感情的時候，就必會在作品中體現出其個性傾向的風調。所以作家的精神和外界的物象，發生交通融會之後，就孕育了情感的變化（註四）；簡而言之，沒有風神，就沒有情思，也就沒有文辭；由此足以說明風神是引出情思以創造文辭的原動力。

然則如何從文章中捕捉風神的跡象？風骨篇及情采篇提供我們一條明易的線索。風骨篇：「情之含風，猶形之包氣。」又說：「思不環周，索莫乏氣，則無風之驗也。」又說：「相如賦仙，氣號凌雲，蔚爲辭宗，迺其風力遒也。」情采篇說：「五色雜而成黼黻，五音比而成韶夏，五情發而爲辭章，神理之數也。」他認爲文辭中所體現的情思是含有風神的；情思缺乏，文章就顯得死寂無生氣，看不出風神來；情思豐富，興發成文，就顯出風神的遒勁；因此從文辭所蘊藏的情思，便可鑑賞一篇文章是否有風神。

既然我們知道風神對於一篇文章的重要性，那麼風神究竟要怎樣培養及表現，纔算理想呢？司空圖在詩品中提過一段關於「精神」的話，作爲說明文章修辭在風神方面的理想，最爲適切。他描摹「精神」說：「欲返不盡，相期與來。明漪絕底，奇花初胎。青春鸚鵡，楊柳樓臺。碧山人來，清酒滿杯。生氣遠出，不著死灰。妙造自然，伊誰與裁。」首二句是說風神的表現，對於讀者具有無比的感染力，吸引人再三顧念，愛不釋手。這是修辭在風神方面所要達到的第一個理想。「明漪絕底」到「不著死灰」八句，是形容風神的形態。風神的形態，要清新高妙，生動靈活，這是第二個理想。末二句則是說風神的形成，不要刻意斧鑿雕鏤，要純任自然、絕無虛僞矯飾，這是第三個理想。如果一篇文章能在造句鍊字的修辭上達到以上三個理想就可算是符合風神的鑑賞角度了。

最後講到風神的培養。我們知道文辭在風神方面所要做到的三個理想之後，若是沒有一番文學修養，往往不能公允客觀且鞭辟入裏的鑑賞一篇作品。一個作家固然需要掌握風神的韻致，一個鑑賞者，更應該具備相當的鑑賞能力，所以我們借用文心雕龍神思篇的話來談風神的培養，希望對文學創作者與批評鑑賞者有所助益。

神思篇：「是以陶鈞文思，貴在虛靜，疏瀹五藏，澡雪精神。積學以儲寶，酌理以富才，研閱以窮照，馴致以繹辭，然後使玄解之宰，尋聲律而定墨；獨照之匠，闚意象而運斤。」這段話從「臨文」與「平時」兩個方向立說。臨文之頃，要內心虛靜，不存雜念。平常之際，要從積學、酌理、研閱、馴致上，下切實工夫。以下茲舉其要點，略加闡釋：

第一是「虛靜」：要培養風神，須先做到心境虛靜，排除內在的積鬱，盪滌精神的困擾。人惟有在清靜無虛妄之時，心靈才能清明，才能觀照萬物，而有所容受。杜甫寄張十二山人彪三十韻：「靜者心多妙，先生藝絕倫；草書何太苦，詩興不有神。」杜甫稱讚張彪的詩有神采，主要歸功於他的「靜者心多妙」。所以我們要培養風神，必先靜心。

第二是「博學」：在平時要累積學問，以充實知識的寶庫。一個作者必須才力宏富，學問淵博，運用起材料才能得心應手、取之不竭，文思也因而會層出不窮，風神自然會流露出來。杜甫奉贈韋左丞文二十二韻：「讀書破萬卷，下筆如有神。」即是說明文思是來自於多讀多看，風神自然能顯現出來。

第三是「感發」：毛詩序說：「在心爲志，發言爲詩，情動於中而形於言」，作家的情感受到外界的刺激，便形諸文辭，思想受到情感的牽引，便表現於文章。因此劉勰在明詩篇也提到：「人稟七情，應物斯感，感物吟志，莫非自然。」「研閱以窮照」，才能增進觀察的能力；「馴致以繹辭」，才能順應情思感發，以演繹美妙的文辭。

第四是「中律」：經過上述的準備工作，最後要所寫的恰到好處，自然中律，如輪扁所謂「得之於心而應之於手」，又如杜甫敬贈鄭諫議十韻：「思飄雲物動，律中鬼神驚。」修辭如能中律合節，自能使風神達到理想，而驚天地泣鬼神了

【附註】

註一 參見高師仲華先生高明文輯論風神

註二 參見陳偉文氣衍論第五章文氣說之演進（下）

註三 同註一

註四 參見王更生文心雕龍讀本神思篇

(二)氣骨的鑑賞

古人論文每愛把一篇作品，比喻做人身，有神經、筋絡、骨骼、皮膚、肌肉、血脈、氣勢等。如明代楊愼的升菴詩話說：「國朝習杜者凡數家：華容孫寬得杜肉，東郡謝榛得杜貌，華州王維楨得杜一股，閩州鄭善夫得杜骨；然就其所得，亦近似耳。」前人鑑賞的用語雖取諸實物，但因解釋不清，仍感抽象，不易分辨。我們現在既採用「氣骨」這個名詞作爲鑑賞文學作品的一個角度，首先應該說明它的涵義。

什麼是「氣」呢？說文作「气」，本義是「雲气也」。素問寶命全形論：「天地合氣。」王冰注：「氣者，生之母也。」人就是因稟受這個氣而生存於天地之間。孟子說：「氣者，體之充也。」人的身體爲氣聚所生，正如莊子知北遊所說：「人之生，氣之聚也；聚則爲生，散則爲死。」由此可知，人無氣則死，於文亦然。曹丕典論論文首言：「文以氣爲主」，後有文心雕龍闡釋尤爲詳盡，也就發展成後世所講的「氣勢」、「行氣」，套句現代用語，所謂「氣」，就是情感奔放的「那股勁兒」（註一）。什麼是「骨」呢？說文：「骨，肉中覈也。」此其本義。太玄：「劇骨纍其肉。」范望注：「幹也。」所以「骨」有「骨幹」的意思。就文章結構來說，骨是文章的軀幹，即古人所言的「筆力」，筆力要不暴於外，而凝鍊於內，恰似人體的骨，藏於肉之內（註二）；筆力凝鍊於內，便能使讀者讀起來之時，感受到文章的堅實有力，無論爲剛爲柔，均能鼓盪人心，興發情感。「氣骨」兩字連辭，在魏晉的時代，已屢見不鮮。鍾嶸稱曹植的詩，「骨氣奇高」；稱劉楨的詩，「仗氣愛奇，動多振絕；眞骨凌霜，高風跨俗」，由於「仗氣」，故有「眞骨」（註三）；到了宋朝，吳聿觀林詩話更用「骨氣」二字稱讚杜甫的詩，「杜工部詩，世傳骨氣高峭，如爽翼摩霄，駿馬絕地。」總合而言，文章需要一股行氣流貫，才有生氣，同時也必須有骨架支撐，才站得起來，二者的結合，自然是爲文不可或缺的要素。

文章在什麼情況下算是具備了「氣骨」？就鑑賞的觀點來看，有以下四點要求：第一，氣盛辭精。韓愈答李翊書說：「氣，水也；言，浮物也。水大而物之浮者大小畢浮。氣之與言，猶是也。氣盛則言之短長與聲之高下者皆宜。」這是說明氣勢與文章的關係。氣盛，則文辭「浩乎沛然」（同上），吐語自然中節，如文心雕龍風骨篇所說的：「剛健既實，輝光乃新。」李白有詩句：「明月出天山，蒼茫雲海間。長風幾萬里，吹度玉門關。」即是氣盛的作品，將太白那種豪情奔放，氣象萬千的神采，表露無遺。氣雖要盛，却需知節制，不能下筆不知自休，風骨篇說：「練於骨者，析辭必精」，文辭精到適宜才有骨，沒有廢字贅句，一字有一字的份量，一句有一句的作用，如李白的「靜夜思」一首短詩，所以能千古不朽，就是因爲具有漢魏樂府風骨之故，言淺意深，筆力幽邃堅實，內涵隱曲感人，字字句句，需是體味深遠，才能領略詩中的情思醇厚。第二，辭氣條貫。文章不論是抒情、敍事或說理，最要緊者在文意連貫暢達，如史記大宛傳，其中雜沓十餘國，而始終不懈，就是全憑一氣的貫串。長篇鉅製的文章最怕蕪漫無緒，若得一氣貫串精意，就不必憂慮全文會萎頓鬆散（註四），這就是氣骨的效用。氣若不條貫，則容易造成語意含混不順，支離破碎之弊。李德裕文章論稱：「魏文典論稱：『文以氣爲主，氣之清濁有體。』斯言盡之矣。然氣不可不貫。不貫，則雖有英辭麗藻，如編珠綴玉，不得爲全璞之寶矣。」劉勰也提到「繁義失統」是「無骨之徵」，說的都是辭氣要求條貫的道理。第三，氣全辭健。劉克莊跋黃慥詩：「詩比他文最難工，非功專氣全者，不能名家。」王世貞徐汝思詩集說：「盛唐之於詩也，其氣完。」王世禎萬首絕句選序贊同王世貞的說法：「弇州先生（即王世貞）曰：『七言絕句，盛唐主氣，氣完而意不必工。』……余反復斯集，益服其立言之確。」所謂「氣完」就是「氣全」。文氣飽滿，才顯得遒勁有精神。但這不是說堆砌麗藻，因爲「膏腴害骨」（詮賦篇），若「義瘠辭肥」（風骨篇），意爲辭掩，當然大損文氣，文骨也就看不出來了。第四，氣變辭直。文章貴乎起伏變化，則波瀾壯闊，奇趣橫生。李德裕文章論：「鼓氣以勢壯爲美，勢不可以不息；不息，則流宕而忘返。亦猶絲竹繁奏，必有希聲窈眇，聽之者悅聞；如川流迅激，必有迴洑逶迤，觀之者不厭。從兄翰常言：『文章如千兵萬馬，風恬雨霽，寂無人聲。』蓋謂是矣。」這一段話，講文氣要抑揚頓挫，壯而能息，便是從文氣的變化來說的。所謂「壯而能息」，就是陽而能陰，剛而能柔。古文家最喜歡拿陰陽剛柔來說文氣的變化。姚鼐答魯絜非書：「……其得於陽與剛之美者，則其文如霆，如電，如長風之出谷，如崇山峻崖，如決大川，如奔騏驥；其光也，如杲日，如火，如金鏐鐵；其於人也，如憑高視遠，如君而朝萬衆，如鼓萬勇士而戰之。其得於陰與柔之美者，則其文如升初日，如清風，如雲，如霞，如幽林曲澗，如淪，如漾，如珠玉之輝，如鴻鵠之鳴而入於寥廓；其於人也，謬乎其如歎，邈乎其如有所思，言乎其如喜，愀乎其如悲。」對於文氣的陰陽剛柔，可謂曲盡形容之詞（註五）。曾國藩在聖哲畫像記亦伸此說，篇末並云：「文章之變，莫可窮詰，要之不出此二途，雖百世可知也。」文氣要求變化萬端，但文骨則須端直，因此風骨篇說：「結言端直，則文骨成焉。」骨力挺拔，端正勁直，則文氣不論怎樣呑吐萬變，亦顯儀態端雅，婀娜多姿。

怎樣纔能使得「氣骨」做到上述四項理想呢？這就必須要做一番「存養」及「凝鍊」的工夫。存養方面主要談的是文氣，明宋濂說：「爲文必在養氣，與天地同。」又歸有光：「爲文必在養氣，氣充於內，而文溢於外。」大抵古文家做文章，最講究氣勢。因此批評文章時，亦多從氣上說。在古文中，如韓愈答李翊書，蘇洵上歐陽公書，蘇轍上樞密韓太尉書，胡銓上高宗封事等文，都是一般人所承認爲氣勝之文。如何存養此氣呢？有以下幾種方法：首賴積學，能讀千賦而善賦，讀破萬卷，下筆自然有神，揚雄、杜甫均不欺人。莊子說：「水之積也不厚，則其負大舟也無力；風之積也不厚，則其負大翼也無力。」文章之道，也是如此。所以文心雕龍事類篇說：「文章由學，能在天資。才由內發，學以外成。夫以子雲之才，而自奏不學；及觀書石室，乃成鴻采。表裏相資，古今一也。」但學者須知博而能約，精擇來讀，才有益處。其次要培養德性。孟子說：「我知言，我善養吾浩然之氣。」孟子養氣之義，指的是道德修養；至於他的文章磅礴宏偉，不也與此養氣之功有關？第三要投身自然。文章本於宇宙造化，學問源自人情物理，司馬相如說：「賦家之心，包括宇宙，總攬人物。」作者可從山川景物中，獲得靈感的啓發，增長閱歷，吸納造物瑰奇壯麗的氣，正如前人所說的：「讀萬卷書，行萬里路。」最後是能交遊賢俊，拓展生活視野，體驗社會人生。如司馬遷周覽天下名山大川，與燕趙豪傑交遊，其文乃疏蕩有奇氣。（註六）藉著書籍的教養，德性的修爲，山川靈氣的興感，賢俊交遊的切磋，必能培養恢宏的氣度，發之於文，也能自然中節。另外從凝鍊的工夫來加強文章的力量。骨力的鍛鍊，並不需要多用強烈的形容詞，如「晴天霹靂」、「驚濤駭浪」、「鬼哭神號」等等，因爲使用了這些強烈的語詞，反而顯出自己的粗淺才薄。要想句子有力，最簡要的方法是詞意精鍊剛健，不濫用廢字，字句的密度（即包含的意象）要大要廣，使每字每句都有作用，但避免文句到了乾硬的程度。使筆力內斂，隱然成骨。功夫愈深，骨力才能愈趨上乘，猶如作詩的人，對詩句必得經由千錘百鍊，把力量凝鍊爲骨，才能呈現高度的美感一樣。

【附註】

註一　參見劉中和中國文學新論第六章中國文學的造詣

註二　同註一

註三　參見陳偉文氣衍論第三章文氣說之演進

註四　同註三

註五　參見高師仲華先生高明文輯論氣骨

註六　參見陳偉文氣衍論第六章文氣存養之道

三情韻的鑑賞

在文學鑑賞的過程中，作品所表現出來的「情韻」，也是一種極爲重要的鑑賞角度。然則在賞析一篇文學作品之前，我們必須先了解什麼是「情韻」。究竟什麼是「情」呢？說文：「情，人之陰氣有欲者，從心，青聲。」朱熹則以爲：「性即心之理，情即心之用。」漢書董仲舒傳：「情者，人之欲也」、「人欲謂之情。」荀子的正名篇提到：「性之好、惡、喜、怒、哀、樂謂之情。」禮記禮運篇更把「情」分爲七種形態：「何謂人情？喜、怒、哀、懼、愛、惡、欲七者，弗學而能。」情是表現人心的，而心的作用表現在欲上。（註一）人與外物接觸後，感物而動產生欲，遂表現出情來，這情就有喜悅、憤怒、哀傷、恐懼、愛好、厭惡、欲求等類型。所以文心雕龍物色篇說：「春秋代序，陰陽慘舒，物色之召，心亦搖焉。」又說：「物色相召，人誰獲安？」「情以物遷，物以情發。」正說明了文學作品中所表現的情，就是文人感於外物，所興發的各種情緒反應，如詩序所謂：「情動於中而形於言」便是。明白了這個道理，在日後鑑賞作品時，便可充分地掌握作者所要表達的喜、怒、哀、懼、愛、惡、欲等有關情感的訊息，且得以更進一步地深入探討文人的心靈世界。

其次談到「韻」。說文新附：「韻，和也；從音，員聲。」文心雕龍聲律篇：「標情務遠，比音則近。」二者所講的韻，都是指音的調和及其節奏感。文心雕龍主張文人欲吟詠情性，必重音律。而音的調和，全在尾音的諧合及有餘味，也就是所謂的「餘音繞樑，三日不絕」，故有人以為凡是諧合而有餘味的，都稱之為「韻」。如文士風流或女子娉婷，都可以說有「韻度」。至於文辭或言語，表現「情」的形態，諧合而有餘味的，自然也叫「韻」。（註二）言辭或文學作品中的「韻」，事實上是「情」的延伸，它藉著「情」的形態存在，並將「情」的作用擴展至諧合且有綿綿無盡的餘味。所以曾國藩說：「有氣則有勢，有識則有度，有情則有韻，有趣則有味。」梁鍾嶸曾提出：「使味之者無極，聞之者動心，是詩之至也。」這種激起讀者共鳴的作品感染力，是有賴於情韻來培養。晚唐司空圖提出詩要有「味外之味」、清代主「神韻說」的王士禎，及主「性靈說」的袁枚，也都倡導詩味，而他們所論的詩味，大抵指的是情韻中的「韻」。綜而言之，狹義的「韻」是指音律的調和，廣義的「韻」，則是指作品中饒富情味、有餘不盡的文學氣息。可見「韻」是經得住咀嚼的，可讓我們反覆低吟而文情愈見煥發。當我們明白了甚麼是「情韻」之後，便可進一步地來探討如何欣賞文學作品中的「情韻」了。而這又可以分兩方面來加以說明。

第一：當我們聆聽別人的言辭或是欣賞一篇文學作品，最主要的便是要瞭解其言語及文字中所蘊含的情意。易繫辭：「聖人之情見乎辭」。文心雕龍的體性篇也說：「夫情動而言形，理發而文見。蓋沿隱以至顯，因內而符外者也」。

我們知道，文學有言情、說理、敍事、狀物等四大功用，而一篇好的文章，不論它所要表達的功用是甚麼？都應該要自然地流露出一份作家胸臆中的情致。否則就與帳簿等枯燥乏味的日常應用文字殊無二致了。（註三），所以從事文學創作，必須融情於思，達情於辭，使辭、情二者互爲表裏，調和相稱，作到「情辭相融」、「情文俱至」的理想。司馬遷報任少卿書中說：「詩三百篇，大抵聖賢發憤之所爲作也。」的確，詩經三百篇的創作，大多是古代人們爲發洩心中蓄積已久的憤懣情緒，於是取物比興，發爲吟詠，這是屬於爲情造文之作，但由於內在豐富的情，勝過了外在質樸的文辭，因此三百篇中，也難免會有情溢於辭的作品。又如兩漢的辭賦家，心中其實並無眞情，但爲了沽名釣譽，是以造作感情，隨意賣弄筆墨，這是屬於爲文造情的作品。由於其外在的辭勝過了內在的情，所以漢人的辭賦往往不能感動讀者，無怪乎揚雄要批評他們：「辭人之賦，麗以淫。」由此可知，一篇文學作品，在情的表現方面，應該要拿揑得恰到好處，使「作者的情」、「文裏的情」、「讀者的情」三者緊密地扣連在一起，以達到其牽引情緒的震撼作用及深入人心的影響力。曹孟德的橫槊賦詩、楚霸王的垓下悲歌，一爲傲岸豪放，一爲悲愴蒼涼，這二種迥異的生命情調卻同樣地震人心弦，即是因它們完全地發揮了作者內在澎湃的心靈情緒！

第二：一篇文學作品，在「情韻」方面，要達到的理想，便是雋永。情須眞，韻才能雋；情必深，韻方能永。（註四）因此，欣賞文學作品時，可自其情是否眞誠深摯著眼。「文章不是無情物」，文貴情，情貴眞。白居易也說：「感人心者，莫先乎情」。一部好的文學創作，必須具有眞切無僞的情感，於是當我們欣賞文章的時候，便能很容易的分辨出何者才是可誦的佳作。舉例來說，屈原因遭讒而被放逐於漢北，他憂國傷民的救世心，嫉惡厭俗的正義感，均不得伸展，於是在這種「衆人皆醉我獨醒」的時代壓力下，屈原融合了忠君愛國的節操與豐富的想像力，以象徵的手法，道出了一個苦悶靈魂的追求與幻滅，成就了中國浪漫詩歌中不朽的鉅作——離騷（註五）。又如陶淵明，人品高潔，性好自然，不爲五斗米折腰，遂退隱山林、寄情於山水，他的作品具有了大自然的永恆生氣與陶淵明自己毫不矯揉的情感。這二位曠世的大作家，即是因其作品中流露出生命的眞情，所以字裏行間便自然地蘊涵了出自天籟的神韻。文學作品不僅情要眞，而且情要深。情深，才能令人低徊往復，感受它那含蓄蘊藉的弦外之音，正如梁啓超所說的：「像吃橄欖的那點回甘味兒。」例如：李商隱的謁山：「從來繫日乏長繩，水去雲回恨不勝，欲就麻姑買滄海，一杯春露冷如冰。」詩人繫日無繩的悵惘，麻姑靜默不語，藉著遞送冰冷的春露這個動作，委婉地顯露出一份無奈。滄海終有變爲桑田的一日，對於萬事萬物的驟變，我們的確是無能爲力的，此時經由詩人生動、新穎且深情的文字，我們很容易地便能感受到一股充滿濃醇詩味的愁懷，且欣賞玩味之餘，便又沈浸在高度的藝術美感中。（註六）再以水滸傳中記吳用說三阮入夥爲例：阮小五與阮小七：把手拍著額項道：「這腔熱血，只要賣與識貨的！」這一句話說得可眞是俠氣干雲，力透紙背，那股若海濤洶湧般的豪情躍然於紙上，直是道盡了天下人物的心中事，由此便可見作者下筆時用情之眞、用力之深了（註七）。情感深摯，到了極點，便成了癡情，而文學中的癡情話常是最耐人尋味，最具文學價值的。如：「老僧只恐雲飛去，日午先敎掩寺門」，便是所謂的「孩子語」、「癡話」。（註八）說到這裏，有個原則已是十分眞確的了，那就是我們欣賞文學創作，必得仔細品味其情韻，這在欣賞文學的過程中是十分重要的。唯有深究文學作品格律、聲調等外在條件的靈活運用情形，與文字所流露的情致韻味，方能眞正體悟作品的精神，進而一窺作家文人的心靈堂奧，並與之契合無違！

從以上二點的說明裏，我們知道天地間的絕妙好辭，大抵是由作家之性情中流露出而涉筆成趣的。文學作品淺薄與否，是可以從作品的情韻去察覺、辨析的，因爲天性澆薄的人，是絕對作不出深情的文辭。惠洪的冷齋夜話記中談到：「李格飛善論文章，嘗曰：『諸葛孔明出師表，劉伶酒德頌，陶淵明歸去來詞，李令伯乞養親表，皆沛然如肺肝中流出，殊不見斧鑿痕。」此處所言的「沛然如肺肝中流出」，指的就是作者磅礴生命力的投射，能掌握文學此等至性至情，實有助於我們對文學作品深入精微的體悟，並進而獲得文學所給予我們的性靈滋潤。因此，在文學鑑賞的過程裏，我們如能透過情的誠摯與韻的雋永兩個角度，作爲感受作者心靈境界的方向，那必可提昇自己的鑑賞層次，達到文學鑑賞的目的。

【附　註】

註　一　參見高師仲華先生高明文輯下　頁三九五
註　二　同註一
註　三　參見開明書店談文學　頁一七一
註　四　同註一
註　五　參見中國文學發達史（臺灣中華書局）　頁九一〇
註　六　參見艾治平古典詩詞藝術探幽
註　七　參見高師仲華先生高明文輯下　頁四〇〇
註　八　參見袁枚隨園詩話記

(四)意境的鑑賞

壹、前　言

文學作品的鑑賞，可從許多不同的角度來著眼，若以「意境」的角度來品評文章，首先應該知道什麼是「意境」？「意境」，可以說是一個非常廣泛而抽象的觀念，正因爲如此，便產生了許多的詮釋和不同的體會。說文：「意，志也。」而春秋說題辭則說：「思慮爲志。」也就是心有所嚮往，就形成了思慮。至於「境」，本字爲「竟」，又稱爲「境界」。說文：「竟，樂曲盡爲竟。從音，從人，會意。」竟，本是指樂曲的終結，引申而言，則凡是終極的，都可稱爲「竟」。「於是造詣終極之所見，都可叫做境或竟」（註一）。例如：「塵境」，「幽境」，「仙境」，其中所說的境，都含有「景象」的意義。而「順境」、「逆境」說的則是人所遭遇的終極景象。在詩文中也有其文學造詣所到達的終極景象，這些終極景象，我們則稱之爲「文境」、「詩境」。至於「意境」，則是說人的思慮、意向，從心而發，表現在言語或文辭上，所形成的終極造詣景象（註二）。根據以上的說法，便不難明白，所謂意境的鑑賞，也就是要探索文學作品中，此種「景象」的塑造及作者在這方面所下的功夫。

貳、如何鑑賞意境

在文學鑑賞的過程中，我們應該如何感受及欣賞作者對於意象的表達呢？以下茲就三方面，加以學例說明：

一、從情眞景實鑑賞意境

對於「意境」的詮釋，石濤從藝術創作的角度來看，他以爲境界是指畫面上所表現出來的境域。而王國維則有其獨特的看法，他說：「境非獨景物也，喜怒哀樂亦人心中之一境界，故能寫眞景物眞感情者，謂之有境界；否則謂之無境界。」（註三）由此可知，王國維所說的境界，是可模擬實體的景物，也可模擬吾人心靈中的情感，但重要的是，無論是主觀或客觀的摹寫，都必須是眞摯的。葉嘉瑩在王國維及其文學批評一書中，說：「意境，就作者而言，是一種具體而眞切的意象的表達；就讀者而言，則是一種具體而眞切的意象的感受。」事實上，不管如何來解釋「意境」二字，「意境」都涵蓋有二種層面，一是具體的物境，一則是抽象的情意。無論情或景又都以「眞」爲上，古今傳誦的好文章，通常都具備情眞景實的特色。例如：李密的陳情表、諸葛亮的出師表、袁枚的祭妹文都是情意眞摯，哀切動人的好文章。杜甫羌村詩三首，寫詩人經戰亂流離，初抵家鄉，驚喜之景，句句傳神。「崢嶸赤雲西，日腳下平地」寫薄暮眞景。「鄰人滿牆頭，感歎亦歔欷」寫村居眞景。「嬌兒不離膝，畏我復卻去」寫孩稚依依眞景。「羣雞正亂叫，客至雞鬥爭，驅雞上樹木，始聞叩柴荊，父老四五人，問我久遠行，手中各有攜，傾榼濁復清」寫歸後鄰居贈勞之眞景。以上這些景物的摹寫，能使讀者看了以後，有如身歷其境的感覺，都是成功的寫景。鑑賞者應注意，作者所寫之情是否「眞」；所寫之景是否「實」，能情眞景實者，便是有境界。

二、從創作層次鑑賞意境

一篇好的文學作品，是必須有意境的。「意境」在藝術創作中，是屬於創造性的。有創造性的作品，才算有境界；有境界，才能成爲藝術。在西洋的美學體系中，「意境」對於觀賞者而言，應該是一種「美感經驗」；是主觀的，且具有其普遍性的存在，是表現於審美客體與觀賞者心靈之間（註四）。王國維在人間詞話中說：「詞以境界爲上，有境界，則自成高格。」事實上，所有的文學作品都是如此。若是從創作層次來鑑賞意境，我以爲又可將之分爲以下三種境界：

㈠有我之境——王國維在人間詞話提到：「『淚眼問花花不語，亂紅飛過秋千去』、『可堪孤館閉春寒，杜鵑聲裡斜陽暮』，有我之境也。」又說：「有我之境，以我觀物，故物皆著我之色彩」。「我」也是「萬物」之一，王氏所說的「有我之境，以我觀物」，如改為「有我之境，以物觀物」，更確當些。因為莊子秋水篇說：「以物觀物，自貴而相賤」。此「物」即指「萬物」，現象界因為萬物相對，是以世俗之情，多用主觀的心態，觀察外物。從「自我」觀「萬物」，故物皆著我之色彩，這便是「有我相之境」。正因為是由「我」去觀看宇宙的萬事萬物，因此所有的事物便含有「我」的意志，既有主觀的色彩介入，那麼所見到的景象，便不能絕對客觀。「花不語」三字，涵蘊了多少說不出的恨意，也可看出作者強烈的主觀意識；而偌大的館厝，在詩人多感的靈魂探照下，有感於料峭春寒中，它益發地孤單起來，正如作者內心的寒冷封閉一般。在我們所接觸的衆多文學體裁的作品中，「有我之境」的表現，算是較為普遍的。如散文中的抒情作品，多半有個「我」，在幕後操縱，抒發一己的感情，透過文字，以呈現出「有我相」的境界。在詩詞作品中，也常能看到這樣的例子。如：白居易慈烏夜啼是他守制家居時的作品，全詩透過慈烏的夜啼，使我們更能體會到他子欲養而親不待的悲痛心情。這首詩所以特別強調「夜啼」一事，一方面因慈烏是孝鳥，在夜半思母，便發出淒厲的啼聲，使得失母的人聽了，自然會聯想到自己同樣的遭遇；另一方面，夜半時萬籟俱寂，慈烏啞啞的悲音，叫人聽了，覺得格外清楚，格外哀傷，這同時也烘托了作者白居易當時的心境（註五）。所以「夜夜夜半啼，聞者為沾襟」，所表現的是「有我之境」，因為在這首詩中有個「沾襟的我」。當我們鑑賞這類作品時，便可直接的去接觸文中「我」的世界。

(二)無我之境——無我之境，又可稱作「忘我」之境，所謂「忘我」，乃是「忘我執」，意即忘掉自我所執着的主觀意識。王國維說：「『寒波澹澹起，白鳥悠悠下』，無我之境也。」又說：「無我之境，以物觀物，故不知何者爲我，何者爲物。」王氏所說的「無我之境，以物觀物」，如改爲「無我之境，以道觀物」更確當些。因爲莊子秋水篇說：「以道觀物，物無貴賤。」此「道」即指「自然」，從「自然」看「萬物」，便能打破現象界萬物相對的觀念，進而使「物我交融」，呈現出莊子齊物論所謂「天地與我並生，萬物與我爲一」的境界，故能不知何者爲我，何者爲物。這便是「無我相之境」。從「自然」看「萬物」，因此作者便能褪去他成見的外衣，客觀地觀照他眼下的世界，這時，在藝術創作者的鏡頭裡，一草一木所呈現的，均是其最悠然，最自在的形態，「我」與「物」之間沒有距離，其境中不著我相。於是讀者便能毫不受干擾地，欣賞一幅大自然的或是靈魂深處的協調境致。作家忽而用遠鏡頭看白鳥悠悠而下，忽而又用近鏡頭看寒波在水上圈動，物我之間，泯然無界。可以說「無我之境」，是指從絕對的境界，看相對的境界，擺脫自我的主觀，而成爲一個自然祥和的景象，這便是「無我之境」的好處。鑑賞者在品評作品時，更應仔細地玩味其淡然而優美的氣度，經由「忘我執」，而眞正的進入文學的桃花源地。

(三)眞我之境——眞我之境是屬於一種「頓悟」後的「清明」。從常變的人事中，知道「物化」的必然現象，用「覺悟」的態度，從「本體」看「萬物」，故能所在「逍遙」，無所不適。於是不再主觀的執着「自我」，完完全全的將自己投入更豁達的人生之中，內不覺其一身，外不識有天地，然後能忘懷得失，曠然與變化爲體而無所不通。當各種學科發展至極致時，其精神層次都是相通的，正如文學上的「眞我之境」，就類似莊子哲學中的無拘無礙的「逍遙」之境一樣。歷代文學作品中，表現這種境界的，可以陶淵明的飲酒詩爲例。他說：「結廬在人境，而無車馬喧。問君何能爾？心遠地自偏。採菊東籬下，悠然見南山。山氣日夕佳，飛鳥相與還。此中有眞意，欲辨已忘言。」這首詩所以能傳誦千古，不在於聲韻的悅耳，辭句的優美；而在於作者能把莊子逍遙的境界，寫進了詩篇，達到了出神入化的境界。「此中有眞意，欲辨已忘言」這便是超凡入聖的「眞我之境」。又如李白宣州謝朓樓餞別校書叔雲：「棄我去者昨日之日不可留，亂我心者今日之日多煩憂。長風萬里送秋雁，對此可以酣高樓。蓬萊文章建安骨，中間小謝又清發；俱懷逸興壯思飛，欲上青天覽明月。抽刀斷水水更流，舉杯消愁愁更愁；人生在世不稱意，明朝散髮弄扁舟。」這種神來之筆，是如何的瀟灑，如何的狂放，雖然在字裡行間，仍帶有淡淡的哀愁；但這只是詩人應有的惆悵。至於在心境上，他那種超脫，那種曠達，那種逍遙，實在可配稱爲詩界的莊子了。「人生在世不稱意」，這是世俗的「有我之境」；「明朝散髮弄扁舟」，則是李白的「眞我之境」。陶淵明雖知「此中有眞意」，而能「欲辨已忘言」；李白雖知「人生在世不稱意」，而能「明朝散髮弄扁舟」，這就是因爲他們的心境中已具有逍遙而遊的境界，所以在創作中自然呈現「眞我之境」。鑑賞者在閱讀他們的作品時，便必須特別加以注意這種意境的表現，因爲它往往是這些作品之所以不朽的最重要因素。

青原惟信禪師說：「老僧三十年前未參禪時，見山是山，見水是水。及至後來親見知識，有個入處，見山不是山，見水不是水。而今得個休歇處，依前見山祇是山，見水祇是水。」（註六）這一段話正可用來比較說明，本文所說文學創作層次的三種境界，使其意象更爲明晰。所謂「見山是山，見水是水」，即世俗觀念之「胡蝶是胡蝶，莊周是莊周」蝶周分明，此爲「有我」之境界。所謂「見山不是山，見水不是水」，即「不知周之夢爲胡蝶與？胡蝶之夢爲周與？」之蝶周不分，此爲「忘我」之境界。所謂見山祇是山，見水祇是水」，即「周與胡蝶，則必有分矣」之體悟，此爲「眞我」之境界。能「忘我」，則「眞我」自現。

三、從意象明晰鑑賞意境

一篇好的文學作品，無論是寫情或寫景，在「意境」的表現方面，總要做到「顯豁易見」（註七）。而在鑑賞的過程中，也必須注意作者在這方面的掌握，是否恰當。換句話說，在鑑賞時必須注意「意」與「辭」的相互關聯。辭、意二者是依傍而生的，有意才能發而爲辭，無辭則意必無宣洩通達的途徑。無論是「意深辭淺」，或「意淺辭深」，都是不理想、不圓滿的。文辭的深淺，總必須隨著「意」的深淺而轉移變化，並作增減潤色的功夫，以使其得以窮形盡相：窮萬物之形相，盡萬物之至情，然後造成文學作品多采多姿的風貌。「辭」和「意」能密切配合使意象明晰者謂之有境界，否則謂之無境界。即鑑賞作品時，應注意作者於辭、意的密合、疏遠，是否處理得當，是否能充分地表達情意。「辭」、「意」能配合妥切，則意象自然明晰顯豁。

王國維在人間詞話裡頭說，詞境有隔和不隔的區別。「霧裡看花」便是隔，而「語語如在目前」

則是不隔。文學作品，必須有其意境，但若是辭、意不能做到顯豁易見，則意象含糊，便無境界可言。因此朱光潛在詩學一書中就說：「寓新穎的情趣於具體的意象。情趣和意象恰相熨貼，使人見到意象便感到情趣，便是不隔，意象含糊或空洞，情趣淺薄，不能在讀者心中產生明瞭深刻的印象，便是隔。」像杜甫詩：「細雨魚兒出，微風燕子斜」及林逋的「疏影橫斜水清淺，暗香浮動月黃昏」，這些詩中，意象明晰而具體，意境深入而有味。又如古詩：「生年不滿百，常懷千歲憂，晝短苦夜長，何不秉燭遊？」敕勒歌：「天似穹廬，籠蓋四野，天蒼蒼，野茫茫，風吹草低見牛羊。」以上這些詩句，在意境上，都能達到顯豁易見的理想，而不會因晦澀，阻礙了鑑賞的工作。由此可知，好詩必然意境明晰，所以這也是鑑賞的角度之一。

叁、結　語

最後要談到的是，對於文學作品的意境鑑賞，必須做到深入體會的功夫。其過程卻又必須經過三種境界，這也就是王國維在人間詞話所說的：「『昨夜西風凋碧樹，獨上高樓，望盡天涯路』，此第一境也。『衣帶漸寬終不悔，爲伊消得人憔悴』，此第二境也。『衆裡尋他千百度，驀然回首，那人卻在燈火闌珊處』，此第三境也。」在我們深入體會文學創作的意境時，往往必須經由第一境的「茫然無緒」，第二境的「困勉努力」，方才能夠到達第三境的「恍然有得」（註八），發現意境的佳妙之處，進入鑑賞的最高境界。培養鑑賞能力的過程是：首先一定要廣博的見聞他人的經驗及意見，然後再做精微的、深入的研究，建立一套屬於自己的，周密精確且客觀的鑑賞標準。最後基於長時間的努力，細細的搜尋及品味，終能得以有所頓悟，於是便使鑑賞者「恍然有得」，一窺文學意境的堂奧。

（以上「意境的鑑賞」，原載於國立臺灣師範大學國文學報第十五期）

【附註】

註一　參見高師仲華先生高明文輯　論意境

註二　同註一

註三　參見王國維人間詞話

註四　參見中國現代文學批評選集姚一葦的「論境界」

註五　參見國民中學國文教師手冊第四冊

註六　參見指月錄

註七　同註一

註八　同註一

(五)體性的鑑賞

「體性」一詞出於文心雕龍體性篇，在文心體系中，「體性」是屬於創作論。創作論又分為剖情和析采，「體性」隸屬於剖情，此乃就文學內容而言。訓其情性，故黃李剛先生文心雕龍札記說：「體斥文章形狀，性謂人性氣有殊，緣性氣之殊，而所爲之文異狀。然性有天定，亦可以人力輔助之，是故愼於所習。」賅要的說明全篇大旨。在這裏，體指的是文體，也就是指遣詞造句，布局結構而言，這是屬於文章的形式。性指的是文性，也就是作者天賦的個性，表現在文章上，便會自然流露的爲文之性，這是屬於文章的內容。作者將內在的思想感情，透過語言形式而表現在文章上，即構成風格。作品的風格因作者個性之不同而有差異，正所謂「各師成心，其異如面。」因此以體性的角度來鑑賞文章，便要探討作品風格與作家個性之關係，進而分析什麼樣的體裁宜配合什麼樣的作家，才會有成功的創作表現。

清朝沈德潛說詩晬語卷下，曾論述到作家個性與文章風格之關係，如一體之兩面：「性情面目，人人各具：讀太白詩，如見其脫屣千乘。讀少陵詩，如見其憂國傷時。其世不我容、愛才若渴者，昌黎之詩也。其嬉笑怒駡、風流儒雅者，東坡之詩也。即下而賈島李洞輩，拈其一章一句，無不有賈島李洞者存。」故大凡名家之作，必具眞情實性，人格的表現就是風格的展露，文如其人，有其性情，則有其文章；無其性情，則無其文章（註一），而能以文辭適當的凝合內容，表現出風格的，才是眞正有價值的作品（註二）。

至於體察文章，首先應就人的質性入手，章學誠根據論語子路篇：「子曰：『不得中行而與之，必也狂狷乎！狂者進取，狷者有所不爲，』」的話，分「文性」爲「中行」、「狂」、「狷」三種。

他又認爲「文性」還有眞僞的區分，便又分爲「僞中行」（就是「鄉愿」）、「僞狂」、「僞狷」。我們對於作品所表現的「文性」便須辨別清楚，「中行」最上，「狂」、「狷」次之，「僞中行」、「僞狂」、「僞狷」最劣。寫作文章的人，必須去僞存眞，依其天性來創作文辭的形狀，當我們從事批評鑑賞時，也要能從作品中識別作者性格。以下我們利用文心體性篇所擧的實例作一說明，便可發現作品風格和作者個性的密切關係。

按劉勰所言，如「賈生俊發，故文潔而體清」，以俊美奔放來形容他的個性，所以文辭潔淨，風格清新爽朗；又如「長卿傲誕，故理侈而辭溢」，因其傲慢誇誕的個性，所以他的文章情理浮華，而辭采有泛濫的現象；再如「子雲沈寂，故志隱而味深」；因其沈潛寂靜的個性，所以他的文章內容便偏於隱密，而情味深遠；又「子政簡易，故趣昭而事博」，因劉向有平易近人的個性，所以文章旨趣極顯明，且敍事淵博。他廣徵了十二位作家爲例，證明「吐納英華，莫非情性」之說，並謂「觸類以推，表裏必符」，可知每一個作者都各有天賦的秉性，而這一種特有的個性，又都自然的流露在他自己的文章上，而構成他自己的風格。風格對於一個人的質性，如影之隨形，不可分離。呂坤呻吟語論「詩味」，也是從此二者的關係來說。他說：

「疏狂之人多豪興，其詩雄；讀之令人灑落，有起儒之功。清逸之人多芳興，其詩俊；讀之令人自愛，脫粗鄙之態。沈潛之人多幽興，其詩濬；讀之令人寂靜，動深遠之思。沖澹之人多雅興，其詩老；讀之令人平易，消童稚之氣。」

他所謂「疏狂之人多豪興」、「清逸之人多芳興」、「沈潛之人多幽興」、「沖澹之人多雅興」，就是「文性」；而「其詩雄」、「其詩俊」、「其詩澹」、「其詩老」，便是指其「文體」。「文體」與「文性」結合，即構成文章的風格。作者的個性決定作品的風格，離開文性，便找不到風格的靈魂；同樣的，離開文體，也看不出個性的面目，因此叔本華說：「風格是心的面目。」這便說明二者是一體的。

文心雕龍體性篇把風格分爲八種。這八種類別區分的標準，是以「宗經」「原道」爲依歸，他便以這八種風格爲準則，作爲批評各時代作家作品的準則。

這八種風格是這樣的：

一、典雅：「典雅者，鎔式經誥，方軌儒門者也。」

二、遠奧：「遠奧者，馥采典文，經理玄宗者也。」

三、精約：「精約者，覈字省句，剖析毫釐者也。」

四、顯附：「顯附者，辭直義暢，切理厭心者也。」

五、繁縟：「繁縟者，博喻醲采，煒燁枝派者也。」

六、壯麗：「壯麗者，高論宏裁，卓爍異采者也。」

七、新奇：「新奇者，擯古競今，危側趣詭者也。」

八、輕靡：「輕靡者，浮文弱植，縹緲阿俗者也。」

風格雖可分爲這八種，但並非絕對單獨表現，它可能融合二體爲一，或互相烘托陪襯，甚至在體性的交互作用下，展現更多的風貌。

至於如何表現最理想的「體性」呢？根據高師仲華先生的說法，應做到兩點：一是「導其所宜」，二是「防其所失」。所謂「導其所宜」，就是以適宜的體裁表現自己的個性風格，因勢順導，在文學創作上的成就必然較大，因此屈原以楚辭寄其憂憤，司馬相如以漢賦鋪其麗辭，李、杜以詩歌發其意氣，溫、柳以豔詞抒其委婉，當然每個人的性格必不拘限於一面，如蘇軾才氣縱橫，各體具備，均有佳篇，然此乃特出之士，始能精通各體，否則如欲以文名家，必擇其所宜來表現。在文鏡祕府論論體篇上，便談到體裁與體性的相互配合：

「至如稱『博雅』，則『頌』、『論』爲其標；語『清典』，則『銘』、『讚』居其極；陳『綺豔』，則『詩』、『賦』表其華；敍『宏壯』，則『詔』、『檄』振其響；論『要約』，則『表』、『啓』擅其能；言『切至』，則『箴』、『誄』得其實。凡斯六事，文章之通義也。苟非其宜，失之遠矣。」

屬於「博雅」的體性，便宜於寫「頌」、「論」這類體裁的文章；「清典」的體性，便適於寫「銘」、「讚」這類的文章；「綺豔」的體性，便適合寫「詩」、「賦」這類的文章；「宏壯」的體性，則宜於寫「詔」、「檄」這類的文章；「要約」的體性，則適於寫「表」、「啓」這類的文章；「切至」的體性，則適合寫「箴」、「誄」這類的文章。反之亦然，寫「頌」、「論」一定要「博雅」；寫「銘」、「讚」一定要「清典」；寫「詩」、「賦」一定要「綺豔」；寫「詔」、「檄」一定得「宏壯」；寫「表」、「啓」一定得「要約」；寫「箴」、「誄」一定得「切至」。能夠做到這樣，便是「導其所宜」，達到理想的境界。教師指導學生鑑賞「頌」、「論」時，便要看它是否「博雅」；鑑賞「銘」、「讚」，要看它是否「清典」；鑑賞「詩」、「賦」，要看它是否「綺豔」；鑑賞「詔」、「檄」，要看它是否「宏壯」；鑑賞「表」、「啓」，要看它是否「要約」；鑑賞「箴」、「誄」，要看它是否「切至」，這「博雅」、「清典」、「綺豔」、「宏壯」、「要約」、「切至」便是鑑賞文章優劣的參考標準了。

文鏡秘府論論體篇又說：

「博雅之失也緩，清典之失也輕，綺豔之失也淫，宏壯之失也誕，要約之失也簡，切至之失也直。體大義疏，辭引聲滯，緩之致焉。理入於浮，言失於淺，輕之起焉。豔貌違方，逞欲過度，淫以興焉。制傷迂闊，辭多詭異，誕則成焉。情不申明，事由遺漏，簡自見焉。體尚專直，文好指斥，直乃行焉。故詞人之作也，先看文之大體，隨而用心，導其所宜，防其所失，故能辭成練覈，動合規矩。」

各種體性的文辭，有所宜，也有所失。因此爲文之時，必要一方面注意導其所宜，一方面也要防其所失。比如說，在表現「博雅」的體性時，而不失之「緩」；表現「清典」的體性，而不失之輕；表現「綺豔」的體性，而不失之「淫」；表現「宏壯」的體性，而不失之「誕」；表現「要約」的體性，而不失之「簡」；表現「切至」的體性，而不失之「直」，那便能達到理想的要求。教師指導學生鑑賞「博雅」者，看它是否失之於「緩」；鑑賞「清典」者，看它是否失之於「輕」；鑑賞「綺豔」者，看它是否失之於「淫」；鑑賞「宏壯」者，看它是否失之於「誕」；鑑賞「要約」者，看它是否失之於「簡」；鑑賞「切至」者，看它是否失之於「直」，這「緩」、「輕」、「淫」、「誕」、「簡」、「直」，也便可作爲鑑賞文章優劣的參考標準了。

一般人的文章很難做到無所失。例如：「徐幹以賦、論標美」（文心雕龍才略篇語），文辭體態可說是博雅了，但魏文帝卻說他「時有齊氣」（見典論論文），齊氣就是舒緩之氣。「博雅之失也緩」，即如徐幹也不免有失。「至如敬通雜器，準矱戒銘；而事非其物，繁略違中。崔駰品物，讚多戒少。李尤積篇，義儉辭碎。」（文心雕龍銘箴篇）可見馮衍、崔駰、李尤這些人寫清典的銘文，仍不免失於輕率。屈、宋是辭賦之祖，然而「宋發巧談，實始淫麗」（見文心雕龍詮賦篇），宋玉的賦也不免有淫麗的偏失。陳琳作檄，據三國志裴松之注引典略之說，居然可以治癒魏武帝的頭風，如此看來，其文不能說不壯偉；但他替袁紹寫的檄文，攻訐魏武帝，「奸閹攜養」，「發邱摸金」；文心雕龍檄移篇便批評他「章密太甚」，「誣過其虐」，是失之於怪誕了。敍事貴乎要約，不獨表、啓爲然。王若虛諸史辨惑說：「如史記高祖聞田橫死，曰：『嗟乎，有以也夫！起自布衣，兄弟三人更王，豈非賢乎哉！』漢書但云『嗟乎，有以，起自布衣。』其語太簡，讀之殆不可曉也。」班固想做到「要約」，結果卻是「其失也簡」。潘岳是做哀誄這一類文辭的高手，文心雕龍指瑕篇則說他：「悲內兄，則云『感口澤』；傷弱子，則云『心如疑』。禮文在尊極，而施之下流；辭雖足哀，義斯替矣。」他就犯了「切至之失也直」這句話。這些人都是古來的名家，尚且不能避免過失，可見「防其所失

」的確不是一件易事。（註三）

總之各種體性的文辭，有所宜，也有所失，若能一方面表現得宜的體性，而又不流於缺失，便是成功了。文心雕龍體性篇有兩句話「摹體定習」和「因性練才」，很可以指導我們做到「導其所宜」和「防其所失」。寫作文章，要順著自己的「文性」來鍛鍊自己的「文才」，然後才能創造屬於自己的風格，開拓自己寫作的途徑。當我們以「體性」作為鑑賞的標準時，便應從作者的文性著眼，看作品所呈現的風格能否與作家的個性相應，即文體（體裁）與文性（作者個性）是不是配合，若能由這個角度去鑑別和欣賞一篇文章，自當更為深入客觀些。

【附註】

註一 參見羅聯絡文心雕龍體性篇釋義

註二 參見廖蔚卿文心雕龍的風格論

註三 參見高師仲華先生高明文輯論體性

(六)格調的鑑賞

我們常聽到一些評語，如：「他的格調不高」，或是「他自成一格」，究竟何謂「格調」？如果我們拿「格調」作爲鑑賞文學作品的一個角度，首先便要了解「格調」的定義。

推其字源，說文：「格，木長貌，從木，各聲。」「格」字的本義，是樹木生長的樣子。引申爲「格格相交」的「格」，如「窗格」的「格」便是。像「窗格」這一類的「格子」，必須要有一定的「格式」。後來用一定的「格式」來度量東西的，也叫做「格」。倉頡篇：「格，量度也。」就是這種涵義。由「度量」的意思，再引申爲「標準」的意義。後漢書傅燮傳李賢注便說：「格，猶標準也。」至於「調」字，說文解作：「調，和也。從言，周聲。」賈子道術有更清楚的說解：「合得周密，謂之『調』。」於是調和周密而能合爲一體的，就叫做「調」。（註一）在音樂方面，有所謂的「C調」、「G調」等；在人的作風方面，有所謂的「調調兒」、「調門兒」；在文辭方面，表示作風的，也就叫做「調」。漢書鼂錯傳：「調立城邑。」顏師古注「調」：「謂算度之也。」可見「格」與「調」字均有「量度」、「標準」的意思，因此「文格」就是「文調」，凡表示文辭中調和周密而能合爲一體的作風，我們便合稱之爲「格調」。（註二）

我們可以用「格調」來評論人品，也可以用「格調」來說文辭的品質，如方干的美人詩：「直緣多藝用心勞，心路玲瓏格調高」，這是說人的格調。韋莊的送秀才詩：「人言格調勝元度，我愛篇章敵浪仙」，則說的是文辭的格調。人的格調，可從他的德性、氣概、言談、舉止各方面所表現的程度來品評；文辭的格調亦然，可從字面、氣味、旨意各方面所表現的程度，加以評賞辨別。就文章的鑑賞來說，格調一定要高。陳善捫蝨新語說：「余每論詩，以陶淵明、韓、杜諸公，皆爲韻勝。一日，見林倅於徑山，夜話及此。林倅曰：『詩有格、有韻，故自不同。如淵明詩，是其格高；謝靈運「池塘生春草」之句，乃其韻勝也。格高似梅花，韻勝似海棠花。』予聽之，瞿然似有所悟。」這一段話，不僅說明「格調」和「情韻」的分別，也強調格一定要高。情韻勝的作品，純粹流露作者敏銳感性的豐富的情緒世界，文辭優美有韻味，令人喜愛；而格調高的作品，則更顯示作者的人品，或清高超拔，或充滿悲憫淑世的性格，教人起敬。至於如何才能分辨出格調的高低呢？這可從三方面著眼：

第一，從文辭辨別：這是指從作者所喜用的字面去辨別。一個作家往往無意間在文辭中流露出他所喜用的字眼而不自覺，這正顯現他個人的品格。因爲字面是文辭表現品格的最粗淺的一面，所以我們藉著文辭的字面可得到一最初步的辨認。例如王國維評白石詞，以爲「古今詞人格調之高無如白石」，而其所以格高，就在於他的文字高雅而不同流俗。又如周濟介存齋論詞雜著說：「梅溪詞中喜用『偷』字，足以定其品格矣。」這是因爲史梅溪詞中喜用「偷」字，便據此說他辭句雖美，而格調卻不高。然而當我們以字面去辨別品格的高下時，是需要相當謹慎的，因爲統計資料只是一種參考，絕不是結論，尤其現代文學運用的媒體，如性、慾、愛、恨之類頗常見，便不能因字面的醜暗汚穢而抹殺其內在表現的主題意識。

第二，從文氣辨別：這裏所說的文氣是根據文辭的氣味，因其較爲抽象，要比統計字面難得多了。然而在文辭的字裏行間確有「氣味」的存在，氣味的好壞，最能顯現格調的高低。如孟子有「知言養氣」，曹丕言「氣之清濁有體」，到韓愈則謂「氣盛則言之短長與聲之高下者皆宜」，因每人之禀賦修養不同，呈現出來的作品也各具精神風貌。毛奇齡西河詩話更把氣味分類來說：「蓋文有士氣，有丈夫氣。舊人論詩，極忌庸俗，以其無士氣也；且又惡纖弱，以其無丈夫氣也。」「士氣」、「丈夫氣」，這是文辭中好的氣味。陳廷焯白雨齋詞話也說：「無論作詩作詞，不可有腐儒氣，不可有俗人氣，不可有才子氣。人第知腐儒氣，俗人氣之不可有，而不知才子氣亦不可有也。尖巧新穎，病在輕薄；發揚暴露，病在淺近。」這「腐儒氣」、「俗人氣」、「才子氣」都是文辭中壞的氣味，只要我們細加尋求，總可嗅得出來。從氣味來辨別格調，較之從字面去辨別，尤爲可靠。因爲文辭是可以修飾選擇的，但文辭的氣味卻不容易僞裝。譬如一個流氓，即使他穿著紳士的衣服，出入高級的場合，冒充紳士，但只要他一開口說話，稍微的動作，就免不了會露出流氓的氣味，怎麼矯飾也掩蓋不了他的本質。氣味之於文辭的格調，也是如此的，就好像文辭中若呈現刻薄之氣、狂妄之氣，便會產生惡劣的氣味，相對的，格調必然不高。

第三，從文旨辨別：這是說從文辭的旨意去辨別。旨意高尚深遠的，格調一定高；旨意俗惡卑汚的，格調相對的也一定低。人間詞話說：「溫飛卿之詞，句秀也；韋端己之詞，骨秀也；李重光之詞，神秀也。」所謂「句秀」指的是辭句藻飾之美，所謂「骨秀」指的是情意本質之美，而所謂「神秀」是指精神之生動飛揚，足以超越現實而涵蓋一切的一種美。（註三）就這三種文學作品中不同的品質而言，似難分軒輊，然而若深入探討三者於文辭旨意的寓託，便可發現李後主的沈鬱哀痛，旨意悠遠，故王國維極稱其「眼界大」「有釋迦基督擔負人類罪惡之意」；至於韋莊之詞，雖有所寄託，但終不免於流俗，品格不高；而溫廷筠純係精豔香奩之作，毫無深沈旨意可言，故相形之下，其格調又次之。此外，如劉熙載詞概提到：「周美成律最精審，史邦卿句最警練，然未得爲君子之詞者，周旨蕩而史意貪也。」既然旨蕩、意貪，更遑論作品的高格。揚雄的詞賦，在形式上何嘗不美？但劇秦美新，一味的諂媚阿諛新莽的功德，旨意俗陋，格調自然卑下。甚至市面上一些言情小說，內容盡是風花雪月，男歡女愛，旨意汚穢，格調可謂最低。

從以上所述三方面來辨別文辭的格調，對我們鑑賞必有相當大的幫助。至於說，怎樣的文章才算是高格的作品呢？最少必具備三個條件：第一，是「有境界」。正如王國維人間詞話所說的：「有境界自成高格」，所謂「有境界」，是指作者對其所寫之景物及感情須有眞切之感受，而且能將此種感受鮮明眞切地表達出來。境界雖有大小，然不以是而分優劣。如「落日照大旗，馬鳴風蕭蕭」表現的是氣勢磅礴的行陣及景象，場面壯闊而雄偉，而「細雨魚兒出，微風燕子斜」則是另有一番詩情畫意，纖麗而柔美，二者境界雖有大小，然同是高格之作。第二，是「雅正」。文辭的雅正，不僅在辭藻外貌，更重要的在「辭心」與「辭神」。潘彥輔一齋詩話說：「夫所謂雅者，非第詞之雅馴而已。其作此詩之由，必脫棄勢利，而後謂之雅，今種種鬭靡騁姸之詩，皆趨勢弋利之心所流露也。詞縱雅而心不雅矣。心不雅，則詞亦不能掩矣。」王國維人間詞話也說：「詞之雅鄭，在神，不在貌。永叔、少游，雖作豔詞，終有品格；方之美成，便有淑女與娼妓之別。」周美成的辭藻，不能說是不精巧雅正；但他的雅正，僅取其貌而不在神，所以他的「辭心」和歐陽修、秦觀一比，格調還是顯得低了。第三，是「溫厚」。禮記經解：「溫柔敦厚，詩教也。」沈德潛清詩別裁凡例中，提倡溫柔敦厚，所謂「唐詩蘊藉，宋詩發露；蘊藉則韻流言出，發露則意盡言中。」但是他並不完全否認諷刺的作用，而是主張用含蓄的手法諷刺，更能增加藝術力量。用心溫厚的作品，格調較高。如謝榛四溟詩話說：「鮑防雜感詩曰：『五月荔枝初破顏，朝離象郡夕函關。』此作託諷不露。杜牧之華清宮詩云：『一騎紅塵妃子笑，無人知是荔枝來。』二絕皆指一事，淺深自見。」同樣是寫唐明皇爲楊貴妃飛騎取荔枝的事，但鮑防的詩託諷不露，還存著「溫厚」的心；杜牧之的詩就不免顯出「輕薄」來，由此可見，杜牧之的格調不及鮑防的高。

文辭的格調，繫於作者的格調。作者有修養，文辭的格調自然高，所以培養文辭格調，是修養的問題，不是文學技術的問題。陳絢海綃說詞：「詞莫難於氣息。氣息有俗雅，有厚薄，全視其人平日所養。至下筆時，則殊不知也。」他這段話，眞是一語道破。文格的高卑，其關鍵在於平日的修爲，所以我們如果希望文章作品的格調很高，便得在日常培養我們爲人的格調。

【附註】

註一　參見高師仲華先生高明文輯論格調

註二　同右

註三　參見葉嘉瑩王國維及其文學批評

㈦聲律的鑑賞

舜典說：「詩言志，歌永言，聲依永，律和聲。」自古以來，人類爲抒發情意，因此而有詩歌的產生，在詠歎的過程中，爲求聲音的和諧悅耳，便逐漸形成了聲律。劉勰文心雕龍原道篇便說：「至於林籟結響，調如竽瑟；泉石激韻，和若球鍠，故形立則章成矣，聲發則文生矣。」由此可知，文學作品的產生，乃源於人類心靈的感動，而以大自然的一景一物爲媒介，得之於心，發乎爲聲，形之成文。人類由大自然的諧律中得到靈感，而產生人爲音律，即在情意的表達中，爲了美化聲韻，而形成平仄的參差錯綜、協韻的變化互換、句型的長短不齊等聲律的要求。因此，從事文學鑑賞，可由聲律角度入手。何謂聲律呢？說文：「聲，音也。」廣雅釋詁說：「律，法也。」簡而言之，聲律就是聲音的法度。聲音合於法度的便美，不合於法度便不美。

古人寫作篇章，修飾文辭，非常注重聲律。朱熹說：「韓退之、蘇明允作文，敝一生精力，皆從古人聲響處學。」曾國藩說：「情韻不匱，聲調鏗鏘，乃文章中第一妙處。」自唐宋以來至清朝桐城派的古文作家，均一致重視文辭的聲律。范仲淹作嚴先生祠堂記，原來末尾四句爲：「雲山蒼蒼，江水泱泱，先生之德，山高水長。」其友李泰伯看見而告訴他：「公此文一出名世，只一字未妥。」范問何字，泰伯說：「『先生之德』不如改爲『先生之風』。」范仲淹聽後，喜而改之。「德」字和「風」字在意義上雖有不同，但最重要的分別，還在聲律上。「德」字仄聲，音啞沈鬱，沒有「風」字那樣響亮悠揚。所以范文正公便欣然改換。又如歐陽修作晝錦堂記，已將完稿交與來求之人，待其人走遠，突然想到起頭兩句：「仕宦至將相，富貴歸故鄉。」尚應添加兩個「而」字，立刻派人快騎追回，改爲「仕宦而至將相，富貴而歸故鄉。」我們如果把原句和改句朗誦一下來比較，就會明白這二個「而」字加得十分妥帖。原句氣局促，改過後便很舒暢；原句意直率，改句便有抑揚頓挫。加與不加，在意義上並沒有改變，卻使人讀起來有不同的效果，這便是聲律的作用了。姚鼐說：「大抵學古文者，必要放聲疾讀，又緩讀，久之自悟。若但能默看，即終身外行也。」因此在欣賞古人文辭時，必須放聲誦讀，由字句中掌握住聲律，再由聲律中把握住作者的神氣與情意。

鑑賞古代詩文時，須注重聲律，鑑賞現代語體文，同樣也要注意聲律。就古文和語體文而言，其差別不在聲律的有無，而在聲律形式化的程度大小。古文的聲律，形式化的程度大，語體文的聲律，形式化的程度小（註一）。但語體文同樣可以在聲音的長短、輕重、緩急上顯出情意的變化。劉大櫆說：「無一定之律，而有一定之妙。」正可以拿來說明語體文聲律的特點。因此在探討一篇語體文時，仍可以聲律爲鑑賞的角度。語體文的聲律，也有駢散交錯，長短相間，起伏頓挫……種種道理在裏面，都是出於自然，總要做到自然、清淨、流利。寫作語體文，就像在說話；而欣賞語體文，就像在聽人說話，總希望人把話說得乾淨俐落，鏗鏘明朗，有時要如斬釘截鐵一般，有時又要像在委婉訴情，使讀者看著文章而能聽到作者的聲音，看見作者的笑貌，亦即所謂的「如聞其語，如見其人」。由此可知，文辭無論古今何體，聲律不論人為或自然，皆可從作品中，提煉出聲音的節奏，亦可從聲音的節奏中，瞭解作者的內在情意。是故從事文學鑑賞者，焉能不由聲律入手呢？

晉代陸機的文賦一文中，有一段專講聲律，他說：「暨音聲之迭代，若五色之相宣；雖逝止之無常，固崎錡而難便；苟達變而識次，猶開流以納泉；如失機而後會，恆操末以續顛；謬玄黃之秩敘，故淟涊而不鮮。」以上這段話，可歸納為文辭聲律的四大原則——錯綜、變化、恰合、秩敘（註二）。「暨音聲之迭代，若五色之相宣」即為錯綜原則，就是把不同的聲音連接起來使用，便有抑揚高下，聽起來悅耳。「苟達變而識次，猶開流以納泉」即為變化原則，是說不同的聲音必須運用各種不同的方式連接在一起，才能表現聲律的奧妙。「如失機而後會，恆操末以續顛」即為恰合原則，是說錯綜變化的聲音，必須與錯綜變化的情意，若合符節，該錯綜時就要錯綜，該變化時就要變化，恰當的把握住時機。「謬玄黃之秩敘，故淟涊而不鮮」即為秩敘原則，是說聲音雖要錯綜變化，但並非漫無限制，必須有條理、有節奏。以上四原則，為文辭鑑賞時概括式的聲律統則。

前文已述，聲律就是聲音的法度，何謂聲音的法度呢？以下就和聲與協韻兩方面來說明（註三）：

㈠和聲——把不同的字音連接在一起，讀起來很調和，叫做和聲。中國的字音向來分「聲」和「韻」兩要素，「聲」為發音，「韻」為收音，發音的部位有喉、舌、齒、牙、脣之不同；發音的輕重有清、濁之不同；收音的呼法有開、齊、合、撮的不同；收音的洪細有一、二、三、四等的不同，音調有平、上、去、入的不同，韻尾又有陰、陽之別，所謂和聲，亦即辨別字音的部位、等呼、洪細、高低、陰陽、清濁、長短、抑揚、雙聲、疊韻……等，諸調配合，使其符合錯綜、變化、恰合、秩敍四原則，成爲一種完美的節奏。文心雕龍聲律篇說：「凡聲有飛沈，響有雙疊，雙聲隔字而每舛，疊韻離句而必睽；沈則響發如斷，飛則聲颺不還；並轆轤交往，逆鱗相比，迂其際會，則往蹇來連，其爲疾病，亦文家之吃也。」黃季剛先生詳加解釋說：「此即沈約所云『前有浮聲，後須切響。一簡之內，音韻盡殊；兩句之中，輕重悉異。妙達此旨，始可言文』（按見宋書謝靈運傳論）飛謂清聲，沈謂濁聲。雙聲者，二字同聲；疊韻者，二字同韻。一句之內，如用兩同聲之字，或用二同韻之字，則讀時不便。所謂『雙聲隔字而每舛，疊韻離句而必睽』也。一句純用濁聲，或一句純用清音，則讀時亦不便，所謂『沈則響發如斷，飛則聲颺不還』也。『轆轤交往……』二語，言聲勢不順」。（註四）由此可知，連用清聲的字，或連用濁聲的字，便違背了「錯綜」和「變化」的原則，音調一定不協合。若是雙聲、疊韻的字在一句中分開來用，便讀不順口，這也違背了「恰合」和「秩敍」的原則，音調一定不悅耳。

重疊，往往使文辭的聲音節奏和諧美妙。如古詩十九首中有一首：「青青河畔草，鬱鬱園中柳，盈盈樓上女，皎皎當窗牖，娥娥紅粉妝，纖纖出素手。昔爲倡家女，今爲蕩子婦；蕩子行不歸，空床難獨守。」連用了六組重疊的字，聲音極盡其妙，宛如鬼斧神工。若重疊字用得太多了，則又顯得柔弱無力，雕琢堆砌，如喬吉的天淨沙：「鶯鶯燕燕春春，花花柳柳眞眞，事事風風韻韻，嬌嬌嫩嫩，停停當當人人。」一如此著意鍾鍊，在聲律方面則顯得單調平板。

使文辭聲音和美，還要注意到平仄，雙聲，疊韻的錯綜。譬如唐無名氏的閨怨：「閨中少婦不知愁，春日凝妝上翠樓，忽見陌頭楊柳色，悔教夫婿覓封侯。」平仄用得錯綜恰合而有秩敍，讀來抑揚頓挫，悅耳動聽。又如陸龜蒙的夏日閒居：「荒池荷蒲深，閒居莓苔平。江邊松篁多，人家簾櫳清，爲書淩遺編，調絃誇新聲，求權雖殊途，探幽聊怡情。」通首因全用平聲字，讀來只覺「聲颺而不還」。另外如梅堯臣的舟中作應晏同樂：「月出斷岸口，影照別舸背，且獨與婦飲，頗勝俗客對。月漸上我席，暝色亦稍退，豈必在秉燭，此景已可愛。」通首因全用仄聲字，讀來只覺「響發而如斷」以上兩首詩，全用平聲或全用仄聲，便由於缺少平仄的錯綜，而減低了聲律之美。如像杜工部詩：「一去紫臺連朔漠，獨留青塚向黃昏。」兩句詩中，因爲有疊韻字「朔漠」與雙聲字「黃昏」錯綜其間，所以聲音特別和諧優美。由此可知，站在聲律的角度鑑賞文辭時，應特別注意句中與句間和聲的情形，是否已符合了錯綜、變化、恰合、秩敍的原則。

㈡協韻——文辭和音樂一樣，要聲音的節奏更美，便須講究協韻。一篇文辭，每句，或每隔一句，或隔幾句，都用收音相同的字結尾，稱爲協韻。協韻的功用，在造成音節的前後呼應與和諧，是表現節奏的一種方法。韻可以吸引人的邊緣注意力，來幫助中心注意力，從增進文辭聲音的美來說，實在是很可貴的。韻由於聲音的不同而能表現相異的情緒。例如：收音於「昂」（ㄤ）的字，多表現雄壯的情緒。收音於「衣」（一）的字，多表現淒惋的情緒。收音於「烏」（ㄨ）、「庵」（ㄢ）的字，多表現沈重哀痛的情緒。韻腳所呈現的情感，有韻類及平仄，大抵平聲韻飛揚，仄聲韻矯健。而韻類的表達情感，根據謝雲飛先生的說法，可歸納成八類如左：

(1)凡「佳、咍」韻之韻語皆有悲哀的感情。其辭如悲哀、掩埋、陰霾、頹衰、黃埃等。

(2)凡「微、灰」韻之韻語皆有氣餒抑鬱之情思。如頹廢、流淚、深垂、細微、破碎、憔悴、累贅等。

(3)凡「蕭、肴、豪」韻之韻語皆含有輕佻、妖嬈之意。如逍遙、駡俏、窈窕、嬌小等。

(4)凡「尤、侯」韻之韻語，皆似含有千般愁怨，無法申述之意味，最適於憂愁之作。如憂愁、消瘦、更漏、眉縐等。

(5)凡「寒、桓」韻之韻語，皆有黯然神傷，偷彈雙淚之情愫，適用於獨自傷情之詩。如悽慘、闌珊、天寒、日晚等。

(6)凡「眞、文、魂」韻之韻語皆含有苦悶、深沈、怨恨之情調。如長恨、黃昏、紅塵、孤墳等。

(7)凡「庚、青、蒸」韻之韻語皆含有淡淡哀愁，似又含相當理性之情懷。如清明、長亭、空庭、鬢影、深情、淒清。

(8)凡「魚、模、虞」韻之韻語皆含有日暮途窮，極端失意之情感。如日暮、孤苦、末路、濃霧、朝露等。

謝先生的分類（註五），於情感界中，雖難以明確，如一韻而兼兩種情感者亦有，但可大致看出不同類的韻的確可表達相異的情感。各種韻類發音部位及方法，皆爲人類自然情緒的產物，韻腳的作用，即是將此人類情緒強化，使閱文者能自其間聯結聲音與情感，而進一步與作者發生共鳴。敎師指導學生鑑賞韻文時，可由協韻的韻腳著手。

依據高師仲華先生論聲律一文，協韻要達到理想，至少要做到三點：

1. 韻與情緒配合——聲音表現情感，本是自然之事，寫作篇章，要借乎文字表現情緒，必須在協韻上下功夫，選擇足以表達情緒的韻腳來運用。

茲舉蔡元培祭中山先生文爲例，其原文如下：

> 嗚呼！先生生於世者六十年，而奔走革命者四十載。其機動於救人，其效極乎博愛。至大至剛，充塞宇內；百折不撓，有進無退。革命垂成，百廢俱興，方依日月之朗曜，遽痛山冢之崒崩！晚進之士，何訴何承？譬若樓船之失舵，亦如暗室之無燈。
>
> 所可稍慰者，遺言具在，有赫然之典型；所應自勵者，一致奮鬥，將繼先生之志以有成。凡先生之所詔示，至大如建國方略，至高如三民主義，無不以學說爲基礎，而予吾人以應出之途程。尤扼要者，謂革命之根本，在求學問之深且閎，所宜服膺勿失，刻苦砥礪，以共策夫科學之發榮。
>
> 茲當國葬大典，敬獻香花一束，表明德之芳馨；佐以清樽，湛然醁醽。嗚呼！有盡者言詞，不盡

者伊怨悽楚之情。靈爽匪遙，鑒此精誠！

本文便是一篇長短句的韻文。除首段不押韻外，二、三兩段均有韻腳，如：成、程、閎、榮、情、誠六字，均屬庚韻。興、崩、承、燈四字，均屬蒸韻。型、馨、靈三字，均屬青韻。庚、蒸、青這三個韻目，依照古音是可以通押的。

依謝先生分類之第七條：「凡『庚、青、蒸』韻之韻語含有淡淡哀愁，似又含相當理性之情懷。」運用於本文是很確當的。這篇文章的主旨是抒寫對　國父的哀悼之情，尤著重於　國父在學術上的貢獻。第一段說明　國父革命的宗旨。第二段說明　國父逝世後，全國人民失去了領導，我們應遵奉　國父遺教，以完成革命大業。第三段說明祭悼時哀痛的心情。本文作者以「庚、青、蒸」韻，娓娓道來，確能在淡淡哀愁中，理性的開示出一條新路。這便是韻腳配合情緒的妥切善例。

2.韻要互相協調——輕重音並押，便無法和諧，如「這裏」和「道喜」，雖同為紙韻，裏字輕，而喜字重，同時並押，便不調和。還有押韻的字要屬於同一聲調，如「雲霧」和「逐鹿」，雖同以「烏」字收音，但霧字去聲，鹿字入聲，協韻不調和。另外主要元音不同者亦不能並押，如冬（ㄉㄨㄥ）、青（ㄑㄧㄥ），雖同以（ㄥ）收音，但主要元音，冬是（ㄨ），青是（ㄧ）兩音相協，便不調和。至於讀音全同的，如保、寶，若同時押，就有犯韻之弊，應該避免。

3.韻要響亮妥帖，切忌啞滯晦僻——許多作品，儘管風神好、氣骨好、情韻好、意境好、字句工穩，但卻因韻不響亮而減損其美。如鄭孝胥的有馬雜詩：「谿聲使人靜，鳥語引熟寐。風從前山下，盡帶松竹氣。」讀起來總覺得音涉啞滯、晦僻，關鍵就在選韻時沒有注意到響亮妥切。

以上三點爲協韻時所應當注意的。教師在指導學生探討文辭的聲律時，可參考協韻的三個角度進行鑑賞。

聲律與文情結合，可使讀者有身歷其境的感受。作品中若能同時並重「聲」與「情」，則讀者在咀嚼文字之餘，必覺嫋嫋餘音，繞樑不絕。以下舉兩個例子以說明站在聲律的角度進行鑑賞：

1. 絕句

鳥鳴澗

人閑桂花落，夜靜春山空△，月出驚山鳥，時鳴春澗中△。

空、中屬東韻。東韻寬厚平坦，元音爲舌面後高元音，以鼻音韻收尾，響度大。東韻之字多有高明美大之意。這首詩寫清幽絕俗之境，自然景色之寬廣、美麗，表現於其間。首兩句格律「平平仄平仄，仄仄平平平」，桂字當平而仄，春字當仄而平，則使春、山、空三字皆平，有意造成清幽情緒，故引而增長。東韻字開朗之情多，則此首寫景，悠遠閑淡，高雅情趣自出，悠然神往之情油然而生。

2. 詞

聲聲慢

尋尋覓覓，冷冷清清，悽悽慘慘戚戚△。乍暖還寒時候，最難將息△。三杯兩盞淡酒，怎敵他晚來風急△。雁過也，正傷心，卻是舊時相識△。

滿地黃花堆積△，憔悴損，如今有誰堪摘△？守著窗兒，獨守怎生得黑△？梧桐更兼細雨，到黃昏點點滴滴△，這次第怎一個愁字了得△？

這首詞以戚、息、急、識、積、摘、黑、滴、得爲韻，屬於詞韻入聲第十七部，這些入聲韻字能表達出情感的鬱結，因此寫閨情則能妥切顯示出慘淡淒苦，憂鬱深沈之情。作者千愁萬緒，欲語還休，卻言不盡意。一個愁字怎能道盡滿腔憂怨？

作者連續使用四個疊字，一吐慘淡哀愁，末句點點滴滴四個疊字，又極含愁緒。除感情表現淒厲外，音律之頓挫，也十分宛轉。十四疊字用「平平仄仄，仄仄平平，平平仄仄平平」，音律安排錯綜、恰合，而有秩敍，如此出奇制勝的布置，長吟一己心緒之矛盾與彷徨，極爲婉妙。

教師指導學生探究文辭篇章，不論古今何體，皆可站在聲律的角度鑑賞。由此可知，教師應當引導學生正確朗讀課文，使其對文中之精意心領神會，這樣才能與作者產生共鳴。

【附註】

註一　參見高師仲華先生高明文輯論聲律一文

註二　同註一

註三　同註一

註四　四　參見黃季剛文心雕龍札記

註　五　參見謝雲飛韻語的選用和欣賞一文

(八)色采的鑑賞

寫作時，鍛句鍊字，鎔意裁辭，敷繪色采，比附聲響，皆屬於文章修辭的範圍。文心雕龍情采篇云：「故立文之道，其理有三：一曰形文，五色是也。二曰聲文，五音是也。三曰情文，五性是也。」文辭所表現的內容是情性，形式即爲色采與聲律。劉勰把文章中的情采比喻爲經緯，認爲「經正而後緯成，理定而後辭暢。」更巧妙的設譬說：「鉛黛所以飾容，而盼倩生於淑姿。」生動地譬喻說明文章若有適當的辭采，能使其內容的表現更臻完美。因此談到文學鑑賞，不能不從文辭色采的角度，予以觀之。

文辭色采的鑑賞，大抵可由三個角度著手。一爲字句中的色采，二爲篇章中的色采，三爲辭藻中的色采。茲就此三義分述如下：

甲、字句中的色采

(一)巧拙之美：吳騫云：「詩有用巧而見工，亦有用拙而逾勝者。」（註一）他對巧與拙在詩境上的看法，可說公允確當，所謂巧，是指造句上，寫物細膩，細入毫微，對偶精緻，鉅細靡遺，如工筆繪畫，極爲工巧。例如杜甫詩：「仰蜂黏落絮，行蟻上枯梨。」「芹泥隨燕嘴，花粉上蜂鬚。」用字設句，雕刻精巧。又如杜荀鶴詩：「爭知百歲不百歲，未合白頭今白頭。」「枕上事仍多馬上，山中心更甚關中。」每句重覆兩字，造句新穎，也是很工巧的。拙則有拙之美。謝榛四溟詩話云：「鶴林玉露曰：詩惟拙句最難，至於拙，則渾然天成，工拙不足言矣。若劉禹錫望夫石詩：望來已是幾千載，只是當時初望時。陳后山謂辭拙意工是也。」拙是在直率不雕琢的字句中，見出古樸自然之美。既不廻環曲折，又無所顧忌，直奔而出，頗有民間古諺之態。例如施肩吾的古別離：「老母別愛子，少妻送征郎。血流既四面，乃一斷二腸。不愁寒無衣，不怕飢無糧。惟恐征戰不還鄉，母化爲鬼妻爲孀。」整首詩沒有雕琢的痕跡，在粗拙中道出直率快語，一派市井老粗的口吻，別有一種古拙美感。又如陸龜蒙的古態：「古態日漸薄，新妝心更勞，城中皆一尺，非妾髻鬟高。」以婦女口吻，道出愛美追求時尚的心事，嬌憨之態，如在目前。這一類的詩，可說是「辭拙而意工」，「因拙以得工」吧！

㈡虛實之美：謝榛四溟詩話云：「實字多，則意簡而句健；虛字多，則意繁而句弱。」實字一字一義，若善用，則意義緊湊，加強句子雄健力量。例如溫庭筠曉行詩：「雞聲茅店月，人迹板橋霜。」便是善用實字。虛字在句中擔任緩衝聯結的作用，本身不具意義。句中若多用，則顯得意義繁複，用詞不簡鍊，使句子纖弱無力。若能善用，則亦可收提點辭采之效。如歐陽修醉翁亭記連用二十一個「也」字，並不顯得重覆累贅，反而具有一種特殊的意味。鑑賞文辭時，應注意到虛實所呈現的不同風貌，總要「實而不腴，虛而不枯」，才是上好的修辭。

㈢奇偶之美：古文奇而駢文偶，漢魏之文奇偶並行，猶見遒麗，大抵求文之參差美者貴奇，求文之整齊美者貴偶。（註二）文章奇偶之美是表現在字句的排列上，參差長短不齊者，有奇之美，對仗工整嚴謹者，有偶之美。古文不限定字句長短排列，故在字句上，能見出參差之美。而魏晉駢文，以對仗爲度，故在字句上，能見出整齊之美。奇句易知，茲言偶句。文心麗辭篇：「故麗辭之體，凡有四對：言對爲易，事對爲難；反對爲優，正對爲劣。言對者，雙比空辭者也；事對者，並舉人驗者也；反對者，理殊趣合者也；正對者，事異義同者也。長卿上林賦云：『修容乎禮園，翺翔乎書圃。』此言對之類也；宋玉神女賦云：『毛嬙鄣袂，不足程式；西施掩面，比之無色』，此事對之類也；仲宣登樓賦云：『鍾儀幽而楚奏，莊舄顯而越吟』，此反對之類也。孟陽七哀云：『漢祖想枌榆，光武思白水』此正對之類也。」文鏡祕府論論對有二十九種，茲舉其要者如下：（註三）

①的名對——如天，地；日，月；好，惡；去，來。

②隔句對——第一句與第三句對。

③雙擬對——如「夏暑夏不衰，秋陰秋來歸。」

④聯緜對——如「看山山已峻，望水水仍清。」

⑤互成對——如「天地心間靜，日月眼中明」；「麟鳳千年貴，金銀一代榮。」

⑥異類對——如「風織池間字，蟲穿葉上文。」

⑦雙聲對——如「秋露香佳菊，春風馥麗蘭。」

⑧疊韻對——如「鬱律構丹巘，稜層起青嶂。」

⑨廻文對——如「情親由得意，得意遂情親。」

⑩字對——如「山椒架寒霧，池篠韵清飈。」

此外，尚有單對，偶對，長偶對，借對，巧對，虛實對，流水對，各句自對等等，總而言之，奇偶各有其美，若能在文章寫作時，巧妙運用，則愈能使文氣遒麗。所謂「奇者易樸，偶者易華，奇而能華，偶而能樸爲上。」（註四）這便是鑑賞辭采時的重要尺度。

四濃淡之美：抱朴子外篇辭義：「屬筆之家，亦各有病。其深者則患乎譬煩言冗，申誡廣喻，欲棄而惜，不覺成煩也，其淺者則患乎妍而無據，證援不給，皮膚鮮澤，而骨鯁廻弱也。」所謂深是指文辭繁濃，淺則文辭簡淡，辭采的濃淡隨著字句之繁簡而變。陳善捫蝨新語中有一段記載：「文字意同，而立語自有工拙。沈存中記穆修張景二人同造朝，方論文次，適有奔馬，踐死一犬；遂相與各記其事，以較工拙。穆修曰：『馬逸，有黃犬遇蹄而斃。』張景曰：『有犬死馬蹄之下。』今較此二語，張當爲優。然存中但云：『適有奔馬，踐死一犬。』則又渾成矣。」由上述記載得知，若張與穆較，張勝在簡；沈與張較，沈勝在繁，簡則顯示淡采之美，繁則顯示濃采之美，濃淡各有所當，須調配得宜。文辭色采的濃淡，應與篇章的境界相配合，如廟堂臺閣的壯麗境界，須用濃筆，但不可肥俗。如山林樵事的幽靜境界，須用淡筆，但不能枯瘦。好的文辭，大抵都用濃淡相間的手法，表現出不同色采之美。繁深者易濃，簡淺者易淡，繁深而能淡，簡淺而能濃方爲上好的辭采。

㈤雅俗之美：一字一詞本無所謂雅俗之分。遣詞造句，不類庸俗，是一種美；俚俗野語，運用得當，亦是一種美。陸時雍在詩鏡總論中云：「詩有靈襟，斯無俗趣矣。有慧口，斯無俗韻矣。乃知天下無俗事，無俗情，但有俗腸與俗口耳。古歌子夜等詩，俚情褻語，村童之所赧言，而詩人道之極韻極趣；漢鐃歌樂府，多寠人乞子兒女里巷之事，而其詩有都雅之風。如『亂流趨正絕』，景極無色，而康樂言之乃佳；『帶月荷鋤歸』事亦尋常，而淵明道之極美，以是知雅事所由來矣。」由此可知，尋常俚俗的事、語，只要典化得妙，都能變得雅緻起來。「所謂尋常事變得雅緻，就是指庸俗的題材寫成雅事……所謂俚俗語變得雅緻，就是指庸俗的字簡化爲雅句。」（註五）……例如張璨的手書單幅云：「書畫琴棋詩酒花，當年件件不離他，而今七事都更變，柴米油鹽醬醋茶。」首句所言者爲雅事，末句所言者爲俗事，往昔談詩弄琴的雅興，今已成買米調味的俗事。全詩字面雖非常淺俗，但由於眞實坦率，不扭泥爲態，反使人在名詞的堆砌之外，有警拔興起的妙趣。由此詩俗事俗務的巧妙綴合頓覺「俗極之後，別有韻趣」。這便是雅俗之間的體認與轉化。蔡條的西清詩話，舉了許多轉俗爲雅的例子：「王君玉謂人曰：詩家不妨間用俗語，尤見工夫。雪止未消者，俗謂之待伴。嘗有雪詩：待伴不禁鴛瓦冷，羞明常怯玉鈎斜。待伴羞明，皆俗語而採拾入句，了無痕纇，此點瓦礫爲黃金手也。余謂非特此爲然，東坡亦有之：避謗詩：尋醫畏病酒入務。又云：風來震澤帆初飽，兩入松江水漸肥。尋醫、入務、風飽、水肥，皆俗語也。又南人以飲酒爲軟飽，北人以晝寢爲黑甜，故東坡云：三盃軟飽後，一枕黑甜餘。此亦用俗語也。」文辭若文雅典重，則呈現高貴的氣質，若文情超越，就算用筆不避土俗，亦自有另一種親切的風味。

㈥剛柔之美：「西漢文章，如子雲相如之雄偉，此天地遒勁之氣，得於陽與剛之美者也，此天地之義氣也，劉向匡衡之淵懿，此天地溫厚之氣，得於陰與柔之美者也，此天地之仁氣也。」（註六）曾文正公將文章分成陽剛與陰柔兩類，認爲文章的風格與作者性格修養有關。陽剛的文章慷慨激昂，音節鏗鏘，例如陳子昂登幽州台歌：「前不見古人，後不見來者，念天地之悠悠，獨愴然而涙下。」陰柔的文章，情思細膩，委婉曲折，例如李後主的虞美人：「春花秋月何時了，往事知多少？小樓昨夜又東風，故國不堪回首月明中，雕闌玉砌應猶在，只是朱顏改，問君能有幾多愁？恰似一江春水向東流。」陳子昂詩，辭采壯麗，筆力雄偉，具剛健之美，李後主詞，辭采平淡，筆力含蓄，具柔婉之美。姚姬傳在復魯絜非書中亦論及文章有剛柔之別，得於陽剛之美者，其文如霆如電，如決大河，如奔騏驥；得於陰柔之美者，其美如雲如霞，如幽林曲澗，如珠玉之輝。

由句子的長短看來，一般而言，陽剛的文章句子較短，且多爲順序或逆序。陰柔的文章則句子較長，且多爲順序。例如：「兩岸夾峙，中分日月。」短短八字，便顯出磅礴氣勢。徐志摩我所知道的康橋，堆疊許多辭句，反覆描述，便顯出柔美的風格。若就字音而言，洪音總給人壯盛的感覺，細音卻給人曲緻之意。若就字義而言，陽剛之文多用實字，每一個字都有意義，陰柔之文多用虛字，以造成曲折綿延的效果。就文辭本身而言，其蘊涵陽剛或陰柔的意義，使人一望而知。如：「楊柳」、「荷花」、「月色」呈現的意象，便不會給人陽剛之感，而「蒼松」、「勁竹」、「陽光」等也不會給人陰柔之感。朱光潛在文藝心理學中曾舉兩句六言詩爲例：「駿馬秋風冀北，杏花春風江南。」上句舉出駿馬、秋風、冀北三個特殊的事物名詞，使人感受到雄渾健碩；下句的杏花、春雨、江南，卻令人感覺典雅秀麗。朱光潛說：「前者是氣慨，後者是神韻；前者是剛性美，後者是柔性美。」由此可知，文辭本身便能表現出剛或柔不同的美。

施補華在峴傭說詩中云：「用剛筆則見魄力，用柔筆則出神韻。」這說明了剛筆柔筆所產生的不同效果。剛柔表現在文辭色采上，具有判然不同的情調，這是文學鑑賞者所當注意的。

乙、篇章中的色采

高師仲華先生在論色采一文中，謂色采在篇章上的表現有三方面，一爲脈注與綺交，二爲縱收與曲折，三爲穿插與烘托，以下分別敍述之。

㈠脈注與綺交：文心雕龍章句篇云：「啓行之辭，逆萌中篇之意；絕筆之言，追媵前句之旨；故能外文綺交，內義脈注，跗萼相銜，首尾一體。」意思是指，文章的開頭，要預先埋伏線索，暗示篇中的文意，文章的結尾，要能承接回應前文的要旨。如此一來，從外在的形式上看，則文辭綺麗交錯，從內在的思想上看，則脈絡貫注，如美麗的花朵，花瓣托承於萼，萼托承於跗，彼此緊密相銜，首尾貫串成一體了。

行文的脈注，又有明暗兩法，如白居易琵琶行：「……今夜聞君琵琶語，如聽仙樂耳暫明，莫辭更坐彈一曲，爲君翻作琵琶行。感我此言良久立，欲坐促絃絃轉急，淒淒不似向前聲，滿座重聞皆掩泣。座中泣下誰最多，江州司馬青衫濕。」作者在此詩的末段皆以「我」的身分敍述，我「聞君琵琶語」，我「爲君翻作琵琶行」，在最末一句以「江州司馬」點明這個「我」是座中泣下最多者，使讀者恍然大悟，這種脈絡貫注是明顯的；又如歐陽修醉翁亭記收句：「醉能同其樂，醒能述以文者，太守也。太守謂誰？廬陵歐陽修也。」也是脈注之明顯者。另外如柳永的雨霖鈴：「寒蟬淒切，對長亭晚，驟雨初歇。都門帳飲無緒，方留戀處，蘭舟催發。執手相看淚眼，竟無語凝噎。念去去千里煙波，暮靄沈沈楚天濶。多情自古傷離別，更那堪冷落清秋節！今宵酒醒何處？楊柳岸，曉風殘月。此去經年，應是良辰好景虛設。便縱有千種風情，更與何人說？」通首詩以別緒、別情，委婉交織其間，卻不點明，屬於脈注之暗者也。又如南唐中主李璟浣溪紗：「菡萏香銷翠葉殘，西風愁起綠波間，還與韶光共憔悴，不堪看。細雨夢回雞塞遠，小樓吹徹玉笙寒。多少淚珠何限恨，倚闌干。」脈注於一「殘」字，而以荷殘、時殘、人殘、夢殘、曲殘、遇殘，綺麗交錯在詞境中，所以成爲千古絕唱。脈注使篇章首尾一貫，綺交則使篇章如織錦般，華麗而富有韻致。

㈡縱收與曲折：劉熙載詞概：「詞要放得開，最忌步步相連；又要收得回，最忌行行愈遠。必如天上人間，去來無迹，斯爲入妙。」爲文亦如此，必須能縱能收，收放自如，縱則如脫繮跑馬，一奔千里，然而若不加以收制，則愈行愈遠，迷散不歸。故在收放間，必須運用高度的技巧，才能恰到好處。例如玉川子有所思：「當時我醉美人家，美人顏色嬌如花。今日美人棄我去，青樓朱箔天之涯。娟娟姮娥月，三五二八圓又缺；翠眉蟬鬢生別離，一望一見心斷絕。心斷絕，幾千里，夢中醉臥巫山雲，覺來淚滴湘江水；湘江兩岸花木深，美人不見愁人心。含愁更奏綠綺琴，調高絃絕無知音。美人兮美人，不知為暮雨兮為朝雲；相思一夜梅花發，忽到窗前疑是君。」詞中，「美人兮美人」兩句，縱之甚遠，而「相思一夜梅花發」兩句，收之甚切，眞有萬鈞之力，縱收得妙。為文在一縱一收間，便能產生曲折頓挫的效果。文辭鑑賞者，在涵詠欣賞通篇的色彩時，應當把握住作者以縱收而生曲折的特點。

㈢穿插與烘托：行文應有穿插，如杜詩：「穿花蛺蝶深深見，點水蜻蜓款款飛。」為文若能巧妙穿插，則如蛺蝶與蜻蜓在花水間悠遊飛舞。例如古詩孔雀東南飛，共一千七百八十五字，以如此龐大的篇幅，穿插十數人口中語，各肖其聲音面目，眞為化工之筆也。沈德潛云：「長篇詩若平平敍去，恐無色澤，中間須點染華縟，五色陸離，使讀者心目俱眩，如新婦出門時『妾有繡腰襦』一段，太守擇日後，『青雀白鵠舫』一段是也。」高師仲華先生謂：「此詩言或眞或矯，情或哀或怒，筆或簡或繁，或複或省，無不當者，皆穿插得力之故。」穿插若不著痕跡，藉著反襯從旁而著意渲染，使主體更明顯者，是為烘托。例如李清照詞：「香冷金猊，被翻紅浪，起來慵自梳頭；任寶奩塵滿，日上簾鉤。生怕離懷別恨，多少事，欲說還休。新來瘦，非干病酒，不是悲秋。休休，這回去也，千萬遍陽關，也則難留。念五陵人遠，煙鎖秦樓。惟有樓前流水，應念我終日凝眸；凝眸處，從今又添一段新愁。」（鳳凰臺上憶吹簫）詞中「新來瘦，非干病酒，不是悲秋」三語婉轉曲折，不從正面言愁，只以「瘦」渲染，再如「惟有樓前流水，應念我終日凝眸」如癡人之語，寫「離恨」如巧匠運斤，毫無斫痕，這都是烘托的效果。文藝鑑賞者在分析文辭中的色采時，應當把握住全篇文章的穿插及烘托，才不致有遺珠之憾。

丙、辭藻中的色采

㈠比興：文心雕龍比興篇：「故比者，附也；興者，起也。附理者切類以指事，起情者依微以擬議。」比就是比擬，借擬他類事物，比喻此理，是修辭上的象徵手法。興就是興起，以外界事物爲寄託，發起內心情感，是修辭上的聯想手法。陳啓源毛詩稽古篇云：「興比皆喻，而體不同。興者興會所至，非即非離，言在此，意在彼，其詞微，其旨遠。比者，一正一喻，兩相譬況，其詞決，其旨顯。」把文學修辭上比興二法的不同，講的鞭辟入裏。文心比興篇有「喻於聲」、「方於貌」、「擬於心」、「譬於事」四種比的方法，喻於聲者如宋玉高唐賦：「纖條悲鳴，聲似竽籟。」方於貌者如枚乘菟園：「猋猋紛紛，若塵埃之間白雲。」擬於心者如王褒洞簫：「優柔溫潤，如慈父之畜子也。」譬於事者如劉繼莊詠王昭君詩：「漢王曾聞殺畫師，畫師何足定妍媸？宮中多少如花女，不嫁單于君不知。」以上四種比的方法即爲修辭上的象徵法。

至於興呢？我們以古詩十九首的青青河畔草首二句爲例，「青青河畔草，鬱鬱園中柳」，第一句寫閨中女子由青翠的河畔草蔓延至天涯的景象，興起對遠方夫君的思念。第二句由婆娑的園中柳聯想起當時分別折柳的情景。這兩句以外物寄託內情，義旨隱奧，爲興的手法。劉勰言「比顯而興隱」，其理至當。

㈡誇飾：文心雕龍夸飾篇：「文辭所披，夸飾恒存。雖詩書雅言，風格訓世，事必宜廣，文亦過焉。」劉勰舉例，「是以言峻則嵩高極天（詩大雅崧高：「崧高維嶽，駿極於天。」論狹則河不容舠，（鄘風河廣：「誰謂河廣，曾不容刀。」）說多則子孫千億，（大雅假樂：「千祿百福，子孫千億。」）稱少則民靡孑遺。（大雅雲漢：「周餘黎民，靡有孑遺。」）誇飾是誇張修辭的寫作技巧，質量不妨過其實，王充論衡藝增篇云：「譽人不增其美，則聞者不快其意；毀人不益其惡，則聽者不愜於心。聞一增以爲十，見百益以爲千。」汪中釋三九亦云：「辭不過其意則不鬯，是以有形容焉。」誇飾之文，旨在動人耳目，不必完全符合邏輯，但必須「誇而有節，飾而不誣。」因爲誇飾是爲了使事實突顯，將作者內心所欲吐抒者，傳達給讀者，以期發生共鳴。劉勰言「飾窮其要」，不可「誇過其理」，乃誇飾的基本要求。宋玉登徒子好色賦言美醜皆爲誇飾，柳宗元詩：「一身去國六千里，萬死投荒十二年。」陳其年詩：「百年骨肉分三地，萬死悲哀併九秋。」「萬死」即夸飾，夸者變其量，飾者變其質。（註七）夸與飾細究之，亦有分別。

㈢用典：文心雕龍事類篇云：「事類者，蓋文章之外，據事以類義，援古以證今者也。」劉勰的事類，即今日所謂的典故。典故可充實作品內容，去除孤陋空虛的弊病。劉劭趙都賦：「公子之客，叱勁文辭，楚令歃盟；管庫隸臣，呵強秦使鼓缶。」劉劭在四句話中，用了兩個典故。第一是引用趙公子平原君的門下客毛遂，曾按劍呵叱強大的楚懷王，迫使他歃血結盟的典故。第二是引用趙國管庫宦者繆賢的舍人藺相如，隨趙王會見秦王於澠池，喝令秦王擊缶以娛趙王的典故。在短短的二十字中，用兩個典故，使文章顯得強健充實而不冗贅空泛。典故爲徵信喻意而生，用得適時恰當，可收有份量且經濟的效果。

㈣隱秀：文心雕龍隱秀篇：「是以文之英蕤，有秀有隱。隱也者，文外之重旨者也。秀也者，篇中之獨拔者也。隱以複意爲工，秀以卓絕爲巧。」陸士衡所謂「文外曲致」是隱，陸士龍言「了不見出語」（與兄平原書）所謂「出語」是秀。（註八）陸機文賦：「石韞玉而山輝，水懷珠而川媚。」是隱，「立片言而居要，乃一篇之警策」是秀。（註九）歐陽修六一詩話引梅堯臣說：「狀難寫之景，如在目前；含不盡之意，見於言外。」前者爲秀，後者爲隱。由上可知，隱指含蓄深遠，情在詞外，秀指精警簡鍊，狀溢目前。隱和秀常同時運用，在行文造語中，彼此結合，例如溫庭筠「雞聲茅店月，人迹板橋霜。」再如祖詠望終南殘雪：「林表明霽色，城中增暮寒。」皆爲詩中明麗秀句，又含蓄深遠，耐人尋味。大抵爲文若欲留無盡意味，便不應將話說完，若能曲折反覆，言外有意，讀者便能往返咀嚼，感到意味雋永。爲文又忌平淡無奇，應時現警策之句，才能吸引讀者，樂誦不厭。范文瀾云：「隱秀之文，猶嵐翠之於山，秀句自然得之，不可勉強而至；隱句亦自然得之，不可搖曳而成。此本文章之妙境，學問至，自能偶遇，非可力於做作。」隱秀之於作品，又屬於神理了。吾人在鑑賞文學作品時，需有獨到的目力，方能提指隱秀之處，這也是對鑑賞者工力的一大考驗。

辭采的鑑賞，可由字句、篇章、辭藻三個角度入手。細究之下，每一角度又有其不同的觀點，均可提供給鑑賞者作參考，同時亦可作爲文藝創作時的審美尺度。但最重要的一點是，在探求文辭色采時，千萬不可忽略文章本身的思想內容，而一逕鑽研外在形式，否則將落入「買櫝還珠」的陷阱中了。

【附註】

註一　參見吳騫的拜經樓詩話

註二　參見高師仲華先生高明文輯下論色采

註三　同註二

註四　同註一

註五　參見黃永武中國詩學鑑賞篇

註六　參見曾國藩聖哲畫像記

註七　同註一

註八　同註二

註九　參見王更生文心雕龍讀本下篇隱秀篇解題

參、應用練習

範文教學的終極目的，在使學生能靈活運用所學習過的課文文辭。若是學生能如流水般的背誦課文，且能講解的頭頭是道，卻不能靈活運用所學，便是因其未能完全吸收消化，所得到的只是死知識，仍然不能達到語文訓練的目的。這樣既不能爲其所有，亦不能爲其所用。反之，若學生能靈活運用所學的課文文辭，則其對於文義自然也一定理解，並且能融會貫通而成爲自己的東西。因此，在範文教學之後，教師尚須指導學生作應用練習，以協助學生消化所學，並能活用之。

應用練習可在課內亦可在課外實施，但是時間不宜過長。至於「應用練習」的方式，可分爲口頭練習與書面練習兩種。口頭練習可在教學過程中隨時實施。例如：進行生難字詞的教學時，可指名學生以新學的字詞造句，或在教完一課後，令學生起來報告讀後感等等；至於書面應用練習的方式與材料，教師應視課文內容、學生程度及教學目標等因素，做一整體的計劃。爲補救學生讀寫的缺點，「應用練習」應靈活且富有趣味的施行，俾能眞正提高學生學習的效果。

根據民國七十二年七月教育部公布的「國中國文課程標準」中規定：「教學完畢，以聽寫、改寫、節縮、敷充、仿作等方式，令學生作應用練習。」而於「高中國文課程標準」中，則提及「每課講授完畢，宜作課文分析，繪成課文分析表，指示學生全文之段落作用及前後之相互照應，以培養學生欣賞寫作之能力。」（註一）前述之聽寫、改寫、節縮、敷充、仿作等，在目前小學的國語教學中已經實施，如國語習作中的「換句說話」、「長句縮短」、「短句延長」、「照樣造句」及「課文大意」等便是。國中的教學，除延續小學基礎訓練外，應加深層次，拓廣層面。高中的教學，可以參考本節範文「深究」部分之方式，令學生分析課文，並嘗試練習繪成課文分析表，以培養其「欣賞」與「

寫作」之能力。以下茲列舉幾種於教學中較爲有效的練習方式，以供教師參考：

一、聽寫練習：聽寫練習是口頭與書面配合的練習。教師可在範文教學以後，讓學生聽寫所學的生難字詞；或說出一個詞語，令學生寫出此詞語的意義；或說出一段課文內容，令學生寫出此段大意等等，教師可因教材性質、學生程度，斟酌運用，而非採取固定不變的方式。

二、文句改作：文句的改作，可由教師於課文中，擇取若干文句，令學生練習改作，或是改繁爲簡、演簡爲繁，或是參考本章第三節「文法剖析」中「句子的變化」，令學生練習改變句子的型式，也可以讓學生根據原句的文義，改作一文義相反的句子等。此類練習乃在使學生經由各種不同方式的練習，體會各種不同的文句構造及語句先後之次序，從而熟練各種表現手法，增益其寫作能力。

三、文句倣作：文句倣作是由教師提示課文中的佳句、單詞、虛字，甚至標點符號等，令學生仿照原來句式或內容，或襲取其意境，仿作文句，此種由有意之模仿，到無意之流露的訓練，亦爲提高學生寫作能力的方法之一。

四、文句譯作：教師提示課文中的若干文句、或小節小段，指導學生作翻譯的練習，可將文言譯作語體，語體譯作文言，亦可將詩詞譯爲散文。

五、文句分析：文句分析是由教師提示曾經學過的課文文句，指導學生以註解或表解的方式，作文法上的分析，高中學生並可指導其作課文分析，以明瞭全文呼應聯絡之處。此種分析方式，教師必須事前詳加指導、說明，否則學生難以完成此項練習，教師亦不能確切考查出學習效果。

六、詞語活用：敎師提示課文中的詞彙、片語、虛詞，或學生較熟悉的成語，讓學生練習不同品味的活用，造作文句。

七、詞語類比：敎師提示若干課文中的詞彙，讓學生擧出其相似詞或相反詞，或列擧「形似易誤」、「音似易誤」的單詞，令學生作類比性的練習，以培養學生正確運用字詞的能力。

八、標點符號的使用：目前一般學生對標點符號的使用均不很重視，常有用錯標點，導致文義不明的情形出現，因此，敎師須指導學生使用標點符號，指導的方式，例如：敎師可節錄一段不易斷句讀的文字，讓學生作加注標點符號的練習。

九、答問：敎師可就課文內容、思想、文章體裁或作法及作者生平等各方面，提擧若干問題，讓學生回答。同時，應注意學生是否有答非所問的情形，須詳切提示，務期學生能答的切合題意，且繁簡適中。

十、節縮或敷充：敎師可從課文中，擇取一、二段，或全篇，讓學生節縮其要義，或以一小段原文爲依據，令學生擴充其內容，演繹爲長文，此種敷充練習，是一種很好的作文練習方法。

總之，應用練習不但在培養學生靈活運用課文文辭的能力，同時，亦可考核學生的學習效果，以作爲敎師施行補救敎學時的依據，只要敎師能視課文內容與性質，配合學生的程度，靈活運用不同的練習方式，必能收到敎學的良好效果。

【附　註】

註　一　參見國民中學及高級中學國文課程標準

第五節　教學評量

壹、前言

教學乃是教師依據學習的原理原則，運用適當的方法、技術、刺激、指導和鼓勵學生自動學習，以達成教學目標的活動。教學評量是針對教學目標而設計的一種歷程，用以了解學生的學習效果，作為教師檢討教學方法的依據。為了實現教學目標，教學評量是教學過程中不可或缺的一環，故教師必須深切了解評量的方法以及命題的技術。

無可否認的，由於目前升學考試競爭激烈，導致考試領導教學。升學考試如何考，教師便如何教；教師如何教，學生就如何學。如果國中、高中及高職的考試命題，還是偏向記憶性的知識，而忽略學生理解、思考、應用方面的能力，這不但有害於培養學生思考、分析和應用的能力，更造成學生錯誤的求知方法與學習態度，以致教學走入不正常的軌導。學生在成長的過程中，不能真正領悟求知的趣味，只是接受一些破碎、片段的知識，而無完整融通的知識，這不僅是對學生的一種傷害，對國家而言更是一種無法彌補的損失。

我們為了培養下一代富有思考創造的觀念，必須改進教學評量方式，提昇教師命題層次，以引導教學方法的革新。

貳、命題層次

改進教學評量，既要注意命題均勻；又要注意命題層次。若是命題之取材均勻，並能涵蓋教材之重要部分，則不僅能準確的測出學生的學習效果及努力程度，更能激發學生學習的動機和興趣，以促使學生獲得完整而全面的知識。如果命題的取材只局限於某一範圍，則易導致學生偏重某一層次的知識，而忽略了其他層次的認知，其所吸收的知識，只是片面的、零碎的。因此，在評量當中，命題層次的分布是十分重要的。

關於命題層次，根據美國教育學者布魯姆（Bloom）的教育目標分類，認知方面，包括「知識」、「理解」、「應用」、「分析」、「綜合」、「評鑑」六項。爲避免分類過細，經專家學者的指導，由臺南市政府教育局研究結果，認爲可簡化爲「記憶」、「理解」、「應用」、「批判性思考」等四項，甚爲合理；因「批判性思考」即含有「分析」、「綜合」、「評鑑」的能力。以下茲就上述的四項命題層次略述其義：

一、記憶

關於所學知識的單純回憶與再認，大抵是直接來自課文中的題目，學生只須背誦教材即可作答者屬之。

二、理解

把握或瞭解所學知識的要義，或將知識原有的型態予以轉換，或將知識提出新見解的說明，或推論其趨勢、影響、結論等屬之。這類試題乃是：非直抄課本，亦非背誦教材內容即可作答者。

例如：從「晨興理荒穢，帶月荷鋤歸」的詩句中，可看出陶淵明(1)孤傲自處(2)多采多姿(3)寂寞不堪(4)躬耕自適的生活。

三、應用

學生將所學的知識，能應用於新問題、新情況的解決者屬之。

例如：有一詩句（對仗），上聯是「數叢沙草群鷗散」，下聯以何者爲最恰當？(1)青春作伴好還鄉(2)萬頃江田一鷺飛(3)萬里悲秋常作客(4)在天願作比翼鳥。

四、批判性思考

對於學科內容的分析、綜合、或對觀念、學說等特定目的，能作價值判斷者，皆屬批判性思考的層次。

例如：「八千里路雲和月」，言外含有什麼意思？(1)日夜奔波辛勞(2)氣吞山河日月(3)前途光明遠大(4)明月高掛雲際。

參、命題原則

命題的方式種類繁多，如：是非、選擇、配合題等……其命題的方式雖有所不同，但仍有一些基本的原則可循。以下茲就命題的原則，作一概略性的舉例說明：

一、一般命題原則

㈠試題之取材須均勻分布，且應包括教材的重要部分。

㈡試題的文字要簡短明確，避免冗長敍述，但不可遺漏解題所須的必備條件。

例：「蔣公公」是誰對蔣公的稱呼？

(1)作者陳正光
(2)山胞陳義山
(3)陳義山的孩子
(4)一般山胞

註答案：(3)

註：本題的題幹敍述不完整，不夠明確，前面應加上「陳正光平易中見偉大一文中」如此題幹方完整，不致引起爭論。

㈢各個試題須彼此獨立，避免互相牽連。

㈣試題應有正確答案，才不致引起爭論。

例：由「生活的藝術」一文，你認為弘一大師是一個怎樣的人？

(1)恬淡寡慾(2)樸實無華(3)刻苦耐勞(4)懂得生活。

答案：(4)

註：本題選目重疊，四個答案皆可選爲正確答案，易引起爭論，宜避免之。

(五)試題中不可含有暗示本題或他題正確答案之線索。

(六)試題文句須重新組織避免直抄課文或原來材料。

例：「國，就是根，沒有國的人是沒有根的草，不待風雨折磨即行枯萎了」意思同於：(1)國家興亡，匹夫有責(2)國可滅，史不可亡(3)皮之不存，毛將焉附(4)人民是國家的礎石。

註：本題即是以「概念」爲中心來命題，且選目極具誘答力，是一個極佳的題目。

(七)試題宜注重基本原理之瞭解與活用而非零碎知識之記憶。

例：「破毛衣」有裂洞在(1)袖口(2)胸前(3)腋下(4)背後。

註：本題是零碎的知識記憶，非重點所在，出題時宜避免。

(八)試題的難易程度要力求適中。

(九)試題的數量要足夠，避免過多或過少。

(十)試題的排列要依照難易程度由易到難排列。

二、是非命題的原則

(一)避免使用具有暗示性的特殊字詞，如「絕不」、「所有……都」等字詞通常帶有錯的暗示；而

「有時」「可能」等字詞通常帶有「對」的暗示。

例：1.絕句詩中的第一句絕對不可以押韻……（×）

例：2.絕句詩中的第一句有時可能押韻……（○）

註：「有時可能」帶有「對」的暗示，宜避免之。

㈡每題應只包含一個觀念，避免其中出現兩個以上的觀念，而造成「似是而非」或「半對半錯」的題目。

例：李白是初唐詩人，後世尊稱爲詩仙……（×）

註：本題前半敍述是錯誤的，後半敍述是正確的，宜分爲兩題使每題僅包含一個觀念。如：

1.李白是初唐詩人……（×）

2.後世尊稱李白爲詩仙……（○）

㈢儘量採用正面肯定的敍述，避免反面或雙重否定的文句。

例：紅樓夢的作者不是曹雪芹。

註：本題採用反面的敍述，應改成正面敍述爲佳。

㈣敍述時避免使用含糊不清的文字，而應以具體的數量表示之。

㈤「是」與「非」兩者的題數要大致相等，且隨機排列之。

三、選擇題命題原則

(一)每題所列選目數量要一致，以四或五個爲宜。

(二)每題選目之文字以簡短爲宜，必要的敍述或相同的字詞則置於題幹中。

例：居里夫人在巴黎求學期間過的是(1)快樂的生活(2)艱苦的生活(3)浪漫的生活(4)流亡的生活。

答案：(2)

註：本題可改寫爲：

居里夫人在巴黎求學期間過的是怎樣的生活？(1)快樂(2)艱苦(3)浪漫(4)流亡。

將必要的敍述置於題幹使選目顯得更簡短。

另：本題所出並非該課重點，不屬理想題目，只是拿來當作此項命題原則的說明。

(三)正確答案，在形式或內容上，不可特別突出。

例1.國父所說的大志是指：(1)風雅的事(2)驚人的事(3)流行的事(4)從頭至尾徹底做成功的事。

答案：(4)

註：正確答案過於突出。

(四)錯誤答案與題幹應有相當的邏輯性和似眞性。

例1.在夏丏尊心目中「鋼鐵假山」是象徵什麼意義？(1)像鋼鐵一般堅強的意志(2)極有紀念價值的骨董(3)國家民族的仇恨(4)「九一八」事變的慘痛教訓。

答案：(3)

註：本題選目具有誘答力。

例2.由「示荷蘭守將書」一文中，可知鄭成功告訴荷蘭守將，臨事宜：(1)猶豫不決(2)當機立斷(3)草率了事(4)慌張失措。

答案：(2)

註：本題正確答案太突出，錯誤答案與題幹間缺乏邏輯性和似眞性，選目缺乏誘答力。

(五)少用「以上皆非」，或「以上皆是」的答案。

例：「愚公移山」一課中的智叟，他的態度可用下列那一詞來形容較恰當？(1)袖手旁觀(2)自作聰明(3)冷嘲熱諷(4)以上皆是。

答案：(4)

註：應避免使用「以上皆是」或「以上皆非」以免學生誤答。

(六)選目之間避免語意重複，且宜按選目的邏輯順序排列。

例1.「愚公移山」一文啓示我們：(1)人定勝天(2)衆志成城(3)有志竟成(4)功成不居。

答案：(3)

例2.孔子講「殺身成仁」，孟子講「捨生取義」是什麼修養的表現？(1)仁(2)義(3)忠(4)勇。

答案：(4)

註：以上兩題選目重疊，答案易引起爭論，宜避免之。

㈦題幹須求完整，避免中間被切斷，且敍述應能顯示題意。

例1. 鋼鐵假山是一塊(1)廢船(2)戰艦(3)炸彈(4)飛機的裂塊。

註：1. 題幹被選目分割。

2. 是零碎知識的記憶。

例2.「治生說」一文藉農家謀生的道理來說明：(1)學貴有恒(2)辛勤耕耘(3)學貴專精(4)人要立志，才有收穫的道理。

註：題幹被選目分割，宜將「才有收穫的道理」移至題幹，使題幹完整。

㈧正確答案出現的位置應隨機排列，且其出現次數要大致相同，以避免發生猜測答案之情形。

四、配合題的命題原則

㈠問題項目及反應項目在性質上應力求接近，且按邏輯次序排列

例：

問題項目	反應項目
(1)我國第一部紀傳體史書	(甲)李白
(2)詩仙	(乙)兩山之間的流水
(3)民本思想	(丙)史記
(4)澗	(丁)天下為公

答案：(1)—(丙)　(2)—(甲)　(3)—(丁)　(4)—(乙)

註：此種出題法應避免，問題項目及反應項目在性質上應力求接近，避免學生因語意關聯作判斷，而猜對答案，無法考察出其眞正理解程度。

(二)問題項目與反應項目數量應不同。（反應項目應較問題項目爲多）。

(三)互相配對的項目不可過多或過少，以十項左右爲佳。

(四)作答的方法必須予以明確的規定和說明。

(五)同一組項目宜印在同一頁上，以免造成作答時的困擾。

五、填充題的命題原則

(一)所留下的空白必須是填寫重要的概念。

例：有教無類是指孔子施教的＿＿＿＿。

答案：對象

註：「對象」二字並非本題重點所在，「有教無類」方是其重點，故此種出題方式宜避免。

(二)所要填答的空白，避免太過於空泛。

例：對中國人來說，月亮就是＿＿＿＿的化身。

答案：美

註：本題填答空白太空泛，易引起爭論，出題時宜避免之。

(三)每題的空白，最好放置在題目的尾端（使學生把握題意）。

例：史記的作者是＿＿＿。

答案：司馬遷

(四)每題所要填寫的空白不宜太多。（頂多二、三個）。

肆、命題示例

台南市政府教育局，爲改進國民中學教育，曾於七十一年九月起，分科由各校分別擧行教師改進學習效果評量研討會。由全市國民中學教師實際編擬試題，並請專家指導。經修訂後，於七十二年元月編印成冊。其國文科之命題技巧甚佳，茲擧以爲例，以供在校同學學習命題之參考。

一、命題示例

【例1.】 命題者：後甲國中教師林芳梅

(1)試題來源：第一冊第一課

(2)目標分類：理解

(3)行爲目標：能確實辨認「切確」兩字的用法

(4)題目：

▲一□要照著迅速□實的原則□實做到，這是我深□的期望。以上空缺字依序應該填上那些字？

①切、切、確、切

②切、確、確、切

③切、確、切、切

④切、確、切、確

(5)答案：③

【例2.】命題者：民德國中教師吳孟珍

(1)試題來源：第一册第七課

(2)目標分類：理解

(3)行爲目標：能了解　國父所說「大事」的實質涵義

(4)題目：

▲國父「立志做大事」一文中所指「大事」的涵義與青年守則那一條的意義相符？

①孝順爲齊家之本

②和平爲處世之本

③助人爲快樂之本

④有恆爲成功之本

(5)答案：④

【例3.】命題者：中山國中教師范國華

(1)試題來源：第一册第十課

(2)目標分類：批判性思考

(3)行爲目標：能體認「亡鈇意鄰」的實質涵義

(4)題目：

▲「亡鈇意鄰」這個故事告訴我們要注意什麼？

①誠實不欺

②自己的動作態度

③敦親睦鄰

④客觀求證

(5)答案：④

【例4.】 命題者：民德國中教師謝幸枝

(1)試題來源：第一冊第十課

(2)目標分類：理解

(3)行爲目標：能分辨古籍著作內容

(4)題目：

▲我國古籍中採取各家學說來議論政治，人生道理的著作是：

①史記

②左傳

③呂氏春秋
④戰國策
(5)答案：③

【例5.】命題者：中山國中教師陳麗煌
(1)試題來源：第一冊第十一課
(2)目標分類：理解
(3)行爲目標：能了解「料羅灣的漁舟」一文的主旨
(4)題目：
▲「料羅灣的漁舟」作者所悟出的道理是什麼？
①多接近自然，多觀察自然可增加生活情趣。
②離鄉背井才體會家園的美麗，安定生活的可貴。
③飄泊在海面的漁舟就像飄浮水面的浮萍。
④凡事欲體會其內涵意義，只有身臨其境，才是根本之道。
(5)答案：④

【例6.】命題者：大成國中教師王喆康
(1)試題來源：第一冊第十四課

(2)目標分類：理解

(3)行爲目標：能使用正確語氣讀出課文

(4)題目：

▲在朗讀孤雁課文時，下列各句何者該用責備的口氣說出？

①孤雁，好好地守著更吧。

②别再無端打擾人家啊。

③起來！起來！……醒醒吧！醒醒吧！

④守的什麼更。

(5)答案：④

【例7.】命題者：大成國中敎師王喆康

(1)試題來源：第一册第十四課

(2)目標分類：批判性思考

(3)行爲目標：能比較中外故事的相近處

(4)題目：

▲在孤雁一文中捕雁的獵人使雁群不信任孤雁，而達到目的的方法是：

①請君入甕

②欲擒故縱
③狼來了
④空城計
(5)答案：③

【例8.】命題者：新興國中教師連鯤蓉

(1)試題來源：第一册第十六課
(2)目標分類：應用
(3)行爲目標：能應用重要成語造句
(4)題目：

▲近年來工業突飛猛進，安平工業區的工廠□□□□般的林立呈現欣欣向榮的氣象。

①天空地寬
②天造地設
③雨後春筍
④如魚得水
(5)答案：③

【例9.】命題者：大成國中教師黃靖江

(1)試題來源：第一冊第十七課

(2)目標分類：理解

(3)行爲目標：能指出意思相近的成語

(4)題目：

▲俗語說：「麻雀雖小，五臟俱全」其意與下列何者相同？

①沙中見世界

②觀微知著

③藐小微物

④具體而微

(5)答案：④

【例10.】 命題者：後甲國中教師譚嘉影

(1)試題來源：第二冊第一課

(2)目標分類：應用

(3)行爲目標：能分辨書信開頭的習慣用語

(4)題目：

▲當你寫信給誰時，在開頭的習慣用語中可以使用「知之」？

①姐夫

②外甥

③姑媽

④叔公

(5)答案：②

【例11.】命題者：後甲國中教師朱霞昌

(1)試題來源：第二冊第二課

(2)目標分類：應用

(3)行爲目標：能利用所學造出最適合文意的比喻

(4)題目：

▲吳勝雄的負荷一文中，所述「有如你們手中使勁拋出的陀螺，繞著你們轉呀轉」這話有語病，因爲陀螺只有自身旋轉，不會繞著人旋轉，現在把它換一個比喻，下列何者爲最佳？

①像壓彈出去的乒乓球

②像高飛中的竹蜻蜓

③像飛行中的模型飛機

④像高空的紙鳶

(5)答案：③

【例12】命題者：民德國中教師劉佐輝

(1)試題來源：第二册第四課

(2)目標分類：應用

(3)行爲目標：能確實辨別「溘、嗑、瞌、磕」四個相似字形的用法

(4)題目：

▲選出正確的答案：

①上課時，不可以打「嗑」睡。

②他喜歡「溘」瓜子。

③國父因公患病「瞌」然長逝。

④他見先總統　蔣公遺像就「磕」頭跪拜。

(5)答案：④

【例13】命題者：民德國中教師鄭桂蓮

(1)試題來源：第二册第六課

(2)目標分類：理解

(3)行爲目標：能說出「最苦與最樂」一文的主旨

(4)題目

▲梁啓超在「最苦與最樂」一文中，認爲人生最快樂的境界是：

①任重而道遠

②無入而不自得

③悲天憫人

④仁民愛物

(5)答案：②

【例14.】　命題者：民德國中教師石基華

(1)試題來源：第二册第七課

(2)目標分類：理解

(3)行爲目標：能了解「不戚戚於貧賤，不汲汲於富貴」的實質涵義

(4)題目：

▲黔婁「不戚戚於貧賤，不汲汲於富貴」是何種精神？

①溫和謙恭

②自甘黯淡

③樂天知命

④寬大爲懷

(5)答案：③

【例15.】 命題者：民德國中教師石基華

(1)試題來源：第二册第七課

(2)目標分類：理解

(3)行爲目標：能了解陶淵明，讀書「不求甚解」的實質精神

(4)題目：

▲陶淵明讀書「不求甚解」的境界和下列何者相同？

①一知半解

②融會貫通

③字斟句酌

④「差不多」先生

(5)答案：②

【例16.】 命題者：中山國中教師陳碧鸞

(1)試題來源：第二册第九課

(2)目標分類：理解

(3)行爲目標：能確實辨認疊字的用法

(4)題目：

▲塡入適當的疊字：

幽幽、遙遙、矇矇、裊裊、歷歷、潺潺

①一彎清溪＿＿流過。

②一縷炊煙＿＿升起。

③農家的一切活動都＿＿在目。

④下臨＿＿谿谷。

⑤清晨天才＿＿亮。

(5)答案：①潺潺　②裊裊　③歷歷　④幽幽　⑤矇矇

【例17.】命題者：復興國中教師陳聖同

(1)試題來源：第二冊第十一課

(2)目標分類：理解

(3)行爲目標：能了解修辭法的運用

(4)題目：

▲在「愛蓮說」一文中作者在蓮之外另舉出菊和牡丹來，此手法在修辭學上應屬：

①對照

②陪襯

③渲染

④比喻

(5)答案：②

【例18.】命題者：忠孝國中教師王宗傑

(1)試題來源：第二冊第十三課

(2)目標分類：理解

(3)行爲目標：能了解正確的語法

(4)題目：

▲下列句子何者不合語法？

①寧可光明失敗，決不作假求勝。

②與其作假求勝，寧可光明失敗。

③與其作假求勝，不如光明失敗。

④與其作假求勝，未必光明失敗。

(5)答案：④

【例19.】命題者：安南國中教師楊樹忠

(1)試題來源：第三册第五課

(2)目標分類：理解

(3)行爲目標：能了解文言語法中省略的用法

(4)題目：

▲鄭板橋在「寄弟墨書」一文中說「將來復買田二百畝，予兄弟二人各得百畝足矣，亦□古者一夫受田百畝之義也」，此句中□內不可塡入什麼字？

①合

②同

③符

④與

(5)答案：④

【例20.】命題者：大成國中教師陳秀琴

(1)試題來源：第三册第十五課

(2)目標分類：批判性思考

(3)行爲目標：能分辨各個寓言故事所代表的意義。

(4)題目：

▲「教人不顧艱難，勇往直前」要用下列那一個故事？

①黔之驢

②愚公移山

③不食嗟來食

④螳螂捕蟬

(5)答案：②

【例21.】命題者：金城國中教師童覺非

(1)試題來源：第四册第一課

(2)目標分類：理解

(3)行爲目標：能了解「仁」字的境界

(4)題目：

▲「爲天地立心，爲生民立命，爲往聖繼絕學，爲萬世開太平」意思是勉勵人要以什麼爲己任？

①忠

②孝

③仁

④信

(5)答案：③

【例22】命題者：金城國中教師郭嘉雄

(1)試題來源：第四册第三課

(2)目標分類：理解

(3)行爲目標：能體認法律的平等觀念

(4)題目：

▲「王子犯法，與民同罪」是說法律對人□□□□，缺空的成語是：

①視如一體

②不分軒輊

③天下爲公

④一視同仁

(5)答案：④

【例23】命題者：安南國中教師李雪白

(1)試題來源：第四冊第五課

(2)目標分類：理解

(3)行為目標：能正確的使用連緜詞

(4)題目：

問題項目

①被噴灑過的大道一片＿＿＿＿。

②孔子有云「君子＿＿＿＿。小人長戚戚」。

③祇見含羞草＿＿＿＿地縮著身體。

④對一個悲觀的人而言，秋天往往給予人一種＿＿＿＿的感受。

反應項目

(甲)灰蒼蒼

(乙)漠楞楞

(丙)水溶溶

(丁)怯怜怜

(戊)坦蕩蕩

(5)答案：①—(丙) ②—(戊) ③—(丁) ④—甲

【例24.】 命題者：民德國中教師王正雄

(1)試題來源：第四冊第六課

(2)目標分類：理解

(3)行為目標：能理解「破鏡重圓」成語的意義

(4)題目：

▲「破鏡重圓」是比喻何者離散之後復行團聚？

①喬梓

②伉儷

③昆仲

④舊遊

(5)答案：②

【例25.】　命題者：建興國中教師聞學英

(1)試題來源：第四册第十課

(2)目標分類：應用

(3)行爲目標：能確實辨認「螢、縈、瑩、塋」四個相似字形的用法

(4)題目：

▲下列各句「　」內的字，那一個用得正確？

①「螢」繞起伏的雜念。

②清澈晶「縈」的泉水。

③從竹林裏飛出提燈的「瑩」火蟲。

④清明節時要祭掃祖「塋」。

(5)答案：④

【例26.】命題者：建興國中教師林朝樺

(1)試題來源：第四冊第十一課

(2)目標分類：理解

(3)行爲目標：能辨別「狀聲詞」的用法

(4)題目：

▲「泠泠」「嚶嚶」「嘩嘩」「低低切切」「冉冉」「啞啞」「翩翩」以上詞語用以形容聲音的有：

①三個
②四個
③五個
④六個

(5)答案：③

【例27.】命題者：大成國中教師吳碧蓮

(1)試題來源：第四冊第十四課

(2)目標分類：應用

(3)行爲目標：能寫出正確的字

(4)題目：

▲①哥哥出國三年，至今杳無音訊……杳

②個性掘強的人不易溝通……倔

③中秋節燃放煙火，夜空異彩，剎是好看……煞

(5)答案：①杳　②倔　③煞

【例28.】命題者：大成國中教師林喜藝

(1)試題來源：第四冊第十五課

(2)目標分類：理解

(3)行爲目標：能了解「竹解虛心是我師」的眞正寓意

(4)題目：

▲「竹解虛心是我師」這句話是我們學習什麼精神？

①高潔

②淡泊

③謙遜

④純樸

(5)答案：

【例29.】命題者：新興國中教師姜碧惠

(1)試題來源：第四冊第十六課

(2)目標分類：應用

(3)行爲目標：能應用重要成語造句

(4)題目：

▲張立人的人際關係良好，所以他辦起事來□□□□，缺空的成語是：

①旁徵博引

②觸類旁通

③雙管齊下

④左右逢源

(5)答案：④

【例30.】命題者：後甲國中教師曹繼曾

(1)試題來源：第四冊第十六課

(2)目標分類：理解

(3)行爲目標：能說出「八股」一詞在論散文一文中的含義

(4)題目：

▲梁實秋先生在論散文一課中，認爲「八股」是什麼意思？

①明清兩代科舉考試的文體名稱。

②沒有文格的散文。

③指「桐城派」的文章。

④「文不加點」的浪漫與恣肆。

(5)答案：②

【例31.】　命題者：安平國中教師陳吉山

(1)試題來源：第五册第一課

(2)目標分類：理解

(3)行爲目標：能體認「求本」的實質涵義

(4)題目：

▲「求忠臣出於孝子之門」這句話與下列那句話涵義較相近？

①求本

②求新

③求行

④求知

(5)答案：①

【例32.】命題者：安南國中教師楊淑惠

(1)試題來源：第五冊第四課

(2)目標分類：理解

(3)行爲目標：能了解「燦爛的陽光」在本句中的眞正寓意

(4)題目：

▲在「小耘週歲」一文中，「迎向中山北路，民生路口」，「燦爛的陽光」句中引號部分象徵者：

①希望和喜悅

②奮發向上

③自立更生

④天氣晴朗

(5)答案：①

【例33.】命題者：安順國中教師楊錦盆

(1)試題來源：第五冊第五課

(2)目標分類：批判性思考
(3)行爲目標：能體認「觀巴黎油畫院記」的眞正涵義
(4)題目：
▲法人自繪普、法戰爭的慘狀，這和下列那一個故事的含義最接近？
①聞雞起舞
②陶侃搬磚
③臥薪嚐膽
④精忠報國
(5)答案：③

【例34.】命題者：中山國中敎師柯穗貞
(1)試題來源：第五册第六課
(2)目標分類：理解
(3)行爲目標：能辨認「儼然、憮然、怡然、凝然」的正確用法
(4)題目：
▲(甲)□然落淚　(乙)□然不動　(丙)□然自得　(丁)□然如臨大敵，以上空格內所應塡的語句依序是：

①凝、怡、憮、儼
②憮、儼、怡、儼
③儼、憮、凝、怡
④怡、儼、凝、憮
(5)答案：②

【例35.】 命題者：中山國中教師林白蓮
(1)試題來源：第五册第七課
(2)目標分類：理解
(3)行爲目標：能辨認修辭的技巧
(4)題目：
▲西江月一詞中藉「鵲、噪、蟬、嘶、蛙、鳴」等幾種聲音抒寫鄉村、恬靜和安詳，此種筆法稱爲：
①比喻法
②象徵法
③反襯法
④引申法

(5)答案：③

【例36.】 命題者：復興國中教師鄭坤妹

(1)試題來源：第五册第十課

(2)目標分類：應用

(3)行爲目標：能確實辨認「漂」字的讀音

(4)題目：

▲(甲)魯濱遜漂流荒島

(乙)她長得很漂亮

(丙)打水漂兒

(丁)他把那件衣服漂白了

以上四句中「漂」字的讀音，何者相同？

①(甲)、(乙)

②(乙)、(丁)

③(甲)、(丙)

④(丙)、(丁)

(5)答案：③

【例37】 命題者：忠孝國中教師吳小珠

(1)試題來源：第五冊第十一課

(2)目標分類：理解

(3)行爲目標：能體認王陽明「致知」學說的內涵

(4)題目：

▲王陽明對「致知」的解釋爲：

①窮究事物的道理

②使良知發揮作用

③推廣知識

④了解透徹

(5)答案：②

【例38】 命題者：大成國中教師潘枝葉

(1)試題來源：第五冊第十六課

(2)目標分類：理解

(3)行爲目標：能體認文天祥的志節

(4)題目：

▲文天祥就義，衣帶贊有：「讀聖賢書，所學何事」一句，依其志節所學到的應該是：

①典章制度

②成仁取義

③禮樂射御

④詩詞文章

(5)答案：②

【例39.】命題者：後甲國中教師施惠安

(1)試題來源：第五册第十八課

(2)目標分類：應用

(3)行爲目標：能分辨「廻、回、迴、徊」四個相似字形的用法

(4)題目：

▲選出正確的答案：

①甲和乙的程度「迥」然不同。

②這故事令人「徊」腸盪氣。

③觀光客在名勝古蹟前留戀徘「迴」。

④往事又能「徊」味。

(5)答案：①

【例40.】 命題者：南寧國中教師陳光燦

(1)試題來源：第五册第二十課

(2)目標分類：理解

(3)行爲目標：能分辨「招降書」中使的「喩之以理」的方法

(4)題目：

▲「夫戰敗而和，古有明訓，臨事不斷，智者所譏」由此句可看出鄭成功對荷蘭人；

①動之以情

②喩之以理

③威之以勢

④怒之以罵

(5)答案：②

【例41.】 命題者：南寧國中教師陳光燦

(1)試題來源：第五册第二十課

(2)目標分類：理解

(3)行爲目標：能了解「八德」的實質涵義

(4)題目：

▲從「與荷蘭守將書」一文中，可看出鄭成功所表現的風範，是符合「八德」中的＿＿＿，＿＿＿的德目。

(5)答案：仁愛，和平

【例42.】命題者：大成國中教師鄭蓮月

(1)試題來源：第六册第二課

(2)目標分類：理解

(3)行爲目標：能分辨孟子「無法家拂士者，國恒亡」的眞義

(4)題目：

▲孟子說：「無法家拂士者，國恒亡」其道理是因爲：

①缺乏才德之士，民心不服。

②沒有武備，臨危不及應付。

③無人輔弼與忠諫，易致政治腐化。

④無警惕之心，上下享樂，不求進取。

(5)答案：③

【例43.】命題者：後甲國中教師王清子

(1)試題來源：第六冊第二課

(2)目標分類：理解

(3)行爲目標：能理解「無敵國外患者，國恒亡」的意義

(4)題目：

▲「無敵國外患者，國恒亡」的道理是因爲：

①無敵國作戰，國庫充實，因而引起官吏貪污。

②無外患，則必有內亂。

③無警惕之心，上下享樂，一切鬆弛，不求進取。

④沒有武備，一旦遭受侵害，無法應付。

(5)答案：③

【例44.】　命題者：安南國中教師林妙芳

(1)試題來源：第六冊第六課

(2)目標分類：應用

(3)行爲目標：能應用重要成語造句

(4)題目：

▲下列各句中的成語，何者使用不當？

①科技文明一日千里，我們要「精益求精」才能趕上時代。
②「耳濡目染」之下，他洗面革心，重新做人。
③萬物「郁郁菁菁」，大地一片蕭條。
④「內憂外患」的時代，國人更應奮發圖強。
(5)答案：③

【例45.】命題者：後甲國中教師鄭秉禮
(1)試題來源：第六冊第十八課
(2)目標分類：理解
(3)行爲目標：能辨認假借字的用法
(4)題目：
▲以即墨「距」燕，東「鄉」坐，追「亡」逐北，皆「畔」燕而歸田單，以上「」內的字，何者不是假借字？
①距
②鄉
③亡
④畔

(5)答案：③

二、待改進試題示例

【例1.】

(1)目標分類：應用

(2)行爲目標：能活用文中所供資料，以便換算

(3)題目：

▲寫作本文時，作者的年齡是：

①十八歲

②二十歲

③廿二歲

④四二歲

(4)答案：③

(5)分析說明：

①本題題幹敍述不完整，不可只寫「寫作本文」應指明是「背影」一文。

②本題是零碎知識，非本文重點所在。

【例2.】

(1)目標分類：理解

(2)行爲目標：辨明事實的背景

(3)題目：

▲寫本文時，作者在北京，而他的父親剛去世。

(4)答案：×

(5)分析說明：

①題幹敘述不完整，應指出是「背影」一文。

②「背景」一文旨在說明父愛，本題是零碎知識記憶，非本文重點所在。

【例3.】

(1)目標分類：記憶、理解

(2)行爲目標：使學生注意字詞的使用

(3)題目：

▲在多霧的春的黎明，火鷓鴣的叫聲，如雨如絮地——人的殘夢在一片迷離幻境中盪漾——。

(4)答案：托起、飄遊

(5)分析說明：

①目標分類錯誤不可同時兩項目標並存，應只屬於「記憶」層次。

②沒有標準答案（如「托起」說成「喚起」亦可）易引起爭論，以上塡空等於要學生背作者的文章，死記、死背，如此出題方式應避免。

【例4.】

(1)目標分類：理解

(2)行爲目標：寫出音不相同的字

(3)題目：

▲①八荒九「垓」　答案：該

②暮「靄」　答案：矮

③「凜」冽　答案：凌

④白「鬣」　答案：獵

(4)答案：③

(5)分析說明：

①本題題幹不完整，等於沒有題幹，題意不明，使學生無法作答。

②行爲目標應改成「能指出音不相同的字」。

【例5.】

(1)目標分類：理解

(2)行爲目標：能理解宜於交際人物之基本條件

(3)題目：

▲游吉長得秀美舉止溫文宜於＿＿＿＿。

(4)答案：交際

(5)分析說明：

▲本題所出的答案，並非本題重點所在，重點應在「游吉」，如要考本題，應改成「子產執政，對外交問題極爲費心，集中了全國的專才，其中長得秀美、舉止溫文，宜於交際的是＿＿＿＿。

【例6.】

(1)目標分類：批判性思考

(2)行爲目標：能了解謀刺不成功的原因

(3)題目：

▲荊軻刺秦王

①劍術不精

②勇氣不足

③匕首不利
④缺乏求勝決心
(4)答案：①
(5)分析說明：
①目標分類應改爲「理解」。
②行爲目標應改爲「能了解荆軻謀刺秦王不成功的原因」將「荆軻和秦王」寫出，敍述才完整。
③題幹敍述不完整，應改成「荆軻刺秦王」之所以失敗的原因是……）才顯得完整。

【例7.】

(1)目標分類：情意
(2)行爲目標：能應用本課文旨於實際生活中
(3)題目：
▲當朋友直言規勸我們時，我們應當：
①與朋友辯駁
②虛心接納
③疏遠朋友

③怒目相視

(4)答案：②

(5)分析說明：

①目標分類應改為「應用」。

②本題題意甚佳，然選目缺乏誘答力，此乃憾處。

【例8.】

(1)目標分類：理解、分析

(2)行為目標：能理解收穫及蛙聲的季節

(3)題目：

▲「稻花香裏說豐年聽取蛙聲一片」這情景是說明在：

①春季

②夏季

③秋季

④冬季

(4)答案：②③（存疑）

(5)分析說明：

①目標分類應改成「理解」一項即可。

②本題答案易引起爭論，原因有二：

㈠台灣收穫季節爲兩季或三季。

㈡青蛙叫聲夏、秋兩季皆有。

【例9.】

(1)目標分類：應用

(2)行爲目標：使學生能慢慢培養讀書的習慣，從而達到讀書的效果。

(3)題目：

▲如何培養讀書的興趣：

①確定讀書的目的

②了解讀書價值

③養成讀書的習慣

④知道讀書的好處

(4)答案：③

(5)分析說明：

①本題應可達「批判性思考」的層次，題意甚佳，然選目重疊，答案易引起爭論，此乃

憾處。

②行爲目標應改成「能培養讀書的興趣」。

【例10.】

(1)目標分類：分析

(2)行爲目標：能辨別課文文體

(3)題目：

▲「一朵小花」是一篇：

①記敍文

②應用文

③抒情文

④論說文

(4)答案：③

(5)分析說明：

①目標分類應改成「理解」。

②考文體之題目宜避免之，就「一朵小花」而言，說其是抒情文固然正確，然其中敍述「一朵小花」的故事，說其爲記敍文亦無不可，答案易引起爭論，故此種出題宜

伍、結語

理想的教學評量，不僅可以有效的評量出學生的學習成就；更能積極的評鑑出教師在教學過程中的利弊得失，作爲改進教學的依據。因此，我們可以說，教學評量的功用，在於它能促進教學活動與教學目標密切的結合，同時能利用回饋做積極的活動。所以有了好的教材與教法尚需有好的教學評量與之相輔相成，方能相得益彰。如果教師能了解評量的功用，善用評量的方法，那麼，不僅能提高教師的品質，更能使學生在學習的過程中，獲得成功的經驗，提高學習的興趣，收到良好的學習效果。

綜觀今日教育在「考試領導教學」的不良風氣下，若能妥善運用教學評量，不但能激發學生主動的思考、靈活的運用，更能使教學活動，逐漸趨於正常化。

【附　註】

本節參考：

一、臺灣省國民學校教師研習會編印之國民中學學習成就評量理論與命題實例。

二、臺北市政府教育局編印之國民中學教學評量理論與參考實例。

三、臺南市政府教育局編印之臺南市國民中學學習成就評量命題示例彙編。

第六節　教學設計

壹、國文科單元教學活動設計

教學活動，就是教師教、學生學的活動。一個成功的教學活動，應能達成預期的教學目標，求得良好的教學效果。教師本身對教材的內容自須非常熟悉，於教學方法的運用上，亦須靈活變化。然而，一般說來，教學時，教師往往只注意單元目標而忽略了具體目標；只注意口述傳授而忽略了使用教具的輔助教學；只注意教師活動而忽略了學生活動；只注意字句的講解而忽略了思想的啓發，是以教學活動似爲教師個人所獨斷，學生則處在被動的地位。

事實上，教學活動應以學生爲主。它是啓發的，而不是灌輸的；它不僅是教師的獨唱獨演，更是師生思想的溝通。師生活動能否圓滿配合，實關係著教學的成功與失敗。中庸上說：「凡事豫則立，不豫則廢。」誠然，大凡一件事，實行之前，必先有妥善的計劃，始克臻於完美。教學活動自不例外，事先必須擬訂出妥善的教學活動。教學時才能有系統，才能生動活潑。絕非率然上臺，即席講述，就可成功的。

鑒於教學活動設計在教學上的重要，筆者願在此就有關問題，略述幾點淺見：

一、目標的確立

教學設計，最重要的部分，乃是確立教學目標。它是教學活動的方向，也是教學活動所預期的結果。就範圍大小而言，教學目標可畫分為學科目標、單元目標與具體目標三種。

國文科教學的重大任務有三：一是語文訓練，二是文藝欣賞，三是精神陶冶。這三大任務完成，便可達國文科教學的學科目標。

單元目標應依據教材的內容，教學時間及學生程度，配合國文科教學的目標而定。訂定單元目標時，應力求具體。而所定之單元目標，則應在該單元教學活動結束時，全部完成。

具體目標，是實現單元目標的細節。它應包含於單元目標之內。訂定具體目標時，應力求明確，務必使每一目標，在教學活動完成時，都能逐一實現。

通體言之，學科目標較大而抽象。單元目標因依據於單元教材，故較為具體，範圍也較小。至於具體目標，則較單元目標更小、更具體、更明確。這是因為具體目標包含在單元目標裏，而單元目標又包含在學科目標裏，三者是一體籠罩的緣故，故當具體目標逐一實現之後，單元目標，以至學科目標，勢必隨之而達成。因此，當教師就學科目標訂定單元目標及具體目標後，學生也便能就具體目標確立學習方向，不致無所遵循。

國文科舊式教學設計，其教學目標的選擇，似嫌籠統含糊。只注意單元目標，而忽略了具體目標。今後決定教學目標的方式，雖然各有不同，但欲求具體化、科學化，則是未來一致的趨向。所以決定教學目標，應儘量使其明確而易於實現。

二、教學的活動

教學活動，本爲教師與學生共同的活動。但其終極目的，則在求學生學習效果之優良，而非教師講述教材分量之豐富。故教學活動必須以學生爲中心，教師應把握學生學習的「能力」、「需要」和「興趣」而行。

雖然教學活動以學生爲主，教師站在輔導的地位，但教師卻仍舊是決定該教學活動成功的有力因素。因此，爲了要把握學生的學習能力、需要和興趣，教師除了要重視個別差異而因材施教之外，對於自身的語言能力以及教學技術，要特別注意，隨時檢討改進；尤須留心學生反應，變化教學方法，並有效使用各種教具，以啓發學生推理思考，鼓勵學生發問，滿足學生求知的慾望。教學時，更應提示重點及提供補充教材，注意教室管理，造成良好的學習環境。使學生能因此而加強求知的興趣，以達到教學的預期目標。

三、教學的方法

教學方法，應根據教學目標、教學內容和學生程度而定。由於教材的內容有難易，學生的程度有高低，如何達到教學目標，實有賴於教師靈活運用教學方法，以達到啓發學生學習的目的。所謂「運用之妙，存乎一心」，即此之謂。例如：問答法、提示法、討論法、比較法、歸納法、輔導法、發表法、欣賞法……等，皆有利於啓發式教學，均可由教師靈活選擇使用。

四、教學的過程

教學過程是教師實際處理教材的步驟，依其進行的程序，約可分爲準備活動、發展活動、綜合活動、評鑑活動四階段：

㈠準備活動：充分的準備教材，是教學成功的保證，而學生的預習工作，又是提高教學效果所必須。基於這個觀點，教師於課前，應確立具體目標。再根據具體目標，去蒐集有關資料，製作有關教具，作引起學習動機、決定學習目的的工作。給予學生正確的學習方向、良好的學習環境。至於上一單元評鑑活動中的診斷測驗，本階段亦應作一次整理訂正的工作。

㈡發展活動：學習目的既經決定，就順著學習方向進行介紹作者、講解題文、辨認文體、處理課文諸步驟。學習目標中的主學習——語文訓練，多在這個階段發展完成。

㈢綜合活動：完成學科目標的文藝欣賞、精神陶冶兩項，是本階段的重要工作。語文訓練尚可就該單元教材發揮，若欲欣賞文藝、陶冶精神，則往往須打散課文，綜合整理或引述舊教材與學生的經驗，再參考有關資料才能完成。較諸前項是有綜合性質的，故以綜合活動名之。本階段通常有深究與鑑賞、問題討論、指定作業、範文欣賞四步驟。

㈣評鑑活動：學習效果考查是本階段最重要的工作。其一爲學習心得報告，此項活動既可鼓勵學生發表興趣，又可培養學生發表能力，更可促使學生複習教材。另一活動則爲診斷測驗，此項活動可提供教師作爲教學檢討的依據，以彌補教學時無意的缺失——這又是下一單元第一階段準備活動中所稱的「前課文學習考查指正」所行的工作。其他時間則供作下一單元的新課文預習指導之用。

若此一系環轉，由準備而發展而綜合，至於評鑑，以期達到教學目標的要求。但若以爲教學活動有一定的步驟而不可稍作移易，那又是過於不知變通了。其實，只要有助於教學，教學中的步驟，教師是可就教材內容與實際需要而作靈活更動的。

五、時間的分配

教學是否成功，與教師能否控制時間，關係甚大。是故國文科單元教學活動中的每一過程的時間，應在事前作適當的分配，而在進行過程中，也應注意把握，同時亦須配合整個學期國文科的教學進度、時數。教師能如此妥爲安排，控制時間，則其教學將能臻於完美之境。

六、教具的使用

教具，即教學媒體（media）。凡是在教學活動中，充分利用學生的感官，藉預先蒐集、設計、整理的資料，透過實際的操作與應用，以幫助教學效果的提高，就是教具使用的正確途徑。

一般的教具可分爲：㈠靜畫教具——如平面圖、統計表、廣告畫、照片、地圖……等等。㈡平面板——如粉筆板、揭示板、絨布板、打洞板、磁鐵板、紗網板……等等。㈢立體教具——如實物、模型、標本、立體圖型、地球儀……等等。㈣廣播、錄音——如收音機、錄音機……等等。㈤放映性教具——如錄影機、實物放映機、電影片、幻燈片、投影機……等等。教師若能有效的使用這些教具，則教學將會收到事半功倍的效果。遠在一九二七年，有一位名叫達爾（Dale）的學者，利用一班初二的學生，作了一項實驗：首先他將該班學生分成甲、乙兩組。甲組的學生施以電影教學，就是儘量應用各種教學媒體，來激發學生的興趣，配合他們的能力，以滿足學生的需要；乙組學生僅施以傳統的教學方式，就是老師講，學生聽，老師寫，學生抄的演講方式，單一注入式的教學法。結果，若干時日以後的評鑑，明顯的表現甲組比乙組的學習效果高百分之二十；而經過一段暑假後的複習考（兩組皆未通知），甲組又比乙組高百分之三十六。可見教師有效使用教具，不但能令學生學得快，而且能記得久。由「學得快，記得久」這兩項理由，我們可以說：教具的有效利用，確有助於教學。

綜觀國內各級學校教學狀況：小學使用教具的情形優於國中，國中又優於高中。造成此種情形的最大原因，是教師難以體認教具的價值，又嫌製作與操縱過於麻煩。不過，與其說嫌麻煩，不如說教師本身對教具的運用，技術不夠純熟。所以，即使學校備辦了齊全的電化教育器材，也會令教師有「力不從心」之感。如此，在人力與物力上，都是極大的損失與浪費。

明智的教師，在了解教具與教學的重要性後，應當著手製作簡易的教具，然後再進而製作較複雜的器材。前述的靜畫教具、平面板教具，都是可行的簡易教具，教師可以嘗試製作；至於電化器材，教師可經由閱讀有關書籍，和再接受短期專業訓練，了解理論與實際操作，俾使教學活動更生動活潑，教學目標更易於達成。

未來的教學，必定是趨向充分利用學生感官，以達徹底溝通觀念的「視聽教學」。因此，教具使用的推展，已是刻不容緩的事。我們可以預言：若干年後，教室裏的教師，都是坐在投影機前，將預先準備的教材，一一放到透光片上。而全體的同學，都可以清楚地看到黑板前活動的銀幕上所顯現的各種觀念與影像。至於黑板（即粉筆板），可能是討論時，教師用來解答偶發概念的教具之一。

（以上「國文科單元教學活動設計」原載於國立臺灣師範大學　中等教育雙月刊　第二十七卷第三、四期　民國七十三年八月起轉載於國立編譯館主編之國民中學國文教師手冊。）

貳、教案示例一——木蘭詩

筆者在國立臺灣師範大學國文系教授「國文教材教法」及「教學實習」課時，指導學生練習編寫國文科單元教學活動設計，曾舉國中國文第四冊範文　木蘭詩　爲例，說明韻文編寫教案的方法。有關木蘭詩的問題，例如：「作品年代」、「樂府詩的流變與性質」、「樂府的設立」、「樂府詩的形式」、「南北朝樂府民歌的影響」，以及木蘭的姓名、籍貫等，皆可簡略說明，以彌補課文的不足，而增進學生學習國文的興趣。至於如何配合所學而深入淺出地介紹？我想事先必須擬訂出妥善的教學設計，教學時才能有系統，才能達到預期的效果。爲了培養在校學生處理教材的觀念，故舉以爲例，說明「教學過程」的安排。這分資料，或可提供中學教師參考，茲附錄如下：

國文科單元教學活動設計

單元名稱	木蘭詩	班級		人數	
教材來源	國中國文第四冊	指導教授	陳品卿	時間	一五〇分鐘
教材研究	1.本篇爲北朝樂府民歌，敍述木蘭代父從軍之故事，其忠孝兩全之精神及從軍十二年未被發現爲女郎之趣味，貫串全詩。可藉以培養學生愛國情操，以實際行動報效國家。 2.全文共分六段：首段述木蘭從軍的原因。次段述木蘭離家及初赴戰場的感受。三段述軍中的生活。四段述天子封賞。五段述榮歸故鄉，家人團聚歡欣之情。末段說明火伴不知木蘭是女郎的原因。全篇繁簡得當，技巧靈活，實爲敍事詩之傑作。 3.作者在篇中創造了木蘭的巾幗英雄形象，非常成功。在刻畫此形象時，用現實生活的描寫來烘托，並採用了濃厚的民歌情調。在寫實中，更有一股剛健清新之氣。				
學生學習條件之分析	1.學生已在第一冊中學習過五言絕句三首，七言絕句二首，第二冊中學習過五言律詩二首，七言律詩二首，第三冊中學習過古詩四首，對詩之形式已不陌生。 2.學生已讀過敍事性之文章，對此種文體亦有所認識了；學生前此已學習過一首樂府詩，對樂府詩尚無深刻的概念。				
教學方法	視教學需要酌用講述、問答、討論、啓發、提示、比較、欣賞、自學輔導等方法。	實習學生			
教學資源	課本、教師手冊、樂府詩集、古詩源箋注、中國文學發展史、中國文學流變史詩歌篇、中國文法講話、古書虛字集釋、修辭學、中文大辭典、說文解字注等。				

	單元目標	具體目標
教學	甲、認知方面： 一、認識樂府詩。 二、認識本詩成詩年代及詩中主角。 三、明瞭本文的體裁及作法。 四、明瞭本篇文義。 五、明瞭本文寫作技巧。	一—1.能說出樂府詩的特徵。 一—2.能說出北朝樂府詩歌在文學上的地位。 二—1.能說出成詩年代。 二—2.能說出木蘭的姓氏、籍貫。 三—1.能說出本文的體裁。 三—2.能說出本文的作法。 四—1.能說出題文的意義。 四—2.能說出全文的大意。 四—3.能說出分段大意。 四—4.能正確讀講生字難詞的形、音、義。 四—5.能以白話講解課文。 五—1.能說出本文的風格與特色。 五—2.能說出遣詞造句的技巧。 五—3.能說出全文聯絡照應的關鍵。

目標	
	五—4.能說出各段的地位和價值。
乙、能力方面： 六、培養自學能力。	六—1.能收集資料及考查問題。 六—2.能作好預習作業。
七、正確讀講課文。	七—1.能正確朗讀課文。 七—2.能語音正確、語調適度地讀講課文。
八、應用本篇文字及作法。	八—1.能應用生字新詞造詞造句。 八—2.能仿造新句型。
九、發表讀後感。	九—1.能說出讀後心得。 九—2.能寫出內容充實的讀後心得。
丙、情意方面： 十、能閱讀欣賞敘事體之詩歌。	十—1.能閱讀前人優美的敘事詩。 十—2.能欣賞並喜愛敘事詩。 十—3.能美讀或吟唱詩歌。
十一、培養愛國孝親的高尚情操。	十一—1.能領略木蘭忠孝的情操。 十一—2.能學習木蘭愛國孝親的情操以事奉親長，報效國家。

節次	月	日	教學重點
時間分配			
一			(1)預習考查(2)導引(3)講述題文(4)講述全文大意(5)辨認文體(6)處理第一、二、三、四、五段生難字詞及讀講課文。
二			(6)處理第六段生難字詞及讀講課文、全文歸納整理(7)深究與鑑賞。
三			(8)欣賞美讀(9)應用練習(10)學習效果考查(11)指定作業(12)下一單元預習指導。
四			

教學目標
培養自學能力。

教學活動	教具	時間	評鑑	備註
甲、準備活動：				本階段活動於上一節課結束後20.分鐘內進行。
（附）預習指導		〔20〕		
一、導引：		2.		
(一)從雙十國慶政戰學校及金門自衞隊的今日「木蘭」閱兵之盛況談起，以引入本單元。				
(二)揭示教學目標表。	教學目標表			附表一、教學目標表。
二、解釋題文：	課本	1.		

	指導學生從課文及題解，探索題文之意義。 參考資料一覽表 1.中國文學發達史。 2.樂府文學史。 3.中國文學流變史詩歌篇。	題解補充資料		附表二：題文補充資料。
	三、考查作品之成詩年代： (一)指導學生從題解欄、作者欄，探索本詩的成詩年代。 (二)教師提出參考資料供學生參考。 參考資料一覽表 1.中國文學發達史。 2.中國文學流變史詩歌篇。 3.樂府文學史。	課本 作品年代補充資料	2.	附表三：作品年代補充資料。
	四、認識樂府詩： 教師發給補充資料，並指導學生認識樂府詩。	樂府詩補充資料	2.	附表四：樂府詩補充資料。

參考資料一覽表 1.漢魏六朝樂府研究。 2.樂府文學史。 3.中國文學發達史。 4.中國文學流變史。		
五、閱讀課文： (一)指明國語較好之學生朗讀課文，他生勾出生難詞句以備課後考查。 (二)教師隨機校正。	課本	3.
六、認識文體： (一)指明學生講述本文體裁。 (二)指導學生復習一、二、三冊之近體與古體詩。	課本	2.
七、考查生難詞句：	課本	2.

㈠指導學生參閱課後注釋，其爲注釋所無或注釋中之生難詞句，均令學生自行考查，記入預習筆記中。

㈡揭示下列詞語令學生回家考查。

難詞表

1. 當　2. 孃
3. 濺濺　4. 胡騎
5. 撲朔　6. 迷離

項目	說明	教具	時間
八、分辨全文段落及要旨：	指導學生於課前認清段落，並將各段要旨記下，揣摩本文結構及作法。	課本	2.
九、說明全文主旨：	指導學生將全文主旨及預習心得記入預習筆記中。	課本	2.

教學目標	教學活動	教具	時間		備註
	十、深究與鑑賞： ㈠令學生探討本文章法。 ㈡揭示問題討論表，令學生於課後思考。 ㈢提示本文作法。 ㈣指導學生將特殊語句及優美詞語標出。	問題討論表 投影機	2.		附表五：問題討論表。
能作好預習作業。 能收集資料，考查問題。	（第一節） 一、預習考查： ㈠就預習作業之錯誤，提付共同討論。 ㈡抽問學生生難詞語的考查結果。		〔50〕 3.		
	二、導引： ㈠指名學生就復習近體詩的結果說明近體詩的特色。 ㈡指名學生就預習所得，比較木	課本	3.		附表十八：圖片。

	蘭詩和近體詩的異同。				
	㈢教師補充歸納。				
	乙、發展活動：				
	三、講述題文：	課本	5.		
能說出題文的意義。	㈠教師板書題文。				
能說出木蘭的姓氏、籍貫。	㈡指名學生講述題文統攝的義旨，並說出其認爲合理的木蘭之姓氏、籍貫，提付共同討論。				
	㈢教師補充歸納。				
	四、講述全文大意：	課本	5.		
能說出全文大意。	㈠指名學生朗讀全文，他生循聲閱讀。				
	㈡指名學生講述全文大意。				
	㈢教師補充歸納。				
	五、辨認文體：	課本	4.		
能說出本文的體	㈠指名學生說明本課體裁，並說				

裁。	明其性質。				
能說出樂府詩的特徵。	㈡指名學生說明樂府詩的特徵及流變。 ㈢教師補充歸納。				
能正確讀講生字難詞的形、音、義。	六、處理生難字詞及讀講課文： ㈠處理第一段生難字詞及讀講課文： 1. 處理生難詞語。 (1)學生提出本段的生難詞語（預習時發現者）。 (2)討論生難詞語的意義。 (3)教師訂正補充。	課本 生難字詞表㈠ 投影機	7.		附表六：生難字詞表㈠。
能正確地朗讀課文。	2. 讀講課文。 (1)朗讀課文：指名學生朗讀本段課文，他生循聲默讀。				
能語音正確、語	(2)學生讀講：先指名學生逐				

調適度地讀講課文。	句讀講或抽句讀講。 (3)教師讀講：作有系統的補充、整理、訂正。 特別注意下列各詞的意義： 1.唧唧：嘆息聲。 2.機杼：機，織布機。杼，音ㄓㄨˋ，織布機上用來持緯線的器具。 3.軍帖：徵兵的文書。 4.可汗：音ㄎㄜˋ ㄏㄢˊ，古代西域和北方各國，對他們君王的稱呼。 5.市：買。				
能正確朗讀課文。	(二)處理第二段生難字詞及讀講課文（過程與第一段同）。	課本 生難字詞表(二)	7.		附表七：生難字詞表(二)。
能正確讀講生字	特別注意下列詞語：				

難詞的形、音、義。

能語音正確、語調適度地讀講課文。

1.東市：指城東的市場。

2.駿馬：好馬，強壯能快跑的馬。

3.鞍韉：鞍，馬背上的坐墊。韉，音ㄐㄧㄢ，鞍下的墊褥。

4.轡頭：轡，音ㄆㄟˋ，繫在馬脖子上的韁繩。轡頭，捆縛馬頭以便利指揮的繩子。

5.孃：音ㄋㄧㄤˊ，母親。

6.暮宿：晚間住宿。暮本作「莫」，甲骨文作「𦱤」，「茻」是草莽，「𦱤」是太陽落在草中，本義是黃昏日落時分。因日落表示一日已完，遂引申有「無」意，後又加日作「暮」。

投影機

7.但聞：只聽到。但，只。

8.濺濺：音ㄐㄧㄢ　ㄐㄧㄢ，水流聲。

9.旦辭：早晨離開。旦，早晨。甲骨文作「⊖」。「⊖」其上是日，其下之「一」表示地面，其意是說太陽已昇起在地面的時間，就是早晨。

10.黑山頭：黑山，在今河北省沙河、昌平附近。一說在今綏遠、歸綏縣境之殺虎口東北，即殺虎山。黑山頭，黑山山頂。

11.燕山：河北省薊縣附近；一說在殺虎山之東，也有人認

	爲是指今外蒙古的燕然山。 12.胡騎：指敵國的兵馬。 13.啾啾：音ㄐㄧㄡ，嘈雜細碎的聲音，此指馬羣的聲音。				
能正確朗讀課文。 能正確讀講生字難詞的形、音、義。 能語音正確、語調適度地讀講課文。	㈢處理第三段生難字詞及讀講課文（過程與第一段同） 特別注意下列各詞語： 1.萬里赴戎機：照著上級所指示的軍事機宜奔赴了萬里路程。戎機，有機密性的軍事行動；軍令所指示的作戰時機。 2.關山度若飛：如同飛奔地越過關口山嶺。形容行軍的快速。關山，關口山嶺；度，越過。	課本 生難字詞表㈢ 投影機	5.		附表八：生難字詞表㈢。

目標	活動	資源	時間	評量
	3.朔氣傳金柝：朔氣，北方的氣、寒氣。柝，音ㄊㄨㄛˋ，巡夜人所敲的木梆。金柝，用金屬做的梆子，也就是指「刁斗」。 4.寒光照鐵衣：寒夜的月光照在鐵甲戰袍上。鐵衣，鐵甲戰袍。戰衣，古稱甲，衣內附有鐵片，戰士穿此，可以禦兵刃，猶今之避彈衣。 5.壯士：意氣雄壯的人，指戰士。			
能正確朗讀課文。 能正確讀講生字難詞的形、音、	(四)處理第四段生難字詞及讀講課文（過程與第一段同）。 特別注意下列各詞語： 1.明堂：古代天子接見諸侯，	課本 生難字詞表(四) 投影機	5.	附表九：生難字詞表(四)。

義。

能語音正確、語調適度地讀講課文。

選拔賢士的地方。

2.策勳十二轉：勳是功勞，策勳，是把功勞記在策上。唐制勳分十二等，每升一等爲一轉，十二等就到了最高的勳位，這裏是詩人誇大的筆法，形容升到極高的職位。

3.賞賜百千強：強，多餘。賞賜在百千以上。

4.尚書郞：官名，是在宮廷中管理文書的官吏。

5.明駝：俗名小蹄駱駝，能走遠路且速度快的駱駝。唐制驛站置明駝，非邊塞軍機，不得擅用。這裏是指精壯的駱駝。

能正確地朗讀課文。 能正確讀講生字難詞的形、音、義。 能語音正確、語調適度地讀講課文。	6.送兒：兒，是木蘭的自稱。 (五)處理第五段生難字詞及讀講課文（過程與第一段同）。 特別注意下列各詞語： 1.出郭相扶將：相互扶持出城來迎接。郭，外城。將，持。扶將，扶持，含有迎接的意思。 2.紅妝：古代婦女化妝多用紅粉，故說是紅妝。 3.閣：音ㄍㄜˊ，高樓。 4.著：音ㄓㄨㄛˊ，穿衣。 5.霍霍：指磨刀急速的聲音。 6.雲鬢：像雲一樣的鬢髮。鬢，指臉兩旁靠近耳朵的頭髮，以部分借代全部。	課本 生難字詞表(五) 投影機	6.	附表十：生難字詞表(五)。

	7.貼花黃：在額上貼上金黃色的花鈿。花黃，古代婦女臉上的裝飾品。 8.火伴：古代行軍，十人為火，共火而食，故稱同火為火伴。 9.驚惶：驚疑惶惑。 10.同行：同在一起生活。				
能正確朗讀課本。 能正確讀講生字難詞的形、音、義。 能語音正確、語調適度地讀講課	（第二節） ㈥處理第六段生難字詞及讀講課文（過程與第一段同）。 特別注意下列各詞語： 1.撲朔迷離：撲朔，跳躍的樣子；迷離，目光模糊的樣子，皆兔子共有的現象。言不辨其為男為女。	課本 生難字詞表㈥ 投影機	〔50〕 3.		附表十一：生難字詞表㈥。

文。	2.傍地走：傍 音…、靠近、依附。傍地走是說：兩兔靠近，在地面行走。 3.安能：如何能夠。安，如何。				
能說出全文大意。	(七)全文歸納整理： 1.令學生思考全文脈絡。		5.		
能說出分段大意。	2.指名學生說明全文主旨與分段大意，提付討論。				附表十二：分段大意綱領表。
能說出各段的地位和價值。	3.教師歸納補充，提示分段大意綱領表。	分段大意綱領表			
	丙、綜合活動：		15.		
能說出本文的作法。	七、深究與鑑賞： (一)內容方面： 1.詢問學生對於課文詞句是否了解，文義是否明瞭，有疑問則提出。				
能領略木蘭忠孝之情操。					
能學習木蘭愛國					

孝親的情操，以事奉親長，報效國家。 能正確讀解生字難詞的形、音、義。 能說出大約的成詩年代。 能說出北朝樂府詩在文學上的地位。 能說出本文的風格與特色。 能說出遣詞造句的技巧。	2.令學生就課文及教師提供之資料，發表其認爲合理的成詩年代。 3.令學生就課文及教師提供之補充資料，說出樂府詩的風格與特色。 4.討論下列問題，請學生回答，共同訂正，教師補充說明後，揭示木蘭詩修辭學例。 (1)這首詩那些句子是描寫木	問題討論表 木蘭詩修辭學例			附表五：問題討論表。 附表十三：木蘭詩修辭

	嬝喚女聲」是不是顯得重覆？ (3)這首詩描寫木蘭買鞍馬和回故鄉的時候，敍事會不會令人覺得瑣碎？ (4)最後一段和故事本身似乎沒有關係，作者這樣寫，有什麼用意？（以上為課本所有，以下為教師提供。） (5)木蘭從軍十二年，為什麼作者對她軍中生活的描寫不多？這樣好不好？	問題討論表	15.		附表五：問題討論表。
能說出全文聯絡照應的關鍵。 能說出遣詞造句的技巧。	(二)形式方面： 1.討論全文聯絡照應的關鍵，指出下列問題，討論訂正後，教師歸納整理，並提示木	木蘭詩修辭學例 全文分析表			附表十三：木蘭詩修辭

蘭詩修辭舉例。

(1)作者使用了那些詞句摹寫聽覺？請找出來。

(2)本文第二段「東市買駿馬，西市買鞍韉，南市買轡頭，北市買長鞭」造成什麼樣的效果？

(3)第四段末「願借明駝千里足，送兒還故鄉」和第五段開頭「爺孃聞女來，出郭相扶將」，在銜接上，是否流暢？這是什麼手法？

(4)作者描寫木蘭回故鄉一節，是從那些角度來寫？和前文數段有無呼應之處？

舉例。

附表十四：全文分析表。

能正確讀講生字難詞的形、音、義。 能應用生字、新詞造詞造句。	(5)本文中使用了那些疊字？這些疊字能產生什麼效果？ (以上問題均由教師提供)。 2.字形辨別： 將易誤字書於紙上，指導學生辨認並練習造句。 1. 劵 卷 2. 折 拆 析 柝 3. 抒 杼 4. 徨 惶 5. 戊 戎 戌 戍 6. 塑 溯 朔 7. 僕 樸 撲	字形辨別表	7.		附表十五：字形辨別表。

	3.字音辨別：指導學生辨別破音字，並依音造詞。 1.汗 2.帖 3.騎 4.卷 5.傍 6.著 7.將 8.宿	字音辨別表	5.		附表十六：字音辨別表。
能閱讀前人優美之敍事詩。能欣賞並喜愛敍事詩。 能美讀或吟唱詩歌。 能應用生字、新詞造詞造句。	（第三節） 八、欣賞美讀：教師範讀，並逐段指示美讀技巧。 九、應用練習： ㈠詞語應用：指導學生應用下列詞語練習造句。 1.濺濺 2.啾啾	課本	〔50.〕 4. 2.		

3. 唧唧
4. 撲朔迷離

能仿造新句型。

(二)仿造句型：

指導學生應用下列括號內字詞，仿造新句型。

1.（不）聞爺孃喚女聲，（但）聞黃河流水鳴濺濺。

2.（願為）市鞍馬，（從此）替爺征。

課本

2.

能以白話講解課文。

(三)文句翻譯：

指導學生翻譯下列數句為白話。

1. 萬里赴戎機，關山度若飛，朔氣傳金柝，寒光照鐵衣，將軍百戰死，壯士十年歸。

2. 雄兔腳撲朔，雌兔眼迷離。

3. 當窗理雲鬢，對鏡貼花黃。

課本

5.

	丁、評鑑活動：			
	附：作文練習			
	與下次作文教學聯繫，指導學生以「兒時記趣」爲題，作一篇文章。			
能說出讀後心得。	十、學習效果考查：		5.	
能寫出內容充實的讀後心得。	㈠學習心得報告： 令學生報告讀後心得，並於課後將讀後心得記入筆記中。			
	㈡隨堂測驗：	測驗卷	15.	附表十七：隨堂診斷測驗。
	十一、指定作業：		2.	
	㈠指導學生於課後整理筆記。			
	㈡試譯本文爲白話。			
	㈢背誦課文。			
	十二、預習指導（略）。		15.	

附表一　教學目標表

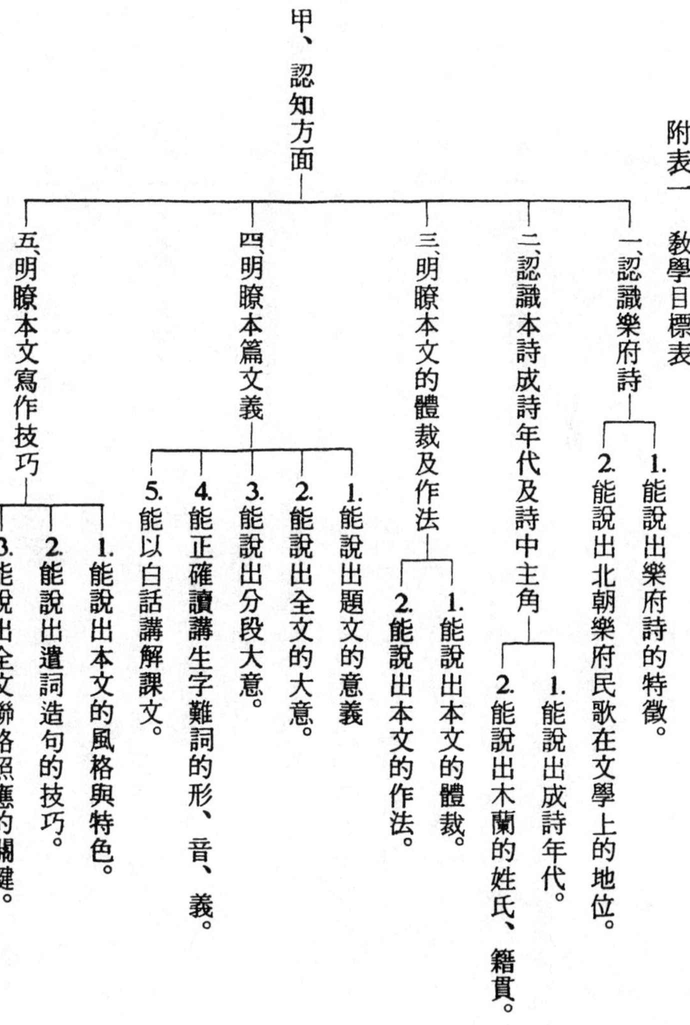

甲、認知方面
一、認識樂府詩
1.能說出樂府詩的特徵。
2.能說出北朝樂府民歌在文學上的地位。
二、認識本詩成詩年代及詩中主角
1.能說出成詩年代。
2.能說出木蘭的姓氏、籍貫。
三、明瞭本文的體裁及作法
1.能說出本文的體裁。
2.能說出本文的作法。
四、明瞭本篇文義
1.能說出題文的意義
2.能說出全文的大意。
3.能說出分段大意。
4.能正確讀講生字難詞的形、音、義。
5.能以白話講解課文。
五、明瞭本文寫作技巧
1.能說出本文的風格與特色。
2.能說出遣詞造句的技巧。
3.能說出全文聯絡照應的關鍵。
4.能說出各段的地位和價值。

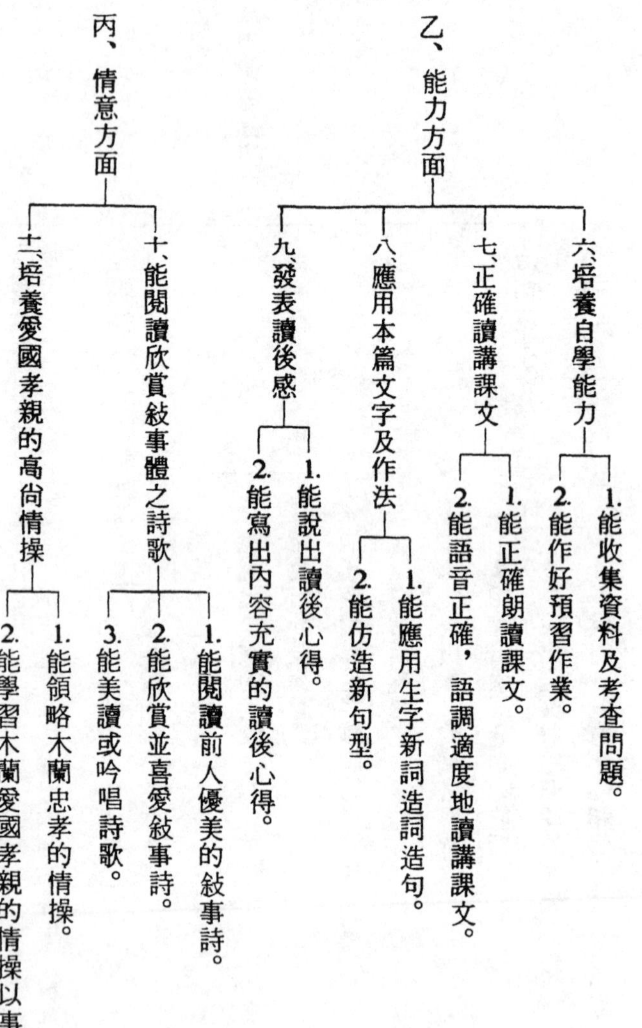

乙、能力方面
- 六、培養自學能力
  - 1. 能收集資料及考查問題。
  - 2. 能作好預習作業。
- 七、正確讀講課文
  - 1. 能正確朗讀課文。
  - 2. 能語音正確，語調適度地讀講課文。
- 八、應用本篇文字及作法
  - 1. 能應用生字新詞造詞造句。
  - 2. 能仿造新句型。
- 九、發表讀後感
  - 1. 能說出讀後心得。
  - 2. 能寫出內容充實的讀後心得。

丙、情意方面
- 十、能閱讀欣賞敍事體之詩歌
  - 1. 能閱讀前人優美的敍事詩。
  - 2. 能欣賞並喜愛敍事詩。
  - 3. 能美讀或吟唱詩歌。
- 十一、培養愛國孝親的高尚情操
  - 1. 能領略木蘭忠孝的情操。
  - 2. 能學習木蘭愛國孝親的情操以事奉親長，報效國家。

附表二　題文補充資料

㈠、歷來關於木蘭之傳說，至爲紛紜，莫衷一是。以姓氏言：明一統志以爲姓朱，清一統志以爲姓魏，劉宋祖沖之述異記、唐李亢獨異志，及明徐渭四聲猿傳奇皆以爲姓花。以里居言：劉宋何承天姓苑以爲古任城今山東濟寧人。述異記、獨異志及河南商邱縣志以爲商邱人。河北完縣志載元劉廷直撰墓碑以爲完縣人。清姚瑩康輶紀行以爲古武威今涼州人。清一統志以爲潁州譙郡城東魏村人。至其時代：姚瑩以爲北魏孝文帝、武宣帝時人。宋翔鳳過庭錄以爲隋恭帝時人。宋程大昌演繁露據「可汗大點兵」語以爲非隋即唐。閻若璩尚書古文疏證又據「策勳十二轉」語，謂其詩爲唐人作。近人姚大榮復據詩中人物、地理、歲序、時制，考定木蘭爲姓木名蘭，隋末唐初人，屬當時被稱爲「解事天子」及「大度毗伽可汗」之梁師都部下，里居在今甘肅寧夏東北境。（詳見東方雜誌二十二卷第二號木蘭從軍時地表徵一文）惟近人徐中舒則加以駁正，以爲姚疏於考證，不免附會武斷。而疑木蘭爲複姓，乃中原之異族。根據唐六典證明「策勳十二轉」爲唐代勳官之制，創始於唐高祖武德七年。又謂杜甫草堂詩「大官喜我來」四韵，摹仿木蘭詩「爺孃聞女來」三韵，因而斷定木蘭詩作於初盛唐之間。（詳見東方雜誌二十二卷第十四號木蘭歌再考一文）姚說固不可靠，徐說亦未必然。木蘭詩既記錄於陳釋智匠所編之古今樂錄，必爲陳代以前之作無疑。潘重規教授樂府講稿云：「今據古今樂錄所載，知木蘭絕非陳以後人。玩索詩辭，此詩殆爲北朝樂府。蓋燕山黑水，北國之地區；朔氣寒光，北國之天候；可汗爲北方天子之稱；明駝乃朔地特有之獸。北方樂府折楊柳歌云：『敕敕何力力，女子臨窗織。不聞機杼聲，只聞女嘆息。問女何所思，問女何所憶。』與木蘭詩發端六句詞意全同。凡此皆足爲木蘭北方人之明證。」（節錄自李日剛中國文學流變史——詩歌篇　上）

㈡、木蘭是詩人假託的名字，還是眞有其人，現在已不可考，茲歸納有關資料，述之如下：

1.流行的傳說，木蘭姓花，河南商邱人（劉宋祖沖之述異記、唐李亢獨異志）。

2.木蘭姓魏，商邱縣營郭鎭有她的廟，也就是她的故里（商邱縣志）。

3.其他：⑴姓氏：①姓朱②姓木③複姓木蘭。

⑵里居：①古任城，今山東濟寧人（劉宋何承天姓苑）。

②河北完縣人。③古威武今涼州人。④潁州譙郡城東魏村人。

（節錄自師範大學教案編寫示例）

附表三　作品年代補充資料

㈠、詩之確實年代，雖無明文可稽，惟大體言之，早在東晉五胡亂華之初，遲則北朝元魏分裂之前。主前說者如胡應麟詩藪云：「晉明世（案東晉明帝在位三年，年號大寧，西元三二三至三二五）柔然社崙始稱可汗，此歌出晉人手，愈無可疑。蓋宋齊以後，元魏入帝中華，柔然屏居大漠，與黃河黑山道里懸絕。惟東晉世，五胡擾亂，柔然、拓跋常相攻幽冀間，故詩人歷敍及之。世之疑木蘭者，率指摘可汗二字，不知此歌得此佐證益明，亦一快也。」主後說者爲今人蕭滌非南北朝可汗，出征地點都在北方，也都說明它只能是北朝的產品。大約作於北魏遷都洛陽以後，東西魏分裂以前。在流傳過程中，它可能經過隋唐文人的潤色，以致中雜唐調，如『萬里赴戎機』六句。但就全詩看，仍然保持著北朝民歌的特色。」案梁章鉅稱謂錄「外城稱天子可汗」條：「可汗，西域稱天子之謂，見漢書。」北歌「胡吹舊曲」有慕容可汗曲，可見北魏以前已有可汗之稱。況且劉宋何承天姓苑已言「木蘭任城人」。承天在齊梁北魏以前，是則胡氏謂詩作於東晉之世，說似可信。至論者以其「中雜唐調」，疑其爲隋唐之作，或經過隋唐文人之潤色一節，胡氏已早有解釋曰：「木蘭歌世謂齊梁作。齊人一代，絕少七言歌行，梁始作初唐體。此歌中，古質有逼漢魏處，非二代所及也。惟『朔氣』、『寒光』，整麗流亮類梁陳。然晉人語如：『日下荀鳴鶴，雲間陸士龍。』『青松凝素髓，秋菊落方英。』已全是唐律。至休洗紅（晉雜曲歌辭）、獨漉篇（晉拂舞歌詩），其古質處又多近木蘭。齊梁歌謠亦有備者，相去遠甚。余以爲此歌必出晉人，若後篇則唐作也。」持之有故，錄存備考。

（節錄自李曰剛中國文學流變史——詩歌篇　上）

(二)、作者生平不詳，其成詩時代有種種說法：

1. 成於拓跋魏時（何承天姓苑）。
2. 成於唐代（「策勳十二轉」乃唐官制，「明駝」爲唐驛制，「萬里赴戎機」以下四句似唐人詩格）。

3.原作成於北朝，（東晉五胡亂華之初至北朝元魏分裂之前）後經唐人修改潤色而成。作者姓名不詳，無以查考（胡適國語文學史）。其中以第三說較爲合理。

（節錄自師範大學教案編寫示例）

附表四　樂府詩補充資料

㈠樂府詩的流變與性質

何謂樂府？樂府含有官署與詩體二重意義，與時演變。兩漢所謂樂府，本指審音度曲之官署，類乎唐宋之教坊，亦等於今日之國家音樂院。其職責在采取文人詩詞或民間歌謠被諸管弦，而施之郊廟朝宴，此爲樂府之原始義。但魏晉六朝將樂府所唱之詩，漢人原名「歌詩」者亦名樂府，於是所謂樂府即由官署之名稱，一變而爲帶有音樂性之詩體矣。此爲樂府之後起義。如蕭統昭明文選於騷、賦、詩之外另立「樂府」一門，劉勰文心雕龍於「明詩」之外又特標「樂府」一篇，且爲之立界義云：

樂府者，聲依永，律和聲也。……匹夫庶婦，謳吟土風，詩官採言，樂胥被律，志感絲篁，氣變金石。是以師曠觀風於盛衰，季札鑒微於興廢，精之至也。

足知樂府乃詩之入樂可歌者。六朝人雖視樂府爲詩之一體，但其著眼仍在音樂。至唐，則已撇開音樂而注重其社會內容，如元結「系樂府」、白居易「新樂府」、皮日休「正樂府」、溫庭筠「樂府倚曲」等，均未入樂，但皆自名爲樂府，於是所謂樂府又一變而爲一種批判現實之諷刺詩。宋元以後，亦有稱詞曲爲樂府者，則又離開唐人所揭示樂府之精神實質，而僅就入樂一端出發。是樂府一詞之濫用，徒滋棼淆，名存而質變矣。

（節錄自李曰剛中國文學流變史——詩歌篇　上）

㈡樂府的設立

十二年十月，高祖已擊（黥）布軍會甄，布走，令別將追之。高祖還歸過沛，留，置酒沛宮，悉召故人父老子弟縱酒。發沛中兒得百二十人，教之歌。酒酣，高祖擊筑，自爲歌詩云：「大風起兮雲飛揚，威加海內兮歸故鄉，安得猛士兮守四方。」令兒皆和習之，高祖乃起舞，慷慨傷懷，泣數行下，謂沛父兄曰：「游子悲故鄉，吾雖都關中，萬歲後，吾魂魄猶樂思沛。」……及孝惠五年，思高祖之悲樂沛，以沛宮爲高祖原廟。高祖所教歌兒百二十人，皆令爲吹樂，後有缺，輒補之。（史記高祖本紀）

漢興，樂家有制氏，以雅樂聲律世世在大樂官，但能記其鏗鏘鼓舞，而不能言其義。高祖時（案叔孫通傳，時爲高祖七年），叔孫通因秦樂人制宗廟樂。又有房中祠樂，高祖唐山夫人所作也。孝惠二年（西元前一九三）使樂府令（何義門謂當作大樂令，府字蓋衍文）夏侯寬備簫管，更名曰安世樂。初高祖四年作武德舞，六年作昭容舞、禮容舞，又改舜韶舞爲文始舞。景帝采武德舞爲昭容舞。至宣帝又改曰盛德，皆以奏於諸帝廟，大抵因秦舊事焉。至武帝定郊祀之禮，祠太一於甘泉，祭后土於汾陰，乃立樂府。（顏師古注：始置之也。樂府之名蓋起於此，哀帝時罷之。）采詩夜誦，有趙、代、秦、楚之謳，以李延年爲協律都尉，多舉司馬相如等數十人造爲詩賦，略論律呂以合八音之調，

作十九章之歌。（漢書禮樂志）

（節錄自李曰剛中國文學流變史——詩歌篇　上）

㈢樂府詩之形式

⑴字句：

①定言：分三言、四言、五言、七言等體。

②雜言：句度長短參差不一，木蘭詩屬之。全詩六十二句，三百三十二字，其中五言五十三句，七言七句，九言二句。

⑵命題：

除歌、行、歌行、引、曲、吟、辭、篇、唱、調、怨、歎十二類外，還有詩、弄、操、樂、思、難等等。

（節錄自師範大學教案編寫示例）

㈣南北朝樂府民歌的影響

南北朝樂府民歌繼承周民歌與漢樂府民歌之現實主義精神，興起於形式主義泛濫之南北朝時期。其清新剛健之風格，嶄然露頭角，非但不與習俗同流，亦且給予當時乃至後世文學（尤其詩歌）以一種新力量新血液，殊屬難能可貴，在文學史上實有重新估價之必要。

就詩之體裁言，南北朝民歌開闢一條抒情小詩之新道路，此即五、七言絕句體。五言四句小詩，漢民歌中雖已出現，但爲數絕少，未發生若何影響，故絕句之眞正源頭當推南北朝民歌。當時著名之詩人如謝靈運、鮑照、謝眺等紛起模擬，仍爲嘗試性質，直至唐代，即由附庸而蔚爲大國，而與音樂結合，幾籠斷李唐三百年之詩壇。且出現以絕句擅名千古之詩仙李白與詩天子王昌齡。漢代民歌中雜言體雖亦甚多，且有不少優美作品，但篇幅較小，若木蘭詩長達三百三十二字之鉅製，得未曾有。七言古體則絕少見及，即間有數句，多屬謠諺雜歌，若悼念陳安之隴上歌長達十五句一百零五字，當屬首創。此對唐代七言歌行之發展，亦起示範性之推動作用。

就表現手法言，南北朝民歌對唐代詩人亦有不少啓發。例如杜甫草堂詩：「舊犬喜我歸，低徊入衣裾；鄰舍喜我歸，沽酒攜葫蘆；大官喜我歸，遣騎問所須；城郭喜我歸，賓客隘村墟。」連用四「喜」字造成排句，即是從木蘭詩「爺孃聞女來」等句脫化而出。前人謂李白之長干行以西洲曲爲藍本；謂其絕句「從六朝清商小樂府來」，亦皆信而有徵。此外，口語之運用，予後代詩人絕好之借鏡，李白、杜甫、白居易等大詩人皆善於提煉口語融化入詩。雙關語雖可溯源於先秦之廋詞、隱語，漢代歌謠亦偶有一用，如董逃行及古絕句藁砧今何在一首，但大量使用則始於南朝民歌。唐以後詩人由於處境之險惡，往往利用雙關語寫作政治諷刺詩，以委婉表達其難以明言之愛國深衷，此一發展亦造基於南朝民歌。

前已言及，南朝民歌爲商業大都市之產物，殆皆爲談情說愛之豔曲，故胡應麟評爲「了無一語有丈夫氣。」其於梁陳宮體詩之形成與氾濫，於客觀上亦起一定之消極作用。唐五代以後，若干描寫男女豔情之小詞，在意境、語言方面，亦受南朝民歌不小影響。

（節錄自李曰剛中國文學流變史——詩歌篇　上）

附表五　問題討論表

㈠、內容方面

1. 這首詩那些句子是描寫木蘭軍中生活的？請指出來。
2. 第二段中有兩句「不聞爺孃喚女聲」是不是顯得重複？
3. 這首詩描寫木蘭買鞍馬和回故鄉的時候，敍事會不會令人覺得瑣碎？
4. 最後一段和故事本身似乎沒有關係，作者這樣寫，有什麼用意？
5. 木蘭從軍十二年，爲什麼作者對她軍中生活的描寫不多？這樣好不好？

㈡、形式方面

6. 作者使用了那些詞句摹寫聽覺？請找出來。
7. 本文第二段「東市買駿馬，西市買鞍韉，南市買轡頭，北市買長鞭」造成什麼樣的效果？
8. 第四段末「願借明駝千里足，送兒還故鄉」和第五段開頭「爺孃聞女來，出郭相扶將」在銜接上是否流暢？這是什麼手法？
9. 作者描寫木蘭回故鄉一節，是從那些角度來寫？和前文數段有無呼應之處？
10. 本文中使用了那些疊字？這些疊字能產生什麼效果？

附表六　生難字詞表(一)

(1)唧唧：歎息聲；一說機杼聲。

(2)當戶：對著門兒，即在房門的中間。

(3)機杼：機，織布機。杼，音ㄓㄨˋ，織布機上用來持緯線的器具。

(4)軍帖：帖，ㄊㄧㄝˇ，是寫字的紙片。軍帖就是關於軍事的布告或通知單。本文指徵兵的文書。

(5)可汗：音ㄎㄜˋ ㄏㄢˊ，古代西域和北方各國對他們君王的稱呼。

(6)大點兵：大量召集士兵。點，查點。

(7)爺：音ㄧㄝˊ，父親。

(8)願爲市鞍馬：爲，音ㄨㄟˋ，替。市，買，動詞。希望能買到鞍墊和馬匹。

附表七　生難字詞表(二)

(1)東市：指城東的市場。

(2)駿馬：好馬，強壯能快跑的馬。

(3)鞍韉：鞍，馬背上的坐墊。韉，音ㄐㄧㄢ，鞍下的墊褥。

(4)轡頭：轡，音ㄆㄟˋ，繫在馬脖子上的韁繩。轡頭，捆縛馬頭以便利指揮的繩子。

(5)孃：音ㄋㄧㄤˊ，母親。

(6)暮宿：晚間住宿。暮本作「莫」，甲骨文作「[illegible]」，「茻」是草莽，「θ」是日，太陽落在草中，本義是黃昏日落時分。因日落，一日已完，遂引申有「無」意，後又加日作「暮」。

(7)但聞：只聽到。但，只。

(8)濺濺：音ㄐㄧㄢ　ㄐㄧㄢ，濺濺，水流聲。

(9)旦辭：早晨離開。旦，早晨。甲骨文作「旦」，「θ」是日，「一」表地面，是說太陽已昇起在地面的時間，就是早晨。

(10)黑山頭：黑山，在今河北省沙河、昌平附近。一說在今綏遠、歸綏縣境之殺虎口東北，即殺虎山。黑山頭，黑山山頂。

(11)燕山：河北省薊縣附近；一說在殺虎山之東，也有人認爲是指今外蒙古的燕然山。

(12)胡騎：指敵國的兵馬。

(13)啾啾：音ㄐㄧㄡ　ㄐㄧㄡ，嘈雜細碎的聲音，此指馬羣的聲音。

附表八　生難字詞表(三)

(1)萬里赴戎機：照著上級所指示的軍事機宜奔赴了萬里路程。戎機，有機密性的軍事行動；軍令所指示的作戰時機。

(2)關山度若飛：如同飛奔地越過關口山嶺。形容行軍的快速。關山，關口山嶺；度，越過。

(3)朔氣傳金柝：朔氣，北方的氣、寒氣。柝，音ㄊㄨㄛˋ，巡夜人所敲的木梆。金柝，用金屬做的梆子，也就是指「刁斗」。

(4)寒光照鐵衣：寒夜的月光照在鐵甲戰袍上。鐵衣，鐵甲戰袍。戰衣，古稱甲，衣內附有鐵片，戰士穿此，可以禦兵刃，猶今之避彈衣。

(5)壯士：意氣雄壯的人，指戰士。

附表九　生難字詞表㈣

(1)明堂：古代天子接見諸侯，選拔賢士的地方。

(2)策勳十二轉：勳是功勞，策勳，是把功勞記在策上。唐制勳分十二轉，每升一等爲一轉，十二轉就到了最高的勳位——「上柱國」，這裏是詩人誇大的筆法，形容升到極高的職位。

(3)賞賜百千強：強，多餘。賞賜在百千以上。

(4)尚書郎：官名，是在宮廷中管理文書的官吏。

(5)明駝：俗名小蹄駱駝，能走遠路且速度快的駱駝。唐制驛站置明駝，非邊塞軍機，不得擅用。

(6)送兒：兒，是木蘭的自稱。

附表十　生難字詞表㈤

(1)出郭相扶將：相互扶持出城來迎接。郭，外城。將，持。扶將，扶持，含有迎接的意思。

(2)紅妝：古代婦女化妝多用紅粉，故說是紅妝。

(3)閣：音ㄍㄜˊ，高樓。

(4)著：音ㄓㄨㄛˊ，穿衣。

(5)霍霍：指磨刀急速的聲音。

(6)雲鬢：像雲一樣的亂髮；鬢，指臉兩旁靠近耳朵的頭髮，這裏是以部分借代全部。

(7)貼花黃：在額上貼上金黃色的花鈿。花黃，古代婦女臉上的裝飾品。

(8)火伴：古代行軍，十人為火，共火為食，故稱同火為火伴。

(9)驚惶：驚疑惶惑。

(10)同行：同在一起生活。

附表十一　生難字詞表(六)

(1)撲朔迷離：撲朔，跳躍的樣子；迷離，目光模糊的樣子，皆兔子共有的現象。言不辨其為男為女。

(2)傍地走：傍，音ㄅㄤˋ，靠近、依附。傍地走是說：兩兔靠近，在地面行走。

(3)安能：如何能夠。安，如何。

附表十二　分段大意綱領表

主旨：全文主旨在寫木蘭代父從軍的孝行，為我國詩歌史上塑造了一個空前未有的「巾幗英雄」的典型。

全文共分六段：

首段述木蘭從軍的原因。

次段述木蘭離家及初赴戰場的感受。
三段述軍中生活。
四段述天子封賞。
五段述榮歸故鄉，家人團聚歡欣之情。
末段是結語說明火伴不知木蘭是女郎的原因。

附表十三　木蘭詩修辭學例

性質	作用	原文
類疊	表達諄切的情感。	△問女何所思？問女何所憶？ △女亦無所思，女亦無所憶。 △東市買駿馬，西市買鞍韉， 南市買轡頭，北市買長鞭。 △爺孃聞女來，出郭相扶將。 阿姊聞妹來，當戶理紅妝。 小弟聞姊來，磨刀霍霍向豬羊。
排比與對仗	豐富辭彙，且使意思更加明顯。	△阿爺無大兒，木蘭無長兄， △朔氣傳金柝，寒光照鐵衣。

		△將軍百戰死，壯士十年歸。 △開我東閣門，坐我西閣牀。 △脫我戰時袍，著我舊時裳。 △當窗理雲鬢，對鏡貼花黃。
設問	用以引出下面的對答	△問女何所思？問女何所憶？ △可汗問所欲，
倒裝	喚起注意，增加文章的波瀾。	△問女何所思？（所思何） △問女何所憶？（所憶何） △萬里赴戎機。（赴萬里戎機） △關山度若飛。（度關山若飛）
誇飾	爭奇鬥豔，增加藝術感，以悅人心目。	△將軍「百戰死」。 △壯士「十年歸」。 △策勳「十二轉」。 △賞賜「百千強」。
頂眞	使語句神旺氣足。	△軍書十二卷，卷卷有爺名。 △壯士十年歸，歸來見天子。

		△歸來見天子，天子坐明堂。 △出門看火伴，火伴皆驚惶。
反　詰	反言以示謙退，可變化文章的形式。	△安能辨我是雄雌？

附表十四　全文結構分析表

木蘭

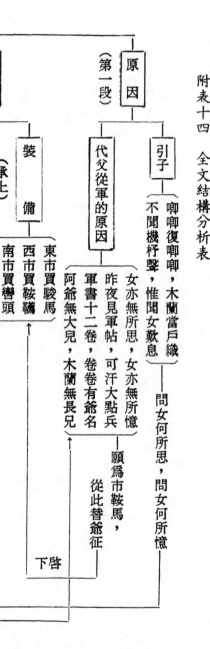

- **原因**（第一段）
  - **引子**
    - 唧唧復唧唧，木蘭當戶織
    - 不聞機杼聲，惟聞女歎息
    - 問女何所思，問女何所憶
  - **代父從軍的原因**
    - 女亦無所思，女亦無所憶
    - 昨夜見軍帖，可汗大點兵
    - 軍書十二卷，卷卷有爺名
    - 阿爺無大兒，木蘭無長兄
    - 願為市鞍馬，
    - 從此替爺征（下啓）
- **離鄉**（第二段）（繁筆）
  - **裝備**（承上）（從治裝角度寫）
    - 東市買駿馬
    - 西市買鞍韉
    - 南市買轡頭
    - 北市買長鞭
  - **出征**（承上）（重點取樣）
    - 朝辭爺孃去
    - 暮宿黃河邊（回應）
      - **感懷**
        - 不聞爺孃喚女聲
        - 但聞黃河流水鳴濺濺
    - 朝辭黃河去
    - 暮宿黑山頭（回應）
      - **感懷**
        - 不聞爺孃喚女聲
        - 但聞燕山胡騎聲啾啾（回應）
- **征程**
  - **行軍**
    - 萬里赴戎機
    - 關山度若飛（回應）
  - **軍中生活**
    - 朔氣傳金柝
    - 寒光照鐵衣

呼應

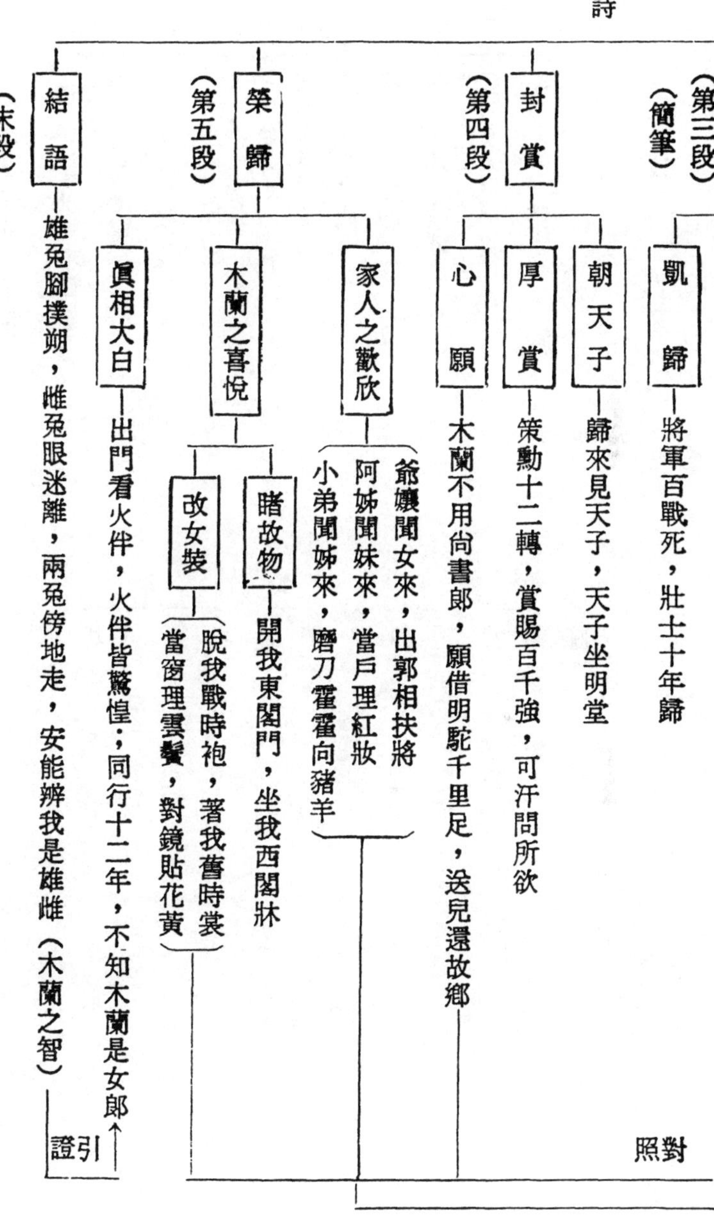
詩
（第三段）（簡筆）
凱歸
將軍百戰死，壯士十年歸
朝天子
歸來見天子，天子坐明堂
封賞
（第四段）
厚賞
策勳十二轉，賞賜百千強，可汗問所欲
心願
木蘭不用尚書郎，願借明駝千里足，送兒還故鄉
榮歸
（第五段）
家人之歡欣
爺孃聞女來，出郭相扶將
阿姊聞妹來，當戶理紅妝
小弟聞姊來，磨刀霍霍向豬羊
木蘭之喜悅
睹故物
開我東閣門，坐我西閣牀
改女裝
脫我戰時袍，著我舊時裳
當窗理雲鬢，對鏡貼花黃
眞相大白
出門看火伴，火伴皆驚惶；同行十二年，不知木蘭是女郎
結語
（末段）
雄兔腳撲朔，雌兔眼迷離，兩兔傍地走，安能辨我是雄雌（木蘭之智）
引證
對照

附表十五　字形辨別表

1. 卷：ㄐㄩㄢˋ，手不釋卷。
   券：ㄑㄩㄢˋ，禮券。
2. 柝：ㄊㄨㄛˋ，金柝。
   拆：ㄔㄞ，拆洗。
   析：ㄒㄧ，析疑。
   折：ㄓㄜˊ，折扣。
3. 杼：ㄓㄨˋ，機杼。
   抒：ㄕㄨ，抒懷。
4. 徨：ㄏㄨㄤˊ，徬徨。
   惶：ㄏㄨㄤˊ，惶恐。
5. 戎：ㄖㄨㄥˊ，戎馬。
   戌：ㄒㄩ，戌月。
   戍：ㄕㄨˋ，戍守。
   戊：ㄨˋ，戊夜。
6. 朔：ㄕㄨㄛˋ，朔氣。
   溯：ㄙㄨˋ，溯源。
   塑：ㄙㄨˋ，塑像。
7. 撲：ㄆㄨ，撲滅。
   樸：ㄆㄨˊ，樸實。
   僕：ㄆㄨˊ，僕人。
8. 憶：ㄧˋ，憶舊。
   億：ㄧˋ，億兆。
   臆：ㄧˋ，臆斷。

附表十六　字音辨別表

1. 汗：ㄏㄢˋ，汗流夾背。
   ㄏㄢˊ，可汗。
2. 帖：ㄊㄧㄝˋ，軍帖。
   ㄊㄧㄝˇ，請帖。

3. 騎
- ㄑㄧˊ，騎馬。
- ㄐㄧˋ，騎兵。

4. 卷
- ㄐㄩㄢˋ，卷宗。
- ㄑㄩㄢˊ，卷曲。
- ㄐㄩㄢˇ，通「捲」字，卷舌。

5. 傍
- ㄆㄤˊ，傍偟。
- ㄅㄤˋ，依傍。
- ㄅㄤ，傍午。

6. 著
- ㄓㄨˋ，顯著。
- ㄓㄨㄛˊ，穿著。
- ㄓㄠˊ，睡著了。
- ˙ㄓㄜ，坐著。
- ㄓㄠ，著急。

7. 將
- ㄐㄧㄤˋ，將領。
- ㄐㄧㄤ，將來。
- ㄑㄧㄤ，詩經小雅：「鐘鼓將將」。

8. 宿
- ㄙㄨˋ，宿命。
- ㄒㄧㄡˋ，星宿。
- ㄒㄧㄡˇ，整宿。

9. 強
- ㄑㄧㄤˊ，豪強。
- ㄑㄧㄤˇ，強迫。
- ㄐㄧㄤˋ，倔強。

10. 傳
- ㄓㄨㄢˋ，傳記。
- ㄔㄨㄢˊ，傳播。

附表十七　隨堂診斷測驗

（　）1. 木蘭代父從軍的原因是出於①孝心②冒險③勇敢④好玩。

（　）2. 木蘭詩是一首①抒情②敍事③五言④七言　詩。

（　）3. 「歸來見天子」到「送兒還故鄉」是寫①榮歸②封賞③征程④離鄉。

（　）4. 「萬里赴戎機，關山度若飛」是寫木蘭①節節勝利②轉戰艱苦③騎術精湛④裝備精良。

（　）5. 下面那一句是對偶的句子？①出門看火伴，火伴皆驚惶②東市買駿馬，西市買鞍韉③當窗理紅妝，對鏡貼花黃④昨夜見軍帖，可汗大點兵。

（　）6. 下面何者不是形容聲音的：①啾啾②霍霍③茫茫④濺濺。

（　）7. 北方的寒氣稱爲①溯②塑③朔④搠氣

（　）8. 織布織上用來持緯線的器具是①抒②杼③紓④舒。

（　）9. 「著」裳音①ㄓㄨˋ②ㄓㄨㄛˊ③ㄓㄠˊ④ㄓㄠ。

（　）10. 「可」汗音①ㄎㄜ②ㄎㄜˊ③ㄎㄜˇ④ㄎㄜˋ。

附表十八：附圖（取材自明・仇英繪圖，明・汪氏增輯繪圖列女傳 下冊 ── 正中書局印行）

火伴皆驚惶

（本教案原為筆者國文教材教法講義，民國七十五年一月曾轉載於國立編譯館主編之國民中學國文教師手冊第四冊）

叁、教案示例二——岳陽樓記

單元名稱	岳陽樓記	班級		人數	
教材來源	高中國文第二冊第七課	指導老師	陳品卿	時間	二〇〇分鐘
教材研究	1.本篇雖題名爲記，實乃借事抒情，自寫懷抱。 2.全文先寫作記原由，再述景觀，而主旨在藉登樓覽物之情，道聖賢憂國憂民之懷抱。 3.全文寫景抒情，皆爲仕途之寓言。 4.全文前後照應甚佳，結構嚴謹，縣密氣勢，豪邁悠渺，令人迴盪不已。				
學生學習條件之分析	1.學生已學過褒禪山記，對記事抒情的文章已有認識。 2.藉景抒情及對比法寫景，需要加以注意練習。 3.學生對文章的章法已有初步認識。 4.此篇在雨悲晴喜境界之描寫中，宜指導學生運用想像力和自然界現象相合，以明瞭更高深的人生哲學。 5.學生已學過宋朝歷史與湖南省地理，有助於學習課本。				
教學方法	視教學需要，酌用講述、問答、討論、提示、比較、發表、欣賞、自學輔導、啓發等方法。	實習學生	魏惠娟		

教學資源	課本、湖南省圖、岳陽樓圖、曉風殘月、古文觀止、唐詩三百首、細說錦繡中華、憶祖國河山、古文析義、宋史。

教學	單元目標	具體目標
	甲、認知方面：	
	一、認識作者。	一—1. 能指明作者的時代背景。
		一—2. 能說出作者的生平。
		一—3. 能說出作者在政治與文學上之地位。
	二、明瞭本文體裁與作法。	二—1. 能說出本文的體裁。
		二—2. 能說出本文的作法。
		二—3. 能說出作「記」的各種不同作法。
	三、明瞭本篇文義。	三—1. 能說出題文的意義。
		三—2. 能說出岳陽樓的地理位置與沿革。
		三—3. 能說出全文大意。
		三—4. 能列舉分段大意及意旨。
		三—5. 能正確讀解生字難詞的形、音、義。
		三—6. 能正確指明虛字的用法。
	四、明瞭本文寫作技巧。	四—1. 能說出本文的風格與特色。

目標

乙、能力方面：

五、培養自學能力。

六、正確讀講課文。

七、能應用本篇文字及作法。

八、發表讀後感。

丙、情意方面：

九、喜歡欣賞大自然及愛好記敘抒情體的文章。

十、培養仁民愛物的情操。

四—2. 能說出全文聯絡照應的關鍵。

四—3. 能說出各段的地位與價值。

四—4. 能說出遣詞造句的技巧。

五—1. 能收集資料考查疑難問題。

五—2. 能作好預習作業。

六—1. 能正確的朗讀課文。

六—2. 能語音正確語調適度地讀講課文。

七—1. 能應用生字新詞造詞造句。

七—2. 能仿造新句型。

七—3. 能模仿本文作法。

八—1. 能說出讀後心得。

八—2. 能寫出內容充實的讀後心得。

九—1. 能閱讀前人優美的記敘、抒情文。

九—2. 能描述大自然景觀。

十—1. 能說出本文的氣勢與境界。

十—2. 能說出作者憂國憂民的情操。

十—3. 能說出古仁人先憂後樂仁民愛物的襟懷。

時間分配			
節次	月	日	教學重點
1.			一、前課之學習考查指正　二、預習考查　三、導引　四、講述題文　五、講述作者生平　六、講述全文大意　七、辨認文體　八、處理一、二段之生難詞語及讀講課文
2.			八、處理三、四、五段之生難詞語及讀講課文，全文歸納整理
3.			九、深究與鑑賞　十、欣賞誦讀
4.			十一、應用練習　十二、學習效果考查　十三、指定練習　十四、預習指導

教學目標	教學活動	教具	時間	評鑑	備註
培養自學能力。	甲、準備活動： （附）預習指導		（20）		本階段活動，於前一節課結束後20分鐘內進行。
	一、導引		4.		
	(一)指名學生講述第一冊遊褒禪山記之大意，引入本單元。				
	(二)揭示目標表。	教學目標表			附表一：教學目標表。
能說出題文的意義。	二、解釋題文		2.		
	(一)指示學生從課文及題解探索題文意義。	課本			
能指明作者的時代背景。	三、考查作者生平及本文出處		2.		
	(一)指導學生從課文後之作者、題解欄考查。	參考資料表			
能說出作者的生平。	(二)教師提出參考資料，令學生於課後考查。				

能說出作者在政治及文學上的地位。	參考資料一覽表 1.古文觀止、遊褒禪山記、梅花嶺記、黃河結冰記 2.錦繡中華彩色珍本 3.曉風殘月。范仲淹詞				
能正確的朗誦課文。	四、閱讀課文 (一)指名國語較好之學生誦讀課文，他生勾出生字難詞以備課後考查。 (二)教師隨機考正。	課本	3.		
能說明本文體裁、能閱讀前人優美的記敘、抒情體文章。	五、認識文體 (一)指名學生講述本文體裁。 (二)指導學生回憶舊教材，辨認記敘文的作法。	古文觀止	1.		
能正確讀解生字難詞的形音義。	六、考查生難詞句 (一)指導學生課後參閱文後注釋，其爲注釋所無或注釋中之生難詞句，均		3.		

令學生自行考查，記入預習筆記。

(二)揭示下列詞語令學生回家考查。

難詞表

難詞表

1. 政通人和	2. 百廢具興
3. 浩浩湯湯	4. 朝暉夕陰
5. 遷客騷人	6. 霪雨霏霏
7. 山岳潛形	8. 檣傾楫摧
9. 薄暮冥冥	10. 憂讒畏譏
11. 滿目蕭然	12. 岸芷汀蘭
13. 郁郁青青	14. 心曠神怡
15. 把酒臨風	

能列舉分段大意及要旨。

七、分辨全文段落及要旨

指導學生於課前認清段落，將各段落要旨記下，並揣摩本文結構及作法。

1.

能說出全文大意。

八、說明全文主旨

(一)指導學生將全文主旨及預習心得記入

1.

能說出題文的意義。 能說出本文的作法。	預習筆記中。 九、深究鑑賞 (一)令學生查考岳陽樓及洞庭湖之地理位置及岳陽樓史。 (二)揭示問題討論表，令學生於課後思考。 (三)提示本文作法。 (四)指導學生將特殊語句及優美詞語標出。	問題討論表	3.		附表二：問題討論表。
	（第一節）		（50.）		
	一、前課之學習考查指正： (一)筆記訂正：筆記之錯誤，提付共同討論。 (二)測驗訂正：測驗之錯誤，提付共同討論。		5.		
能收集資料，考查疑難問	二、預習考查 (一)檢查預習作業。		3.		

題。	㈡抽問生難詞語。		8.		
能作好預習作業。	三、導引： ㈠張掛湖南省圖，命學生指出洞庭湖與岳陽樓位置。	湖南省圖 岳陽樓位置			附表三：岳陽樓位置圖。
能說出岳陽樓的地理位置及沿革。	㈡揭示岳陽樓圖片。 ㈢命學生就預習所知，講述岳陽樓的地理位置及其沿革。 ㈣教師歸納補充： （補充資料見附錄五岳陽樓史話）	圖 圖片			附表四：岳陽樓圖。 附表五：岳陽樓史話。
能說出題文的意義。	乙、發展活動： 四、講述題文： ㈠教師板書題文，指名學生講述題文統攝義旨。 ㈡教師歸納補充。	課本	2.		
能指明作者的時代背景。	五、講述作者生平 ㈠指名學生就預習所得，說明作者之		5.		

能說出作者在政治上及文學上的地位。	生卒年月、時代背景經歷及政治上的地位。 ㈡指名學生說明作者在文學上的成就。 ㈢教師補充歸納。 （補充資料：附表六，范仲淹的生平與畫像。附表七，范仲淹的詞作。）	作者畫像			附表六：范仲淹的生平與畫像。 附表七：范仲淹的詞作。
能說出全文大意。	六、講述全文大意 ㈠指名學生誦讀全文，他生循聲閱讀。 ㈡指名學生講述全文大意。 ㈢教師歸納補充。	課本	4.		
能說出本文的體裁。	七、辨認文體 ㈠令學生講述本課文體。		3.		
能說出本文的作法。	㈡比較本文與遊褒禪山記及梅花嶺記的作法。	古文觀止			
能說出作「記」的各種	八、處理生難詞語及讀講課文。	課本	8.		

不同作法。	(一)處理第一段的生難詞語及讀講課文	生難詞卡		
	1. 處理生難詞語 (1)學生提出本段的生難詞語（預習時所發現者）。 (2)討論生難詞語的意義。 (3)教師訂正補充。 (4)提出一、二個生難詞語，指名學生解釋，以明其了解程度。			
能正確的朗讀課文。 能語音正確語調適度地讀講課文。	2. 讀講課文 (1)誦讀課文：指名學生誦讀本段課文，其他學生循聲誦讀。 (2)學生讀講：指名學生先略述本段大意，再逐句讀講。 (3)教師講讀：做有系統的補充整理訂正。 特別注意下列名詞的意義：			

ㄅ、謫：貶官。

ㄆ、越：過也。

ㄇ、政通人和：政事通達人心和順。

ㄈ、百廢「具」興：通俱，皆也。

ㄉ、舊制：舊有規模。

ㄊ、屬：通囑，請託。

(二)處理第二段生難詞語及讀講課文（過程與第一段同）

特別注意下列各詞語：

ㄅ、勝狀：美景。

ㄆ、浩浩湯湯：浩浩：水廣流貌。湯湯：水急流貌，湯，音ㄕㄤ。

ㄇ、橫無際涯：即廣大無邊，東西為橫，廣也稱橫，際，邊也。涯，岸也。

ㄈ、朝暉夕陰：暉，日光。早晨的日光，傍晚的雲霧。

12

	ㄉ、前人之「述」「備」矣：述，前人作品。備，完備、詳盡。 ㄊ、極：至也。 ㄋ、遷客騷人：猶言逐客愁人。遷，放逐貶謫之意。騷，憂愁之意。屈原作離騷，離騷猶遭憂也。後世因稱詩人、詞人爲騷人。 ㄌ、覽物：觀賞景物。		
能正確讀解生字難詞的形音義。 能正確的朗讀課文。 能語音正確，語調適度	（第二節） ㈢處理第三段生難詞語及讀講課文（過程與第一段同） 特別注意下列各詞語： ㄅ、霪雨霏霏：久雨爲霪。霏霏，雨絲密狀。 ㄆ、連月「不開」：不開朗，天晴謂天開。	課本 生難詞卡	（50.） 15.

地讀講課文。

ㄇ、排空：波濤向空中奮激的情狀。

ㄈ、日星隱耀：耀，光輝也，隱耀隱蔽其光輝。

ㄉ、山岳潛形：山岳潛藏其形體。

ㄊ、檣傾楫摧：檣、帆柱。楫，槳。帆柱傾倒，槳楫摧折。

ㄋ、薄暮冥冥：薄，近也，薄暮、傍晚，冥冥、昏暗。

ㄌ、去國懷鄉：去，離開。國，國都。離開京城，懷念故鄉。

ㄍ、憂讒畏譏：讒，詆毀。譏，諷刺。畏，怕也。

(四)處理第四段生難詞語與讀講課文（過程與第一段同）

特別注意下列各詞語：

ㄅ、波瀾不驚：瀾，大波。驚，動也，起也。不驚即平靜。

15.

ㄆ、錦鱗：鱗，魚類總稱。魚鱗光彩美如文錦，故稱錦鱗。

ㄇ、岸芷汀蘭：芷蘭皆香草。汀，水邊平地，芷音ㄓˇ。

ㄈ、郁郁青青：郁音ㄩˋ，郁郁，香氣馥烈。青音ㄐㄧㄥ，同菁。青青，茂盛貌。

ㄉ、浮光躍金：躍，跳躍。月光照水，金光閃爍，跳躍水面。

ㄊ、靜影沈璧：璧，圓形的玉。月影倒映水中，如下沈的璧玉。

ㄋ、何極：何窮，無窮之意。

ㄌ、把酒：把，持也。酒，酒杯也。

ㄍ、洋洋：欣喜得意貌。

(五)處理第五段生難詞語及讀講課文（過程與第一段同）。

15.

特別注意下列各詞語：

ㄅ、或異二者之爲：或，有也。二者指悲喜。爲，行爲表現。

ㄆ、不以物喜不以己悲：己指自我遭遇。以，因也。物，指外在環境。

ㄇ、居廟堂：在朝廷爲官，即後文之「進」。

ㄈ、處江湖：指閒居在野，即後文之「退」。

ㄉ、先天下之憂而憂，後天下之樂而樂：二語出自孟子對齊宣王語。孟子

ㄊ、微斯人，吾誰與歸：微，無也，非也。斯人，此人，指古仁人。吾誰與歸，即吾歸與誰之

教學目標	教學活動	教具	時間	評量	備註
	㈥全文歸納整理： 1.請學生閉目思考全文脈絡。 2.指名學生說明全文大致內容，教師再做補充。	課本			
能正確讀解生字難詞的形音義。	（第三節）		(50.)		
	九、深究與鑑賞				
	㈠內容方面：		(25.)		
能說出全文大意。	1.詢問學生對於課文詞句、文義是否全部了解，有疑問則提出。		3.		
能列舉分段大意及要旨。	2.令學生講述全文主旨，提付討論。		2.		
	3.令學生講述分段大意提付討論後，揭示分段大意綱領表。	分段大意綱領表	3.		附表九：分段大意綱領表。
能說出題文的意義。	4.指名學生讀講課文題解，教師補充訂正。	課本	3.		
能說出各段的地位與價值。	5.研究各段地位與價值： 就全文分析表分析各段地位與價值，以教師講述為主，間亦提出問題引導學生回答。	全文分析表	4.		附表八：全文結構分析表。

能說出本文的風格與特色。

能說出本文的氣勢與境界。

6. 研究本文的風格與特色。

補充資料：林西仲曰：「題是記岳陽樓，任何高手，少不得要說：『此樓前此如何傾壞，如何狹小，然後敘增修之勞，再寫樓外佳景，以爲滕公此擧，大有益於登臨』而已。文正卻把這些話頭點過，便盡情閣起，單就遷客騷人登樓異情處，轉入古仁人用心。遂將平日胸中致君澤民先憂後樂大本領一齊揭示。蓋滕公以司諫謫守巴陵，居廟堂之高者，忽處江湖之遠，其憂讒畏譏之念，寵辱之懷，撫景感觸，不能自遣。情所必至，若知念及君民之當憂，自有不暇於爲物喜，爲己悲

3.

能說出本文的氣勢與境界。 能說出作者憂國憂民的情操。 能說出古仁人先憂後樂仁民愛物的襟懷。	者。篇首提出謫守二字本是此意。妙在借他方遷客騷人，閒閒點綴，不即不離，謂之爲子京說法可也；謂之自述其懷抱可也；即謂之遍告天下後世君子俱宜如此存心，亦無不可也。」 7.討論問題：提出下列問題，令學生回答，共同討論、補充、訂正，教師再做說明。 (1)范仲淹爲什麼要作這篇文章？ (2)范仲淹寫岳陽樓與「前人之述」有何不同？ (3)遷客騷人於岳陽樓覽物，其情何以有異？ (4)覽物異情，所覽何物？其情如何？	問題討論表	7.		附表二：問題討論表。

能說出全文聯絡照應的關鍵。

能描述大自然景觀。

(5)范公爲何謂「古仁人之心或異二者之爲」？

(6)不以物喜不以己悲，其境界較雨悲晴喜，有何不同？

(7)本文主要在說明仁者當有何胸襟？

(8)你最喜歡本文的那些句子？試說出理由及讀後感想？

㈡形式方面：

1. 討論全文聯絡照應的關鍵，指出下列問題，指導學生共同討論、補充、訂正後，教師歸納整理。

(1)「此則岳陽樓之大觀也，前人之述備矣」，此句在文中有什麼作用？

(2)雨悲晴喜兩段文字是由第二段那一句引起？

問題掛表

〔25.〕

4.

能正確讀解生字難詞的形音義。能應用生字難詞造句、造詞。	(3)「不以物喜不以己悲」與那些句子相照應？ (4)文中那些句子說明「先天下之憂而憂，後天下之樂而樂」？ 2.字形辨別： 將易誤字書於紙卡上，逐次揭示，指導學生辨認，並練習造詞： (1)滕、騰　(2)謫、摘　(3)暉、輝 (4)檣、牆　(5)楫、揖　(6)瀾、爛 (7)郁、侑　(8)曠、擴	字形辨別卡	3.		
同上	3.字音辨別： 指導學生辨別破音字，並依音造詞：(1)湯(2)青(3)屬(4)薄	字音辨別卡	2.		附表十：字音辨別表。

能正確讀解生字難詞的形音義。	4.討論虛字的用法： 共同討論下列各虛字在本文中的用法及舉出例證： （見附表十一，虛字表）	虛字表	4.	附表十一：虛字表。
能仿造新句型。	5.句型的研究： 以簡易文法，表解於紙上，提出共同分析，教師歸納說明。 (1)吾誰與歸←吾歸與誰 (2)不以物喜←不以物而喜	句型卡		
能說出遣詞造句的技巧。	6.討論本文的修辭技巧： (1)令學生提出遣詞練字特佳之句，共同討論其修辭技巧。 (2)提出問題如下： ㄅ、第二段中「遷客騷人，多會于此，覽物之情，得無異乎」？改為「遷客騷人，多會于此，覽物之情，則有異也！」比較此二句	問題卡	4.	

能說出本文的作法。

能說出本文的風格及特色。

何？

ㄇ、第五段「嗟乎！予嘗求古仁人之心，或異二者之爲，何哉？不以物喜，不以己悲，居廟堂之高，則憂其民，處江湖之遠，則憂其君。」若去掉「或異二者之爲，何哉？」可以嗎？何者較佳？

ㄈ、本文中有那些是對偶的句子？

7.討論本文作法的特點：

(1)提出問題，鼓勵學生回答以共同討論方式進行。

ㄅ、雨悲晴喜兩段是用什麼方法來寫？

ㄆ、這兩段各有「登斯樓也」

4.

能說出作「記」的各種不同作法。	之句，在此句以前是寫什麼？在此句之後又是寫什麼？ ㄇ、本文專就那方面來寫岳陽樓？為什麼要這麼寫？ (2)教師補充說明。			
能正確的朗讀課文。	十、美讀欣賞 教師範讀，並逐段指示美讀技巧。		3.	
	（第四節）		（50.）	
能運用生字新詞造句。	丙、綜合活動 十一、應用練習： (一)詞語應用：指導學生應用下列詞語練習造句： (1)氣象萬千(2)大觀(3)得無(4)蕭然(5)然則(6)微		8.	

能仿造新句型。 能模仿本文作法。 能說出讀後心得。 能寫出內容充實的讀後	㈡仿造句型：指導學生依下列句型仿造文言一句，標有（）者須應用到。 (1)吾（誰）（與）歸 (2)不（以）物喜 (3)居廟堂（之）高（則）憂（其）民 (4)（此）（則）岳陽樓（之）大觀也 附：作文練習 與下次作文教學聯繫，指導學生以「中正紀念堂」爲題作一篇文章。 十三、學習效果考查： ㈠學習心得報告 令學生報告讀後心得，並於課後將讀後心得寫入筆記中。 ㈡隨堂診斷測驗	測驗卷	20.		附表十二

心得。

十三、指定作業

㈠指導學生於課後整理筆記。

㈡試譯本文爲白話。

㈢背誦課文。

十四、預習指導（略）

2.

20.

測驗卷。

附表：（以下所附圖表，供製作教具之用。）

附表一　教學目標表

甲、認知方面

- 一、認識作者
  - 1. 能指明作者的時代背景。
  - 2. 能說出作者的生平。
  - 3. 能說出作者在政治及文學上的地位。
- 二、瞭解本文體裁及作法
  - 1. 能說出本文的體裁。
  - 2. 能說出本文的作法。
  - 3. 能說出作「記」的各種不同作法。
- 三、明瞭文義
  - 1. 能說出題文的意義。
  - 2. 能說出岳陽樓的地理位置及其沿革。
  - 3. 能說出全文大意。

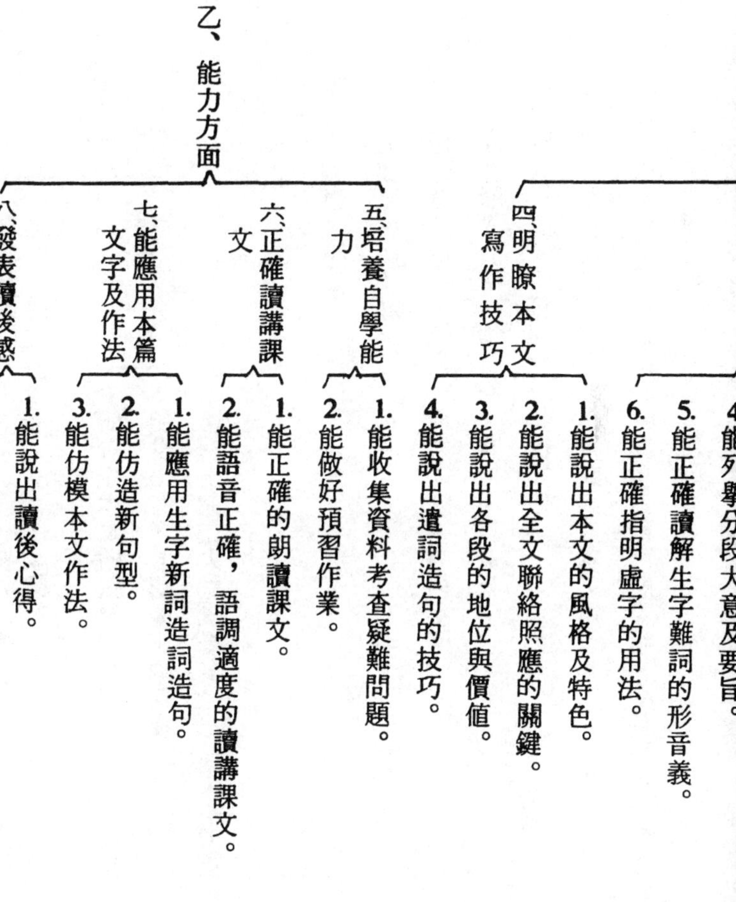

4. 能列舉分段大意及要旨。
5. 能正確讀解生字難詞的形音義。
6. 能正確指明虛字的用法。

四、明瞭本文寫作技巧
1. 能說出本文的風格及特色。
2. 能說出全文聯絡照應的關鍵。
3. 能說出各段的地位與價值。
4. 能說出遣詞造句的技巧。

乙、能力方面

五、培養自學能力
1. 能收集資料考查疑難問題。
2. 能做好預習作業。

六、正確讀講課文
1. 能正確的朗讀課文。
2. 能語音正確，語調適度的讀講課文。

七、能應用本篇文字及作法
1. 能應用生字新詞造詞造句。
2. 能仿造新句型。
3. 能仿模本文作法。

八、發表讀後感
1. 能說出讀後心得。
2. 能寫出內容充實的讀後心得。

丙、情意方面

- 九、喜歡欣賞大自然及愛好記敍抒情文
  - 1. 能閱讀前人優美的記敍兼抒情體的文章。
  - 2. 能描述大自然景觀。
- 十、培養仁民愛物的情操
  - 1. 能說出本文的氣勢與境界。
  - 2. 能說出作者憂國憂民的情操。
  - 3. 能說出古仁人先憂後樂，仁民愛物的襟懷。

附表二　問題討論表

一、范仲淹爲什麼寫這篇文章？
二、范仲淹寫岳陽樓記與「前人之述」有何不同？
三、遷客騷人於岳陽樓覽物，其情何以有異？
四、覽物異情，所覽何物？其情如何？
五、范公爲何謂：古仁人之心，或異二者之爲？
六、「不以物喜，不以己悲」其境界較雨悲，晴喜有何不同？
七、本文主要在說明仁者當有何胸襟？

附表三　岳陽樓位置圖

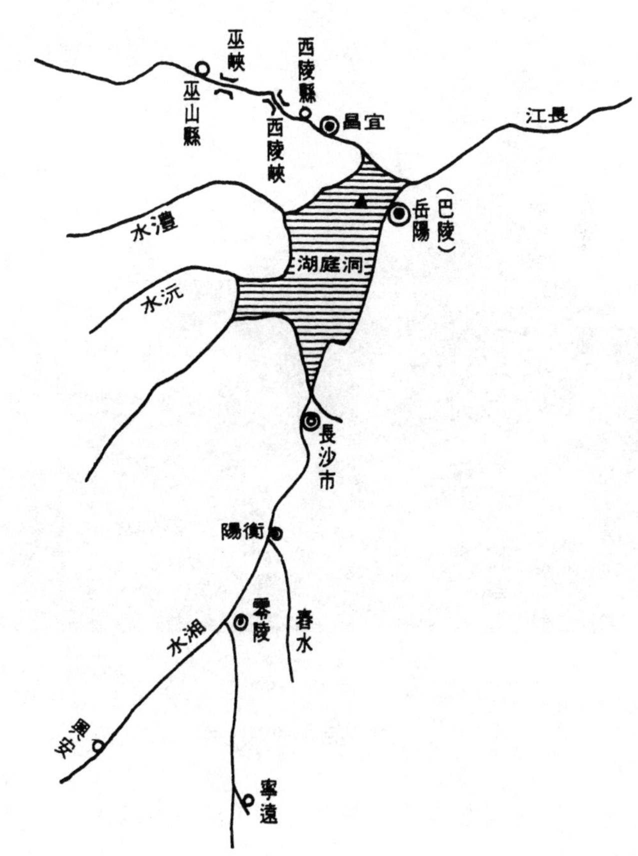

附圖四　岳陽樓圖

湖南洞庭湖畔之岳陽樓

（取材自江山萬里　錦繡出版社）

附表五　岳陽樓史話

岳陽，古之巴陵，清代爲岳州，到民國改爲岳陽縣。位於洞庭湖的東岸。城西北十五里城陵磯，爲長江與洞庭合流處。水路去漢口五百里，去長沙三百五十里。經長江上下及洞庭湖的輪船，都停泊於此。粵漢鐵路在岳陽有大站，故在交通上甚爲便利，且爲軍事上要衝。抗戰中，日軍佔據岳陽，我軍則守南面的新浦河，相距數年之久，這一帶幾度成爲大戰場所。

岳陽在古代即爲軍事要地，城陵磯北有擂鼓臺，傳春秋時，楚莊王曾於此擂鼓。三國時有名的瑜夫人小喬墓，在剪刀池。

岳陽最有名的古蹟，厥爲岳陽樓。岳陽樓建於縣城西門的城垣上，西面洞庭，其氣派之大，風景之佳，尚在武昌的黃鶴樓上。傳爲唐代張說所築（一說張說登臨賦詩）宋代滕子京重修，范仲淹爲記，遂名傳千古，范記中形容其氣勢云：「予觀乎巴陵勝狀，在洞庭一湖，銜遠山，呑長江，浩浩蕩蕩，横無際涯，朝暉夕陰，氣象萬千。」可謂即景描寫。

樓之建築極爲偉壯，樓下城濶三丈，有石級百餘級，直達樓門，樓高四層，歷代曾增加修葺，清代更五次修葺，曾國荃在樓右別建三醉亭。前有一大石牌坊，上題「南極瀟湘」四字，再進丹字紅牆，高樓巍然，畫閣飛簷，園中花木葱蘢，廣場中有數百斤宋鼎一座，及大銅缸兩座，均宋代物。入門歷代碑碣對聯甚多，范仲淹記全文刻在八扇大門上。在二、四兩層上，供有呂祖神像，香火甚盛。因昔傳呂洞賓三來樓上，人仍不識，乃題詩云：「三醉岳陽人不識，朗吟飛過洞庭湖。」故後人祀於樓中，三樓有　蔣總統親題「砥柱中流」四字。四樓極高處有「岳陽樓」三個大字。樓中最出色對聯爲李白之「水天一色，風月無邊」，另有一聯亦莊亦諧：「呂道人太無聊，八百里洞庭，飛過去，飛過來，一個神仙誰在眼。范秀才眞多事，數十年光景，什麼先，什麼後，萬方憂樂獨關心。」

岳陽樓詩文，歷代皆有，惟以杜甫的「登岳陽樓」詩中的「昔聞洞庭水，今上岳陽樓，吳楚東南坼，乾坤日夜浮。」與孟浩然的「八月湖水平，涵虛混太清；氣蒸雲夢澤，波撼岳陽城。」最負盛名。二詩均刻樓上，後人不敢復題，即題亦隨時代而湮沒了。誠如采石磯太白樓上有詩云：「我輩到來惟飲酒，先生在上莫吟詩。」也。遊記則以范仲淹記最有名。除寫景外，結語「先天下之憂而憂，後天下之樂而樂」其胸襟更高人一等，無怪爲一代名臣大儒也。故滕子京修樓，范氏作記，蘇舜欽執筆，邵竦篆額，當代人稱爲四絕。

名士竇君埣（按：師大教授阮寯釗先生謂此聯乃何紹箕所題。）曾爲岳陽樓撰一長聯云：

一樓何奇，杜少陵五言絕唱，
范希文兩字關心，
滕子京百廢俱興，
呂純陽三過必醉。

詩耶？儒耶？
吏耶？仙耶？
前不見古人，
使我愴然淚下。
諸君試看，洞庭湖南來瀟湘，
揚子江北通巫峽，
巴陵山西來爽氣，
岳州城東道巖疆。
瀦者，流者
崎者，鎭者
此中有眞意，
問誰領會得來？

附表六　范仲淹的生平與畫像

范仲淹，（九八九—一〇五二）字希文，吳縣人。生二歲而孤，母更適長山朱氏，從其姓，名說。既長，乃感泣辭母去。勵志苦讀，眞宗大中祥符八年舉進士，始還更姓名。晏殊薦爲秘閣校理，每感激論天下事，奮不顧身，一時士大夫矯厲尙氣節，自仲淹倡之。仁宗朝遷吏部員外郞，權開封府。忤呂夷簡，罷知饒州。元昊反，以龍圖閣直學士，副夏竦，經略陝西。守邊數年，號令嚴明，愛撫士卒，羌人呼爲龍圖老子，夏人亦相戒不敢犯其境。曰：「小范老子，胸中自有數萬甲兵」旋拜樞密副使，進參知政事，中外想望其功業。然因裁削倖濫，考覈官吏，爲僥倖者所不悅。出爲河東陝西宣撫史，遷戶部侍郎，徙青州，會病請潁州，未至卒。諡曰文正，追封楚國公。有文集二十卷，別集四卷，尺牘五卷及政府奏議等並行於世。

附表七　范仲淹的詞作——蘇幕遮

「碧雲天，黃葉地，秋色連波，波上寒煙翠。山映斜陽天接水，芳草無情，更在斜陽外。黯鄉魂，追旅思，夜夜除非，好夢留人睡。明月樓高休獨倚，酒入愁腸，化作相思淚。」

賞析：

宋朝自從「澶淵之盟」之後，對於異族的不時侵略，一直採取安撫的政策，以致於割地賠款，視為常事。邊疆雖然有重兵駐紮，也不過消極地防守而已，並不能給予敵人有效的反擊。將士們離鄉背景，身居塞外，為的是捍衛疆土，保全社稷，然而朝廷的政綱如此，也只好頓足搥胸，徒呼奈何。將士們目睹邊疆景致蕭索，有感於國家民族的危亡，興起了去國懷鄉的愁思，心中的憂鬱苦悶，可想而知。范仲淹曾經鎮守邊地，身在邊疆遠離家鄉，眼見深秋景色的蒼茫，也不由得激起了他羈旅在外的情感，就把內心的感慨發抒出來，作了著名的「蘇幕遮」和「漁家傲」等等愁思深沈，感人肺腑的作品。這首「蘇幕遮」景色寫得壯麗，情感寫得淒婉，是一首膾炙人口的名作。

詞的上片首先從高處望遠的角度來描述邊疆的景致：「碧雲天，黃葉地，秋色連波，波上寒煙翠」以顯明的「碧」、「黃」、「翠」鈎勒出屬於深秋的特殊色澤。仰望天際，秋高氣爽，葉子逐漸轉紅，轉黃，然後飄落，鋪滿了大地；水波也盪漾在秋色裏，波上浮漫著水裊裊，迷濛濛的煙霧，秋的氣氛已經很濃，很深地瀰漫在整個大自然之中了。作者以「寒」「煙」「翠」來描寫秋天的湖波，產生了優美而和諧的意象。「山映斜陽天接水，芳草無情，更在斜陽外」正是黃昏時候，落日的餘暉與山色相互映照，遠處秋水共長天一色，芳草無涯，連綿到斜陽之外，上片純然描寫秋景，一連串的由天寫到地，由近寫到遠，由秋高氣爽，黃葉落地，寫到水波、寒煙、斜陽、山色、芳草，景物彼此呼應，十分鮮明，把深秋的景致完全烘托出來，呈現出一片蒼茫的氣象。然而人羈旅在外，卻難免觸景生情，因而惹起滿腔思鄉懷人的相思之情。作者更藉「芳草無情，更在斜陽外」，以芳草的無邊無際，興起了人與故鄉也是千山萬水阻隔著的感慨，雖然日日思歸，卻不能如願，所以導致了下片「黯鄉魂，追旅思」的進一步發展。

「黯鄉魂，追旅思，夜夜除非，好夢留人睡」征戍在外，雖然日夜懸念故鄉，卻是「望斷故園心眼」作者的滿腹惆悵，難以排遣，每天總是因為思鄉而輾轉反側，難以成眠；除非是好夢留人睡，才可以暫時忘卻這種難熬的痛楚，獲得暫時的平靜。李後主在一首「浪淘沙」中曾說道「夢裏不知身是客，一餉貪歡」，范仲淹那種一心想獲得刹那的解脫和安慰的心情，就和這兩句詞的意境有點相似。但是，話雖然這麼說，又怎能輕易有好夢呢？鄉思縈繞在心頭，好比密密麻麻的絲網，將人脆弱的心靈裹得緊緊的，無法任意地敞開，人又怎能輕易的睡著呢？又怎能輕易地入夢呢？所以，作者縱然希冀在夢中飛回懸念的家園，探視睽別已久的故人，也是十分困難的。進一步說，縱使僥倖獲得一個好夢，在夢中實現了白天的願望，發覺家鄉仍舊美好，故人依然健在，然而一覺醒來，卻是深夜茫茫，重尋無處；夢中的歡愉和現實的淒楚更形成了強烈的對比，豈不是要令人悲極而泣？「明月樓高休獨倚」，在深夜寂靜時，月亮高懸天空，柔和的月光照射大地，更照射著寂寞的人。人在寂寞的時候，身畔沒有知音，可能就把滿腔的孤單和落漠，轉而向月亮傾訴。雖然明月伴我，暫時可以化解愁思，然而明月普照天下，非我獨有——「作者獨倚」的感嘆。既然登高樓，望明月都會觸惹無限的心事，想來想去只有藉酒來化解愁緒了。但是喝了酒又眞能消愁嗎？雖然「欲解愁腸還是酒」，「奈酒至，愁還又」作者說得更是淒苦：「酒入愁腸，化作相思淚」酒化成淚，愁上加愁，眞是欲想要解愁而愈發不可得了。這首詞景色寫得壯麗，情感寫得纏綿，不愧是一首傳誦千古的名作。

附上范仲淹的另外兩首詞供讀者欣賞，比較。

漁家傲：

塞下秋來風景異，衡陽雁去無留意。四面邊聲連角起。千嶂裏，長煙落日孤城閉。濁酒一杯家萬里，燕然未勒歸無計。羌管悠悠霜滿地。人不寐，將軍白髮征夫淚。

御街行：

紛紛墜葉飄香砌，夜寂靜，寒聲碎。眞珠簾捲玉樓空，天淡銀河垂地。年年今夜，月華如練，長是人千里。愁腸已斷無由醉，酒未到，先成淚，殘燈明滅枕頭攲，諳盡孤眠滋味。都來此事，眉間心上，無計相迴避。

附表八　全文結構分析表

岳陽

- 首段
  - 作記原由
    - 慶曆四年春（時）滕子京（人）謫守巴陵郡（地）
    - 越明年，政通人和，百廢俱興，乃重修岳陽樓（事）
      - 增其舊制—刻唐賢今人詩賦於其上
    - 屬予作文以記之
- 次段
  - 略云巴陵勝狀
    - 予觀夫巴陵勝狀，在洞庭一湖（總點一句）
    - 銜遠山，呑長江，浩浩湯湯，橫無際涯
    - 朝暉夕陰，氣象萬千
    - 此則岳陽樓之大觀也（總收）
    - 前人之述備矣（撇開寫大觀）
  - 轉記覽物異情
    - 然則（轉折—專就覽物異情著筆）
    - 北通巫峽，南極瀟湘（地位重要）
    - 遷客騷人，多會於此—覽物之情，得無異乎？（伏筆揭出異字）
- 三段
  - 覽物而悲
    - 若夫霪雨霏霏，連月不開；
    - 陰風怒號，濁浪排空；
    - 日星隱耀，山岳潛形；
    - 商旅不行，檣傾楫摧；
    - 薄暮冥冥，虎嘯猿啼；
    - 物
    - 登斯樓也
    - 則有
      - 去國懷鄉
      - 憂讒畏譏
    - ↓滿目蕭然↓感極而悲者矣
    - 情

敍

樓　記

四段　覽物而喜

至若春和景明，波瀾不驚；
上下天光，一碧萬頃；
沙鷗翔集，錦鱗游泳；
岸芷汀蘭，郁郁青青；
　　日景　登斯樓也
而或長煙一空，皓月千里；
浮光躍金，靜影沈璧；
漁歌互答，此樂何極；
　　夕景

日景 → 物 → 夕景

物　則有 ｛心曠神怡／寵辱偕忘｝
↓把酒臨風
↓其喜洋洋者矣　情

五段　異於覽物而異情者

嗟夫！（以感慨起）
予嘗求古仁人之心，或異二者之爲（又揭異字）
何哉？
不以物喜，不以己悲 ｛居廟堂之高，則憂其民／處江湖之遠，則憂其君｝ 是 ｛進亦憂／退亦憂｝
然則何時而樂耶？（由憂轉至樂）
其必曰： ｛先天下之憂而憂／後天下之樂而樂｝ 乎！
噫！微斯人，吾誰與歸！（以感嘆作結）
時六年九月十五日（記時與文首時序迴應）

論

附表九　分段大意綱領表

主旨：借敍樓湖勝況，自抒先憂後樂之懷抱，以與滕子京共勉，全文共分五段：

一、敍重修岳陽樓及作記之原委。

二、敍樓湖勝況及其在交通上之特殊地位，爲遷客騷人往來聚集之所，順其一般遷客騷人登樓覽物之異情，引起下文「悲」「喜」二意。

三、寫謫放之人，登樓見風雨陰鬱之景物，則感極而悲。

四、寫一般謫放之人，登樓見春和時晴朗之景物，則其喜洋洋。

五、論志士仁人不當以一時之景物及個人之境遷而憂喜，進退皆當以天下國家爲念。

附表十　字音辨別表

1. 湯
   - ㄊㄤ　湯泉，黃湯（名詞）
   - ㄕㄤ　湯湯（形容詞）

2. 青
   - ㄑㄧㄥ　青青，青苔
   - ㄐㄧㄥ　青青（同菁菁）

3. 屬
   - ㄕㄨˇ　家屬，屬於
   - ㄓㄨˇ　屬文，屬令（通囑）

4. 薄
   - ㄅㄛˊ　薄田，薄暮
   - ㄅㄛˋ　薄荷

附表十一　虛字表

夫

- 1.指示形容詞：ㄅ、予觀「夫」（那）巴陵勝狀。
  - ㄆ、若「夫」（彼、那兒的意思）霪雨霏霏。
- 2.語助詞：嗟「夫」！（無義，表感歎）余嘗求古仁人之心。

者

- 1.語助詞：ㄅ、感極而悲「者」（無義）矣。
  - ㄆ、其喜洋洋「者」（無義）矣。
- 2.指示代名詞：或異二「者」（指憂樂二種人）。

以

- 作介詞：ㄅ、屬余作文「以」（用來）記之。
  - ㄆ、不「以」（同「爲」）己悲。

附表十二　診斷測驗（選擇題）

（　）1.久雨即：①陰雨　②霪雨　③春雨　④黃梅雨。

（　）2.沙鷗翔集之「集」即：①棲止　②集合　③聚集　④集中。

（　）3.下列何者爲正確：①青青，茂盛貌　②郁郁，茂盛貌　③郁郁，香氣馥烈　④青青，香氣馥烈。

（ ）4.下列何者爲正確：①湯湯，水流聲 ②浩浩，水廣大貌 ③湯湯，水廣大貌 ④湯湯，水急流貌。

（ ）5.「吾誰與歸」是下列何句的倒文：①吾與誰歸 ②誰與吾歸 ③與誰歸吾 ④吾歸與誰。

（ ）6.下列何句爲正確：①仁宗慶曆六年，滕子京重修岳陽樓 ②岳陽樓爲范仲淹所重修 ③范仲淹受滕子京之囑作岳陽樓記 ④岳陽樓爲滕子京所建。

（ ）7.「先天下之憂而憂，後天下之樂而樂」語爲：①孟子所言 ②范仲淹本孟子而言 ③歐陽修美范公之言 ④滕子京之言。

（ ）8.「不以物喜，不以己悲」之「以」與下列何句之「以」字義相同：①屬予作文以記之 ②以光先帝遺德 ③時予方以討賊督師桂林 ④其竟以此而殞其生乎？

（ ）9.百廢「俱」興之「俱」與下列「 」中何者同義：①寵辱「偕」忘 ②南「極」瀟湘 ③前人之述「備」矣 ④此樂何「極」。

（ ）10.浩浩湯「湯」音與何者同：①商「湯」 ②黃「湯」 ③工「商」 ④「桑」樹。

（ ）11.「微斯人」可作：①無此人 ②少此人 ③不是這個人 ④非人。

（ ）12.岳陽樓位於洞庭湖的：①東 ②西 ③南 ④北岸。

（ ）13.文中「古仁人之心」爲何：①覽物而情異 ②登樓而喜 ③登樓而悲 ④憂國憂民。

（ ）14.下列時間何者正確：①慶曆四年春，滕子京謫守巴陵郡 ②慶曆六年重修岳陽樓 ③六年范

仲淹作此文 ④慶曆五年春，滕子京謫守巴陵郡。

（ ）15.下列何者正確：①岳陽樓記爲范仲淹所作 ②醉翁亭記爲蘇軾所作 ③黃岡竹樓記爲歐陽修所作 ④醉翁亭記爲歐陽修所作。

（ ）16.「去國」懷鄉之意爲：①離開祖國 ②離開京城 ③去到國都 ④來到外國。

（ ）17.「把酒」即：①持酒 ②持著酒杯 ③喝酒 ④將酒杯投入河中。

（ ）18.一碧萬「頃」：①百畝爲頃 ②頃刻 ③十畝爲頃 ④傾斜。

（ ）19.下列何者爲正確：①騷人是發牢騷的人 ②詩、詞人又可稱騷人 ③離騷爲宋玉所作 ④遷客指離鄉的人。

（ ）20.下列何者爲正確：①巴陵勝狀在洞庭一湖 ②岳陽樓在湖北省 ③岳陽北通瀟湘，南極巫峽 ④洞庭湖爲我國第一大湖。

（本教案原載於國立臺灣師範大學中等學校各科教案編寫示例）

第七節　診斷與補救教學

壹、前言

教學不是將教材運用各種方法，傳遞給學生便算了事。在各種學科中，總有若干成績落後的學生。學生的成績所以會不夠理想，有些固然是因爲學生本身天賦及後天努力不夠；但是也有些是因爲學校的措施、設備不當，或是教師本身準備得不夠周全所造成。爲了徹底達成教學的目標，教師必須於教學和評鑑以後，運用診斷的技巧，尋求教學失敗的原因所在，以便對症下藥，作爲補救教學的依據。

一般說來，造成教學效果不佳的原因不外有下列幾種：（註一）

一、屬於學生本身者

㈠生理方面的缺陷：

1.神經系統發育不全，或因病，因重傷而受損害，以致心智低下。

2.視聽感官有缺陷，或受損傷，以致視力、聽覺遲鈍。

3.腺體分泌不平衡，致影響情緒的穩定。

4.身體有殘缺，以致心智及情緒失常。

5.有不可醫治之疾病，或體弱多病。

(二)心理方面的缺陷：

1.智力低下，缺乏推理思考的能力。

2.情緒不安定，不能安心學習。

3.缺乏雄心，缺乏學習目標，不肯努力。

4.由於多次失敗，缺乏信心，缺乏學習的興趣。

5.營養不良，精力不繼。

(三)態度和學習方面的缺陷：

1.對於學校的功課不感興趣。

2.懶惰，不肯用功。

3.時常缺席，功課無法銜接。

4.做事無恆心，時作時輟，或有頭無尾。

5.讀書方法不好，注意力不集中。

(四)缺乏基本能力：

1.閱讀能力，寫作技巧等，未曾打好基礎，前面的未曾學好，後面的學習成績自然不好。

2.缺乏學習的技巧，如查字典、作筆記、搜集資料，寫作報告等方法不熟練。

3.轉學次數太多，程度不能銜接。

二、屬於學校方面者

㈠課程

1.課程編制不當，不能切合社會的需要和學生的能力。

2.教材內容陳舊，不切合時代的精神，社會的需要，各個學生的能力。

3.缺乏適當的教具，如標本、掛圖、影片等。

4.課外活動太多，分散學生的精力。

㈡教師

1.教師缺乏專業訓練，不懂教學方法。

2.教師待遇微薄，兼任校外工作，不能以全副精神指導學生的學業。

3.教師的教學負擔太重（班級人數太多、任課時數太多等），不能對學生加以一一指導。

4.教師所定的教學進度，不切合學生的能力。

5.教師的教學方法陳舊。

6.教師所訂的學業標準太高，學生無法達到。

7.教師的健康不佳，精力不夠。

8.教師的學識不夠，不能作適當的指導。

9.教師缺乏熱情、耐心，不能循循善誘。

(三)學校環境

1.教室的光線、通風不良。

2.環境太吵雜。

3.座位距離老師太遠（或排列不當）影響上課情緒。

三、屬於社會和家庭方面者

(一)家庭環境：

1.家庭經濟窘迫，學生回家後須幫忙家計，無時間自修。

2.家庭、學校相距很遠，往返耗時費力。

3.家中屋小人多，喧擾不寧；或光線黑暗，空氣惡濁，無法自修。

4.家長教育水準低，無法指導子女。

5.家庭搬遷頻仍，一再轉學，無法安心向學。

6.家庭經濟狀況不佳，無法購買必需的參考書籍及文具。

7.父母對子女不加管教，以致子女放學後在外遊蕩，結交損友。

(二)社會環境：

1.缺乏正當的娛樂設備和運動場所，無法作正當消遣。

2.住宅環境不好，或不合衞生，或過於吵雜，影響學生的學業。

3.受不良朋友影響，在外呼朋引件，到處遊蕩。

以上所述是學業成績落後的一般原因。其中大部分是可以用人力克服的。教師對於成績不佳的學生，應細心診斷其原因。原因發現後再設法作補救教學，當可事半而功倍，提高教學的成果。

貳、診斷教學

一、診斷的意義

教學沒有達成目標，表示教學發生問題，除非忽視教學的效果或問題，否則，必須找出問題的所在、問題的情況和問題的原因，這種尋求和發現教學失敗原因的工作便是診斷。

一般所謂診斷，多指學生學習的困難和問題，而不涉及教師教學的診斷。其實，教學之所以失敗，除了學生的學習失敗外，還包括教師的教導問題。因此，教學上的診斷，應該包括學生學習困難的了解和教師教導失敗的檢討。

二、診斷的種類（註二）

㈠普通診斷：在了解學生的學習狀況。除了平時的了解外，都在一般成績評鑑中進行。

㈡分析診斷：發現學生學習有困難時，教師便進一步確定學習失敗和困難的所在。這種較爲精細和專門的診斷，需要應用科學的步驟和方法來進行。這種診斷就稱爲分析診斷。

㈢心理診斷或個人診斷：有些學習困難和失敗在確定問題的所在之後，還必須要探究其形成的原因和癥結所在，方能作有效的補救。這種時候，就需要心理診斷或個人診斷作爲輔助，以發現困難的眞正原因。

三、診斷的方法（註三）

㈠觀察法：由教師在教室內，隨時觀察學生的道德行爲、情緒狀態以及在教室內準備功課、作業、讀書及研究習慣，用以發現學生成績落後的原因。例如：某生國文成績不好，教師可在該生讀書時觀察其學習的方式是否有所疏漏，以施行補救。

㈡分析學生作業法：分析學生的作業成績，以發現其錯誤的原因所在。例如：某生時常寫別字，乃是因爲其對筆畫相近字認識不清。

㈢口頭報告法：有時教師不容易從學生作業上找出錯誤的原因，那麼就可以要學生作口頭報告，說明其作業的方法。例如：某生注音總是錯很多，教師就可令其作口頭報告，以明瞭該生是由於破音字的字義不明，或是對注音符號拼音方式不夠熟練所致。

㈣會談和訪問：教師可用個別談話的方式，以發現學生的興趣、好惡、長處和短處，及其對學校生活和家庭生活的意見，或對教師、功課、教法、同學的看法等等。

教師可以和其他教師交談，以調查某生的學業成績、工作能力、興趣、品行等；也可以訪問學生家長，以調查某生的家庭狀況、社會生活、交友活動、學習環境等。

㈤實驗法：以科學器材，來診斷學生學習上的困難。如：可用錄音機輔助，以發現學生讀音是否正確，音調是否自然。

㈥測驗法：各種學科的困難之點，都可用標準「診斷測驗」或由教師自編的診斷測驗考查出來。

㈦個案研究法：這是一種綜合的方法，運用調查、訪問、測驗等方式，搜集資料，然後加以分析和綜合，求得結論。其內容可包括以下幾項：

1. 學生的姓名、年齡、性別、住址、年級等。
2. 教師的姓名、研究的時間。
3. 研究的問題、學生的困難所在。
4. 診斷測驗的成績紀錄：在那幾方面的成績不好？
5. 和學生個別談話：調查其興趣、讀書計劃、嗜好等。
6. 體格檢查：視聽覺有無缺陷？營養？腺體分泌？是否常常生病？
7. 社會行爲和情緒發展：與同學相處？歡喜教師？害羞？好動等。
8. 學業成績：本學期的學業成績，從一年級迄今的成績。
9. 智力測驗的成績：智力商數若干？
10. 特殊興趣和能力？最歡喜的科目？活動？書籍？放學後做些什麼？

11.家庭環境：調查學生家庭經濟情況？父母兄弟姐妹人數家庭關係和諧否？父母職業如何？

12.診斷：就上述各項資料，加以分析，求出該生困難的原因。

13.建議：提出補救教學的辦法及應用的材料。

參、補救教學

一、補救教學的意義

診斷是評鑑的一種。補救教學是診斷以後繼續的、積極的工作。當診斷和檢討教學失敗的原因之後，便要作有效的教學措施以爲補救。這種補救可能是學生方面的，也可能是教師方面的，甚至是家庭或家長方面的，其中屬於補救教學的，則多爲教師或學生的工作。雖然，補救教學是教學以後的補救工作，因爲它的目的在於徹底達成教育目的，使教學活動得以繼續進行，所以補救教學可以算是積極的教學活動。

二、補救教學的方式（註四）

㈠重新教學：倘若一班內多數學生，對於某一項教材都不了解，或是某一項能力都未養成，教師就要重新教學。例如：多數學生對於國文課內文言語句的意義不能了解，教師就要重新教學，多舉例證，詳加說明。

㈡提供練習材料：學生的錯誤，有時是由於缺乏練習所致。例如：教師可將學生經常錯用的句法、成語挑出，令學生個別造句，多加練習，以減少錯誤。

㈢加強個別指導：對於少數特殊的學生，教師可以在課內或課外予以個別指導。例如：某生讀書時總是唸唸有詞，減緩讀書速度，降低效率，教師就可以依情況給予適當的個別指導。

㈣開設補習班：倘若一級內多數學生在某一學科發生困難，祇有替他們開設補習班。

㈤開設特別課程：學生的智愚不同，無法劃一。有些學科是智力低下學生所無法學習者，教師得酌情改變教材內容，以適應學生的程度和需要。

肆、結語

預防勝於治療。教師平時若能愼選教材，注意教法，運用視聽教具，增進學生的了解，則學習困難必會減少。當必須用到補救教學時，則必須掌握幾項原則：（註五）

一、觀念正確

診斷和補救教學，不是吹毛求疵，而是爲了幫助學生切實達成學習的目的。務使學生、家長及學校皆有此共識。

二、態度積極

視診斷與補救爲教學工作的一部分，是確立下一步教學活動的依據。使學生認爲這是應有的協助，勿使學生感到羞恥和自卑的心理。

三、適應差異

根據學生的潛能以確定學習失敗。資優學生雖已達到一般及格的標準，然未能與其潛能相稱，仍屬失敗，需要診斷和補救。

四、方法科學

用科學的方法和態度，正確而客觀地了解、診斷。

五、循序漸進

學習失敗的原因，往往是學業、行爲、情緒等許多因素錯綜而成，實施補救教學時，須先解除其情緒上的困擾，建立良好的師生關係，再實施診斷和補救。

六、持之以恆

診斷和補救教學是隨時繼續的工作，教師要不灰心、不氣餒、不急躁，才能徹底達成教學目標，完成教學活動。

七、合作爲之

診斷和補救教學，應力求學生、教師、學生家庭，甚至社會各方面的配合，方能奏效。

【附註】

註一　參見孫邦正普通教學法

註二　參見方炳林普通教學法

註三　參見喻子瑜普通教學法精義

註四　同註一

註五　同註二

第三章 作文教學

前言

中學國文教學，主要包括「範文教學」，「作文教學」和「課外閱讀」三方面，其最終目的都在培養學生「閱讀」和「寫作」的能力。這三方面鼎足三分，缺一不可，因此我們不可忽視「作文教學」的重要性。

依據現行國文課程標準的規定，國民中學一、二、三各學年每週教學時數均爲六小時。其中課文教學四小時，作文練習、語言訓練、書法練習與課外閱讀指導等兩小時（作文以三週兩篇爲原則）。高級中學第一、二學年每週授課五小時，範文占總時數五分之三，作文及中國文化基本教材各占五分之一。第三學年每週授課六小時，範文占總時數六分之四，作文及中國文化基本教材各占六分之一。由此看來，作文教學的時間，國中每週約六七分鐘，高中每週六十分鐘。教師要利用這有限的時間，指導學生作文，必須利用範文教學時，把握教學目標，運用適當的方法，隨機進行「作文指導」的工作。例如：教師處理一篇課文，首先便是講解「題文」與「篇旨」，此時便可指點學生注意於作文時之「審題」、「立意」。介紹作者時，便可指導學生如何深究「作者的情意」。如何表達「自己的情意」。分段讀講時，便可指點學生作文時應注意「虛字的用法」，「文法的結構」及「修辭的技巧」。「欣賞範文」教學過程中，便可指導學生如何「運材」，如何「布局」，如何「照應」等有關作文之寫作技巧。除經常如此不斷的訓練外，再利用作文課時間，作系統化的整理與指引，自然能使學生「學習範文」與「學習作文」，兩者相互聯繫。學生積久成習，對於作文的經營技巧，便可心領神會。

作文教學的方式，不拘於一格，主要的是多加練習。練習的方式有日記、翻譯、重寫、聽寫、筆記、論述、書信與講稿等，但最有效的方法，莫過於「命題習作」。故現行國文課程標準規定作文練習，均以教師命題爲原則（每學期間可令學生自行擬題一、二次），在課堂用毛筆正楷寫成。因而本文所討論者，也以「命題習作」爲主。

作文教學的過程，可分爲三個階段，一是「命題」，二是「指引」，三是「批改」。命題必須適當，指引必須合理，批改必須妥善。本文茲就此三方面，進行討論，旨在提供中學教師作文教學參考之用。希望能夠引起中學國文教師對作文教學的普遍重視。

第一節　教學目標

壹、國民中學

依據民國七十二年七月，教育部公布之國中國文課程標準，其中有關作文教學目標之規定如下：

「叁、指導學生學習課文，明瞭本國語文之特質，培養閱讀能力及寫作技巧。」

由此觀之，可分析其要點如下：

一、範文教學與作文教學應相互聯繫。

二、指導學生明瞭本國語文之特質。

三、培養學生閱讀能力。

四、培養學生寫作技巧。

貳、高級中學

依據民國七十二年七月，教育部公布之高級中學國文課程標準，有關作文教學目標之規定有三：

「壹、指導學生研讀語體文，提高其……寫作語體文之能力。」

「貳、指導學生精讀文言文，培養其……寫作明易文言文之能力。」

「肆、輔導學生閱讀純正優美之文藝作品，增進其文藝欣賞與創作之能力。」

根據這三條規定，可以分析其要點如下：

一、提高學生語體文之寫作能力。

二、除語體文外，同時培養學生寫作明易文言文之能力。

三、增進學生文藝欣賞之能力。

四、增進學生創作能力。

五、範文教學與作文教學應互相聯繫。

六、所謂「輔導學生閱讀純正優美之文藝作品」，應包括課外閱讀指導。

第二節　作文命題

指導學生作文，第一步工作就是命題。作文命題有兩重作用，消極的可以讓讀者易於識別文章內容或便於稱說；積極的則使作者有所把握，表達自己所要寫的主題。

談到命題，是許多教師在作文教學時頗感頭痛的一件事，往往不知道出什麼題目才好。其實，文章是作者爲了抒發情感而寫，理論上，不一定非要教師命題不可；學生也可以自由命題，隨心所欲地發揮。但是中學生生活經驗太少，寫作資料缺乏，每每不知如何擬定題目，加上一些表達能力較差的學生，發表欲不強，若不略帶強迫性地要求其動筆，恐難奢望學生能力有所增進。爲了使學生能熟諳各種文體的作法，訓練文思敏捷周密，必須由教師來命題，有計劃地引導，不過，偶爾由學生自行擬定題目，暢所欲言也是必要的。

命題不是一件太困難的事，卻也絕非輕而易學的工作。命題決定了寫作的目標與範圍。適當的題目能觸發靈感，誘導學生思考，訓練他的表達能力，激起寫作的動機，而不恰當的命題足以阻塞學生活潑的思維，其間影響很大，因此有關作文命題的許多問題，我們願意做較深入的研討，提供中學國文教師教學之參考。

壹、命題的意義

所謂命題就是文章題目的擬定與提示，換言之，教師確立了寫作的方向與大致範圍，並從中拈出題目，作爲學生選擇材料、組織材料及決定立場的根據，這便是命題。命題是學生寫作的指針，也是啓發寫作動機的關鍵。命題妥當則可使學生胸中積蘊的素材適時引發，滿足他們發表的欲望與興趣。如果命題不當，縱令學生搜盡枯腸，所寫內容仍不免流於空泛，如此，怎能不視寫作爲畏途呢？故欲求作文教學成功，第一步的命題工作不可不慎。

依據民國七十二年七月教育部公布之國中國文課程標準，有關作文命題之規定如下：

「㈠學生作文練習，第一、二、三學年每學期定爲二小時者十次，一小時者四次，均以教師命題爲主（間可令學生自行擬定一、二次），在課堂用毛筆正楷寫成。二小時者由教師批改八至十篇；一小時者不必批改，由教師審閱後予以講評。

㈡作文命題務須適合學生之理解及表達能力，並斟酌環境事物、節序、生活等關係及與課文相聯繫。

㈢教師命題後，酌與學生作短時間之討論，再令學生撰寫。二小時者每次宜指導學生擬定綱要或起稿，一小時者概不起稿。」

教育部於同年公布之高級中學國文課程標準，有關作文命題之規定如下：

「作文練習，每學期至少十篇。由教師命題（間可指導學生自由命題），令學生用毛筆楷書寫作，其中七篇當堂交卷，其餘命學生課外寫作，教師可擇要批改六篇。其他由教師作綜合之指導。」

綜觀國民中學與高級中學之作文教學，學生作文練習，均由教師命題（間可令學生自行擬題一、二次），可知教師對於作文命題一事，應精心計劃，決不可草率了事。所以教師應先對作文命題有充分的認識和了解。

貳、命題的要點

前面曾提到過，命題恰當與否對學生寫作之內容有極大的影響。高級中學國文課程標準規定：「題目務須適合學生理解及寫作能力，或配合生活環境，與課文密切聯繫。」教師命題時，必須注意一些原則，以下分項說明之：

一、要與範文教學聯繫：為訓練學生作文，可於範文教學結束後，擬定一類似的題目，令學生運用該篇文章的結構模式與行文技巧，去依樣仿作。例如：教完朱自清的「荷塘月色」可指導學生仿作一篇描寫月夜的文章，教完白居易「慈烏夜啼」，可讓學生寫作有關孝順的題材。

二、命題應注意的原則：

㈠文題用語要精確、鮮明、平順、穩貼；也就是說題意要明顯，含義要單純，使學生一目瞭然而不致於曲解。如果文題措詞籠統，往往令學生抓不住方向，或產生誤會。

㈡題義內容要豐富：指導學生作文練習，題義要寬廣，內容要豐富，才能讓學生有充分發揮的餘地。例如：以「蜜蜂」爲題，便不如以「我所喜愛的昆蟲」來得適當而有彈性。如果專以考驗學生的作文能力爲目的，則窄題較爲理想。

㈢題目要有變化，避免陳腐俗套：題目本身的生動性可以刺激學生的想像，引發靈感。陳腐俗套的題目，學生下筆也是老生常談，以「不變」應「不變」，文章內容難免千篇一律，枯燥乏味。例如「思鄉」就不如改爲「客從故鄉來」，「溪頭遊記」不妨變化爲「古木參天憶溪頭」。

㈣題目固宜力求新穎活潑，但不可流於偏僻古怪：偏僻古怪的題目不但使學生費解，而且無語可說，出了這樣的題目，如何能達到作文教學的目的？「標新立異」反而弄巧成拙。例如：「悵望秦淮春去也」、「遙憐小兒女」這一類題目固然可以顯示命題者的國學涵養，但若學生的詩詞根底不好，教他如何下筆？

㈤題目內容要具體，不宜空洞：具體的題目，學生可以憑經驗和觀察爲之，抽象的題目則義理不明，線索難尋，不易闡述。中學生的認知有限，不能要求其做太抽象的思考。例如：「人類的前途如何？」這題目便太抽象了。「垃圾的處理方法」又太空泛了。

三、注意學生生活經驗：不同年齡、不同性別的學生，生活經驗不盡相同；都市與鄉村的學生經驗也不同。教師命題時必須先了解這一事實，明白學生的感情心意，才能定出一個適合的題目，讓學生充分發表。例如：「圖書館」、「早晨的校園」、「我的老師」等，都是生活中隨時可以親見體驗的題材，自然不致文思枯竭了。若是讓男生寫「我的洋娃娃」，讓都市的孩子寫「放牛記」，讓家境富裕的孩子寫「如何安貧樂道」，學生必然是寫不好的。

四、要顧及學生的能力：學生的程度隨著年齡、學養及環境而各有不同。高中和國中的程度必然不同，即使同年齡，但不同學區的孩子程度也有差異。教師在命題時，要注意配合學生程度的高低。題目太難或太容易，學生都無法提起興趣來作文，也很難要求有好的作品出現。如果叫國中生寫「中西文化之異同」、「三民主義統一中國之時代意義」、「聯招制度的改革」……那就太難了。若教大學生寫「早晨」、「我的爺爺」，也是不太合適的。同樣的題材，在不同程度的學生中，可予以不同的題目，以適應彼此間的差異。例如：同樣是寫母親，國中可以出「母愛」，高中可以出「母親頌」。

五、要配合實際的需要：文章除了文學欣賞的價值外，也有其實用性。作文教學的目的，其中一項便是學習生活上必要的能力，因此作文命題時要配合學生實際的需要。例如：「給朋友的一封信」、「日記一則」、「青年節演講稿」、「週會記錄」、「遺失啓事」、「請假便條一則」、「讀書報告」、「邀請函」等都是較實用的題目。

六、要顧及學生的興趣：教師要能了解學生的心理，揭出他們感覺新鮮有趣的題目，自然能使他心領神會，下筆千言。例如：學校裏剛舉行過園遊會或球類比賽，叫學生寫一篇相關的文章，事情的熱潮還未減退，記憶猶新，則取材、下筆必然較爲有趣，不會困難。若是要求中學生分析中東情勢，或評論「二稅合一制」的優劣，學生當然興味索然，甚至視作文爲苦差事。

七、題材要能親切有趣：命題時要選擇學生認識清楚、印象強烈、感受深刻、覺得親切有味的題材，題目更不能太過平板，否則就無法誘導學生的興味與精神。例如：「書房」便不如「我的書房」來得親切；「護士」便不如「可愛的白衣天使」來得有趣。

八、題義需要有觸發性：教師出的題目務必要讓學生有話可說，恰好抓著學生的癢處，使其能暢快淋漓，盡情發揮。例如：「初春時節」比較嚴肅刻板，若換成「乍暖還寒時候」則能引發學生較多的想像。

九、文體安排由易而難：除應用文外，一般說來，文體大約可分爲記敍文、描寫文、說明文、議論文、抒情文五類（議論文與說明文可合稱爲論說文、描寫文可歸倂於記敍文）。記敍文與描寫文是陳述外在的人事或景物，題材較易把握；說明文與議論文是發揮內在的意見，支配較難。記敍文只要略述概況，又比描寫文的詳加刻劃爲易；說明文可憑客觀闡釋，議論文則要有主觀的主張，後者較難。抒情文的難易與描寫文、說明文差不多。這五類文體比較言之：記敍文最容易；抒情文、說明文、描寫文次之，論說文較難。命題時，可視學生的程度，由易而難，循序排列，最好使其系統化，但這也不是那麼刻板的，可以酌情適度變化，使難易互相協調。（註一）

十、注意把握偶發事件：學習不能與實際生活脫節，因此要配合學校活動，注重「機會教育」，以收事半功倍之效。作文時把握偶發事件便是其中有力的一環。不論是家庭、學校、社會，如有什麼偶發事件，讓學生去取材寫作，最能抒發眞誠情意。例如：逢到公職人員競選，可以用「選舉前後」，或「宣傳車經過的時候」爲題。學校中常會舉行各項活動，如：校慶、土風舞比賽、登山……等，若能善加利用，都是練習寫作的好材料。

十一、要能配合時令節日：國慶日、端午節、中秋節……等都是可以發揮的題材，但千萬注意，命題時不要老是用那些一成不變的題目，換些生動的題目，才會有豐富的內容。例如：「國慶感言」，可以改爲「光輝的十月」。另外要注意配合季節及地區，夏天寫「歲寒三友」，在臺灣寫「風雪之夜」（在玉山上的特殊經驗不在此限），都是不太恰當的。

十二、適應學生個別差異：最後提到的是班上若有程度甚差的學生，命題時可將一個題目分成若干小題，要求他分段簡單的寫作，再加以組合。例如：寫「我的父親」，可分爲父親的容貌，父親的性情，父親的行事，父親的爲人……等。

參、命題的範圍

前面說過，作文本來也可以採取自由命題的方式，但是，國中階段的學生，在作文方面仍然處於學習的地位，所以仍以國文老師命題爲宜。命題作文的缺點在於不合思想情意發表的自然性，所以教師命題時，應如前文所述：盡量考慮學生的生活經驗、學力、需要和興趣。尤其在命題範圍方面，更要注意寬狹適度。初時寧寬勿狹，除非內容是學生熟悉的材料，題目可以稍狹；以後可隨他們寫作能力的進步而漸漸緊縮。所謂命題的範圍寬是指內容較多和幅度較大而言，讓學生在這範圍以內，有較多的迴環餘地，抓得住這方面也可以，抓得住那方面也可以，總之，要能使他們很輕易地尋索、聯想，把握目標的若干要點去進行。例如：「我」這個題目的範圍就很寬，學生可從家庭情形、身世、個性、癖好、理想……等，多方面下筆。如果題目是「我的個性」，範圍就窄得多了。命題的範圍，就題材而言可分為六類：

一、以「人」作題材者：我們生活中絕離不開人與人的接觸，所以「人」就是一個極好的題材。在這方面，大致來說，可就學生所習見、習知的人作題材較好，例如：家人、親戚、同學、師長等。也可選擇學生所崇拜的對象，如：民族英雄、古聖先賢、科學家、藝術家……等。即使是不認識的人也可以寫，比方說：「車掌小姐」、「菜販」、「郵差」等。以人為題材的文章往往有溫馨的情味，富生命力和親切感。

二、以「物」作題材者：世間萬物，以之作為文章題材也是極為活潑有趣的，無論動物、植物、自然物、人造物都可以寫。動物方面，如：「我的寵物」、「團結合作的螞蟻」等。植物方面，例如：「歲寒三友」、「椰子樹」等。自然物則如：「山」、「海」、「颱風」等。人造物方面，如：「一件紀念品」、「一本好書」、「我的學校」等。以「物」為題材的文章，往往也能表露出作者對於世間許多眞實道理的體會和感情。

三、以「事」作題材者：環繞著人、物，世界上天天有不同的事情發生，每一件事總帶著些許特定的意義，因此我們也可以「事」爲題材。這種題材的範圍很廣也很深，大凡時事、史事、政治、教育、經濟、社會現象、社會風氣等都屬此類。例如：「勤儉建國」、「送炭到泰北」、「索忍尼辛來華訪問的意義」等，都是值得探討的問題。

四、以「時」作題材者：時間看似無情，實際上因爲它的流轉，造成人事極大的變化，因此又可注意與「時」有關的許多題材。例如：四季、良辰、氣候、佳節等，皆可作爲題材，最好採用學生較熟悉的。四季方面，如：「春回大地」、「炎熱的夏天」等；良辰方面，如：「生日」、「紀念日」等；氣候方面，如：「寒夜」、「冬陽」等；時間方面，例如：「早晨」、「我的一天」、「光陰」等；佳節方面，例如：「中秋夜」、「端午節」、「除夕」等。

五、以「地」作題材者：像城市、鄉村、名勝古蹟、學校等都可以寫。例如：「我的母校」、「台北印象」、「鄉村風光」、「紅毛城記遊」、「阿里山觀日出」等，都是不錯的題材。

六、以「理」作題材者：除了上述各種題材外，還有一種題材是以「理」爲主的，闡明各種道理，使人們知其然，且知其所以然。包括思想、倫理、道德、法律等。例如：「我的人生觀」、「百善孝爲先」、「保密防諜人人有責」、「民主與法治」、「建設一個富而好禮的社會」（註二）。

肆、題目的種類

作文題目分類，可以作爲教師命題時的參考。而且有助於教學規劃，並可提高作文教學的績效。以下就文章的體裁與題目的本身來分類，並舉例說明之。

一、就文章的體裁來分：民國七十二年七月，教育部公布之國民中學與高級中學國文課程標準，把課文（範文）分爲記敍文、論說文、抒情文、應用文四類，以下就此四類分別說明之。

㈠記敍文：這個體裁包括與自身、家庭、故鄉、學校、學業、事實、時令、氣象、名勝、古蹟、人、物有關的各種題材，都可以用來命題。例如：「自傳」、「我的家庭」、「可怕的車禍」、「小時候」、「颱風夜」等。

㈡論說文：凡討論修養、學業、家庭、社會、時事、歲時、史實、文藝、學術等，都可以用來命題。例如：「學貴有恆」、「讀史一得」、「論賭博之害」、「談憂患意識」等。

㈢抒情文：抒寫個人的情懷觀感，而藉著具體的人、事、物或地來表現，所以命題時必須依附在情節景象上。例如：「山中夜雨」、「清晨鐘聲」、「多少樓台風雨中」等。

㈣應用文：書啓、公文、宣講文辭、新聞、日記、規約、契據、柬帖、慶弔、對聯，都是應用文的範圍。例如：「給俞院長的一封信」、「車票遺失重辦申請書」、「青年節講辭」等。

其實以上的分類只是就文體的傾向大略言之，記敍文、論說文並不完全是記敍事物、論說道理；也包含有作者的感情，有抒寫情感的文字，只是二者的重點和抒情文不同。記敍文重在記敍，情感只是依託的成份；論說文也是如此。抒情文就純然表現情感，而藉一情景或事理來抒發，閱讀起來是有不同感受的，所以把它別立爲一類。

除了課程標準中所列的四種文體外，一般報章雜誌上還可以看到一些文藝小品，包括故事寓言、小說、短劇、影評、詩歌、散文等，但除詩歌外，其餘的體裁中學生難得習作，故不列入。

二、就題目的本身來分類：我們可以就題目的本身來分類，但「題目本身」的涵蓋性太廣，我們又可以分別從語句、性質、文法結構、涵義各方面來看：

㈠就題目的語句來分類，可分爲以下三種：

1. 短題或長題：短題者例如：「談孝」、「談美」、「家」等，這類題目頗爲含蓄、題目的範圍也較爲寬廣，有較大的發揮餘地。長題者例如：「死有重於泰山，輕於鴻毛」，談「讓一步路，保百年身」，此類題意較明顯，不致於發生誤解，但往往限制了題目的範圍。如果題目過長，就會繁冗令人生厭，是故也要謹愼。

2. 正題或副題：題目通常是一句話，但也有因爲太長而分正題、副題的，例如：「如何發揮黃花崗七十二烈士精神——爲青年節作」。

3. 文言題或白話題：作文命題是全篇文章精神所在，一看題目，每每就能看出幾分命題者的學養。古聖先賢的話語中，有許多值得我們深究探討的哲理，可以摘出爲題，此類題目多爲文言題，要以不流於怪僻爲原則。例如：「躬自厚而薄責於人」、「保民而王說」。若是以白話爲題，便要稍加修飾，避免過於平淡俗陋。例如：「又是一年芳草綠」就較「春天到了」爲題典雅得多。

㈡就題目的性質來分類 可分爲以下三種：

1. 抽象性的題目：例如：「自由與放縱」、「談心理建設」、「讀書報國」等。這類題目的意義較抽象，範圍較廣，多半屬於論理式的文章，必須有較高的思維分析能力，才能寫得緊湊周詳。

2. 具體性的題目：這類題目較眞實生動，範圍較明確，學生也易於發揮。初學者宜由此入手。例如：「我們的校長」、「八斗子遊記」等。

3. 標題式的題目：可以包括下列二種：

(1)問題式：這類題目像是考試似的，提出一個問題，簡單明白，要求學生發揮。例如：「怎樣立定讀書計劃」、「如何破除迷信」等。

(2)答案式：這類題目多半是提出一個觀念，不容反對。例如：「失敗爲成功之母」、「仁者無敵」等。

㈢就題目的文法結構來分：大致有三種：

1. 字：文法結構中最基本的單位是「字」（單詞），作文題目有時就只有一個字，看似簡單，卻可由極多的層面來探討。例如：「橋」、「路」等。

2. 詞：以一個詞來命題的，例如：「公共汽車」、「菜市場」、「火柴」、「螺絲釘」等。

3. 句：這類題目，又包括單句和複句：

(1)單句：例如：「一日之計在於晨」、「勤能補拙」等。

(2)複句：例如：「種瓜得瓜，種豆得豆」、「生命誠可貴，愛情價更高」。

(四)就題目的涵義來分：一個作文題目，也許只有一個意義，但也可能包括了兩個或兩個以上的涵義，前者我們稱爲「單元題」，後者我們稱爲「二元題」或「多元題」。

1. 單元題：只包含一個重心，目標明確，不致於誤解，由於題義重心的不同，又可以分之爲四類：

(1)剖析義蘊者：這種題目多半沒有明指全文中心意旨，輕重之間全看作者個人的處理及材料的性質而定。例如：「談互助」、「談孝弟」等，這是屬於「何義」類的題目。

(2)探究理則者：這類題目多半以「如何」爲題，主要在探討問題的解決方法。例如：「如何學好國文」、「如何做一個時代青年」等。

(3)辨理探原者：這是屬於「爲何」類的題目，主要在說明理由或目的。例如：「學如逆水行舟，不進則退」、「爲什麼要學國文」。

(4)陳述識見者：這是屬於「什麼」類的題目，主要在申釋或說明。例如：「選擧之我見」、「我的求學計劃」等。

2. 二元題：這一類題目包含兩個重心，又可以分類探討如下：

(1)主從關係：例如：「整潔爲強身之本」等。

(2)並立關係：二者地位相等。例如：「富國強兵之道」、「談敦品與勵學」等。

(3)對立關係：二者意義相對，不能並立。例如：「儉與奢」、「奮發與消沈」等。

3.多元題：這類題目包含多項意義，也就是有二個以上的重心。例如：「昨日、今日、明日」、「家庭、學校、社會」等。

對於作文命題的分類，見仁見智，各家說法不一，我們不能說那一種分類法必然是好的，那一種必然不好，所有的分類方式，只是在幫助教師對教學的規劃及學生對命題作文的了解而已。

茲據以上所述，歸納之，列表如下：

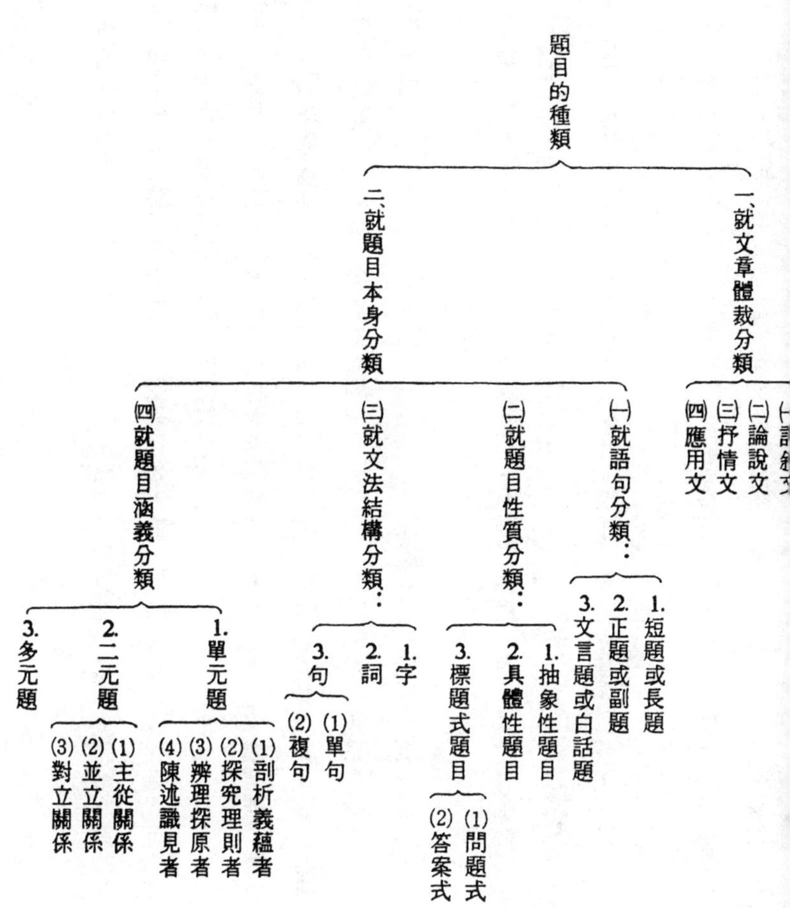
題目的種類
一、就文章體裁分類
(二)論說文
(三)抒情文
(四)應用文
二、就題目本身分類
(一)就語句分類：
1.短題或長題
2.正題或副題
3.文言題或白話題
(二)就題目性質分類：
1.抽象性題目
2.具體性題目
3.標題式題目
(1)問題式
(2)答案式
(三)就文法結構分類：
1.字
2.詞
3.句
(1)單句
(2)複句
(四)就題目涵義分類
1.單元題
(1)剖析義蘊者
(2)探究理則者
(3)辨理探原者
(4)陳述識見者
2.二元題
(1)主從關係
(2)並立關係
(3)對立關係
3.多元題

伍、命題的計劃

古人說：「凡事豫則立，不豫則廢。」教師在學期開始之前，必須先將該學期的作文題目，依據作文教學目標，學生生活經驗，發表能力，配合教學進度，時令節日，學校活動及命題原則等各項因素，事先擬就，才不致於臨時抓題，顯得散漫雜亂。

擬定計劃時，要與範文教材相配合，兩者取得聯繫。參考教材內容，擬定若干與之相關的題目，供學生作文練習。因為依據課文的內容，指導學生寫作技巧，能培養其欣賞及綜合的能力。（不過教師一定要作適當的啓發，否則會限制學生的創造力及想像力。）例如：教完劉鶚的「黃河結冰記」，可以指導學生作一篇「野柳風光」，教完高一涵「三峽記遊」，可讓學生寫一篇「古木參天憶溪頭」的文章。

除了與範文教材配合外，對於全學年（或學期）中作文體裁的指導，應有全盤的計劃。例如記敍文中的傳記、遊記、小說、雜記等，各種體裁有系統的出現，能使學生的觀念完整而有條理。最好還能考慮到與其它各科教材相配合。事先將作文題目計劃好，若臨時有突發事件，也可以相機取材，酌情變化，提供學生練習的機會。

古人作文是先有文章而後命題，那是創作；指導學生時是先命題而後作文，這是習作。作文題目在上課時公布，以文字命題為主，圖畫或實物命題為輔。也可以偶爾一、二次事先公布，讓學生去搜集資料，參考有關書籍，充份發揮題義。

陸、命題的實例

命題是一種藝術，一個有創見的題目，能給人一種清新的感覺，且具有啓發性；老生常談的題目，會使人望而生厭，至於題目的材料，則小自吾人日常生活上的飲食居處交遊，大至社會上的形形色色，宇宙間的事事物物，皆可取之以命題，惟須不違反「適合學生生活經驗、學力、需要與興趣」的原則。以下節錄章師銳初先生「中學國文教學法」所列的命題學例，供作教師實際教學時之參考。

一、記敍描寫類

㈠自身——就學生自身的生活經驗、願望、遭遇、工作等方面覓取題材。

㈡家庭——就學生家庭的生活狀況、人事環境等等方面覓取題材。

㈢故鄉——就學生的家鄉風物、習尙、建設、史地資料等等方面覓取題材。

㈣學校——就學校的現狀、設施、師長、同學、作息、活動等等方面覓取題材。

㈤學業——就國文教學或其他學科修習方面覓取題材（如記事、報告等）。

㈥事實——就校內或學校所在地發生的重大事項作爲題材（如慶祝大會及球賽、旅行等）。

㈦時令氣象——就節令、氣候的現象取作題材（如新年、梅雨季節、納涼、中秋等）。

㈧名勝古蹟——就學校附近或遠足、遊覽所至的名勝古蹟取作題材（如謁延平郡王祠、陽明山觀櫻等）。

(九)人——就學生所習見習知的人（不論名人或平凡的人，如「我們的校長」、「一個賣獎券的老人」等）取作題材。

(十)物——就學生所習見的物（不論人造物、自然物，如：「蕉園風光」、「一件紀念品」等）取作題材。

二、議論說明類

(一)修養——就與青年有關的事理取作題材，如「自治與自由」、「學貴有恆」、「勤能補拙」等。

(二)學業——就學生學業方面有可令其陳述意見的取作題材。如「本學期文選後序」、「讀史一得」，以及某篇精讀課文之「書後」等。

(三)家庭社會——中學生對所處的家庭社會各種情況，也各有他們的見解，可以取作題材，如「明孝」、「論賭博之害」等。

(四)時事——中學生對時局亦應有相當的認識，可擇當前所發生的國內外大事取作高年級題材。

(五)歲時——學生在佳節良辰，亦常有感想意見，可以取作題材，如「國慶獻辭」、「歲末抒懷」等。

(六)史實——從歷史事實、人物，對國家、民族有重大影響；或與後世有直接間接關係的取作題材（

命此種題，必須在學生已經熟習這些人物事實之後，方才可行）。

㈦文藝——文學流變，藝林珍聞，學生已於講習時熟聞的，也可取作題材，如「樂府詩說」、「梁任公在新文學運動上的地位」等。（評論文藝，非中學生力所能任，故必以講習所熟聞的為限，性質僅等於記述，而且只能於高中後期嘗試為之）。

㈧學術——學術上的問題，經講習以後，也可取作題材，如「六經皆史說」、「知行合一與知難行易兩說思想背景的異同」等（本項亦須是記述性質，高中高年級可嘗試為之）。

三、應用文類

㈠書啓——書啓的用途最廣，可以任何人為對象，任何事為內容，而且以之為題材令學生習作，除需留意格式外，可應用記敍、描寫、論說、抒情任何一種作法，最合乎實際需要。電報、廣告、便條，以及其他同具書啓性質的附此。

㈡公文——訴訟呈狀、批判，中學生無學習必要，但行政上普通的令、呈、函、咨、佈告、通知、申請書等，卻應略知其體式。好在它和書啓的性質很相近，除平時可就請假、開會等書件隨機作初步練習外，到了年級漸高，凡既經講習之體式，均可酌量試令習作。

㈢宣講文辭——講演、辯論稿等，學生在課外活動中常常要用到，餘如宣言及宣傳品，亦可尋找機會讓學生試作。

㈣新聞日記——校內或學校所在地臨時發生的事件，及學生自身的日常生活行事，都是現成的文章材料；前者可資以學習新聞報導和通訊的作法，後者可指導其日記的體式，使能經常寫作日記或週記，並酌取以爲習作題材。

(五)規約契據——各種規章、契約、票據的作法，也是生活常識所應具，可視內容難易及實際需要，按相當年級，於講習後，擇要令學生習作（如教室公約、班級會費收條等）。

(六)柬帖——柬帖雖然簡單，中學生亦得練習一下；遇有迎新、送別、同樂、聯歡等會，可指導學生試習。其有關儀注附此。

(七)慶弔——祝頌、哀祭之文，也是實際應用文體之一；但此類題目，以遇事實發生，而協助高中學生習作之。

(八)對聯——對聯爲國文所特有，平時令學生搜尋相反、相對的詞語及注意排偶句法，兼有作對聯的訓練作用，逢重大紀念節日，亦不妨協助高中學生習作之。

四、文藝小品類

(一)故事寓言——這類題目，較適宜於國中各年級，或令學生就講讀過的材料改演，或由教師講述後令學生寫作，或就聽人講過的記述，或由他們自己撰擬。

(二)小說短劇——令學生們或據講過的教材加以剪裁編排，如「汪踦殺敵」、「木蘭從軍」等；或令自出心裁嘗試創作。這類題目宜用於較高年級，前者須至國中高年級，後者須至高中後期方可使用。

(三)詩歌——各地有各地的民歌、兒歌，如令學生分別采集、記錄出來，到可以編成一部有趣的集子，此在國中低年級已所優為，新體詩看似不難，但要真正讓人寫來有詩的情味往往不容易，國中生可令其就興之所至習作，不拘格式、句法，或取講過的舊詩詞試令改作。舊式詩歌尤不易學，高中高年級或可偶一爲之。

㈣小品文——雜記、雜說等均屬此類，以深遠的寄託、雋永的風味取勝，佳作不易，但因篇幅簡短、結構小巧，周遭的景物事象均可取材，不限文體，無所拘束之故，各年級均可習作。

以上所舉四類三十目，如能就此觸類旁通，取材覓題當可應付裕如了。其中未列抒情一類，則因情感本為文章的靈魂；任何一類的題目都必須包含作者的情感，亦都可以抒寫作者的感情。情感的流露出於自然，其宜達仍須寄寓於事理之中，如果教師憑空命題叫學生特別習作抒情文，學生對此不若一般事理之必有相當經驗蘊蓄，難免對題目的要求無情可抒，或隱約模糊不能把握，那便會弄出無病的呻吟來。本章沒有把抒情文獨立討論，亦即希望教師們對於學生的抒情文習作，要聽由其在任何題目中有所觸發時自然爲之，勿以勉強從事。

柒、結語

我們用了這麼多筆墨來討論作文的命題，或許會令人望而生畏，單單一個命題就要花那麼多的心力，實在是太辛苦了。作文教學本來就不是一件輕鬆的事，每一個過程中，教師施教的方式，直接、間接都會影響學生的學習成果，所以不能不愼重。教師平日付出點點滴滴的心血，在翻開學生內容紮實的作文簿，讀到詞情並茂的文章時，所有的辛勞都將得到回饋。

【附　註】

註　一　參見章師銳初先生中學國文教學法。

註　二　參見台北市立金華女子國民中學國文科教學研究會編印之國文科教學參考資料。

第三節　作文指引

壹、前言

作文教學在國文教學中佔有重要地位，而作文「指引」又是作文教學中最重要的一環。範文教學活動中，對課文的構思、立意、取材、布局、遣詞造句及聯絡照應等寫作技巧的提示與解析，可謂同時給予學生寫作方法的指引。學生寫作能力的培養，即在多加利用範文教學，然而單靠這種指導，所獲得的語文知識和寫作技巧不夠完整，因爲這是零星片斷的指引，所以難窺全豹。作文命題的性質、寫作的方式也與精讀教學之範文有所不同；故作文前教師重點的提示，實有其必要，此亦關係著學生作文的成敗，章師銳初先生中學國文教學法云：「命題習作的指引，一方面固然是啓導當前所命題目的寫作方法，一方面也是拿所命的題目作中心，來整理學生所曾從精讀教學中逐次零星片斷所獲得的寫作方法和知識，藉使其能積久熟習而生巧，左右逢源。指引的作用既然如此，那麼我們可知『喚起舊經驗』（從精讀教學中所獲得的寫作方法知識）『開示新路徑』（對本題的意匠經營及寫作方法技術等），便是它的原則了。」（註一）

這一段話不但說明了作文指導的重要，也道出了作文指導的功用和原則，是以國文教師平時應就範文教學多作寫作技巧的剖析與提點，命題之後，給予學生討論提示，引起動機、誘發情思、擴大想像、聯想……久之，學生自然能體悟寫作技巧，增強寫作能力，作文教學的目標乃能因之而達成。

作文教學，除對各種文體的寫作指導外，其一般性的指引工作，大約可以分爲審題、立意、構思、運材、布局、措辭等六項，以下茲就此六點分別討論之：

貳、審題

許恂儒作文百法第一篇便是「審題法」。他說：「文之有題，如物之有主，審題者，審明題中之主義而加以判斷或引申是也。初學作文，每患不知審察題旨，東牽西扯，張冠李戴，如行路，然不知方向；如行兵，然失其主將；如不問病而施方亂投藥石；如不聽情而折獄，武斷是非，捫燭扣槃，隔靴搔癢，無一是處，遑論其他？此初學爲文之通病也。學生之在學校或家塾，講師必設題以課文者，爲欲學者認定一題爲主體，而發抒其意識耳，故學作文者第一當知審題，然後遵道而行，推而之於東海西海，無乎不準。本編開宗明義即標示此旨。以下各法，即從審明題旨之後，用種種方法以構成篇幅，譬如築室，基址既定，然後崇垣傑閣，亭榭樓台，惟吾意之所欲與材力之所及，匠心獨運，自成佳構也。」

由以上所述，可知審題是作文的第一件重要工作。關於「審題」的要點，茲分述如下：

一、審題的重要：題目是文章的綱領，亦爲寫作的依據。清唐彪讀書作文譜云：「凡一題到手，必不可輕易落筆，將通章之書，緩緩背過，細細紬理，看其總意何在？分意何在？界限節次何在？此最要訣也。」（註二）作文若未經審題，容易誤解題義，不合文體，超出範圍，犯了不切題或離題的弊病。例如：民國六十六年大專聯考作文題：「一本書的啓示」，有些考生大作文章，寫完一本書的感想，又再寫一本、二本，這便與題意「一本書」不合，是未審愼辨察題目的結果。「文因題生，題以文成」，沒有題目，有如「無的放矢」，如何能「言而中的」呢？題目既然如此重要，教師在解析題目或讀講範文時，應經常作審題的工作，則學生久而熟習之，如此便可做好謀篇的大端。

二、審題的方法：

㈠認清題義：此爲審題的第一步工作。題義不清則無從下筆，即令下筆也不知所云。題義可分字面意義與內含意義兩層；前者有如皮膚，語淺而其言易竭，後者譬如筋骨，言深而其說無窮，即吳因之所說：「作文先以看題透徹爲主，題有皮膚、有筋骨，吾捨其皮膚而操其筋骨，自有一般精深議論。」（註三）內含意義須探源闡微，才能看出文章之生命與力量。如六十三年高中聯考作文題目爲「推動搖籃的手」，字面意義是寫母親那一雙推動搖籃的手如何如何，可是遠不如就題目內含的意義——母親的偉大，對人類的貢獻，或用以爲象徵國家社會進步的原動力來發揮，較爲深入而動人。

㈡把握重點：作文章要把握重點加以發揮，就如醫生替人治病要對症下藥一般，不能把握重點而大發議論，將形成喧賓奪主、捨本逐末的現象。如：「勤能補拙說」，重點在「能」字，必須掌握勤之結果與「能」補拙之關係加以申論，文章才能中的而不失其旨趣。

㈢確定範圍：文章有其界限與範圍，題義所含的範圍可分三類：

1.單純的題義：題義範圍較小，只含某種意思，如以「夜讀」爲題，只能寫夜間讀書的情形或夜間讀書的利弊。「記兒時趣事」則不能寫成年人的趣事或幼年時不幸悲苦的遭遇。這一類題目的限制較多，需要多方搜集材料並加渲染，才能引人入勝。

2.兩面的題義：題目含有正反兩面的意思，如「學校可否實施體罰」、「中學生是否適宜男女合班」，可選定任何一方面作爲主旨，闡發爲文。

3.廣泛的題義：如「談讀書的方法」、「青年報國之道」之類，題目的範圍廣泛，所涵蓋的意思甚多；或把握重心多方下筆，或側重某一方面來著手都可以，但不可以漫無邊際地寫，否則就雜亂無章。

㈣辨認體裁

1.目的：看清題目文字後，緊接著要決定這個題目應用何種體裁爲宜，辨認清楚，行文時才能態度顯明，前後一貫。

2.方法：這要從題目的性質來辨認，大略可分爲：

(1)題義要使人理解事物或義理的，宜作說明文。

(2)如果屬於主見，使人信從的，宜作論辯文。

(3)如適合於自己抒發情感的，宜作抒情文。

(4)如果是指陳事物的情形或變化，宜作記敍文。

(5)如果屬於想見情景而有深刻印象的，適合作描寫文。

3.種類：一篇文章，往往包括兩種以上的性質。所謂體裁，是指其所包含的主要性質，把握此一性質，寫出的文章就是屬於這種體裁。辨認體裁會遇到以下兩種情況：

(1)題目本身已顯示出來，易於認定的：例如以「人生以服務爲目的」爲題，應做議論文；又「聰明與努力」一題，應做說明文，主要向說明方向進行。如「郊遊」一題，當然是記敍文，主要向記敍方面下手。這都是比較易於決定的體裁。

(2)題目本身未表示出來，難於認定的：如以「月夜」爲題，可以用記敍文來寫，描寫月光下所看到的一切；但也可抒情，寫出月夜的感觸。遇到這一類的題目，就需愼重選擇適當的體裁。

總之，文章千變萬化，沒有定格，因而文體往往兼具兩種或兩種以上的性質。如議論文，就事論理，必先敍事，則議論文中已有敍事文了；在說服過程中，陳述事理或物象的知識，使人便於了解，則議論文中已有說明文了；論理時，筆下常有感情，則議論文中已有抒情文了；目的在說服他人，也該含有應用文的意味。議論文如此，其他文體也多是如此，所以作文時，對辨認體裁，不得不下工夫。

(五)決定立場：作者的立場，必須確立，行文的語氣，才能適切合宜。或是以學生的立場，或是以社會份子的立場，抑或是人子的立場，同一個題目由不同的人來寫，內容就不會相同，此乃所持的立場不同所致。教師應指導學生以正確的立場來寫作。此外，作文必須確立目的，才不致於離題。無論是用以發表意見，或勸勉他人，若能先決定目的，則其所言者，將更爲肯綮。是以在審題之際，必須要注意以何種立場來寫？文章的目的何在？

以上所言，認清題義、把握重點、確定範圍、辨明文體、決定立場與目的，爲審題之方法，若能做好這幾點，作文的第一步驟乃告完成，方爲好的開始。

㈥審題實例：陳正治「二物並列的記敍文作法」中，曾以曾珠瑜的「山與海」說明審題的方法，十分清楚，茲擧以爲例，說明如下：

山和海　曾珠瑜

「那一天，我到了一個依山傍海的小地方去，那裏有綠得溶化人心中積鬱的山，藍得撩亂人眼睛的海，我不禁由心田發出醉意。」

（曾珠瑜的這一段，簡單地把山和海的可愛提出來了。山和海可寫的事很多，如山和海的形成、資源、開發、探險、可愛等等，都可寫成文章。曾珠瑜所選的中心思想是山和海的可愛。）

「你看那山！它披著草綠色的外衣，像一位剛毅、堅強的英勇國軍，雄赳赳、氣昂昂地屹立著。我走上蜿蜒的小徑，看到山岩上長滿了不知名的野花，那淡藍色的小花瓣，像星星點綴在岩壁上，彷佛還在向我眨眼兒，南風襲來，整片的樹海，隨著風的旋律，翻滾著綠色的波浪；我的心靈也蕩漾著綠色的夢幻，那令人舒暢的綠意。走進深山裏，一股迷濛的山嵐，輕悄悄地拂了過來，我嗅出這屬於山裏才有的氣息，也許就是使人心靈昇華的靈氣吧！

一路上，不時傳來悅耳的鳥鳴聲，牠們盡情地歌唱，讚美這個世界。你聽——女高音的雲雀、黃鶯，女中音的麻雀、鵪鴣鳥，加上深沈的男低音烏鴉。牠們的歌聲多麼婉囀、清脆、嘹亮，彷佛唱出了一首優美的「山之頌」。我眞羨慕在山間久居的人，他們有太多的享受，偶爾可以看到白色和褐色的小兔子，穿梭在林木之間；飛鼠、小狐狸在巨大的樹幹旁鑽出牠可愛的頭。在山裏，可以享受到無窮的樂趣，因爲它具有美化、調和人們情感的力量；山裏蘊藏著大自然的寶藏，等待著我們去尋覓、發掘。此時，我對山又有了更加一層的讚美。」

（這兩段寫的是山的可愛。最先寫的是她在山下，看到山的外表，形容它像英勇的國軍，富有健壯美。接著寫出的是爬山時所看到的、所聽到的、所感到的、所想到的美。她一邊敍述，一邊抒情，這種寫法很動人。）

「當我遊山結束，走到山腳下，映入視野的是一片浩瀚而無窮盡的海洋。那海如此深沈，像葡萄酒那般醉人。我驚喜地跑到沙灘上，沙好細好白。意外地，我又發現了許多小貝殼，我把貝殼捧在手裏仔細地玩賞，細緻的螺紋、藍紫色的光輝，畫出多少個神秘美麗的歲月。

海水像藍水晶那般透明、晶瑩。我坐在大礁石上欣賞，風漸漸地增強，海也隨著風的節奏，激烈地滾出白色的浪花。風在怒吼著，你看他像一位政治家，正在滔滔不絕地訴說他的雄心大志。海浪一次又一次澎湃地打過來，不知經過多少歲月，礁石百孔千瘡，眞像一位飽經風霜的老人面孔。海浪拍擊礁石，激出雪白如香檳酒的泡沫，眞想用杯子盛起來，讓這些珍珠泡沫不破碎。」

（這兩段寫的是海的可愛。寫山是以它的可愛來寫，寫海也該寫它的可愛，如此才調和。先寫對海的感受，然後再寫沙灘上的美、海浪的美。寫作的方法也跟二、三段一樣，一邊敘述，一邊抒情，非常動人。）

「我愛山的典雅、靜謐；也愛海那種令人激動的美。朋友！你願意嗎？到一個有山也有海的地方去，讓壯麗的海打開你的心扉，讓山的靈氣潤濕你的心靈。那麼，你也會深深地熱愛山中特有的幽靜，以及在海邊聽潮音、撿貝殼的趣事了。」

（這一段是結尾，把山和海的可愛做個總結，並希望大家也去享受它們的可愛。）

由以上的文章可以看出，二物並列記敘文的中心思想，是以二者的共通點去訂定的。我們寫山的可愛，也該寫海的可愛，而不可寫到海的形成或海的資源。至於這一篇文章的結構可分爲三部分：

(1)開頭：簡單介紹山和海的可愛。

(2)中段：分別敘述。二、三段先敘述山的可愛。四、五段敘述海的可愛。

(3)結尾：把山和海合併抒情。

如果我們去掉開頭那一段，直接寫山的可愛，再寫海的可愛，結尾時，把它們合在一塊抒情或評論也可以。（註四）

三、審題的教學：所謂審題教學，是指教師指導學生如何「審題」。其方式可分爲以下五點說明：

㈠討論式教學：教師於命題之後，可讓學生以討論的方式發表意見，共同審辨題義。教師此時不參加意見，只在學生討論陷入歧異太大時，才予引導。最後由教師整理結論並予補充。這種方式的教學雖稍嫌浪費時間，但效果較由教師替代審題的灌輸式講解好得多，並且實施一段時間之後，可由每位學生自行審題，不致於佔用太多作文時間。

㈡提示和指引：討論式的審題方式雖然較生動而且有效果，然而它也有許多缺點。而其最重要者，乃是有許多學生由於知識和經驗缺乏，因之對於題目有混淆不清的觀念，而使討論的結果，旁岔分歧，離開正題太遠。此時教師應適時予以正確的提示和指引。

㈢範圍的解說：教師教導學生做正確的審題，若純粹實施觀念的灌輸，則學生不易理解，而其所得亦缺乏具體的意象，因此教師宜學一兩篇範文爲例，將題文與範文對照說明，學生才易於領悟，教學目標亦較易完成。

㈣錯誤的訂正：這個方法通常出現在批改作文的時候。一般教師批改作文，多數改改錯字，加四個或八個字的評語，如此一來，除了錯別字訂正外，以作文教學而論，實在沒有效果可言。例如一個學生的作文被老師評了個「文不對題」，或「不知所云」之類的評語。他就一定能夠發現了什麼嗎？下一次他面對這種題目，還不是又舊病復發，因此教師在批改作文時，應注意學生是否犯了審題錯誤的毛病。如果是，則應詳加說明錯誤原因，使學生知道，不再重犯。

㈤類似題練習：每一種教學都可以做效果評量，評量的目的，不僅可以知道教學成功與否？教學目標達到與否？另外的功用在於發現學生的學習困難。我們作文科教學的評量，絕不是出同樣的題目叫學生重作一遍，或是要他們默寫範文，而是針對教學的重點，命一類似題予以重作。所謂類似題，即是性質相同，範圍相近的題目，例如原先的題目是「我的父親」，則類似題即是「我的母親」。由於命題不同，可以避免學生抄襲或受到限制，因爲性質相近，由此可以知道學生對於這一類型題目是否已能作正確的審題。

總之，審題乃是作文的第一步驟。審題周密正確，才能有適當的立意、靈活的運材、合宜的布局和通暢的措辭，所以說一篇好文章首要的條件就是正確的審題。審題指導是一切指導的重心，對教師而言，作文指導雖有許多項目，然而審題指導卻是其中最重要的一項。學生縱然具備了寫作好文章的其他條件，而一執筆卻犯了審題不清的毛病，那麼再多的長處也是白費了。一篇文不對題的作品，無論如何總不能說是好文章，因此在作文教學中，審題教學乃是最重要的部分，唯有審題教學成功，整個作文教學才有意義。

參、立意

所謂立意就是根據所命題義建立文章內容的中心思想，亦即是建立文章的主旨。以一棵樹來作譬喻：中心思想爲文章的主幹，各段落的大意爲分枝，辭藻爲花葉，全篇看去，樹幹統領分枝，分枝統領花葉，繁茂蓊鬱而有條不紊。

學生把題目審辨清楚以後，教師便應指引他們運用思考，分析事理，體察物情，確定這篇文章的主旨，以建立全篇文章的中心思想，然後指導學生從自己生活經驗中，去搜尋符合這個主旨的材料，再加以剪裁控制，組織成全文粗略的意識型態，造成一副骨架，以免雜亂無章，這就是作文立意的過程。學生作文，對「立意」應有幾點認識，茲分述如下：

一、立意的重要：我們不論做什麼事情都要有目的，作文也是一樣。中心思想是全文的重心，有了它，「作者不但可以據以尋求思緒，剪裁材料，而且可據以布置局勢，劃分段落。」（註五）文章若缺乏主旨，則內容空洞，言之無物。所以作文先要立意，就如工程先要定有計劃一般，依計劃按部就班，有條不紊的去完成。由此可知立意爲文章靈魂之所在，故需審愼。

二、立意的作用：作文能掌握中心思想，就不會東拉西扯，犯了題外生文的毛病。中心思想的作用，據李曰剛先生「作文技巧」一書所提者有三點：

㈠可以代表題義，同時闡發題義。

㈡可以決定內容，使作者行文時有所歸納。
㈢可以領導全文，使讀者知道全文精義所在。

三、立意的原則：立意之重要及作用已如上述，是以立意不可不審慎。立意時，宜注意下列原則：

㈠思想要純正：立意要合情合理，思想純正，以啓導人心；立論要正大，使人無懈可擊；也要避免陳腔濫調或抄襲他人作品。要能立人之所不能立，言人之所不能言，立意才算巧妙，然而不可流於詭誕，以譁衆取寵。

㈡內容要統一：一篇文章內，其主旨（中心思想）只能有一個，不能分歧爲兩個或兩個以上。誠如曾國藩所說：「一篇之內，端緒不宜繁多，譬之萬山旁薄，必有主峰，龍袞九章，但挈一領；否則首尾衝決，陳意蕪雜，茲足戒也。」（註六）是以主旨只許有一個，以免駁雜，破壞內容的統一而主題不顯明。例如以「讀書與救國」爲題，不妨以「讀書可以培養建國人才」爲中心思想；又如以「知恥近乎勇」爲題，可以用「雪恥自強」爲中心思想；又如以「時代青年的認識」爲題，可以「效法革命先烈們的精神」爲中心思想。

㈢主旨要明確：花朵需要綠葉相襯，以顯出它的嬌豔；同樣的，文章除主旨外，還需要闡明或表達主旨的輔佐意思，以襯托主旨，融成一篇完整的文章。作者可以從文題的前後、旁反等方向，扼要周密地闡發輔佐之意，使主旨明朗生動而有力。

㈣情感要眞摯：劉勰文心雕龍說：「心生而言立，言立而文明。」瞿昆湖說：「作文須要從心苗中流出。」（註七）唯有發自內心眞實的情感，寫出來的文章才會眞摯感人。又吳曾祺云：「立意之法，以吾所見，無舊也、無新也，惟視吾心所察焉已。」故所立之意，必出自肺腑，所立之論，雖爲陳舊，然發自內心，其意則常新。作文之時，要能把握立意的原則，以構思、取材、剪裁、布局，文章才能切題中肯，否則，就會產生捨本逐末，不知所云的弊病。

四、須切合題意

作文如果能把握中心思想，就不會有文不切題的毛病。例如：朱自清的「春」，他本著「發揚青春的精神」作中心思想而下筆，因此就不會忽然說到夏，忽然說到秋，忽然說到冬。

把握中心思想，隨機應變，雖說沒有固定的方法，但是卻也有規則可循。若從題意著眼，可分之爲四種：

㈠題意單純者：題目只含某項意思，就用某項意思來寫。例如「談國文的重要」，是單純的題意，只要說出國文在我們日常生活中的應用，對民族意識的加強，對文化的復興，都具有密不可分的關係；至於其他學科，在本文無須提及。

㈡題意兩面者：題目含有正反兩面的意思。譬如：「高中聯考應否廢除」，不論從那一方面發揮都可以。如果作者主張不應廢除，就須提出聯考的優點來，和個別招生容易招來的弊病；假使作者主張應該廢除，就須說出聯考的缺點，並強調個別招生的好處。

㈢題意廣泛者：題目所含的意義很廣，無論從那一方面發揮皆可。但是，若只側重某一方面來寫，較容易討好。比如：「談讀書」，只要有關讀書的問題，都可以提出來討論，諸如讀書的重要、方法、樂趣、苦痛等等，都可以談。但是如果都加以論述，勢必成爲長篇大論，在短短時間內，難以成篇；所以作者只要提出最有把握的一項，深入的論述即可。

㈣題意含蓄者：許多說明議論的文章，往往內容和主旨是一致的，而文藝性的文章則不然，像小說、詩歌，題目與主旨往往不是一回事。這是因爲小說、詩歌的含意多是間接的，而說明、議論的文章，含意則是直接的緣故。像列子的「愚公移山」，柳宗元的「種樹郭橐駝傳」就是意在題外的。

五、立意的實例：

孔子與弟子言志章　　論語公冶長

顏淵季路侍。

子曰：「盍各言爾志。」

子路曰：「願車、馬、衣、裘，與朋友共，敝之而無憾。」

顏淵曰：「願無伐善，無施勞。」

子路曰：「願聞子之志。」

子曰：「老者安之，朋友信之，少者懷之。」

這一篇文章的範圍有三部分：一是孔子的志向，一是子路的志向，一是顏淵的志向。

前文曾說文章的中心思想只容許有一個，我們看作者建立這篇文章的中心思想是什麼呢？大家都知道孔子常說「仁」，「仁」可以說是孔子要履行的目標，而季路、顏淵都是孔門的高足，當然也受孔子的影響，所以作者提出「仁」字爲本篇的中心思想。季路豪爽慷慨，願車馬衣裘與朋友共，是爲求「仁」。顏淵謙謹爲懷，只欲埋頭苦幹，願無伐善，無施勞，是不違「仁」。孔子修己以安百姓，人倫明於上，小民親於下，謂老者安之，朋友信之，少者懷之，是安於「仁」。枝幹雖分爲三，主幹還是一個。中心思想建立了，才能依著它去選擇材料。

總之，篇旨是文章所蘊藏的旨意，有些文章因爲穿插了許多故事以作陪襯，有些詩詞又用了一些象徵性的文字來象徵情意，因此，有時單從字面上去推敲是不太容易探究它的旨意。但是若從全篇文義，前人研究的著作，或作者生平的事蹟三種方式着手，就可以探討到文章的主旨。教師在範文教學時，對於範文的主旨，必須加以剖析提引，讓學生能夠深切的體會其中所蘊藏的事理及其中心思想所在。

肆、構思

一、構思的意義：中心思想確立之後，圍繞著題目所作的思考、取材活動即爲構思。構思乃透過想像力的伸展，網羅與題目有關的材料，首先要專心沈靜、集中思想，就主旨所在，深入體會，再以不同的材料表現不同的意思；以不同的意思闡述、襯托主旨，使主旨地位明顯，力量加強，與輔佐意思構成一完整的篇幅體系，此即構思工夫。

二、構思的方法：構思是作文必經的步驟，必要的工作，卻也是相當困難的事。學生練習寫作時，往往會覺得沒有材料可寫，不知如何取捨材料，找出重點，擬定綱要。關於構思的方法，陶希聖說：「這取材與構思的一步，又包含兩個方法，第一是集中思想，第二是敞開思路。在這中間，自然要把我所得的材料都記錄下來。就我的命題，專心致志，加以思索。我專心構思的時候，不去看別的東西，也不去聽別的音響。……我以概念為中心，對於材料的思索，和搜集材料的工作，廣泛而周密的展開。這初步的工作，就其窮搜極研的範圍來說，只有長度與寬度，我必須開放思想，甚至馳騁幻想，儘量向長度與寬度發展下去，我要把命題所包括的事項與問題，形式與內容，從歷史上探求原委，同時要從其各個方面，各種見地來集合其資源。」（註八）

這段話，將構思的過程和方法，說得很詳盡。可知在敞開思路方面，學者當儘量發揮想像力！然則，我們如何運用想像力於構思呢？以下列舉鄭發明「談運用想像力」一文為例，說明如下：

「季節的更換，使人們的生活，多少有些變化，在炎熱的夏天，會給人許許多多不同的感受，例如：可以到海邊去游泳；身體容易疲倦，精神不愉快；能夠品嘗鮮美的水果、冷飲；蚊蟲多，擾人睡夢；在花間、樹下行走；看天空雲影彩霞變幻，看植物的生長狀態……。這些愉快的感受和不愉快的感受，都可以拿出來當做寫作的材料。例如：作文以『天氣熱了』為題，可說明如下：

這篇作文可用抒情文寫，重點落在一個『情』字上。這種作品，文章的美與不美倒在其次，要緊的是看情感表達得眞不眞。有一則笑話：『一個老母親去世，她的兒子、媳婦、女兒、女婿都哭了。你看誰的哭最動人：兒子的哭，呼天喊地；媳婦的哭，人來客去；女兒的哭，眞心實意；女婿的哭，虛應故事。兒子、女兒的哭出於眞情。媳婦、女婿的哭是乾哭乾叫，乾哭乾叫怎麼能動人呢？』

天氣熱了，眼前的景、物、人、事、天象等都很平凡，下筆的時候要揀著那不平凡的部分寫，觀察無妨深些，意境無妨高些，興趣無妨廣些，變化無妨大些，倘若把讀者注意力吸引住，讀完之後，覺得你夏天生活好充實，你的寫作任務才算達成。

天熱了，在文章的開頭應該點明這一篇作文的時間是在夏天，不然讀者以爲『天氣熱了』是指春天，或是秋、冬的某一天，或某幾天天氣忽然熱起來。例如：

㈠風光明媚，氣候宜人的春天已經遠去了；夏季接著而來，天氣熱了。

㈡炎熱的陽光又普照大地，天氣也隨著熱起來。人們脫去了又厚又暖的衣服，換上又輕又薄的夏裝。

㈢幾聲蟬鳴，叫熱了天氣，也喚來了夏天。

㈣天氣熱就是夏天的特徵。

首段交代了，緊接著每一段都以『天氣熱了』這四個字作開頭，每段成立一個中心思想，根據中心思想描寫。現在舉幾個例子，以『充滿生機』爲中心思想，可以寫：

天氣熱了，大千世界裏的各種花朵爭芳鬥豔，迫不及待地，像是趕趟似地，各式納涼工具紛紛應時而生。小孩子打著赤膊，露出結實的肌肉，成群結隊登山越嶺，游泳潑水，唱山歌，捉蟋蟀……歡迎熱天來臨。萬物欣欣向榮，充滿生機，爲這茁壯的季節增添熱鬧的氣息。

以「陣雨」爲中心思想，可以寫：

天氣熱了，在寶島上，雨，有時像大發雷霆的暴君似地，夾雜著霹雷閃電，如瀑布般一瀉而下；又如千軍萬馬奔騰，傾盆而落。有時像少女般溫柔細緻，只是無聲無息，綿綿飄飄；有時卻像初生的嬰兒，飽了才能安眠，餓了又哭又鬧，那脾氣可眞令人難以捉摸。

以「媽媽神奇的雙手」爲中心思想，可以寫：

天氣熱了，媽媽的雙手更忙碌了，一會兒切西瓜，一會兒要製冷飲給我們解渴，還要準備清涼可口的菜肴給我們佐餐，晚上還要搓洗全家人一天換洗的汗衣……忙得團團轉。

除了以上的例子，你還可以用蚊蠅的活動、農夫冒暑荷鋤耕作、雷雨後玩水等爲中心思想來寫。

我們通常作文，除了肉眼所看到的事物以外，有的事物就非用心去想像不可。爲什麼呢？因爲我們的眼睛只能看到一些有形的物體，無形的物質光憑肉眼看不出，這時候就得用各人的智慧來想像出一些眼睛所見不到的事物了。

我們平常看到榕樹，只看見它的顏色怎樣的綠，枝椏如何的輕柔，至於它是不是也有感情，那就沒法子看出來了。在這個時候，想像就顯出它的重要來了。榕樹是圓形的，而且下面還有柄；在平常記憶中，什麼東西類似圓形、綠色，而又有柄的呢？於是『撐開的綠傘』便會在聯想中出現了。再替它們加上『好像』兩個字，連接起來就成爲：『綠色的榕樹，好像撐開的綠傘。』

再寫幾句供你參考：

㈠荷葉上有兩顆渾圓而光亮的露珠在滾動，有如女孩的一雙眼睛一般活潑。

㈡夏天像是力行的少年。

㈢綠蔭樹下，鳴蟬聲中，我們讀書、畫畫，過著神仙般的生活。

不錯，種子是在春天撒下的，收穫則必須等待秋天，如果沒有長長的夏日培育，成嗎？鳥語花香的春天，天高氣爽的秋天，與寒風白雪的冬天是值得歌頌的，但是，每年的夏天，都能竭盡所能，使大地長滿茂盛的草木，處處洋溢生機，即使最荒僻的角落也有盎然綠色，怎麼不值得歌頌呢？

把心胸放寬闊，眼光要投向美好的一方，投向廣大的世界，去發掘善良的層面，生活必定感到快樂，筆尖流出來的文字也是至情至性的；專門挑壞處寫，心眼爲之污染，心竅閉塞，寫文章正經事都忘了，還能求進步嗎？」（註九）。

總之，欲突破構思的難關，進入寫作的順境，唯一而有效的辦法便是「苦思」。只有困於心，衡於慮才能開啓智慧之門，所以古人說「二句三年得，一吟雙淚流」（註一〇），「文章出苦心，誰以苦心爲」（註一一）。要文章有成，需從艱苦構思中求得。教師平日宜指導學生多揣摩他人作品，凡一題目到手，試爲苦心吟哦，列其綱要，日久，文思必通，下筆自然可以得心應手。

三、構思的方式：歸納起來，構思的方式可分爲三種：

㈠信筆塗鴉式：初學作文的學生多半如此。不假思索，提筆就寫，寫完上一句，再想下一句；寫完上一段，再想下一段，有一句沒一句的，寫到不能寫爲止。用這種方式作成的文章，材料冗雜，東鱗西爪，組織散漫，設意不密，使人看了有不知重心何在的感覺，縱使偶有佳句創意，也因通篇的不能貫串，主旨的隱晦不明，而不能稱爲一篇好的作品。

㈡胸有成竹式：此種構思方式爲先擬腹稿，把全部內容在心裏想好，然後鋪紙濡毫，一揮而就。如王勃爲文，「先磨墨數升，引被覆面而臥，忽起書之，初不加點，時謂『腹稿』」如此爲文甚爲理想，也讓人羨慕，但是卻非一般人能力所能做得到的。因爲人的思緒，往往很難把握，要將數百數千字的文章，全部記在心中，同時注意字句間的運用關係和照應；另一方面又要集中心思去寫，往往容易散失一些好的意思，甚至寫了上一句，就忘記下一句，所以除非很有天賦，文學素養深厚，否則是不宜用腹稿來作文的。而老師在指導學生習作時，也不宜鼓勵學生多用此種方式來構思。

㈢自由聯想式：這是較爲妥善，且爲學者專家所稱許的構思方式。在確立主旨之後，循著題目四面八方去聯想，把想到的一一記敘下來。或由事物的表裡、正反、因果、前後、大小……等方向去推敲尋思；或從歷史事實，賢哲名言，俗諺俚語去摘取；或以自己的經驗傳聞來選材，加以整理之後，列出綱要，例如：

㈠……………………

1. ……………………

2. ……………………

(1)……………………

(2)……………………

(3)……………………

㈡……………………

1. ……………………

2. ……………………

3. ……………………

㈢……………………

1. ……………………

(1)……………………

(2)……………………

2.……………………

(四)……………………

綱要節目所用的號碼，形式不拘，但以層次明確爲主。

四、構思的實例：我們現在以梁啓超先生「學問的趣味」一文，依照上述的綱要形式分析他的思路，作爲實例。

(一)我是一個主張趣味主義的人：

1.用化學分析「梁啓超」，裏面所含的元素全是「趣味」。

2.人必常常生活在趣味之中，生活才有價值。

3.中國人的口頭禪「近來作何消遣？」好像生活得不耐煩。

4.我一年忙到頭，爲的是我的趣味。

(二)怎樣才算趣味？

1.趣味的注腳。

2.賭錢、吃酒、做官等等，我不承認它是趣味。

3.趣味的性質——總要以趣味始，以趣味終。

(1)能爲趣味之主體者，莫如爲勞作、遊戲、藝術、學問。

(2)我非用道德觀來選擇趣味。

(3)我所以提倡學問，因爲它最合於我的趣味主義的條件。

(三)學問的趣味是怎樣一回事？

1.我不能回答這句話，趣味總要自己領略。

2.佛典說：「如人飲水，冷暖自知」。

3.對題目的解釋。

(四)要嘗學問的趣味，有下列幾條路：

1.無所爲：

(1)有所爲而爲的事，縱然可引起趣味，但不能長久。

(2)我爲學問而做學問，不爲什麼。

(3)爲體操分數而遊戲，遊戲便無趣味。

2.不息：

(1)鴉片煙天天吃便上癮。

(2)人類本能不常用，便會痲木生銹。

(3)人類爲理性動物，學問慾是固有本能之一。

(4)願諸君每天抽出一小時，研究你所嗜好的學問。

3.深入的研究：

(1)趣味越引越多。

(2)不帶有研究精神，趣味便引不出來。

(3)選一門作爲終身正業，逐層往裏面追，一定欲罷不能。

4.找朋友

(1)趣味比方電，要本身和學問相磨擦。

(2)需要有幾個共事共學的朋友搭夥，來磨擦彼此的興趣。

㈤結論：

1.慨歎這種不假外求，不會蝕本，不會出毛病的趣味世界，可惜沒有幾個人肯來享受。

2.引「野人獻曝」一語，勉勵聽衆採納建議，親自去領略冬天曬太陽的滋味。

這構思的綱要，記得愈詳細愈好，到了下筆遣辭的時候，只要把每個大綱細目加以充實，彼此聯貫起來，就擴大成一篇很完整的文章。（註一二）

這便是所謂的「自由聯想」構思，它的優點有：

㈠先列出重點綱要，使作者易於把握文思，作周密的聯想，不致於漫衍有所疏漏。

㈡由於綱要的擬定，文章顯得有層次、有條理、有輕重，較爲生動有力。

㈢不先預定每段的內容，任憑臨時觸機，靈感之至，寫時可以有意到筆隨之樂。文章也不致於呆板滯塞。

㈣用自由聯想來構思，在作文考試時尤爲適用。審題之後，將綱要詳盡而有層次條理地列出，着筆爲文時，只要就其綱要，充實聯貫，發揮闡述，或學例說明之，如此必不會有太大的偏差。

伍、運材

一、運材的意義：一篇文章的經營，在經過審題、立意和構思三個步驟之後，不但已經辨明了題目的意義、範圍和文體；同時也確立了文章的主旨。文章的中心思想是一種抽象的意念，如果直陳出來，也許只有三言兩語就說完了，一點都不能引人入勝。如何把這些抽象的意念，藉著各種寫作的材料，把它烘托得鮮明、生動，並且能觸動人們的共鳴，那就要靠運材的功夫了。

「運材」就是運用取得的材料，以配合自己所建立的文章主旨。立意和運材事實上是一體的兩面，運材是立意的具體化，用來表達文章的中心思想，因爲運材已進入了寫作實際活動的階段，是文章充實與否的關鍵所在，所以必得費心去經營。下面就「取材」與「剪裁」二步驟分別說明之：

二、取材的實例：按照主旨將所想到的材料逐一列述，而且力求詳備，此之謂「取材」。現在我們就以國中國文課本第二冊中，周敦頤所作的「愛蓮說」一文爲例，來觀摩一下他所用的取材方法和運材技巧。

這篇文章因爲主要是發抒個人的心志，目的不在宣揚一種理論，所以不採用旁徵博喻的論說文形式，而只簡明扼要地說明理由。作者所取的材料，主要部分有三：

㈠菊，花之隱逸者也。
㈡牡丹，花之富貴者也。
㈢蓮，花之君子者也。

本文「運材」技巧是用對照和陪襯的辦法——以「衆」跟「獨」相對照，指出兩種不同的人生理想；以「菊」和「牡丹」襯托出「蓮」特有的品質。這使得在一篇短文之中平添幾層轉折，所蘊含的意義也就更豐富起來。

開始「水陸草木之花，可愛者甚蕃」；是全文總提，這句話裏已經暗含著花之可愛，因人而異。有世俗衆人之愛，也有高士獨特之愛；衆人之愛固然不可遍說，高士之愛，也非僅陶淵明一人，而下文祇提出「晉陶淵明獨愛菊」。就是因爲淵明和菊已經形成爲一種典型，代表一種人生理想。正可與「予獨愛蓮」作正面的映襯。「自李唐來，世人盛愛牡丹」則是反面的襯托。先說晉，再說李唐，最後說自己，表面上是照歷史的順序，自然的安排；實際也是反（世俗之愛）和正（獨特之愛），兩兩對比的。文句之間就扣得非常緊密。愛菊和愛牡丹的理由都不必在這裏說，（說了便成橫生枝節。）所以「予」字下一口氣連續把蓮的可愛說得清楚徹底：

「予獨愛蓮之出淤泥而不染，濯清漣而不妖；中通外直，不蔓不枝；香遠益清，亭亭淨植，可遠觀而不可褻玩焉。」這幾句一方面把蓮的特質描繪得意象生動，一方面句句都象徵「君子之德」。——出淤泥而不染，指君子的特立獨行，不受世俗的影響，不顧環境的惡劣。濯清漣而不妖，指君子自有高雅的情操，而不爲闇然媚世或苟合取容之態。中通外直，不蔓不枝，指君子的端方正直，然而休休有容，不同於固執褊狹的狷介之士。香遠益清以下，指君子高潔的品格，久而愈令人生敬，不敢加以侮慢狎弄。（這些祇是略舉一端，原文象徵的意義當然比這豐富，可以更作其他的聯想。）

第二段拿菊、牡丹和蓮作正面的比較，同時指出它們各代表不同的人生方向。菊花不開在繁花競豔的春日，而在衆芳蕪穢的秋季孤傲自賞。它是花中隱逸的高士，也代表厭惡世俗隱者，逃離塵世，以求得自我節操的保持。跟這正好相反的則是富豔的牡丹，它所代表的是人對富貴的追求，希望在現實獲得成功和滿足的慾望。這正是大多數人所嚮往愛好的。但是並無眞實的價值。在這兩種方向之外，作者認爲蓮所代表的是更有意義的路向。因爲蓮既不受世俗的汚染，也不厭離世俗；它的花色清麗而不凡俗，品格高尚而不孤傲。它所象徵的是具有道德理想的君子。

對於花的品格衡定之後，作者才論及愛這些花的人。像陶淵明這種愛菊的人，後世非常少見，也就是抱持節操隱居以求其志的人不復可得。「蓮之愛，同予者何人？」是溫厚含蓄的說法，事實上這種具有道德理想的人極爲稀少，他卻不肯明說，而用疑問的句子暗示。這正表示作者的謙懷和寬容。下文「牡丹之愛，宜乎衆矣。」貶責的意味非常明顯，但是在語氣上也委婉不露。韓愈所謂「古之君子，其責人也輕以約」，大概就是這種情形。（註一三）

三、剪裁的認識：當作者敞開思路構思時，想像飛馳，各種意思和不同的材料源源而來，然而這些還沒有經過選擇的題材，其中必有不適合主旨或膚淺幼稚、陳腐俗陋的材料，所以作者要像沙裏淘金似地，把許多無用的渣滓篩除掉，只留取足以闡明主旨、襯飾主旨，表現其精神的精華部分，此種揀別的工作即爲「剪裁」。作文時，對剪裁應有幾點認識：

㈠剪裁的目的：剪裁的目的在刪除一些不適切的材料，留下合宜的，用以表達、襯托主旨，使主旨生動有力，更爲突出，就如同一部電影的攝製，軟片拍攝完成後，還不能立刻上片放映，必得經過修輯、剪接、配音……等手續後，才算大功告成。好的文章應該達到「增一分則太肥，減一分則太瘦」的標準。福祿貝爾說：「我們對一樣事件的描寫，應該只有一個動詞來寫他的動作，一個形容詞來說明他的情景，一個名詞來說明他的性質。」這是說：縱然有好的材料，如果不能配合題旨，就應該割愛。

㈡剪裁的原則：

1.統一論點：材料必須和主旨相合，以保持全篇文章的統一性，不能夾雜與主旨論調相反的文字，如賈誼「過秦論」，旨在論秦以暴力得天下，不知行仁義以守其成，所以自取敗亡之禍，故不可有歌頌嬴秦功業的內容出現。韓愈「送孟東野序」中云：「物不得其平則鳴」，然其文又載「得其平亦鳴」（註一四）的例子，論點不能統一，相互矛盾，造成讀者的困惑，這是作者必須避免的缺失。

2.符合目的：在前述「審題」部分，我們說過作文要有目的，文章才有意義。剪裁的重點要視文章的目的而異，譬如抒情文的目的在發抒自己的情感，使人感動，引起共鳴；傳記文學的目的則在記敍人物，提供史實，或引人興趣。

3.詳略適宜：柴虎臣說：「詳略者，要審題之輕重爲之，題理輕者則略，重者則詳。詳者宜鋪敍，否則傷於淺促；略者宜剪裁，否則傷於浮冗。」（註一五），內容過於繁冗或簡略都不能稱之爲好文章，應詳略得宜，能顯示出主旨，亦使讀者有回味的餘地。誠如李曰剛先生所云：「文章的豐約，要根據實際的需要，有需要，則千言萬語亦嫌少；無需要，則三言兩語亦覺得多。例如蜀志劉備三訪諸葛亮，只說：『凡三往，乃見。』而在三國誌通俗演義則占第三十七回之後半及第三十八回之前半。一則需要急速的寫法，專敍最要緊的事，所以極簡；一則需要用緩慢的寫法，把許多關係事件，綿密地描繪，所以極詳，可說各盡其妙。明乎此，便知材料的剪裁了。」這已將材料的剪裁詳略要適宜說得很清楚了。

總之，運材的首要原則就是要注意「語必歸宗」。其內容要切合中心思想。一篇文章要氣脈流通，有時雖然議論橫溢，意思滂出，但仍須處處顧及主題。如枝葉扶疏，必本一幹，江海浩瀚，必出源泉。

我們在國文教學時，若能夠隨時把範文中作者運材的方法提示出來，指導學生評析和欣賞。或者更進一步，運用這種方法從事實際的創作。經過一段時間的訓練，學生在這方面一定會獲得很多的心得，這對於他們日後的寫作必將會有莫大助益。

陸、布局

什麼是布局？布局是指文章的組織或結構，也就是說，把剪裁所得的材料，加以安排，寫成文章，能夠首尾圓合，前後呼應，層次井然，使讀者易於理解和接受，這即是布局的工夫。不懂得如何布局，就好比有了鋼筋、水泥、磚塊……等建築材料，卻沒有技術去搭構房子的間架。最後材料仍只是材料，不能建造成華屋美廈。所以必須懂得布局的技巧，才能寫出動人心弦的文章。指導學生作文，對「布局」應有的幾點認識，茲分述如下：

一、布局的重要：

易經象辭說：「言有物，言有序」，可知古人爲文，已知講究氣勢、章法。文章是用以表達思想感情的。人有思想、感情，欲傳達給別人，故有語言之產生。語言加以剪裁，加以精簡，加以美化，便成文章。文章能流傳久遠，必然是兼具形式之美與內容之美。因爲它有外在形式上的美，故能吸引讀者去看它、去讀它。因爲它有內在，內容上的美，才能使讀者看了以後，接受它、認同它。如六朝駢文，其架構、用詞，皆十分講究，雕章麗句，實駢文之最佳寫照，可是因其只注重外在形式上的雕琢，而無內容之美，故終於不得流傳久遠。又如墨子爲文則質樸無華，重內容之美而不講究文字、架構之潤飾，雖然墨子有許多超越時代的理論，卻不得行之於當世。由此二例，我們可以肯定地說，內在美與外表美之完全結合，方是一篇好文章，一篇好文章，必須經過完美的布局。

範文教學時，教師可就課文各段各節的布局層次，隨機指導，以培養學生布局的觀念。譬如：作靜態的記狀，可順著觀察的進行爲序；作動態的敍述，可順著事情的經過爲序；作事理的說明或議論，可順其延展過程最合乎自然者爲序。對作家來說，雖然「文無定法」，但學生初學寫作，知道一些「布局」的原則，卻是十分重要。

二、布局的原則：

㈠統一原則：全篇的文義，必須維持一致。在各段中可以正說，也可以反說，卻不能違背中心思想；同時全篇的情調、語氣，也應該統體一致。

㈡秩序原則：布局要有層次，各個意念的展現要循一定的次序。材料的配置，也要妥貼穩當，沒有凌亂失次的毛病。

㈢聯貫原則：全篇從頭至尾要連貫一氣，句與句間、段與段間，相承相接，彼此呼應，使文義順暢妥當，沒有支離散漫，首尾衝突的缺點。

㈣重點原則：一篇之中，要安置重要的語句在適當的位置，以顯示全文主旨。這種語句，可以放置在篇首，也可以放置在篇末，看題目的性質和作者的藝巧而定。短篇文章，可以放置在篇首或篇末，先在篇首喚起讀者的注意和熱望。又在篇末重提前義，或照應前文，這樣可以給予讀者深刻的印象。如果作長篇，主要的語句，往往安置在每「段」的首或尾，其作用和在一篇的首或尾，大致相同。

除了前述四項外，文章的開頭、結尾也是要特別注意的。這同樣是沒有「定法」，只是在開頭的時候，總要自然不俗，像「光陰似箭，日月如梭」一類的濫調，是亟應避免的。結尾則以能照應到開頭，同時又給人餘意無窮的感覺最好。如果草草結束，文意不夠完美，是最壞的了。試看背影這篇文章，開端就說「我與父親不相見已二年餘。我最不能忘記的是他的背影」。這兩句既自然又簡潔；不但直接扣緊了題目，同時又立刻抓住了讀者的注意力，可說是一種非常好的開端方式。下面的回憶，是照事件進行的經過順序來寫的，逐段的層次都很分明，而以隱含著的「父愛」貫串起來，只是這「父愛」，卻要一直到作者看見父親的背影時，才豁然顯現出來。這一段非常重要，所以作者集中全力來描繪，給人的印象極爲深刻。最後一段，從回憶中再回到現實裏來，而以「在晶瑩的淚光中，又看見那肥胖的青布棉袍，黑布馬褂的背影，唉！我不知何時再能與他相見。」爲結尾，這樣一方面跟開頭的一句遙遙呼應，首尾可以聯成一氣；一方面文雖盡而意有餘，令讀者低徊不已。這種結尾，無疑是非常成功的。因此，背影這一篇，不僅在內容上眞摯動人；在布局上，尤其謹嚴，最值得注意學習。任何一篇文章，在布局上都有它的特色，讀時如不細心揣摩，就不容易了解文章的好處，而我們在作文的時候，如果忽略了布局，一定也寫不成好的文章。

三、布局的方法：文章的布局，沒有一定的規矩，要看作者的匠心與藝巧；然而初學作文者，應先要求文章順適，等規矩熟悉後，再談藝巧。

文章的組織方法，昔人有所謂「起承轉合」之說：「起要平直，承要舂容，轉要變化，合要淵永。」（註一六）起，即是文章的開頭；承，即承接開頭的文字加以闡發；轉，是另起新義，更深一層地探討；合，是文章的總結。敎師指導學生習作時，可使學生略知此四法，將有助於文章的布局，不過，就一般布局而言，可將文章分爲開頭、正文、結尾三部分，玆說明如下：

㈠開頭的方式：清唐彪讀書作文譜說：「以古文言之……通篇之綱領，在首一段，首段得勢，則通篇皆佳。每段之筋節在首一句，首句得勢，則一段皆佳。文之重在得勢，而勢之理莫要於是矣。」文章開頭難，這是大家都有的感覺，往往滿腦子的意思，卻找不出端緒下筆；若是起筆合宜，下文則較順勢，易有佳構。好的開頭，能夠引人入勝，如李白春夜宴桃李園序：「夫天地者，萬物之逆旅；光陰者，百代之過客。而浮生若夢，爲懽幾何？」發端數語，即見其瀟灑風塵之外，能增加讀者的趣味。文章的開頭，常見的方式有：

1. 破題法：起筆即點破題旨，然後再舉事鋪敘。也就是「開門見山」、「直截了當」的道出題旨。如陶淵明歸去來辭：「歸去來兮，田園將蕪胡不歸？」王安石遊褒禪山記：「褒禪山，亦謂之華山……。」史記荊軻傳：「荊軻者，衞人也。」皆用破題法。

2. 譬喻法：借彼來喻此，然後引出正題，如劉禹錫陋室銘：「山不在高，有仙則名；水不在深，有龍則靈；斯是陋室，惟吾德馨。」魏徵諫太宗十思疏：「臣聞求木之長者，必固其根本。」是也。

3. 引用法：即引用他人的話作爲文章的起始，如史記酷吏列傳：「孔子曰：『道之以政，齊之以刑，民免而無恥。……』」李白與韓荊州書：「白聞天下談士相聚而言曰：『生不用封萬戶侯，但願一識韓荊州。』」。

4. 冒題法：開始不點出主題，而在題目的周圍先繞個圈子，引起讀者的情緒，待時機成熟，再之不竭者，惟書」之主題。

點出主題，這種方法，又稱爲「埋兵伏將」法。如蘇軾李氏山房藏書記，先以「珠玉象犀……悅人之耳目，而不適於用；金石草木……適於用，而用之則敝」，引起「悅人耳目又適於用，用之不敝，取之不竭者，惟書」之主題。

5.問答法：以一問一答的方式起筆，如爲學一首示子姪：「天下事有難易乎？爲之，則難者亦易矣，不爲，則易者亦難矣。」又如韓非定法篇：「問者曰：『申不害、公孫鞅此二家之言，孰急於國？』應之曰：『是不可程也……』」。

6.敍時法：以記時間來開頭，如薛福成觀巴黎油畫院記：「光緒十六年春，閏二月甲子」，胡銓戊午上高宗封事：「紹興八年十一月日」；王羲之蘭亭集序：「永和九年，歲在癸丑」。

7.感嘆法：以感嘆語氣爲文之首，如袁枚祭妹文：「嗚呼！……」歐陽修五代史伶官傳序：「嗚呼！盛衰之理……」。

8.說明法：以解說題義來起筆，如蔡元培自由與放縱一文：「自由、美德也。」韓愈原道：「博愛之謂仁……。」

9.懸疑法：文章開始提出疑問而無答案，使讀者產生好奇，從而具有探求解答的心理準備。如：陶淵明五柳先生傳：「先生不知何許人也？亦不詳其姓字。」魏禧大鐵椎傳：「大鐵椎，不知何許人。」

開頭本無定法，千變萬化，隨人隨題而異。然一般說來，論辯文及說明文多用「破題法」，而記敍文和抒情文亦多用「冒題法」。

總之，不管使用何種方法，總要能引起讀者的興趣，喚起讀者的注意力，使人閱讀之際，產生一種「欲罷不能」的感覺，才算是最爲理想。

㈡正文的方式：正文是一篇的主幹，如果安排得妥當，全篇的結構就顯得緊湊有力。常見的正文布局方式有：

1.歸納法：先分說各項事實，不直指文旨，最後才作結論，是爲歸納法。如朱自清之「說話」（註一七），先闡述說話的重要、說話的種類、技巧……最後點出主旨：提醒讀者重視說話的修養。又如劉蓉「習慣說」皆是。

2.演繹法：一開頭便揭示文章的重心，然後逐層推演闡發，再下結語。如蔡元培之「新生活觀」，一開始即以「什麼是舊生活？是枯燥的、是退化的。什麼是新生活？是豐富的、是進步的。」其次再作進一步的闡述「舊生活退化的原因」和「新生活豐富進步的原因」；最後方言「希望人人皆行新生活。」

3.順敍法：即「由先而後」，按事物發生時間的先後，分段順序而寫，如陳衡哲「居禮夫人小傳」、柳宗元「永州八記」、戰國策「馮諼客孟嘗君」等。

4.追敍法：即「由後而先」，先寫當前的事，然後逐一敍寫過去的事。如陳正光「平易中見偉大」，陳源「哀思」（註一八），即爲追敍法。

5.正敍法：即「由因而果」，先寫原因，次寫經過，最後說出結果。如司馬遷「田單復國」，首段述復國之因，二至五段爲復國經過，第六段寫出結果。

6.倒敍法：即「由果而因」，先說結果，再述其原委，如歐陽修「瀧岡阡表」、穀梁傳「虞師晉師滅夏陽」先記戰爭結果，再說原因。左傳中有很多處使用這種筆法。

7.正反法：一段正說，一段反說，正反互用，賓主錯綜，以見文章的靈活機巧。如：董思白云：「正反乃文章大機關，不可不知也，且如論語中，夫子之論管仲，若正言之，則曰管氏不知禮，何等明盡，卻又曰：管氏而知禮，孰不知禮。」（註一九），已說得很明白。

8.遞進法：先由小處說起，然後及於重心，層層遞進，以明主旨。如丘遲「與陳伯之書」，逐層漸進，以達勸降目的。錢大昕「奕喩」由觀棋小事敍起，層層遞進，說明作人的道理。

正文是一篇文章的基幹，居全篇最重要的地位。無論是論說、抒情或記敍，都不是僅用三言兩語就能表達清楚的。一定要把蒐集來的資料，加以意匠經營，依照內容含意層次，或情景的變化，分成若干段落，順序，分別論說抒寫。至於怎樣安排順序？這要看題材而酌定，沒有一成不變的方式。然一般說來，論說文最常用的是「演繹法」、「歸納法」、「遞進法」。記敍描寫文所慣用的是「順敍法」、「追敍法」、「正敍法」、「倒敍法」等。至於抒情文的寫法，多半由作者的主觀去決定，就文章的內容、情節和語氣的轉變而安排，千變萬化，沒有成規可循。

㈢結尾的方式：文章的結尾和開頭是一樣重要的。陳腔濫調的結語會影響到全文。最好的結尾是自然簡要、含蓄而有力，讓讀者能有所尋思、回味。常見的結尾方法有：

1.總結法：將全篇文義作一結論。如朱自清「說話」一文：「總之，我認爲我們要說得巧，要說得少。『言多必失』『多言多敗』」。又如任鴻雋「科學的頭腦」：「以上四點……是養成科學的頭腦的必要條件。從來大科學家研究科學，沒有不是依賴它們而成功的。」

2.照應法：結尾與開頭相呼應，前後貫串，給人圓合的感覺。如彭端淑「爲學一首示子姪」便是。

3.引用法：引用格言、名言或成語，以作結語。如劉禹錫「陋室銘」：「孔子云：『何陋之有？』」。

4.疑問法：以疑問語氣來作結束，造成懸宕的氣氛。如韓愈「送楊少尹序」：「古之所謂鄉先生沒而可祭於社者，其在斯人歟？其在斯人歟？」又如：陶淵明「五柳先生傳」：「無懷氏之民歟？葛天氏之民歟？」。

5.感慨法：用感慨的口氣來作結尾。如蘇軾「留侯論」：「嗚呼！此其所以爲子房歟！」歸有光「先妣事略」：「世乃有無母之人，天乎！痛哉！」。

6.補敍法：文意已結束，而恐有交代不清的地方，乃在文末補充說明。如韓愈「師說」：「李氏子蟠，年十七，好古文……余嘉其能行古道，作師說以貽之。」方苞「左忠毅公軼事」：「余宗老塗山，左公甥也……獄中語乃親得之於史公云」。

7.抒情法：以抒寫情意作結。如朱自清「背影」：「唉！我不知何時再能與他相見。」又如袁枚「祭妹文」：「紙灰飛揚，朔風野大，阿兄歸矣，猶屢屢回頭望汝也。嗚呼哀哉！嗚呼哀哉！」

8.問答法：文章結尾採用一問一答的方式，使人易於接受。如：孟子弈喻：「爲是其智弗若與？」曰：「非然也。」

我們常聽人說：「文章千古事，得失寸心知」；或「文無定法」等等。也有人認爲做文章講究理論格式是很可笑的事。然而對中學生而言，適當的指引是絕對必要的。我們更可以肯定地說：「國中、高中的作文教學中，理論和練習是並重的。」所以我們有必要將布局、章法告訴學生。文章的布局，就如同演戲，如何開場？接下去怎麼安排？怎麼收場？戲中有那些重要的角色等等，都要注意。在文章中，首尾是最重要的，如何設計一個引人入勝的開場白，和一個完美的結尾，關乎文章之好壞。最理想的結尾應該具備自然、簡要、含蓄、有力、餘味無窮等條件。一般說來，論說文結尾不宜太長，最好能簡要概括地把正文分別敍述的事項作一個總結，或是和開頭遙相呼應。記敍文或抒情文的結尾，不宜把話說盡，要含蓄，要暗示，要留一部分給讀者自己去尋思，去回味。所謂「弦外之音，繚繞不絕。」所謂「言有盡而意無窮」，才是最好的結尾。總之，任何一篇文章的結尾，要有水到渠成之勢，適可而止，不宜有一點勉強的痕迹，要順著前面各段所記敍的事物、景緻，所表現的思想、情感，順理成章，很自然地歸結到這樣一個結尾。

柒、措辭

一、措辭的意義

「措辭」的意思是：斟酌運用詞句。這是作文時遣詞造句的問題，也就是把構思所得的材料，用最妥當的詞句表達出來，成爲一篇文章。劉勰文心雕龍說：「句有可削，足見其疏，字不得減，乃知其密。」可見措辭之目的就是要做到無可削減的地步。作文指導的六項工作（審題、立意、構思、運材、布局、措辭）中，以措辭最爲艱深。懂得遣詞造句的技巧方能妙筆生花、文采奕揚。這種基礎的培養便靠「多讀」，多讀可以「儲材」也可以作「比較」，不致坐井觀天，爲窄隘的圈子所限，在比較之中，也能領悟作者遣詞造句的長處，進而學習其修辭的技巧。

二、修辭的功用

作文修辭可分消極和積極兩種作用。消極的修辭只是在使人理會，使語詞純正、安排穩密、次序通順，也就是在於「達」。論語：「子曰：『辭，達而已矣。』」（註二〇）所謂達就是意義明確，充分表達內在的情思，使讀者易於了解，不生歧義。積極的功用是求生動緊湊、典麗雅潔，能感動讀者，引起共鳴，這種功夫不是一蹴可及的，除了要對詞語有敏銳感受之外，平時就要留意賞析範文的修辭技巧、文法運用……等，再經長期練習，方能有效。

三、措辭的技巧

㈠遣詞：詞句是文章的基礎。作文要求詞語妥適、意義明確，平日就要多積蓄詞彙，才不會「詞到用時方恨少」。惟有經過深刻的體會玩味，才能活用詞中蘊含的意義，同時賦予變化、產生創意，在不同的情境或場合中，能運用最貼切的詞語表現心中的意思。如寫「落花」，晏殊的「無可奈何花落去」；晏幾道的「落花人獨立，微雨燕雙飛」；辛棄疾的「惜春常怕花開早，何況落紅無數」；李清照的「花自飄零水自流」，給人的感受便完全不同。最深刻的體會便是「心有戚戚焉」，與作者產生了共鳴。

除此之外，文章的用詞不可過於省儉，用詞過於簡略則文義隱晦不明；也不可過於古奧曲折，令人費解，摸不著頭緒。要求文章活潑有力，用詞就要創新，不可人云亦云，或用擬人法來表現，使之更爲動人、親切，或改變詞性，將一個詞活用，如余光中詩：「在中國，最美最母親的國度。」「今晚的天空多麼希臘。」（註二一）這是將名詞當作形容詞用。另外，虛詞的運用是否得當，亦關係著全文成敗，虛字用得漂亮，可以表現作者的神情，使文氣流暢，文句生動活潑，如孟子梁惠王篇：「無傷也，是乃仁術也，見牛未見羊也。」「乃」字便用得極爲傳神。

㈡造句：遣詞和造句本來是分不開的，遣詞要求明確，造句更應配合文章裏思想或情感的需要，力求明白順暢。在行文造句時，要注意幾點原則：

1. 句子的組成要合於文法或語言習慣。
2. 造句求平易，意思要清楚完整地表達，不使人誤會。

3.長、短句宜錯雜兼用，若長句過多，則流於堆砌、沒有力量，短句過多則文氣急促不舒暢，所以沈虹野說：「文章之詞句，貴長短間行，體裁宜散整互用。」（註二二）

4.句與句之間，意思要相互銜接，使前後一氣相貫，不可散漫離析，矛盾相生。

5.句子的型式有敍事句、表態句、判斷句、有無句……等，使用時要與思想感情相吻合。

四、措辭的理想

措辭以「眞」、「善」、「美」爲其最高鵠的，作文時必須留意，這文辭是否「如實」地表達了自己的情志？這是「眞」；這文辭是否「確當」地表達了自己的情志？這是「善」；這文辭是否「優秀」地表達了自己的情志？這是「美」。文辭的眞善美，表現在字、句、篇、章上最爲具體。古人對字的鍛鍊，態度十分嚴謹。因此教師指導學生作文、鍊字時，對字形、字音、字義都要加以選擇。字形方面，須注意：①要戒絕俗字、錯字、別字、簡體字等。所謂俗字如「亂」作「乱」、「果」作「菓」、「惡」作「悪」；錯字如「踏」作「蹹」、「祭」作「祭」、「廢」作「癈」；別字如「舞弊」作「舞幣」、「厲害」作「利害」、「收穫」作「收獲」；簡體字如「歷」作「历」、「圍」作「囲」、「慶」作「庆」等。用俗字不雅，用錯字、別字，顯得淺薄；用簡體字表現庸劣，都應該切忌。②要避免怪異的字。在一篇平易的文章裏，忽然用上幾個怪異的字，實在是刺目得很。如曹攄的詩：「豈不願斯遊，褊心惡哅呶。」就因爲用了「哅呶」兩個怪異的字，把一首好詩糟蹋了。③要避免聯用同偏旁的字過多。除了作賦，在形容風景人物時，不能避免要用同偏旁的字外，寫普通的文章，用得多了，眞像扳字典，給人看了，叫人厭煩。如張協雜詩：「洪潦浩方割」。沈約和謝城詩「別羽泛清波。」聯用三個水旁字，已看不順眼。至如曹植雜詩：「綺縞何繽紛」，陸機日出東南隅行：「璚珮結瑤璠」，五個字中竟有四個同偏旁的，叫人如何不生厭。④同一個字重複使用，要加以斟酌。在同一句中，或同一篇中，有些字是可以重出的，甚至愈重出愈顯出巧妙。如孟子梁惠王篇：「獨樂樂，與人樂樂，孰樂？」便是一個很好的例證。有些字是不可以重出的，尤其是形容詞和副詞，在同一段落裏，如果前後重複便覺得乏味。譬如包公毅所寫的救火之勇少年，當那個少年第一次爬上那個被燒的高樓時，下面聚著看的人都叫著：「險哉！險哉！」連著重複兩個「險哉」，更顯出大家情緒的緊張和少年的勇敢；當少年第二次再上那個高樓，搶救那婦人的孩子時，情勢是更危險了，而這時包公毅只寫道：「羣衆咸惴惴為此少年危。」假如還照前面寫著：「羣呼曰：『險哉！險哉！』」一定使人有單調板重之感。⑤單詞（字）和複詞的排列，也要叄伍錯綜，調配和諧，大約單詞太多的句子，顯得散疏零落，不見緊湊；複詞太多的句子顯得累贅沈重，不甚飛脫。許多單詞中夾有複詞，便可以去散疏零落的毛病。譬如：「然或受野蠻人之攻擊」（蔡元培捨己為羣）這一句裏「野蠻」和「攻擊」是複詞，其餘皆是單詞，假若改為「然或受夷之擊」，全用單字，意思雖然相似，就不及原句疏密相間，錯落有致了。同樣，許多複詞中也要夾有單詞。譬如：「我對於花卉是普徧的愛憐。」（見謝婉瑩蒲公英）這一句裏「花卉」「普徧」「愛憐」這些複詞裏夾些單詞，所以看來很調和。假若改為「自己對待花卉普徧愛憐」，意思雖同，可就累贅沈重得多了。字音的選擇也很重要，必須講求

「自然」、「朗爽」、「響亮」。相傳范文正公作嚴先生祠堂記收尾四句歌是：「雲山蒼蒼，江水泱泱，先生之德，山高水長。」他的朋友李泰伯看見，就告訴他：「公此文一出名世，只一字未妥」。他問何字，李泰伯說：「先生之德不如改爲先生之風。」他聽著很高興，就依著改了。「德」字和「風」字在意義上固然不同，但最重要的分別還在字音上面。「德」字仄聲，音啞，沒有「風」字平聲那樣響亮。這是一個很好的例證。至於字義的選擇，難在意義的確定與控制。字有直指的意義、有聯想的意義，譬如救火之勇少年一文中，「馳突於絳雲之樓」，絳雲是紅色的雲，這是直指的意義；又由於錢謙益的絳雲樓被火燒掉是一件有名的事，於是看到被火燒的樓，就聯想到絳雲，這是聯想的意義。科學的文字大都限於直指的意義，文學的文字有時卻必須顧到聯想的意義，怎樣靈活運用、恰到好處，那就要看各人的學力和領悟了。（註二三）

五、教學的方法

遣詞要精確，造句要穩貼，先求清順通暢，再求雅潔精鍊，而至於盡善盡美，這種控馭文字的工夫，不是臨時指導所能見效，完全要靠平時著意施行，舉凡範文教學中詞彙、語句的分解剖析，文法、修辭的討論類比，以及應用練習、語言練習乃至課文朗誦等等，都是此種寫作措辭極重要的訓練。教師要指導學生平時多讀講、多聽取、多記憶、多體會，以至用心於日常語文使用中（如說話、寫信、講故事、作日記等）多多愼思明辨，以求進步，方可使學生辭句達到準確、穩貼的境地。此外，語氣、語態之決定（如直接或委婉，平實或深刻，嚴謹或輕鬆……之類），以及虛字的使用，教師也應

促使學生就寫作情境，細細斟酌，務使學生能把自己所說的話，一句一句寫得清楚。（註二四）

總之，遣詞造句是作文最基層的功夫，也是最艱難的工作，古人「爲安一個字，撚斷數根髭」（註二五）「一詩千改心始安」（註二六）都是說明措辭之不易。教師在平日即應指導學生廣博閱覽各種書籍，以增廣見聞，多記取、多摘錄名言佳句，儲備詞彙，並從日記、書信、閱讀心得寫作中，練習運用修辭的技巧，以爲作文遣詞造句時的準備。

捌、結語

上述六項，是指引學生對所命的題目，有一條設計經營的路徑和著手的步驟。教師在實施之前，應視題目的難易及學生的程度、寫作經驗和寫作時間等，酌予變化。而在學生作文的當時，教師應「始終在場指導，舉凡學生所寫不出來的字，使用不妥的詞語，組織不成的句法，以及進行時所遇到的疑難，都要鼓勵他們提問，而助其解決。」（註二七）教師能夠不憚其煩地指導，學生寫作起來也有信心，無形中培養了作文的興趣，這是作文教學成功的第一步。

此外，作文草稿完成之後，應令學生多讀幾次，仔細地推敲琢磨，看看文法是否妥當？語氣是否聯貫？筆調是否順暢？文辭是否通順優美？有不妥善的地方，便加以修改，再認眞地用毛筆或鋼筆謄清。這其間，或許發現有更好更美的詞語或表達方式，也可以同時修改，使文章更臻於完善。

【附　註】

註　一　參見章師銳初先生中學國文教學法。
註　二　見清唐彪讀書作文譜卷六。
註　三　同註二。
註　四　見陳正治等合編作文引導第二冊。
註　五　見李日剛作文的技巧。
註　六　見曾文正公全集復陳右銘書。
註　七　同註二。
註　八　見陶希聖取材與構想。
註　九　同註四。
註一〇　見賈島詩。
註一一　見元遺山與張仲傑論文集。
註一二　同註五。
註一三　參見國民中學國文教師手冊第二冊。
註一四　見宋洪邁容齋隨筆卷四。
註一五　見清唐彪讀書作文譜卷七。
註一六　見范椁詩法。
註一七　見國中國文課本第三冊。
註一八　見國中國文課本第四冊。

註一九　同註五。

註二〇　見論語衛靈公篇。

註二一　見余光中詩選。

註二二　同註五。

註二三　同註五。

註二四　同註一。

註二五　見盧延遜詩。

註二六　見清袁枚遣興詩。

註二七　同註一。

第四節　各種文體寫作之指導

壹、記敍文寫作指導

一、記敍文的意義

記敍文可分爲記事文與敍事文兩種。記事文也稱爲記載文，又叫做記述文，是依據作者所見、所聞或所想像的情形，把人、事、物的形色、狀態、情景、性質、效用、方法，或社會狀況等等，記載下來的文章。敍事文，也叫做敍述文，是敍述人、事、物的動作、變化，而使讀者曉得事實經過的文章。

一般說來，記事文是屬於靜態的、空間性的描述，例如：「桌上堆著一本一本的書，都是我愛看的」，這是記事。敍事文則偏向動態的、時間性的描述，例如：「我正在一本一本翻著桌上的書籍，覺得很有趣」，這是敍事。以吳敬梓的「王冕的少年時代」一文爲例，這篇文章的第一段寫王冕的簡歷，第四段寫王冕在秦家的生活，是屬於靜態的描寫，第五段寫七泖湖夏日雨後湖邊山光、湖面荷花的各種景色，這是屬於空間的描寫，都可以說是記事文。而這篇文章的第二、三兩段，寫王冕母子共同商議，以及第二天前往秦家，一個留著放牛，一個含淚回家，是屬於時間的敍述，第五、六兩段寫王冕學畫荷花的動機、經過和成功，是屬於動態的描寫，都可以說是敍事文。劉鶚在「黃河結冰記」中，寫老殘洗完臉走向河隄，到悶悶地回到店裏睡覺爲止，是「敍事文」的格式，而文中的「河面不甚寬，兩岸相距不到二里，……」、「看那河身不過百十丈寬，……」這幾小段，便又是「記事文」的格式。像這種記和敍、動態和靜態混雜間出的情形，在記敍文中不乏其例，比比皆是。這種記、敍和其他各種體裁互相間出或包容，其實正是造成文章曲折變化的一個主要因素。所以就記敍文來說，我們不必強分「動」、「靜」，區別「記」、「敍」，只要概括地說是「記敍文」就可以了。（註一）

二、記敍文的類別

記敍文在內容性質上可分爲五類：㈠狀物的，是記敍動物、靜物的形態、性質等。㈡寫景的，是記敍自然界的景物，如山水、天象等。㈢記人的，是記敍人的狀貌、言行。㈣敍事的，是記敍事件的眞相、變化和因果等。㈤記遊的，是記敍旅遊中的所見所聞。以下分別說明這五類記敍文：

㈠狀物：狀物的記敍文，在寫作時往往運用各種技巧，如：以物比物，利用人們熟知的甲物比乙物，使乙物更容易被人了解。例如：「文章有時候像是樹，枝葉婆娑，很有姿態。」這是以樹比文章。另有以物比人者，則是將不能說話的物比做人。例如：「梨花一枝春帶雨」、「落花猶似墜樓人」，這是以花比擬美女，在寓言故事中更常將動物比做人。又有虛實互比者，即虛物、實物彼此互比，化抽象爲具體，加深讀者的印象。例如：以日光比笛聲、月色比簫聲……等。

狀物的記敍文可分爲四種：1.科學性的記物——這是從科學的觀點來記物。2.描寫性的記物——

這是從文學的觀點來記物。3.雜文性的記物——這是利用讀書札記的資料寫成的文章。4.詠懷抒情的記物——這是藉寫物來寄託自己的情感思想。

(二)寫景：寫景的記敍文，要使讀者看了有身歷其境的感覺才算成功，因此必須把握景物的特色來寫，不可隨便書寫景物的通性。此外，更應該注意：1.把握景物的中心，用流利暢達的筆調加以描繪。2.近景與遠景應分輕重：寫遠景的筆調要比寫近景的筆調來得淡薄。3.靜景的點染法：只寫靜的景物，容易單調，最好插入活動，使文章生動活潑。4.情景交融：寫景時最好能景中帶情，情和景打成一片。5.寫實與理想：不論寫實或理想都要合情合理，使人相信。6.把握景物的個性加以描繪，留給讀者深刻的印象。

(三)記人：記人的記敍文，必須注意：1.背景：寫出被記人的環境、時代等。2.形體：如果被記的人有特點可記，可以約略寫出他的特色。3.個性：凡足以表現言行個性的舉止最好記下來。4.襯映：這是以別人的事來襯映主角的個性。5.主客：記敍許多人時應分明主客，不要雜亂。

(四)敍事：敍事的記敍文，以事爲主，以人爲輔，應注意：1.因果：無論是先因後果或先果後因，都不可忽略了因果的關係。2.佈局：文章材料選定後，如何剪裁，如何安排，應加以考慮。

(五)記遊：記遊的記敍文，原是記事的一種，只是古今記遊的文章多而且好，所以另闢一類，山水景物雖各自不同，而記遊的文章大致有四種作法：1.以遊者爲主體的——這是以遊者所經的路線，記出所見所聞的事物。2.畫定範圍的——這是先確定範圍，再分記範圍以內的事、物。3.以一物爲中心的——先選定一物爲中心，再依左右前後的方向逐漸記述。4.以時日爲主體的——以時間或日期爲主，記述畫定的時日內所經歷的事物。

三、寫作的原則

記敍文寫作時，必須注意幾點：㈠要適切題旨。㈡要注意特色。㈢要確定觀點。㈣要決定剪裁方式。以下就從這四方面加以說明：

㈠要適切題旨：記敍文的材料，必須適切題旨。凡是跟題旨無關的材料都要捨棄。譬如說，有關承天寺的資料非常之多，它的來歷、建築、景觀等等，假使我們要描述，都應該寫進去才對。但是「記承天寺夜遊」一文，因爲旨在敍述蘇軾夜遊的一時感受，所以承天寺的資料雖然很多，但跟題旨無關的，便都得割愛了。同樣地，「居里夫人小傳」一文，既然偏重在敍述她的身世與人格，與此無關的材料也就不須多引用，以免文章夾雜不清。大致說來，記敍文的旨趣不外是：表現思想、傳達知識、激發情感、提供趣味。因爲題旨的不同，材料取捨的標準也就自然相異。蘇軾的「記承天寺夜遊」，旨在描寫夜遊的經過與感受，所以承天寺的建築可以略而不提；陳衡哲的「居里夫人小傳」，重在介紹她的身世，所以居里家世便必須詳盡。當然，一篇文章可以同時具備幾種性質，不過在寫作時總要有個重心才是。（註二）這個重心，就叫做題旨或旨趣，也就是一篇文章的中心思想。

記敍文的目的是記敍眞實事物，給人以深刻的印象，並不是描繪空中樓閣，使人不可捉摸，所以作者可就觀察所得，配合主旨，作眞實的記敍，這樣寫出來的文章才不會落入俗套。倘若對於所記述的事物只是浮光掠影的粗心一瞥，又如何能言之確切呢？

㈡要注意特色：寫作記敍文必須使所描述的人事活現突出，才能生動感人。要達到這個目的，必須觀察深刻，把握住所要描述對象的特色，然後以細微具體的筆調加以描繪。任何事物的形狀、性質總會有與衆不同的地方，這不同的地方，就是所謂特色。以人爲例，人人都是圓顱方趾，具有五官四肢，似乎沒有什麼不同，但是仔細觀察，芸芸衆生中，可以說沒有兩個人的長相會完全相同；甚至可以說沒有誰的眼睛和另一個人的眼睛會長得一模一樣。我們描寫人物的形狀時，就要注意到這些地方。否則，寫美女都是「眼如秋水」「眉似遠山」，寫山水都是「高峯聳立」、「波光瀲灩」，寫粗漢開口是引經據典的話語，寫父愛是「我的父親比誰都關心我」的一些陳腔濫調，那就無法予人具體的印象，而文章也就缺少動人的力量了。

以朱自清的「背影」爲例，旨在表現父愛。文中敍述作者和他父親一起到南京去，父親送他北上的經過。在南京他們一共逗留了兩天，父親送他上車的時間卻不過只有幾個鐘頭，然而作者對於父親送行的一幕，極力鋪陳，其餘的只用「到南京時，有朋友約去遊逛，勾留了一日。」幾句話就輕輕的帶過。個中道理就是因爲作者要表達的旨趣是父愛，而他在車站時所看到的父親背影，才是令他體會到父愛的媒介。作者從這背影來寫父愛，就是能夠把握住特色。（註三）

㈢要確定觀點：記敍文的材料，不但是從作者自己的經驗得來，還有從別人的傳說或書籍的記載裏得來的。材料的來源既然不一，或從甲方說，或從乙方說，當然觀點不能一致。將許多材料連綴成文時，如果也這樣混淆不清，文章就容易顯得雜亂無章了。因此，作者在文章裏應該有一個統一的觀點。在作文之前，就要確定寫作的立場，到底是站在主動的或被動的或旁觀的那一種地位。

記敍文通常以居於旁觀者的立場爲多，因爲這樣比較容易使人相信你所說的是事實，文章的影響力也可以大些（如：五柳先生傳）；其次是用主動者的觀點，因爲筆端帶著情感，寫來容易令人感到親切（如：哀思）。至於用被動者的觀點來寫的就比較少了。（註四）

一篇記敍文的觀點，不應該隨便變更，這只是一般的原則。在長篇的或複雜的記敍文裏，要將各方面的情形都表現無遺，有時卻也不能不變動。只是觀點的變動，仍然要使人摸清頭緒。吳敬梓「王冕的少年時代」是站在旁觀者的立場來寫的。第二段寫「看看三個年頭，王冕已是十歲了。」是就王冕母親的立場來寫的。到了第四、五、六段，寫王冕存錢讀書，看見荷池景象，學畫荷花等，顯然已從王冕的立場來敍述。觀點雖然一再變動，但我們讀了，仍然覺得通暢如流，沒有頭緒不清、難以了解的毛病。

㈣要決定選材方式：從記敍文的範圍來講，材料剪裁的方式，常見者有三種：一爲鳥瞰式，這種方式是著重在全面，作概括性的記敍。例如：朱自清「春」的第二段「山朗潤起來了，水長起來了，太陽的臉紅起來了。」作者以「山」、「水」、「日」對初春景色作概括性描述，便是運用鳥瞰式取材的手法。二爲剪影式，這種方式是著重在菁華片段的記敍。例如：朱自清「春」的第三、四、五、六段，所選用的材料是「花草」、「樹木」、「風雨」，作者對這幾點作片段性的描述，以烘托出初春之美，這便是運用剪影式的取材手法。三為步移式，這種方式是隨時空的移動而記敘。例如劉鶚的「大明湖」記述老殘遊歷濟南勝景大明湖的經過，全文計分八段：首段記述老殘到達濟南沿途所見。第二段說明他到達濟南當晚的活動情形。第三段記歷下亭的景觀。第四段描繪由鐵公祠南望千佛山的特殊景觀。第五段繼續描寫千佛山的景象。第六段寫蘆花、夕陽所形成的奇異景致。第七段繼續寫鐵公祠的內外景觀。第八段寫回程中所見奇境佳趣。像這樣隨時空轉移，因所遇景物而描寫，便是步移式的取材手法。究應如何剪裁，動筆之前應作決定。

四、常用的作法

把握住記敘文的寫作原則後，接著尚須講求記敘的方法，記敘的方法，由形式來說，常見者有「順敘」、「倒敘」、「插敘」、「補敘」四種。

㈠順敘法：順敘法即是隨時間、空間的先後次序，平鋪直敘的將某事物的發展過程清清楚楚的記敘出來。例如陳衡哲的「居里夫人小傳」依照時間的順序來寫，「大明湖」依照遊歷的順序來寫。這種記敘文，大都在詞句方面不加刻意的渲染，章法方面也不十分曲折。

㈡倒敘法：倒敘法即是把事情最重要或最引人的部分放在開頭，將時間倒排；先寫結果，然後追敘原因和經過；先寫現在，然後追敘過去，也就是先果後因的方法。如蘇梅的「禿的梧桐」便是。這種寫法，是先把事情的結局告訴讀者，形式上比較富有變化，不致於平鋪直敘。

㈢插敘法：插敘法是將枝枝節節的事，插在正文中間敘述。例如朱自清的「背影」第四、五兩段便是。插敍部分，有時可能看似和本文無甚關係，其實或爲「烘托」；或爲「襯映」，應與本文主旨有關。

㈣補敍法：補敍法即是在記敍過程中，有幾件小事必須明白寫出，但不在正文中說明，而在文末補述出來的方法。如張騰蛟的「溪頭的竹子」最後一段便是。

一篇文章可以兼用兩種以上的方式，如順敍兼插敍、倒敍兼補敍之類；但是「順」、「倒」不能同時並用，而「補」、「插」有時可以兼施，必須視材料而決定。

（本文原載於國立臺灣師範大學中等教育雙月刊。民國七十五年一月曾轉載於國立編譯館主編之國民中學國文教師手册第四册「語文常識一、記敍文的作法。」）

貳、論說文寫作指導

一、論說文的意義

論說文是合議論文與說明文而成的，前者重在主觀的論證，使人信服，後者重在客觀的說明，使人理解。

議論文是發揮自己主張，批評別人意見，以說服別人爲目的的一類文章，而說明文則是解釋事物，說明意義，使別人得到事理或物象的知識的一類文章。

事實上，世間原就沒有完全客觀的說明，任何道理，由一個人說明出來，其中多多少少總會夾雜會被人採信。「說明」離不開主觀，「議論」離不開客觀，可見用「主觀」和「客觀」來區別「議論文」和「說明文」，並不十分妥當。所以「議論文」和「說明文」的區分，也不過是一個大概的說法，很難有明顯的界限，倒不如把它們看成一類，就稱爲「論說文」。

二、構思取材的方法

論說文雖是主觀的發抒一己之見，建立自己的主張，也要客觀的把握論證，以達到駁倒與己相反的理論之目的，所以取材必須充分而確實，也就是要尋取能支持論證或說明內容的材料。論說文材料的來源，約略可分爲三方面：

㈠書本：選取書本的材料，要注意的是一般人都熟悉認可確信不移的，並且確實可靠。

㈡經驗：經由個人的體驗是最眞切實在並直接的材料，作者多方體察，方可豐富論說文的生命。

㈢傳聞：傳聞往往虛實相摻，最怕以訛傳訛，作者如要運用傳聞來論說佐證，一定要再三思索，擇實而用，才不致有「道聽塗說」之嫌。

除了取材要精當之外，在提筆寫作前尙須注意構思的方法，一般說來可循「六W」主義來運用思考：（註五）

1.Why：「爲什麼作這文？」據此思考題意，以明瞭作這篇論說文的目的，方能確立主旨於正軌。

2.What：「文中要寫的是什麼？」依此原則，作者可以確立本篇論說文的範圍，則寫作時便很容易把握對人、事、物的運用。

3.Who：「誰在作這文？」同一題材的論說文，在不同的作者抒論下，所能掌握的角度大小有別，因此作文之前，必得確立作者的身分為何？才不致失卻立場。

4.Where：「在什麼地方作這文？」作者必須注意文章發表的場合，以及關懷的對象，如此所發抒的議論才能「恰如其分」。

5.When：「在什麼時候作這文？」論說文的內容若與節慶有關，或者針對時事而發，則不容忽視文章發表的時節，以免落入「風馬牛不相及」之譏。

6.How：「怎樣作這文？」這是建立文章的結構，在下筆之前必得作好的工作，依據文題來決定引論、本論、結論的內容，一切安排妥適，即可動筆寫作。

三、組織的形態

論說文組織的形態，一般言之，可分為引論、正論、結論三部分，茲分述如下：

㈠引論

這是一篇文章的開端，常運用說明的方法，將題目加以適當的解釋，有時是揭示論點，有時是用來表示為文的動機，有時是解釋事物的意義或由來。引論的文字一定要簡潔、明瞭、不要浪費太多筆墨，一般最常見的方式有正起、反起和問答起三種。（註六）

1.正起：就是從題意的正面寫起，大致又有以下七種手法：

(1)先提示全篇重心者：這種方法亦即開門見山法，讀者一看便知道全篇重心，然後再用演繹法加以論辯。例如：蘇洵「六國論」：「六國破滅，非兵不利，戰不善，弊在賂秦。」

(2)先說出全篇綱領者：這種方法亦即在一個大題目之下，先劃出一個小範圍來說，必須先點明問題的一方面，或者將別人的意見，先予以反駁。例如：胡適「讀書」：「『讀書』這個題目，似乎很平常，然而我卻覺得這個題目很不好講，我今天是想要根據個人的經驗，同諸位談談讀書的方法。……讀書有兩個要素：第一要精，第二要博。」

(3)先引用別人見解者：這種方法亦即在文章開頭，先簡略的申述一下別人的見解，然後再下論斷，不過必須注意精簡，不可喧賓奪主。例如：顧炎武的「廉恥」：「五代史馮道傳論曰：『禮義廉恥，國之四維；四維不張，國乃滅亡。』善乎管生之能言也。禮義治人之大法，廉恥立人之大節。……況爲大臣而無所不取，無所不爲，則天下其有不亂，國家其有不亡者乎？」

(4)先敍成議或事實者：這種方法亦即在文章開頭，先簡述一件事實。例如：王安石「孔子世家書後」：「太史公敍帝王則曰本紀，公侯傳國則曰世家，公卿特起則曰列傳，此其例也。其列孔子爲世家，奚其進退無所據耶？」

(5)先設譬喻或例證者：這種方法亦即在文章開頭先作譬喻或例證，然後引入正題。例如：孟子「舍生取義章」：「魚，我所欲也；熊掌，亦我所欲也；二者不可得兼，舍魚而取熊掌者也。生，我所欲也；義，亦我所欲也；二者不可得兼，舍生而取義者也。」

(6)先解釋題義者：這種方法亦即在文章開頭先以簡要的詞語，說明題旨。例如：韓愈「師說」：

「古之學者必有師，師者所以傳道、授業、解惑也。」

(7)先憑空發論者：這種方法即在文章開頭，先有一段論述，而後引入正題。例如：蘇軾「留侯論」：「古之所謂豪傑之士，必有過人之節；人情有所不能忍者，匹夫見辱，拔劍而起，挺身而鬪，此不足爲勇也；天下有大勇者，卒然臨之而不驚，無故加之而不怒，此其所挾持者大，而其志甚遠也。」

2.反起：就是從題意的反面寫起，而後再翻入正面，此即所謂「翻騰法」。在反說的時候，故意留下些破綻漏洞，爲後來作正論時駁擊之依據。例如：

(1)反駁別人意見者。例如：王安石「讀孟嘗君傳」：「世皆稱孟嘗君能得士，士以故歸之，而卒賴其力以脫於虎豹之秦。嗟乎！孟嘗君特雞鳴狗盜之雄耳，豈足以言得士！」

(2)從反面入手者。例如：佚名的「愛國論」：「上古之時，無國家社會之組織，而人民安然樂處；故老子主無爲，擊壤之歌以爲帝力於我何有？是人民無國家固也足以生存，我何用愛祖國乎？然而不然。……」

3.問答起：就是在文章的開端先發疑問，或假設和人問答，以發表自己的見解；這種方法，起源於子書中師弟的問難。其後像東方朔的「答客難」、揚雄的「解嘲」、班固的「答賓戲」、韓愈的「進學解」，都加以採用。例如：彭端淑「爲學一首示子姪」：「天下事有難易乎？爲之，則難者亦易矣，不爲，則易者亦難矣。人之爲學有難易乎？學之，則難者亦易矣；不學，則易者亦難矣。」

㈡本論

這是一篇文章的骨幹，因爲這是文中最重要的辯證部分，所以有人稱之爲「辯證」。辯，就是辯駁；證，就是證明。因爲我們無論是議論人物或論辯事理，絕不能憑空臆斷，總得拿出證據來，而尋找證據也要合乎法則。所以作論說文，一定要明白辯證的方法，也就是邏輯。論說文中所用的辯證法，完全是採用理則學中推理的方法。通常應用的有演繹、歸納和類比三種方式：（註七）

1.演繹法（又稱三段論式）：它是由全體而及於部分，全體如此，部分當也不能例外；即根據已知的普遍的原則，來推論那原則所包括的特殊事件。它常由三個命題構成，就是大前提、小前提、斷案。例如：

凡是中國的國民都應當愛中國，……大前題
你是中國的國民，……小前提
所以你應該愛中國。……斷案

這是演繹法正常的排列法。人們通常說話作文，爲求方便，往往變更其順序，有時亦可省略命題，只要意義明白即可。變更順序的方式有以下五種：

(1) 凡是中國的國民都應當愛中國，……（大）
所以你也應當愛中國，……（斷）
因爲你也是中國的國民。……（小）
——斷案翻到小前提前面

(2)

你應當愛中國，……………………（斷）
因爲中國的國民都應當愛中國，……（大）
你也是中國的國民。………………（小）

斷案翻到大前題前面。

(3)

你應當愛中國，……………………（斷）
因爲你是中國的國民，……………（小）
而凡是中國的國民都應當愛中國。…（大）

斷案翻到小前提前面。小前提又翻到大前提前面。

(4)

你既是中國的國民，………………（小）
而中國的國民都應當愛中國，……（大）
所以你也就應當愛中國了。………（斷）

小前題翻到大前題前面。

(5)

你既是中國的國民，………………（小）
你就應當愛中國，…………………（斷）
因爲凡是中國的國民都應當愛中國。…（大）

大前題翻到斷案後面。

省略命題的方式也有五種：

(1)

你既是中國的國民，………………（小）
你自然應當愛中國。………………（斷）

省大前提

(2) 凡是中國的國民都應當愛中國，……（大）
所以你應當愛中國。……（斷）　省小前提

(3) 凡是中國的國民都應當愛中國，……（大）
你也是中國的國民呀！……（小）　省斷案

(4) 凡是中國的國民自然應當愛中國……（大）　小前提和斷案並省

(5) 你不能不愛中國……（斷）　大小兩前提並省

此外，演繹法是以大小兩前提爲立論的根據，如果前提中有一個不正確、不穩固，則辯證就陷於錯誤，例如：

凡是聰明人都有光明的前途，……大前提
張先生是個聰明人，……小前提
所以張先生一定有光明的前途。……斷　案

這便是一個錯誤的辯證。因爲事實上聰明人不見得都有光明的前途，有天賦而不努力的人，是不會有光明的前途的。這個大前提不正確，根據它來推理，所以斷案也就靠不住了。我們作文如採用演繹法，一定要注意到這一點。

2. 歸納法：它的推理式恰和演繹法相反；是由許多個別的特殊事件，去求得一個普遍的原則。例如：「夏桀的政權被打倒了，商紂的政權被打倒了，秦始皇的政權被打倒了，英王查理一世的政權被打倒了，希特勒的政權被打倒了。桀、紂、秦始皇、查理一世、希特勒等政權都是殘暴的，所以凡是殘暴的政權一定被打倒。」

這個「凡是殘暴的政權一定被打倒」的普遍的斷案，是用許多特殊的例子歸納起來所得的結論。這種辯證式的結論，是由兩個前提集合而成；每一前提都是已有經驗的累積。因此，用歸納法一定要遵守兩個條件，一個是有普遍的原則，絕沒有反例；另一個要有明確的因果關係。

3.類比法：（又稱類推法）它是利用已知的事例，去推求其他相類的事例。例如：抗日戰爭，有三民主義的信仰，有領袖的領導，有振奮的人心，有旺盛的士氣，有青年踴躍從軍，……獲得最後的勝利，……已知的事件。反共抗俄的戰爭，也有三民主義的信仰，有領袖的領導，有振奮的人心，有旺盛的士氣，有青年踴躍從軍……相類的事件，所以必然獲得最後勝利。

應用類比法時，須注意兩個事例的屬性，爲主要的必然的類似，不是皮相的或偶然的類似；類似點愈多，愈爲可靠，愈逼近愈好。如果兩事例的屬性，有一處矛盾的地方，類比法便無法進行，終不免陷於謬誤。

㈢結論

這是文章的最後部分，在論辯文中佔有重要的地位；如果寫得有力，很可以使全文生色，而增加論辯的效果。它的作用不外：揭示全篇重心，照應全文主旨，補敍作文動機，或提示讀者注意等等。以下分項舉例：（註八）

1.揭示全篇重心者。如：賈誼「過秦論」：「秦以區區之地，致萬乘之權，招八州而朝同列，百有餘年矣！然後以六合爲家，殽函爲宮；一夫作難而七廟隳，身死人手，爲天下笑者何也？仁義不施，而攻守之勢異也。」

2.照應全文主旨者。如胡適「讀書」：「理想中的學者，既能博大，又能精深；精深的方面，是他的專門學問，博大的方面，是他的旁搜博覽。……爲學要如金字塔，要能廣大要能高。」

3.補敍作文動機者。如：韓愈「師說」：「李氏子蟠，年十七，好古文，六藝經傳皆通習之，不拘於時而學於余，余嘉其能行古道，作師說以貽之。」

4.提示讀者注意者。如：朱浮「與彭寵書」：「勿以前事自疑，願留意老母少弟，凡舉事無爲親厚者所痛，而爲見仇者所快！」

5.引用名人佳言者。如：顧炎武的「廉恥」：「頃讀顏氏家訓，有云：『齊朝一士夫，嘗謂吾曰：我有一兒，年已十七，頗曉書疏，教其鮮卑語及彈琵琶，稍欲通解，以此伏事公卿，無不寵愛。吾時俯而不答。異哉！此人之教子也！若由此業，自致卿相，吾亦不願汝曹爲之！』嗟乎！之推不得已而仕於亂世，猶爲此言，尚有小宛詩人之意，彼閹然媚於世者，能無愧哉！」

6.運用例證譬喻者。如：蘇軾「刑賞忠厚之至論」：「詩曰：『君子如祉，亂庶遄已。君子如怒，亂庶遄沮』。夫君子已亂，豈有異術哉！時其喜怒，無失乎仁而已矣。春秋之義，立法貴嚴，而責人貴寬，因其褒貶之義，以制刑賞，亦忠厚之至也。」

四、寫作的原則

寫作論說文應該特別注意以下幾個原則：（註九）

㈠界說要明確：所謂界說，是指確定文字的含義和討論的範圍。一個作文題目，有時包含多種含義與範圍，寫作時要先確立界說，方能把握主旨與立場。若是界說不清，詞語亂用，必定會觀念混淆，使人莫知所云，甚至誤解叢生，流弊無窮。譬如說，有個作文題目叫「論科學救國」，你在執筆之前，就先要確定「科學」的含義。科學的含義可分爲廣義的和狹義的兩種。廣義的可包括人文社會科學，狹義的則專指自然科學（尤其是與民生、國防有關的）。假使你不先界定科學的含義，一下子就廣義的科學來立說，一下子又就狹義的科學來申論，觀念就會混淆，令人莫名其妙了。

㈡宗旨要確定：作論說文，必先立定主意，把握一個宗旨。例如「論科學救國」這個題目，應該先要界定科學的含義，又要注意到「救國」這個前提，然後才能探討科學與救國之間的關係。明白了二者之間的關係以後，可以就肯定的觀點來闡明科學足以救國的道理，也可以就否定的立場來反對科學足以救國的說法。但不管採取那一種觀點，那一種立場，都必須前後一致，不可自打嘴巴。要是自己也沒有一個固定的立場，宗旨駁雜，主旨游移，那麼旣談不上辨別是非，剖析精當，更談不上要闡明自己的論點，堅定別人的信念了。

㈢論點要圓融：構思推理時，要注意合乎「能立」和「能破」的原則，要能把握事理的實在性與必然性，一方面能積極的建立自己的主張，一方面能駁倒對方的理論，二者兼顧周全，論說才算完備。

㈣條理要分明：凡是闡明事理的文章，一定要有條理。像羅家倫的「運動家的風度」，先把許多不同的意見一一列舉出來，然後再提出自己的意見；像　國父的「恢復中國固有道德」，先說明固有道德是那些，然後逐項說明爲什麼要恢復它，都是依照事理自然的發展，所以寫來有條有理，容易被人接受。要是前言不對後語，辭句蕪雜枝蔓，條理既不清晰，事理自然也就難以闡明了。古人說：「辭忌枝葉。」這眞是作論說文的要訣。

㈤證據要充分：寫作論說文，除了取材必須眞實外，還要證據充分，才能堅定讀者的信念。證據有「直接」和「間接」兩種，直接證據是取用眼前已有的材料，書本、報章、雜誌等都是材料資源。例如：羅家倫在「運動家的風度」一文裏，好幾個地方引用了論語上的話來說明運動家要有風度，又引用了羅斯福和威爾基競選總統的故事來說明運動家要有服輸的精神，所引用的都是直接證據。間接證據則是作者自己推理而得，用來輔助直接證據的不足。例如：梁啓超的「最苦與最樂」一文，以不盡責任爲最苦和以盡責任爲最樂兩個論點來互相反證，就是間接證據。

㈥措辭要得體：論說文目的在使讀者接受我們的解說與論見，務必要措辭得體，下列五點宜特別注意：

1.要簡鍊明白，不可繁瑣：論說文切忌枝節瑣碎，要做到文字簡鍊、詞意明白，才能使讀者一目了然，體悟深入。

2.要心平氣和，而不漫罵：破他時不可譏諷顯斥，使人難堪，立己時如發現錯誤，也不可固執己見。態度總要剴切溫厚、誠懇謙和，才能使人心悅誠服。

3.要講究文采，而不枯澀：論說文也要有華麗的文采，靈活的辭令，來豐富它的生命，多作巧妙的譬喻，警策的論斷，使辭理相當、明澈動人。

4.要語氣肯定，切忌含糊：寫論說文是下判斷，下判斷的語氣，是「是非法」的語氣。評斷是非之時，務必要肯定，不能模稜兩可。

5.要善用辭藻，不可辭勝於理：論說文以理、以意為骨幹，辭藻是它的肌膚，以朗暢的文辭來輔佐精微的論理，不可辭勝於理，捨本而逐末。

以上所討論的是寫作論說文時所要把握的原則，平時若能多看、多讀、多想、多寫，使理論與實際配合，寫作能力就會進步、熟練，進而能縱橫變化了。

（本文原載於國立臺灣師範大學中等教育雙月刊。民國七十五年一月曾轉載於國立編譯館主編之國民中學國文教師手冊第四冊「語文常識二、論說文的作法。」）

參、抒情文寫作指導

一、抒情文的意義

所謂抒情文，就是作者將因外物而產生的種種情感，用主觀而眞摯的態度，抒寫出來的文章，簡單地說，凡是發抒情感的文章，便稱為抒情文。

人是有情感的，無論是誰，都希望把情感抒發出來，使別人分享自己的快樂；或博取別人對自己的同情與關懷，所以只要我們心中所感、所願、所思、所欲的一切，都可表達爲文。至於表達情感的方法，就是將抽象的感情，寄託在具體的事理或物象上，才能將情感具體的表現出來，文章才會深切感人。如果捨棄事理與物象，只是抒情的話，那麼作者的情感便無從把握，而讀者也無法感受、理會。

二、抒情文的種類

抒情文是以發抒感情爲重心，但感情不是從參考書籍上憑空擷取的，而是從作者內心的感觸，情意的盪漾，自然吐露出來的，所以抒情文題材的來源，通常不外乎觸景、感事、懷人和弔古四類，現在分別說明於下：（註一〇）

㈠觸景抒情：這是由於看到自然景象或時間、空間的變化，而引起興趣的文章。例如有個題目是「下雨天眞好」，這「眞好」的情緒，是因雨天而引起的，我們就可藉雨景來抒情，使讀者有眞切的感受，我們看到景物，常會發生各種不同的情緒，而且同是一樣的景物，所給予各人的觀感，也因人而異。例如同樣是秋日的一株黃菊花，多愁善感的李清照就寫出「簾捲西風，人比黃花瘦」的詞句。因爲她爲離情所苦，所以看到了菊花，就想到自己比菊花還要憔悴。蘇東坡看見秋菊，卻說「菊殘猶有傲霜枝」。這是因爲他一生雖然屢遭貶官，但仍然不屈不撓，所以當他看見殘菊，便想到能耐風霜，不畏風寒的傲骨，正和自己不趨炎附勢的高潔孤芳相似。像這種抒情的詩句，都充分表現了作者主觀眞摯的情感，寫出作者與衆不同的個性，所以寫來份外感人。

㈡感事抒情：這是根據自己的所見所聞，或親身經歷喜怒哀樂各種情感而寫成的文章。如孔子過泰山側，有「苛政猛於虎」的感想，白居易的「燕詩示劉叟」則是有感於人子的不孝。如果有個題目是「大拜拜」，我們就可從「拜拜」這件事，來抒寫那種熱鬧與歡樂的氣氛。甚至是你對拜拜的批評和感想，也是抒情的範圍。

㈢懷人抒情：這一類文字，多半抒寫「恩愛」、「生離」、「死別」，或「親情」的感傷，部分的書、札、表、奏和祭文等，都是感人的抒情文。也可以用他人的行爲品德作重心，來抒寫個人對他的感情。如「我的小學同學」，就可描寫小學同學的天眞可愛，在兩小無猜的歡樂上，儘量抒發情感。

㈣弔古抒情：這是屬於作者偶而追思古人，感慨前朝往事的。例如：蘇軾的「赤壁賦」，杜甫的「八陣圖」等便是。弔古的文章，通常是經歷各種人事滄桑的成人，才易興起這種感情，因此不切合國中生的經驗，這類題目不宜多出。

三、寫作的原則

抒情文重在情感的抒發，爲求能眞切感人，雋永有味，寫作時必須把握以下幾個原則：

㈠要觀察細心：情感本身必須經過陶冶鍾鍊，才值得表現在文章裏。對事物的觀察愈仔細，情感的表現愈深摯。例如：朱自清描寫他父親的背影時說：「可是他穿過鐵道，要爬上那邊月台，就不容易了。他兩手攀著上面，兩腳向上縮，他肥胖的身子向左微傾，顯出努力的樣子，這時我看見他的背影，我的淚很快地流下來了。」作者細膩的描寫，的確將慈父愛子的感情，委婉地表達出來。就像畫家在繪畫時，要細心地觀察，抓住被畫者每一個細微的表情或動作。

㈡要體驗深刻：除了對事物的觀察要細心之外，對事理的體驗也應該精微深刻，方足以寫出哀切動人的文字。例如：「孤雁」一文，作者（佚名）寫著：「孤雁於是急急地鼓著翅膀，破著喉嚨，只是叫喚。」又如白居易的「燕詩示劉叟」，藉羽翼長成就舉翅高飛的燕子，來比喻那長大成人即背親遠去的不孝子女。都是因爲作者的體驗深刻，故描寫能具體，感人也更深。

㈢要態度客觀：不加思索，直率表露的情感，總不如曾經深思醞釀，仔細回味寫出來的文字深沈有力。因爲事過境遷，再細加回味的文字，才能將豐富的感情，融化在具體的意象或事理中，令讀者產生共鳴。例如：袁枚的「祭妹文」寫道：「紙灰飛揚，朔風野大，阿兄歸矣，猶屢屢回頭望汝也。」如果袁枚在悲痛不已時，必然無法冷靜地寫出當時的情感。因爲他抒寫時，經過一番深思醞釀，所以能利用周遭的景象，來表現他悲淒的感情，感人的力量也更深切有力，所以要使抒情文能動人，最重要的是作者要隨著情理的發展，自然地發抒情感，這樣才能扣人心弦。

㈣要情感眞摯：古今抒情文中，像李密的「陳情表」、諸葛亮的「出師表」，都是因爲情感眞摯，而傳誦千古。要以誠摯表現在文章上，必須用具體的事物代替抽象的感覺，要說內心的話而不套用陳腔濫調，以求言之有物。

㈤要表現個性：每個人的天賦、教育、環境、學養、閱歷、時代，皆有不同，因而情感的抒寫，也有所不同，但能顯現作者的個性者，才是上乘的抒情文。例如：岳武穆的「五嶽祠盟記」、林覺民的「與妻訣別書」，都是作者個性的表現和眞情的流露。

㈥要時空對比：也就是運用對比抒情的手法，這又可分爲時間對比和空間對比兩種。例如：袁枚的「祭妹文」有一段說：「前年予病，汝終宵刺探，減一分則喜，增一分則憂。……嗚呼！今而後吾將再病，教從何處呼汝耶？」這是拿過去和現在作時間的對比。另一段「羊山曠渺，南望原隰，西望棲霞，風雨晨昏，羈魂有伴，當不孤寂。」這是用個人和大自然作空間的對比。

㈦要情景交融：也就是寫作文章時用景來作陪襯。例如：李商隱「登樂遊原」的「夕陽無限好，只是近黃昏」。前句是「景」，後句是「情」，是情景交融的作品。

㈧要情理調和：理想的抒情文，最好能避免雜入理智，流爲說教。例如：曾國藩的「與諸弟書」，雖然充滿手足之情，但是議論的成分較抒情爲多，並非眞正的抒情文。

四、常見的作法

梁啓超在「中國韻文所表現之感情」一文裏，把抒情文的作法，說得很精闢，他將發抒感情的方式，分爲以下三種，這也是一般抒情文常見的作法：

㈠奔迸的表情法：這一類的情感，是要忽然奔迸出來，一瀉無餘的。也就是所謂的奔放法，又叫做明寫法。我們知道，情感越眞，便越發神聖，此時，語句和生命是迸合爲一的，這種生命，是要親歷其境的人自己創造，別人斷乎不能替代的。例如：岳飛「滿江紅」：「怒髮衝冠，憑欄處，瀟瀟雨歇。擡望眼，仰天長嘯，壯懷激烈。三十功名塵與土，八千里路雲和月，莫等閒，白了少年頭，空悲切！靖康恥，猶未雪；臣子恨，何時滅？駕長車，踏破賀蘭山闕。壯志飢餐胡虜肉，笑談渴飲匈奴血。待從頭，收拾舊山河，朝天闕。」前段是抒發滿腔悲憤和感慨青春虛度，後段是敍述恢復失地，湔雪國恥的決心。又如李紳「憫農詩」、陸游「示兒詩」之類，讀者可以看出這是作者抒發內心的眞情。

㈡迴盪的表情法：這是一種極濃厚的情感，蟠結在胸中，像春蠶吐絲一般，把它吐出來，這種表情法，看它專從熱烈方面盡量發揮，和前一類正同，所異者前一類是直線式表現，這類是多角式表現，這一類所表現的情感，是有相當時間，經過數種情感交錯糾結起來。文學上所表現的，以此類情感爲最多。這一類的表達法，可分成各種不同的方式，其要如下：

1.曼聲：

(1)螺旋式：這是一層層遞進的說法。

(2)堆壘式：這是用語無倫次的說法，將胸中的感情，彷彿很費力的吐出來，吐了還有。

(3)引曼式：胸中無限深情，索性不寫，只是長言永歎一番。

2.促節——吞咽式——在飲恨的狀態下，情感方發洩到口邊，又咽住了。

例如：李煜「望江南」詞：「多少恨，昨夜夢魂中，還似舊時遊上苑，車如流水馬如龍，花月正春風。」便是使用迴盪的表情法。

(三)含蓄的表情法：含蓄法，又叫做暗寫法，是將情感蘊藏在字裏行間，最多只表露一部分，其餘的讓讀者去揣摩想像的寫法。這類表情法，向來文學批評家皆認為是文學的正宗。它和前兩種不同；前兩種是熱的，這類是溫的。這種寫法，又可分成下列幾類：

1.感情正在很強的時候，卻用很有節制的詞句去表現它，令人在極平淡之中，慢慢的領略出極雋永的情趣與韻味。例如：「昔我往矣，楊柳依依；今我來思，雨雪霏霏。」

2.不直寫自己的情感，乃用環境或別人的情感烘托出來；寫別人的情感，專從極瑣碎的實境中表達出來，全用客觀的態度，從片斷的景物表示全相。例如：杜甫的羌村三首之三云：「羣鷄正亂叫，客至鷄鬪爭，驅鷄上樹木，始聞叩柴荊。父老四五人，問我久遠行。手中各有攜，傾榼濁復清。莫辭酒味薄，黍地無人耕，兵革既未息，兒童盡東征，請為父老歌，艱難媿深情，歌罷仰天歎，四座淚縱橫。」均是以瑣碎之場面，寫「死去憑誰報，歸來始自憐」的情感。

3.作者索性把情感完全藏起不露，專寫眼前實景或虛構之景，把情感從那裏浮現出來。有些簡直單舉一物卻不言及感情，而作者之感情，卻自然流露出來。例如：元稹行宮：「寥落故行宮，宮花寂寞紅，白頭宮女在，閒坐說玄宗。」

4.作者雖然把感情本身照原樣寫出來，卻把所感的對象隱藏過去，另外拿一種事物來做象徵，純象徵派的成立，起自楚辭，篇中許多美人香草，純屬符號而已，此類在詞中寄托之情，時常見到，但在散文中並不多見。

上述四種方法，有時在一篇文章中可以兼用二、三種，不管韻文或散文都適用。此後，無論新立多少有關作法上的名目，總大致脫胎於此。

五、措辭的方法

抒情文的措辭，以情感眞摯爲主，但是如果巧妙的運用表達技巧，將使文章更生動感人，因爲抒情文不能沒有眞實的情感，也不能不注意措辭，有華美的文辭色彩，更能吸引人，激起讀者體會作者情思。換句話說，寫作抒情文也必須講究修辭的方法，所謂修辭，就是調整語文表意的方法，設計語文優美的形式，使其精確而生動地表示出「作者」的意象，以引起讀者共鳴的一種藝術。在修辭法中有些是特別適用於抒情文的。例如：

㈠委婉：就是不直講本意，而用委婉閃爍的言辭，曲折地暗示出本意來。例如：「你在尋什麼呢？」「尋找我頰邊失去的顏色！」它是委婉地運用失去的顏色暗示「老」字。

㈡誇飾：這就是過甚其詞的形容，作者就事物的形狀，或發洩的情感，描繪得超過實情。這種筆法是不宜於論辯文或說明文寫作的，但在抒情文中，如果使用得當，卻可增加文學感人的力量。所以不必管眞實的事物如何，儘可由我主觀的加以誇大舖張。　國父在「黃花岡烈士事略序」中，曾形容烈士的犧牲壯烈爲「草木爲之含悲，風雲因而變色。」無情的草木風雲也因而含悲變色，這就是誇大的寫法了。這類例子在詩歌中更是觸目皆是，如李白的「高堂明鏡悲白髮，朝如青絲暮成雪。」也是用了誇飾的作法。（註一一）

㈢呼告：就是用對話的方式呼喊。例如：「女郎，你爲什麼留戀在海邊─回家吧！女郎！」後二句使用的就是呼告的方法。

㈣設問：在作文時，忽然變平敍的語氣爲詢問的口吻。例如：「我認識我自己嗎？我看不見自己，因爲我只向別人眼中搜索讚美。」這一段是對自己有了懷疑，而引起的詢問。

㈤驚歎：就是以各種語氣詞，強調內心強烈的情感。例如：「好哇！走吧！我餓死了。」

㈥類疊：就是以一個字詞或語句，重複地使用著。例如：朱自清的「春」：「盼望著！盼望著！東風來了，春天的腳步近了。」

㈦跳脫：是由於心意的急轉，事象的突出，使一個語句的中間忽然斷了。例如：「我又是想！唉！屋裏爲什麼這樣冷靜啊！」這種方法，在形式上雖然殘缺不全，不過，若運用得當，可以加強語氣。

㈧聲情：就是運用適當的語詞，從聲音中表現出情感。例如：李清照的「尋尋覓覓、冷冷清清、淒淒慘慘戚戚。」這十四個疊字，以齒音占大多數，而齒音的字，有清厲之義，所以這首詞運用得巧妙，全在這些聲母相近的字聯在一起，於是讀起來，令人覺得聲情中所表現的，兼有淒慘怨慕的感情。

總之，抒情文的措辭，應該是「情盡乎辭」，求情辭相稱，如「情溢乎辭」，則期婉約含蓄。至於「辭溢乎情」，總不免是病，應該引以爲戒。

（本文原載於國立臺灣師範大學中等教育雙月刊。民國七十五年一月曾轉載於國立編譯館主編之國民中學國文教師手冊第四冊「語文常識三、抒情文的作法。」）

肆、應用文寫作指導

一、應用文的意義

論說文是闡明事物眞理的，所重在「理」；記敍文是描摹事物情狀的，所重在「象」；抒情文是抒發內心感觸的，所重在「情」；應用文是將以上各種體裁應用到一定的格式裏，所重在「用」。人們日常生活中所需應用的文字，不外是應對、應酬、應付人和事的需要，所以應用文者，就是人們日常生活中，爲應對、應酬、應付人和事所需實用的文字。

民國七十二年教育部公布國文課程標準，將應用文列爲國民中學和高級中學選修科目，並明示其教學目標、選材原則、教學要點及教具運用如下：

㈠國民中學選修科目應用文課程標準

1. 教學目標：

(1)指導學生明瞭普通各種應用文之作法，以適應生活之需要。

(2)指導學生習作各種應用文，以達到格式正確、遣詞得當之要求。

(3)指導學生由學習應用文中，養成書寫端正楷書及標準行書之習慣。

(4)指導學生由學習應用文中，養成謹嚴平和之態度。

2. 選材原則：

(1)選材必須顧及生活需要與學習興趣。

(2)所選之教材，應按各種內容、性質、文字深淺，作有系統之編排。

(3)選材注意事項：

①思想純正。

②文字簡練。

③事理易明。

④結構易辨。

⑤篇幅適度。

3. 教學要點：

(1)本科教學，不僅在指導學生明瞭普通各種應用文之作法，尤重於實際之應用。

(2)教學時，宜先指導學生預習，並作筆記，對用語、事由、格式等作法，均須明白解釋，並令學生應用練習。

(3)學生優良之習作，除隨時傳閱、揭示或陳列外，學校每學期應酌予舉行比賽，以資觀摩。

4. 教具運用：

(1)各種應用文之意義表解。

(2)各種應用文之實例說明表。

(3)各種應用文之格式範例。

(4)有關之視聽教具。

(5)有關應用文教學之參考書籍。

(6)其他。

(二)高級中學選修科目應用文課程標準

1. 教學目標：

(1)指導學生繼續練習各種應用文之格式與作法，以提高其寫作能力。

(2)指導學生由學習中，養成待人處世之正確態度。

2. 選材原則：

(1)選材必須顧及生活需要與學習興趣。

(2)選材應具語文訓練、品德陶冶之價值。

(3)選材應與國民中學應用文教材密切聯繫。

(4)所選教材，應依其內容、性質、文字之難易，作適當之編排。

(5)選材應注意下列各點：

①思想純正。

②文字簡練。

③層次分明。

④格式正確。

⑤篇幅適度。

3.教學要點：

(1)教學時，對各種應用文之格式、用語等作法，均須舉例說明。

(2)本科教學，特重各種應用文之習作。

二、寫作的原則

寫作應用文，要把握下列幾項原則：

㈠要適合時代精神：應用文是日常生活中所需應用的文字，所以其內容必須適合時代的精神。就像從前的官僚語氣、階級觀念、虛偽俗套不再沿用。所以寫作應用文義理要和平，語句要謙恭，態度要誠懇，安排要妥貼。

㈡要符合現行格式：應用文依其種類，有各種的格式，如書信有書信的格式，不能和便條混淆；契約有契約的格式，不能和公文錯雜。尤其，應用文的格式，應該以現在所通行的格式為依據，凡依法令或習慣，已經廢棄的格式，不能作為根據。

㈢要認清特定對象：寫應用文第一要認明對象，然後才確定彼此之間的關係，必須要做到「關係分明」。

㈣要把握實際事實：應用文要以實際的事爲內容。如買賣契約，除須載明雙方當事人的姓名外，更須說明標的物的名稱、規格、數量、價格等，而且確實是買賣，不是抵押或典質。

㈤要文字淺顯通俗：應用文是大衆應用的文章，寫出來就必須大衆易讀易懂，所以應用文所用的文字，必須淺顯而通俗。生僻的典故，艱澀的文句，都絕對不能應用，各種專門術語，非必要時，也應儘量避免。至於題解、對聯等，雖然大都是文言文而且講求對仗和聲韻，但是也只要典雅爲已足，而不必強求古奧。

三、應用文的種類

應用文的分類，說法不一，據教育部公布之高級中學選修科目應用文課程標準，教材分配規定如下：(1)第一學期：明信片、書信、條據、啓事、對聯、題辭、會議記錄之寫法。(2)第二學期：電報、規章、契約、慶賀文、祭弔文、公文之作法。另外，國民中學選修科目應用文課程標準，教材配置規定如下：(1)第二學年第一學期：便條、名片、柬帖、啓事、廣告、電報、書信之寫法。(2)第二學期：實用書信、規章之寫法。(3)第三學年第一學期：題辭、對聯、契約之作法。(4)第二學期：公文之作法。

其他，有分爲八類的：㈠書信便箋類，㈡規則章程類，㈢契據證約類，㈣贈文題詞類，㈤訓詞演講類，㈥啓事廣告類，㈦會議文書類，㈧實用楹聯類。又有分爲九類的：㈠公文，㈡契約，㈢規章，㈣會議文書，㈤書信，㈥便條名片，㈦電報，㈧柬帖，㈨啓事廣告。也有分爲十類的：㈠便條名片，

㈡電報，㈢啓事招貼，㈣柬帖，㈤書信，㈥契約，㈦公文，㈧規章，㈨慶弔文，㈩對聯題辭。更有分為十二類的：㈠書信，㈡公文，㈢電報，㈣規章，㈤契約，㈥柬帖，㈦對聯，㈧題辭，㈨慶弔文，㈩啓事，㈡廣告，㈢便條。其實要再詳細分類，也未嘗不可。但是我們使用應用文只要有一定格式，合乎時代需要，而加以了解、應用就可以了。至於分類的詳略，是仁者見仁，智者見智，沒有甚麼硬性規定。

據以上所述，可知應用文已列為高級中學與國民中學選修科目。凡選修應用文者，教師將作深入之指導。但未選修者，國文教師宜作簡要之指導，以備部分學生就業之所需。以下試就應用文中的書信類、公文類、便條類、名片類、單據類等常用的五種，略述其作法，並各舉實例，期能指導未選修應用文的學生，使其略識寫作方法。

㈠書信

1.書信的結構

在日常生活中，當我們不能和人當面談話時，常利用書信向對方表達自己的意思和情感，因此書信的應用十分普徧。書信的種類有新、舊兩種格式，目前一般書信繕寫，大多採用新式，不過也有兼用兩種格式的。以下分述新式和舊式書信的結構：

(1)舊式書信的結構：舊式書信結構，大體可分三個部分：（註一二）

①第一部分：這一部分，又可包括下列三項：

甲)名字、稱謂：這是書信開頭最重要的一項，稱謂必須根據雙方的關係來決定。在稱謂的二面，對自己的親屬尊長，不加名字。如「父母親」、「伯父母」、「舅父母」等。對其他長輩或平輩，可加他的字或號（沒有字號可加名）。如「某某吾師」、「某某吾兄」等。對晚輩則加名。如「某兒」、「某某學弟」等。這些稱謂上面，絕對不可連名帶姓地寫在一起。

(乙)提稱語：寫在名字、稱謂下面，是表示請對方讀信的意思，要按雙方的關係來措詞。如對祖父母、父母用「膝下」、「膝前」；對其他長輩用「尊前」、「尊鑒」、「鈞鑒」等；對平輩用「大鑒」、「台鑒」、「惠鑒」、「左右」、「足下」等；對子姪用「知之」、「知悉」等；對其他晚輩用「如晤」、「如握」等。

(丙)開頭的應酬話：種類不一，有表示思念的；有敍述離情的；有頌揚德業的；有祝福起居的。有的切時；有的切事，要看實際的情形而定。

②第二部分：書信的第二部分，敍述要告訴對方的情事，當然各人可憑自己的意思來寫。不過，應該注意的是：把握正確的基本態度，抒情敍事，力求簡要明白；對人對事，應該下筆得體。

③第三部分：這一部分，包括下列五項：

(甲)結尾應酬語：主要是配合第二部分作結束，以表示自己的關懷與希望，不外是候覆、請保重、請指教等意思。若沒有必要，也可以省略。

(乙)結尾敬語：因書信的性質及雙方的關係措詞。一般來說，對長輩可用「敬此」、「謹此」，對平輩可用「耑此」（專此）、「匆此」。

㈤問候語：也依雙方的關係措詞。如對祖父母及父母，可用「敬請　福安」（「福安」兩字換行頂格書寫，表示敬意。以下類推。）、「叩請　金安」。對其他長輩，可用「敬請　鈞安」、「恭請　崇安」等。對師長可用「敬請　道安」、「恭請　教安」等。對平輩可用「敬請　大安」、「順頌　時綏」等。對晚輩可用「順問　近祺」、「即問　近好」等。

㈥署名、記時：在一封信裏，這項是不可少的。末了的署名，固然是告訴對方誰寫的信，同時也有表示負責的意思。寫信的月日，關係著這封信的時間性，應該附記在信末，在署名方面，親疏之間也有分別。對家族及關係親近的人，只寫名不寫姓。此外就都寫全姓名了。在署名的上面，要按雙方的關係加上自己的稱呼。如對祖父母用「孫」、「孫女」；對父母用「兒」、「女」；對師長用「受業」、「學生」之類。署名底下又有一個敬辭。如對尊親用「敬稟」、「叩上」等；對其他長輩用「謹上」、「敬上」等；對平輩用「敬啓」、「謹啓」等。對晚輩用「示」、「手書」等。

㈦附候語：假如自己跟對方的家屬、親友相識，你要附帶請安，可在問候對方之後，另行附上「某伯前祈代請安」、「某兄處請代致候」等。假如自己的家屬、親友跟對方相識，要你代爲問候，可在信後附上「家嚴囑筆問候」、「某兄囑筆問好」等。

(2)新式書信結構：新式書信的結構，主要也可分爲三部分：

①開頭：新式書信和舊式書信開頭最大的差別在於稱呼，也就是稱謂，一般多採用口頭上的稱呼，例如：稱父母就直接的稱「爸爸」、「媽媽」。

②正文：此爲書信的主體，沒有定式，也無定法，原則上與舊式書信相同。

③結尾：這一部分包括信末問候語、署名、敬辭與時間。在問候語方面，可以依舊式書信的寫法，不過，也可以只寫「祝　安好」，或依實際情況祝福對方「健康」、「快樂」、「一帆風順」等。至於末尾署名，一般多與稱呼互相呼應，與舊式書信大致相同。時間一項當然也不可缺，署名部分，亦與舊式用法相同。

2. 書信中的稱呼

稱謂是發信人對受信人的稱呼。在書信中，可分爲稱人和自稱兩種，必須切合雙方的身份與情誼，不可弄錯，否則可能會得罪對方或給人不良的印象，甚而影響寫信的效果。

(1)一般的稱人

①信中提到對方的尊長親友時，加一個「令」字。如：「令尊」、「令友」。已故長輩或平輩，加一個「先」字，如：「令先伯父」、「令先兄」。

②稱人父子、夫婦、兄弟，可用「賢」字。如：稱人父子爲「賢喬梓」，稱人夫婦爲「賢伉儷」，稱人兄弟爲「賢昆仲」。

③稱人的妻室，加一個「尊」字，如：「尊夫人」、「尊嫂」。

④稱人商店、眷舍，加一個「寶」字。如：「寶眷」、「寶號」。

⑤稱人住宅、學校加一個「貴」字。如：「貴府」、「貴校」。

(2)一般的自稱

①提到自己的尊長加一「家」字，如：「家父」、「家母」、「家兄」。說到自己已死的尊長，宜將「家」字改為「先」字，如：「先父」、「先母」。

②提到自己的卑幼或親戚時，加一個「舍」字。如：「舍弟」、「舍妹」、「舍親」。

③提到自己的兒孫或店號時，加一個「小」字。如：「小兒」、「小女」、「小號」。而稱自己已故的晚輩，宜將「小」改為「亡」字，如「亡弟」、「亡兒」、「亡孫」。

④說到自己的師友及居處，加一「敝」字，如：「敝友」、「敝校」。

(3)世交的稱謂

稱人	自稱	對他人稱	對他人自稱
太夫子 太師母	門下、晚		
夫子（或老師、吾師） 師母	生（或受業、學生） 生	令業師	敝業師
太世伯（叔）父 太世伯（叔）母	世再姪 世再姪女		
世伯（叔）父 世伯（叔）母	世姪 世姪女		
仁（或世）丈	晚		
學兄（或兄、姊） 學長	世弟（或學弟、學妹，或弟、妹）	貴同學　令友	敝同學　敝友
同學（或學弟、學妹）	小兄 愚姊	令高足	敝門人
世講（或世台、世兄）	愚		

3. 書信的繕寫格式

舊式書信在繕寫格式上有許多規矩，現在大多不再沿用，下面只提出三項來介紹一下：

(1)起首：普通信紙頂頭都有一道橫線，起頭第一行寫對方的字號、稱謂時，第一字須頂著橫線寫，不可高出線外，也不宜離線過低。如果信紙上沒有橫線，便要自己斟酌，上下留出一部分來，不可在全張紙上都寫滿字。

(2)擡頭：這是表示尊敬的方式，凡是提到對方，或自己的尊長時，都要擡頭，現在沿用的有平擡、挪擡兩種。平擡是換行書寫，高低跟其他各行齊；挪擡是在原行空一格書寫。在白話書信中已不講究這些，不過挪擡還是常見的，如：胡適「我的母親」一課，就是挪擡方式。

(3)行款：舊式書信很重視行款。因爲擡頭的緣故，往往一行沒寫到底就擡起來了，這叫做弔腳。一封信裏，不能全篇都弔腳，必須有幾行到底才行。其次，單字不成行，每行必須有兩字以上。凡是自稱或提到自己的卑屬時，不宜剛巧在一行的開頭，要盡可能避免。

最後，附帶說明信封的繕寫格式：

中式信封，多數在中間印有長方形的格子。格子右面，寫上郵遞區號，對受信人的地址、處所，必須寫得詳細確實，以免無法投遞。格子中間，寫受信人的姓名、稱呼、收啓等字樣，從格子上端，寫到下端，字體可稍大些，排列勻稱。應注意：這裏的稱呼，如「某某先生」、「某某女士」等，是送信人（郵差）對受信人的稱謂，不是寫信人對受信人的稱謂，不可誤用。至於收啓的字樣，要按雙方的關係來措詞。普通對祖父母或父母用「安啓」；對其他長輩用「鈞啓」；對平輩用「大啓」「台啓」等；對晚輩用「收」、「啓」等。格子左邊，寫自己的住址、姓名及郵遞區號。姓名下面，通常用「緘」或「寄」字。對尊長，可在「緘」、「寄」上加一「謹」字表示敬意。假如是明信片，格子中間的收啓字樣，就只能用「收」，不能用「啓」；自己署名底下，也只能用「寄」，不能用「緘」。因爲明信片沒有封套，怎麼「啓」？又怎麼「緘」呢？

假如是託人轉送（不投郵）的信件，要在格子右邊寫「煩交」、「敬請轉交」一類的話，表示禮貌。而中間收信人的姓名稱謂，不能用發信人直接的口氣，而是發信人對轉信人的口氣。如託人轉給父母的信要稱「家父」、「家母」。給兄弟的信要稱「某某家兄」、「某某舍弟」，託轉信人轉給他自己的父兄，則稱「令尊」、「令兄」。如果專派人送信，稱呼和郵寄一樣。

4.書信寫作舉例：

例(1)：舊式書信結構

（稱謂）（提稱語）

○○學兄大鑒：瞻企

清標，時切神往。

（開頭應酬語）

（正　文）

懇頒

鴻裁。佐我不逮。耑此　敬請

（結尾應酬語）（結尾敬語）

大安

（問候語）

（自稱）　（時間）

學　弟　×月×日

○○　啓

（署名）（敬辭）

（補述）

伯父母大人前祈代請安

例(2)：舊式書信舉例

夫子大人函丈：憶別
絳帳，歲華頻更，雲山遠隔，立雪無從，回首
春風，彌深神往。敬維
道履綏和，
崇祺休暢，爲無量頌。生於民國六十五年自母校畢業後，即應彰化縣花壇國民中學之聘
，濫竽國文敎席，敝校遠離鬧市，景色宜人，黌舍寬敞，學風淳良，實爲讀書敎學之理
想環境。惟當年在校之時，因年事尚輕，不知奮勉，蹉跎歲月，一旦登上講壇，頗有力
不從心之憾，然後知古人所謂『書到用時方恨少』、『敎然後知困』云云，誠體會有得
之言也。雖然，生尚能秉承
訓誨，努力進修，庶幾無辱於
師門，無負於學子。講餘有便，仍乞
敎語時頒，俾益庸愚，無任盼禱之至。肅此。敬請
崇　安

受業張同塵拜上　九月十八日

師母大人前祈代叱名請　安

例(3)新式書信結構

（稱呼）
親愛的爸爸、媽媽：

——————————
——————————
（正　文）
——————————
——————————

祝
安好
（問候語）

（自稱）
兒
○○　敬上　×月×日
（署名）（敬辭）（時間）

例(4)：新式書信舉例

芬妹：

　昨天接到來信，知道一切。你本學期又得到嘉新水泥公司的獎學金，全家人都很高興，希望你能繼續保持這分榮譽，一直到畢業。

　聽說你們學校附近又增加許多飲食攤，你一向嘴饞，媽和我都在躭心你會吃壞肚子。你一個人在外頭求學，生活起居，都必須靠自己照顧，身體如有不適，那就痲煩了。據我所知，攤子的衞生設備很差，是細菌繁殖的溫牀，你還是少去光顧爲妙。姊曾經有過慘痛的教訓，以致現在患了輕微的肝病，我不要你重蹈我的覆轍。

　天氣轉涼了，早晚要多添些衣服，以免感冒，而煩勞爸媽掛念。課餘有便，盼常來信。

爸媽和弟妹都很好，勿念。臨筆匆匆，不盡所懷。順祝

近　好

姊 湘靈手書　十一月廿九日

　再者：媽非常盼望你能在元旦假期回家一趟。如無特別事故，務請如期抵家，並順便給　媽買一件上好的旗袍料子，好讓她老人家驚喜一次。又及。

㈡公文

1. 公文的意義

公文是處理公務的文書。凡是政府機關或公共法團所有的一切文書，都得稱爲公文。因爲政府機關或公共法團，其所有文書，不論是遞送於外，或周轉於內，無一不是因處理公務而制作，這是廣義的公文。

狹義的公文，是指政府機關、公共團體以及人民爲處理公務，表達彼此間的意思，根據法律（如公文程式條例）的規定，依照一定的程式和名稱，而作成的文書，才稱爲公文。

公文既是處理公務之文書，依此意義，公文必須具備兩個要件：一是必須爲有關公務之文書，二是文書之處理者至少須有一方爲機關。如果純粹屬於私人性質的文書（文書收受的雙方都是私人），即使具有公文的形式，也不能稱爲公文。

2. 公文的功用

公文的功用，大體上可分爲兩方面：

(1)就文化價值而言：公文是流傳史料的文書記錄。

(2)就一般行政效用而言：公文是宣達政令，推行公務的重要工具。

3. 公文的分類

現行公文分類，依公文程式條例之規定，有令、呈、咨、函、公告、其他公文等。依其行文系統，可分爲上行文、平行文、下行文三類。每類公文均包括若干性質不同的文書。

(1)上行文：爲下級機關向所屬上級機關及其他高級機關所爲意思表示之文書。

①呈：呈有呈送奉上之意，凡向上司用文書有所陳述謂之呈。依現行公文程式條例規定，僅限於對　總統有所呈請或報告時用之，其使用範圍較從前縮小甚多。

②函：函原稱公函，現行條例省去「公」字。下級機關對上級機關有所請求或報告時使用，函在公文中使用範圍最廣。舊時上行文之呈，平行文之咨，下行文之令，多歸入其領域。

(2)平行文：爲同級機關相互對待所爲意思表示之文書，以及人民與機關間之申請與答覆時所用的文書。

①咨：咨有咨詢商洽的意思。咨文舊爲同級機關往來時所用的文書，現行公文程式條例規定惟總統與立法院、監察院公文往復時用咨，其餘同級機關皆用函。

②函：同級機關或不相隸屬機關間行文時，以及民衆與機關間之申請與答覆時使用。

(3)下行文：爲上級機關對所屬下級機關所爲意思表示之文書。

①令：令之本義爲發號施令，故含有強制性。受令機關奉令後即應遵行，不得延宕。依現行條例所規定，用途有四種：(1)公布法律及行政規章。(2)發表人事任免、調遷、獎懲、考績。(3)　總統發布命令。(4)軍事機關、部隊發布命令。

②函：上級機關對所屬下級機關有所指示、交辦、批復時使用。

(4)公告：原稱布告，爲對公衆宣布事實或有所勸誡時所用的文書。其用途有四：一爲曉示，用於官吏就職及行政上有所興革，向民衆公告。二爲宣告，用於公布國家或地方所發生重要事件詳情等。三爲示禁，即對於妨害國家或社會的事物，出示禁止。四爲徵求，凡應行政需要，徵求人力、物力，或徵求人民意見等使用。

(5)其他公文

①書函：書函舊稱箋函、便函。凡機關或單位間，於公務未決階段，需要磋商、陳述、徵詢意見、協調、通報，或下級機關首長對上級機關首長有所請示、報告時使用。以信紙書寫，僅加條戳即可，手續比公函更簡便。

②表格化公文：可用表格處理公務的公文。包括(1)簡便行文表。(2)開會通知單。(3)公務電話紀錄。(4)移文單、退文單等是。

③簽：舊稱簽呈，爲幕僚對長官或下級機關首長對上級機關首長處理公務時表達意見，以供了解案情，並作抉擇的依據。是人對人，而不是機關對機關。

④通告：又稱通報，凡機關內某一單位須將某一事項通告本機關全體同仁週知時使用。

⑤通知：機關內部各單位間有所洽辦或通知時使用。對外行文如內容簡單時亦可用通知，多係對人。

⑥證明書：簡稱證明書。爲機關學校社團對某一個人有所證明時使用，如在職證明書、畢業證書

等。

⑦手諭：爲長官對屬員書面訓示或傳知時所用者，無一定格式。

⑧報告：爲應用甚廣的特殊公文，性質與「簽」同，惟「簽」僅限於公務上使用，而「報告」則多用於私務。凡機關、學校、人民團體，僚屬陳述私人偶發事故，請求上級了解，或請代爲解決困難，宜用「報告」的形式。學校學生對校方有所申請或陳述時，亦宜用「報告」。

（上述「簽」「報告」爲上行文，「通告」「通知」爲平行文，「手諭」爲下行文，其餘則一體適用。）

4.公文的結構

所謂公文的結構，就是把公文施行的原因、依據、目的，本正確的立場，合法的程式，用簡明適當的文字來表達，使其構成一篇完整的公文。關於公文的結構可分爲九部分。除公布令、任免令、公告外，其餘各類大都如此，茲說明如下：

(1)機關名稱及文別：此爲表示發文主體，使人一望而知爲某一機關之來文，及來文的類別。機關名稱應寫全銜。

(2)年月日及字編號：任何公文，在發文時皆應記明年月日及編列發文字號，此於現行「公文程式條例」中有明文規定。記時的作用，是作爲法律上時效的根據。編號的作用，在便於檢查。對於收文、發文雙方都有必要。

(3)受文者：此爲行文的對象，應寫在發文者之後。亦應書寫全銜。

(4)副本收受者：此欄列於受文者之後，係於公文涉及其他有關機關或人民時，使用與正本完全相同的副本，副本收受者應於公文中標明。

(5)本文：即公文的主體，其結構視需要分爲「主旨」、「說明」、「辦法」三段，或僅採用一段、兩段均可。除「主旨」外，「說明」及「辦法」之段名亦可變通爲「經過」、「原因」或「建議」、「擬辦」等名稱。在本文內，應將行文的原因、內容、目的作簡淺明確的敍述，以下簡單說明其要點：

①主旨：爲全文精要，用以說明行文的目的與期望。此段文字敍述，應力求具體扼要。簡單公文，盡量用此一段完成。能用一段的，勿硬性分割爲二段、三段。

②說明：當案情必須就事實、來源或理由，作較詳細的敍述，不宜於「主旨」內容納時，用本段條列說明。

③辦法：向受文者提出的具體要求無法在「主旨」內簡述時，用本段列舉。本段標題，可因公文內容改用「建議」、「請求」、「擬辦」等更適當的名稱。

(6)附件：公文如有附件，則應在本文中或附件欄註明，以促使受文者注意。附件在二種以上時，應冠以數字，並在本文之後詳載其件數，以便稽考。又附件亦應蓋印。

(7)署名：本文敍述完畢，無論上行文、平行文、下行文均應由發文機關首長簽署，如「部長〇〇〇」、「局長〇〇〇」，以示負責。若機關首長出缺由代理人代理首長職務時，本應由首長署名的公文由代理人署名，但須在職銜上加一「代」字。機關首長如因請假、公出、受訓等事故而不能視事，由代理人代行首長職務時，其機關公文除署首長姓名並註明不能視事原因外，應由代行人附署職銜、姓名於後，並加註「代行」二字。

(8)印信：機關公文蓋用印信及首長簽署，目的在防止僞造、變造，以資信守。但是如果每一公文均如此辦理，則不易判明行政責任，亦無法達到分層負責的目的。若一律不用印信或簽署，則又因公文性質內容不同而未盡妥適，故現行公文程式條例改採折衷辦法，規定機關公文可視其性質，靈活使用。

(9)副署：副署爲依法應副署的人，在公文首長署名之後，加以副署，以示與首長共同負責。按照憲法規定，凡 總統所發布的命令，均須由行政院院長副署。又如某一公文的內容性質涉及於行政院所屬有關部會時，除 總統主署外，應有行政院院長及有關部會首長的副署，否則此一公文即失去其效力。又不需副署的公文，亦不得任意加以副署。

以上九種，爲一般公文中所常見，惟「副本收受者」、「附件」、「副署」三種並非每一公文所應具備，當視實際需要，權宜使用，不可拘泥。

5.公文寫作要點

公文是一種必須講求效力與效率，並且必須具備特定要件的文書。寫作公文，要把握下列幾項要

(1)要用法定的程式：政府既有特定的程序和格式公布施行，在同一個政府之下的任何機關或法團及人民，都應該遵照實行，不容稍有歧異。

(2)要用通行的體例：公文富有紀律性，各種公文都有一定的體例。任何人撰寫公文，都必須合乎體例，而不能別出心裁或標新立異。

(3)要用恰當的詞句：恰當的詞句，才能發揮公文的效能。因爲公文一經發出，不容易追回更改，所以對詞句的運用，要特別注意。

(4)態度宜嚴正和平：寫作公文，旨在辦事，所以不可苟且敷衍，應本嚴正的態度，和平的心氣，就算有爭執，也當對事而不對人。

(5)語氣宜不失身分立場：寫作公文，如同寫作書信，必須認清彼此關係，語氣才不致有誤，上行公文，語氣宜謙遜恭謹，報告應眞實可信，建議應具體能行，有所請示，應將可供判斷及採行的辦法儘量提出，不可毫不負責，一任上級憑空裁決，以便將來委卸責任。平行公文，語氣須不亢不卑，時時顧及對方環境與立場。下行公文，以長官的身分，有所指示命令，當然應有果斷的決定，但文字上絕不可流露驕傲的語氣，即使下級辦理事務有失當之處，也應當平心靜氣，予以指正。

(6)文字應簡淺明確：公文爲辦理公共事務的工具，所以文字應以能達意爲目的。「簡」即文句少而意義足，使撰擬、寫印、閱讀均能省時。「淺」就是不用奇字、奧義、僻典。「明」就是不用隱語、誇張、諷刺。「確」就是精確眞實，含義明晰。

6.公文寫作舉例

例(1)：函

一、發文機關和文別
二、年月日及編字號
三、受文者
四、副本收受者
五、全文（含附件）
六、署名

○○○
中華民國○年○月○日
○字第 ○ 號
受文者：
副本收受者：
主旨：
說明：
辦法：
一、
二、

○○○長○○○

例(2)：一段式函的作法舉例（下行文）

台灣省政府函
○年○月○日
○字第 ○ 號
受文者：省屬各級機關

主旨：訂頒「台灣省各級實施職位分類機關六十二年度職位普查計畫」一種如附件，請依規定辦理，並轉行所屬照辦。

主席○○○

例(3)：二段式函的作法學例（平行文）

行政院函

○年○月○日
○字第○號

受文者：立法院

副本收受者：財政部

主旨：函送銀行法修正草案，請查照審議。

說明：

一、財政部○年○月○日字第○號函以現行銀行法係於民國二十二年三月公布，施行至今，已四十年，其間由於社會經濟環境的重大變遷，原法規定事項，對國家經濟計畫的實施與工商各業的發展，均已不足因應實際需要。爰經成立修改銀行法專案小組，完成銀行法修正草案，請核轉立法院審議。

二、經提出○年○月○日本院第○次會議決議：「修正通過，送請立法院審議」。

三、附銀行法修正草案一份。

院長　○　○　○

例(4)：三段式函的作法舉例（上行文）

行政院人事行政局函

○年○月○日
○字第○號

受文者：行政院

主旨：擬訂『行政院暨所屬各部會處局署員工自強及康樂活動實施要點』，報請　核定後通函各機關實施。

說明：

一、中央機關員工自強及康樂活動，自實施以來，一般反映甚佳，對增進員工身心健康，加強單位間聯繫，及培養團隊精神，均具成效。

二、本局六十七年度預算業已列有此項經費，擬仍照往例繼續辦理。

三、為期今後辦理有所準據起見，特訂定本要點。

辦法：

一、參加對象：包括本院所屬一級機關員工，並邀請國民大會、總統府及其他四院各一級機關員工參加。

二、活動項目：分各種球類比賽、橋藝比賽、棋藝比賽、書畫攝影展覽、登山健行活動、員工運動會等。

三、活動時間：每會計年度開始時，由本局按照預定計畫，分項分月進行。

四、經　費：在本局所列康樂活動經費項下支應。

五、附擬訂實施要點一份。

局長陳○○

㈢便條

1.便條寫作要點（註一三）

所謂「便」，就是簡便的意思，便條也屬簡短的書信，它是利用一張紙條，以簡明的文字，來表達自己的意念。前人稱便條爲短箋、短書、小牋、小簡、小柬、小札、小字條。凡借書、還物、訪晤、招邀、赴約、辭宴、辭行、餽贈、送禮、稱謝等細事，爲免書牘的繁複，就以便條表達其意，是因爲它簡單、便捷的關係。

便條寫作必須把握的要點如下：

(1)遣詞用字須簡明扼要，所有應酬語、客套語均須省略。

(2)內容祇寫普通事件，不可談機密問題，因它不用信封。

(3)便條只能用於知友，對新交或尊長，非不得已，最好不用。

(4)格式、字體、筆墨均可不拘，但字跡不宜潦草。

(5)「稱謂」、「結尾敬辭」、「署名敬禮」、「時間」四項，與書信同。

(6)必要時，可加蓋私章，以示負責。

2.便條寫作舉例

(1)拜訪

> 湘靈姊：今晨來訪，適逢　外出，未晤爲悵，明日
> 下午三時當再詣府，請　賜稍待，因有事須面商也。
> 妹
> 憶杭拜留　三月十五日

(2)借款

> 邦麗姊：刻因急用，敬懇　惠借新臺幣陸仟元，約
> 於五日內歸趙不誤，倘荷　允諾，請即交小兒攜回
> 爲盼。順祝
> 刻　安

(3)借物

刻需文史哲出版社印行之中外學術名著叢刊一套，
請　惠借一用，一旬後璧還，決不致有所污損也。
此上
龍光兄

弟
鳳梧啓　即日

(4)還款

前蒙　借款濟急，隆誼至感，現如數奉還，即希點
收爲荷。此致
麗燕姊台照

妹
望鄉謹上　十六日

(5)還物

前承
惠借錄音機，至深感謝，現已用畢，特令小女送
還，即希　檢收爲荷。此上
文淵吾兄
弟邦夫敬啓即日

(6)餽贈

玉蓮姊：小女珍華新自美國寄到減肥聖藥數盒，
茲奉上一盒，敬希　莞存，早晚各服一粒，短期
內或有奇效也。
妹海汶謹上五月六日

(7)謝餽贈

承　贈佳釀，正弟所需，隆情盛意，卻之不恭，
謹拜領，並申謝悃。此覆
桐岡兄
弟南園拜覆七月八日

茂泉先生
夫人：勝新太郎先生伉儷已於昨晚自橫濱來臺，
茲定於本月十六日（星期六）下午七時在寒舍略備薄
酌，恭候　台光，勿卻是幸。

高俊雄謹約　八月十日

(9)覆赴宴

辱承
寵召，曷勝欣幸，謹當如　約前往，奉陪末座，先此
致謝。敬覆
廣德兄

弟
澤民拜覆　二月十三日

(10)辭宴

辱承
寵邀，毋任欣幸，本當敬陪末座，以答　雅意。惟以
昨晚忽染微恙，刻仍感不適，不克趨陪，方　命之處
，敬祈　鑒諒。此上
邦衡兄

弟
伯庸頓首　四月五日

(四)名片

1.名片寫作要點（註一四）

名片，是印有姓名、籍貫、住址或職銜的卡片。通常用來通報姓名、自我介紹等，必要時，也可以在上面書寫詞句，藉以代替便條。因爲它的面積不大，能夠容納的字數很少，所以用語必須比便條更爲簡潔。名片有正反兩面，印有姓名的，是正面；空白的，是反面。如果要說的話多，正面寫不下，可以寫在反面。在反面寫完時，習慣上用「名正肅」三字，不再簽名。名，是名字；正，指正面；肅，是「敬拜」的意思。「名正肅」，是說自己的名字在正面，向對方致敬。

2.名片寫作舉例

(1)辭行

正面（式一）

弟
今晚離此，行色匆匆，不克走辭，
謹此　奉達。
弟　○○○鞠躬　即日
即請
刻安
○○兄
浙江

正面（式二）

妹
今晚乘車南下，行色匆匆，不克走辭，
深以爲歉，謹此奉　聞，幸祈
鑒諒。
即日
妹
薛　家鳳敬上
留陳
王穎小姐

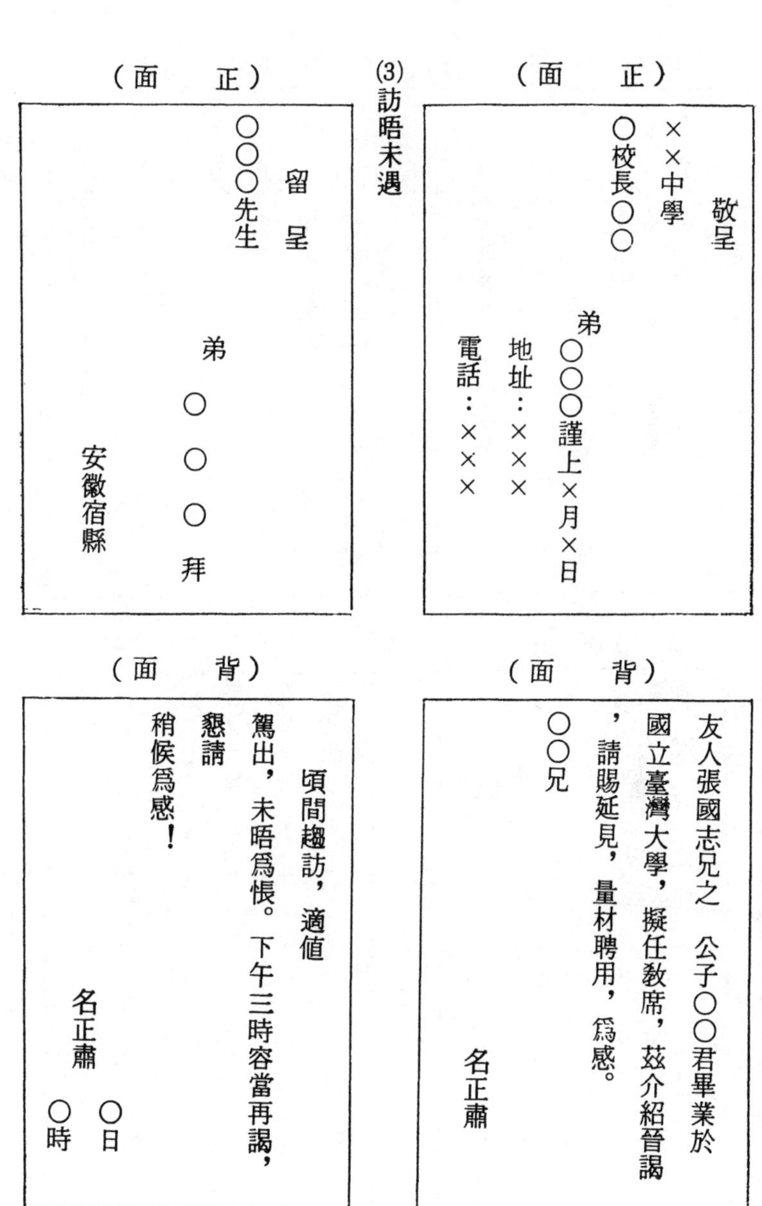

(2) 介紹教職

（正　面）

敬呈

××中學

○校長○○

弟

○○○謹上×月×日

地址：×××

電話：×××

（背　面）

友人張國志兄之　公子○○君畢業於
國立臺灣大學，擬任教席，茲介紹晉謁
，請賜延見，量材聘用，爲感。
○○兄

名正肅

(3) 訪晤未遇

（正　面）

留呈

○○○先生

弟

○　○　○　拜

安徽宿縣

（背　面）

頃間趨訪，適値
駕出，未晤爲悵。下午三時容當再謁，
懇請
稍候爲感！

名正肅

○日

○時

(4) 致送賀禮

（正　　面）

臺北市銀行古亭分行經理

妹張　敏　敬賀

四月九日

專送

高正明女士

臺北市羅斯福路三段四十三號

電話：三二一〇三八一—六號

（背　　面）

欣逢

令堂大人六十榮慶，因事不克趨賀，歉甚。茲奉上水蜜桃一盒，藉頌

福壽康寧，敬希

哂納是幸。此上

正明姐

名正肅

(5) 領謝賀禮

（正面）（式一）

承賜水蜜桃一盒。敬謹領謝

妹高正明　再拜

四月九日

張敏女士　回塵

（正面）（式二）

領水蜜桃一盒

高粱酒一瓶

謝

妹高正明　再拜

四月九日

張敏女士　回陳

1.借據說明及舉例

借據是信守文書之一，有對內、對外兩種。對內的借據，可寫本機關的名稱，也可不寫；對外的借據，必定要將對方機關的名稱，或對方的姓名擡頭書寫。對內的借據，可蓋請借人的私章，或請借單位的戳記；如果是某單位請借，最好附蓋該單位經借人的私章，以便查考。對外的借據，必定要寫明請借機關的名稱，機關首長的姓名，並且在寫年月日的地方加蓋印信，表明是爲公借用。現在舉例如下：

例(1)：（對內）

借　支

○月分薪津新臺幣○○元整。

此　據

○○○（蓋章）具　○年○月○日

例(2)：（對內）

預　支

出差旅費新臺幣○○元整。

此　據

○○○（蓋章）具　○年○月○日

例(3)：（對內）

茲借到
雙扉辦公桌〇張、藤椅〇把、木質圓凳〇張。
此據

〇〇〇（蓋章）具　〇年〇月〇日

例(4)：（對外）

茲借到
省立〇〇高中童軍帳篷〇頂。

〇〇國民中學校長〇〇〇（蓋章）
經借人〇〇〇（蓋章）

中華民國　年　月　日

例(5)：（對外）

茲借到
○○○先生圓飯桌○張、靠背椅○把。
此據

○○縣商會理事長○○○（蓋章）
經借人○○○（蓋章）

中華民國　　年　　月　　日

2.領據與收據的說明及學例

領據與收據同屬於信守文書。它們的格式很相像；通常對上多用領據，對平行或下行則多用收據。領據、收據，無論對內對外，都應把對方的機關或姓名寫出來。如果是向上級請領或對外經收款項，應由機關首長、主辦主計、主辦出納及經手人連署蓋章，並在書寫年月日的地方加蓋印信。如果是向下級收款（如學校向學生收費），雖不必蓋本機關的印信，但是仍應由機關首長、主辦主計和出納及經手人連署蓋章；至少也得由機關首長和經手人蓋章，以表示負責。分別學例如下：

(1)領據

例①：（向上級機關領款）

茲領到
○○市政府撥發○○年度設備費新臺幣○○元整。
此　據
○○國民中學校長○○○（蓋章）
主辦主計○○○（蓋章）
主辦出納○○○（蓋章）
經領人○○○（蓋章）
中　華　民　國　　年　　月　　日

例②：（向上級機關領物）

茲領到
臺灣省政府教育廳發下脫脂奶粉○大桶。
此　據
○○縣○○國民中學校長○○○（蓋章）
經領人○○○（蓋章）
中　華　民　國　　年　　月　　日

(2)收據

例①：

茲收到
○○國民中學○○學年度聘約壹紙。
此據
○○○（蓋章）具　○年○月○日

例②：

收　　據
茲收到 ○○股份有限公司贈送本校第○屆運動大會獎品錦旗○面、毛巾○打。 此據 ○○縣私立○○中學校長○○○（蓋章） 經收人○○○（蓋章） 中華民國　年　月　日

校運收字第　　號

存根

收到

〇〇股份有限公司贈送本校第〇屆運動大會獎品錦旗〇面、毛巾〇打。

中華民國　　年　　月　　日

【附註】

註一　參見國中國文課本第四冊。

註二　同上。

註三　同上。

註四　同上。

註五　參見國中國文課本第三冊。

註六　參見李曰剛先生作文的技巧。

註七　同上。

註八　同上。

註九　同註一。

註一〇　同註六。

註一一　參見譚竟成作文方法之研究。

註一二　參見國中國文課本第二冊。

註一三　參見張仁青編著應用文。

註一四　參見國中國文課本第六冊。

註一五　同上。

第五節　作文批改

壹、批改的意義

作文批改是國文教師的一件重任。學生習作的詞句作法以及思想材料有不妥之處，要爲之修改，但又不可任憑自己恣意的批改，要使學生見了覺得批改並不甚多，卻一處處都有化腐朽爲神奇的功力，這實在是件繁苦的事，從效用上看，學生對一篇經過教師認眞批改的作文，如能透徹理解而加以體味熟讀，於寫作學習方面的獲益，也許比熟讀一篇文章更大。

現在，我們來認識一下批改的意義。所謂「批」，指的就是「批示」，批示又包含了「批評」與「指示」兩方面。「批評」什麼呢？就是褒貶學生文章的優劣得失；「指示」呢？就是指明學生文章的得失所在。至於「改」，指的就是「修改」，修改也可分爲「修」與「改」二方面；修，就是修飾文辭拙劣不善者；改呢？就是改正其錯誤不當之處。

梁啓超教學生作文，曾經講過一個故事：八仙之一的呂純陽，有一天碰到一位氣質不凡的青年，很想超度他成仙，但不知他是否貪財？心想試試他，就用手點化了一塊小石頭成金子，問那青年要不要？青年說：「不要」，呂純陽又將一塊大一些的石頭點成了金子，問他要不要？他仍表示「不要」

。呂純陽大喜，不料那青年卻說：「那些金子都是有限的，我希望要你的手指頭。」

由以上的故事，我們可以領悟出作文的道理。學生初學作文時，必須經過教師的批改與指導，才能化石頭成金子；不過那個「點石成金」的手指頭，終究是老師的。我們最終的目的，是要學生自己練出這一套本領，而在獲得這一套本領之前，就靠教師批改學生作文時所下的功夫了。下面就介紹教師「批改」作文時應有的幾點認識：

貳、批改的功用

批改的功用有消極作用的修改，即只求文章的清順。另外有積極作用的修改，即爲達到精益求精起見，要求教師批改達於善美的境界，作爲學生範例。一篇習作之中，文義詞章的優劣瑕瑜，必定參差互見，因此，消極、積極作用的修改，總會兼而有之。不過，我們應該知道，文章必須先求清順而後求其善美，凡是根本尚未清順的，只要修改到清順就夠了，不必過於求善求美；否則，超過學生領悟體會的能力，反而接受不了，無益於事的。

參、批改的內涵

關於批改的工作，有五點需要注意，（註一）茲分述如下：

一、書法錯誤：書法錯誤有二種情形，一種是因兩個字彼此有相似關係，於是將這個字誤寫成另外一個字，這種情形叫做「別字」。例如將「丐」誤寫成「丏」，或將「叚」誤寫成「段」等都是這種情形。另一種情形是寫出了一個本無其字的字來，這叫做「錯」字。例如將「歸」寫成「帰」、「偷」寫成「揄」等便是錯字。

二、詞語失當：就是文章的用詞，語法不當，而導致文章不通順。詞語失當又可以分三類：

㈠詞語意義與作用的錯誤：例如有些詞語字面似是相同而含義卻不一樣的，如觀念與概念、造就與成就、技術與技倆等。另外詞語的使用錯誤，多屬於虛詞方面。例如：「呢」和「嗎」，同是句末語氣詞，但作用各不相同，容易混淆。

㈡字面意義或作用似屬相同，而語言習慣上卻不能互相通用：中國字有許許多多同義字，在訓詁學上它們都可以互訓，如不細作分析，單由表面上來解釋，它們在意義上都極爲相近，甚至完全相同。但是使用在文章當中，或由於語言的傳統習慣，或由於表現出來的意象，常常發生絕對不可以通用的情形。例如「視」和「看」，都有用眼睛看東西的意思，但對眼睛有疾的人，我們稱爲近視眼，就沒有說成近看眼的。

㈢意義本同，因地位身分性質不同而異：這種現象如果不用錯，可以使文章清楚而恰如其分，就拿「死」一字來說，就有許多不同的用法，如天子死叫「崩」，諸侯死叫「薨」，大夫死叫「卒」，士死叫「不祿」，庶人死才叫「死」等。這就是因爲身分不同，而用法有異的例子。

三、章句經營無方：關於章句經營無方，可分爲六類：

㈠文法不通：文法有如句子的五官，當一個人的五官不整齊，無論怎麼看，都會感覺蹩扭，不順眼；同樣的，文法不通的句子，讀起來亦會感到拗口，難以理解。例如：「無論求學做事，一定非要有決心、恆心。」又如：「這幾篇文章是我最喜歡。」這兩句話都是文法不通，唸起來不順。另外閩南語常會犯「有」的毛病。例如：「電視上也有說」，應改為「電視上也說了。」又如：「他說話很大聲」，聽來似乎沒錯，實際上卻犯了文法不通的毛病，應改為「他說話的聲音很大」。

㈡體現不切：體現不切可說是思想或運材上的毛病，或是不能把握題旨，本來要說東卻說到西去了。寫文章的第一要務，便是決定中心思想，中心思想決定了以後，文思才不會像脫韁的野馬，無法控制，才不致於下筆千言，而離題萬里。例如以「初夏」為題，卻大作起「夏」的文章；或以「秋」為題，而大寫穀類對人類的貢獻。這都是體現不切，未能把握中心思想所致。

㈢語氣不合：語氣不合即所說的話和所要描述的人或事不相稱。例如：兒子寫信給父母說：「天氣漸漸的冷了，毛衣趕快寄來，切勿遲誤，勞神之處，容後面謝可也。」這那裏是子女跟父母說話的語氣呢？

㈣體式不純：體式不純亦即語句的型態錯亂，或是文言、白話出現於同一篇文章，或記敘與論說夾纏等等的毛病。尤其中學生剛學過文言文，在寫作時，常喜歡賣弄文墨，故意用上幾句文言，以求典雅，其實反而弄巧成拙，讓人讀來啼笑皆非。例如：「一切治國的道理，均於是乎在」，這就是文白夾雜的句子。現在的學生甚至喜歡在白話文中用「之、乎、也、者」等字，均屬於體式不純的毛病。

(五)組織不良：組織即文章剪裁，安排的工夫。文章如果繁簡失宜，剪裁失當，它的意義便不完整，讀起來也就不對了。例如：「十月十日是中華民國誕生」，這句解釋性的判斷句中，「十月十日」是主語，「是」是繫詞，「中華民國誕生」是謂語，從文法上看，判斷句的謂語須和主語同位，因此「中華民國誕生」之下必須加「的日子」句子才完整。

(六)浮詞累贅：無論說話、作文、寫任何東西，都應該簡明雅潔。如果盡說些不相干或重覆的話，便會語句不明，令人生厭。學生寫作時常會犯這種毛病。例如：「他是一個勤苦、誠實、坦白、熱情、純潔、赤誠、節儉的好學生。」這句話形容一個人的好處，用了七個形容詞，實在太囉嗦了，徒然惹人厭煩。如果改爲「他是一個勤儉、誠懇、富有熱情的好學生」就不那麼累贅了。又如：「他們在路上一邊走著路，一邊吃著東西，一邊談著話。」這句話的句尾都有多餘的部份，顯得很累贅，如改爲「他們一邊走，一邊吃，一邊談」就好多了。

四、陶煉工夫拙劣：這是指整段、整篇文章而言的，關於這方面的毛病可分爲四種：(一)強事堆砌，繁蕪而枝蔓錯亂。(二)意具材乏，疏簡而生硬枯澀。(三)形式呆板，毫無生氣。(四)鋪敍直率，趣味索然。

五、格調氣味腐惡：中學生對於這方面常犯的毛病有二種：第一種是格調的腐敗：也就是濫調套語，造成新體八股。第二種是氣味的惡劣：如文章中有刻薄、輕佻、鄙俗、狂妄、纖巧、猥褻等種種毛病時，便會造成氣味惡劣。

肆、批改的評語

一、評語在作文教學上的價值

㈠評量寫作成果：一種比賽結束後，除了宣布成績外，並且要指出優點、缺點，以使比賽者加以改進，並確定努力的方向。作文的評語亦當如此，目的在使學生了解其努力的成果與得失。

㈡激發作文興趣：作文評語，對學生寫作動機，具有激勵的作用。學生都有好奇心、好勝心，教師如能用心批改他的作文，給他建設性的意見，指出他的優點，讓大家共同欣賞，必可激發學生的信心，培養他更大的創作慾望。

㈢增進教學效果：講解、寫作、批改是三位一體的。事後的批示、訂正，是事前指導的延續和複習。有些評語「以教代評」，結合了課堂上的寫作原理，更有助於教學效果的提高。

㈣提供欣賞觀摩：評語雖短，但每一則都是一個獨立的主體，有主旨、有思想、有情趣，透過這些語句，學生不但可以欣賞到文辭義理的優美，而且由於教師書法的工整、行文的謹慎，學生也獲得了「欣賞觀摩」的效果。

二、評語的作用

㈠消極作用：此指對文辭章句本身的拙劣錯誤，或見解態度不當，功力不足，分別加以指示批評而言。如「不要用土語、俚諺及鄙俗的字」即是。

㈡積極作用：此指對文章優美或學生進步的表現，加以激勵贊賞，對其不妥善、不正當的部分，指示如何改善而言。

評語的作用雖可分爲積極和消極兩種，但一句評語中，往往兼含此兩種作用。

三、評語的種類

評語可分爲總批和眉批兩種。

㈠總批：是在作文批改完畢後，綜覽全篇形式內容或寫作態度，作一概括指示或說明。通常在作文後面，所以又叫大批或尾批。

㈡眉批：這是教師批閱作文時，隨改隨批，寫在作文紙頂端的一種批示，又叫頂批或細批。如文中意思欠妥，又不便刪除時，可用眉批使學生領悟。用詞欠當、文法不通、詞語有毛病……等，都可在眉頭加以批示，使其明白。此類評語，前人評閱作文極爲重視。

四、評語寫作的原則

㈠內容方面：

1.具體性：評語的目的，主要在指示學生改進寫作技巧。因此，前人所用的「氣勢」「神韻」「韻味」等辭，因爲不夠具體，應極力避免。

2.眞實性：有些老師評語寫上「墨花四濺，筆彩橫飛，令讀者目眩神迷，有山陰道上應接不暇之勢」之類的贊辭，徒然使學生自以爲文章已躋身大家之林，而目空一切。所以評語應以眞實合度爲主，獎抑不可逾分。

3.親切性：評語的取材，應適合學生生活經驗，用語應富色彩，使學生能接受。

4.激勵性：使用評語，要注意其激勵作用。對於壞的，也不能全說壞，以免沮喪其學習精神，打擊其興趣。因此應儘量使用建設性的評語。

5.淺顯性：評語要「深入淺出」，做到「人人能懂，人人愛看」的地步。如此，必可增加其效力。

(二)措辭方面：

1.文字要明白，詞語要簡短，語法要順口，詞彙要適度，字體要正確。

2.短句比長句好，有力比無力好，變化比雷同好，正楷比草書好。

3.興味要濃厚，多使用新穎獨創，有啓發性和諮商性的語句，以取代直敍式肯定句，多寫出內心感覺，以觸發學生心靈共鳴。

4.不要使用土語、俚語或粗鄙不通的話，不套用陳腔濫詞。文藝氣息太濃，或歐化語法，同樣也不適合。

伍、批改的方式

作文的批改方式，常用的有三種：

一、教師批改：就是教師在作文簿上直接批改，這是目前中學作文批改最常用的方法。教師批改又可以分為三種情形：㈠精批精改。㈡精批略改。㈢因人批改。

二、學生自改：當學生作品思路不清、不知所云，或是文章過於惡劣，教師無從下筆批改時，便發還讓學生自行改正，或命令他重作，或者只是做符號的訂正，而由學生自己修改，等學生修改後，教師再收回來略為批改。

三、共同批改：在學生作品之中選一篇具有代表性的佳作，抄在黑板，而由學生共同修改、批評。教師則從旁作綜合的修改和批示。

陸、批改的符號

作文批改有幾種符號，教師可以斟酌使用，視實際需要而增減，下面節錄章師銳初先生中學國文教學法中所載的幾種符號，以供參考。

勾線——詞語宜互易位置的。

××× 交叉線——文字錯寫、別寫及詞語、典實誤用的。

密點——思想見解純正精當，或情事敘說眞切生動，以及前後聯絡照應靈妙的。

雙圈——造句修辭優美的。

半圓圈——文句通順，而意思膚闊空泛，不甚切合題旨的。

｜ 粗直線——思想或態度不正當（荒唐、乖張、刻薄、佻撻、猥褻之類）及措辭不倫不類的。

△△△ 三角——論理背謬或內容不眞不實的（不合事理事實）。

∠∠∠ 斜角——見解幼稚庸俗，或錯誤不正確的。

～ 曲線——誤解題義，或離溢題目範圍不能把握的。

⋮ 粗點——句法太拙劣，或陶煉不妥善的。

≋ 雙曲線——詞語措辭不當（欠缺、多餘或部分失次等）及文法或文句體例不合的。

？ 長問號——詞語意義不明、不達、不完足、不順適的。

！ 長歎號——理路不清、或文義前後衝突、及無關聯，失照應、凌亂或脫節的。

斜井號——浮詞累贅及抄襲濫調套語的。

‖ 雙直線——語句或文義重複的。

＼ 斜線——文句中有詞語脫漏的。

柒、批改的原則

關於批改的原則，有十二點需要注意：（註二）

一、批改時要客觀。

二、要保存學生的原意，切忌全改。

三、批示須重於修改。

四、批改時字跡切忌潦草。

五、批改時符號應該簡明統一。

六、批示時應力求明確、具體。

七、批示時應多鼓勵、少貶責。

八、指示應重於批評。

九、應多令學生自動訂正。

十、因學生程度不同而作不同的批改。

十一、按時批改，按時發還，不要積壓。

十二、批改以後，應再將共同的弊病，再提示一次。

批改時除了須注意上述的十二項原則外，還要注意記載批改的年、月、日，以及記錄習作的成績，使學生及老師都能明瞭進步或退步的情形。

總之，批改不要忘了寓教於改的目的，在批改中，以指導、刺激、鼓勵的方式，來培養學生寫作的興趣，提高學生寫作的能力。

捌、批改後記分

一、記分方式

㈠以等級評分：所謂以等級評分，就是用甲、乙、丙、丁來評定作文的優劣。

㈡以分數評分：所謂以數字評分，就是以實際的數目字如六十分、七十分、八十分、九十分等來評定作品的好壞。

關於這兩種方法的優點、缺點，我們簡單的說明如下：以等級評分的優點是：

(1)教師評分時，可因不作詳細比較而節省時間。

(2)可使學生不過分計較成績。

至於其缺點則爲過份籠統，不能精確的比較優劣。以數字評分，則有四種優點：

(1)較爲具體：可使學生確實知道自己的成績。

(2)較爲詳細。

(3)較有代表性。

(4)較爲方便，可以直接配合考試成績作綜合登記，以此作爲學生的平時成績。

至於其缺點是評分容易引起學生過份計較分數。

二、記分標準

等級評分太籠統，數字評分會引起學生計較成績。尚有另一種方法，即蔣伯潛所主張的不記分數在作文簿上，以另紙計分。因爲文卷上明記著分數發給學生之後，學生的注意力往往被分數吸引走了，不再仔細看批改的文字，而且對分數斤斤計較，喜歡與人比較高低，其實分數往往不能代表學生眞正的作文程度和文章的好壞。其不正確和不可靠的原因有下面三點：

㈠文章的優劣係多種因素綜合的結果，這許多的因素有些屬於內容方面的：如見解的敏銳、情感的豐富、思想的連貫等；有些是屬於形式方面的：如用詞的適當、造句的完整、標點的正確等。不但因素複雜，且各因素在總成績內所應佔的份量又不易確定，因此要評判其優劣頗爲困難。

㈡易受教師主觀的影響，因爲教師性格各不相同，對文章的愛惡也不一樣，有喜歡通順流暢者；有喜歡內容豐富者；有喜歡詞句優美者；有喜歡文字秀麗者。再加上每個教師給分標準寬嚴不一致，因此同一篇文章，經過幾個教師評閱，其結果可能不大相同。此外教師評閱時的情緒也極有關係，當他心情愉快時，會覺得每篇文章都是好的；反之則不然。所以，即使是同一篇文章，由同一教師在不同的時間下評閱，結果也往往相差極大。

㈢就學生來說，看到高分數心裏暫時高興，看到低分數時心裏暫時不愉快，對於提高習作的效果，毫無益處。並且一次作文的成績，決不能代表他眞正的作文程度。

因此，分項評分可說是最切實可行的一種辦法。教師可先將學生習作所應注意的問題，分爲若干項，每項目擬定應佔分數的百分比，這樣學生就可看到自己作文各項成績的多寡，明白所犯的錯誤，作爲改進努力的依據，而教師也可根據這個統計，作爲公開指導的材料和改進範文教學的參考。下面便學例說明中學作文評分標準，以供參考：

項目	高一百分比	高二百分比	高三百分比	國一百分比	國二百分比	國三百分比
意思切題	30%	25%	20%	35%	30%	25%
詞語準確	10%	10%	10%	10%	10%	10%
句法妥順	10%	10%	10%	25%	20%	15%
層次清楚	10%	15%	20%	10%	10%	10%
立論正確	10%	10%	15%	5%	5%	10%
措辭適當	10%	10%	15%	5%	5%	10%
標點清楚	10%	10%		5%	5%	5%
錯別字不超過若干字				5%	5%	5%
繕寫書法	10%	10%	10%		5%	5%
全文字數在若干字以上					5%	5%
總分						

玖、檢討的方法

習作批改之後，檢討的方法如下：

一、共同批改：每一次作文，選一篇抄在黑板上或油印分發，讓學生共同批評改正，使一個人寫作技術上的得失，變爲大家共有的經驗和認識。

二、個別指導：文章改好以後，個別給予指導解說，這樣有許多好處：

㈠文字上的批改無論怎樣精，指點總不及口頭的詳細。

㈡在個別談話中，教師不但可以指出一篇文字上的缺點，還能進一步對症下藥，告訴學生許多閱讀寫作的方法。

㈢學生也可提出問題向老師請教，並且得到老師個別的關懷，會引起學生感激之心，對於他的學業，具有極大的鼓勵作用。雖然這樣費時不少，但全班學生，至少要有一次接受個別指導的機會，這是必需的、值得的。

三、總檢討：綜合全班學生的文章，在學期開始第一次作文，以及學期結束時最後一次作文，分別學行作文檢討。在檢討之先，教師應有檢討的準備，即在作文簿中檢出若干優美的詞句、內容充實者列爲一類；照應不清、聯絡不明者列爲一類；套語濫調、誤用詞語者列爲一類；段落不分、重複累贅者列爲一類；同時並將所有錯別字列成一表，分別指出改善之處，因爲這是極現實的資料，尤其取材於學生本身，是好、是壞、是優點、是缺點，指陳糾正之間，都容易使學生發生濃厚的興趣，從而產生高度的效果。

以上三種檢討的方法是非常重要的，若教師僅批改學生的文章，而不加以檢討的話，學生進步的程度將會減低。因此，教師在全學期中，應衡量情形，儘可能的挪出時間，運用以上任何一種方法來檢討，當可收到較高的教學效果。

拾、批改的實例（註三）

評語	作文
	一、推動搖籃的手　　國中一年級　　陳怡文
手不能「看」著你，所以應該去掉它。	有一（雙）充滿溫暖與愛心的手，從小就~~看著我，~~抱著我，（撫）摸著我。推著搖籃，細心（地）照顧我。那雙手，不知道費了多少心血，才把我養~~得這麼~~大，到現在已有十二年零九天了！
求簡潔，故刪去「了這麼」三個字。	
添加「無刻不在」使語句更圓滿。	這十二年多來，（她）（無刻不在）照顧我的飲食起居。讓我學習各種技藝，以便將來

謀生之用。這雙手也曾打過我，但它完全是出於「恨鐵不成鋼」的慈愛心懷，我非常喜歡它。受到歲月的摧折，雙嫩白柔細的手，已變爲粗糙了，像一位身經百戰的老戰士，不怕困難的直立在那兒。！它仍在那兒培育著我，撫摸著我。那雙手就是我母親的手。她希望我將來有些成就，她就感到安慰了。如果我日後有成就的話，都要歸於那雙撫摸過我，打過我，抱過我，充滿愛心與溫暖的，推動搖籃的那雙偉大的手！	原句句法不夠婉轉，修飾後，句子有力多了。「經歷百戰」與上面相同，避免重覆故刪去。「它就安慰了」句子不通，添加「感到」二字，文句就順暢了。「將來」改成「日後」可免去重覆的毛病。

層層逼進，到最後才揭示主題，使全文籠罩著一分引人的氣氛，這就叫「高潮法」，它可以使人對於主題——那雙推動搖籃的手，產生強烈的印象。可惜的是，你的文章不夠精練，效果因此減弱不少。

說明：

這篇評語對原文的結構技巧闡述得十分清楚，末句提出的意見也很持平，其「寓教於評」的精神也很值得參考。

二、浮生偶記

國中二年級　葉淑貞

我是一個愛看書的女孩子，書對我來說就是我的精神食糧。一般人在讀書時往往都〔是想得到〕會一些知識或者是讀書心得，但是我所得到的並不是這些，〔卻〕〔藉此引導成〕而是思想的增長。

有人也許會說，人長大了〔，〕思想自然也就增長了，讀書哪裏會增長〔滋潤〕思想呢？但是依〔對〕我個人來說，確實是如此的。

也有些人認為思想不要〔可〕太早熟，否則可能不正常。我想我可能就是那不正常之〔的〕人，因為我想的事情，他們都沒有想到，而且我和他們並沒有思想的交流。更有趣的是他們〔一〕看到我，打開窗子，面對藍天綠樹沈思時，他們就說我有問題。〔可是他們怎知道我正在吸取思想的甘泉呢？〕

求簡潔，去掉「是一個」「的女孩子」七個字。

這兒少了一個動詞，語句也嫌太平淡，所以改動了一下。

語句不順，所以稍作改動。

早熟晚熟都是屬於個別差異，並非不正常。

避免重複，刪去。

加上這一個反詰的語句，文字就有了起伏。

原文	眉批
然而思想是什麼呢？我也不太了解〔。〕但我只認為想得多且是〔而〕正確就是了。這雖然並不是什麼〔很值得誇耀的〕收穫，但是對我來說顯然夠了，~~不是嗎？~~〔，這〕是的，是夠了，致〔至〕少我的心裡並〔靈是〕不會太〔感到〕空虛〔的〕。	思想是有系統的深度思考，好學深思就可以獲得，你已經把握了它的本質。
思想「成長」以後，必然會對事物做更深入的分析探討，而且得到較正確的結果。思想越成熟，越能自成體系，不輕易動搖。思想的成熟除多看書以外，還需要多聞、多見、多與人討論。自己閉門思考，可能會使你的思想陷入迷津，或封閉在象牙塔內，不但無益於它的成熟，而且使妳所見，越趨偏狹。	

說明：

這篇評語著重在思想的啓導，原文作者是國中二年級的一位女生，文靜、喜歡文學、愛好閱讀、耽於沈思，評者是她班上的國文老師。她透過了作文的評語，使她獲得更深一層的認識與體驗，這種評語，必然會滿足她求知的慾望，對她的理念世界的成熟，也一定很有幫助。

拾壹、結語

以上就「批改的意義」、「批改的功用」、「批改的內涵」、「批改的評語」、「批改的方式」、「批改的符號」、「批改的原則」、「批改後記分」、「檢討的方法」、「批改的實例」等十項，作了簡單的介紹，以便作爲同學們的參考。我們都知道批改文章除了作消極的批評外，重要的是積極的修改，因此，教師在下評語之時必需非常的愼重。除了注意內容的具體，措辭的簡明等等之外，最重要的是，評語除了指出文章的得失之外，對學生還有鼓勵誘導的作用，因此不能全著眼於文字，還得注意到這文字的作者。初學寫作時，總是壞的多、好的少，若一味從壞處著眼，勢必會打擊學生的寫作興趣，而非交白卷不可，所以如何「循循善誘」，全靠老師的斟酌權衡了。

【附　註】

註　一　參見章師銳初先生中學國文教學法。

註　二　參見台北市金華女子國民中學國文科教學參考資料。

註　三　本實例採自賴慶雄著作文評語示例

附：國文科(作文)行爲目標教學活動設計實例

單元名稱	今日臺北(命題作文)	班級	二年　班	人數	
教材來源	自編	指導教師	陳品卿	時間	一〇〇分鐘
學生學習條件之分析	①學生對遊記體文章已有數次的習作經驗，不過卻易犯記流水帳式的毛病，而且僅止於寫景，內容常流於單調貧乏。②學生不久前剛學過「大明湖」一課，對記敍文略有認識，而且也知道借景抒情的重要。③適逢光輝十月，學生對台北的所見、所聞、所感必多，對今日台北的地位、進步、繁榮，當有所認識。				
教學方法	視教學需要酌用問答、講述、討論、欣賞、發表等方法。	實習學生	高秋鳳		
教學資源	台北圖片、國文課本第二冊、修辭學、揭示板、總統府圖片。				

教

單元目標	具體目標
甲、認知方面 一、知道如何審題、立意、運材及布局。	一—1 能說出題目的涵義。 一—2 能說出本文題所適用的文體。 一—3 能獨立思索與題意有關的問題。 一—4 能選取適當的寫作材料。 一—5 能妥善的安排材料。 一—6 能把握題旨依序發揮。

學目標	
	一—7 能確知寫作的綱要。
二、了解遊記體文章的作法及易犯的毛病。	二—1 能說出遊記體文章的作法。 二—2 能避免遊記體文章易犯的毛病。
乙、能力方面 三、會運用適當的文句及標點符號表情達意。	三—1 能運用適當的文句表達思想情意。 三—2 能避免用錯別字及簡體字。 三—3 能正確使用標點符號。
四、會運用譬喻、映襯及借景抒情的手法。	四—1 能運用譬喻法寫作。 四—2 能運用映襯法寫作。 四—3 能運用借景抒情的手法寫作。
丙、情意方面 五、培養欣賞優美作品的能力。	五—1 能正確指出作品的優、缺點。 五—2 能了解評語的意思。 五—3 能欣賞他人優美的作品。
六、培養愛國情操。	六—1 能體認今日台北的重要地位。 六—2 能說出台北需要改進的地方。 六—3 能說出今日台北的進步與繁榮實況。 六—4 能說出如何愛家、愛國。

節次	月	日	教學重點
時間分配			
1			①檢討欣賞②作文常識指導③引起動機④審題⑤啓發寫作思想⑥搜集寫作材料⑦擬定大綱⑧寫作技巧指導⑨各自習作。
2			各自習作。

教學目標	教學活動	教具	時間	評鑑	備註
能體認今日台北的重要地位。能說出如何愛家、愛國。	甲、準備活動： (附)課前準備 ①教師於課前準備教材，並命學生搜集有關台北的資料。 ②配合十月慶典，師生以「光輝的台北」爲主題，共同布置教室。				此項活動視教材內容或實際需要，決定是否進行。
能正確指出作品的優、缺點。	第一節 一、檢討欣賞： ㈠成果評量：針對前週的作品作全班性的評鑑，並提出共同的優缺點及錯別字。	作文簿	10.		共同批閱，每學期

能欣賞他人優美的作品。 能避免用錯別字及簡體字。	㈡共同批改：教師提出較有代表性的文章，讓全班同學共同批評、訂正。 ㈢輔導欣賞：①教師揭示同學的佳作，讓全班共同欣賞，並請學生指出作品的優點。 ②教師報告前週文章寫得較好的同學，鼓勵學生相互傳閱。	揭示板或放映機 揭示板或放映機		可學行一、二次。
能說出遊記體文章的作法。 能避免遊記體文章易犯的毛病。	二、作文常識指導： 本次講授重點為「遊記體的寫法」 內容大要： 遊記體的文章，大致有四種作法： (1)以遊者為主體的—這是以遊者所經的路線，記出所見所聞的事物。 (2)畫定範圍的—這是先確定範圍，再分記範圍以內的事物。 (3)以一物為中心的—先選定一物為中心，再依左右前後上下的方向逐漸記述。 (4)以時日為主體的—以時間或日期為主，記述畫定的時日內所經歷的事物。	遊記體文章作法學例表	5.	教師可將作文常識酌分為若干單元，於每一次作文課時講授（每次講授內容最好能配合該次的作文題目）

教學目標	教學活動	教具	時間		
	三、引起動機：				
能體認今日台北的重要地位。	㈠從即將來臨的「光輝十月」的台北景象引起。	台北圖片	3.		
能說出如何愛家、愛國。	㈡請學生說明今日台北的地位。 ㈢板書作文題目「今日台北」。				
	乙、發展活動：				
	四、審題：		2.		
能說出題目的涵義。	㈠指名學生說明題目表面的意義及內在的涵義。				
能說出本文題所適用的文體。	㈡指名學生說明「今日台北」適宜用何種文體寫作。				
	五、啓發寫作思想：		4.		
能獨立思索與題意有關的問題。	教師以問答法啓發學生的寫作思想。 問題學例：	問題卡			
能說出台北需要改進的地方。	(1)你能說出台北有那些地方需要改進嗎？ (2)台北的公共汽車情形如何？				
能說出今日台北	(3)台北的環境衛生好不好？爲什麼？				

的進步與繁榮實況。	(4)大雨過後的台北是什麼面貌？ (5)今日台北跟往日的台北有什麼不同？他進步的地方是什麼？		
能選取適當的寫作材料。	六、搜集寫作材料： (一)分組討論：每組同學將自己所收集之資料向全組同學報告後，並討論是否切題。 (二)教師巡視各組，給予必要的指引。	6.	此過程，可以共同討論、分組討論或個別收集等不同方式進行。
能確知寫作的綱要。 能妥善的安排材料。	七、擬定大綱： (一)分組擬定大綱：各組員討論擬定。 (二)材料組織：各組員將所收集的材料依照所擬定的大綱作妥善的安排。	5.	本過程亦可以共同討論、分組討論或各自擬定等方式進行。

能運用譬喻法寫作。	八、寫作技巧指導： (一)譬喻法的指導： 以周敦頤愛蓮說一課的文句爲例，說明譬喻法的功用及使用技巧，使學生能在本次作文中運用。	國文課本	5.	配合大明湖一課指導寫作技巧。
能運用映襯法寫作。	(二)映襯法的指導： 以朱自清匆匆一課的文句爲例，說明映襯法的功用及使用技巧，使學生能在本次作文中運用。	國文課本		
能用借景抒情的手法作文。	(三)借景抒情的指導： 以大明湖一文爲例，使學生了解借景抒情是使文章更有內涵的方法，進而能在寫作中運用。	國文課本		
能把握題旨，依序發揮。 能運用適當的文句表達思想、情	丙、綜合活動： 九、各自習作： 學生各自習作，教師巡視行間，必要時給予個別指導。		10.	

目標	教學活動		時間		
	第二節				
能正確使用標點符號。	十、各自習作： 學生繼續寫作，教師巡視行間，必要時個別指導。		50.		
	十一、繳交作品： 下課後由班長負責將全班作文簿收齊，交到教師處。 （附）批閱訂正與檢討欣賞。		下課時		
能了解評語的意思。 能避免用錯別字及簡體字。	十二、批閱訂正： ㈠教師批閱 教師利用課餘時間批閱，在下次作文課前發還學生。 ㈡學生訂正： 學生收到作文簿後將評語及批改處仔細看過，並訂正錯別字。 〔註〕本過程在課後時間進行。 十三、檢討欣賞（略） 〔註〕本過程在下一次作文課時進行。		下課後		

第四章　課外閱讀

前言

依據民國七十二年七月教育部頒布之國中與高中課程標準，國文教學的工作，包括「範文教學」、「中國文化基本教材」、「作文教學」、「書法教學」、「語言訓練」、「課外閱讀指導」等六方面，這六項工作必須等視並進，國文教學的工作才算做得完備週到。其中「課外閱讀」部分，可增強學生「閱讀」及「寫作」的能力，應與「範文教學」、「作文教學」兩部分密切配合，以彌補課文的不足。

所謂課外閱讀，是指閱讀課本以外的書籍或文章而言。至於範文教學過程中指導學生在課外預習，查閱有關的參考資料，看來似乎也是屬於課外閱讀的工作，但那只不過是範文教學中的一種「精讀」行爲，算不得眞正的課外閱讀。這裏所說的課外閱讀，乃是指依照課程標準所列之「教學目標」、「教材大綱」及「教學重點」，指導學生閱讀課外讀物，以增進其語文能力及欣賞文學作品之興趣而言。

臺灣省教育廳舉辦在職教師進修，我應聘擔任國文科教師進修班的「課外閱讀指導」。爲了授課的需要，於是搜集一些資料，整理編寫，集爲講義。內容包括：教學目標、教學意義、閱讀態度、選材原則、選材範圍、編配實例、指導方法、筆記指導、教學評鑑、課外讀物簡介及課外讀物書目之介紹。因爲課外閱讀之範圍廣泛，其內容可以包羅萬象，且新書如雨後春筍般地不斷出版，所以本書只是提供一分教學領域的指引而已。教師如能隨着時代的進步，經常閱讀新書，提供學生出版的消息，引導其進入文化、知識的寶庫，使學生由知之而好之，由好之而樂之，那就是課外閱讀教學的成功了。

第一節　教學目標

一、國民中學

依據民國七十二年七月教育部公布之國民中學國文課程標準，其中有關課外閱讀之教學目標如下：

「肆、指導學生閱讀有益身心之課外閱讀，培養其欣賞文學作品之興趣及能力。」由此觀之，課外閱讀的目標，可分析其要點如下：

㈠引導學生閱讀有益身心之課外讀物：學生常會在課餘之暇，不經意地讀到一些有害身心之讀物，如：怪力亂神、言情小說等等。教師最好適時地選擇，介紹有益讀物，指導學生欣賞閱讀，以增進其身心健康。

㈡培養學生欣賞文學作品的興趣：課外閱讀的目的之一在培養學生欣賞文學作品的興趣，對於文學作品，從內容上能欣賞它的意境，從形式上能欣賞它的修辭方法，進而體會各種不同的寫作技巧，以增進其閱讀興趣。

㈢訓練學生閱讀及欣賞的能力：訓練學生閱讀與寫作能力是國文教學的主要目標。範文教學只是基礎訓練，課外閱讀才是開拓閱讀與寫作能力的重要方法。據了解，凡是寫作能力高的學生，大多是

生課外閱讀。對課外閱讀興趣濃厚，博聞強記，並能欣賞其中佳妙者。所以要想增強語文訓練，教師必須要指導學

二、高級中學

現行之高級中學國文課程標準，其中有關課外閱讀之教學目標如下：

「伍、輔導學生閱讀有關思想及勵志之課外讀物，培養其思考判斷之能力與恢弘堅忍之意志。」

由此觀之，高級中學課外閱讀之目標，可分析其要點如下：

㈠課外讀物之內容，應能培養學生純正的思想。
㈡課外讀物要能啓導人生意義，培養學生敦品勵學的觀念。
㈢課外讀物要能理論精闢，培養學生思考判斷的能力。
㈣課外讀物要配合國家政策，喚起學生民族意識，並恢弘其堅忍的志節。

第二節　教學意義

「學習」是人類成長必經的過程，而讀書、就學又是學習的主要方式。我們能養成正確的處世觀念，學校教育厥功甚偉。在學校裏，國文教學方面，課外閱讀給予學生的影響，並不遜於範文教學，所以身爲國文教師者，平日除課堂教學外，對於課外閱讀的指導也應該列爲重點實施。

所謂課外閱讀是指在規定的課程以外，利用課餘時間另行取材學習，以爲正課之輔助及補充。在學校裏，國文科課程是由老師引導學生探究「中國語文」的一段路程。老師宜指導學生依據各人不同的時間、環境、性向去涉獵更多的書籍，藉此提高其閱讀及表達的能力。

閱讀是充實知識，開拓眼界的基礎。「讀書破萬卷，下筆如有神」，有了豐富的知識作基礎，才能寫出動人而有內容的文章。目前國文科除作文外，幾乎全爲範文教學，標準本所選的範文，每册不過二十篇左右，用功的學生在短期內即可讀畢，閱讀興趣較濃厚的中學生，課餘之暇，面對坊間書肆琳瑯滿目之新舊書刊，往往無從選擇，一般學校之圖書室限於經費或其他種種因素，也不易充分發揮其功能，在盲目摸索，無從辨別的過程中，學生難免接觸到一些言情小說、色情刊物或思想偏激的書，開卷閱讀，年深日久的，不但未蒙其利反而身受其害，成爲社會的隱憂。

中學生對課外讀物如何取捨，教師是最適當的指導人，如能根據學生不同的個性、能力，有計畫地指導，不但可以減少不良讀物對學生之戕害，積極方面也能增進其身心健康，逐步培養成熟的人格。

課外閱讀誠然重要，但是由於學生課業繁多，時間有限，可讀之書又浩如烟海，如何能在短暫的時間內作有效的運用，才不致貪多務廣，反生流弊，這不僅是學生們應當注意的，也是國文教師肩上的責任，因此加強課外閱讀指導是刻不容緩的事。

課外閱讀的意義已如上述，若就其功能而言，課外閱讀可以多方面增益學習，茲舉數端為例，說明如下：

一、補助課內讀講之不足，增加學生的見聞——在學校裏所學的只是國文方面部分甚至狹窄的知識，加以時間匆促，學生只能略窺中國語文的皮毛而已，倘若想在學生時代打下根深蒂固的基礎，進而了解中國語文更深刻的內涵，就必須不斷地閱讀，以廣見聞。

二、養成學生自由閱讀的興趣，能力與習慣——教師如果經常有計畫地引導學生去接觸一些課外的參考書籍，有價值的文學作品和各種研究資料，開啓學生的心智，久而久之自然能產生興趣，養成其自幼愛好閱讀的習慣。一篇文章內容是否生動？思想是否活潑？情感眞實與否？情節的曲折變化、想像力的豐富運用……等等，教師應從各方面指引學生欣賞，使其由欣賞中進而體會文學之優美，得到讀書的樂趣。

三、減少學生閱讀不良書刊的機會——現代是知識爆發的時代，新的刊物、作品，良莠不齊，充斥市面。學生沒有較正確的選擇能力，此時，教師的身分應像一個篩子，幫助他們把一些不良的作品，過濾、篩除。適時地引導學生走向閱讀、欣賞之正途，並使其產生興趣，如此，自然可以減少學生受到不良刊物之害。

四、發展學生不同的個性與能力——學生有個別差異現象，這是不爭的事實，所以教師應「因材施教」，例如：有些學生喜歡文藝作品，有些學生喜歡自然科學、社會科學……等等，各有所好，優良的教師知道應視其個性與能力分別加以指導，使學生天賦的潛能，分別得到充分地發展。

第三節　閱讀態度

讀書既是爲了充實自己，應付生活上的各種難關，因此在指導學生閱讀前，首當培養其課外閱讀的態度。有了正當的態度，在閱讀進行中，才能不怕困難，不懼失敗，腳踏實地，一步一步做去，如此自有開花結果的一天。學生課外閱讀應有的態度，茲擧要列述於下：

一、先使心神虛靜——心神虛靜是讀書第一要件。近思錄內說：「性靜者可以爲學」，又謂：「爲學本無盡境，唯篤實沈靜之士，始能入其深」。由此可知，讀書之道首先在使心神虛靜，然後鑽研推敲，才能有所獲益。大學云：「知止而後有定，定而后能靜，靜而后能安，安而后能慮，慮而後能得。」就是這個意思。

二、立定具體目標——做任何事，必先確定目標，然後朝此方向，努力前進，才有完成理想的一天，讀書亦復如此，有了目標才可增強興趣，集中精神，以收事半功倍之效。

三、注意正常課業——課外閱讀，必須與正常課程密切配合，才能相得益彰，兩蒙其利。

四、抱著懷疑精神——讀書的目的在尋求眞理，對於書中所言，最好抱著合理的懷疑精神，不可一味地盲從接受。古人云：「學貴知疑，大疑則大進，小疑則小進，疑而能問，已得知識之半。」所以指導學生從事閱讀，必須下一番思辨的功夫，促其經過博覽、思考、領悟三步驟去處理，如此，那本書才是我的書，那種學問才是我的學問。孟子云：「盡信書，不如無書。」即是此意。

五、需持之以恆——「讀書第一要有志，第二要有識，第三要有恆」，有志，就不會厭倦；有識，就不致讀錯；有恆，才能不間斷，孜孜矻矻，日積月累，終有所成。在讀書過程中，如遇著艱難問題，就要振奮精神，忍耐厭煩，去熟讀深思，細心玩味。高深學問不是一朝一夕可成，必須不斷地研究，才能領悟到書中的眞味。

第四節　選材原則

一、國民中學

依據民國七十二年七月教育部公布之國民中學國文課程標準，有關課外閱讀之選材原則，除應注意範文教學中所列各項教材編選原則外，尚應注意下列四點：

㈠事理易明。
㈡詞彙易解。
㈢語句易讀。
㈣結構易辨。

二、高級中學

有關高級中學課外讀物之選材原則如下：

「課外讀物之選材，除中外名人傳記，古今明白通暢之書牘、札記外，應酌選近代純正優美之文藝作品，及有關敦品勵志之論著。」

國中與高中課外閱讀之選材，除依照課程標準所示原則外，尚應注意以下幾點：

㈠適合學生的能力：選擇課外讀物須適合學生的程度和理解能力，艱深的內容非一般中學生所能理解，便無法達到預期的教學目標，故選擇課外讀物首須適合學生的能力。

㈡適合學生的需要：讀物內容若為學生生活中所需要或關心者，學生便樂於閱讀，且易收效。例如暑假期間準備與家人一同出國旅遊者，介紹其閱讀「海天遊踪」一書，學生有強烈的動機和需要，讀過之後的體會自然不可同日而語。

㈢配合學生的興趣：興趣是學習的重要因素，具有趣味性的課外讀物必為學生所喜愛，反之，冗長無味的讀物必令學生厭煩，但是一個國二男生和高一女生的閱讀興趣必有差異。因此，教師宜事先了解不同對象的不同興趣，才能選出適合中學生的課外讀物。

㈣多與範文教材相配合：課本中的範文是學生必須精讀深思的教材。課堂講解範文時，教師如果能再介紹一些相關的資料或讀物，必能滿足學生的求知慾，閱讀的效果也能立竿見影。例如：講述胡適的「母親的教誨」一文，可以介紹學生在課餘讀其「四十自述」；講述羅貫中的「孔明借箭」，可以介紹學生讀其「三國演義」。課外讀物與範文教材相配合，不但可以免除管窺之弊，更可以收到相得益彰的效果。

㈤與時代相配合：報章文字及近代人之文藝作品，其中也不乏純正優美之精品，或為新觀念之啓發，或與最近發生的時事相呼應，而且用詞、語法，均能與學生的生活相結合，易於接受，產生共鳴，可以酌情選取。

㈥文字淺顯流暢：課外閱讀全由學生自學，如果文字艱深難懂，不易查考，學生讀來味同嚼蠟，容易中途而廢，故課外讀物的文字須求淺顯流暢。

(七)思想正確，內容富有啓發性：經由課外閱讀可以廣泛涉獵各種知識，吸收迅速，若所讀書籍內容無可觀，思想偏差，學生閱讀之後，小則浪費寶貴的時間，大則污染純潔的心靈，因此，課外讀物的選擇不可不愼。（註一）

三、適合課外閱讀作品舉例

(一)與課文教材有關，可以增加課文之了解或觸類旁通者。例如：

1. 唐詩的境界　林明德、賴芳伶著　明道文藝社
2. 詩詞故事　黃嘉煥著　鳳凰城圖書公司
3. 中國書學集成　弓英德編著　台灣中華書局
4. 陶淵明評論　李辰冬著　東大圖書公司

(二)有關治學方法，有助於寫作者，例如：

1. 字與詞（上、下）、章與句（上、下）、體裁與風格（上、下）　蔣伯潛著　世界書局
2. 讀書方法　文經緯著　啓明書局

3.作文入門　胡懷琛著　啓明書局

4.讀與寫　蘇雪林著　光啓出版社

(三)勵志修養，可以激發向上意志者，例如：

1.對青年人的眞心話　孤影著　中央日報社

2.人生的方向　宋瑞著　國家書店

3.小故事、大道理　蔣經國著　黎明文化事業公司

4.錦繡人生　劉錦得著　國家書店

(四)理則語意，可以增進思考，辨別是非者，例如：

1.如何想得清楚和正確　王曼君譯　牧童出版社

2.演講辯論學　祝振華著　黎明文化事業公司

3.思考的藝術　邱吉雄譯　開山出版社

4.語意學　戴華山著　華欣文化事業公司

(五)闡揚人性之善良，提升人格純美者，例如：

1.生命的啓示　張文宗編著　聯亞出版社

2.世界四大偉人　趙文林編著　國家書局

3.新人生觀　羅家倫著　華國書局

4.浮生六記　沈　復著　大方出版社

(六)人文或自然科學，爲現代人所應具備之常識者，例如：

1.宇宙的奧秘　陳志聰譯　成文出版社

2.有趣的物理世界　程兮編譯　國家書店

3.心理與人生　吳靜吉著　遠流出版社

4.科學眞理與人類價値　成中英著　三民文庫

第五節　選材範圍

一、國民中學

根據民國七十二年七月，教育部公布之國民中學國文課程標準，教材綱要中所列之課外閱讀範圍如下：

第一學年

課外閱讀	上學期	下學期
	每月至少一本 1. 國父傳 2. 蔣總統傳 3. 其他短篇文藝名著 4. 閱讀報告之習作	每月至少一本 1. 本國名人傳記 2. 其他中外名著

第二學年

課外閱讀	
上學期	下學期
每月至少一本 1.中外名人傳記 2.歷史故事 3.社會學科或自然學科之論著	每月至少一本 1.中外名人傳記 2.古今名人書信 3.其他文藝作品或科學論著

第三學年

課外閱讀	
上學期	下學期
每月至少一本 1.科學家傳記 2.古今名人書信 3.其他文藝作品或科學論著	每月至少一本 1.工商企業家之傳記 2.古今名人書信 3.其他文藝作品或科學論著

二、高級中學

根據民國七十二年七月教育部公布之高級中學國文課程標準，教材大綱中所列之課外閱讀範圍如下：

第一學年

課外閱讀	
上學期	1.閱讀部分：每月至少一本 (1)本國名人傳記。 (2)散文小品名著。 2.報告部分：每學期二至四篇。
下學期	1.閱讀部分：每月至少一本 (1)本國名人傳記。 (2)短篇小說名著。 2.報告部分：同上。

第二學年

課外閱讀	
上學期	1.閱讀部分：每月至少一本 (1)本國通俗小說名著。 (2)外國名人傳記。 (3)勵志性論著或古文觀止、唐詩三百首等。 2.報告部分：每學期二至四篇。
下學期	1.閱讀部分：每月至少一本 (1)本國歷史小說名著。 (2)名人札記。 (3)勵志性論著或古文觀止、唐詩三百首等。 2.報告部分：同上。

第三學年

	上學期	下學期
課外閱讀	1. 閱讀部分：每月至少一本 (1) 古今名人書信。 (2) 學術思想性論著。 (3) 社會學科或自然學科論著。 2. 報告部分：每學期二至四篇。	1. 閱讀部分：每月至少一本 (1) 古今名人書信。 (2) 學術思想性論著。 (3) 社會學科或自然學科論著。

綜觀以上國中與高中課程標準所列教材提綱，中學階段課外閱讀的範圍，約可歸納爲下列十二類：

一、本國名人傳記。
二、外國名人傳記。
三、中國文學名著。
四、外國文學名著。
五、歷史故事。
六、古今名人書信。

七、社會學科論著。
八、自然學科論著。
九、學術思想性論著。
十、名人札記。
十一、古今名人言論。
十二、其他學科論著。

第六節　編配實例

課外閱讀範圍，在前節中歸納之爲十二類，此十二類讀物，各年級究應如何編配，茲舉實例（註二）說明如下，供作參考。

壹、國中一年級課外讀物舉隅

一、本國名人傳記：

㈠孫逸仙先生（吳相湘著）

㈡我的父親（蔣經國先生著）

㈢孔子傳（錢穆著，綜合月刊社）

㈣四十自述（胡適著）

二、本國文學作品：

㈠思果散文集（蔡濯堂著，新亞）

㈡新譯唐詩三百首（邱燮友譯，三民）

㈢巴黎鱗爪（徐志摩著，正文）

(四)人子（鹿橋著，遠景）

(五)西遊記（吳承恩著）

(六)文心（夏丏尊、葉紹鈞合著，開明）

(七)陳之藩散文集（陳之藩著，遠東）

三、外國文學名著：

(一)愛的教育（亞米契思著，夏丏尊譯）

(二)頑童流浪記（馬克吐溫著，黎裕漢譯）

(三)短篇小說（都德著，胡適譯）

(四)小王子（修伯里著，陳錦芳譯）

(五)美國短篇小說集（傅東華譯，商務）

(六)小婦人（阿爾考特著，劉云適譯）

(七)孤星淚（雨果著，陳慧玲譯）

(八)老人與海（海明威著，張愛玲譯）

貳、國中二年級課外讀物舉隅

一、本國名人傳記：

㈠孟子傳論（羅根澤著，商務）
㈡克難苦學記（沈宗瀚著，正中）
㈢周公（林泰輔著，錢穆譯）
㈣成吉思汗傳（馮承鈞著，商務）
㈤我的少年時代（謝冰瑩著，正中）
㈥中華民族偉人（蔣君章著，正中）

二、外國名人傳記：

㈠富蘭克林自傳（商務）
㈡華盛頓傳（沈嗣莊著，商務）
㈢林肯傳（湯馬士著）
㈣馬克吐溫自傳（馬克吐溫著）
㈤俾士麥傳（趙南柔譯，正中）
㈥德皇威廉二世少年生活自傳（魏易譯）
㈦海倫凱勒的一生（商務）

三、本國文學作品：

㈠背影（朱自清著，開明）

(二)葉珊散文集（王靖獻著，大林）

(三)小太陽（子敏著，純文學）

(四)紅紗燈（琦君著，三民）

(五)楊喚詩集（光啓）

(六)老殘遊記（劉鶚著）

(七)詩心（黃永武著，商務）

(八)在春風裏（陳之藩著）

(九)鵝媽媽出嫁（楊逵著，香草山）

四、外國文學名著：

(一)泰西三十軼事（鮑爾溫編，商務）

(二)小紅馬（史坦貝克著，伍希雅譯）

(三)野性的呼喚（傑克倫敦著，遠景）

(四)梅岡城故事（李荷波著，耿邇譯，學生）

(五)阿麗絲漫遊奇遇記（卡洛爾著，趙元任譯）

(六)德意志短篇小說集（毛秋白選譯）

五、歷史故事

㈠光武中興（孫本琦等著，正中）
㈡中國歷史故事（紀海泉編，正中）
㈢勵志故事（劉瑞林譯，廣文）
㈣歷史故事集（江應龍編，正中）
㈤荊軻（高陽著）

六、古今名人書信：
㈠胡適信札（萌芽）
㈡爸爸的十六封信（林良著）
㈢旅美小簡（陳之藩著）

七、社會學科論著：
㈠海天遊蹤（鍾梅音著，大中國）
㈡細說錦繡中華（郭嗣汾著，陳乃勇圖，地球）
㈢臺灣遊記（黃得時著，商務）
㈣歷史趣味集（文今古編，廣文）
㈤故宮文物淺說（索予明編，正中）

八、自然學科論著：

㈠植物世界（波尼哀著，周太玄譯，商務）
㈡日月星辰的奇蹟（趙善欣著，正中）
㈢維生素的故事（經利彬等編，正中）
㈣花草趣談（張常新編，廣文）

九、科學論著：

㈠科學是什麼（亞西莫夫著，王大庚等譯，商務）
㈡科學的世界（雷威著，嚴鴻瑤譯，商務）
㈢數之意義（余介石等著，商務）

參、國中三年級課外讀物舉隅

一、本國名人傳記：

㈠弘一大師傳（陳慧劍著，三民）
㈡十年苦鬥記（王雲五著，商務）
㈢七十自述（凌鴻勛著，三民）
㈣一個女人的自傳（楊步偉著，傳記文學）

二、外國名人傳記：

㈠牛頓傳（安得瑞德、諾斯合著，許榮富譯）
㈡愛迪生傳（西門斯著）
㈢諾貝爾傳（薛烏克等著）
㈣達爾文（蘇易筑著，正中）
㈤瓦特傳略（郭湘章著，正中）
㈥帕孫茲傳（陳之藩著，正中）
㈦福特傳（王維克譯）
㈧卡尼基自傳（于樹生譯，商務）

三、本國文學作品：

㈠未央歌（鹿橋著，商務）
㈡平屋雜文（夏丏尊著，開明）
㈢地毯的那一端（張曉風著，大林）
㈣北窗下（張秀亞，光啓）
㈤含淚的微笑（許達然著，大業）
㈥赤足在草地上（鍾玲著，志文）
㈦鄭愁予詩選集（志文）

㈧文心（夏丏尊著，開明）

㈨詞箋（張夢機著，三民）

四、外國文學名著：

㈠金銀島（史蒂文生著，劉漢文譯）

㈡白鯨記（梅爾維爾著，葉晉庸譯）

㈢塊肉餘生錄（狄更斯著，趙元鑫譯）

㈣小白驢與我（希默納斯著，徐斌譯，正中）

㈤英國短篇小說選集（韓侍桁選譯）

五、古今名人書信：

㈠林語堂書信（讀書）

㈡美國名家書信選集（張心漪譯）

㈢愛眉小札（徐志摩著，廣文）

六、科學論著：

㈠何謂實數（楊維哲著，商務）

㈡神秘的宇宙（吉安斯著，邰光謨譯，商務）

㈢太空新頁（張桐生編）

㈣光的世界（布拉格著，陳嶽生譯，商務）

肆、高中一年級課外讀物舉隅

一、本國名人傳記：

㈠西潮（蔣夢麟撰，世界）

㈡班超（朱倓編，商務）

㈢王荊公（梁啓超著，中華）

㈣我的青年時期（于右任著，正中）

㈤民族英雄革命先烈傳記（沈剛伯著，正中）

㈥歌詠自然之兩大詩豪（郭伯恭著，商務）

㈦梁啓超（商務）

㈧中國人的光輝（殷允芃著，志文）

二、本國文學作品：

㈠今古奇觀（抱甕老人輯）

㈡唐人傳奇小說（明倫）

㈢雅舍小品（梁實秋著，正中）

(四)羅蘭散文（文化）

(五)西瀅閒話（陳源著，大林）

(六)空山靈雨（落華生著，商務）

(七)中國民間傳說（趙元任等著，水牛）

三、外國文學名著：

(一)法國短篇小說（斯湯達爾等著，黎烈文譯）

(二)湖濱散記（梭羅著，吳明實譯）

(三)泰戈爾詩集（糜文開譯，三民）

(四)先知（紀伯倫著，純文學）

(五)暴風雨（莎士比亞著，梁實秋譯，商務）

四、歷史故事：

(一)周秦諸子故事集（邵霖生編，正中）

(二)中國故事新編（第一——四集，余宗信著，廣文）

(三)三國人物與故事（倪世槐著，三民）

伍、高中二年級課外讀物舉隅

一、本國名人傳記：

㈠陶淵明（梁啓超著，商務）

㈡王守仁（錢穆著，商務）

㈢蘇東坡（周景憧著，正中）

㈣唐太宗（商務）

㈤秋瑾革命傳（秋燦芝著，三民）

㈥玄奘（商務）

二、外國名人傳記：

㈠貝多芬傳（羅曼羅蘭著，宗侃譯）

㈡史懷哲自傳（陳達遵譯）

㈢拉馬克傳（拍立耶著，蔣丙然譯）

㈣佛洛伊特傳（廖運範譯，志文）

㈤羅素回憶錄（羅素著）

㈥羅斯福的生平（經小川譯，正中）

㈦拿破崙日記（伍光建譯，商務）

㈧廿世紀代表人物（林衡哲譯，志文）

三、本國文學名著：

㈠三國演義（羅貫中著）

㈡儒林外史（吳敬梓著）

㈢水滸傳（施耐庵著）

㈣聊齋（蒲松齡著）

㈤紅樓夢（曹雪芹著）

㈥新譯古文觀止（謝冰瑩等譯，三民）

㈦鏡花緣（李汝珍著）

四、外國文學名著：

㈠黑奴籲天錄（史杜伊夫人著，徐清宏譯）

㈡根（亞歷克斯．哈雷著，德昌）

㈢飄（密西蘭著，傅均譯）

㈣少年維特的煩惱（歌德著，周學普譯）

㈤基度山恩仇記（大仲馬著，東方）

㈥流浪者之歌（赫塞著）

五、古今名人書信：

(一)鄭板橋書信（板橋集）
(二)胡文忠公尺牘（胡林翼著，大通）
(三)晚清五十名家書札（陸心源輯，廣文）
(四)清儒尺牘（佚名選，廣文）

六、社會科學論著：

(一)文明的故事（威爾斯著，趙震譯，志文）
(二)新疆鳥瞰（陳紀瀅著，商務）
(三)臺灣今古談（蘇同炳著，商務）
(四)世界地理故事（戴介民著，正中）
(五)中國文化的故事（李甲孚著，綜合月刊）

七、自然學科論著：

(一)進化論綱要（陳兼善著）
(二)太陽系的生長學說（阮維周著，正中）
(三)生命的奧秘（董嘉禾著，廣文）
(四)星際旅行的故事（黃正榮譯，廣文）
(五)動物趣談（王文之譯，廣文）

八、科學論著：

(一)甚麼是相對論（朗道著，李榮章等譯，中華）

(二)西洋科學史（李貝著，尤佳章譯，商務）

(三)從原子到銀河（薛普萊著，嚴鴻瑤譯）

(四)太陽能源（張桐生著）

九、名人札記：

(一)顧炎武日知錄（明倫）

(二)俞曲園讀書劄記（俞樾著，世界）

(三)曾文正公日記（世界）

(四)胡適留學日記（商務）

陸、高中三年級課外讀物舉隅

一、本國名人傳記：

(一)朱熹（周大同著，商務）

(二)三生有幸（吳相湘著，三民）

(三)許世瑛回憶錄（人間世）

(四)曾國藩（商務）

(五)宋人軼事彙編（丁傳靖輯，商務）

二、外國名人傳記：

(一)愛因斯坦傳（菲利蒲・法蘭克著，張聖輝譯）

(二)居禮夫人傳（伊芙・居禮著，曹永祥等譯）

(三)雪萊傳（莫洛亞著，李唯建譯）

(四)莎士比亞（商務）

(五)托爾斯泰傳（羅曼羅蘭著，傅雷譯）

(六)蕭伯納傳（凌志堅著，正中）

(七)伽利略傳（高平子著，正中）

(八)梵谷傳（艾文・史東著，余光中譯）

三、古今名人書信：

(一)曾文正公家書（世界）

(二)小倉山房尺牘（袁枚著，博文）

(三)蘇黃尺牘合刊（泰順）

(四)清季名人書札（翁同龢等，學生）

㈤詳註歷代名人尺牘（陳眉公選，廣文）

四、其他

㈠新人生觀（羅家倫著，華國）

㈡中國哲學史話（張起鈞、吳怡合著，新天地）

㈢西洋哲學史話（威爾・杜蘭著，許大成等譯，協志）

㈣生活的藝術（林語堂，遠景）

㈤一支燭光（周增祥譯輯，光啓）

㈥勵志文粹（斯邁爾斯著，宋瑞譯）

㈦胡適演講集（文星）

㈧陽明傳習錄（葉鈞點註）

第七節　指導方法

一、閱讀進度

閱讀進度，應視「閱讀時間」與「學生程度」而定。依據民國七十二年七月，教育部公布之國民中學國文課程標準規定：「作文練習、語文訓練、書法練習與課外閱讀指導，每週二小時。」又云：「作文以三週兩篇為原則。不作文之週次，實施語文訓練、書法練習、及課外閱讀指導。」據此可知教師在上課時指導課外閱讀時間，平均每週約有十三分鐘，每九週有二節課的時間，至於高中則未作規定，純於課外行之。課程標準所規定之閱讀進度，每月至少一本。由於學生課業繁重，故程度特優者可酌情增加，程度低劣者當可酌情減少。

二、閱讀方式

依據民國七十二年七月教育部公布之國民中學國文課程標準，有關閱讀之指導方式如下：

「為使學生課外閱讀有互助研討之便利，及作有效之指導考核起見，教師得指定全班購備同一之書籍，或分為若干小組，每組購備同一之書籍，於同時間閱讀之。」

高級中學國文課程標準，有關課外閱讀之指導方式如下：

「課外讀物，由教師畫一指定全班學生閱讀相同之書，或分組交換閱讀不同之書，以便相互研討及統一測驗。」

閱讀雖是個人的事，但在班級中進行時，教師可利用合作的方式指導學生閱讀，此種方式可以獲得許多意想不到的效果。讀書合作具有兩種性質，一是購買的合作，一是閱讀的合作，玆分述其義如下：

㈠購買的合作——將學生分為若干組，每組為之選定一種書籍，令學生各自購買一部，如此各組的書不同，而同組中各人的書則相同。假設全班有五十個學生，分成四組，則每人各買一本書，就可閱讀四本書。書的所有權仍屬各購買人，而同學們都有互相交換閱讀的義務。

㈡閱讀的合作——有全班型與小組型兩種。

1.全班型—教師為全班選擇相同之讀物，在同一時間內閱讀。全班學生閱讀同一書籍，同一進度，教師易於指導，學生更能互相研討，以收切磋之宏效。

2.小組型—教師如將全班學生分成四個小組，每組選擇一本課外書籍同時閱讀，各組定期舉行座談會，各人把讀後的心得或閱讀時所產生的疑難問題在會中提出，與同組的同學相互討論切磋。每一個月各組書籍輪換一次。每個學生雖只花一本書的錢，一學期卻可讀四本，如此分組，教師指導較為方便，學生閱讀速度亦能符合課程標準所規定：「每月至少一本」之要求。

讀書合作的性質已分述如前，現就其優點列舉於下：

㈠減輕學生經濟的負擔—中學生的經濟來源出自家長，零用錢並不寬裕，如能合作購買書籍，可說是最經濟的辦法。

㈡幫助彌補個人閱讀之不足——中學生課業繁忙，部分學生受時間影響，對教師指定的書籍，可能會在囫圇吞棗的情況下倉卒讀畢，印象不深，若經由定期的座談會與同學互相討論，當可補足自己閱讀時所疏忽的細節。

㈢培養學生互助合作的精神——在討論時，大家各自提出自己的看法，同學之間彼此溝通觀念，不知不覺中可以建立良好的默契。各組書籍輪流交換的方式也可以養成學生互助合作、愛惜公物的精神。

㈣養成學生自動閱讀的習慣——如果教師指導得法，使學生有長期、持續的閱讀合作經驗，久而久之，讀出興趣，日後離開學校，也會不斷地自我充實，終生保持閱讀的習慣。

㈤收到語言訓練的效果——閱讀合作的重點之一是討論，參與討論的學生閱讀資料相同，花費的時間相同，但是各有不同領會，必須用語言發表個人的觀念，必要時，尙需接受同學的質疑和辯論，達到語言訓練的目的。教師若能列席座談會，適時予以鼓勵，討論會氣氛自必更形熱烈，學生也較能把握討論的重點及方向。

三、讀物內容介紹

學生閱讀之前，若對讀物內容完全陌生，必會感到茫無頭緒，引不起興趣，故教師須事先將讀物內容精彩的部分，提綱挈領略作介紹，使學生產生好奇，欲一探究竟，有了閱讀的動機，教師再指引其閱讀的方法，循序漸進。例如介紹老殘遊記，不妨先從各行各業的「市招」談起，引到「郎中」所用的「串鈴」，原來書中男主角老殘就是一邊搖著串鈴行醫濟世，一面不忘遊山觀水，訪求民隱的奇士，當學生急欲知道詳情時，教師便把作者劉鶚的生平、時代背景、作這部書的旨趣、清末國內的時勢風潮……等加以說明；此外，還可以旁及介紹章回小說的體裁和歷史。又如介紹「詞」，如今坊間出版了不少古詞今唱的錄音帶，可酌情利用視聽器材教唱一、兩首，引起興趣，再說明詞的來歷、起源，一方面是六朝民歌的伏流，另一方面也是唐人合樂歌唱絕句的蛻變；至於詞學上常用的術語，如「小令」、「慢」、「犯」、「近」、「單調」、「雙調」、「換頭」……等，也當視學生的經驗及程度擇要解釋。具體言之，介紹讀物應該包括下列各項主要資料：

㈠、作者的生平、重要著作、作品的特色與文學地位等。

㈡、讀物的性質及其內容要點。

㈢、讀物的特色及其價值。

四、教學方法

課外閱讀可以採用自學輔導方式進行。所謂自學輔導是學生在教師指導之下，進行自學的方法，亦可以說是運用獨立學習或自我學習的一種個別化教學方法。（註三）

五、指導要點

現行的國中國文課程標準，有關課外閱讀之教學要點如下：

「指導學生於所指定之課外讀物，體驗課文教學時所曾指導之方法（如尋求主旨、研索詞句、審辨段落大意，及綜合節要等），認眞閱讀，並得撰寫閱讀報告。」

高級中學國文課程標準，有關課外閱讀指導要點如下：

㈠、先看序文（或卷頭語），凡例（或編輯大意）、目錄。

㈡、依次概覽全書（分段落或章節）。

㈢、查考生字、生詞。

㈣、複閱並深究內容（包括全篇結構及其精義）。

㈤、作閱讀報告，每學期二篇至四篇爲原則，在假期中習作亦可。

選妥課外讀物之後，教師應該指導學生運用範文教學時所使用的讀書方法進行。在研讀時要明其句讀，辨其要旨，互相參證。尤其是詩詞，當首先把平仄、叶韻等基本觀念介紹清楚，要學生留心句法。詞中藉著夜雨來寫愁思的作品很多，如溫庭筠的「梧桐樹，三更雨，不道離情正苦；一葉葉，一聲聲，空階滴到明。」李清照的「梧桐更兼細雨，到黃昏點點滴滴。」可以要學生在博覽時作一番歸類比較。又如：「落花人獨立，微雨燕雙飛」，「無可奈何花落去，似曾相識燕歸來」所用的材料，所寫的情景，幾乎完全相同，而表現手法各有各的情韻趣味，見仁見智，也可以讓其兩兩相較，自行玩味。總之，讀法的指導是很重要的，據多數學生反映，適當的指導可以幫助他們在蕪雜榛莽之中闢出一個起點，進入柳暗花明的文學世界。

六、撰寫報告指導

讀畢一本書或一篇文章之後，爲使學生能獲得系統的概念，培養寫作、回饋的能力，最有效的訓練方法就是令其撰寫閱讀報告。報告內容包括下列各項：

㈠、書名、作者、出版年月、出版書局等。

㈡、內容概要：包括全篇主旨及各章節名稱等。

㈢、文章的特色與價值所在：包括內容與形式兩方面。

㈣、讀後的心得與感想。

第八節　筆記指導

筆記是儲備資料，幫助記憶的工具。它可以保存既得的閱讀成果，培養仔細認眞的閱讀態度。閱讀廣泛，筆記的範圍才能擴大。持續的時間長久，資料多了，時時能觸類旁通，體悟的心得才能深刻。正如胡適所說：「理想中的學者，既能博大又能精深，精深的方面，是他的專門學問；博大方面，是他的旁蒐博覽。……他用他的專門學問做中心，次及於直接相關的和間接相關的各種學問，次及於不很相關及毫不相關的各種瀏覽。……爲學當如金字塔；要能博大要能高。」範圍大自然博，時間久才能精。茲將筆記的功用、原則、內容、方法及批閱方式分述如下：

一、筆記的功用

㈠幫助記憶，保持閱讀成果──曾國藩說：「一面細讀、一面鈔記，凡奇僻之字，雅故之訓，不手鈔則不能記。」以曾氏治學之謹，用功之勤，尙需借重筆記，可見單只是看過、讀過，只能達到認知理解的地步。經過筆記整理、記錄，不但印象加深，而且同類相從，翻檢便利，縱使長篇累牘之巨著，其內容大要盡備於筆記中，日久不忘。

㈡培養組織與綜合的能力──韓愈說：「記事者必提其要，纂言者必鉤其玄。」能提要鉤玄，把長的縮短，把複雜的歸納成簡單的論點，組織綜合的能力就漸漸養成了。這種能力強，則讀書可以汰粕存菁，擷其精要，做人處世也能計日奏功，不拖泥帶水。

㈢儲備作文資料——每寫一個題目之前，把所有相關的資料或作品先審閱一遍，必能觸發更深刻的體悟，有更進一層的領會。袁枚說：「予每作詠古詠物詩，必將此題之書籍無所不搜，及詩之成也，仍不用一典。常言人有典而不用，猶之有威勢而不逞也。」此乃將古人的影響融化到無形之中，取其精神而遺其形骸。

㈣練習寫字——來不及作筆記是因為寫得慢；提筆忘字是因為寫得少。為了適應現代社會快步調的需要，一定要練習多寫、快寫。曾國藩教其子紀澤：「作字時要先求圓勻，次求敏捷。若一日能作楷書一萬，少或七、八千，愈多愈熟，則手腕毫不費力，將來以之為學，則手鈔群書，以之從政，則案無留牘，無窮受用，皆自寫字之勻且捷生出。」由書法來訓練「快」比較難，因書法所重在「美」，如果多作筆記訓練，寫字速度自然就能增快了。

㈤記載心得和疑問——張載說：「心中苟有所開即劄記，否則還塞之矣。」又說：「讀書先要會疑，於不疑處有疑，方是進矣。可疑而不疑者不曾學，學則須疑。」相傳他讀書精思，義有所得，即使在半夜裏也一定起來記筆記。

二、寫作閱讀筆記的原則

㈠衡量學生課外作業的時間和精力，作適當的配合，不可好多務廣，與其量多，不如質實。

㈡筆記的重點務必取捨得當，也就是用有系統、有條理的方法來作比較分析。

㈢要持續有恆。

三、閱讀筆記的撰寫內容

㈠書名或篇名。

㈡作者—著作人或編輯人的姓名、簡歷、著作、思想、家庭環境、時代背景、學術地位、作品風格，對後世影響，以及本作品的緣起或出處。

㈢出版者—出版書局、出版日期。

㈣文體—可依前述所分析之十二類體例來區分。

㈤內容概要—扼要的寫出內容大意。

㈥摘要—摘錄書中的精華或佳句。

㈦心得—寫出疑難問題、心得、感想以及批評。

四、寫作閱讀筆記的方法

用卡片或筆記是現在多數人所採用的方法，用卡片有諸多好處：

㈠一個卡片箱可以用一輩子，保存、攜帶、檢查都很方便。

㈡適合個人讀書研討的範圍，大類子目皆可以隨時自由增減。

㈢過時無用的資料，可以隨時抽換。

㈣卡片輕便，抄寫省事。經過排比整理就可以直接使用。

利用卡片作筆記還要注意簡易、精要、完整，如此才能發揮它的功用。

五、筆記的批閱

教師對於課外閱讀筆記，不但要耐心指導，還要定期批閱；不只是把它當作學生課外閱讀的作業而已，還要把它當作是一種課外寫作。現就批閱方式，分述於下：

㈠以符號批指錯處，讓學生自己對照原著改正。

㈡符號不能表達者，可以用簡單批語指示。

㈢學生普遍性的錯誤，應該共同指導。

㈣程度較差的同學，應該給予個別的指導。

第九節 教學評鑑

依據民國七十二年七月教育部公布之國民中學國文課程標準，有關閱讀評鑑之規定如下：

一、方式

㈠於學月及學期考查中，附閱讀能力測驗題。

㈡評鑑課外閱讀報告。

二、內容

㈠閱讀能力之測驗項目：

1. 全文義旨。
2. 內容事理。
3. 詞句意義。
4. 文章作法。
5. 句讀辨別。

㈡閱讀報告之評鑑項目：

1. 全文主旨。

2.取材手法。

3.結構技巧。

4.修辭技巧。

5.詞句應用。

6.讀後感。

教師和學生經過了一番努力的教導和學習，都希望了解彼此共同努力的成果及獲致的功效，這有賴於教學評鑑作具體呈現。綜觀以上課程標準中所列之評鑑方式與內容，僅有學習的評鑑而無教導的評鑑，或因閱讀指導工作本身經緯萬端，必須因時、因地、因人制宜，教師唯有留意學生評量的結果，以此作為依據，隨時修正、改進自己的教學方法。

第十節　結語

本章內容共分九個單元：一、教學目標。二、教學意義。三、閱讀態度。四、選材原則。五、選材範圍。六、編配實例。七、指導方法。八、筆記指導。九、教學評鑑。舉凡有關學生課外閱讀指導的問題，可說是大體具備矣。

培根說：「人們談話的時候，最能表現讀書的文雅；判斷和處理事務的時候，最能發揮讀書而獲得的能力。」我們一生，可讀的書包羅萬象，往往該讀的書還沒有讀完，新書又如雨後春筍般湧到，如果能有計畫的進行，養成我們讀書的好習慣，則從事閱讀時，便能事半功倍，收獲良多。

學習國文沒有捷徑，必須藉由大量的課外閱讀才能提高學生的程度，加強其語文能力。教師若能經常提供出版消息，引導學生進入文化、知識的寶庫，一窺堂奧，使其由知之而好之，由好之而樂之，那就是課外閱讀教學的成功了。

除了正統文學作品之外，教師平時也應鼓勵學生每天看報紙，關心現實的人生百態，了解現象的變化，培養對事理的判斷能力。如此，提筆為文，能夠引述舉證，言之有物，也才不致於只顧讀書而局限於象牙塔之中，形成生命的「斷層」。

熱誠的教師知道重視課外閱讀，投注其中大量的時間與心力，但也不能忽略：要估量學生的時間與精力，在比例上，本科（國文）大約可佔幾成，而爲經濟，恰當的分配，不可不顧實際情況而盡憑己意，叫學生做這件，又要做那件，弄得學生無法負擔，或影響正課。

（本章「課外閱讀」，原載於國立臺灣師範大學中等教育雙月刊第三十七卷第四期。）

【附　註】

註　一　參見蔡崇名中學國文教學析論。

註　二　同上。

註　三　參見方炳林普通教學法。

第五章　書法教學

第一節　前言

「書法」爲我國美術中的一環，具有悠久的歷史與輝煌的傳統，它是書寫文字的技術，也是表現文字的藝術，具有實用性與藝術性的雙重價値。就實用性而言，文字與生活息息相關，書寫文字的方法、技術便是書法的第一層要義；就藝術性而言，書法之所以具有美感，一是中國文字的字體從古到今歷經多次變革，有多種不同的體式（註一），這些由線條架構而成的不同字體，使用毛筆書寫後，能表現出線條、空間、造形、筆勢、墨韻等美感（註二）。二是歷代鼎銘碑帖的流傳，提供了學習和欣賞的豐富材料，臨碑摹帖，品賞古今名蹟，探究書學理論就是一種藝術活動。

在使用毛筆書寫的時代，提筆寫字就有書法了。上自公卿文人，下至商賈販夫，在運用文字時便與書法產生關連，而伴隨文人的追求生活情趣，書法遂又成爲文人寄情遣性，揮灑創作的工具。書法既然進入藝術創作的境界，自然有其風格及抽象理論的產生，於是書法藝術的範疇便建立了。一般從事書法活動者大抵從臨摹古今碑帖開始，以塑造自我書寫的風格，表現各體書法特色爲終極。即使到了近代，硬筆通行，西洋藝術理論東襲，書法的活動也莫不如此。吾人認爲，書法是一項藝術，它從書寫文字、表現文字中，創作者可以投入對線條、空間、水墨等的創意思考。這與製作陶瓷、工藝、雕塑等的美術活動同具追求「美」的趨向。

書法是我國足以誇耀世界的抽象藝術，所以將書法列入美育的一環是極其必要的。教育部於民國七十二年公布「課程標準」，將書法列入高級中學的選修科目，使書法單獨成爲一門學科。因爲書法這項課程，不僅包含了書寫技能，還包括了書體、書史、書論、書家、書蹟等學術性史料（註三），其所構成的學術領域更是一塊待開發的園地，此番將書法列入高中選修課程，不僅可以延續傳統的書寫技術，培養學生對書法藝術的認識與興趣，對於書法學術研究的未來發展，也有先導的作用。

本章先從分析書法教學目標著手，是爲第二節；第三節探討書法課程在現今教學上的價值；第四節簡介我國字體的演進；第五節探討教學方法，以筆、墨、紙、硯的選用始，以書法技能之指導終；第六節爲教學的實施。本章之寫作力求深入淺出、切合實用，旨在簡明扼要的提供書法教學時最便捷明確的參考資料，至於書法藝術的內涵包羅廣泛，本章雖偶有觸及，畢竟只是十分之一二，有志於書法教學、書法藝術之探究者，當不能僅止於此。

【附　註】

註　一　參見日人上田桑鳩著　書道鑑賞入門。

註　二　參見史紫忱著　書法史論。

第二節　教學目標

壹、國民中學

依據現行「國中課程標準」所列國文教學目標，有關書法教學之條文如下：

「伍、指導學生明瞭國字之結構，以正確之執筆姿勢及運筆方法，使用毛筆書寫楷書及行書。」（註一）

由此可知國中書法教學的目標包括下列各項：

㈠指導學生使用毛筆，書寫楷書及行書：楷書爲今日通行的書體，而且它的結構謹嚴、筆畫端正，轉折變化統一，適合學生初學的練習。行書的筆畫流暢，書寫流利快速，在日常生活中運用廣泛，極富實用的價值，因此教學時以楷書爲主，行書爲輔。

㈡指導學生正確的執筆姿勢及運筆方法：一般教學書法時往往著重於筆畫的練習，忽略了執筆、坐姿以及運筆的方法，其實正確的執筆法，端正的姿勢，是學習書法達到身心平衡效果的基礎。假使執筆方法錯誤，坐姿偏斜，歪著頭寫字，對身心都沒有益處，且書法在於陶冶心性，培養高尚情操的效用亦無法發揮出來。

貳、高級中學

依據現行「高中課程標準」所列國文教學目標，有關書法教學之條文如下：

「陸、輔導學生臨摹楷書及行書等碑帖，增進其鑑賞及書寫之能力。」（註二）

由此可知高中書法教學的目標包括下列各項：

㈠高級中學書法教學，以指導臨摹楷書及行書碑帖為主，並增進學生鑑賞及書寫技能。在鑑賞力的培養方面，教師可指導學生欣賞歷代名家作品，或利用假日參觀書法展覽，亦可至圖書館借閱古今名家作品選輯，以收耳濡目染之效；在書寫能力的培養方面，可指導學生利用課餘臨寫或讀帖，教師每週應仔細評閱學生習作，適機給予指導。

㈡高級中學之書法練習純於課外進行，較不易掌握學生的學習動態，教師應盡力培養學生對書法的興趣，俾使學生樂於自我要求與學習。

㈢由於高中課程已將書法列入選修科目，教師可鼓勵對書法研究有興趣的學生，選修書法課，進一步去學習書法，及獲取書法藝術領域中的各種知識。

參、高級中學選修科目書法

依據現行高級中學選修科目「書法課程標準」之規定，其教學目標如下：

「壹、指導學生繼續學習書寫筆畫完美、間架精當、章法嚴整、流暢生動之各體書法。

貳、指導學生欣賞各體書法，以培養審美能力，陶冶高尚情操，發揚固有文化。（註三）」

書法列入高級中學選修課程，是教育部在七十二年新「課程標準」中所頒布的。從七十四學年度起正式實施，可以稱得上是書法教育的新紀元。從部頒高中選修科目「書法課程標準」來看，書法和其他科目一樣，是一項專業的學科。除了書寫整齊優美的楷書、行書之基本筆法，對書法作品的鑑賞，書史的認知，書法理論的理解，書法藝術美的賞析，也都是學習本學科的重要課題。茲將指導的重點條列於後：

㈠高中選修科目書法的教材應與國民中學相銜接，除學習楷書與行書之外，更要進而學習各種書體，使書寫的作品達到筆畫完美、間架精當、章法嚴整、流暢生動的目標，並指導學生欣賞各體書法，培養審美能力，陶冶高尚情操。

㈡選擇教材以楷書及行書爲主，精選歷代主要書家及其代表作品，供學生臨摹，並隨機介紹書家的學書歷程、書風與書學成就。俾使學生對書法藝術的內涵有整體的概念。

㈢指導學生臨寫碑帖時，以近於原蹟的善本爲上。先學一體一家，待能自運之後，再兼及他體他家，並求創新。在介紹作品時，應側重碑帖的內容、筆法特色、單字結構、線條變化、行間章法、全篇布局等的分析與鑑賞，使學生深入瞭解各家書法的特色，養成其靈活書寫和敏銳的鑑賞能力。

㈣書法教學的內容，除書寫筆法外，第一學期介紹隋代以前的書家及碑帖之鑑賞，第二學期以唐代以後的書家及碑帖鑑賞爲主。在介紹書家時宜注重每位書家之學書歷程、書風特色、有關書法的見解及書學成就，並欣賞其傳世的作品，使學生瞭解歷代成名書家成功的因素，從而培養自我期許的信念。

㈤除了指導學生以歷代碑帖爲臨寫對象，亦應指導學生練習書信、寫作書法作品，習寫書信時應注重筆畫的流暢優美，書信格式的正確及畫面的雅潔；習寫作品時，可採用中堂、條幅、對聯、扇面、斗方等格式，除正文外也應落款及蓋印。換言之，學生在選修書法課程之後，已能書寫作品，經過裱褙後即能展出或懸掛。

㈥高中選修書法課程已屬專門學科的探討，故學校中必須成立書法專門敎室，廣爲收集碑帖及有關書法的專書及資料。敎室四壁懸掛各體書法範例或名家作品。敎學情境宜素樸寧靜，格調力求雅緻，以收潛移默化、怡情養性的功效。

㈦配合校外書法競賽，鼓勵學生認眞書寫作品參展，或在校內舉辦展覽，以收相互觀摩之效。但指導學生選送作品參與競賽或展覽時，應避免過分馳逐名利，以防患青年學生只著重書寫技巧的追求，而忽略作品內涵及自我學養、情操的充實與陶冶。

㈧書法爲一項具有深厚內涵的藝術活動，除努力於書寫技術的磨練，書學知識的獲得，應廣泛接觸文學、音樂、繪畫、雕刻等其他藝術，俾使書法領域更開闊，書法創作更具內涵，書法生命更有光輝，書法活動更見情趣。

【附註】

註一　見民國七十二年七月教育部公布國民中學國文課程標準。

註二　見民國七十二年七月教育部公布高級中學國文課程標準。

註三　見民國七十二年七月教育部公布高級中學選修科目書法課程標準。

第三節　教學價值

書法爲我國傳統文化中最獨特的一環，不僅隨著文字的演進而富厚了它表現的內涵，同時在美術史的範疇中也佔有舉足輕重的地位。世界各民族的文字書寫中，能在表達文字的意義之外還能做爲藝術品來賞玩者，也唯有中國文字及它的書寫有這樣的雙重效用。因此對於這一項傳統文化中的精粹，我們不僅要負起傳承的責任，更應該加以發揚光大。何況近世以來方便的硬筆書寫取代了費時費力的毛筆書寫，而無可諱言的，毛筆書法的實用價值已在急遽銳減之中，如果我們再不去重視書法的藝術價值，以及其涵養心性、陶鎔情操的教育價值，則書法的活動將日漸式微，書法所能帶給國人民族自信、民族情操、心性陶冶的裨益，將在馳逐聲色權力的現實社會中遭致湮滅，屆時只有讓提倡書法不遺餘力的東鄰日本專美，是故要恢宏我固有傳統文化，書法教育的全面推展乃是當務之急！

書法之所以具有教學價值，理由有三：

壹、培養審美能力，可以陶冶生活情趣

書法是藝術，凡藝術皆以追求美爲目的。書法藝術的活動是從認識歷代文字的形體及寫法開始，

而後從變化多端的筆畫、結構、布局、墨韻等來表現文字的空間造形及書寫者的素養與創意。因此學習書法就像學習音樂、繪畫、雕塑、舞蹈等其他藝術一樣，不僅可以怡情養性，更可以投入個人的生命，表現中國藝術的獨特面貌。王壯爲先生說：「書法之成爲藝術，不論就我國傳統的藝術觀念而言，或就西方的審美觀念而言，都是沒有問題的。因爲書法在周代已是六藝之一種，其在現代，欣賞書法作品所得的感受，實與欣賞其他藝術品的感受毫無二致。」（註一）蓋書法所藉以表現的媒體——漢字，乃是先民將宇宙間的物象「抽象化」的產物。早期的圖象文字，不僅是語言的符號，也是一幅簡單的圖畫（註二）。在經過不斷孳乳演化，以及書寫形式上的改變，產生了各種不同形態的字體，每一種字體又都保有數千以至數萬單字，字字均有不同的結構體，其結構體雖然純爲抽象的線條，卻各代表不同的意義。我國最早的漢字根據現有資料是殷商的甲骨文，而書寫工具最早的出土物是戰國時代的楚筆，但從少數殷代殘留的龜甲片上的朱書及同時代的墨書陶片，約略可以看出在甲骨文字的時代，書寫的工具已甚完備。不過由於紙尚未發明，文字只能書寫在竹、木簡或縑帛上，所以書寫文字只是爲了「實用」而已。雖然漢字的造字早已具有藝術化的傾向，但上起商代以迄後漢都沒有把「書寫文字」當做藝術來欣賞的記載，直到漢末魏晉之間，隨著行、草的廣泛被使用，書寫技法的被重視，才使書法作品與繪畫作品同樣受到公私的收藏玩賞。（註三）

書法是藉文字爲表現素材的藝術。一幅書法作品的構成有兩大要素，一爲形，一爲神。形是視覺的，包括字體特性、筆畫、結構、布局、用墨、技法等；神是感覺的，包括書寫者的風格、點畫氣勢、字形神態、筆墨韻味、全篇氣韻、線條節奏等（註四）。書法由學習到創作，必須經過一段相當長的時間，並且隨著投注心力、時間的增加，而逐漸提昇它的藝術表現層次，因此書法這項藝術的天地是極其廣濶的，做爲藝術的追求也不亞於繪畫或音樂，近半世紀以來西方的抽象繪畫盛行，我國的書法也受到了廣泛的學習與重視，因而有所謂的「書法表現派」抽象畫（註五），尤其我們的東鄰日本，對書法藝術的闡揚更是不遺餘力，不但書法人口衆多，對於書寫形式、表現手法、書法理論各方面都有突破的趨勢，所以我們應積極的努力，發揚這屬於我們自己的國粹。

貳、運用書法技巧，可以充實生活所需

書法有實用的價值，當今雖是我國傳統藝術，但在古代由於毛筆是主要的書寫工具，因而書法與生活有著密不可分的關係。上自君王公卿，下至販夫走卒，只要是遇到應用文字的場合，書法就必然存在了。政府機關的文書奏摺，文人士子間的詩文書牘，一般百姓的契據帳册，街坊間的酒帘市招，書法應用的範圍幾乎就是整個社會的活動。時至今日，雖然硬筆書寫取代了許多必須書寫文字的場合，但是書法仍然環繞在我們生活的四周，公告、標語廣告、招牌、包裝、道路標幟、簡報、圖表，觸目可見，由此看來，書法在現代的生活裡，實用的價值仍然很高。

參、實施書法教學，可以輔助人格教育

大多數的人都認為學習書法有修養心性的效果，因為在書寫活動進行時，必須凝神清靜方能達到「心正筆正」的目標，況且書寫的內容往往是古人的詩詞格言，一個書法學習者處在一個環境雅緻的文房裏，涵濡著優雅的氣氛，必能養成心平氣和，從容高尚的性情。近代書法家宗孝忱先生曾說：「習書之功，可以收心，可以復性，可以醞釀氣度，可以恢宏意志。」（註六）在進行書寫時為了使字蹟達到優美的水準，就必須集中意志，收斂心神，暫時拋開外界事物的引誘。讓兒童學習書法，可以培養他的耐性；青少年學習書法，可以收斂浮躁的脾氣；成人學習書法，可以抒解工作上的煩勞與事業競爭上的挫折感；老年人學習書法，可以排遣時日，促進身心健康。在以功利為首的現代社會裡，如果人人都能參與書法活動，相信青少年問題會減至最低，社會道德將重新提昇，從而暴力犯罪、經濟犯罪、金錢介入選舉、奢靡浪費等風氣將得到根本的改善。蓋一切犯罪皆起因於道德的淪喪，道德教育的重整唯有從心性的涵養，人格的陶冶開始，否則只會流於空談，因此書法對於人格與道德教育的效用是不容忽視的。

近年來政府積極倡導文化復興運動，期使傳統的優良美德能改善我們的社會風氣。又提倡書香社會，希望人人都能一書在手。讀書的作用在變化氣質，讀了書有了氣質便不會作奸犯科，社會也能安定和諧了。良法美意值得大家一起來參與，而對於我們足以向世界各民族誇耀的書法藝術，更應該積極的學習並加以發揚光大，使這一項優良的文化遺產能再度展現光輝。

【附註】

註一　參見王壯爲著書法叢談。

註二　參見呂佛庭著文字畫研究。

註三　參見張光賓著中華書法史緒論頁一。

註四　參見朱惠良撰美感與造形「無形之相——書法藝術」。

註五　參見蔡明讚撰「從一九四五以來中西藝術家的書法表現傾向，看書法藝術的創新」，書法藝術季刊第三期。

註六　見李文珍撰書法教育論集。

第四節　字體演進

書法與文字是依附相成的，蓋書法是書寫文字的藝術，而文字經過書寫時各種不同形式、技巧的變化，表現其優美的特性，是故書法教學不能不先由字體的演進談起。我國的文字從有史料可資證實的商代甲骨文，到楷書發展完成的唐代大約兩千年之間，歷經了多次的變革，這些字體包括了金文（鐘鼎文、銘文）、籀文（大篆）、小篆、隸書、草書、行書等，每一種字體都各具特色，每一種字體在前後演進過程中，大都是基於實用的理由。但是也往往加以美化，因此歷來的字體，無論字形演進的程度如何，總是表現著充分的美感。這些字體以筆鋒富彈性，轉折多變化的毛筆來書寫，展現的內容又更加廣泛了。

書法上書寫的文字，眞是豐富極了。它包括了殷代的甲骨文，商、周的金文，戰國時代—秦的石鼓文，吳越的鳥書，楚的竹簡、繒書，晉的侯馬盟書，秦代的小篆，秦、漢時期的金文，漢代的石刻隸書、簡牘、帛書，還有章草，魏晉的今草、行書，北魏的碑刻，唐代的楷書。這些書體在形體及用筆方面都各有不同的風貌，並且每一種書體在經過歷代書法名家的創新，又出現了許多流派，在流傳於世的書蹟中更由於書寫素材的不同，而表現出各種用筆的特性，對於書法領域而言，這些資料都是非常寶貴的。近年來印刷技術的發達，使得古代的眞蹟、拓本能逼眞的展現在我們眼前，提供學習書法者許多既寶貴又豐富的文字材料。茲將各體文字的實例列舉如下：

歷代字體演變之實例：

一、殷商甲骨文

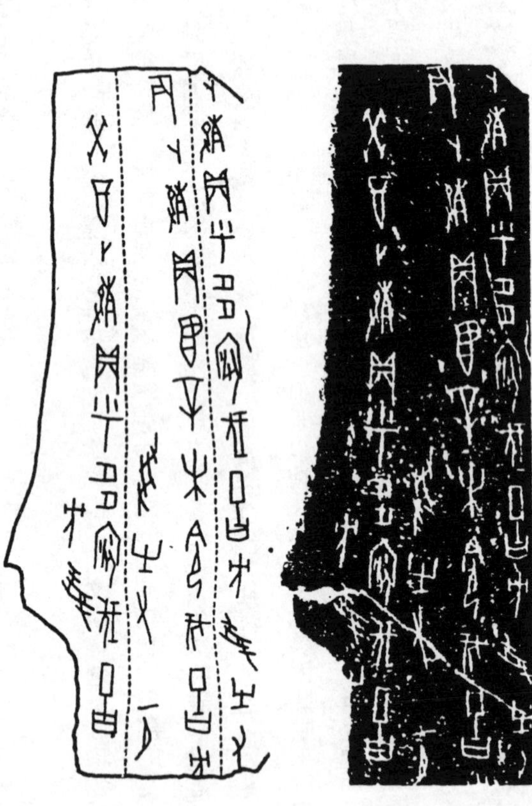

二、商周圖象文字

三、周金文（鐘鼎文）

四、周金文（鐘鼎文）

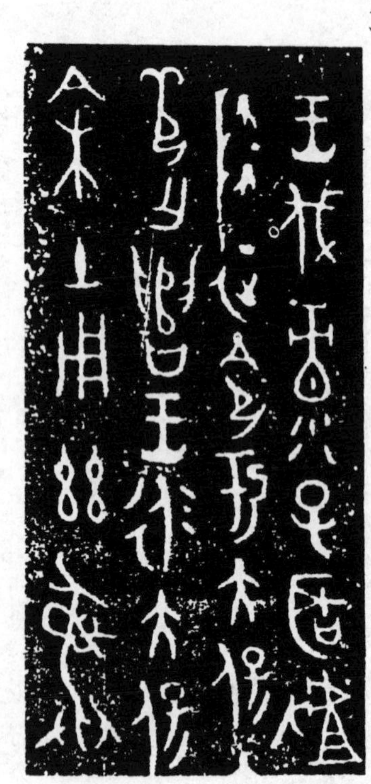

五、東周石鼓文（大篆）

六、秦小篆（李斯泰山刻石）

七、漢隸書（乙瑛碑）

八、漢隸書（禮器碑）

九、晉行書（王羲之喪亂帖）

十、晉行書（集王羲之聖教序）

賢探賾妙門精窮奧業
一乘五律之道馳驟於心
田八藏三篋之文波濤於口
海爰自所歷之國揔將三

十一、唐人楷書（歐陽通道因法師碑）

斯闕結集之侶揚其
實諦傳授之賓弘其
妙理然則紹宣神典

十二、唐孫過庭草書

第五節　教學的方法

壹、筆墨硯紙的認識及選用

筆、墨、硯、紙號爲「文房四寶」。它們自古以來不僅是書畫家創作時缺一不可的工具，同時也因隨著書寫使用以及審美情趣的提昇而成爲文人生活中精緻的工藝品。「文房」是文人作息、讀寫的場所，陳設其中的物品原具有輔助書寫的功能，由於古代文人十分講究高雅的情趣，因此這些原爲工具的實用物品，逐漸被加上審美觀點的裝飾。到後來更有專門爲文人製作精良優美工具的匠人，他們精緻的技巧，超凡脫俗的造形在中國工藝美術史上有著極重要的價值。（註一）

所謂「工欲善其事，必先利其器。」學習書法本是一項高尚的藝術活動，選擇適合自己層次的工具是非常必要的。初學書法或在書法上有相當成就的人，要想書寫時得心應手、運用自如，就必須對文房四寶以及其他相關工具的構造和性能有個正確的認識，然後才能分辨優劣，選用適合自己的工具。以下茲就筆墨硯紙的認識及選用，略作說明：

一、筆的認識及選用

㈠筆的認識

毛筆的起源甚早，但眞正的年代還無法確定。近代的考古學家曾在殷墟挖出的陶器上發現墨書的文字，在未刻的甲骨片上也有朱書的文字，字的筆畫很像是用毛筆寫的。民國四十三年在湖南長沙左家公山的一座楚墓中，發現了楚簡和一枝毛筆，這是一枝戰國時代的楚筆，以兔毛製成，竹桿，有一個大筆套。民國六十四年在湖北雲夢睡虎地的第十一號秦墓中，發現了三枝毛筆，筆桿爲竹質，上端削尖，下端較粗，鏤空成毛腔，附筆套，這是與蒙恬大約同時代的秦筆。民國二十年西北科學考查團在蒙古居延海附近發現了漢代的筆，這枝筆的形狀與楚、秦筆不同，筆桿是木製的，且析而爲四以納筆頭，再以麻和漆使它固定。（註二）

古今注云：「古以枯木爲管，鹿毛爲柱，羊毛爲被，蒙恬始以兔毫竹管爲筆。」（註三）從出土實物來看，大約在殷商之時已有毛筆。因爲無論是甲骨、陶片上的墨書，朱書文字，或是彩陶上的花紋，很顯然的可以看出都是使用毛筆寫或畫出來的，而戰國時代楚筆，秦筆的出土，以及漢代帛書、簡牘的發掘，也都證實筆的使用在中國已有悠久的歷史，蒙恬發明毛筆的說法可能是應該修正的！

魏晉六朝時期，在筆的製造上已非常講究，筆管使用雕刻的象牙、金銀或生有斑紋的竹管。全唐詩話上記載：「梁元帝爲東湘王時……常紀忠臣、義士及文章之美者，筆爲三品：忠孝全者用金管書之，德性精粹者用銀筆書之，文章瞻麗者用斑紋管書之。」唐朝時以安徽宣城所產的筆最好，據說用兔毫最多，也有用狸毛麝毛的，當時有一種筆形狀像竹筍的「雀頭式」，名爲雞距筆，筆管多用斑竹，到了晚唐又盛行長鋒，因爲柳公權擅用長鋒之故。唐代製筆名匠有開元時的鐵頭，晚唐的諸葛高。

到了宋朝李展製雞距筆，嚴永製獺毛無心棗核筆，吳無至製無心散卓筆。元朝以後，宣城的諸葛筆被浙江吳興—古稱湖州—的湖筆取而代之。湖筆又以吳興善璉鎮所出品的最佳，據湖州府志載：「秦大將蒙恬慣用柳條爲筆，後改用鬃蔴，筆名柳條。至六朝年間，愛書法之智永高僧，出遊湖州善璉，與當地人士，以羊毛、兔毫代替鬃蔴，製成毛筆。世代相傳，善璉鎮遂成毛筆生產地，故名湖筆。」（註四）

毛筆的製法大致可分爲兩種：一是無心散卓的；一是有心有副的。無心筆的製法，是將純一種筆毫紮成筆頭，無分主副，古人謂之「散卓」。有心有副的製法通常是以較硬較長的毫爲心，較短較柔的毫爲副，副毫圍在筆心之外。

筆的種類很多，由於材料的不同，性能也各異，以材料來分，一般通行的以狼毫、羊毫、紫毫、兼毫爲最常見，其它尙有馬鬃（山馬筆）、鹿毫、雞毫、鼠鬚等。狼毫一般都是稱黃鼠狼的毛，紫毫就是兔毛，兼毫是混合兩種毛製成，如七紫三羊、鹿狼毫、豹狼毫、雞狼毫等，以筆毫的性能來分有：

(1)硬毫—筆性剛勁，如小馬筆、狼毫筆、紫毫筆、鹿毫筆、鼠鬚筆、牛耳毫筆。

(2)軟毫—筆性柔軟，如羊毫筆、雞毫筆。

(3)兼毫—剛柔、軟硬相兼，以一種爲心，另一種爲副，可製成偏硬、偏軟及軟硬適中三種，如中性的五紫五羊，偏硬的豹狼毫、七紫三羊，偏軟的七羊三紫、雞狼毫等。

(二)筆的選擇

選擇毛筆時必須先瞭解它的構造及性能，並使之能與所書寫的字體、風格配合，方能發揮毛筆的功能。一般初學書法者不易分辨其優劣良窳，但可根據古人所謂的「尖、齊、圓、健」四大要領來加以判斷：

(1)尖—筆毫聚攏時，筆鋒成尖銳狀，不可分叉，則筆鋒富於精神，運筆時容易展現筆墨特色。

(2)齊—將筆潤開壓平，筆毫內外齊平，無長短不齊現象，可以發揮筆毫齊力的效果。

(3)圓—筆腰部分由於毫毛充足而成圓狀，如此則含墨飽滿，書寫時筆力完足，渾厚有力。

(4)健—筆鋒具有彈性，將筆毫重按提起後，隨即恢復原狀，書寫時筆畫可顯出剛勁挺拔的姿態。

選筆時除據此四德，尚須顧及所臨寫的碑帖、字體。例如寫篆隸以軟毫筆較好；行草則硬毫筆較佳；大字宜用大楷羊毫、狼毫；小字當用紫毫、狼毫或兼毫。寫歐陽詢、虞世南、褚遂良的楷書可用硬毫，寫黃山谷的行書松風閣、經伏波神祠卷可用軟毫，寫蘭亭序、聖教序可用兼毫。再者，可依字體的大小而選用，如：

(1)斗筆、聯筆—寫一尺以上大字。

(2)屏筆—寫屏條或對聯適用。

(3)大楷筆—寫手腕大小的字。

(4)中楷筆—寫一寸大小的字。

(5)小楷筆—寫小字用。

初學書法者在選擇毛筆時，可根據以上的原則，在習寫的過程中也可以隨時體驗並修正，則時日一久必能筆隨心使，揮灑自如。（註五）

㈢筆的使用

買筆固須選用材料，性能較佳者，而使用與維護的常識更是學習書法者所必須具備的，茲就筆的使用法，條列如下：

1.新筆使用前必須開筆，一般而言大楷全開，中楷半開，小楷開三分之一。

2.開筆時宜用溫水脫膠，待膠粉漸溶於水中而筆毫柔軟後，再用手指輕捏以除去膠質，切忌使用熱水浸泡。

3.洗淨後可用容易吸水的布或紙將筆毫上的水分吸乾，然後倒掛起來。

4.已開過之筆，在使用時須先潤筆，即在清水中將筆毫浸濕，再在布或紙上拖撫，至水分吸乾方可濡墨。

5.毛筆在硯台或墨池上蘸墨時，宜一次將墨含入，然後向同一方向平蘸，使筆毫含墨量均勻，切忌在硯面上打轉，以免影響筆毫及運筆。

6.筆用過後必須清洗，把積存筆毫內的墨漬洗去，然後將筆頭朝下倒掛。

7. 寫大字宜用大筆，小字用小筆，切忌小筆寫大字，以免折損毫毛。

8. 攜帶毛筆宜用筆捲，以免筆毫扭曲折斷。

二、墨的認識及選用

㈠墨的認識

墨的起源也甚早，在殷墟出土的古物中，有一塊書有「祀」字的陶片，考古家認爲是用墨之類的原料寫的，因此大約在商朝便已經有墨了。宋稗類鈔上說：「上古無墨，竹挺點漆而書，中古方以石磨汁，或云是延安石液。至魏晉時始有墨丸。」（註六）說文桂注：「古者漆書之後，皆用石墨以書，大戴禮所謂石墨相著則黑是也；漢以後，松煙桐煤既盛，故石墨遂堙廢。」（註七）從以上的記載可知，漢以後才有松煙和油煙墨，漢代以前的墨可能是一種黑色的礦石，用石塊在礦石上磨出黑色的汁用以書寫。民國六十四年在湖北雲夢睡虎地秦墓的出土物中有一組文書工具，其中有一件形狀不太規則的石硯，並附有一件「研墨石」（註八）。這塊研墨石便是用來佐助研磨「石墨」的工具。

製墨的主要材料最初是松煙和膠，就是把松樹燃燒後的墨煙收集起來，再加上膠製成，但因這種墨只是黝黑卻沒有光澤，於是改用油煙來製造，油煙墨是用桐油或麻子油燒出來的煙加膠搗製而成。在製墨過程中除了採集松煙或油煙外，還要加入香料，如麝香、冰片和膠，然後經過千搗萬杵，成爲質地堅硬細膩、耐磨、烏黑發光的墨。墨的製作大約起於漢代的墨丸，歷代著錄的製墨家魏有韋誕，晉有張金，南北朝宋有張景雲，唐代有祖敏、李陽冰、奚鼐、奚超等，而最著名的應屬五代南唐奚超的兒子奚廷珪，他因替南唐李後主製墨而得到賞識，並賜姓李。宋代的製墨家有潘谷，元有朱萬初，明代以程君房、方于魯、羅小華最著名，清代則有曹素功、胡開文、汪近聖等。

墨的類別應有三種分法，一是以原料來分。二是以質料來分。三是以製作的供需來分。

1. 以原料分有：松煙、油煙、漆煙、氣煙（化學煙），松煙墨是用松枝燒煙，配以皮膠、藥材和香料製成。這種墨色黑而缺少光澤，膠輕質鬆，入水易化。油煙墨是用桐油、菜油、蔴油或豬油燒煙，加入皮膠、麝香、冰片和香料製成。漆煙黑而亮，氣煙黑度十足，但調成淡墨時缺乏變化。

2. 以質料分有：頂煙、上煙、貢煙、選煙。

3. 以製作供需分有：御墨、貢墨、禮墨、定製墨、市品墨。（註九）

㈡墨的選擇

好的墨應具備有「質堅細、膠輕、色黝黑、味清香」等特色（註一〇）。質堅細是指墨中無雜質，結構緊密，質地堅硬，浸水不易溶化，磨成的墨粒子細。膠輕是指含膠質少，磨成的墨黏性適中，不滯筆，如果膠重則質軟而無光彩。色黑指墨色中泛紫光或黑光。墨中一般必加香料，以除去煙油中之臭味，但香料之分量須適宜，使墨味清而香。由於墨的品流繁雜，辨選不易，一般以質地堅細，色澤光潤，膠水不重，墨味清香及上硯無聲者爲較佳。

㈢墨的使用

墨的好壞對作品的影響很大，好的墨能使字蹟光亮精采，並且發散清香，研磨時宜慎加注意：

1.磨墨宜用清水（自來水、泉水），以少量逐次添加爲宜，有少數書家喜用酒代水，茶則不可！

2.磨墨時應「重按輕移」，墨與硯垂直，保持正直，切忌歪斜。所謂重按輕移當指用力均勻、速度疾徐適中，蓋太快則墨粒粗易起泡沫，過慢則耗時不易發墨。

3.磨墨時應先洗清硯中之宿墨，以免凝滯傷筆。

4.磨墨時可一面觀摩碑帖，或思考作品形式，使創作成竹在胸，並且藉以凝神靜慮，培養耐性。

5.墨磨用後須晾乾（陰乾）並藏於匣內，防濕、防塵、防曬、防破裂。（註一一）

三、硯的認識及選用

㈠硯的認識

硯是用來磨墨的，因此它的出現可能和筆、墨同時，後漢李尤墨硯銘曰：「書契既造，墨硯乃陳，則是茲二物者，與文字同興於黃帝之代也。」（註一二）這是硯始於黃帝時代的傳說，其次春秋時代的仲由（即孔子學生子路）曾發明以細石做硯，秦代人以磚做硯，而正式有硯的記載和實物可考的是漢代。西京雜記中說：「漢制天子以玉爲硯，取其不冰。」天子以玉爲硯，而民間還有陶硯、瓦硯、澄泥硯等。（註一三）可見硯在漢代已很普遍，到了唐朝，硯不僅是文房必備的工具之一，並且成了工藝美術中的重要品類，因爲從流傳的唐硯中可以發現都是經過精美的造型設計和圖紋雕飾的；宋代以後由於石質、雕工的極度講究，使它不僅是實用工具也是文人生活中的珍玩。

硯的材料有玉、石、陶、泥、瓷、塑膠等，其中以石材最爲普遍，好的硯石應具備質地堅硬細潤，發墨快而又不容易吸收水分者爲佳。（註一四）硯在我國是極普遍的工具，各地均有生產，而以端硯、歙硯、澄泥硯、紅絲硯、綠洮硯、螺溪硯最爲著稱。端硯產於廣東省高要縣，隋代設端州，宋代改爲肇慶府，在城東羚羊峽斧柯山之西有一條端溪，就是端硯的產地。好的端硯質細膩如膏，發墨而不損毫。硯材以青黑色帶暗紫爲多，而石上紋彩，石眼隱約可見者爲上品。另外還有綠色與白色，白端硯用來磨硃砂墨。（註一五）與端硯齊名並稱中國兩大名石硯的是歙硯，產地舊時屬安徽省歙溪，今屬江西省婺源縣的龍尾山。歙硯又名婺源硯、龍尾硯、羅紋硯。在中唐時代開始開採，五代南唐李後主更任命硯工李少微爲硯務官，專司開琢歙硯。歙硯的形式繁多，但不太講究雕鏤花紋。澄泥硯是陶器類的硯台，其製作的方法是先取河水底下的墐泥，經過過濾澄清等處理，再加入黃丹用力搗和，放入模型壓硬，再由竹刀雕成各式各樣的硯形，陰乾後放進窯中燒十天，燒過了再用墨臘和米醋去蒸，要蒸五回到七回才能製出上好的澄泥硯。（註一六）台灣產硯的地方主要在彰化二水的濁水溪上游一帶，名爲螺溪石硯，這些石材久浸河水之下，也有細膩之品，近來大量開採，頗受好評。

㈡硯的選擇

硯的質材有很多種，但選硯大抵以石質爲主。石硯中又以端、歙最佳。這兩種硯石質地細膩，容易發墨且不損筆毫，尤其在好的端硯上，磨好的墨不容易乾。端硯實屬硯的上品，在市面上也可以買得到，但價錢昂貴，非一般學生所能負擔，即使愛好書法的人也未必買得起，因爲它已經屬於收藏家的珍玩了。普通數千元的端硯並非佳品，因此初學書法使用的硯台可購買台灣產的螺溪石硯，價錢只

須數百元，部分質地稍粗的只要百元上下，適合學生購買；至於市面上價錢便宜的橡膠硯、水泥硯，質材陋劣，不宜選用。（註一七）

㈢硯的使用

硯的使用必須得法方能發揮它的效果。

1.用硯前應以清水洗淨硯面，尤其宿墨必先清洗，但切忌使用利器刮硯面之墨渣。

2.磨墨應加清水，茶水或摻入其他物質會使墨色失去光澤，熱水損墨也不宜使用。

3.磨墨時應重按輕移，範圍要大，不宜只磨局部的硯面，新墨稜角銳利，用力要輕。

4.硯台使用後應將殘墨洗滌乾淨，避免使墨渣結塊粒，以免妨害研磨和傷筆毫。

5.研磨後不可將墨停放在硯面上，否則墨與硯膠黏難脫，易損硯面。

6.硯石不用時可貯些清水，使石質溫潤。

7.硯台應加蓋，以防不用時沾染塵埃，同時也保護硯面，免於碰撞。（註一八）

四、紙的認識及選用

㈠紙的認識

紙的發明大概在西漢、東漢之間，漢代之前書寫文字的材料爲竹木簡和絹帛，近代出土物中有戰國時代的楚簡、楚繒書，西漢的帛書、竹木簡，由於出土的西漢竹木簡數量極多，因此可以判斷西漢初期還沒有紙的出現。中央研究院民國卅一年在居延所發現的古紙，據考證大約爲西元一〇九至一一〇年之間。（註一九）比史書記載的蔡倫造紙約晚五、六年。後漢書中載蔡倫以樹皮、痲頭、敝布、魚網等做原料造蔡侯紙，來取代竹簡和縑帛，到了魏晉南北朝時代，造紙的技術已極進步，現存的晉代陸機平復帖及六朝寫經古紙可爲證明。唐代的造紙術更爲發達，並於中唐時代（八世紀）開始傳往西方。

造紙的原料多半是植物纖維，主要是木纖維和竹纖維，竹纖維所造的紙，紙面光滑，吸墨性較弱，木纖維所造的紙，比較柔韌，吸墨性較強。吸墨性較弱的紙以牋紙類爲主，如古紙中的澄心堂紙、蜀牋、藏經紙，明清的泥金牋、蠟牋等。吸墨性較強的紙，如宣紙、仿宣、毛邊紙、棉紙等，而以宣紙爲最佳。宣紙以產於安徽宣城而得名。在唐代已開始生產，五代南唐李後主命人造了許多有名的澄心堂紙，宋代印佛經的紙也都採取宣紙，到了清代宣紙的名目極多：如單宣、夾宣、羅紋、虎皮、珊瑚、玉版、雲母、蟬翼、泥金、豆腐等。以紙性來分，有生宣、熟宣之別，生宣受墨受水最快，滲化最透，畫家最愛使用，以玉版宣、煮錘宣爲主，玉版屬夾層，煮錘則屬單層；熟宣也稱礬宣，是經過膠礬等物加工而不易滲透水墨的紙，適於畫工筆畫，另外也有一種介於生熟之間的半礬紙，如豆腐宣、虎皮宣。台灣的宣紙是仿造的宣紙，產於南投埔里，該地水質不含石灰質，可以造出好紙。通常是採用楮皮爲主原料，再配以雁皮、竹漿或其他紙漿調製而成。（註二〇）

㈡紙的選用

寫字用的紙主要有宣紙、棉紙、毛邊紙、元書紙、竹簾紙、油光紙等。宣紙的原料主要是檀樹皮，纖維較長，拉力較強，加工後的成品潔白、堅韌、質細、吸收性強。好的宣紙能保持墨的光澤，毛邊紙的主要原料是竹枝、竹葉，纖維鬆軟，拉力差。元書紙的主要原料是稻草，纖維粗鬆，拉力很差，紙質粗，韌性差，色黃。一般來說初學書法在練習時採用毛邊紙、元書紙和棉紙。書寫成品時採用宣紙，因爲練習時需要量大，使用紙質較粗的，價錢便宜，宣紙價貴用來練習不很合算。除此，書寫時必須筆墨紙相調和，柔滑的紙可用硬毫，剛澀的紙可用軟毫，墨的濃淡和蘸墨的多少也應考慮，紙鬆吸水快，墨宜濃些；紙緊吸水慢，墨可多蘸，總以能流暢書寫，表現筆畫、墨色爲原則。學生臨摹碑帖可採用九宮格或米字格之毛邊紙，便於把握結構間架。紙不用時勿使受潮、日曬或生蟲，宜放乾燥處保存。（註二一）

五、其他文房用具

書法用具除了筆、墨、紙、硯四種最主要的工具之外，尚有筆架、筆筒、筆捲、墊布、文鎮、腕枕、水盂及水注等。

㈠筆架：其一爲吊掛筆的，有木製或金屬製，筆用過後洗淨將它掛起來便於使水分自流陰乾；其一爲筆山，是臨時擱筆用的，有陶器及金屬製品。

㈡筆筒：筆清洗過後經吊掛陰乾，可以放入筆筒收起，筆筒的品質有高尙的瓷器品，也有雕刻精緻的竹製品。

㈢筆捲：筆的攜帶最好使用竹簾片做成的筆捲來包紮，可防毫毛折損。

(四)墊布：墊布是書寫時襯托在紙張下面，以免墨漬渲染，質料以不滲墨的毛織類爲佳。

(五)文鎮：有細長、圓形等多種式樣。材料有金屬製、石製、玻璃製、壓克力製等，用於壓平紙張。

(六)腕枕：用於枕腕寫字時使用，是一種用竹子剖半或四分之一做成弧形狀。

(七)水盂及水注：以陶瓷製品居多，盛裝清水以備磨墨。水注爲注水之用，有用小銅匙舀水者，通常以陶瓷製成動物形狀，中空，留一小口以便滴水。在文房用品中比較特殊，一般初學書法者大多不用。

貳、書法技能之指導

一、執筆運筆之指導

(一)寫字的姿勢

寫字時姿勢的正確與否，固然直接關係到字的好壞，同時對於身心的健康也有影響。一般初學書法的學生，往往只顧及到字的筆畫間架，而忽略了寫字的姿勢，因此常見到一些如頭歪、身側、眼斜、身體傾前、背駝等現象。久之成了不知不覺的習慣，對於健康是有妨礙的，因此對於正確姿勢養成良好的習慣，是指導初學書法的學生時，一項非常基本且重要的工作。寫字姿勢最起碼的要求是：一、頭要正。二、身要直。三、腰要挺。四、肩要平。五、兩足安放地面。六、胸部稍離桌邊。七、兩臂自然張開（右手執筆，左手按紙，互相呼應。）。

㈡執筆的方法

自古以來書法家對執筆的方法都極爲重視，因爲執筆適當，靈活則運筆必能稱心如意，但執筆方法不只一種，在選擇時以最廣泛被使用者爲原則。一般所採用的指法有撥鐙法、單鈎法、雙鈎法。腕法有枕腕、提腕、懸腕。在發揮執筆功能時應把握「指實、掌虛、掌豎、腕平」的要領。

1.撥鐙法——撥鐙法傳自唐代的陸希聲，有所謂「擫、壓、鈎、抵、格」五字訣。南唐李後主增「導、送」謂之七法。元陳繹曾又增「拒」法，謂之八法。（註二二）鐙字的解釋有兩種說法，一說是馬鐙，一說是燈火的燈。撥鐙法的要領是以姆指前端稍斜仰而緊貼筆管的內側，由內向外著力；食指的第一、第二節之間向內鈎，與姆指相向，位置比姆指稍高；中指的第一節彎曲鈎在筆管外側，以加強食指的力量；無名指指甲根部抵住筆管；小指微貼無名指後，合力頂住食、中兩指向內鈎的力量，如此則達到五指齊力的效果。

2.雙鈎法——雙鈎法就是撥鐙法，因爲食、中兩指合力將筆管內鈎故名。

3.單鈎法——此法是以撥鐙法的執筆要領，但只有食指單鈎，中指抵住筆管，形成以姆指、食指、中指，三指著力的局面。

4.枕腕——通常寫小字時因活動範圍較小，故將手腕貼在桌面上，這種方法十分穩固，有時爲了便於移動，也可以將左手枕在右腕下面，以增加活動的幅度。初學書法可採用枕腕法，較易控制筆畫的運轉。

5. 提腕——寫稍大的字時，因移動範圍較大，故將手腕提起，只以手肘靠在桌上。

6. 懸腕——寫大字、行書、草書甚至篆、隸時，爲達到力透筆尖的效果，而將整個手臂提起，以便自如運轉，增加活動範圍，使書法作品行氣貫串，發揮書法「散抒懷抱」的功能。

執筆把握以上諸原則，貴在運轉圓熟，不必過度拘泥成法，並輔以「指實」、「掌虛」、「掌豎」、「腕平」等原則，指實即五指齊力，各指間隔宜稍密不宜鬆疏；掌虛即掌心中空，以保持手指靈活；掌豎以維持筆正、鋒正；腕平則掌易豎起，便於運腕。在執筆高低方面，一般而言，小字可靠近筆頭，但距離約在兩指橫寬，寫大字配合提腕可稍高，寫行草書偏高以求靈活，寫楷書稍低以求穩當。初學書法應把握正確、適當的執筆方法，在經驗逐次增加，熟能生巧之後，便可隨心所欲，運轉自如了。

㈢運筆的方法

我國的漢字是由點畫線條所構成，線條即是筆畫的基本元素。由於筆鋒運動時速度、方向、輕重的不同，產生各式各樣的線條。在書法表現的領域中，線條是千變萬化的，因而運筆的方法也並非一成不變。茲舉出一些基本的原則，以供參考：

1. 指運、腕運、肘運：指運即枕腕法，腕貼於桌面固定，故活動只限於五指；腕運即提腕法，肘貼靠於桌面，腕部可活動；肘運即懸腕，運使整個手臂，指、腕均不動。

2.起筆須逆鋒：逆鋒便於藏鋒，使鋒芒不外露，如寫橫畫時筆鋒先向左逆入，再轉右行筆；寫豎畫時筆鋒先向上逆入再向下行筆。逆鋒在運筆法中非常重要，它能使筆毫聚勢、筆力內斂、筆畫持重。

3.行筆須中鋒：行筆時欲求筆正，必須使用中鋒。筆勢得正，筆毫與紙面垂直，則筆畫渾厚勁實。若使用偏鋒，則筆畫之下端往往成極微細之鋸齒狀，筆畫便不圓潤。

4.收筆須廻鋒：廻鋒亦是藏鋒的過程之一。如寫橫畫時在筆畫將到盡頭稍微提筆，先向右下再向左回筆；寫豎畫時，運至筆畫盡處，稍微頓筆再向上收提。收筆廻鋒可使筆力前後連成一氣，避免浮躁不實的缺失。

5.轉折與提按：轉和折其實是一種形態，在漢字中應用廣泛。轉折時又必須使用提筆和按筆，提筆輕轉所成的角度略呈圓弧狀，謂之圓筆；按筆重折所成的角度，在筆畫內緣呈直角，直角的相對方向呈短直線，謂之方筆。在運用提按時不可過於板滯，例如按筆之前須先輕提，提筆之後輕按等均是。

6.方筆與圓筆：除轉折有方圓，橫畫亦有方圓，筆畫的前緣略呈直線者爲方筆，略呈弧線者爲圓筆。由此觀之，方筆與圓筆實包括筆畫的起、止及轉彎處。例如楷書諸名蹟中，虞世南的孔子廟堂碑圓筆多，歐陽通的道因法師碑多方筆。書體中楷書多方筆，行草多圓筆，唯應參以方圓，適切運用方爲大妙。

總之，運筆方法貴乎靈活運用，至於運筆時對於用力的輕重，動作的遲速，行筆的急澀，筆鋒含墨的潤渴，當隨機運用，不拘泥成法，把握適切原則，方能在筆墨天地中盡情揮灑，而又不失落落法度。（註二三）

茲將寫字姿勢與執筆方法，附圖如下，以供參考：

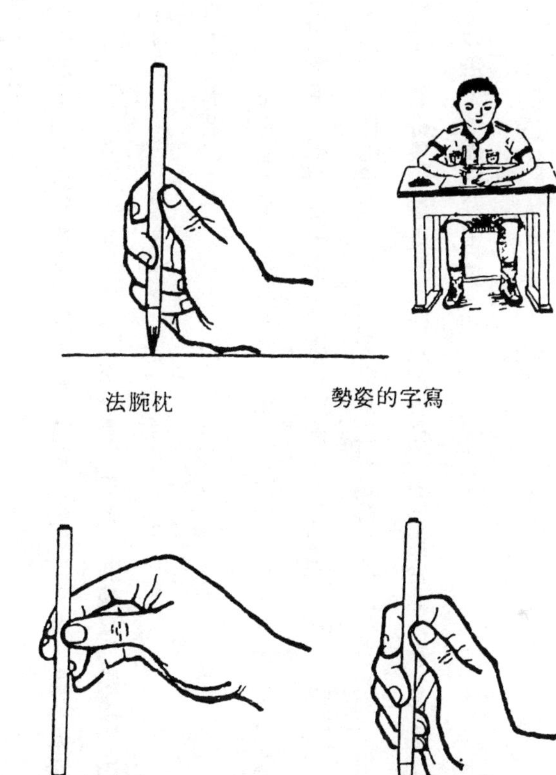

寫字的姿勢　枕腕法

提腕法　懸腕法

二、筆畫結構之指導

「字」是由若干的筆畫所構成，學習書法時首先要把每一種字體的筆畫、特性捉摸清楚，再注意每個點畫之間的搭配，方能把字寫好，因而筆畫的正確、熟練、結構的均勻、對稱、平整是初學書法者應特別留意的。

(一)楷書的基本筆畫

學習楷書大抵由唐楷入手，因唐人尚「法」，所以在楷書的筆法上，唐代諸名家已發展到淋漓盡致的地步，後代書家都很難超越他們。唐代的楷書名家以虞世南、歐陽詢、褚遂良、顏眞卿、柳公權五家最具代表性。他們的筆畫、結構都各有特色，點畫的寫法不盡相同，但都達到了平正、穩實、勻稱、優美的境界。茲將基本筆畫的名稱表列於後：（取自台北市教育局印「如何指導兒童寫字」）

基本筆畫運筆法及名稱如下：

基本筆畫運筆法及名稱

橫法

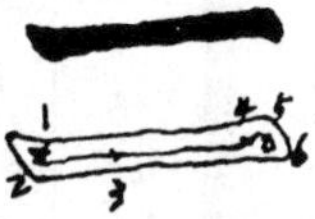

1. 逆鋒向左。
2. 轉筆向下一按。
3. 稍提筆，用中鋒向右行筆。
4. 提筆向上。
5. 轉筆向下一頓。
6. 提筆向左迴鋒收筆。

圓頭橫

收筆（護尾）

行筆（盈中）

起筆（藏頭）

左尖橫

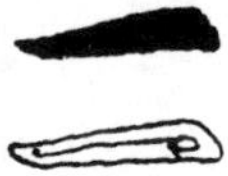

右尖橫

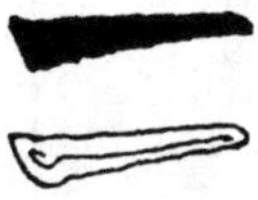

凸橫

凹橫

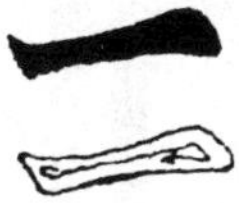

豎法

直豎（玉筋）

1. 逆鋒向上。
2. 轉筆向右橫筆略按。
3. 中、鋒向下行筆。
4. 筆鋒微向左偏。
5. 輕輕向下一頓。
6. 迴鋒向上收筆。

懸針

垂露

點法

右點

1. 逆鋒斜向上方，落筆要輕。
2. 轉筆向右下一按。
3. 扭筆向下。
4. 轉筆迴鋒向上收筆。

左點

直點

鉤法

出鋒點

撇點

平點

豎鉤

1. 2. 3. 同「直豎」。
4. 筆鋒轉向左下方，輕輕一頓。
5. 廻鋒稍駐讓筆心含墨集中，準備趯出。
6. 飛快趯出，不宜太長。

右彎鉤

橫鉤

斜鉤

右彎鉤

橫折鉤

豎彎鉤

縮鉤

三曲鉤

橫折右斜鉤

撇法

短撇

1. 逆鋒向上。
2. 轉筆向右下頓筆。
3. 勒筆向左下行筆。
4. 約行筆到全撇三分之二處，慢慢提筆，輕快撇出。

斜撇

直撇

長曲撇

曲頭撇

平撇

三曲撇

蘭葉撇

捺法

斜捺

1. 逆鋒向上，落筆宜輕。
2. 轉筆向右下行筆，由輕而重。
3. 頓筆稍駐。
4. 提筆出鋒。

側捺

平捺

迴鋒捺

挑法

短挑

1. 逆鋒起筆。
2. 轉筆向下一頓。
3. 4. 稍稍提筆扭鋒，得勢輕快挑出。

長挑

折法

橫折

1. 2. 3. 同橫畫起筆。
4. 稍稍提筆。
5. 6. 輕輕一按向下行筆。
7. 8. 9. 同豎畫收筆。

豎折

斜折

㈡楷書的結構法則

所謂結構是指將許多不同形質的筆畫構成一個間隔合理平均、字體端正、空白適當的單字的方法。由於楷書是一種平整端正的字體，它的主要筆畫約可歸納成點、橫、豎、鈎、撇、捺、挑、折等筆法，在一字之中，這些筆畫都有相依相成的關係。如果能歸納出它們的關聯性，將有助於初學者的練習。歷來討論結構法的書論很多，如歐陽詢的三十六法，李淳的大字結構八十四法等，將楷書的結構分析得詳盡細密。但因過於繁複難記，除非進一步研究漢字的結構法，對學習楷書而言並非極爲必要。茲將常用的楷書結構原則略述於後：

1.比例原則：漢字的結構型式可分爲獨體字（文）和合體字兩大類型。除獨體字外，合體字又可歸納爲「左右結構」（如顧、陸、深、何）、「上下結構」（如音、竟、皇、貴）、「左中右結構」（如樹、微、衞、激）、「上中下結構」（如慧、靈、摹、蒼）、「半包圍結構」（如閉、幽、區、唐、巡）、「全包圍結構」（如回、困、因、圖）。書寫時先找出其上下、左右、寬窄、高低等相互間的比例，對於整個字形的結構便能把握得住。

2.匀稱原則：獨體字本身就是一個完整的整體，它不和其他結構單位發生關係，書寫時要求對準中心，掌握中心，使疏密匀稱，形體保持平衡。

3.平衡原則：漢字的結構除以獨體、合體分爲兩大類型，在其體勢上前人又將之分爲疏（如川、介）、密（如繁、麗）、大（如鱗、疆）、小（如日、口）、長（如肩、原）、短（如西、四）、偏

（如乙、也）、斜（如夕、勿）、堆（如森、壘）、積（如鬱、爨）、重（如昌、出）、並（如林、羽）、向（如舒、妙）、背（如孔、肥）、弧（如月、十）、單（如耳、欠）等十六種現象，在這些不規則的結構中，要隨時注意筆畫間的平衡，使字形平穩而不傾倒。

4.照應原則：練習漢字結構時，首先要注意字的形體所屬的類型，找出各筆畫的相互關係，運用比例、勻稱、平衡的原則，在連結這些形態不同的筆畫時，更要注意其相互間的照應，使字的結構不但有比例，疏密大小勻稱，字的重心穩當平衡，更有上下、左右、內外相互照應的效果。

5.變化原則：書法在結構上的變化可分爲筆畫的變化和字形的變化，一字之中有兩個以上同類型的筆畫時，應將筆畫形狀稍加變化。如炎字，火的上捺用長點，發字上捺用捺則下捺用長點，一字之中有二鈎時，一鈎的出鋒可略短等。在一幅作品中相同的字出現兩次以上時，亦可變化字形或上下左右調動位置。如鄰、隣，羣、群，達、逹，於、扵等，古人稱之爲「帖寫」，在書寫作品時可斟酌使用。（註二四）

三、布局章法之指導

所謂章法，就是全篇作品的布局。練習楷書除了要達到筆畫正確熟練，結構平整勻稱，字形穩實端正外，更要講求單字、群字、行間及全篇的搭配。這種注意一群字或一行字，乃至數行字的間隔、距離，把握一行字的中線，配合字形筆畫的疏密，使全篇作品達到端正、美觀、變化的技巧便是章法。簡而言之，章法其實就是布局的方法。通常一幅作品的章法可包括分間布白和落款兩項。分間布白從小處講，便是一個字的結構，以及字與字的疏密、位置及空間等的安排。從字與字的距離，行與行的距離，乃至作品天地左右的留白，字形濃淡疏密的變化，都必須在書寫前或書寫進行時加以精心設計。因爲書法屬造形藝術，除了文字內容特有的涵意外，一幅作品所表現的線條、空間造形亦是靈魂所在。尤其楷書爲單字獨立的書體，字形、筆畫的變化較少，如果不在章法上作講究，整幅作品將覺單調乏味。其次，所謂落款是指作品正文後面的題字及蓋印。款有上款、下款，單款、雙款之別，所題的內容不外人、事、時、地。通常記年以天干地支來記，記月也以月的別名來記。例如：民國七十四年六月可記爲歲在乙丑荷月。除此，蓋印也是極爲重要的，一般都以蓋印爲作品完成的最後一個手續。當我們書寫一幅作品時，由點畫寫成字，由字寫成行，由行寫成一整幅字。但在欣賞時卻正好相反，我們先看這整幅作品，再看一行字及行與行間的空間感，再看每一個字，最後才看點畫。因此作品的章法是非常重要的，在學習章法時，有幾個要項可以把握：

1.字形穩實——「形」是由點畫所構成，因而單字中的間架結構爲全幅作品的基本要素，應講求穩當紮實，筆法圓熟，方能傳達出書寫者的功力。

2.行氣連貫——「行氣」是一幅作品的字與字之間相互銜接所構成的形象。字與字之間要能承上，同時也要啓下，在彼此間形成顧盼的效果，使每一個字各適其宜，錯落有致，似有一脈絡相爲導引，才能產生氣韻生動的視覺感。

3.虛實相間——以單字而言筆畫爲實，其餘留白爲虛。以全篇而言，字形爲實，其餘空白部分爲虛。一幅作品的字不宜擁擠，也不能太稀疏，擁擠則字的神態盡失，缺乏空間感；稀疏則行氣不能貫串，總要能虛實互相牽掣照應，才能將優美處呈顯出來。

4.畫面雅潔——楷書的筆畫以平正端麗爲主要要求。因此書寫時要注意筆畫的圓淨，最忌暈染毛躁，通篇空白處也要保持潔淨，勿沾染墨漬指印；筆畫粗大的字，字數宜少；字數多時，行間宜寬綽。

5.落款講究——落款的內容最能表現書寫者的涵養，文字力求簡潔明暢，字體尤其要與正文配合。例如楷書作品可用楷書或行書題款，不宜用隸書；或用不同於該體楷書的其他楷書。款後的印章大小也要配合題款字體的大小，過大過小都不恰當，且落款的部位不宜太滿，通常蓋印下方還留有少許空間。（註二五）

四、臨摹書寫之指導

(一)臨摹之指導

書法的學習必須從臨摹碑帖入手。因爲書法是書寫文字、表現文字的藝術。我國的文字經過歷代的變革，從甲骨、篆、隸、草、行至楷書，每一種書體的體式都已燦然大備。歷代書法名家也將各書體所能表現的特色，發揮得淋漓盡致。因此學書從臨摹古代名家的碑帖中，習得筆畫、結構等的寫法，是一條平坦的捷徑。這些由歷代書學名家們嘔心瀝血的傑出作品，提供我們有形的學習對象。對於這些形象—碑帖上的單字—的學習，首先要達到筆畫、字形的相似，次求筆法的純熟。初學宜以一碑或一帖爲對象。等到運筆自如，不須看帖也能寫出結構謹嚴，形體近似該碑帖特色時，便可旁及其他碑帖或書體。例如：一般皆主張學書先從唐楷入手，在唐楷中找出一家的一或兩個碑來臨摹，等到筆法嫻熟，再探討其他各家用筆、結構等的特色。等楷書有了基礎，才學習行草或篆隸。因爲畢竟楷書是今日通行的書體，實用價值較其他書體爲高，並且楷書的結構勻稱端整，線條法度嚴謹，對於文字架構的基礎訓練也有助益。而唐代的楷書是楷書發展的完成及表現的顛峯時期，無論筆畫、結構、布局、章法皆極爲優美。唐以後的任何楷書書家都受到它的深刻影響，而且也無法踰越它，因此適合於初學。

臨摹是學習書法最基本的方法。臨是把碑帖置於一旁，邊看邊寫之謂，又稱爲對臨。摹是把薄而半透明的紙覆在碑帖上，一筆一畫的摹寫。摹又可分爲「描紅」、「映摹」、「雙鉤」、「雙鉤塡墨」等方式。通常初學書法時，除非學習者極無法把握筆畫字形，否則皆以臨爲主，摹可偶一爲之。因爲摹的好處在於容易把握字形及點畫位置，但卻容易失去字的精神。除了臨摹之外，也要經常讀帖，從觀覽碑帖中領會字形以外的東西，亦即字的神韻。如此對書法的學習才能深入。以下提供幾個臨摹的原則以供參考：

1. 選擇有善本流傳的碑帖。
2. 楷書大字入門。
3. 臨帖與讀帖並進。

4.先熟練一碑再旁及他碑。

5.先求形似，後求應用。

6.持之以恆，不爲名利所誘惑。

7.廣泛吸收有關書法的知識。

㈡書寫之指導

學習書法一般可分爲臨書、臨書應用、自運、創作等四個層次。這四個層次對書法已有根基的人而言，是可以相互運用，但在初學者的立場，這四個層次是循序漸進的。在每一個層次的學習過程中，隨時都可以書寫作品。所謂臨書，就是臨帖，亦即臨摹古今名家的碑帖。我們作品中的字形、筆法都和古今碑帖中的字形、筆法形似，因爲臨書的目的就是要學習古今碑帖上的筆法、結構、間架等優點，作爲我們爾後應用、自運或創作的基礎。當我們經過了基本筆畫、結構的學習階段之後，已能把握碑帖中的筆畫、字形等特色，便可以開始書寫作品了。

練習書寫時大都採用九宮格毛邊紙或棉紙。重點在練習筆畫結構，對於章法及紙張的形式並不講求。但在書寫作品時則必須使用宣紙，並且紙張的格式也要加以設計，不論是畫出格子或摺出線條，都要把上下左右留出少許空白。一幅作品的內容分爲正文和落款兩部分，正文是我們臨寫的對象，落款是在正文後面留出適當面積的空白，作爲題記書寫的年月、書寫者名號、臨寫內容所出自的碑帖、臨寫心得等。最後並蓋印，這樣一幅作品便算大功告成了。

書法作品的格式，常見的可分爲中堂、條幅、橫披、對聯、連屏、扇面、册頁等。中堂是整幅宣紙的大小，或長寬接近二比一的比例；條幅是二分之一開的宣紙大小，或長寬接近四比一的比例；橫披是中堂或條幅大的宣紙橫擺，直短而橫長；對聯是左右對稱的兩張，每張長寬如條幅，寫的字數相等，意思相對；連屏也叫屏條，是四張、六張或八張同樣大小的條幅合成一個屏；扇面分爲摺扇和紈扇，紈扇又分成圓形和橢圓形；册頁的篇幅小，通常是八開或十六開大，且將若干頁裝訂成册。

書寫作品時可選用各種形式的紙張，但應注意內容的正文最好是一段完整的文字。落款的字體要比正文小，且要注意書體的協調。蓋印時印的大小也要配合正文及題款的文字，要使用書畫用的印章，鐫刻時稍作講究，名章是陰文則閒章用陽文。使用的印泥要好一點的，否則顏色不鮮明或油漬暈染，容易破壞作品的美感。總之，書寫作品時，從設計格式，書寫到落款蓋印，必須把它當作是一件完整的藝術品看待，儘量避免疏失。

五、書法欣賞之指導

中國文字起源甚早，而書寫能達到美的境界，可以供人欣賞，且有記載可考者，當在漢末魏晉之間。（註二六）自甲骨文的殷代到漢末，其間約一千四百餘年，文字的變遷由甲骨文、鐘鼎文、大篆、小篆，到隸書、章草、行書。這些形體不同，寫法各異的書體，以及遺留在各種不同素材上的書法作品，豐富了書法成爲藝術的內涵。但並沒有人將這種書法的藝術性特別指陳出來，直到漢末才開始出現了純粹站在書法立場上而非站在文字立場上的見解言論，最早的專門論述書法的文章是章草書家崔瑗的「草書勢」。（註二七）魏晉以後，許多書評、書論家在闡述書法的抽象美時，往往借著自然界的物象或現象來增進觀賞者的共鳴感。因爲書法簡單地說就是書寫文字的藝術，其表現的要素一爲文字，一爲書寫法。中國文字起源於象形，最初的文字其實就是一幅自然界景物被簡化了的圖案，即使演變到隸書、楷書，仍然帶有少許象形的成分。當書法家在書寫時又賦予這些文字本於自然的形體和生命，使它在傳達文字美時提供欣賞者易於投入的管道。另一個能使書法達到美的境界的重要因素是毛筆的使用，毛筆的筆鋒富彈性，能把構成文字的點畫發揮出各種不同的線條效果，且書寫時線條所呈現的方、圓、剛、柔、急、澀、濃、淡更將文字的美烘托出來，加上各種不同形質的線條所構成的字體架構，書寫者所表現的自我風格，共同確立了書法藝術的領域。因此書法的欣賞，就在於欣賞文字的抽象形態美以及毛筆書寫的筆法美。

大體而言，一幅書法作品所傳達的美感意象包括了形和神兩方面。所謂的形，是指單字的形、群字形、行間、全篇布局等。單字的形就是點畫、線條、空間架構、墨色濃淡潤渴，以及它所代表的書體，或某書體中某一名家的寫法；而群字形、行間、全篇布局就是前節所談的章法。所謂神，是指書法的內在精神，亦即由欣賞者領受到書法作品形以外所透出的妙趣、神韻、氣韻、氣魄、風骨、書卷氣等高層次的精神境界。形表現出書家的書寫技巧，神含蘊著書家融入書法的精神。（註二八）欣賞書法首先由形開始，然後透過對形的探討體悟，以及書法史、書法家風格的認知，達到心領神會的審美境界。在形的欣賞方面，首先看整幅作品的章法，即行間、布白、落款的安排、搭配，再看單字的點畫、結構，即點畫的寫法、線條的形質、字的造形、疏密的布置以及墨色的運用等。對歷代碑刻的欣賞大抵偏向字的筆畫、結構或書體的特殊造形，乃至書家的特殊風貌；欣賞名帖時除了碑刻的這些要素，還包括線條變化（筆觸），墨色運作等碑刻上所無法表露的特質。對一般展覽會場的近代書家作品的欣賞，則除了章法、筆法、結構、墨韻之外，可以進一步探究其筆法來源、個人風格與創意成分，歷代流傳的作品大都已確立其歷史的定位，可以作爲我們師法的對象，宜仔細分析探討。近人的作品未必即是歷史上的名作，欣賞時必須採取批判的眼光，對於臨寫技巧不宜過分重視。一幅好作品固然書寫技術要熟練而無缺失，其表現的個人風格及創作意識更爲重要。

在神的欣賞方面，首先必須具備：一、認識各種字體。二、瞭解各體書法的基本筆法。三、熟悉歷代書法名家的書風及個性。四、熟讀書法史，瞭解各時代的書法大勢及書風遞遭。在未具備這些要件者言，當然也可以欣賞書法作品，但那通常只能及於形的欣賞層次，對於眞正傳達中國書法抽象特質的精神境界便難有體會了。因爲書法藝術在中國已經有近兩千年的歷史。如果溯自文字起源即有書法則將近四千年了。書法所傳達的美感，書寫技術固爲作品必備的最基本要素，但在欣賞時往往更注重「形」以外的「神」的境界。也許神的領域太過抽象，但歷代以來已有無數書家、書論家爲後人提供豐富的心得。這些論述也都是書法欣賞，甚至就是書法美學的寶貴資料。近代以來西方的抽象藝術開拓了更廣濶的美的範疇，中國的書法也被目爲抽象的藝術。但因外國人不認識漢字，所以就偏向線條、空間、造形、墨趣等視覺效果的欣賞。彼等固然重視書寫者感情的投入，表現書寫者的個性、風格，但大都是一時的激情，畫面呈現的以筆墨趣味爲多，談不上我國書法精神的表現。不過這種重視造形的書法表現方式，已在日本蔓延一段時日，也是値得注意的一環。（註二九）

【附註】

註一　參見蔡玫芬撰「文房清玩——文人生活中的工藝品」，中國文化新論藝術篇·美感與造形，頁六一三。
註二　參見錢存訓著中國古代書史。
註三　見鄧雪峯著中國繪畫的墨筆硯紙頁六二引崔豹古今注。
註四　參見鄧雪峯著中國繪畫的墨筆硯紙，頁五五～六九。
註五　參見蔡崇名著書法及其教學之研究。
註六　見中文大辭典第二冊一二八頁。
註七　見鄧雪峯著中國繪畫的墨筆硯紙，頁五引說文桂注。
註八　參見木鐸出版社文史集林第三輯。
註九　參見鄧雪峯著中國繪畫的墨筆硯紙頁六。
註一〇　參見蔡崇名著書法及其教學之研究第二章。
註一一　參見木鐸出版社實用書法教材。
註一二　見中文大辭典第六冊「硯」。
註一三　見鄧雪峯著中國繪畫的墨筆硯紙頁七三。

註一四　見曹緯初著書學通論。

註一五　同註一三，頁七四、七五。

註一六　同註一三，頁七九、八〇。

註一七　參見福利出版社中國書法。

註一八　參見賴瑞鼎著中學書法教學活動設計。

註一九　參見錢存訓著中國古代書史。

註二〇　同註一三，頁一〇八～一〇九。

註二一　參見台北市教育局國民小學輔導叢書如何指導兒童寫字。

註二二　同註一〇，頁五九一。

註二三　參見蔡崇名著書法及其教學之研究。

註二四　參見木鐸出版社實用書法教材。

註二五　參見戴蘭邨「書法作品的章法與款識」，書法教育期刊第四期，頁一一二～一二〇。

註二六　見張光賓著中華書法史第一章緒論頁一。

註二七　見王壯爲著書法叢談頁三。

註二八　參見中國文化新論藝術篇，朱惠良撰「無形之相——書法藝術」頁四一五。

註二九　參見日人上田桑鳩著書道鑑賞入門。

第六節　教學之實施

壹、選材原則

書法教學的主要目的，首先是訓練學生的書寫技能，使之能將我國今日通行的楷書寫得端正、整齊、優美；並熟習行書的寫法，以便於日常的應用。其次是做爲一種涵養性情的藝術活動，從書法的教學中認識我國書法藝術的內涵，培養學生對傳統優良文化的熱愛；並從書法的學習活動中陶養理想的態度與情操。實施書法教學時，固然可分爲技能的訓練與藝術的認知兩個重點，但兩者是相輔相成的，隨著書法課程的進展，學生不僅熟練書寫的技巧，對各體書法、歷代重要書法家、書法作品、書法的審美學等，也應有完整的概念。

書法課程是技術與藝術並重的課目，偏重技術則缺乏生動的內容與長遠的目標；偏重藝術則不免眼高手低，無法獲致書寫的能力。因此，在實施教學活動之前，須先瞭解學生的程度和需要，據此來擬訂適當的教材與選擇教材，就楷書而言，以唐朝五大家（歐陽詢、虞世南、褚遂良、顏眞卿、柳公權）的書蹟爲佳（註一），這五家的楷法不僅可以訓練學生書寫端正、優美的楷書，做爲通向其他書體學習的基礎亦無不可，且五大家傳世的碑帖字蹟大抵清晰完整。選擇教材時，同一個班級可選擇教師擅長的一家來指導學生。如果教師擅長在兩家以上，則可斟酌學生程度，選擇兩種教材，教材之選擇總以教師能指導而且適合學生之學習爲原則。

楷書的教材除直接選用唐代五大家傳世清晰精良的拓本之外，對於歷代書家闡釋筆法、結構的資料亦可參酌運用，近年來坊間印行不少歷代名家碑帖的擴大本，並有筆法、結構的分析和示範，對於教學極爲便利。但選擇時切忌印刷陋劣，或由後人臨寫而影印的版本，雖然價錢便宜，但往往是書法的末流，做爲參考尚可，當做教材則必受其害。至於有關書法藝術內涵的介紹，坊間書籍可資運用者不少。教學時宜深入淺出，使學生易於接受，避免照本宣科。歷代有許多文房雅事、軼事，平日多作收集、整理，將有助於教學的生動。以下茲列舉適合學生初學之楷書名帖，以供參考：（取自二玄社伏見沖敬編「書的歷史」之）

唐・裴休・圭峰禪師碑

唐・歐陽通・道因法師碑

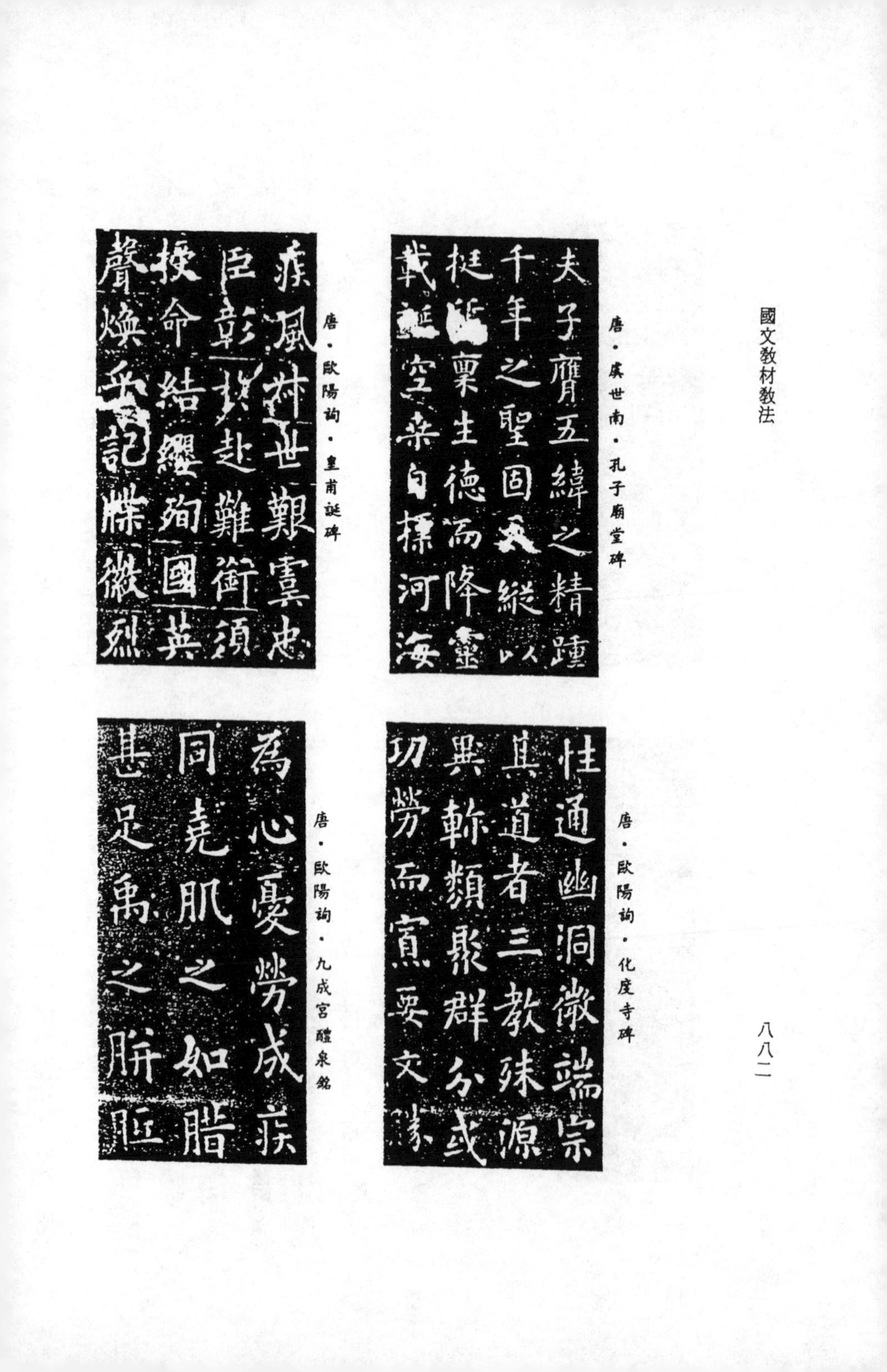

唐・虞世南・孔子廟堂碑

唐・歐陽詢・皇甫誕碑

唐・歐陽詢・化度寺碑

唐・歐陽詢・九成宮醴泉銘

唐・歐陽詢・溫彥博碑

唐・褚遂良・伊闕佛龕碑

唐・褚遂良・孟法師碑

唐・褚遂良・雁塔聖教序

唐・顏真卿・自書告身帖

議使上柱國魯郡開
國公顏真卿立德
踐行當四科之首懿
文碩學爲百氏之宗
忠讜罄于臣節貞

唐・顏真卿・多寶塔碑

於四依有禪師法号楚金
姓程廣平人也祖父並信
著釋門慶歸法胤母高氏
久而無姙夜夢諸佛覺而
有娠是生龍象之微無取

唐・柳公權・玄秘塔碑

玄秘塔者大法
師端甫骨之所

唐・顏真卿・顏勤禮碑

孫紘通義尉沒
于蠻泉明孝義

唐・顏真卿・顏氏家廟碑

少監國子祭
酒太子少保
顏君廟碑銘

唐・柳公權・金剛經

相則爲著我人衆生壽者若
取法相即著我人衆生壽者
何以故若取非法相即著我
人衆生壽者是故不應取法

北魏・高貞碑

東魏・敬史君顯儁碑

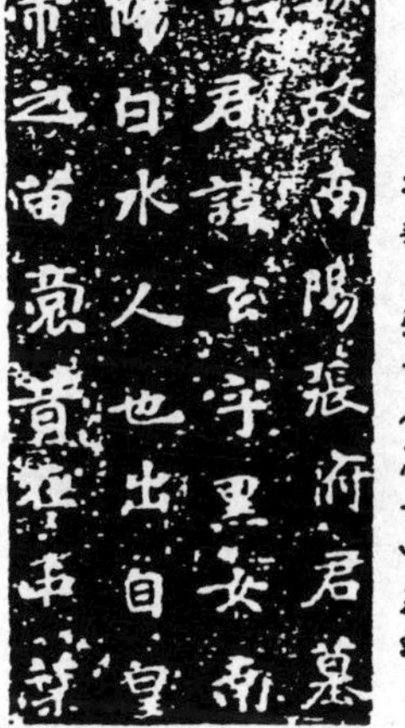

北魏・張玄（黑女）墓誌

北魏・張猛龍碑

北魏・始平公造像記

北魏・魏靈藏造像記

北魏・楊大眼造像記

魏・鍾繇・宣示表

薦季直表

賀捷表

力命表

貳、教具製作與使用

書法的領域十分廣泛，教學的內容除了書寫技術的訓練，還應包括我國書體的認識，書法歷史的演進，書法家和他們的作品，欣賞書法的審美學，以及文房使用的工具等。要使課程生動活潑，既能教導學生寫端正優美的字，又能使學生略窺書法的內涵，教師在教學前對於教具的搜集或製作是一項非常重要的工作。

1.碑帖：歷代碑帖成千上萬，但較具代表性、流傳較廣的大約有二、三百種。選購時以環繞篆、隸、楷、行、草各體，先選流通最廣，歷代以來評價最高者爲主，再逐漸擴及外圍的碑帖。以楷書爲例，先選唐楷五大家的重要作品，再選唐代接近五大家風格的作品，例如歐陽通、薛稷、張旭、裴休等。如選擇魏碑時先選張猛龍碑、高貞碑、張玄墓誌、龍門四品，再擴及其他摩崖、墓誌、造像記等石刻拓本。楷書的範帖除唐楷、魏碑之外，魏人鍾繇及王羲之、王獻之的小楷也在選取之列。

2.圖表：如書體演進圖，基本筆畫名稱、寫法，執筆姿勢，結構分析，運筆方法，歷代重要書家畫像及簡歷等。

3.幻燈片：歷代書法家的作品，近代、現代書家作品選擇代表性者拍攝製作，碑刻形式，文房用具，裱褙方式等皆可做爲輔助教材。

4.影片：坊間已有書法教學影帶的錄製，電視台播放有關書法史，書法教學等影片亦有極高的參考價值，由於影片配合聲光效果，易於引發學生的興趣。目前學校中擁有攝影機者已愈來愈普遍，凡有關書法之學術、展覽、創作等活動皆可錄製以供運用。

5.文房用具：歷代書法家對文房用具皆十分講究。因此往往結合工藝美術，極富精緻高雅的格調。高價者當然不易獲得，財力亦不許可，不過目前市面上筆、墨、硯等的造形，有不少是價錢便宜，而製作尙稱美觀者。其他如仿古筆筒、筆架、水盂、筆洗、臂擱、印泥、紙鎭、水滴等小巧精美者比比皆是，不妨廣加搜羅。除可增加學生學習的興趣，更可提昇學生對整個書法藝術活動的認識。

6.圖書資料：歷代有關書法史、書法理論的著作十分豐富。近代的許多書法家、書法團體也經常印行專集或選集，極有參考價值。近年來日本圖書開放進口，有關書法的著述、雜誌、專刊、選集琳瑯滿目，令人大開眼界。做爲一個書法敎師，若不擁有大批圖書資料，實無法眞正使書法課程達到生動活潑、興致高昂的目標。

學校中設置書法專門敎室是最起碼的要求。敎室四壁應懸掛師生或名家書法作品。敎室中除擺設適於習字之桌椅之外，桌上之墊布、碑帖架、硯台、墨條、墨汁、筆山、水滴、臂擱等用具亦須齊備。敎室中亦應設置碑帖專櫃、文房用具專櫃、圖書資料專櫃，以便容納各分類資料。此外如電化敎學設施、洗滌設備等亦不可缺少。一個書法敎室若能具備上述要求，不僅容易達成敎學目標，獲致良好的敎學效果，對於收斂青少年浮躁的心性，培養高尙的情操必然最具有實質上的效益。

參、教學活動之實施

㈠課前準備：教師在課前將本單元教材大綱擬妥後，隨即搜集及製作教具，並指導學生搜集有關資料，準備應用工具等。

㈡引起動機：

1.利用學生習作引起：教師利用批評指導學生上回作品的機會，引起學習的興趣。

2.利用圖片、影片引起：圖片、影片容易引起學生的注意力，也能使教學內容生動。

3.利用書家軼聞趣事引起：歷代許多有成就的書家往往流傳下來不少有趣而又富有深刻涵意的故事，既能引發學生的興趣，又能給予學生一些啓示。

4.利用碑帖名蹟引起：教師揭示放大的名家書蹟或放映幻燈片，引起學生探討的興趣。

5.利用活動演示引起：教師或學生上台書寫表演，引起學生的注意，帶動學習的需要。

6.利用問題引起：教師提出疑難問題徵求學生答案，引導學生進入學習的主題。

㈢講解與示範：由教師先做講解，然後示範各種筆法或書寫範字，亦可遴選優秀學生上台表演，再由教師說明及指正。

㈣模仿與練習：講解及示範之後，學生必須加以模仿及練習，方能領會各種書寫技巧。

㈤欣賞與批評：學生習寫之後，爲瞭解其活用的程度，找出缺失所在，教師應揭示學生優良的作品，共同欣賞其優點，同時亦提出較差的作品，共同批評訂正。欣賞與批評的原則即根據教學方法的各種要領。

㈥指導課外練習：國中或高中的書法課程爲國文科之一小部分，因此課堂上練習的時間非常有限，爲使書寫的技法純熟，必須增加反覆練習的時間，教師必須適當的指定範圍，讓學生於課外習寫。如果學生都有碑帖，則可指定進度，並按時批改學生習作。若能持之以恆，必有顯著效果。

肆、成績評量

書法敎學除重視學生的筆法練習與敎師的批改指導外，對每個學生學習的情形亦須加以考查，訂定評量標準，給予學生練習時的參考，同時也作爲改進敎學的依據。書法成績的考查可分爲知識、欣賞、技能三方面：知識的考查可採用測驗法，測驗的內容可就敎師上課所講述的有關我國書體、書家、名碑帖、文房用具、欣賞理論等，測驗時以常識性者爲主，不宜過於專業化。欣賞能力的考查可利用課堂上習寫完畢後的欣賞批評時進行。至於書寫技能的考查是整個書法評量最重要的一部分，因爲國中、高中階段的書法敎學目標，主要在於訓練學生寫出端正優美的楷書以及流利的行書，必須先使學生有能力寫出端正優美的字體，方能提昇其對書法的愛好。關於書寫技能的考查，可採取等第法或百分法，評量的標準宜求公正客觀，通常可分下列幾個項目：

㈠畫面整潔：十分

(二)筆畫正確：三十分

(三)結構勻稱：二十分

(四)佈局美觀：二十分

(五)形體無誤：十分

(六)神韻表現：十分

【附註】

註一　唐楷五大家的楷書名帖：虞世南孔子廟堂碑，歐陽詢皇甫誕碑、化度寺邕禪師塔銘、九成宮醴泉銘、溫彥博碑，褚遂良伊闕佛龕碑、孟法師碑、鴈塔聖教序，顏眞卿多寶塔碑、顏勤禮碑、顏氏家廟碑、自書告身帖，柳公權玄秘塔碑、金剛經。

第六章　語言訓練

第一節　教學目標

依據部頒國民中學國文課程標準中所列學的國文教學目標，曾對語言訓練的目標作了提示；其原文抄錄如下：

「二、指導學生繼續學習標準國語，培養聽話與說話的能力與態度。」（註一）

從這教學目標裏，可以分析出國民中學語言訓練的要點，有下列四項：

一、繼續國民小學，訓練學生的標準國語。

二、繼續國民小學，培養學生聽話的能力。

三、繼續國民小學，培養學生說話的能力。

四、指導學生對自己所發表的語言有負責任的態度。

在國民小學的課程表中，語言訓練有「說話」課，其高年級已稍微練習過演講及簡易的辯論；但是到了國民中學，課程表上只有「國文」一科，許多教師也因而忽視語言訓練的教學，使語言訓練的教學目標難以達成。爲了使語言訓練不再落空，也爲了希望使國中教師能注意語言訓練的教學，以下第二節茲就「演說的訓練」上，提出「演說能力訓練法」、「演說的注意要點」、「演說稿寫作的原則與方法」、「演說稿的批改」。第三節茲就「辯論的訓練」上，提出「辯論會的形式與規則」、「辯論會的準備與資料」、「辯論會的實用技巧」等各項，以供參考。

第二節　演說的訓練

演說是一個人面對大衆發表意見的口頭傳播方式。人與人之間要表達意見互相溝通的時候，可以用手寫字，也可以用口說話；說話不但比寫字快，而且方便省事。而演說既有口說的便利，又能同時說給許多人聽，其傳播效率更高；所以在過去，有許多政治家、軍事家、教育家、甚至在事業上有所建樹的實業家，都曾經積極訓練過自己的演說能力。尤其在人際溝通十分頻繁的今日，發表自己的意見，更是民生社會中每一份子的權利和義務。假使不會演說或不敢演說，既不能享受充分的「言論自由」，也不能善盡「貢獻才智」的言責，甚至不能適應團體的生活，以建立良好的人際關係。「演說是參與社會活動的入場券」，我們爲了使學生將來能參與社會活動，就必須加強演說的訓練。

過去，演說學被視爲「著重於評價性的敍述和特殊性的表現」的人文學（Humanities），像文藝創作、戲劇、舞蹈一樣，必須具備相當的天賦，才有學好演說術的可能；然而，今天的演說學，已是「摒棄主觀而追求客觀」的知識，是有原則、有方法的一種大衆傳播技術，應該歸入社會科學（Social Sciences）裏了。一般人，只要具備普通的智慧，而且能夠用口說話，就可以接受演說的訓練而學好演說的技術了。爲了配合國中國文科教學目標的規定，便利國中教師調整目前的國文教學方式，以下介紹幾種適合國中學生程度的「演說能力訓練法」：

一、短文朗讀　指導學生從自己生活見聞或最熟悉的事物中選取材料，寫成一、兩百字的短文，再加以修改，然後當衆朗讀，以訓練其音調抑揚頓挫的表現法。

二、知無不言　就是說凡是經過觀察而知道的事物，都能立刻有條理的向大衆演說。這種訓練的過程例如：請你仔細觀察老師或同學的動作後，試著定出「題目」，然後說出它的「過程」，再找出它給人的「啓示」，經過幾分鐘的思考歸納，隨即按「題目」、「過程」、「啓示」的順序，當衆把自己所知道的說出來，以訓練經過仔細觀察，能有面對大衆演說的能力。

三、排圖說話　隨便選擇人物圖片及風景畫面四、五張，指導學生加以排列組合，設法編出貫串這幾張圖畫的故事，然後設定時限當衆指著圖畫說明。時限可由一百秒到五分鐘，最好所用的時間不太長或太短，誤差必須在十秒以內才好。這是訓練學生控制說話時間的活動。

四、講述故事　指導學生選擇聽過或看過覺得精采有趣的故事，把它改寫成六百字以內的小故事，仔細研究其精采情節的安排，並留意文句的流利與完整，然後當衆說出來。從這項活動中，訓練學生寫演說稿的能力。

五、介紹練習　指導學生選擇一本書、一個人或一個地方，仔細研究所該介紹的重點，然後列出大綱；除了首尾及特別重要的話以外，不必逐字逐句的寫出來。準備完成後，再照著大綱當衆報告。這可以訓練學生運用大綱來演說的能力。

六、角色扮演　把學生分成由三、五個人一組而共同練習。每個人在小紙片上寫明「身分、對象、內容」三項，摺疊成籤放在一起；任何人在要上台前抽出一張，然後，按照紙片上的規定扮演。例如題目是「校長對全校師生開學典禮致詞」，上台就扮演校長的角色說：「各位老師、各位同學：今天是開學典禮……。」這種角色扮演，不但有趣，更能訓練學生的機智。

七、即席演說　也是把學生分成三、五個人一組而共同練習。每個人在紙上寫一個題目，作成題目籤，上台前三分鐘抽題，演說時間以三分鐘爲準。出題時，最好先規定難度，由易而難，循序漸進。例如先用「山、花、牛、燈」之類，單字的具體名詞；再用「流水、白雲、陽光、海浪」之類，兩個字的名詞；接著用「星月交輝、勤能補拙、春風化雨」之類的成語；最後也可用「整潔爲強身之本、怎麼保護眼睛、科學與文學」之類的專門性題目。

訓練國中學生演說能力的活動，當然不限於上面列舉的七種。爲了配合學生的興趣與能力，還必須由親自指導學生的教師來設計更多的活動方式；就是採用上列七種訓練法，也必須根據學生的特殊情況而作適度的修正。過去許多教師在「教學方法」上常執著於某些特定的形式，甚至迷信某些「教學法」的功能；如果在演說能力訓練上再患此老毛病，那麼恐怕訓練的成效將大打折扣。凡是一切活動設計，能符合下列三大目標的，都不妨一試。

一、能提供學生練習當衆講述之機會的活動。

二、能提高學生從事當衆講述之信心的活動。

三、能提倡學生研究演說技術之風氣的活動。

只要有了確實可行的方法，我們相信，任何一個有信心與毅力的國中學生，受過指導與訓練以後，都可以一步步培養其演說的能力。

一個指導學生演說訓練的教師，對於現代演說學，必須有足夠的認識；雖然教師不必一定是個擅長演說的人，但絕對要具備基本的演說常識。下面所介紹的「演說的注意要點」，只是些最基本的常識而已。

一、怎樣選擇適當的材料

1.自己很熟悉、有把握的材料，才是能講得好的材料。

2.自己覺得有趣味、很喜歡的材料，才是能講得精彩的材料。

3.適合聽衆的興趣、需要的材料，才是聽衆願意聽的好材料。

4.適合聽衆的程度、能力的材料，才是聽衆聽得懂的好材料。

5.預定時間內能夠說清楚，而且配合演說時間、空間的材料，才是適當的好材料。

二、怎樣訂立出色的題目

1.必須與選用的材料適切配合、名實相符的題目，才是正確的好題目。

2.必須是具體的，富有色彩或動作的題目，才是具有吸引力的好題目。

3.必須句法簡單，字數在十個字以內的題目，才是簡短有力的好題目。

三、怎樣調整適當的語速

1.平常對五十人左右的聽衆演說，每分鐘平均的語速是一百八十個音節（字）。

2.對五百人左右演說，每分鐘平均只能講一百三十個音節（字）。

3.聽衆在一千人以上，每分鐘平均語速只能講一百二十個音節（字），甚至有時候每分鐘只講一百個音節（字）。

四、怎樣擬定完整的結構

1.一篇演說，除了開頭的稱呼、最後的謝辭以外，中間可分爲「引論、本論、結論」三部分。

2.引論的長度，大約佔全部的五分之一，最長不要超過五分鐘。

3.本論是演說辭的本文，所有演說的重點，都必須在本論中說得清清楚楚。如果內容較長，可以分爲幾個段落，就像文章的分段一樣。

4.結論是演說辭的末尾，必須特別精彩，才能夠達到畫龍點睛之妙。長度只能佔全部的五分之一，越短越好。

五、怎樣注意適度的儀態

1.姿態宜端莊穩重。既不必過於緊張、嚴肅，也不可以輕佻隨便。

2.服裝宜整潔樸素。既不必華麗耀目，也不可邋遢汚損，更不能奇裝異服。

3.動作宜自然大方。不要畏縮不前，或做些無意義的小動作，只要把平常說話的手勢加大些、動作明確些就可以了。

許多學習演說的人，常從演說稿寫作上學起，但是也常受普通作文習慣的影響，寫出一些不能演說的講稿。爲了便於指導學生寫作演說稿，以下再介紹一些演說稿寫作的原則與方法。

一、引論的寫作方法

1.名言錦句法　用一句跟題目有關的格言名句爲開端，使人覺得出口成章，不同凡響。

2.實例故事法　用簡短切題的實例、故事或笑話爲開端，容易引起聽衆的興趣，吸引聽衆的注意。

3.開門見山法　一開始就切入正題，提出精義，使人覺得乾淨俐落，立刻就會全神貫注、側耳傾聽。

4.此外，還可由現場事件說起，或者以展示實物、表演動作爲開端。不過，這些方式，因爲無法事先寫稿，所以並不適合初學的人使用。

二、本論的寫作原則

1.明白　用最普通、最恰當的字詞；最單純、最簡明的句式；最通俗、最易懂的例證，使人明確的瞭解其內容，不必再推敲猜測。

2.有力　次序上要先易後難、先情後理，例證要具體而且有頭有尾；也可以採用同一內容多種句式及同一事理多樣例證的重複法、設問反詰及借用對話的引導法、重言警句及疊句頂眞的集中法、運用實例統計資料及比喻示現的具體法。

3.動聽　修辭要注意音調抑揚的美感，句法要採用精鍊有力的警句，語氣上要誠懇、熱情而具有信心。

三、結論的寫作方法

1.要點歸結法　把全篇重點，用最精簡的三、五句話說出來，使聽衆容易記憶。

2.提出精義法　用名言錦句或自創的警句爲結論，常有餘韻不絕、感人肺腑的功效。

3.前後呼應法　與引論的格言名句或實例故事相呼應，能產生全篇一氣呵成完美無缺的印象。

4.祝福慰勉法　以祝福的話收尾，使人倍感溫馨；用慰勉的語句歸結，更能使人得到實踐力行的勇氣。

對於一個國中學生來說，寫完一篇演說稿，不見得有自己修改的能力，更不可能完全適用，所以必須由指導的老師加以批改。批改學生的演說稿，跟改普通的作文也有些不相同的地方。以下我們從內容、語氣、文辭三方面來討論：

一、要以自主的精神修訂內容。

使用講稿上台演說的是學生而非教師，爲了培養學生對自己所發表的語言有負責任的態度，教師修訂學生講稿的內容，只能做客觀的建議，不能作武斷的修改；尤其當學生堅持己意不肯接納建議時，更要尊重學生自主的精神；不可以用教師修改的講稿作定稿。假使學生所堅持的內容不正確，教師只可以多次的與學生共同討論，千萬不可使用權威令學生屈服。

二、要以自誦的方式修正語氣。

每個人說話的語氣都稍有不同，我們不必勉強所有的學生學習完全一致的語氣；所以在修正學生演說稿的時候，最好讓學生當面自己念一遍，教師就完全按照學生特有的語氣來修改，不可以完全根據教師個人的語氣改動詞句，以免產生語句不合學生身分或語氣的毛病。

三、要以口語的原則修飾文辭。

演說是用口說給人聽的，不是用手寫給人看的。寫演說稿要用口誦、用耳聽的方式去寫，那麼改演說稿的人也必須以口語的原則來改，不能全憑文辭的美妙來改。許多典雅而文謅謅的華麗詞藻，只適合用眼睛看，不適合用耳朵聽；更有生動而精確的簡明文句，只能夠用手寫出來，不容易用口說得好；例如「使教學方法合理化、使教育制度合法化。」看來不難，說來就難以順口了。爲了避免生澀拗口，必須以口語爲修改演說辭的原則。

演說能力，是民主社會中每一個國民所必須具備的能力之一；而演說技術，經過科學的研究以後，也成爲普通人都能夠學會的技術了。我們固然希望每一個國中教師能瞭解演說訓練的重要性及其方法，更希望教育部在下次修訂國中課程標準的時候，能夠安排適當的語言訓練時間，以免中學語言訓練，永遠只有目標而無從落實，只有理想而無從實現。

（本節「演說的訓練」，原載於國立臺灣師範大學中等教育雙月刊第三十四卷第五、六期。民國七十五年八月曾轉載於國立編譯館主編之國民中學國文教師手册第一册「語文常識三」。）

第三節　辯論的訓練

辯論就是對於某一個特定議題持有不同意見的人們，依照共認的規則當面陳述其論證及辯駁，以促成彼此澈底溝通的傳播行爲。因爲參與辯論的人，常超過開會的最低人數（三人），而且其辯論過程有一定的規則，已經具備了會議的條件，所以我們常常叫做辯論會。

在民主社會裏的公共事務，必須由大家熱心的參與；而每個人有了不同的意見，更要儘量的提出來；彼此在公正而平等的立場上，互相討論辯駁，才能夠集思廣益，充分發揮民主政治的功能，辯論的訓練，就是要研究怎樣去提出自己的意見，並且練習從事討論與辯駁的技術。社會上的每個人具備了辯論能力以後，不但人人能夠爲保護自己的權益而辯論，更能擴大社會開放的範圍，加速民主制度的推展，確保民主憲政的成果。由此可見，要培養現代化的好國民，實施辯論的訓練是有其必要性。

在訓練學生辯論能力的過程中，不但訓練了學生的口語表達能力，同時也助長了反應敏捷的機智，引導了追求新知的意願，激發了創造研究的熱忱，建立了集中注意的習慣，熟習了邏輯推理的方式，促成了道德規範的實踐，培養了民主生活的風度；更能夠啓迪學生領導統御的智慧，完成學生自我人格的成長。在一項教育活動中，同時能收到這麼廣泛的功效，實在是最經濟的教育方法，最有用的教學材料。至於從學辦的各類學藝活動來比較，要參加一場辯論活動，必須投注相當的時間與心智去從事準備，在現場還是有許許多多出人意表的變化；所以，對於能力強、智慧高的學生而言，這實在是一項趣味最濃厚，最樂於參與的學藝活動。那麼，我們要如何去訓練學生的辯論能力呢？下面分三項逐一說明：

一、辯論會的形式與規則

辯論會的形式，常見的有演說式及詢問式兩種。所謂演說式辯論，雙方不論申述或辯駁，都採用當衆演說的方式進行；而詢問式的辯論，除了用演說的方式說明自己的論點以外，還特別專設了一段詢問與回答的時間，必須即席答覆對方的問題。因爲詢問式辯論會的創立比較晚，所以有人把演說式辯論叫做舊式辯論會，把詢問式辯論叫做新式辯論會。

演說式辯論的辯論員，有主辯、助辯、結辯的不同職務。主辯必須把己方論點作完整的敍述；助辯一方面補充主辯說明不夠清楚的地方並針對對方駁論提出答辯，另一方面就要提出駁論以駁斥對方的錯誤；結辯是最後歸結己方立論並將對方論點作一總駁。詢問式辯論沒有主辯助辯的區別，人人平等，都要申論，答辯，也都要提問題駁斥對方，最後的結論人則是出場辯論員中任何人都可擔任。

在演說式辯論裏，如果發現對方說明不清楚的地方，也可以在自己的發言時間提出問題，要求對方在下次發言時間答覆，但是不能即席問答，甚至對方顧左右而言他，不予答覆也無可奈何。至於詢問式則不同了，凡是對方論點說得不太清楚或舉證不確實的，都可利用詢問時間提出問題，對方有回答問題的義務。

這種精彩的詢問式辯論，是美國奧瑞岡州立大學口頭傳播學敎授葛瑞（Professor J. Stanley Gray）於西元一九二四年創立的，所以又有人叫做奧瑞岡式辯論。民國六十年以後，傳入我國，現在不但普遍用於大專院校，許多高中學生及社會青年也都採用奧瑞岡的新式辯論方式；而南區的大專院校同學在一般詢問過程後增加了一段特別的詢問時間；另有臺大同學採用團體發言時限規定的辯法，這些也都只是奧瑞岡式的變化而已。這種制度，假使雙方旗鼓相當，心智成熟，常會妙語如珠，充分發揮辯者的智慧與才華；但是如果辯士的能力不夠，則問題不能產生功能，答覆也流於沈悶而呆板，所以對初學者而言，還是採用演說式辯論比較妥當。玆附錄七十年北區大專杯辯論比賽的規則在後面以供參考。

一般的演說式辯論會，爲了配合每場時間五十分鐘以方便賽程安排，常常採用正反雙方各五人，主辯、結辯發言五分鐘，助辯發言三分鐘的五、三、五制。但是在重要的決賽裏，則時間又被延長，成爲七、五、七或八、五、八制。有時候人數減少，每隊主、結辯之外只有助辯一人或兩人，甚至也可以兩人一隊，只有主辯與助辯，結辯由主辯兼任；詳細情況可參考幼獅書店發行的「語文遊戲」。爲了便於舉辦比賽，也把演說式辯論規則草案附在後面以供參考。

在普通的國民中學班級裏的辯論會，可採用「開放型」與「擂臺賽」兩種，逐步訓練學生的辯論能力。

開放型的辯論會，除了主席、計時員以外，其他在場的人都可以參與辯論；而個人的意見，除了主辯人以外，也可以在辯論過程中改變立場；雙方只規定交互發言的總時間，不計助辯發言的人次。這種辯論會的訓練，不但適合各級學校的班級活動；而且學生從其中學得的技巧，將來也很容易能用在參與公共事務研討辯駁的時機。開放型辯論的過程是這樣的：

1. 主席宣布辯論會開始，說明題目及定義，介紹雙方主辯人。
2. 正方主辯演述辯辭，時限三～五分鐘。
3. 反方主辯演述辯辭，時限三～五分鐘。
4. 正方助辯發言，時限五分鐘。（由現場觀衆自由發言，只能發表贊同正方意見的言論。只計總發言時間，不計人次，而且主席說話及請求發言等時間一律扣除。）
5. 反方助辯發言，時限五分鐘。（由現場觀衆自由發言，只能發表贊同反方意見的言論。）
6. 正方助辯第二次發言，時限五分鐘。
7. 反方助辯第二次發言，時限五分鐘。
8. 休息三分鐘。（雙方主辯人整理資料）
9. 反方主辯發表結論，時限三～五分鐘。
10. 正方主辯發表結論，時限三～五分鐘。
11. 主席宣布辯論結束，由現場觀衆表決以決定勝負。

擂臺賽的辯論會，對訓練學生的個人辯論能力頗有助益；其實施的方式，也很方便而有趣；人數更富有彈性，五個人以上到五十多個人都可以施行，其過程是這樣的：

1.主席說明題目及定義，介紹擂臺主，並徵求挑戰者。
2.挑戰者選定題目的正反方（也可抽籤決定正反方）。
3.正方演述辯辭，時限二～三分鐘。
4.反方演述辯辭，時限二～三分鐘。
5.正方提出駁論、補充或答辯，時限二～三分鐘。
6.反方提出駁論、補充或答辯，時限二～三分鐘。
7.休息一分鐘。
8.反方發表結論，時限二～三分鐘。
9.正方發表結論，時限二～三分鐘。
10.主席宣布辯論結束，裁定勝負或由觀衆表決；勝者爲下場擂臺主，繼續接受其他觀衆挑戰。

這兩種訓練法雖然方便而易行，但是無法訓練少數人之間的彼此合作與小組默契，也無法訓練學生面對大庭廣衆的雄辯能力，所以，每個學校還應該舉辦辯論錦標賽，邀請賽或友誼賽；其耗費的時間與人力雖多，但是所得到的教育成效，絕非普通的教學方式所能比擬的。

二、辯論會的準備與資料

一場辯論會的開始，不是從上臺辯論算起，應該是從確定題目準備辯論就開始了，由此可見辯論會的準備之重要。辯論會的準備，必須分析辯題、確立論點、分配職務、撰稿與對稿，有的要共同討論，有的可分頭工作。

分析辯題是準備工作的起點，辯題分析得正確，論點才不會偏頗；例如辯論「學生應該常看電視節目」，不只要掌握「學生」及「電視節目」兩詞的廣泛定義，更要對「常看」下個明確的限制。假使專門討論電視綜藝節目、連續劇節目，就是論點的偏差，轉而討論目前電視節目的好壞，也不是恰當的論點。一般分析辯題及確立論點由全隊人員共同討論；但是也可由辯論員自己進行。其程序大約如下：

1. 涉獵題目的大概主旨有關文件，例如字典、辭典及百科全書等工具書上有關題目字詞的定義界說。
2. 探討題目的淵源及歷史，以瞭解歷史演變的趨勢，掌握辯論的重心。
3. 根據題目主旨及歷史情況，確立題目各字詞的明確定義，作爲選定論點的基礎。
4. 縮小題目範圍：凡無關緊要的枝節一一予以删除，承認對方可能要堅持而於我無害的次要論點。
5. 開列雙方理論對照表或辯論資料長編；個人分析可用自由聯想的方式，共同討論則用腦力激盪的方法進行。
6. 歸納雙方資料成普通論點，凡其論點的性質相近或範圍相同者用直線連接起來，並比較論點之強弱優劣。
7. 放棄不利論點，確立有利論點；並作適度的工作分配。

當論點確立並且分配工作以後，辯論員要各自分頭去找更詳盡、確實的資料，以便證明自己所分配要說明的論點。這段搜集證據的時間可長可短，但是無論時間長短，都要再召集一次聚會，各人把找到的證據報告一遍，一方面避免重複，同時也可以互相交換意見或彼此支援，等到協調好了再分頭去撰寫辯論辭。辯論辭寫好了必須再聚會對稿；每個人把辯論稿當面宣讀一遍，不但可以發現疏忽的地方予以彌補避免錯誤，更可以增加彼此的默契，形成團隊的總體力量。

準備辯論的最後一項，是把對稿而修正後的辯論辭，從頭到尾仔細的背熟。千萬不可以到時候忘了辯論辭而亂講胡說，也不該拿出辯論稿來照本宣科，這不但減弱自己的說服力，也會損害自己的自信心。

三、辯論會的實用技巧

辯論之不同於演說，是在於演說只有單向的傳播，辯論是雙向的辯駁。辯論之初說明自己的主張就是立論，接著駁斥對方的錯誤就是駁論，答覆對方的駁斥就是答辯，總結雙方的得失就是結論。這四階段各有實用的技巧。

立論的時候，必須以雙方共同承認的論點爲基礎。例如「學生應該常看電視節目」，雙方一定都同意，一個學生必須把書讀好，不可荒廢功課，那麼正方可以說「學生必須有多方面的常識，才能夠把書讀得好，否則就成了讀死書的書呆子，所以學生應該常看電視節目。」反方立論也可以說「常看電視的學生，常會荒廢功課，所以學生常看電視節目是不對的。」至於立論要簡明，敍述要有力，可以用正面證明的直接論證，也可以用反面證明的間接論證，但都必須一步一步的證明，每步有堅強的證據才可以。推理方式，可以用歸納法，也可以用演繹法，甚至可以先歸納而後演繹，但是最好不要亂用類比推理；許多類比推理常犯類比失當而被推翻，不能成爲建立論點的堅強證據。

駁論必須先說明所要駁斥的論點，然後一層一層的駁它，不可以任意跳脫，否則常常使駁論失去應有的效果。例如說：「剛才對方主辯說常看電視的學生會荒廢功課，其實，荒廢功課的學生不一定是常看電視的學生，而一個常看電視的學生只要把時間分配妥當，只利用空閒的休息時間看有益的電視節目，那就不會荒廢功課了。可見常看電視的學生會荒廢功課的說法是不正確的。」千萬不可一開始就舉許多證據，說了半天大家還不知道所要駁的是那一句話，那就會成爲「無的放矢」了。

答辯必須針對對方駁論而回答，而且要答得乾淨俐落，千萬不可拖泥帶水，更不可顧左右而言他；如果有無法答辯的地方，該絕口不提，否則只有使自己陷於無法自拔的惡劣情勢。例如說：「剛才對方一辯說常看電視的學生不一定會荒廢功課，但是我這裏卻有許多常看電視節目以致荒廢功課的事實；……爲什麼這些人都不像對方所講的，能妥善支配時間呢？因爲電視播出最精彩的節目的時候，正是我們每天做功課最恰當的時間，等功課做完要看電視已經不是最好的節目了，所以電視時間與做功課時間衝突，常看電視就會荒廢功課。」像這樣先舉事實，再分析其所以然，才能算是完整的答辯。

結論必須說得條理井然、頭頭是道；有人採用先駁後立法，有人喜歡先立後駁法，雖然盡量要駁立兼顧，但卻受時間限制，常有顧此失彼的遺憾；所以，用「連駁帶立」的方式，對初學者而言，是比較簡單的方法。其要領是拿自己的論點爲結論的綱領，找對方的錯誤並加駁斥爲綱目下的內容，一方面歸結本方論點，一方面也把對方錯誤順便駁斥了。後面所附的實例「專科學校應該開設口才訓練課程」，就是一篇連駁帶立的結論。除了採用連駁帶立法以外，在結論中千萬不可提出新論點；只要包括本方的主要論點就可以，不必去駁斥對方的每一個論點。

除了這四階段的技巧以外，在實際辯論的時候，一定要沈著，鎮靜，仔細的聽清楚對方的每一句話，遇有錯誤，立刻記下以便反駁，而對於對方正確的論點，不必故意加以歪曲，否則就有失風度了。不論任何時間發言，總要遵守「就事論事」的原則，不可以犯了「人身攻擊」的錯誤；只有最謙和、最公正、最坦白的辯士，才能夠得到大衆的支持擁護，也才能夠得到辯論的勝利。

除了上述三項以外，一個辯論會的題目，必須是一句肯定命題的句子，不要用「是否」、「可不可以」的字眼，也不要用否定命題。爲了使辯論的時候，學生都能說得頭頭是道，還要注意題目的可辯性與能辯性，有些一面倒的題目就沒有可辯性，有些超出學生能力範圍之外的題目就沒有能辯性，這些都不是恰當的題目。至於政策性題目，總以改革方案爲正方，保持現狀爲反方，這只是一般的議場通例，只要知道就不會有失誤了。

附一　慶祝建國七十年北區大專盃辯論比賽規則

第一章　領隊會議

一、領隊會議須由主辦單位於比賽三週前召開。

二、比賽題目及其定義應由主辦單位於領隊會議中公布並討論。

三、題目定義，得依領隊會議之建議而增減，由主辦單位作最後之訂定。

四、賽程於比賽題目定義確定後，於領隊會議中抽籤決定。

五、主辦單位須於領隊會議中宣佈場地及其設備狀況，必要時得提付討論。討論之後由主辦單位作最後決定並宣佈。

六、比賽題目須爲肯定句之形式，正方之論點爲支持辯題之所稱，反方之論點爲反對辯題之所稱，經領隊會議確定之題目定義，比賽時不得以任何理由更改。

第二章　人　員

一、每場比賽，須由主辦單位指設臨場主席一位，以主持比賽之開始及進行。

二、每場比賽，須由主辦單位指設計時員、計分員及招待人員若干位。

三、每場比賽，須由主辦單位邀請三位以上之評判人員。

四、每場比賽，評判人員不得中途入席，撤席或更換。

五、評判人員於賽前詳閱題目定義及規則。

六、每場比賽，每隊出賽人員三位。每隊出賽人員名單於每場比賽前半小時向主辦單位提出，不得再作任何更改。

第三章　比賽程序

一、比賽程序如后：

1.正方第一位隊員申論。反方第二位隊員質詢正方第一位隊員。

2.反方第一位隊員申論。正方第三位隊員質詢反方第一位隊員。

3.正方第二位隊員申論。反方第三位隊員質詢正方第二位隊員。

4.反方第二位隊員申論。正方第一位隊員質詢反方第二位隊員。

5.正方第三位隊員申論。反方第一位隊員質詢正方第三位隊員。

6.反方第三位隊員申論。正方第二位隊員質詢反方第三位隊員。

7.結論先後次序於比賽開始時抽籤決定。

二、比賽時間採「三、三、三」制，即申論、質詢、結論各三分鐘。

三、申論、質詢均告完畢後二分鐘，開始結論。（有關時間之規定，詳見第四章）。

第四章　比賽規範

通　則

一、道具一經使用，他方亦得相同之權利。

二、非經他方要求將已使用或待使用之道具於他方發言時展示者，視爲違規。

三、抗議恒應由領隊於賽前或賽後五分鐘內以書面方式向主辦單位提出，否則不予受理。

四、出賽人員於正式計時開始後不得得自臺下觀衆或隊員之任何幫助，否則視同違規。

五、比賽人員於賽前十分鐘仍未抵達者以棄權論。

六、對行政上的不了解，領隊可向主辦單位請求給予說明。

七、於申論、質詢、回答中，二分三十秒按鈴一響，三分鐘按鈴二響，三分三十秒三響。超過三分三十秒後每隔十五秒再按一聲鈴。

申　論

一、申論者於申論時不得對他方爲任何質詢，否則視爲違規。

二、申論時間爲三分鐘，不足二分三十秒或超過三分三十秒者，每隔十五秒予以扣分一分。

質　詢

一、質詢者得提出任何與題目有關之合理而清晰之問題。

二、質詢者得隨時控制停止被質詢者之回答。
三、未經被質詢者承認之言詞，質詢者不得引述以爲質詢。
四、質詢者於屆滿三分三十秒後提出任何質詢及申論，每逾十五秒予以扣分一分，但不足二分卅秒者不予扣分。

回答

一、被質詢者不得提出反質詢，否則視爲違規。
二、被質詢者答覆質詢者，與隊友討論或由隊友代答者，視爲違規。
三、被質詢者答覆質詢恒應保持「切題」之原則。
四、被質詢者得要求質詢者重述其質詢，但惡意要求重述者，視爲違規。
五、對於最後質詢之答覆，雖未經質詢者制止，被質詢者仍應於三十秒內完成之。否則每隔十五秒予以扣分一分（自風度分數內予以扣減）。
六、被質詢者故意否認己方已陳述之言詞，視爲違規。
七、被質詢者非經質詢者之要求不得回答，否則視爲違規。
八、被質詢者經質詢者要求而不停止回答者視爲違規，在違規被制止後繼續回答，則稱搶答。

結論

一、結論由各方與賽者中選一爲之。

二、爲結論者應就己方之論點加以整理陳述，或對他方之論點加以反駁，不得對他方提出任何質詢，否則視爲違規。

三、結論時間爲三分鐘，不足二分三十秒或超過三分三十秒者，每隔十五秒予以扣分一分。

第五章　評　分

一、評分係就個人成績及團體成績分別評定之。

二、個人成績分三部份評定之，以一百分爲滿分。其中申論佔三十五分，質詢佔四十五分，回答佔二十分。

三、申論之評分項目包括演辯內容（佔十五分），組織能力（佔十分），語調口齒（佔五分），風度儀態（佔五分）。

四、質詢之評分項目包括推繹能力（佔十五分），反駁能力（佔十分），機智反應（佔十分），語調口齒（佔五分），風度儀態（佔五分）。

五、回答之評分項目包括機智反應（佔十分），風度儀態（佔十分）。

六、團體成績以三百七十五分爲滿分，其中包括個人成績及結論成績。

七、結論之評分以七十五分爲滿分，列入團體成績，不計個人成績。

八、結論之評分項目包括歸納能力（佔二十分），分析能力（佔二十分），反駁能力（佔十五分），語調口齒（佔十分），風度儀態（佔十分）。

九、時間分數由計時、計分人員統一計算之。

十、比賽中時間之通知，應由計時人員以鈴聲或標誌方式爲之。

十一、違規之利益不予承認。

十二、比賽人員有違規情事者，評審人員可就其輕重程度酌情扣分或逕予宣判作敗論。

十三、團體之勝負，以獲多數評判人員評分較高之方爲勝隊，評判人員對雙方勝負判定人數相當時，依總分決定雙方勝負，總分仍相等時依質詢、申論、回答及結論之次序依次比較，以判定勝負。

附　二　演說式辯論賽規則草案

一、領隊會議

一、領隊會議由主辦單位於比賽前四週召開。

二、各隊領隊以外之人員可列席領隊會議旁聽，不得發言，亦無表決權。

三、領隊會議應按順序議決下列各項：

1. 比賽規範各節之認定或修正。
2. 比賽題目之數量、題義及說明。
3. 比賽場地之佈置及設備。

4.比賽程序之賽程表。

四、領隊會議之議決案，主辦單位應於會後儘速整理，並於比賽前二週以書面寄達各隊。

二、工作人員

五、每場比賽，應有主席一名，主持比賽之進行。

六、每場比賽，應有計時、計分、招待人員若干，由主辦單位視情況決定。

七、每場比賽，應有評審員三名以上，且不得中途離席更換。

八、每場比賽觀賽員名單及職務，於開賽前一小時向主辦單位提出，未按時提出名單者以棄權論。

三、比賽程序及時限

九、比賽進行各方發言程序如下：

甲、雙組式

1.甲方主辯。
2.乙方主辯。
3.甲方第一助辯。
4.乙方第一助辯。
5.甲方第二助辯。
6.乙方第二助辯。

乙、三組式

1.甲方主辯。
2.乙方主辯。
3.丙方主辯。
4.甲方第一助辯。
5.乙方第一助辯。
6.丙方第一助辯。

7. 甲方第三助辯。
8. 乙方第三助辯。
9. 乙方結辯。
10. 甲方結辯。

7. 乙方第二助辯。
8. 甲方第二助辯。
9. 丙方第二助辯。
10. 乙方第三助辯。
11. 甲方第三助辯。
12. 丙方第三助辯。
13. 丙方結辯。
14. 乙方結辯。
15. 甲方結辯。

一〇、發言時限，主辯五～八分鐘，助辯三～五分鐘，結辯五～八分鐘；初複賽採五、三、五制，決賽採八、五、八制。

一一、助辯發言後，結辯發言前，休息二分鐘，以利結辯之整理資料。

一二、發言時限不足或超過三十秒者，每十五秒鐘扣一分。

四、比賽規範

一三、發言時限屆滿前三十秒，時限屆滿，時限超過三十秒及每扣一分之逾時，計時員應以鈴聲或信號通知發言人。

一四、發言人為輔助說明，得使用道具，惟道具一經使用，他方亦有借用權。

一五、發言有違規情事者，其違規利益不予承認。

一六、主辯應就本方論點，提出全盤性理論或事實之說明，不得提出質詢問題，亦不負答覆問題之義務。

一七、助辯應對本方論點加以補充說明，或對他方之論點加以駁斥。

一八、助辯得向他方提出質詢問題請求回答，或對他方之質詢及駁斥提出答辯。

一九、結辯應對本方論點加以歸結，並對他方論點加以總駁。

二〇、結辯提出新論點者不予承認，提出質詢者，被質詢人亦不必答覆。

二一、比賽進行中，競賽員不得接受外來之任何協助，亦不得有干擾比賽進行之言行，否則他方領隊得向主席提出抗議，經評審員議決抗議成立後，得視情況扣分或逕宣佈違規者作失敗論。

五、評分及領獎

二二、評分按表分項評定（詳見評分總表）。

二三、全隊個人總分之和為團體總積分，團體成績採積分票決制，票數相同者得比總積分。總積分又相同者，以立論成績高者為勝。

二四、個人成績得取總分獎一～三名外，另可設分項獎若干。

二五、個人獎每人限領一項，以決賽成績為準。另可設優秀辯士獎若干名，以評分員共同投票決定，頒給未參加決賽之辯論員。

演說式辯論比賽評分表（總表）

時間： 年 月 日 地點： 場次：

辯論題目							
職務	主辯				△	第一	
項目及比例 / 成績 / 隊別	立論（取材及布局）30%	辯才（辭令及語調）30%	風度（禮貌及台風）30%	時間控制10%	小計	立論（申論或答辯）30%	辯才（駁斥或質詢）30%
甲隊							
乙隊							
丙隊							
工作人員簽章	主席						

競賽隊名	
甲隊：	
乙隊：	
丙隊：	

助辯		△小計	第二助辯				△小計	第三助辯			
風度（禮貌及台風）30%	時間控制10%		立論（申論或答辯）30%	辯才（駁斥或質詢）30%	風度（禮貌及台風）30%	時間控制10%		立論（申論或答辯）30%	辯才（駁斥或質詢）30%	風度（禮貌及台風）30%	時間控制10%

計時		計分	

評分人簽章		評分人複核簽章	

△小計	結辯				△小計	團體總分	團體名次
	立論（歸納及答辯）30%	辯才（駁斥及辭令）30%	風度（禮貌及台風）30%	時間控制10%			

備註	

※時間控制，由計時人員統一塡寫，個人小計、團體總分由計分人員塡寫，勝負團體名次由主席依規章裁定。最後呈送原評分人員複核簽章，始具有足夠之投票效率。

附　三：連駁帶立的結辯——專科學校應該開設口才訓練課程

一場辯論會，都有結辯加以歸納與總駁；有些人偏於歸納立論而忽略駁斥，也有人偏重駁斥對方而忽略歸納自己的理論；這都不好。連駁帶立法是一面駁斥對方，一面歸結整理自己的論點。以下介紹的這篇是六十四年十一月明志工專所辦北區五專盃辯論比賽中的一段。

※　※　※　※　　　　　※　※　※　※

各位在場的同學，對方的辯友，大家好！

今天我們在這裏討論「專科學校應該開設口才訓練課程」；我代表正方，把本方主張應該開設的理由加以歸結、整理；也把對方主張不該開設的理由加以分析、駁斥。

「工欲善其事，必先利其器」，我們與人討論，與朋友聚談，都必須運用說話的技巧，否則，就會給人一種語言無味而又面目可憎之感。今天我們的討論，有兩項共同確認的前提：第一、雙方都承認口才訓練對於我們一生事業的成敗影響極大。第二、雙方也都希望，在這五專讀書的短短五年裏頭，充實各方面的知識、能力，以備將來能夠貢獻所學，爲國家爲民族而服務，爲社會人類而造福。在這兩項大前提之下，雙方進入了激烈的辯論。

首先，我們認爲口才訓練無論是對目前或者是對將來，都十分的重要，而且我們所需要的口才訓練，是有系統的，有層次的，有整體性與持續性，而不是片斷的，支離破碎的；所以我們就應該開設口才訓練課程。而對方卻一直的堅持，用什麼課外活動啦、班會啦、週會啦等方式去訓練口才，我們已經說得非常明白，我們並不否認課外活動、班會、週會對口才訓練是有幫助的，但是專科學校開設口才訓練課程以後，課內與課外相輔相成，雙管齊下，齊頭並進，那效果必定是更大而且更快的。

其次，我們也不否認有些天才，不必靠訓練就能成爲優秀的演說家、辯論家，就像剛才各位所看到對方三位辯友一樣。不過，天才畢竟是可遇而不可求的，畢竟也是少數。對於大多數的平凡五專生，與其靠天才不如靠努力，與其靠天然的成熟，不如靠教育與學習。所以我們爲了早日能夠擁有較好的口才，爲了在人生的旅途上，拉直一條成功的捷徑，就不可以怕花錢，不可以怕困難，必須要克服任何的障碍，在專科學校裏頭，單獨開設口才訓練課程。

謝謝各位！

【附註】

註一　見民國七十二年七月教育部公布之國民中學國文課程標準　頁五七

附錄：

附錄一　中華民國教育宗旨

中華民國十八年四月二十六日國民政府公布

中華民國之教育，根據三民主義，以充實人民生活，扶植社會生存，發展國民生計，延續民族生命爲目的，務期民族獨立，民權普遍，民生發展，以促進世界大同。

附錄二　中華民國憲法有關教育文化之條文

中華民國三十五年十二月二十五日國民大會通過
中華民國三十六年一月一日國民政府公布
中華民國三十六年十二月二十五日施行

第二章　人民之權利義務

第十一條　人民有言論、講學、著作及出版之自由。

第二十一條　人民有受國民教育之權利與義務。

第十三章　基本國策

第五節　教育文化

第一五八條　教育文化應發展國民之民族精神，自治精神，國民道德，健全體格，科學及生活知能。

第一五九條　國民受教育之機會一律平等。

第一六〇條　六歲至十二歲之學齡兒童，一律受基本教育，免納學費，其貧苦者，由政府供給書籍。已逾學齡未受基本教育之國民，一律受補習教育，免納學費，其書籍亦由政府供給。

第一六一條　各級政府應常設獎學金名額，以扶助學行俱優無力升學之學生。

第一六二條　全國公私立之教育文化機關，依法律受國家之監督。

第一六三條　國家應注重各地區教育之均衡發展，並推行社會教育，以提高一般國民之文化水準，邊疆及貧瘠地區之教育文化經費，由國庫補助之。其重要之教育文化事業，得由中央辦理或補助之。

第一六四條　教育、科學、文化之經費，在中央不得少於其預算總額百分之十五，在省不得少於其預算總額百分之二十五，在市縣不得少於其預算總額百分之三十五，其依法設置之教育文化基金及產業，應予以保障。

第一六五條　國家應保障教育、科學、藝術工作者之生活，並依國民經濟之進展，隨時提高其待遇。

第一六六條　國家應獎勵科學之發明與創造，並保護有關歷史、文化、藝術之古蹟古物。

第一六七條　國家對於左列事業或個人，予以獎勵或補助。

一、國內私人經營之教育事業成績優良者。

二、僑居國外國民之教育事業成績優良者。

三、於學術或技術有發明者。

四、從事教育久於其職而成績優良者。

附錄三 國民教育法

中華民國六十八年五月二十三日公布

第一條 國民教育依中華民國憲法第一百五十八條之規定，以養成德、智、體、群、美五育均衡發展之健全國民爲宗旨。

第二條 凡六歲至十五歲之國民，應受國民教育；已逾齡未受國民教育之國民，應受國民補習教育。六歲至十五歲國民之強迫入學，另以法律定之。

第三條 國民教育分爲二階段：前六年爲國民小學教育；後三年爲國民中學教育。

對於資賦優異之國民小學學生，得縮短其修業年限。但以一年爲限。

國民補習教育，由國民小學及國民中學附設國民補習學校實施；其辦法另定之。

第四條 國民教育，以由政府辦理爲原則。

國民小學及國民中學，由直轄市或縣（市）主管教育行政機關依據人口、交通、行政區域及學校分布情形，劃分學區，分區設置。

第五條　國民小學及國民中學學生免納學費；貧苦者，由政府供給書籍，並免繳其他法令規定之費用。

國民中學另設獎、助學金，獎、助優秀、清寒學生。

第六條　六歲之學齡兒童，由戶政機關調查造册，送經主管教育行政機關按學區分發，並由鄉、鎭（市）、區公所通知其入國民小學。

國民小學當年度畢業生，由直轄市或縣（市）主管教育行政機關按學區分發入國民中學。

第七條　國民小學及國民中學之課程，採九年一貫制，應以民族精神教育及國民生活教育爲中心。

國民中學應兼顧學生升學及就業之需要，除文化陶冶之基本科目外，並加強職業科目及技藝訓練。

第八條　國民小學及國民中學之課程標準及設備標準，由教育部定之。

國民小學及國民中學之教科圖書，由教育部編輯或審定之。

第九條　國民小學及國民中學各置校長一人，綜理校務，應爲專任，並採任期制。

國民小學校長由直轄市或縣（市）主管教育行政機關遴用；國民中學校長，由直轄市或省主管教育行政機關遴用。

第十條　國民小學及國民中學，視規模大小，酌設教務處、訓導處、總務處或教導處、總務處，各置主任一人及職員若干人。主任由校長就專任教師中聘兼之，職員由校長遴用，均應報請直轄市或縣（市）主管教育行政機關核備。

國民小學應設輔導室或輔導人員；國民中學應設輔導室。輔導室主任一人，由校長遴選具有專業知能之教師聘兼之，並置輔導人員若干人，辦理學生輔導事宜。

國民小學及國民中學，視實際需要設置人事及主計單位；其設置標準，由人事及主計主管機關分別定之。

第十一條　國民小學教師，由直轄市或縣（市）主管教育行政機關派任；國民中學教師，由校長聘任，均應專任。但國民中學有特殊情形者，得聘請兼任教師。

第十二條　國民小學及國民中學，以採小班制為原則；其班級編制及教職員員額編制標準，由教育部定之。

第十三條　國民小學及國民中學學生修業期滿，成績及格，由學校發給畢業證書。

第十四條　國民教育階段，對於資賦優異、體能殘障、智能不足、性格或行為異常學生，應施以特殊教育或技藝訓練；其辦法由教育部定之。

第十五條　國民小學及國民中學應配合地方需要，協助辦理社會教育，促進社區發展。

第十六條　政府辦理國民教育所需經費，由直轄市或縣（市）政府編列預算支應，財源如左：

一、直轄市或縣（市）政府一般歲入。

二、直轄市或縣（市）政府依平均地權條例規定分配款。

三、省（市）政府就省（市）、縣（市）地方稅部分，在稅法及財政收支劃分法規定限額內籌措財源，逕報行政院核定實施，不受財政收支劃分法第十八條第一項但書之限制。

前項第二款及第三款財源，在省由省政府統籌分配。

縣（市）財政有困難時，省政府得依財政收支劃分法有關規定補助之。

中央政府應視國民教育經費之實際需要補助之。

第十七條　辦理國民教育所需建校土地，由直轄市或縣（市）政府視都市計劃及社區發展需要，優先規劃，並得依法撥用或徵收。

第十八條　國民小學及國民中學校長、主任、教師之任用及考績，另以法律定之；其甄選、儲訓、登記、檢定、遷調，進修及獎懲等辦法，由教育部定之。

第十九條　師範院校及設有教育學院（系）之大學，為辦理國民教育各項實驗、研究，並供教學實習，得設實驗國民中學、國民小學或幼稚園。

實驗國民中學、國民小學或幼稚園校（園）長，由主管學校校（院）長，就本校教師中遴選合格人員充任，採任期制，並報請主管教育行政機關核備。

實驗國民中學、國民小學或幼稚園教師，由校（園）長遴聘；各處、室主任及職員，由校（園）長遴用，報請主管校、院核轉主管教育行政機關備查。

第二十條　私立國民小學及私立國民中學，除依照私立學校法及本法有關規定辦理外，各處、室主任、教師及職員，由校長遴聘，報請主管教育行政機關核備。

第二十一條　本法施行細則，由教育部定之。

第二十二條　本法自公布日施行。

附錄四　高級中學法

中華民國六十八年五月二日公布

第　一　條　高級中學依中華民國憲法第一百五十八條之規定，以發展青年身心，並為研究高深學術及學習專門知能之預備為宗旨。

第　二　條　高級中學入學資格，須曾在公、私立國民中學畢業，或具有同等學力經入學考試及格。修業年限為三年。

第　三　條　高級中學由省（市）設立，或由私人依私立學校法設立。教育部為教育實驗，得設立國立高級中學。

師範大學、師範學院、教育學院及設有教育學院（系）之大學，為進行教育實驗及學生實習，得設立附屬高級中學。

第四條　高級中學為適應特殊地區之需要，得報經主管教育行政機關核准，附設國民中學部或職業類科。

高級中學附設職業類科，以三科為限；其課程、師資及設立標準與職業學校同。

第五條　高級中學之設立、變更或停辦；國立者，由教育部核定，省（市）立者，由省（市）主管教育行政機關核定，報請教育部備查；私立者，報由省（市）主管教育行政機關核准，轉報教育部備查。

高級中學之設立標準，由教育部定之。

第六條　高級中學課程以加強基本學科之研習為重點；其課程標準及設備標準，由教育部定之。

第七條　高級中學各科教材，應由教育部編輯或審定之。

第八條　高級中學應就學生能力、性向及興趣，輔導其適當發展。對於資賦優異學生，應予特別輔導，並得縮短其優異學科之學習年限；對不適於繼續接受高級中學教育之學生，應輔導其接受職業教育或職業訓練，其辦法由教育部定之。

第九條　高級中學置校長一人，綜理校務。國立者，由教育部遴選合格人員任用；省（市）立者，由省（市）主管教育行政機關遴選合格人員，報請省（市）政府任用；私立者，由董事會遴選合格人員，報請主管教育行政機關核准後聘任。校長應為專任，除擔任本校教課外，不得兼任他職。

第三條第二項之附屬高級中學校長，由各該大學（學院）校（院）長，就該大學（學院）教師中聘請兼任。

公立高級中學校長應採任期制，其辦法由教育部定之。

第十條　高級中學設教務、訓導、總務三處，各置主任一人，由校長就專任教師中聘兼之，秉承校長，主持全校教務、訓導、總務事項。

前項各處得分設各組，各置組長一人，職員若干人，由校長任用之。

第十一條　高級中學設有國民中學部或職業類科者，置部主任或科主任，由校長就專任教師中聘兼之。

第十二條　高級中學圖書館得置主任一人，由校長遴選具有專業知能之人員充任之。

第十三條　高級中學設輔導工作委員會，規劃、協調全校學生輔導工作。

輔導工作委員會置專任輔導教師，由校長遴聘具有專業知能人員充任之。

第十四條　高級中學教師應爲專任。但有特殊情形者，得聘請兼任教師，均由校長聘任，報請主管教育行政機關核備。

第十五條　高級中學規模較大者，得置秘書一人，辦理文稿之撰擬、審核及校長交辦事項；其人選由校長聘任之。

第十六條　高級中學設人事室或人事管理員，其設人事室者，置主任一人，均得置佐理人員若干人，依法令規定，辦理人事管理事項。

第十七條　高級中學設主計（會計）室或主計（會計）員，其設主計（會計）室者置主任一人，均得置佐理人員若干人，依法令規定，辦理歲計、會計、統計事項。

第十八條　高級中學校長及教職員之遴用，另以法律定之。

第十九條　高級中學教師之登記、檢定、服務、進修等辦法，由教育部定之。

第二十條　高級中學置軍訓主任教官、軍訓教官及護理教員，其遴選、介派、遷調辦法，由教育部定之。

第二十一條　高級中學設校務會議，以校長、各單位主管、全體專任教師或教師代表組成之，校長爲主席，討論重要興革事項。

第二十二條　高級中學設教務會議，以教務主任、訓導主任、軍訓主任教官、部主任、科主任及專任教師代表組成之，教務主任爲主席，討論教務上重要事項。

第二十三條　高級中學設訓導會議，以校長、教務主任、訓導主任、輔導教師、軍訓主任教官、全體導師及軍訓教官組成之，校長爲主席，討論訓導上重要事項。

第二十四條　高級中學學生修業期滿，成績及格，由學校發給畢業證書。

第二十五條　私立高級中學，除適用本法外，並依私立學校法辦理。

第二十六條　高級中學規程，由教育部定之。

第二十七條　本法自公布日施行。

附錄五　職業學校法

中華民國六十五年五月七日修正公布

第一條　職業學校，依中華民國憲法第一百五十八條之規定，以教授青年職業智能，培養職業道德，養成健全之基層技術人員為宗旨。

第二條　職業學校以分類設立為原則，並按其類別稱某類職業學校；必要時得併設第二類，每類各設若干科。

第三條　職業學校之設立標準，由教育部定之。

第四條　職業學校入學資格，須曾在國民中學或初級中等學校畢業，或具有同等學力；經入學試驗及格者，其修業年限為三年至四年。但戲劇職業學校，不在此限。

第五條　職業學校得設夜間部，以招收在職人員為主；其辦法由教育部定之。

第六條　職業學校由省（市）設立。但應地方實際需要，得由縣（市）設立，或由私人依私立學校法設立。教育部審察實際情形，得設立國立職業學校。

第七條　職業學校之設立、變更或停辦，由省（市）設立者，應由省（市）主管教育行政機關報請教育部備查；由縣（市）或私人設立者，報由省（市）主管教育行政機關核准，轉報教育部備查。

第八條　職業學校之教學科目，以着重實用爲主，並應加強實習與實驗，其課程標準、設備標準及實習辦法，由教育部定之。

第九條　職業學校應配合社會需要，辦理推廣教育及建教合作；其辦法由教育部定之。

爲建立職業學校基礎，國民中學之職業科目及技藝訓練，應參照前項規定辦理。

第十條　職業學校置校長一人，綜理校務。國立職業學校校長，由教育部任用之。省（市）立職業學校，由省（市）教育廳（局），遴選合格人員，報請省（市）政府任用之。縣（市）立職業學校，由縣（市）政府遴選合格人員，報請主管教育行政機關核准後任用之。

私立職業學校校長，由董事會遴選合格人員，報請主管教育行政機關核准後聘任之。

校長除擔任本校教課外，不得兼任他職。

公私立職業學校校長，經省（市）主管教育行政機關核准任用或聘任後，應按期彙報教育部備查。

公立職業學校校長應採任期制，其辦法由教育部定之。

第十一條　職業學校教師，由校長聘任之，應爲專任。

職業學校得置技術及專業教師，遴聘富有實際經驗之人員，以擔任專業或技術科目之教學；其辦法由教育部定之。

職業學校職員，由校長任用之，報請主管教育行政機關備查。

第十二條　職業學校軍訓主任教官、軍訓教官及護理教員之遴選、介派、遷調辦法，由教育部定之。

第十三條　公立職業學校校長及教職員之任用標準，由教育部定之。
第十四條　職業學校學生修業期滿、實習完竣，成績及格，由學校發給畢業證書。
第十五條　公立職業學校得不收學費，並設獎學金。
第十六條　職業學校規程，由教育部定之。
第十七條　本法自公布日施行。

附錄六　國民中學國文課程標準

中華民國七十二年七月教育部公布

第一　目　標

壹、指導學生由國文學習中，繼續國民小學之教育，增進生活經驗，啓發思辨能力，養成倫理觀念，激發愛國思想，並宏揚中華民族文化。
貳、指導學生繼續學習標準國語，培養聽話及說話之能力與態度。
叁、指導學生學習課文，明瞭本國語文之特質，培養閱讀能力及寫作技巧。
肆、指導學生閱讀有益身心之課外讀物，培養其欣賞文學作品之興趣及能力。
伍、指導學生明瞭國字之結構，以正確之執筆姿勢及運筆方法，使用毛筆書寫楷書及行書。

第二　時間分配

第一、二、三各學年每週教學時數均爲六小時。每週教學時間分配如下：

一、課文教學四小時。

二、作文練習、語言訓練、書法練習與課外閱讀指導等兩小時。

三、作文以三週兩篇爲原則。不作文之週次，實施語言訓練、書法練習，及課外閱讀指導。

第三　教材綱要

壹、教材編選之原則

一、課文之選材，必須同時具有語文訓練、精神陶冶及文藝欣賞三種價值（應用文注重實際應用價值），並切合學生心理發展及其學習能力。

二、課文教材爲求適應學生學習能力高低不同程度之施教，分必讀教材與選讀教材兩種。必讀教材，無論能力較低或能力較高之學生均須教學；選讀教材，可由教師斟酌學生程度自行增減（其增減量以不超過必讀教材與選讀教材總分量十分之二爲限）。

三、編選課文時，應將三學年六學期所選用之教材，作通盤計劃，按內容性質、文體比例、文字深淺，作有系統之編排。

四、選文注重下列各點：

㈠思想純正，足以啓導人生眞義，培養國民道德者。

㈡旨趣明確，足以喚起民族意識，配合國家政策者。

㈢理論精闢，足以啓發思路者。

㈣情意眞切，足以激勵志氣者。

㈤材料新穎，足以引起閱讀興趣者。

㈥文字淺顯，適於現代生活應用者。

㈦層次清楚，便於分析者。

㈧詞調流暢，宜於朗誦者。

㈨韻味深厚，足以涵泳情性者。

㈩篇幅適度，便於熟讀深思者。

五、課外閱讀之選材，除前條各項原則外，應注意下列四點：

㈠事理易明。

㈡詞彙易解。

㈢語句易讀。

㈣結構易辨。

六、語文常識，包括語法、修辭法、文章作法、文字基本構造、書法、工具書使用法、標點符號使用法及演說辯論法等。舉凡課文內所具有之材料，應盡量剖析運用，並酌加補充。

貳、教材配置之比例

一、各學年語體文與文言文分配之比例：

學年 / 百分比 / 文別	第一學年 第一學期	第一學年 第二學期	第二學年 第一學期	第二學年 第二學期	第三學年 第一學期	第三學年 第二學期
語體文	80%	70%	60%	60%	50%	40%
文言文	20%	30%	40%	40%	50%	60%

說明：㈠右表所列之百分比，第一、二學年語體文可酌增，文言文可酌減；第三學年文言文可酌增，語體文可酌減，但其增減量，均以百分之五爲限。

㈡語體文應選其詞彙語法合於國語者；文言文應採用明白曉暢之作，且適合時代潮流者。

二、各學年各類文體分配之比例：

學年 / 百分比 / 文別	第一學年	第二學年	第三學年
記敘文	45%	35%	20%
論說文	30%	35%	45%
抒情文	20%	20%	20%
應用文	5%	10%	15%

說明一：㈠右表所列之百分比，可斟酌增減；但其增減量，以百分之五爲限。

㈡所選各類文體，一年級內容以銜接國小六年級國語課本程度爲原則，二、三年級逐漸加深。

說明二：㈠記敍文宜由寓言故事入手，漸進於人、事、情、物之描述及名人之傳記。二、三年級，並宜酌採記言或記事中附有意見感想者，以啓導論說文之學習。

㈡論說文宜由短篇入手，以至於夾敍夾議及理論精確之教材；三年級並可略選有辯論性之教材。

㈢抒情文宜取其眞摯感人者。如係舊體詩歌，宜選淺顯明白者。舉凡矯揉虛飾及消極頹廢之作，應予避免。

㈣應用文以書啓、柬帖爲主，其他有關應用文之各類體例，列爲附錄。

叁、教材綱要

第一學年

學期／要項／類別	第一學期（每週六小時）	第二學期（每週六小時）
範	每週四小時	每週四小時

文

1. 記敍文
(1)語體文六篇：必讀五篇
選讀一篇
(2)文言文三篇：必讀二篇
選讀一篇
2. 論說文
(1)語體文三篇：必讀
(2)文言文二篇：必讀一篇
選讀一篇
3. 抒情文
(1)語體文三篇：必讀二篇
選讀一篇
(2)文言文一篇：必讀
4. 應用文
語體文二篇：必讀

1. 記敍文
(1)語體文六篇：必讀五篇
選讀一篇
(2)文言文三篇：必讀二篇
選讀一篇
2. 論說文
(1)語體文三篇：必讀
(2)文言文二篇：必讀一篇
選讀一篇
3. 抒情文
(1)語體文三篇：必讀二篇
選讀一篇
(2)文言文一篇：必讀
4. 應用文
語體文二篇：必讀

作文	每三週四小時 命題作文　兩篇	每三週四小時 繼續上學期
書法	每兩週一小時 1. 寸方楷書及小字之練習 2. 應用文格式之練習 3. 常見行書之認識	每週一小時 繼續上學期
語言訓練	每兩週一小時及每週隨堂練習 1. 課文預習口頭報告 2. 時事報告 3. 名人故事講述 4. 演說之訓練	每週一小時及每週隨堂練習 繼續上學期
課外閱讀	每月至少一本 1. 國父傳 2. 蔣總統傳 3. 其他短篇文藝名著 4. 閱讀報告之習作	每月至少一本 1. 本國名人傳記 2. 其他中外名著

第二學年

學期／要項／類別	範
第一學期（每週六小時）	每週四小時 1.記敍文 (1)語體文五篇：必讀四篇　選讀一篇 (2)文言文三篇：必讀二篇　選讀一篇 2.論說文 (1)語體文三篇：必讀 (2)文言文二篇：必讀一篇　選讀一篇 3.抒情文 (1)語體文二篇：必讀
第二學期（每週六小時）	每週四小時 1.記敍文 (1)語體文五篇：必讀四篇　選讀一篇 (2)文言文三篇：必讀二篇　選讀一篇 2.論說文 (1)語體文三篇：必讀 (2)文言文：必讀一篇　選讀一篇 3.抒情文 (1)語體文二篇：必讀

文	(2)文言文一篇：選讀 4.應用文 (1)語體文二篇：必讀 (2)文言文二篇：必讀	(2)文言文一篇：選讀 4.應用文 (1)語體文二篇：必讀 (2)文言文二篇：必讀
作文	每三週五小時 1.繼續上學年 2.命題作文 兩小時兩次 一小時一次	每三週五小時 繼續上學期
書法	每三週一小時 1.繼續上學年 2.指導學生臨帖	每三週一小時 指導學生臨帖並欣賞碑帖
語言訓練	每三週一小時及每週隨堂練習 1.繼續上學年 2.三分鐘演講練習	每三週一小時及每週隨堂練習 繼續上學期
課外	每月至少一本 1.中外名人傳記	每月至少一本 1.中外名人傳記

閱讀	2.歷史故事 3.社會學科或自然學科之論著	2.古今名人書信 3.其他文藝作品或科學論著

第三學年

學期 要項 類別	第一學期（每週六小時）	第二學期（每週六小時）
範	每週四小時 1.記敘文 (1)語體文二篇：必讀 (2)文言文二篇：必讀 2.論說文 (1)語體文四篇：必讀 (2)文言文四篇：必讀二篇 選讀二篇 3.抒情文 （可選論語或孝經各一、二篇）	每週四小時 1.記敘文 (1)語體文二篇：必讀 (2)文言文二篇：必讀 2.論說文 (1)語體文三篇：必讀 (2)文言文四篇：必讀二篇 選讀二篇 3.抒情文 （可選論語或孝經各一、二篇）

文	作文	書法	語言訓
(1)語體文二篇：必讀 (2)文言文二篇：必讀一篇 選讀一篇 4.應用文 (1)語體文二篇：必讀 (2)文言文二篇：必讀一篇 選讀一篇	每三週五小時 1.繼續上學年 2.命題作文　兩小時二次 一小時一次	每三週一小時 1.繼續上學年 2.欣賞碑帖	每三週一小時及每週隨堂練習 1.繼續上學年
(1)語體文二篇：必讀 (2)文言文一篇：選讀 4.應用文 (1)語體文二篇：必讀 (2)文言文二篇：必讀一篇 選讀一篇	每三週五小時 繼續上學期	每三週一小時 繼續上學期	每三週一小時及每週隨堂練習 繼續上學期

練	2.五分鐘演講練習	
課外閱讀	每月至少一本 1.科學家傳記 2.古今名人書信 3.其他文藝作品或科學論著	每月至少一本 1.工商企業家之傳記 2.古今名人書信 3.其他文藝作品或科學論著

第四　實施方法

壹、國文教材，以課文爲主，課外閱讀及語文常識爲輔。

貳、教學要點

一、課文教學

㈠課文教學，宜先指導學生課外預習，並作筆記；教學時，酌由學生試讀、試講、討論、訂正、補充、整理等方式，以養成其自學能力。教學時對於詞彙、語法及其精義，均須明白解釋；同時對於閱讀及寫作方法（如審題、立意、運材、布局等項）應詳加指導，舉凡文中所具有之語文知識，應予隨機提示；教學完畢，以聽寫、改寫、節縮、敷充、仿作等方式，令學生作應用練習。

㈡文言文詞語使用、句法結構有異於語體文之處，應學語體比照；遇有現行文言文所罕用之詞語句法，敎師並應特加提示。

㈢課文中之語文常識，應以略讀方式，提示篇中要點，指導學生練習應用。

二、作文練習及指導

㈠學生作文練習，第一、二、三學年每學期定爲二小時者十次，一小時者四次，均以敎師命題爲主（間可令學生自行擬題一、二次），在課堂用毛筆正楷寫成。二小時者由敎師批改八至十篇；一小時者不必批改，由敎師審閱後予以講評。

㈡作文命題務須適合學生之理解及表達能力，並斟酌環境事物、節序、生活等關係及與課文相聯繫。

㈢敎師命題後，酌與學生作短時間之討論，再令學生撰寫。二小時者每次宜指導學生擬定綱要或起稿，一小時者概不起稿。

㈣各種文體之作法，除與精讀之課文敎學密切聯繫外，應作有系統之指導。

㈤敎師批改學生作文，應注意其體裁、題旨、遣詞、造句、結構，以及繕寫之字體、標點符號之使用等項。兩小時者須酌加眉批，並於篇末就立意、內容、結構、措辭、文字等加總批；一小時僅作講評，由敎師以共同討論之方法行之。遇有普遍之錯誤，應於發還時公開指正。

㈥學生作文簿宜備兩本，俾便循環使用。敎師應盡速批改發還，令其用心揣摩，並隨時考核之。錯別字令學生更正後重寫數遍，以加深其印象。

㈦每學期應舉行全校作文成績展覽一次，以培養學生寫作興趣，增加觀摩切磋之機會。

㈧寒暑假中宜酌令學生練習課外習作，優良者予以獎勵。

三、語言訓練及指導

㈠在教學中之問答、討論、敍述暨講讀時，均爲語言訓練之機會，敎師應隨時指正其錯誤。

㈡敎師可於授課時間內，酌量抽出若干分鐘，令學生輪流演講、辯論、對話、重述、報告等練習（舉凡新聞、故事、讀書心得、生活感想等，皆可取材），就其內容思想、辭令、姿態諸項加以指正。並可利用視聽敎具以增加效果。

四、課外閱讀及指導

㈠敎師除鼓勵學生每日閱讀有益之報章雜誌外，並選定國文補充讀物，如短篇故事、新聞特寫、散文、小說、傳記、短劇、詩歌暨必要之語文知識書籍等，指導其經常閱讀，每月至少一本。

㈡爲使學生課外閱讀有互相研討之便利，及作有效之指導考核起見，敎師得指定全班購備同一之書籍，或分爲若干小組，每組購備同一之書籍，於同時間閱讀之。

㈢指導學生於所指定之課外讀物，體驗課文敎學時所曾指導之方法（如尋求主旨、研索詞句、審辨段落大意、及綜合節要等），認眞閱讀，並得撰寫閱讀報告。

五、思想方法指導

㈠指導學生對生活事物進行觀察、驗證、分析、綜合、比較、類推、判斷等活動。

㈡指導學生了解如何構思以及如何增進思想能力（包括想像力、思考力與組織力）之方法。

（以上兩項配合閱讀、寫作、語言訓練等教學活動，加強指導。）

六、書法練習及指導

㈠學生書法練習，以正楷爲主，行書爲輔，每日令用毛筆作大楷十字以上，小楷五十字以上（一、二年級用格子紙，三年級用白紙），均指導其於課外行之。

㈡教學課文中生字、難詞時，應將各該字形之構造與筆順，一併詳細指導之。一年級新生授課之開始數週中，並應將文具之使用、執筆運腕之方法、書寫之姿勢，作有系統之指導；其平時作文及筆記等書寫方法與姿態，亦應注意矯正，不得草率。

㈢教師應視學生筆性，選定適當範帖，令其臨摹，每週繳閱一次。

㈣教師應利用板書，或其他適當機會，指導學生認識常用行書。

叁、其他有關事項

一、學校之國文科教學研究會，應照規定擧行。凡各年級教學進度、課外讀物、各項練習指導要點及評分標準等，均由會議決定之；並於學期終結，檢討其得失。

二、國文成績之核計，包括日常考查、平時練習、學月考試、期末考試等方式，考查學生在課文教學、作文練習、語言練習、課外閱讀及書法練習等，各方面學習進展之情況。

三、國文教師評記學生各項成績，宜注意其積極作用，視學生各項學習中缺點之所在，多作檢討以資改進。

四、學生國文科各項優良成績，除隨時在班中傳閱、揭示或陳列外，每學期應就作文、書法、日記、課外閱讀、演說、辯論等項酌量舉行比賽，以資觀摩。

肆、編輯教師手册應注意事項

一、每單元應正確指出教學要旨，及各課課文之教學目標，然後分析教材，並訂定閱讀、語言、寫作、書法等項之教學範圍，並提供適當之教學方法。

二、每課宜剖析題旨，補充作者生平，設計解釋疑難詞語方法，及內容研究之問題，並提供教學所需之參考資料。

三、每課依據教學目標及其需要，設計若干作業項目，並提供指導方式。

四、課文之虛字、難句及寫作技巧，應詳加分析，並附「課文分析表」

伍、教具設備與運用

一、應準備下列各種基本教學設備：

㈠簡易文法表解。
㈡各種標點符號表解。
㈢各類文體作法表解。
㈣六書義例表解。
㈤近體詩格律表解。
㈧「九宮格」書寫板。
㈨各家字帖。
㈩各種字書。
⑾各種辭典。
⑿各種視聽教具。

㈥書法筆畫名稱表解。

㈦書法執筆運筆方法掛圖。

(十三)有關語文教學之參考書籍。

(十四)其他。

二、各類教具，除按上列各項製備外，並應視各單元之需要，另製各種分析、說明、比較圖表。

三、各類教具，各校每學年應編列預算，按期購置或自製。

陸、各科教材之聯繫與配合。

一、本科教材應與歷史、地理、公民與道德等科密切聯繫，以加強民族精神教育之效果。

二、本科教材與其他學科教材之編纂，應密切配合，俾獲得教學之效果。

柒、特殊學生之輔導

一、學習能力偏低之學生，斟酌減授課文篇數。

二、資賦優異之學生，酌增補充教材，著重自學輔導，以增進其學習及寫作之能力。

三、其他特殊學生，得視其個案，分別輔導之。

捌、教學評鑑

一、國文教學評鑑，須以本科目標爲準則。

二、教學評鑑：須根據單元目標、教學內容，及其教材性質訂定之。

三、評鑑內容：記憶、理解、分析、綜合、應用等方面，應力求其完整性。

四、評鑑方法：採用口試、筆試、觀察、量表、作品評量等方式。

㈠課文評鑑

1.方式：除月考、期考書面評鑑外，並於試讀、試講、討論等教學活動中隨機考查，列爲平時成績。

2.內容：就下列各項分別考查：

(1)詞語方面：詞語之意義、生難語句之結構。

(2)義旨方面：全文主旨、各段要旨，及文中精義。

(3)章法方面：寫作技巧及課文之分析。

(4)誦讀方面：讀音之正確及課文情意之表達。

(5)語言方面：從研究問題及生難詞語、講述全文大意、發表學習心得或感想中考查；國語發音、內容條理、語句組織、語言表情以及說話之態度。

㈡作文評鑑

1.方式：按每期批閱次數分別考查，並將評定考查成績列入記錄。

2.內容：考查下列各項能力：

(1)內容方面：取材切題，內容充實。

(2)結構方面：段落分明，文理通順。

(3)修辭方面：措辭恰當，用語生動。

(4)文法方面：語法正確，含義明白。

(5)書寫方面：字體端正，筆畫無誤。

(6)標點方面：各種標點符號使用恰當。

(三)閱讀評鑑

1.方式：

(1)於學月及學期考查中，附閱讀能力測驗題。

(2)評鑑課外閱讀報告。

2.內容：

(1)閱讀能力之測驗項目。

①全文義旨。
②內容事理。
③詞句意義。
④文章作法。
⑤句讀辨別。

(2)閱讀報告之評鑑項目

①全文主旨。
②取材手法。
③結構技巧。
④修辭技巧。
⑤詞句應用。
⑥讀後感。

㈣書法評鑑

1.方式：注重平時考查，列爲國文成績。

2.內容：考查下列各項能力。

(1)用筆方面

①執筆運筆方法得當。
②寫字姿勢正確。
③用墨均勻。
④善於保管文具。

(2)字體方面

①間架得當。
②形體端正。

③筆順正確。

附錄七　高級中學國文課程標準

中華民國七十二年七月教育部公布

第一　目　標

壹、指導學生研讀語體文，提高其閱讀及寫作語體文之能力。

貳、指導學生精讀文言文，培養其閱讀淺近古籍之興趣及寫作明易文言文之能力。

叁、教導學生研讀中國文化基本教材，培養其倫理道德之觀念，愛國淑世之精神。

肆、輔導學生閱讀純正優美之文藝作品，增進其文藝欣賞與創作之能力。

伍、輔導學生閱讀有關思想及勵志之課外讀物，培養其思考判斷之能力與恢宏堅忍之意志。

陸、輔導學生臨摹楷書及行書等碑帖，增進其鑑賞及書寫之能力。

第二　時間支配

第一、二學年每週授課五小時，範文占總時數五分之三，作文及中國文化基本教材各占五分之一。第三學年每週授課六小時，範文占總時數六分之四，作文及中國文化基本教材各占六分之一。

第三　教材大綱

壹、教材分配

第一學年

學期 / 要項 / 類別	範文 (15)
第一學期（每週五小時）	每週三小時 1. 記敍文 (1) 語體文二篇 (2) 文言文二篇 2. 論說文 (1) 語體文二篇。 (2) 文言文四篇。 3. 抒情文 (1) 語體文二篇。 (2) 文言文三篇。
第二學期（每週五小時）	(15) 每週三小時 1. 記敍文 (1) 語體文三篇。 (2) 文言文二篇。 2. 論說文 (1) 語體文二篇。 (2) 文言文四篇。 3. 抒情文 (1) 語體文一篇。 (2) 文言文三篇。

第二學年

中國文化基本教材	每週一小時 四書。	每週一小時 四書。
課外閱讀	1. 閱讀部份：每月至少一本 (1) 本國名人傳記。 (2) 散文小品名著。 2. 報告部份：每學期二至四篇。	1. 閱讀部份：每月至少一本 (1) 本國名人傳記。 (2) 短篇小說名著。 2. 報告部份：同上。
作文	每兩週二小時 命題作文一篇。	每兩週二小時 命題作文一篇。
書法	每週（於課外臨摹碑帖） 1. 大楷六十字。 2. 小楷一百八十字。	每週（於課外臨摹碑帖） 繼續上學期。

學期／要項／類別	範文 (16)	中國文化基本教材
第一學期（每週五小時）	每週三小時 1.記敍文 (1)語體文一篇。 (2)文言文三篇。 2.論說文 (1)語體文二篇。 (2)文言文五篇。 3.抒情文 (1)語體文二篇。 (2)文言文三篇。	每週一小時 四書。
第二學期（每週五小時）	(16) 每週三小時 1.記敍文 (1)語體文一篇。 (2)文言文三篇。 2.論說文 (1)語體文二篇。 (2)文言文五篇。 3.抒情文 (1)語體文二篇。 (2)文言文三篇。	每週一小時 四書。

類別	第一學期	第二學期
課外閱讀	1.閱讀部份：每月至少一本 (1)本國通俗小說名著。 (2)外國名人傳記。 (3)勵志性論著或古文觀止、唐詩三百首等。 2.報告部份：每學期二至四篇。	1.閱讀部份：每月至少一本 (1)本國歷史小說名著。 (2)名人札記。 (3)勵志性論著或古文觀止、唐詩三百首等。 2.報告部份：同上。
作文	每兩週二小時。 命題作文一篇。	每兩週二小時 命題作文一篇。
書法	每週（於課外臨摹碑帖） 行書一百八十字。	每週（於課外臨摹碑帖） 繼續上學期。

第三學年

學期／要項／類別	第一學期（每週六小時）	第二學期（每週六小時）
	每週四小時	每週四小時

範文	中國文化基本教材	課外閱讀
(16) 1. 記敍文 (1) 語體文一篇。 (2) 文言文二篇。 2. 論說文 (1) 語體文一篇。 (2) 文言文七篇。 3. 抒情文 (1) 語體文一篇。 (2) 文言文四篇。	每週一小時 四書。	1. 閱讀部份：每月至少一本 (1) 古今名人書信。 (2) 學術思想性論著。 (3) 社會學科或自然學科論著。 2. 報告部份：每學期二至四篇。
(16) 1. 記敍文 (1) 語體文一篇。 (2) 文言文二篇。 2. 論說文 (1) 語體文一篇。 (2) 文言文七篇。 3. 抒情文 (1) 語體文一篇。 (2) 文言文三篇。	每週一小時 四書。	1. 閱讀部份：每月至少一本 (1) 古今名人書信。 (2) 學術思想性論著。 (3) 社會學科或自然學科論著。

作文	每兩週二小時 命題作文一篇。	每兩週二小時 命題作文一篇。

貳、教學內容

一、範 文

範文教材分精讀範文、略讀範文兩類：精讀範文以簡練爲主，略讀範文以淺近爲主。其選材與編輯要點如下：

(一)選材原則

1. 思想純正，足以啓導人生意義，培養國民道德者。
2. 旨趣明確，足以喚起民族意識，配合國家政策者。
3. 內容切時，足以培養民主風度及科學精神者。
4. 情味濃厚，足以培養欣賞文學作品之興趣者。
5. 理論精闢，足以啓發思路者。
6. 情意眞摯，足以激勵志氣者。
7. 文字雅潔，足以陶鍊辭令者。
8. 篇幅適度，便於熟讀深思者。

9. 層次分明，合於理則者。

10. 文詞流暢，宜於朗誦者。

㈡編輯要點

1. 範文教材分配比例

(1)各學年語體文與文言文之比例

百分比　文別　學年	一	二	三
語體文	四〇%	三〇%	二〇%
文言文	六〇%	七〇%	八〇%

說明：①上表所列百分比，可酌量增減，但以百分之五為限。

②語體文除現代作品外，可酌採古人接近語體之作。文言文宜盡量採用古代典籍內明白通暢含有嘉言懿行堪資表率之篇章，或酌採時代代表作品。先從近代，上溯至古代。

(2)各學年各類文體之比例

百分比 學年 / 文別	一	二	三
記敘文	三〇%	二五%	二〇%
論說文	四〇%	四五%	五〇%
抒情文	三〇%	三〇%	三〇%

說明：①各體文篇數之總和，應用文應占百分之二十。

②上表所列之百分比，可酌量增減，但以百分之五爲限。

2.各篇相關之教材，應求密切之配合。

3.範文教材之注釋以語體文爲原則，其有引用成語典故，而文字深奧者，應再加說明，俾學生易於於了解。

4.凡注釋範文教材引用他書之文字，應顧及文意之完整，不可斷章取義（其原作者斷章取義者，應加以說明）。

二、中國文化基本教材

㈠中國文化基本教材之內容，選授論語、孟子及大學、中庸。

㈡教材之編選，應依據其義理，採用分類編輯，先闡明章旨，必要時譯爲語體，或加以申述。

三、課外讀物

課外讀物之選材，除中外名人傳記古今明白通暢之書牘、札記外，應酌選近代純正優美之文藝作品，及有關敦品勵志之論著。

第四　實施方法

壹、教學要點

一、國文教材以範文及中國文化基本教材爲主，以課外讀物爲輔。

二、中國文化基本教材以闡明義理，躬行實踐爲主。講讀時，宜配合日常生活，盡量發揮義蘊，使透徹領悟，而於動靜語默之間，陶鎔高尚情操，培養健全人格。

三、作文練習，每學期至少十篇。由教師命題（間可指導學生自由命題），令學生用毛筆楷書寫作，其中七篇當堂交卷，其餘命學生課外寫作，教師可擇要批改六篇。其他由教師作綜合之指導。

四、學生作文，教師應有計畫逐次擇要指導其各種文體之寫作及審題、立意、運材、布局、措辭等方法。

五、題目務須適合學生理解及寫作能力，或配合生活環境，與課文密切聯繫。

六、提高學生語體文寫作速率，養成不起稿習慣；並指導寫作明易文言文（以上兩項寫作，均包括應用文）。

七、教師批改學生作文，應注意內容及題旨之切合，及標點符號之運用，遇有共同之錯誤，應於適當時間作綜合之指導。此項綜合之指導，每學期不得少於兩次；其錯別字詞，尤宜督令改正。

八、學生作文簿應備兩本，輪流使用。每次作文，教師於一週內批改發還，俾學生得反覆玩索，細心領會，以求進步，如有優良作品，並可公布或傳閱。

九、學生練習書法，用毛筆書寫，臨摹法帖古碑，以正楷、行書爲主。正楷務求用筆端正，結構完整；行書則求其合體美觀。第一學年每週限交大楷六十字，小楷一百八十字，第二學年每週限交行書一百八十字，均於課外行之。

十、每課範文教學後，宜作學習效果評量，藉以測驗學習之成效；並依據測驗結果，以改進教學方法。

十一、國文總成績之計算，規定爲範文及中國文化基本教材占百分之五十，作文練習占百分之四十，課外閱讀占百分之五，書法占百分之五（第三學年課外閱讀占百分之十）。

十二、學生國文科各項優良作品，應由學校每年展覽一次。

貳、教學方式及過程

一、範文講讀，宜先指導學生課外預習，明瞭課文大意。講讀時，酌令學生試讀、試講，再予指正補充。

二、精讀範文以熟讀深思爲主，短篇文言文及長篇文言文之精彩段落均宜背誦。講讀時並須注意下列各點：

㈠體裁及作法。

㈡生字之形、音、義，詞彙之組合，及成語典故之出處、意義。

㈢文法及修辭。

㈣全篇主旨、內容精義及段落大意（包括全篇脈絡及結構）。

㈤文學作品之派別、風格及其價值。

㈥有關語體文與文言文之文法異同，並應於課前製作比較表，指導學生徹底了解應用。

㈦每課講授完畢，宜作課文分析，繪成課文分析表，指示學生全文之段落作用及前後之相互照應，以培養學生欣賞寫作之能力。

㈧前項之文法比較表及課文分析表，簡易者亦可指導學生繪製（分析表之繪製，可參考部頒高中國文科設備標準）。圖表製作優良者，並可列爲教具設備之一部分。

㈨教學時並應利用錄音器材，自行灌製吟誦錄音帶，以資學生欣賞，藉以增進了解。

三、略讀範文以培養欣賞之興趣爲主。講讀時，應提示全篇主旨、各段要旨、內容精義及文章結構，以提問討論方式進行，教師從旁補充指正，以養成學生自學能力。

四、教師宜指導學生盡量利用課外時間，閱讀課外讀物，其閱讀指導要點如下：

㈠先看敍文（或卷頭語）、凡例（或編輯大意）、目錄。
㈡依次概覽全書（分段落或章結）。
㈢查考生字或生詞。
㈣複閱並深究內容（包括全篇結構及其精義）。
㈤作閱讀報告，每學期以二篇至四篇爲原則，在假期中習作亦可。

五、課外讀物，由教師畫一指定全班學生閱讀相同之書，或分組交換閱讀不同之書，以便相互研討及統一測驗。

參、與其他方面之聯繫

一、國文教學除本科外，另設文法與修辭、國學概要、應用文及書法等科目，學生至少應選其中一科。

二、國文教學研究會，應遵照規定舉行，其討論內容應以教材及教學方法之研究爲主，其他有關教學之行政工作爲次。並應隨時注意各種新引進之教學方法，研究應用在國文教學上之可能性，以資改進。

附錄八　教育人員服務信條

（教育人員信條於民國六十六年教育學術團體聯合年會中通過。）

教育乃百年樹人之大計，凡從事教育工作者，對於學生、學校、家庭、社會、國家、民族、以及世界與人類，均有神聖莊嚴之責任；且對於自身之專業修養，應與時俱進，不斷充實，以提高工作效率。我教育界同仁爲期堅定信念，自立自強，善盡職責，達成使命，爰於六十六年教育學術團體聯合年會通過「教育人員信條」，共同信守：

㈠　對專業

一、確認教育是一種高尚榮譽的事業，在任何場所必須保持教育工作者的尊嚴。

二、教育者應抱有高度工作熱忱，學不厭，教不倦，終身盡忠於教育事業。

三、不斷的進修與研究，促進專業成長，以提高教學效果。

四、參加各種有關自身的專業學術團體，相互策勵，以促進教育事業之進步，並改善教育人員之地位權益。

㈡　對學生

一、認識了解學生，重視個別差異，因材施教。

二、發揮教育愛心，和藹親切，潛移默化，陶冶人格。

三、發掘學生疑難，耐心指導，啓發思想及潛在智能。

四、鼓勵學生研究，循循善誘，期能自發自動，日新又新。

五、關注學生行爲，探究其成因與背景，予以適當的輔導。

六、切實指導學生，明善惡、辨事非，並以身作則，爲國家培養堂堂正正的國民。

㈢　對學校

一、發揮親愛精誠的精神，愛護學校，維護校譽。
二、善盡職責，切實履行職務上有關的各項任務。
三、團結互助，接受主管之職務領導，與同仁密切配合，推展校務。
四、增進人際關係，對新進同事予以善意指導，對遭遇不幸的同事，應予以同情，並加協助。

㈣　對學生家庭與社會

一、加強學校與家庭之聯繫，隨時訪問學生家庭，相互交換有關學生在校及在家的各種情況，協調配合，以謀兒童的健全發展。
二、提供家長有關親職教育方面的認識，以協助家長適當教導其子女。
三、協助家長處理有關學生各種問題。
四、鼓勵家長參加親師活動，並啓示其善盡對社會所應擔負之責任。
五、率先參加社會服務，推廣社會教育，發揮教育領導功能，轉移社會風氣。

㈤　對國家、民族與世界人類

一、實踐中華民國教育宗旨，培養健全國民，建設富強康樂國家，並促進世界大同。
二、復興中華文化，發揚民族精神，實踐民主法治，推展科學教育，配合國家建設，以完成復國建國的使命。

三、堅持嚴以律己，寬以待人，剛毅奮發，有爲有守，以爲學生楷模，社會導師。

四、闡揚我國仁恕博愛道統，有教無類，造福人群。

附錄九　國立臺灣師範大學應屆結業生教學實習計劃大綱

一、實習目的：

使學生根據學理從實習中獲得教學及學校行政處理方法和各項指導活動等實際之經驗爲目的。

二、實習項目：

1.參觀——分普通參觀及外埠教學參觀。

2.見習——分教學見習及學校行政見習。

3.試教——分預習試教及實地試教。

4.行政實習——分教務實習、訓導實習及總務實習及其他行政實習。

三、實習時期：

1.普通參觀及預習試教，以在第四學年第一學期「教學實習」一科目授課時間內行之爲原則。

2.外埠教學參觀、實地試教及學校行政實習均在第四學年第二學期規定時間內行之。

四、實習地點：

1.普通參觀以在本市之學校及機關爲原則，外埠教學參觀地區另定之。
2.預習試教在本校。
3.見習、實地試教，及學校行政實習，均在本校附中及其他特約學校。

五、實習範圍：

1.教育系實習以教育或學校行政及師範學校，中學各有關學科之教學爲主，小學各科之教學爲輔。
2.其他各系科以各該系科專攻學科之教學爲主，學校行政之實習爲輔。

六、實習時數：

1.依據部頒辦法，並參照本校各系科實際情形，斟酌決定之。

七、實習指導人員：

各系科主任，實習主任，各系科教學實習教師，附中及特約學校各科教師，暨有關機關之主管人員皆爲實習學生教學實習活動之指導人員。

八、實習前準備事項：

1.接洽實習學校及機關。
2.調查試教學校各科教學進度，教材及教法。
3.支配實習各項工作。

4.其他。

九、實習後處理事項：

1.各系分別舉行批評或檢討座談會。

2.舉行綜合批評或檢討座談會。

3.評定教學實習成績。

4.舉行實習成績展覽。

十、各科系結業生，經分發充任實習教師及實習工作人員之指導方法另定之。

十一、本校社教系及衞教系應屆結業學生，除遵照本大綱規定實施外，並按照各該學系之規定實習辦法辦理。

附錄十　國立臺灣師範大學應屆結業生教學實習施行細則

第一章　總　則

一、本校各系科應屆結業學生之實習，遵照部頒辦法之規定，包括參觀，見習，試教，行政實習四項，並依照本校各種有關章則之規定及學生實習指導委員會各項計劃決議，由擔任教學實習教師率領指導行之。

二、各系科「分科教材教法研究」一科目，以在「教學實習」一科目講授前，授畢爲原則。

三、凡本校各種有關學生實習章則及實習指導委員會各項計劃決議實施上之程序或技術問題，由各系科主任會同各該系科教學實習指導教師共同商討解決，並於每一學期開始，商討本學期內各項教學實習具體實施辦法，送由學生實習指導委員會印轉本校有關部門及教授，學生參考或應用。

四、各系科學生實習指導，分事前指導，臨時指導及事後指導三種：

(一)事前指導：在舉行參觀、見習、試教、行政實習各項活動之前，應分別指導其各種必須注意事宜及應行準備事項。

(二)臨時指導：在進行參觀、見習、試教、行政實習各項活動之時，由實習指導教師視需要給予應有之指導。

(三)事後指導：舉行各項實習之後，應分別撰寫實習報告，並開會檢討批評。

五、普通參觀及預習試教，定於第四學年第一學期內舉行，外埠教學參觀、實地試教及行政實習，在第二學期內規定期間及地點行之。前項普通參觀原則上規定五次，分週舉行，前一週參觀，後一週舉行批評檢討。

六、在普通參觀及見習期間內，學生應同時在校內於課外研讀教材（包括各科教科用書）。

第二章　本校與附中（暨其他特約實習學校機關）之聯繫

七、附屬中學校長及各部門行政主管人員暨有關本校學生實習之各科教師均由本校校長加聘爲實習指導教師或分科實習指導教師。

八、本校學生試敎開始前，必要時得請附中各部門行政主管人員及各科敎師（每科至少一人）講述附中現行行政概況及敎材敎法等有關資料若干小時，行政概況以集體講述爲原則，敎材敎法以分系講述或座談爲原則，本校各系科實習指導敎師均應列席，協助學生提詢問題及參加指導。

九、附屬中學應於本校學生前往試敎前，對學校概況一覽，各科每週敎學時數，敎科用書目錄及各級授課時間表等，印送本校學生實習指導委員會備用。

十、附屬中學應於本校學生前往試敎前，編定各科敎學進度送由本校實習指導委員會印轉各實習指導敎師參考指導，並於學生試敎開始前，請附中分科編製敎案示例，各擧行示範敎學一次，以資學生觀摩。

十一、本校各項有關學生實習章則計劃辦法等，均應印送附中各有關部門及敎師參考，並於附中適當場所，設置學生實習資料揭示處，隨時公佈有關學生實習資料，以加強聯繫。

十二、各系科如必要前往其他中學或行政機關實習試敎，經商得同意後，可參照本細則七至十一各條規定之原則，協議聯繫辦法。

第三章　參　觀

十三、關於參觀事宜，除外埠敎學參觀及敎育行政機關、社會敎育機關等之參觀另作規定外，關於學校普通參觀，分爲學校行政參觀，敎學參觀及設備參觀三項，由各系實習指導敎師率領指導，凡對一次參觀爲限的學校，而同時須作三項參觀者，應先集體參觀學校行政，次則分組參觀敎學，最後集體參觀設備。教學參觀完畢後，並應請擔任該學科之教師，就教材選配和教法施行方面作半小時左右之講述。

十四、學生每次參觀完畢以後，應於規定期內撰寫參觀報告，送由率領指導之實習指導教師批閱，並於次星期開會檢討、批評，由實習指導教師出席指導。

第四章　見　習

十五、見習事宜，分爲教學見習及學校行政見習二項，均由實習指導教師預爲策劃，並與實習學校洽議各項辦法和手續，督導學生切實實施。

十六、學生在附屬中學或其他中學之教學見習，分組於該校各年級行之，每組至少見習各一單元。

十七、學生在附屬中學或其他中學之學校行政見習，按該校組織各部門，分組輪流行之，每組每部門至少見習一次。

十八、學生於教學見習及學校行政見習完畢後，應各於一星期內分別撰寫見習報告，送由本系實習指導教師批閱。

第五章　預習試教研讀教材

十九、教材研讀爲實習學生第一學期課外固定工作，並由實習指導教師督促考查之。前項教材，由學生實習指導委員調查本校所在地各中等學校採用最多者一、二種，由各系科徵集或購備若干部冊，供應學生，並由實習指導教師鼓勵學生盡量自行購備。

二〇、各系科預習試教，由實習指導教師主持，以每生均得預習試教一次爲原則，必要時得由實習指導教師斟酌分組行之，但教案必須編製。

二一、每次預習試教完畢後，應即作詳盡之檢討，首用預習試教生自行陳述缺點，次由同學批評，再由實習指導教師講評，以收全體同學互相觀摩改善之效。

第六章　實地試教

二二、關於試教事宜，除在本校附中進行外，得在其他特約中小學試教，均須按其原定教學時間分組行之，每人至少試教之時數，依照部頒辦法參酌本校各系科實際情形定之。

二三、學生試教分組，每組以三人爲標準，由實習指導教師決定之。

二四、學生在附屬中學（或其他試教學校）試教時，本校所聘該校該科實習指導教師（即其原任教師）應在課室指導與協助。本校領導前往之實習指導教師，僅視察旁聽其試教實況，於課畢後作室外之指導。

二五、學生實地試教，仍以個人爲單位，一人試教時，其餘同組各人均在課室觀摩，並作適當之協助，課畢後，同組諸人即塡寫觀摩表，具體列舉該試教生之某種優點或缺點，送由領導之實習指導教師，彙集交與該生，兼作切要之指導。每一試教學生教畢一單元時，得由領導之實習指導教師邀請附屬中學（或其他試教學校）該科實習指導教師，召開檢討會一次。一組同時有二人以上試教時，其餘同組各生，可分別或輪往各該課室觀摩，領導之實習指導教師則巡迴視察旁聽。

二六、學生於一單元試教前，應在領導實習指導教師及附屬中學（或其他試教學校）該科之實習指導教師雙方指導之下，作充分準備，並編製詳細教案，繕抄三份、一份自存、一份送試教學校該科實習指導教師，一份於該單元試教完畢後，交由各系科實習指導教師評閱記分後，彙送學生實習指導委員會保存。

二七、各系科學生全部試教將屆完畢時，應由各系科實習指導教師遴選試教成績優良之學生一人，商同附屬中學（或其他試教之學校）特定時間，指定班級，舉行「觀摩試教」一次，以授畢一個單元爲度，本系科全體實習學生實習指導教師及附屬中學（或其他試教學校）該科實習指導教師，暨雙方有關教師，均參加旁聽，事後共同檢討批評，並作詳實記錄，送由學生實習指導委員會，分別印轉各有關部門、教師及學生，以備查考。

二八、各系科學生全部實習完畢後，應分別由各該系科主任定期定地召集系科內全體實習學生，全體實習指導教師及附屬中學（或其他曾往實習之機關學校）各有關實習指導教師暨雙方其他有關之教師及各部門主管人員，舉行實習總檢討會一次，並作詳實記錄，送由學生實習指導委員會，分別印轉各有關部門教師及學生，以備查考。

第七章　行政實習

二九、關於行政實習事宜，須按實習學校行政組織各部門輪流行之。每組每部門至少一週。

三〇、前項學校行政實習，倘遇特殊困難不能進行時，得　加學校行政見習次數。

第八章　附　則

三一、各系科學生教學實習成績，由實習指導教師及附屬中學（或其他曾往作該項實習之機關學校）指導教師共同按照各項實習實際情形，分別評記，最後由本校實習指導教師評定之，評分表由學生實習指導委員會印發，評分紀錄送由學生實習指導委員會保存。

三二、各系科學生之教學實習，如因某種特殊情形，不能完全使用本細則之規定時，得另定補充辦法行之。

三三、本細則經學生實習指導委員會會議通過，呈請校長核定後施行，修改時亦同。

附錄十一 國立臺灣師範大學應屆結業生教學實習注意事項

一、共同注意事項：

㈠各生須遵守實習指導委員會所訂之計劃章則，進行實習。

㈡各生須接受指導教師之指導。

㈢各生如有意見得向指導教師或學生實習指導委員會提出。

㈣凡參觀、見習、教學實習及行政實習，各生均須事前充分準備，並參加討論會及批評會。

㈤各生須尊重實習學校或機關原有之規則。

㈥各生不得妨碍實習學校或機關之教學與行政及其他業務之進行。

㈦各生須重視實習學校學生之課業與興趣。

㈧凡因故不能參加實習時，須先請假，且將所擔任之工作託人代理，並向指導教師報告。

㈨實習時如有請假，所缺時數應予補足。

㈩各生須將逐日工作及偶發事項，詳細紀錄。

(十一)各生須按期向指導敎師呈繳報告。

(十二)各生應注意自身之儀容、服裝、及團體紀律。

(十三)敎學參觀及敎學實習時，均不得批評原任課敎師之敎學。

(十四)團體行動力求敏捷，並嚴守時刻。

二、參觀注意事項：

㈠敎學參觀以注重各生所習之學科爲原則。

㈡敎學參觀前應注意事項：

1. 確定參觀之要點。

2. 訂定本班分組人數。

3. 明瞭參觀學校課目表之排列。

4. 明瞭各敎室分配地點。

5. 須在規定時間前到達實習學校。

㈢敎學參觀時應注意事項：

1. 每課參觀應於上課前進入敎室，並於下課後離開。

2.出入教室須輕聲緩步，遵守次序。

3.入教室後，應即站立或就坐於教室內適宜位置，勿常移動。

4.動作力求肅靜，並嚴禁交談。

5.詳細塡寫教學參觀表。

(四)參觀時如遇有疑問，應於參觀完畢後，向參觀學校當局或擔任教師提出，請予解答。

(五)行政參觀時應注意事項：

1.應切實注意預定參觀之項目。

2.參觀機關，如有圖表章則，須先閱覽。

3.對於參觀機關之口頭報告如有問題，須俟其報告完畢，再行發問。

4.發問時態度應誠摯謙和。

三、見習注意事項：

(一)見習時應先分組進行，視學生人數分組，每組人數，不宜過多。

(二)見習工作須照工作性質相近者，劃爲若干單位，輪流擔任。

(三)見習某項工作，須與原任課教師接談，以期明瞭實際情形。

(四)見習某項工作，須先閱讀有關章則及書籍。

(五)見習時須按照原擔任者之指導，認眞處理指定工作，不得敷衍從事。

㈥見習時務須虛心，如有問題，隨時向原任課教師請求指導。

四、試教注意事項：

㈠試教前向實習學校當局及有關教師，商討下列事項：

1.根據原任課教師之教學進度表，商酌劃分試教部份。

2.請求原任教師指示平日教學時所應注意之事項。

3.明瞭試教班次學生之程度及特殊情形。

4.接洽試教鐘點之分配。

㈡試教前，須在各科實習指導教師（本校教學實習導師及實習學校原任課教師）指導之下，編製教案，並填寫一式二份，一份送實習學校之指導教師（實習學校原任課教師），一份自存，於實習終了後，彙交本校學生實習指導委員會存查。

㈢試教時，應請實習指導教師偕同到場，以便實際參觀教學情形，評定成績，並提供改進意見。

㈣學生因故不能試教時，應於事前書面請假，通知有關部門並請原任課教師上課，或將編就之教案，請其他同學代課。

㈤學生試教時，務須依照實習學校平時授課習慣辦理，如點名、填寫教學進度日誌、紀錄不守秩序學生姓名等項。

㈥試教時應嘗試使用各種教學方法，並注意學生反應。

㈦對於其他同學之試教，須儘量協助，並留心觀摩。
㈧舉行檢討會時，須忠實陳述教學經過。
㈨舉行檢討會時，對於他人之批評，須虛心接受。

五、行政實習注意事項：

㈠依照實習機關原有組織，分擔職務。
㈡依照實習機關行事曆，繼續推進工作。
㈢依照實習機關章則及慣例，處理日常事務。
㈣實習前須向原擔任教師商請指導，以明瞭過去狀況及進行時須注意之事項。
㈤遇有困難問題，須請原擔任者予以指導。
㈥工作應有條理及計劃。
㈦應按照實習機關原規定時間辦公，不得遲到早退。
㈧工作時應注意行政之效率和服務精神。

附錄十二　國立臺灣師範大學各院系科應屆結業生外埠教學參觀規則

第六十四次行政會議修正通過
69.9.24.第一二一六次行政會議修正通過

一、參觀計劃方面：

1.外埠參觀應以教學、學校行政、教育行政及社會事業參觀爲主，所參觀之學校及機關，日間部不得少於五所，夜間部不得少於三所。皆以具有規模之學校及機關爲原則，每一學校或機關之參觀時間不得少於半天。

2.出發二週之前，應將外埠教學參觀計劃（包括教學參觀之重點，領隊教授姓名、各項工作負責人姓名、參觀路線及日程表——表式另發——經費預算表等）由系主任簽字後轉送學生實習指導委員會備查，並會訓導處。

3.實習指導委員會認爲參觀計劃有需加修訂之處，得商請有關系主任及領隊教授加以修改。

4.外埠教學參觀之前，應由各學系系主任邀請領隊教師及全體學生舉行座談，詳細研討有關教學事宜。

二、交通安全方面：

1.外埠參觀應多利用鐵路交通，如租用汽車，所洽訂之車輛，應選擇規模大之公民營機構，其車輛性能良好，駕駛技術純熟，且曾參加保險者。

2.外埠教學參觀租用車輛及簽訂合約應依照下列要項辦理：

①公司行號（營業執照）及租用單位。

②租用車輛種類（乘客定員、車號及行車執照）。

③駕駛人員姓名、及其駕駛執照。

④租用時日、往返地區及租金。

⑤是否保險及賠償約定。

3.每日出發前應檢查車輛及時修護。

4.外埠參觀所經過之路線，應特別注意其安全。

5.外埠參觀期中應注意駕駛人之生活。

三、參觀日期方面：

外埠參觀日期日間部以一週至十天爲原則，夜間部以五天至七天爲原則。

四、團體紀律方面：

1.注意維護校譽。

2.一切活動應按照日程表規定事項，切實執行，非遇特別事故不得變更。

3.除教學實習指導教師（或受系科委託代理率領外埠參觀任務之教師）及本班學生外，不得邀請他人參加。

4.不可接受參觀學校機關之招待。

5.團體行動，應遵守團體紀律，個人越軌行動，團體應予嚴厲制裁。

6.團體行動，應力求敏捷，並嚴守時刻。

7.除因疾病經本校健康中心證明並經校長核准者外，一概不得託故缺席，亦不得中途脫離團體，自由行動。

8.應絕對服從率領教師之指導。

9.參觀完畢後，仍由率領教師全部率領返校，繼續上課。

五、參觀經費方面（本項僅適用於日間部）：

1.參觀補助費由團體負責人按照實際參加人數，向學校具領。

2.參觀補助費按照實際具領數字，應編造收支預算，謄抄一份，送率領教師存閱。

六、服裝儀容方面：

1.團體行動或自由參觀均應穿着規定之校服。

2.注意儀容之整潔（男同學之留長髮蓄鬚者尤須禁止）。

七、住宿方面：

1.參觀期間以借宿學校爲原則。

2.如住宿旅社時，必須嚴守團體紀律，愛護學校名譽。

八、教學、行政及設備參觀方面。

1.教學參觀以專攻學科爲原則。

2.教學參觀時應注意左列各項：

①應於上課開始前入教室，並於下課後或講解告一段落之後才離教室。
②出入教室須輕足緩步，嚴守次序。
③在同一小時內有幾個班級教學同一學科時，得分組參觀。
④入教室後應立（坐）於適宜地位勿常移動。
⑤動作力求肅靜，並嚴禁交談。
⑥對於教師教學不可當衆批評。

3. 在教學參觀前，必要時，得先參觀學校行政及各項設備。
4. 對於所參觀學校、教育行政機關或社會教育機構或工廠等主管人員之口頭報告時，如有問題，須俟報告或於參觀完畢後再行詢問。
5. 問題詢問及請求解答時，應有範圍，切忌空泛，態度並應誠摯謙和。

九、應行携帶物品方面：

1. 輕便行李一件、制服一、二套、襯衣褲數件。
2. 學生證及國民身份證。
3. 記事簿及鉛筆（或自來水筆）。
4. 普通醫療藥品。
5. 毛巾牙刷。

6.康樂器材。

7.其他必需用品。

十、筆記及報告整理方面：

1.每晚於住宿處整理當日之筆記及參觀報告，送請率領教師核閱蓋章（或簽名）。

2.返校後兩日內須將途中參觀紀錄、塡寫教學或行政參觀報告表（每校或每課一張）及其他方面之報告。

3.總報告由每單位推舉二、三位負責人擔任。

十一、返校後工作結束方面：

1.教學及行政參觀報告表及其他活動事項報告，返校後應即塡寫完畢，送請率領教師批閱記分後，彙交學生實習指導委員會備查。

2.報告表於返校二日內塡齊後，由率領教師定期舉行參觀批評檢討會。

3.批評檢討會舉行時應通知本系科主任及有關教師參加。

十二、附記

學生如有不守團體規律，違犯上列有關規定，經查明屬實者，視情節之輕重，除洽請訓導處給予懲處外，並扣減其實習成績。

附錄十三　國文教師基本能力養成教育自我能力檢查表

（符號：已具備是項能力√，未具備是項能力×，已有部分基礎正努力中／。）

一、關於國文科專門學識方面的能力：

1. 能熟悉中國文字學…………（ ）（ ）（ ）
2. 能熟悉中國聲韻學…………（ ）（ ）（ ）
3. 能熟悉中國訓詁學…………（ ）（ ）（ ）
4. 能辨認文言文與語體文的文法及詞性…………（ ）（ ）（ ）
5. 能指出中國文學發展的大勢…………（ ）（ ）（ ）
6. 能說明中國哲學的發展及其影響…………（ ）（ ）（ ）
7. 至少能讀畢中國的經書一種以上（如詩經）…………（ ）（ ）（ ）
8. 至少能讀畢中國的史書一種以上（如史記）…………（ ）（ ）（ ）
9. 至少能讀畢中國的子書一種以上（如荀子）…………（ ）（ ）（ ）
10. 至少能讀畢中國的詩文集一種以上（如杜詩）…………（ ）（ ）（ ）
11. 至少能背誦文言文文章一百篇…………（ ）（ ）（ ）
12. 至少能背誦新舊詩詞二百首…………（ ）（ ）（ ）

13.能說明詩詞曲賦的作法及其代表作品……（ ）（ ）（ ）
14.能指導學生應用六書的條例，辨認常見的錯別字……（ ）（ ）（ ）
15.能將一篇可作為中學補充教材的古文，加註、標點、作出題解……（ ）（ ）（ ）
16.能說出與中學國文教材有關的一百則成語或典故的意義及出處……（ ）（ ）（ ）
17.能說出中國各期文學的特點，並能至少例舉三位代表人物及其作品……（ ）（ ）（ ）
18.能指出中學國文教材書中，有關國學常識的出處……（ ）（ ）（ ）
19.能讀畢中國古典小說五本……（ ）（ ）（ ）
20.能讀畢世界名著（包括詩、小說、散文、戲劇）十本……（ ）（ ）（ ）
21.能讀畢現代中國著名文學作品，小說、詩、散文、戲劇各五本……（ ）（ ）（ ）
22.能說出圖書館圖書編目分類的方法……（ ）（ ）（ ）
23.能約略說出有關國樂、國劇、國畫方面的常識……（ ）（ ）（ ）

二、關於寫作及指導學生寫作方面的能力：

24.能說明記敍文、抒情文、議論文等的作法……（ ）（ ）（ ）
25.能寫通暢的書信、便條及簡易公文……（ ）（ ）（ ）
26.能正確使用標點符號……（ ）（ ）（ ）
27.能就國文任何一課，寫出兩個以上與課文有關的作文題目，並列出寫作大綱……（ ）（ ）（ ）

28. 能學例說明日記的作法……………………………………（ ）（ ）（ ）
29. 能節縮、倣作、敷充，重組一篇範文……………………（ ）（ ）（ ）
30. 能辨別文章中的錯別字……………………………………（ ）（ ）（ ）
31. 能將短詩改寫爲散文，小說改編爲短劇…………………（ ）（ ）（ ）
32. 能評定一篇文章結構、措辭、題意的優劣，並能下適切的評語……（ ）（ ）（ ）
33. 在一小時內，寫就一篇一千字左右的語體文……………（ ）（ ）（ ）
34. 能在一小時內，寫就一篇五百字的文言文………………（ ）（ ）（ ）
35. 能適切批改學生作文………………………………………（ ）（ ）（ ）

三、關於閱讀及指導學生閱讀方面的能力：

36. 能查閱中學課文中，所引原文之出處……………………（ ）（ ）（ ）
37. 能比較文言文與語體文在措辭上的差別…………………（ ）（ ）（ ）
38. 能說明示範精讀、略讀、朗讀、默讀課文的技巧………（ ）（ ）（ ）
39. 能指導學生速讀課文………………………………………（ ）（ ）（ ）
40. 能說明並示範如何作讀書札記及課文綱要………………（ ）（ ）（ ）
41. 能每分鐘閱讀語體文八百字以上，文言文四百字以上，且有百分之九十的理解……（ ）（ ）（ ）
42. 能介紹適合中學生閱讀的報章雜誌五種以上，並指出其優點……（ ）（ ）（ ）

43.能介紹適合中學生閱讀的書籍四十册以上……………………………………（ ）（ ）（ ）
44.能經常携帶書報雜誌到教室，供學生傳閱，以引起閱讀動機…………………（ ）（ ）（ ）
45.能在閱讀一般性文章後，說出重點，並能擬就問題，提供學生討論或答問之用……（ ）（ ）（ ）
46.能說出指導課外閱讀的方法………………………………………………………（ ）（ ）（ ）
47.能經常舉行閱讀測驗，以培養理解力和速度……………………………………（ ）（ ）（ ）

四、關於說話及指導學生說話方面的能力：

48.能使用標準國語………………………………………………………………………（ ）（ ）（ ）
49.能運用說話技巧，善於表達…………………………………………………………（ ）（ ）（ ）
50.能不用言語譏諷學生…………………………………………………………………（ ）（ ）（ ）
51.能於教學過程中，隨機穿插趣聞故事，使說話幽默風趣…………………………（ ）（ ）（ ）
52.能隨時從課文中，揭示做人處事的道理……………………………………………（ ）（ ）（ ）
53.能說故事、文學掌故、寓言至少五十則……………………………………………（ ）（ ）（ ）
54.能列舉有關忠孝節義的歷史故事或往聖先賢事蹟各五則，以說明四維八德的德目……（ ）（ ）（ ）
55.能以中學每週實施的中心德目，即席做三至五分鐘的精神講話…………………（ ）（ ）（ ）
56.能佈置情境（舉辦演講、辯論、朗誦、背誦比賽）讓學生練習說話……………（ ）（ ）（ ）

五、關於聽話及指導學生聽話方面的能力：

57.能聽完一段對話而說出其主要內容……………………（ ）（ ）（ ）
58.能迅速將一場討論會、辯論會、演講會的主要內容作成結論……………………（ ）（ ）（ ）
59.能說出一段錄音（談話或演講）的主要內容……………………（ ）（ ）（ ）
60.能指導學生做「會議記錄」及「演講記錄」……………………（ ）（ ）（ ）
61.能察言觀色，領會對方說話的眞意……………………（ ）（ ）（ ）
62.能利用視聽器材經常舉行聽力比賽……………………（ ）（ ）（ ）
63.能指導學生學習聽話時的良好風度（如面露微笑、耐心靜聽等）……………………（ ）（ ）（ ）
64.能爲學生正音……………………（ ）（ ）（ ）

六、關於書法及指導學生書法方面的能力：

65.能依據學生的喜愛及適應性，協助其選擇碑帖練習書法……………………（ ）（ ）（ ）
66.能示範書寫二種以上的字體（如篆、隸、楷、行、草書）……………………（ ）（ ）（ ）
67.能指導學生選擇優良的筆墨紙硯……………………（ ）（ ）（ ）
68.能指導學生正確的執筆、運筆……………………（ ）（ ）（ ）
69.能臨摹三種以上的碑帖……………………（ ）（ ）（ ）
70.能寫工整的板書……………………（ ）（ ）（ ）
71.能指導書寫硬筆字（鉛筆、鋼筆等）……………………（ ）（ ）（ ）

72.能說出歷代著名書法家碑帖的名稱及其特色…………………………（ ）（ ）（ ）
73.能評鑑書法的優劣…………………………（ ）（ ）（ ）

七、關於欣賞及指導學生欣賞方面的能力：

74.能分析文章中鍊字、鍛句方面精美的所在…………………………（ ）（ ）（ ）
75.能依據修辭學的格法，指導學生表現作文辭藻的美妙…………………………（ ）（ ）（ ）
76.能說出各體詩文中構思、布局的法則及意義的層次…………………………（ ）（ ）（ ）
77.能讀出詩詞文章的韻律…………………………（ ）（ ）（ ）
78.能說出詩詞文章中言外傳神的妙處…………………………（ ）（ ）（ ）
79.能領略文章中眞善美的寓意…………………………（ ）（ ）（ ）
80.將文言詩文改寫爲語體詩文時，能比較其中不同的情趣…………………………（ ）（ ）（ ）
81.能經常從書報雜誌中指出優美的作品供學生閱讀…………………………（ ）（ ）（ ）

八、關於教學的能力：

82.能學列國文科的教學目標…………………………（ ）（ ）（ ）
83.能熟悉現行中學的國文教材…………………………（ ）（ ）（ ）
84.能指導學生利用字典、辭典、索引、書目等工具書…………………………（ ）（ ）（ ）
85.能對中學國文任何一課，說出三種以上引起學習動機的方法…………………………（ ）（ ）（ ）

86. 能對一課課文選擇一種以上的補充教材…………（　）（　）（　）
87. 能對課文的組織，作成清晰的綱要…………（　）（　）（　）
88. 能根據不同程度的學生選擇教材…………（　）（　）（　）
89. 能就一課課文，在卅分鐘內提出一份簡要的教案…………（　）（　）（　）
90. 能就一課課文，擬出三份不同的試題…………（　）（　）（　）
91. 能就一課課文，列出三份不同程度的作業…………（　）（　）（　）
92. 能設計或引進多種的語文學習活動…………（　）（　）（　）

九、其他（除上述各種能力之外，你覺得還需要補充那些）

93. （　）（　）（　）
94. （　）（　）（　）
95. （　）（　）（　）
96. （　）（　）（　）
97. （　）（　）（　）
98. （　）（　）（　）
99. （　）（　）（　）

你一定是有了孫悟空的能耐，才經得起九十九般考驗！

第一次自我檢查日期：民國　年　月　日　年級　學期

第二次自我檢查日期：民國　年　月　日　年級　學期

第三次自我檢查日期：民國　年　月　日　年級　學期

附註：本表於民國六十四年，由國立高雄師範學院薛院長光祖主持，國文系與教育系合編。

附錄十四　本書寫作重要參考書目

中學國文教學法　章微穎著　蘭臺書局印行

怎樣教國文　章微穎著　正中書局印行

中學國文教材教法　黃錦鋐著　教育文物出版社印行

實用中學國文教學法　黃錦鋐著　教育文物出版社印行

國文教材教法　黃錦鋐著　中華電視臺教學部印行

如何教國文　黃錦鋐等著　國立臺灣師範大學中等教育輔導委員會印行

改進中學國文教學必須顧及客觀的條件　黃錦鋐著　中等教育廿九卷第二期

評魏軾國文教學法　黃錦鋐著　學粹第十二卷一期

中學國文教學法　蔣伯潛著　泰順書局印行

國文教學概說　賴明徵著　一鳴書局印行
中學國文教學論衡　李金城著　興國出版社印行
中學國文教學的藝術　李金城著　復文圖書公司印行
國文教學方法　李方晨著　拔提圖書公司印行
中學國文教材及教學法　蔡崇名著　學海出版社印行
國文教學叢談　梁宜生著　臺灣學生書局印行
國文教學談叢　林鍾隆著　益智書局印行
國文分科教學法實例之研究　張秘樞著　正中書局印行
中學國文教學幾個實際問題　曾忠華著　中等教育廿七卷第三、四期
國文教學新論　王更生著　明文書局印行
精讀指導舉隅　朱自清著　臺灣商務印書館印行
略讀指導舉隅　朱自清著　臺灣商務印書館印行
詩歌朗誦教學之探討　邱燮友著　師範大學中等教育雙月刊
朗誦與國文教學　邢楚均著　國文月刊第五十七期
朗誦研究論文集　簡鐵浩編　香港嵩華出版事業公司印行
國民中學國文科魏軾教學法簡介　張廣權著　國語日報社印行

能力本位行爲目標文輯　中國視聽教育學會印行

綜說行爲目標　賈　銳著　中等教育第廿七卷第五期

新編國中國文修辭法學例　陳品卿著　國立臺灣師範大學文學院「教學與研究」第七期

範文教學「文法剖析」之探究　陳品卿著　國立臺灣師範大學文學院「教學與研究」第八期

範文教學「虛字用法」之探究　陳品卿著　國立臺灣師範大學文學院「教學與研究」第八期

意境的鑑賞　陳品卿著　國立臺灣師範大學「國文學報」第十五期

談國文科單元教學活動設計　陳品卿著　國立臺灣師範大學「中等教育雙月刊」第二十七卷第三、四期

如何編好教案　陳品卿著　國立臺灣師範大學「中等教育雙月刊」第三十三卷第一期

演說的訓練　陳品卿著　國立臺灣師範大學「中等教育雙月刊」第三十四卷第五、六期

作文指引　陳品卿著　國立臺灣師範大學「中等教育雙月刊」第三十六卷第五期

莊學研究　陳品卿著　臺灣中華書局

莊學新探　陳品卿著　文史哲出版社

中等學校各科教案編寫示例　國立臺灣師範大學實習會編印

國民中學學習成就評量理論與命題示例　臺灣省政府教育廳發行　臺灣省國民學校教師研習會編印

國民中學教學評量理論與參考實例　台北市政府教育局編印

台南市國民中學學習成就評量命題示例彙編　台南市政府教育局

國中國文教學活動設計（一～六册）　臺北市政府教育局印行

國中國文教科書（一、三、五册）　七十二年八月改編本　國立編譯館主編

國中國文教科書（二、四、六册）　七十二年一月改編本　國立編譯館主編

高中國文教科書（一～六册）　國立編譯館主編

中國文化基本教材　國立編譯館主編

國民中學課程標準　教育部編　正中書局印行

書名	編著者	出版	版次	主編
高級中學課程標準	教育部編	正中書局印行		
國民中學國文教師手册第一册			七十年八月改編本初版	國立編譯館主編
國民中學國文教師手册第二册			六十八年四月五版	國立編譯館主編
國民中學國文教師手册第三册			六十六年十二月三版	國立編譯館主編
國民中學國文教師手册第四册			六十八年十二月再版	國立編譯館主編
國民中學國文教師手册第五册			六十八年十二月再版	國立編譯館主編
國民中學國文教師手册第六册			六十六年　月初版	國立編譯館主編
師範專科學校國文五、六册				國立編譯館主編
國文教學研究	林禎祥著	復文書局		
國語讀法教學原論	袁　哲著	商務印書館		
章法教學	陳滿銘著	師範大學中等教育雙月刊		
國語教學的理論和實際	張博宇著	臺灣書店印行		
讀書作文譜	唐　彪著	偉文圖書出版社有限公司印行		
作文教學法	梁啓超著	臺灣中華書局印行		
文章學纂要	蔣祖怡編著	正中書局印行		

文章技巧研究　蔣祖怡著　文致出版社印行
文章作法精通　顧　白著　文致出版社印行
文章作法　夏丏尊著　綠洲出版社印行
文心　夏丏尊著　臺灣開明書店印行
文章作法　梁宜生著　臺灣學生書局印行
作文教學法初探　張哲民著　萬華國中教學輔導叢書之二
文章精探　林鍾隆著　益智書局印行
作文的技巧　李曰剛著　白雲書屋
作文的方法與技巧　何錡章著　大林出版社
作文百法　許恂儒著　廣文書局
作文指引　彭利芸著　新文豐出版公司
作文津梁　曾忠華著　學人文教出版社
作文引導　鄭發明　顏炳耀著　陳正治　國語日報出版部
命題與評語　江應龍著　中國語文

作文方法之研究　譚竟成著　大業書局

寫作指導　陳正治著　新兒童出版社

作文技巧與練習　鄭發明著　學生出版社

作文的方法　陶希聖著　中央日報社

作文評語示例　賴慶雄著　國語日報出版部

作文題海　賴慶雄著　國語日報印行

革除作文評語的積弊　賴慶雄著　自由報副刊

閱讀欣賞與寫作　梁宜生著

讀和寫　沐紹良著

中學作文教學經驗　曾　譯著

國文讀法和作法　林雁峯著

文章作法　張守初著

文章十講　劉啓瑞著

國文科教學參考資料　金華國中國文科教學研究會印

中國文學發達史　臺灣中華書局

中國文學流變史詩歌篇　李曰剛著　聯貫出版社

中國文學史類編　王雲五著　商務印書館
中國文學史初稿　石門圖書公司
新編中國文學史　新復書局
文心雕龍註（增訂本）　劉　勰著　范文瀾註　明倫出版社印行
文心雕龍札記　黃季剛著　文心書店
高明文輯　高　明著　黎明文化事業公司
文心雕龍創作論「總術」探微　李曰剛著　師範大學教學與研究
文心雕龍讀本　王更生著　文史哲出版社
文心雕龍體性篇釋義　羅聯絡著　建設28.卷12.期
文心雕龍風格論　廖蔚卿著
文心雕龍注　開明書局
人間詞話　王國維著　漢京文化事業有限公司
文體論　薛鳳昌著　臺灣商務印書館印行
文體論纂要　蔣伯潛著　正中書局印行
古文筆法百篇　李扶九編著　上海錦章圖書公司印行

中國韵文裏所表現的情感　梁啓超著　臺灣中華書局印行
古文辭通義　王葆心著　臺灣中華書局印行
文學研究法　姚永樸著　廣文書局印行
涵芬樓文談　吳曾祺著　臺灣商務印書館印行
詳註文法津梁　宋文蔚著　啓聖圖書公司印行
實用文章義法　謝无量著　華正書局印行
桐城吳氏古文法　吳闓生著　臺灣中華書局印行
中國文學欣賞舉隅　傅庚生著　地平線出版社印行
文藝技巧論　王夢鷗著　重光出版社
文學創作與欣賞　王逢吉著　學海書局
中國詩學　黃永武著　巨流圖書公司印行
文學手冊　傅東華主編　大漢出版社
文學與美學　趙滋蕃著　道聲出版社
王國維及其文學批評　葉嘉瑩著　源流出版社
詩學　朱先潛著　德華出版社
談美　朱光潛著　德華出版社

中國現代文學批評選集　葉維廉編　聯經出版事業公司
境界的探求　柯慶明著　聯經出版事業公司
古典詩詞藝術探幽　艾治平著　學海出版社
中國文學新論　劉中和著　世界文物出版社
文氣衍論　陳　偉著　楓城出版社
書評及文評　思　兼著　書評書目出版社
中國文話文論與詩學　程兆熊著
中國文學批評　方孝岳著
談文學　開明書店
唐宋詩學要　學海出版社
期待批評時代的來臨　沈　謙著
古詩今唱　故鄉出版社
聲響與文情關係之研究　吳淑惠撰
大學散文選讀　李曰剛編撰　國立臺灣師範大學國文系印行
應用文　成惕軒先生校訂　張仁青博士編著　文史哲出版社印行

最新實用應用文　孫　旗著　大中國圖書公司印行
行政機關公文處理手冊　行政院訂頒大中國圖書公司印贈
國文教師手册　臺灣中華書局編印
國學要籍學目　梁啓超著　廣文書局印行
課外讀物書目　師大附中編印
課外讀物簡介　高雄中學國文科教學研究會編印
課外閱讀書目　臺灣省立員林高級中學編印
課外讀物書目　馬長英編著
國文科課外閱讀的重要性　王秋瓊撰
學生課外閱讀指導之芻議　鄭天送編
兒童閱讀研究　許義宗著　臺北市立師專研究叢書
中國書法史　平山關月著
　　　　　　閻　肅譯　黎明書局出版
中國古代書史　錢存訓著　香港中文大學出版
中華書法史　張光賓著　臺灣商務印書館
書道全集一～十一册　大陸書店

書法叢談　王壯爲著　國立編譯館

書學通論　曹緯初著　正中書局

南北朝書體及以碑帖畫分書體說之研究　李郁周著

書法及其教學之研究　蔡崇名著　華正書局

書法教育論集　李文珍著　廣東出版社

漢字史話　李孝定著　聯經出版事業公司

書法今鑒　史紫忱著　華岡出版公司

藝舟雙楫　清　包世臣撰　臺灣商務印書館

書法正傳　清　馮　武著　臺灣商務印書館

廣藝舟雙楫　清　康有爲撰　臺灣商務印書館

中華藝林叢論藝術類三、四册　文馨出版社

中國文化新論藝術篇　聯經出版事業公司

美術論集　華岡出版公司

書法史論　史紫忱著　中國文化大學出版部

漢簡文字的書法研究　鄭惠美著　國立故宮博物院

簡牘篇　國立故宮博物院中華五千年文物集刊

書名	著者	出版者
書法研究	王壯爲著	臺灣商務印書館
草書通論	劉延濤著	中華文化出版事業委員會
書道新論	史紫忱著	藝術圖書公司
中學書法敎學活動設計	賴瑞鼎著	青草地雜誌社
中國書法	莊　嚴著	復興書局
書學簡史	祝　嘉著	華正書局
宋四家書法析論	蔡崇名著	華正書局
比較草書	史紫忱著	中國文化大學出版部
草書藝術	史紫忱著	華正書局
中國繪畫的墨筆硯紙	鄧雪峯著	黎明文化事業公司
文字畫研究	呂佛庭著	華正書局
中國古代書法藝術	張龍文著	中華書局
書法藝術季刊		書法藝術雜誌社
書林藻鑑	馬宗霍著	臺灣商務印書館
書の歷史	伏見沖敬著	日本三玄社
書道鑑賞入門	上田桑鳩著	日本創元社

演講學　程湘凡編　臺灣商務印書館

演講雄辯談話術　任畢明著　臺北宏業書局

演說十講　王壽康著　正中書局

演講規則與技術　劉秉南著　臺灣商務印書館

有效的演講術　鹿宏勛、周明資合著　口才訓練資料雜誌社印行

演講辯論學　祝振華著　黎明文化事業公司

演說與辯論　張正男編著　臺北文笙書局

辯論術之實習與學理　美國克契門（Ketchman）編著　費培傑譯　臺灣商務印書館

雄辯術　陳　虹著　哲志出版社

中華社會科學叢書

國文教材法

作　　者／陳品卿 著
主　　編／劉郁君
美術編輯／鍾　玟

出 版 者／中華書局
發 行 人／張敏君
副總經理／陳又齊
行銷經理／王新君
地　　址／11494 臺北市內湖區舊宗路二段181巷8號5樓
客服專線／02-8797-8396　　　傳　　真／02-8797-8909
網　　址／www.chunghwabook.com.tw
匯款帳號／兆豐國際商業銀行　東內湖分行
　　　　　067-09-036932　中華書局股份有限公司

法律顧問／安侯法律事務所
印刷製版／維中科技有限公司
出版日期／2017年7月三版
版本備註／據1991年10月二版復刻重製
定　　價／NTD 1,500

國家圖書館出版品預行編目（CIP）資料

國文教材教法 / 陳品卿著. — 三版. — 臺北市：
中華書局，2017.07
冊 ; 公分. — (中華社會科學叢書)
ISBN 978-957-43-0112-6(精裝)
1.國文-研究與教學

524.31　　80003762

NO.F1036Q
ISBN 978-957-43-0112-6（精裝）